领导学

在实践中提升领导力 / 原书第10版

Leadership
Enhancing the Lessons of Experience
10th Edition

理查德 · L. 哈格斯（Richard L. Hughes）
[美] 罗伯特 · C. 吉纳特（Robert C. Ginnett） 著
戈登 · J. 柯菲（Gordon J. Curphy）

朱舟 译

机械工业出版社
CHINA MACHINE PRESS

作为经典的领导学入门指南，本书不仅囊括了目前领导学的最新研究进展及其评述、实证研究结论、悬而未决的领导学论题，还分享了大量的领导人物速写和领导经验，有助于读者更深入地了解领导者、领导过程和领导效力。

全书系统地介绍了领导的三个互动因素：领导者、追随者和情境。围绕这三个因素，书中穿插了作者个人的领导体验、知名人物和社会政治事件来佐证、阐明理论，并提供了实用的领导实践技能，逻辑性强，体系结构完整。此外，全书行文流畅简明，大量鲜为人知的辅助阅读材料和适时插入的领导格言，为本书增添了许多乐趣，有效提升了阅读体验。

本书可作为广大企业的管理人员、政府部门的领导干部的培训用书，也可供对管理有兴趣的读者自学。

Richard L. Hughes，Robert C. Ginnett，Gordon J. Curphy.

Leadership : Enhancing the Lessons of Experience，10th Edition.

ISBN 978-1-260-68297-7

图书在版编目（CIP）数据

领导学 : 在实践中提升领导力 : 原书第 10 版 / (美) 理查德 · L. 哈格斯 (Richard L. Hughes), (美) 罗伯特 · C. 吉纳特 (Robert C. Ginnett), (美) 戈登 · J. 柯菲 (Gordon J. Curphy) 著 ; 朱舟译 . -- 北京 : 机械工业出版社 , 2024. 12（2025. 9 重印）. -- ISBN 978-7-111-76875-3

I. C933

中国国家版本馆 CIP 数据核字第 2024YR6899 号

机械工业出版社（北京市百万庄大街 22 号　邮政编码 100037）

策划编辑：伍　曼　　责任编辑：伍　曼

责任校对：张勤思　李可意　景　飞　　责任印制：常天培

北京瑞禾彩色印刷有限公司印刷

2025 年 9 月第 1 版第 5 次印刷

186mm × 240mm · 33.75 印张 · 3 插页 · 785 千字

标准书号：ISBN 978-7-111-76875-3

定价：199.00 元

电话服务

客服电话：010-88361066

010-88379833

010-68326294

网络服务

机　工　官　网：www.cmpbook.com

机　工　官　博：weibo.com/cmp1952

金　书　网：www.golden-book.com

机工教育服务网：www.cmpedu.com

封底无防伪标均为盗版

About The Authors | 作者简介

理查德·L.哈格斯（Richard L. Hughes）目前在美国创新领导力中心（Center for Creative Leadership，CCL）、美国空军学院（U. S. Air Force Academy）和丹佛神学院（Denver Seminary）任教。创新领导力中心是一个致力于行为科学研究和领导力教育的国际组织。在创新领导力中心工作期间，哈格斯与来自各行各业的高管人员共同工作，开展战略性领导力和组织文化变革等领域的研究。在美国空军学院，他担任行为科学与领导力系主任达 10 年之久，此后担任学院的转型项目负责人。他在该职位上与学院院级领导一起引领学院组织转型，以确保学院实现其培养优秀领导者的使命。他是一位临床心理学家，也是美国空军学院的毕业生。他在得克萨斯大学获得文学硕士学位，并在怀俄明大学获得博士学位。

罗伯特·C.吉纳特（Robert C. Ginnett）是专攻高绩效团队和组织领导力的独立咨询顾问。他曾与数百个营利性组织及美国国家航空航天局、国防部、中央情报局、国土安全局，以及美国陆军、海军和空军合作。在从事独立咨询工作之前，吉纳特曾任创新领导力中心的高级研究员和美国空军学院的终身教授，并担任领导力及咨询项目的负责人。此外，吉纳特也曾在美军的多个一线及参谋岗位上服役。他在美国国家航空航天局研究员的职位上工作超过 10 年，早期专注于航空人员管理，在挑战者号事故后就职于肯尼迪航天中心。吉纳特是一位组织心理学家，他获得了工商管理硕士、文学硕士和哲学硕士学位，以及耶鲁大学的博士学位。目前，他很享受在当地消防、警察部门的无偿工作，并在葛底斯堡国家军事公园教授领导力课程。

戈登·J.柯菲（Gordon J. Curphy）是柯菲领导力解决方案公司的管理合伙人，2002 年后他一直在经营自己的咨询公司。作为领导力咨询顾问，柯菲与多家《财富》500 强企业合作，开展过 2500 人次以上的高管人员测评、150 个总裁教练项目、200 个团队敬业度项目，以及 150 个领导力培训项目。他在协助公司构建获胜战略、推动重大变革措施、改善经营成果方面也发挥了关键作用。柯菲发表了多部专著和多篇论文，其涉及的领域广泛，包括：商业、社区、学校、军队和团队领导力；人格与智力对领导力的作用；构建高绩效团队；领导虚拟团队；高管团队；管理无能；追随力；入职培训；管理继任计划及员工敬业度。在组建自己的咨询公司之前，柯菲在布兰丁基金会（Blandin Foundation）担任了 1 年机构领导力副总裁，在普德管理咨询公司（Personnel Decision International，PDI）担任了 8 年副总裁和总经理，并在美国空军学院担任了 6 年教授。他在美国空军学院获得学士学位，并在明尼苏达大学获得工业与组织心理学博士学位。

Foreword | 推荐序

这本备受欢迎、使用广泛的著作，首次出版于1993年，此后作者持续更新其内容、推出新版，当然也包括本次的最新版。

从某种意义上说，本书并不需要新的推荐序，领导学的很多原则是不会过时的。例如，引用莎士比亚和马基雅维利的内容就无须更新。但作者更新了书中使用的实例、趣闻，并保持实时追踪近期研究和领导学专家的著作。遗憾的是，导致领导者失败的很多原因同样不会过时：有缺陷的决策、犹豫迟疑、傲慢自负、赤裸裸地追逐权力、无能的追随者、无法构建团队，以及社会变动导致的政府腐败、战争失利、经营失败、某些专制政权及性别歧视或性骚扰。这些实例提醒我们，领导力可以用于无私或自私的目的，这取决于当权者对领导意图的选择。

这些实例使本书保持了内容鲜活、与现实高度相关的特色，但以往版本的推荐序（摘引如下）仍能确切地表达作者的写作基调、核心精神和成就：

“在很多情况下，领导力的差异是区分组织运作混乱或顺畅的唯一因素，本书正是以讨论这一差异因素为主旨。”

本书的作者都是心理学家，因此本书带有一种鲜明的心理学基调。身为读者，也请你按心理学家的思路来思考领导学。本书涉及大量的心理测试与调查、在心理学实验室中完成的研究、关于高明（和低劣）领导方式的心理分析。在本书中，你会不断看到常用的心理学概念，如人格、价值观、态度、感知和自尊，还有一些不太常见的“行话”，如双回路学习理论、期望理论和不公平感。本书与行为教练、销售经理、经济学家、政治学家或普通大众写出的那类书籍，完全不是一回事。

但不要灰心。因为这些作者同时也是富有洞察力、善于倾听的老师，他们了解学生对什么感兴趣，他们的写作风格简洁清晰，还加入了一系列有趣、提神的领导学小段子，包括名言、逸闻集萃、大量知名人士的个人感言，这为一些学术观点提供了例证。

同时，由于作者在各自生命的不同时期和情境中扮演着不同的角色，他们不仅是心理学家和老师，也曾是孩子、学生、童子军、父母、教授（在美国空军学院）、空军军官、飞行员、教徒、运动员、行政管理者、读者、愉悦健谈的段子手，他们在书中提及的故事和例子取材于广泛的个人渠道，谈到的逸闻也真实可信。

身为心理学家和学者，作者在书中评述了内容广泛的心理学研究、各类科学分析、领导者的个人反思及以领导力为主题的哲学著作。对上述资料的提炼，使他们得出了对当前领导者及其接班人颇有裨益的大量实用结论。书中的具体建议包括设置目标、召集会议、谈判、群体内部的冲突管理及处理个人压力等，这里只列出了一小部分。

所有领导者，不论其年龄和职位，都能从本书中找到一些有益的行为技巧，包括身体语言、记录个人日志、如何在压力环境下放松心情等，不一而足。

本书作者还运用多种方法帮助读者亲身感受“身居要职”是怎样的。比如，他们设想了一个困局：你身居领导岗位，你的机构预算来自外部资助。你坚信 A 论点正确，并在公开场合大张旗鼓地明确支持该论点。这时，外部资助机构的负责人将你拉到一边，表示：“我们无法苟同你对 A 论点的看法。请在公开声明中表现得低调些，否则我们会重新考虑明年的资助计划。”

在这种情况下，你会做什么？辞职回家？大声反驳，然后失去资金支持？在公开演讲中含糊其词，但内心鄙夷自己不诚实？对这一问题没有简单的答案，但在领导岗位上，这一情况却时常发生。所有领导者迟早都得面对一项抉择，即他们必须在多大程度上容忍外部干预，以完成自己深信不疑的项目。

本书作者强调实践对领导力开发的价值，我毫无保留地支持这一观点。几乎每一位领导者，不管他选择攀爬哪座金字塔，成功登顶必然建立在其早年积累的经验之上。成功的领导者是那些能从早期经验中学习，通过反思、分析其经验来解决未来挑战的领导者。按照这一思路，我在这里提个建议。事实上，我想给你布置一项家庭作业（我懂，我懂，在推荐序中这种做法很少见，但请别走开，我有我的道理）。

你的作业：为了获得有益的领导经验，请说服 8 个人花至少 2 小时在一起完成一项重要活动，而这样的活动如果没有你的介入，他们原本不会去做。对你的唯一限制是，你不能说出你介入的原因。

你可以任意挑选这 8 个人，可以是你的朋友、家庭成员、团队成员、俱乐部成员、邻居、学生或工作中的同事。活动类型也没有限制，唯一的要求是这项活动应当有意义，而不仅仅是看电视、吃东西、看电影或闲坐聊天。它可以是轮滑派对、辩论、歌会、远足、参观博物馆或参与志愿者工作，比如清捡垃圾、参观疗养院等。如果你致力于促成某些事情的发生，而没有你的推动这些事根本不会发生，那你就是在从事一项领导活动。在这一过程中，你会感受到各位参与者的阻挠、压力或愉悦，你也会迅速理解本书作者讨论的诸多论题的实用价值。如果你在组织了上述 2 小时的 8 人小组活动后阅读本书，你将能更好地理解领导活动本身有多复杂。你会了解到，在形成愿景（“现在我们到齐了，接下来该做什么”）、激励他人、设置日程和时间表、确保获得必要的资源并坚持到底时，面临的诸多难题。你甚至可能体会到“高处不胜寒”的孤独感。然而，如果你达成了期望，你也会体验到成功领导活动带来的激动与兴奋。一个人能通过丰富他人的生活来发挥影响力，哪怕只是短短的几小时，并且，即便经历了领导活动中挫折、复杂的一面，成功带来的满足感也足以令人上瘾。推动事物发生的能力本身就会成为个人行为的动机。早期的成功，哪怕只是成功领导 8 个人开展 2 小时的活动，你也确定无疑地站在通往未来领导力的道路上了。

本书作者坚信，领导力开发涉及对个人实践经验的反思。在阅读本书的同时，思考你本人的领导实践将对这一过程大有助益。本书兼收并蓄、博学精深、发人深省又轻松有趣，对于每一位有志于深入理解领导的动态过程并增进个人绩效表现的读者而言都是合宜的读物。

大卫·P. 坎贝尔（David P. Campbell）

心理学家、作家

译者序 | The Translator's Words

人们在谈及大到国家兴亡、小到组织成败的各类问题时，都很自然地将原因归结为领导者在其中发挥的作用；同样，理论界对领导者的个人特征和行为、领导过程及其效能也充满热情，心理学、政治学、社会学和管理学都对此充满热情，从不同领域、用不同工具进行解读和分析，领导学无疑已成为当今的一种显学。由此看来，组织中的领导及其有效性问题在管理实践和研究中的重要性毋庸置疑。但领导学研究成果对于领导力实践的指导似乎并不充分，现实中的拙劣领导者和领导行为层出不穷，不断诉诸报端，成为新闻热点和街谈巷议的话题。也许正因为如此，我们才更需要一本全面综合、集大成的著作，足以整合既有领导学领域的研究成果，用于指引实践者总结和优化反思个人的领导经验，并避开领导过程中的陷阱与迷思。

《领导学：在实践中提升领导力》正是顺应这一需要的集大成式领导学著作。说它是领导学领域的集大成著作，不单是因为它篇幅巨大，洋洋洒洒数十万字，几乎穷尽了领导学领域中的所有研究论题和理论成果，更是指它内容广泛深入、兼顾理论研究与实践应用，强调双回路学习，重视以理论研究指导组织领导实践并用个人经验的反思来改善领导力，行文中不乏以作者个人的领导体验、知名人物和社会政治事件来佐证、阐明理论。

正是这种兼收并蓄的写作风格，使本书得以完成一项不可能的任务：同时满足具有不同偏好的两类读者的阅读兴趣。理论研究者期望看到的正统领导学书籍，是巨细无遗地介绍重要领导理论、关注研究方法与当前研究进展，并能全面综述和评价相关经验实证研究，他们关注的是领导学研究领域的知识积累，而非实践应用，进而，这一偏好经常使他们对指导领导实践的流行书籍持明显轻视、质疑的态度。与之相反，领导实践者则期望在书中找到对领导问题的应对方案，了解为了成为有效领导者需要"做什么"和"怎么做"，他们是领导学领域"快餐文化"的强烈支持者，历经数十年、规模宏大而结论含糊的学术研究完全不合他们的胃口。本书显然意识到了研究者与实践者间的巨大鸿沟对领导学发展的阻碍，因而致力于满足这两类不同的需求：研究者可以在本书中找到截至目前领导学的最新研究进展及其评述、实证研究结论、悬而未决的领导学论题；实践者同样会发现，虽然本书不是一本"领导者速成手册"，但它会带来一次愉快的阅读体验，那些以平易简洁的语言表达的领导研究和知识、大量的领导人物速写和领导经验分享，将使他们有机会更深入地了解领导者、领导过程和领导效力。

理论与实践的有效结合，也体现为本书三位作者在学术背景和职业结构上的有机组合。本书的三位作者均与美国空军学院和创新领导力中心有很深的渊源（身为研究员或学员），并且他们都在领导研究、教学、实践和咨询过程中，形成了针对军队、非营利性机构和企业等各类组织的丰富领导经验和系统化的分析框架（见作者简介）。作者拥有的坚实的专业知识和经验深刻地影响着本书的结构与内容，以及看待领导问题的视角。这也正是本书的另一个重要特色所在：它不是将视野仅仅局限在企业领导者（有时几乎被狭隘地理解为企业最高管理者的行为、风格、个人魅力等）上，而是将这一概念扩大到了“对一个有组织的群体施加影响，以推动其完成目标”的每一个人身上。因此，读者在阅读本书的过程中会发现，作者提及的领导者，从不同国家的领导人到企业最高领导者、基层管理者，再到社区工作人员，不一而足。这种宽广的观察视角提醒我们，每一个人在生活的某一阶段都是领导者，都可能充当领导者的角色，领导是每个人分内的事。

本书的特色之处还体现在它的结构布局上。全书以一个领导的三因素框架贯穿始终。基于这一框架，作者指出，领导不是领导者一个人的职能，它应被视为领导者、追随者和情境三者之间复杂互动作用的结果，否则对领导过程的研究和分析就会因视角过于狭隘而留下种种疑点，而领导实践的有效性也会因忽视了重要的互动机制而受到损害。正是基于这一考虑，作者依据领导的三因素框架将本书分为四篇。具体来看，第 1 篇“领导是过程，而非职位”，总体介绍了领导的三因素框架、领导学的学习和研究方法，并特别强调了领导能力的提升是教育和实践共同作用的产物。第 2 篇“关注领导者”，讨论了领导学著作的传统内容，分析了领导者本身的诸多因素，包括领导者的权力与影响力，价值观、伦理与个人品格，领导特性，领导行为对领导效力的影响等。虽然专注于领导者本身，贯穿这一部分的主题仍然是在领导者、追随者和情境三者的互动关系中加以分析的。第 3 篇“关注追随者”，分析了追随者的激励、满意度和敬业度、绩效、效力和潜力对领导效力的影响，并对追随者群体、团队及其领导力进行了分析，其观点是：领导者可以通过充分了解影响追随者个人和群体的诸多因素，有效改善领导效力。在第 4 篇“关注情境”中，作者承认，迄今为止的领导研究，未能充分考虑各种情境因素对领导行为和领导效力的影响，但仍对现有的相关研究成果进行了总结和介绍，这进而被分成“情境”“权变领导理论”“领导力与变革”“领导力的黑暗面”四章，分别加以论述。为了体现领导技能在上述三要素中的应用，作者在每篇的最后分别加入一章，说明与各篇主题对应的领导行为技能，其中包含了大量可供实践者学习应用的技能指导。

本书还有一个必须提及的突出特点，就是它的行文力求流畅简明，不用佶屈聱牙的生僻术语来吓唬人。为了便于读者更好地理解正文的主旨，全书加入了大量关于近期领导研究、受关注的领导活动或事件的“专栏”资料，以及对领导者的形成与开发过程提供了素描式的“领导概览”，这些材料与正文中的领导理论和研究成果相互印证。此外，全书还包括大量的领导格言，给读者以启示，发人深省。这种安排使得全书的行文节奏张弛有致，既在科学的研究基础上讨论问题，又不至于板着面孔传授知识，是真正的寓教于乐。

我与《领导学：在实践中提升领导力》的渊源颇深，2003年，我应王玉教授之邀翻译第4版，截至目前，已经是第6次翻译（第4～8版及第10版）。我深切感受到每一次翻译既是对领导学新知的学习，也是对自己以往习得的知识和经验的总结。原书包罗万象，既要求我对领导知识和研究有相当的认识，也要求我对美国的社会、生活和历史有一定的了解。我虽然力求译文能在内容和形式上忠实于原著，但可能挂一漏万，存在疏漏之处在所难免，翻译中的错误由我本人全权负责。与以往版本不同的是，本书原版的写作与中文版的翻译，都发生在新冠疫情时期，时至今日，疫情对每个人的日常生活和领导力的影响还在持续，我也将本书献给所有在疫情期间努力工作、生活和发挥积极领导力的人，正是他们的勇气、毅力和责任感使我们在巨大的情境变化中仍能勉力前行。

本书的翻译得到了上海财经大学商学院领导和多位老师的帮助，也得到了机械工业出版社编辑们的支持，在此一并感谢。最后，本书在翻译过程中得到了家人的全力支持，谨以本书献给我的家人唐晓东和唐煜如，感谢他们在我翻译期间给予的精神上和生活上的支持。

朱　舟

Preface | 前言

每推出一个新版本，我们都发现自己内心既有惊喜（比如，“你是说又要出一个版本了？”），也不免偶尔有些不确定——我们还能再增加什么领导力的新材料；与此同时，我们也知道在这个不断变化的领域，总是可以加入新材料。来自历史和当前领导实践的例证似乎取之不尽、用之不竭，而且总是有新的研究深化我们对该领域演变趋势的理论认识和理解。

我们在本次第 10 版的修订中延续了以往各版本的通行做法。本书的总体结构基本保持不变，沿用了我们将领导视为一个涉及领导者、追随者和情境三方互动过程的理论框架。因此，本书的第 1 篇仍然谈的是领导过程本身的性质及一个人如何能成为更好的领导者。第 2 篇名为“关注领导者”，第 3 篇和第 4 篇自然延伸到“关注追随者”和“关注情境”。此外，同样遵循以往各版的格式，在每一篇最后有专门的“技能章”，分别谈到与上述四大领域对应的基本领导胜任力。

正如你期望的，这次的新版本几乎在每章都进行了研究内容的更新，还更新了“专栏”“领导概览”和章末“案例”[⊖]。总的来说，我们试着对这些内容进行一对一的替换，在加入新内容的同时，删除了不太相关或不够有趣的内容。因此，我们的新主题包括以下内容（这只是其中的一部分）：

- 成长性与固定性思维模式
- 在日本广岛和长崎投原子弹的伦理决策
- 科勒伯格的道德发展理论
- 领导过程中面临的道德挑战
- 傲慢领导的危害
- 谦逊与超凡魅力的关系
- 直升机式父母及其对个人领导潜力的影响
- 加速变化的世界

⊖ 章末“案例”在每章章末的二维码中。

- 挑战者号航天飞机失事
- 新冠病毒全球大流行的影响

与此相类似，我们也在“领导概览”中介绍了各种不同类型的新人物，如哈里·杜鲁门、弗雷德·罗杰斯。新的章末“案例”包括对美国陆军少将劳拉·耶格尔——她是美国陆军首位女师长、卡尔森系统有限公司（CSL），以及苏联的切尔诺贝利核泄漏灾难的分析。

本书最大的结构性变动（即目录调整）体现在对第 9 版的第 9 章和第 10 章涵盖的内容进行了不同程度的处理。相关主题内容基本保留，但我们认为将这些内容分为 3 章论述（而非 2 章）更合适。因此，在第 10 版中，第 9 章名为“追随者的激励”，第 10 章名为“追随者的满意度和敬业度”及第 11 章名为“追随者的绩效、效力和潜力”。你也会看到我们对特定章节内容的其他修订，包括第 4 章“权力与影响力”中增加了一个关于“惩罚”的专栏，该主题以往作为一项领导技能出现在（所在篇的）最后一章中，但我们认为放在本章似乎更合适。我们也将弗鲁姆和耶顿的决策制定模型从“权变领导理论”一章调整到领导技能章（第 8 章），并且，我们对第 12 章“群体、团队及其领导力”中高绩效团队和地理空间分散团队的内容进行了更新。

和以往一样，我们要感谢为本版付梓做出了重要贡献的麦格劳 - 希尔教育有限公司的杰出编辑们，包括 Michael Ablassmeir（责任编辑）、Laura Hurst Spell（助理投资组合经理）、Melissa Leick（高级内容项目经理）、Emily Windelborn（评估内容项目经理）、Alyson Platt（文字编辑）、Beth Blech（设计师）、Sarah Blasco（产品开发人员）、Vinoth Prabhakaran（销售渠道客服代表）和 Lisa Granger（营销经理）。

我们也要感谢以下专家提出的有益反馈，他们富有经验和洞察力的观点指导了第 10 版及以往各版本的修订：

Douglas Lee Akins, North Central Texas College

Barbara Altman, Texas A&M University

Lynn Becker, University of Central Florida

Audrey Blume, Wilmington University

Barry Boyd, Texas A&M University

Patricia Ann Castelli, Lawrence Technological University

Elizabeth Cooper, University of Rhode Island

Marian M. Extejt, Bridgewater State University

Cherly Furdge, North Central Texas College

Diane D. Galbraith, Slippery Rock University

Melissa K. Gibson, Edinboro University

Dr. Gerry Herbison, The American College of Financial Services

Cecil Douglas Johnson, Georgia Gwinnett College
Barbara Limbach, Chadron State College
Michael Monahan, Frostburg State University
Kevin O'Neill, State University of New York at Plattsburgh
Michelle Roach, Susan Pope, University of Akron
Dr. Eric Terry, Miami Dade College
Debra Touchton, Stetson University
Richard S. Voss, Troy University
Belinda Johnson, White Morehouse College

最后，我们还想提到本版的一些小改动。这些改动篇幅不大，也不是特别有洞察力；事实上，这是我们在本书完稿最后一刻进行的修订。这是因为，直到本书预出版的最后阶段，我们（和世界其他地方一样）才发现自己面临新冠病毒大流行。当我们数周乃至数月一直“躲在家里”，我们发现自己越来越关注这样的问题，比如“我们的领导人如何应对这场危机”以及“这将如何改变未来的生活和领导力”。在本版即将付印之际，我们仍无法声称自己知晓这些问题的答案。但我们的确相信，这些问题的严重性至少应在本书中得到认可和认真反思，哪怕目前我们的思考可能仍是肤浅、表面化的。因此，我们尽量在多处增加了与新冠病毒大流行有关的专栏或章末活动，我们也想为此感谢出版商表现出的高度灵活性。

正是因为这些事件的发生时机，以及相信新冠病毒大流行在某种程度上对我们所有人生活的重大影响，我们想将本版献给所有急救人员和医务人员，他们勇敢、不知疲倦和无私奉献，甘冒生命危险来帮助我们所有人。

理查德·L. 哈格斯
罗伯特·C. 吉纳特
戈登·J. 柯菲

目　录 | Contents

Leadership

第 1 篇

领导是过程，而非职位

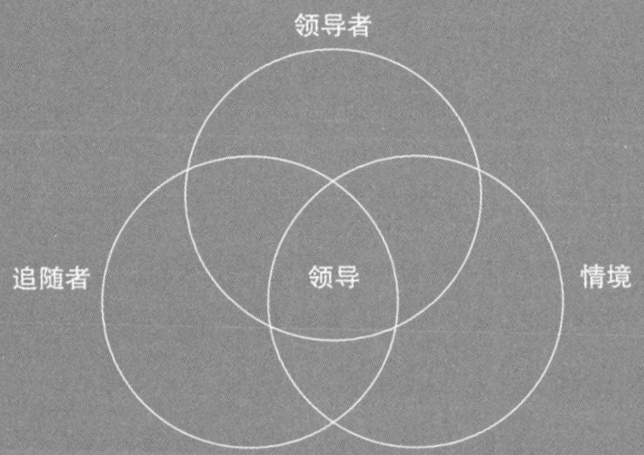

如果用一句话说明本书的核心思想，那就是：领导是过程，而非职位。本书第 1 篇全都在探讨这一思想。一个人能成为领导者，不仅是因为拥有某种头衔或职位，否则就只是名义上的领导者。领导是领导者及其追随者之间互动的结果。

本书第 1 章给出了领导的定义，并探讨了诸如管理、追随等概念与领导的关系，同时还引入了一个互动框架。这一互动框架的基本观念是：领导过程涉及领导者、追随者及其所处的情境。本书的篇章布局始终围绕着该互动框架展开。第 2 章探讨的是如何充分利用个人经验成为更优秀的领导者，但学习或实践领导活动并不是简单的事。第 3 章专门论述领导的基本技能。在本书其余 3 篇的结尾处，也各有一章专门论述相应的领导技能。

1

第1章

我们所说的领导是什么

哈佛大学肯尼迪学院公共领导中心的一项调查显示，70%的美国人相信，如果不进行变革，美国将面临全国性衰退，国家迫切需要更优秀的领导者。[1]同时，2013年进行的一项哈里斯民意调查显示，对美国政府、公司和金融的领导力有一定信心的受访者比例，从1996年的约90%急速下降为60%。[2]但我们偶尔也会看到普通人表现出卓越领导力的故事。

1972年春天，一架载有机组成员和40位乘客的飞机飞过安第斯山脉。大部分乘客是来自乌拉圭的一支业余橄榄球队队员，他们要去智利参加球赛。飞机没有安全抵达目的地，而是撞上了冰雪覆盖的山峰，在巨大冲击下裂成几块。机身主体像雪橇一般滑入陡峭的山谷，最终停在齐腰深的积雪上。不少人在撞击当时或第二天就死了，剩下的28位幸存者情况也不容乐观。飞机机舱不足以保护幸存者免遭极端严寒的折磨，食物供应匮乏，一些乘客在撞机中严重受伤。在随后几天，有几位乘客出现了精神错乱，几位伤势过重的乘客接连去世。伤势较轻的乘客打算尽一切努力增加自己生还的可能性。

有几个人努力修整飞机残骸使它经得住严酷的天气，另一些人设法找水，还有些受过急救训练的人努力照顾伤者。尽管受到撞机事件的冲击，但幸存者最初仍相信会有人找到他们。然而搜救人员迟迟未能找到失事地点，这使幸存者逐渐丧失信心，取而代之的是绝望。几周过去了，仍然没有营救队的踪影，活下来的乘客决定主动探险，确定逃生的最佳路线。由于高山空气稀薄、积雪较深，行动非常费力，只有身体最健壮的人被选中外出探险。这次远足的结果令人沮丧：探险队员发现他们身在安第斯山脉中部，他们不认为能走出这里去求助。就在幸存者认为情况已经无法更糟时，一场雪崩掩埋了飞机残骸，又死了几位幸存者。

活下来的幸存者认为等待营救无望，大家生还的唯一希望是有人离开失事地点外出求救。三位身体最好的乘客被选中进行最后一次探险，其他所有幸存者的努力都是为了提高这次探险的成功概率。三位探险队员得到了较多的食物配给，不必参加日常的求生活动；剩下的人将大部分精力用在准备远足所需的物资上。飞机失事两个月后，探险队员出发了，这是最后一次对外求救的努力。在世界上最崎岖的山地上跋涉10天后，踉跄的探险队员遇见了一群正在放牛的智利牧民。一位探险队员对他们说：“我们的飞机在山里失事了。我是乌拉圭人……”最终，另外 14 位幸存者也获救了。

在幸存者生还的全过程被报道后，社会中出现了一些争议。生存要求人们采取某些极端的、令人不安的做法：幸存者别无选择，只能以吃死去同伴的尸体为生。然而，他们的故事是历史上最感人的生存戏剧之一，并在皮尔斯·保罗·里德（Piers Paul Read）的《活着》(*Alive*) 一书中得以辉煌再现。[3] 这是关于悲剧与勇气的故事，也是关于领导力的故事。

> 伟人洵不朽，我亦能自强，鸿爪留身后，遗泽印时光。㊀
>
> ——亨利·沃兹沃思·朗费罗（Henry Wadsworth Longfellow），美国诗人

安第斯山脉中苦苦求生的故事与日常经验可能相差太远，你个人也许很难从中得出什么领导教益。但是，想想安第斯山事故幸存者面对的一些基本问题：个人目标与群体目标间的冲突、处理群体成员的不同需要和个性差异、在面对逆境时保持希望不灭。这与我们所在的很多群体正面临的问题并没有什么本质差异。我们也可以将安第斯山的故事看成群体中非正式领导如何产生的例证。在飞行前，一个名叫帕拉多（Parrado）的小伙子看上去笨拙、羞涩，在体育场上和社交场合都是“候补队员”。但就是这个看似不可能成为英雄的人，因为他的勇气、乐观、公正和情感支持，成为所有幸存者中最受爱戴与尊重的人。群体决策中的说服过程也是领导安第斯山幸存者的重要组成部分。在做出是否要吃同伴尸体的痛苦抉择前，幸存者进行了极为艰难的讨论。一位橄榄球队队员把他的理由说得很清楚：“我知道，如果我的尸体能帮你们活下来，那我希望你们能利用它。然而，如果我真的死了，你们却没吃我，不管那时我在哪儿，我都会回来狠踢你们的屁股。”[4]

领导是什么

> 名人堂大门洞开，人满为患。一些人推门进入，一些人则是被拉进来的。
>
> ——斯坦利·鲍德温（Stanley Baldwin），英国前首相

安第斯山的故事，以及散见于本书各章“领导概览”中的多位领导者的经历，为领导过程提供了大量例证。但到底什么是领导？领导学研究者对此莫衷一是。大部分意见分歧源于一个事实，即**领导**（leadership）是一个涉及领导者、追随者和情境的复杂现象。有些领导学研究者关注的是领导者的人格、生理特征或行为；有些人研究的是领导者与追随者之间的关系；也有些人研究情境的各个方面如何影响领导者的行事方式。一些研究者将最后一种观点加以扩展，甚至提出根本不存在领导这回事；他们认为，组织的成败往往被错误地归结为领导者的原因，其实，情境对组织运作的影响要比任何个人（包括领导者）的影响大得多。[5]

要想了解领导问题的复杂性，可能最好先看看关于领导的诸多定义。领导学研究者以多种不

㊀ 本诗为亨利·沃兹沃思·朗费罗《生之赞歌》的一节。——译者注

同方式对领导进行了定义：

- 有权者诱导下属按其意欲的方式行事的过程。[6]
- 指导和协调群体成员的工作。[7]
- 一种人际关系，在这一关系中他人服从是因为他们自己想服从，而非别无选择。[8]
- 对一个有组织的群体施加影响，以推动其完成目标。[9]
- 集中资源，以创造有利机会的行动。[10]
- 创造条件，使团队卓有成效。[11]
- 有能力推动员工参与、构建团队和获取成果；前两项代表了领导的实现手段，后一项代表了领导的实质。[12]
- 社会问题解决能力的复杂形式。[13]

你会发现这些定义存在明显差异，而且，这些差异使不同研究者从完全不同的视角探讨领导过程。例如，假定我们把上述定义用于解读前面的安第斯山的故事，有些研究者会关注帕拉多为保持幸存者士气而做出的行为。将领导定义为“对一个有组织的群体施加影响，以推动其完成目标”的研究者，会探讨帕拉多如何成功说服群体来筹备和支持最后一次探险。研究者对领导的定义方式，还可能影响到谁应该被视为待研究的领导者人选。由此看来，研究者群体可能关注的是领导的不同方面，而且每个人也会讲述关于领导者、追随者和情境的不同故事。

虽然多种不同的领导定义看似令人困惑，但重要的是我们要理解不存在唯一正确的领导定义。多种不同的领导定义有助于我们理解领导过程的诸多影响因素，以及通过多个视角看待领导问题的必要性。比如，在上面的第一个定义中，下属一词似乎将领导局限于科层关系中自上而下的影响，这一定义似乎将非正式领导排除在外。第二个定义强调领导的指导和协调方面，因而可能忽视了领导的情绪方面。第三个定义将强调重点放在下属“想服从”于某位领导者的期望，这似乎将任意形式的强制性权力排除在领导工具之外。进而，如果一位领导者拥有明显的潜在强制性权力，但他仅仅要求下属做某事而没有表现出对后者的威胁，此时下属的自愿服从能否确认领导者的行动显示出了真正的领导力是存疑的。类似地，前面的一个定义中使用的“有利机会”一词，就是为了准确区别领导与暴政。在一定程度上，正是因为领导存在多种不同的定义方式，我们眼中的领导者也是多种多样的。除了散见于本书各章的领导者及领导力故事，我们也会在每章的“领导概览”中重点介绍几位领导者。在领导概览 1-1 中重点介绍的第一位领导者是阿拉伯联合酋长国的缔造者谢赫·扎耶德（Sheikh Zayed）。

❖ 领导概览 1-1

谢赫·扎耶德·本·苏丹·阿勒纳哈扬

谢赫·扎耶德于 1971 年成立了阿拉伯联合酋长国（UAE），并领导它经历了无疑是过去百年间全球最剧烈的国家转型。在他 1918 年出生的那个时代，该地区还是一片被好战的阿拉伯部族盘踞的沙漠，经济主要依赖渔业和珍珠采集。但看看今天的 UAE：

- 迪拜是全球最安全的城市之一，迪拜机场是全球最繁忙的国际机场，几乎每天都有一座新的摩天大楼竣工。
- 在这些建筑中，迪拜塔是全球最高的建筑物，迪拜购物中心则是全球最大的购物中心。
- 女性在社会各个领域发挥着领导作用，包括商业、政府和军队。宗教开放性在大城市随处可见，伊斯兰清真寺、基督教堂、印度神庙，甚至是犹太教堂遍及主要城市的各个角落。它是阿拉伯地区首个以综合法案打击人口贩卖的国家。

那么，谢赫·扎耶德是如何推动这一惊人转型的？故事始于他的早期人生。当他还很年轻时，他在整个地区广泛游历，与贝都因（Bedouin）部落一起生活，在沙漠中学习了解他们的生活方式。这种对学习的渴求也促使他进行了大量研究，了解本地区的古老历史，他发现在 1.5 万年前，阿拉伯半岛曾是一片广袤的森林，后来才变成沙漠。而这些古老森林（在久远的年代中变成了石油）仍然深埋在沙漠之下。他决心要让这个地区再次被绿色覆盖。

这项任务的一个重要部分是植树，目前在 UAE 种下了 100 多万棵树。他在全国设立农业实验站，并发起了水资源分配、保护和海水淡化项目。他还相信，一个国家真正的资源是人民，因此将所有公民（无论性别）接受教育列为国家的首要目标。他所推动的转型领域众多，医疗保健、野生动物保护、工作权利只是其中的几项。

谢赫·扎耶德将沙漠变成了一个繁荣的现代化地区，这一地区始终信奉他践行一生的温和的伊斯兰价值观。

如果留意全书各章的“领导概览”，你可能会疑惑（我们也一样），哪种类型的领导者应该被列入其中？我们应该着重说明的是登上各自所在组织最高权座的领导者，还是对提升组织效力贡献最大的领导者？

我们猜想，你对这两个问题的回答都是肯定的。但这正是问题所在。你看，升到组织顶点的领导者并不总是帮助组织更有效运行的领导者。事实上，**成功的管理者**（successful manager；就是很快获得晋升、进阶高位的人）比其他人花更多的时间从事组织内的社交和政治活动，花较少时间施行计划、决策等传统的管理职责。而真正**有效的管理者**（effective manager）会对组织绩效做出实质性贡献。[14] 这一差异至关重要，即使在领导学研究中也很难明确区分。

最近一项为期 10 年的研究探讨了“最杰出的”高管人员与组织中其他人员的差异，其研究结论即使对刚开始工作的人也很有教益（而且，这项研究分析的是真正的效能，不是上一段所说的“社交成功分子”）。这些最杰出的高管人员具备技术专长，并在每个职业阶段的所有职能领域中都表现上佳，这表明他们了解整个公司业务，而非局部领域。他们也了解、关心一起工作的人。

这些顶尖绩效的领导者与他人建立了深厚的信任关系，包括上级、同事和直接下属。他们是理想的下属，也是理想的上级。顺便说一句，同事关系不佳是导致绩效次优的高管人员走向失败的最快路径。[15]

综合考虑，我们认为将领导定义为“对一个有组织的群体施加影响，以推动其完成目标”比较全面，对说明这一问题很有帮助。对这一定义的多种含义，将在下文中进一步探讨。

领导既是科学，又是艺术

说领导既是科学，又是艺术，是在强调领导这一主题既是学术研究对象，也涉及领导实践的多个方面。领导科学的范围可以通过它的研究数量体现出来：仅在巴斯和斯托格蒂尔（Bass，Stogdill）所著的一本权威参考书《领导学手册：理论、研究和管理应用》（*Handbook of Leadership*：*Theory*，*Research*，*and Managerial Applications*）中就引用了近8000项研究。[16] 对过去25年的领导理论与研究的一项综述指出，这一时期关于领导的学术思考在广度和复杂性上都得到了长足发展。例如，领导学涉及数十种不同的理论，研究方法也存在广泛差异。[17] 此外，2019年发表的一篇研究综述使用了创新的研究方法来绘制领导学研究的时间脉络，它梳理了1990—2017年发表的200余篇“标志性”研究，显示出领导学演进过程中的一些重要研究领域。[18]

然而，成为领导学研究专家并非成为一名优秀领导者的充要条件。有些管理者可能是有效的领导者，但他们从没上过一次领导学课程，也没接受过领导力培训；也有些领导学研究者自己可能就是相当差劲的领导者。此外，新的领导学术研究模型认为，领导力不仅来源于某位领导者个人（无论此人是否拥有正式管理职位，我们会在本章稍后探讨这一问题），也来源于群体甚至是整个组织。[19]

但对领导学研究有所了解和涉猎，的确会提高领导效能。知识学问可能不是领导有效性的前提，但了解一些主要研究成果将有助于个人从多种视角分析不同的情境。这又会进一步帮助领导者洞悉如何能使领导更有效；当然，前提是领导者相信研究证据可以为个人领导实践提供有价值的信息。[20]

即便如此，由于各位领导者在分析情境、对不同情境做出反应的能力上千差万别，因此我们说领导既是科学，又是艺术。专栏1-1提出了一个问题，即领导学是否应被视为一门真正的科学。

❖ 专栏 1-1

对领导的研究是“真正的”科学吗

在本章中，我们提出领导既是科学，又是艺术。我们认为，大多数人会同意领导的某些部分具有艺术性，因为它无法完全预先规定或程序化，形成一套待遵守的规则，领导过程总是包含某些个人因素。可能正因如此，很多人对领导学研究作为“真正的”科学（类似于物理、化学）持怀疑态度。即使承认已有数千项领导学实证研究被发表，很多人仍然反对将领导学与自然科学相提并论。

你可能有兴趣知道，领导学者目前也在激烈辩论领导学是否应以物理学为榜样。并且，这场辩论并不只是“物理学嫉妒情结”㊀的表现。这场辩论可以追溯到 20 世纪早期，当时的一些心理学权威建议心理学理论应当以正规明确的数据模型为基础，而不仅是扶手椅上的猜想。目前关于领导学领域的辩论正从系统视角来探讨这一现象，甚至在思考领导学与热动力学之间是否存在基本的相似点。

那么，你是否愿意考虑用分子键合的动力机制来解释人类如何自行组织以达成共同目标呢？

资料来源：R. B. Kaiser, “Beyond Physics Envy? An Introduction to the Special Issue,” *Consulting Psychology Journal: Practice & Research* 66 (2014), pp.259-60.

领导既是理性的，又是感性的

民主政治不会追随一位缺乏戏剧性的领导者。一个人若想成为英雄，万万不可只表现出英雄般的美德和不为人知的善行。他必须边说、边做、边解释——与戏剧如出一辙。

——威廉·艾伦·怀特（William Allen White），美国作家、《恩波里亚公报》（*Emporia Gazette*）编辑

领导涉及人类实践理性的一面，也涉及感性的一面。领导既包括基于推理与逻辑的行动和影响力，也包括基于灵感与热情的行动和影响力。我们不想培养纯粹的理性领导者，完全根据逻辑推定对问题做出回应。由于人们在思想情感、希望与梦想、需要与恐惧、目标与野心、优势与弱势上均存在差异，领导情境可能是极端复杂的。人既是理性的，也是感性的，因此，领导者可以使用理性技术及感性诉求来影响追随者，但他们也必须权衡自身行动的理性和感性结果。

对领导的全面认识，要求同时观察人性的两个方面。虽说理性分析有助于领导力的提升，但优秀的领导不仅仅涉及计算、规划，或者按“清单”办事。优秀的领导也与触动他人的情感有关；情绪在领导过程中扮演了极为重要的角色。20 世纪 60 年代的美国民权运动就是很好的例证，这场运动是同时基于情感和原则之上的。马丁·路德·金鼓舞了大量的人参与行动，他既感动了人们的心灵，也影响了人们的头脑。

然而，被激发出的情感既能被积极利用，也能被消极滥用，其结果可能是建设性的，也可能是毁灭性的。有些领导者能鼓舞他人完成伟大目标、表现出巨大的勇气，有些领导者展现的情感力量却与之相反。例如，阿道夫·希特勒（Adolf Hitler）在群众集会上的演说煽动了群众的情绪，后来的事实表明，群体性狂热很容易转变为群体性盲目。还有一个例子，约有 800 位信徒因为“敬爱的”吉姆·琼斯的情感吸引力，自主决定集体自杀。

㊀ 物理学嫉妒情结（physics envy）被用于批评软科学、人文科学力图用数学方式来表达学科的基本概念的做法，这种做法努力使本学科更接近自然科学，特别是物理学。——译者注

群体的存在本身（即使没有上升到一定的情绪层次），也会使人们的行为举止与其独处时有所不同。例如，在飞机机组成员中存在明确的权威链，从机长到副机长，权威逐级下降。关于机长权威的规范牢不可破，即使灾难近在眼前，一些副机长也不会从机长手中夺取飞机控制权。在福希（Foushee）报告的一项研究中，模拟训练过程中飞机机长假装失能，以此观察机组其他成员的反应。[21] 机长的假装失能发生在确定的时点——飞机即将着陆，模拟过程同时还伴以恶劣天气和低能见度等条件。在这些模拟飞行中，约有 25% 的副机长完全不作为，听任飞机坠毁。出于某种原因，当机长操纵的飞机明显偏离安全降落参数时，这些副机长未能主动控制局面。该例子表明，即使在情绪层次不高时，群体动力也能影响群体成员的行为（信不信由你，飞机机组成员接受过大量培训，因而这不是一个高度情绪化的情境）。总的来说，领导活动很显然会涉及追随者的感觉、非理性行为和理性行为。领导者需要同时考虑其行为的理性和感性结果。

事实上，有些学者提出，领导的观念本身就源于我们的情感需求。但相信领导的效能，即所谓**领导力传奇**（romance of leadership），可能是一种文化迷思，其效用主要表现在它影响人们如何用因果关系来解读复杂社会系统的事件。例如，这一迷思使人们将商业领域中的公司成败自动归结为领导者的原因。但领导可能并非公司成功的主因，而仅仅是一种被传奇化的观念，一种人们渴望且需要相信的执念。[22] 与之相关的是，人们往往认为领导者的成功主要（如果不是全部）源于此人独有的个人特质。领导概览 1-2 中进一步探讨了这一观念。

❖ 领导概览 1-2

比尔·盖茨的领先优势

在美国社会，人们普遍相信个人有能力克服巨大的阻碍，通过才华、力量、毅力获得成功，但这些成功故事往往另有隐情。马尔科姆·格拉德威尔（Malcolm Gladwell）所著的畅销书《异类》，饶有趣味地探讨了情境因素如何与我们通常认为重要的个人素质一起，共同决定了个人成功。比如，你是否想过，比尔·盖茨只是因为聪明和远见就创立了微软公司吗？

好吧，让我们假定他的确聪明绝顶、富有远见，有大量证据支持这一观点。但重点是，这通常不足以让人取得成功（可能从来都不够）。还有其他一些因素和智力、远见一起发挥作用，使盖茨在合适的时间身处合适的地点。

- 盖茨出生于西雅图的一个富裕家庭，7 年级进入了一所私立初中。1968 年，即他入学第二年，学校设立了一个计算机俱乐部，此时大多数大学都还没有类似社团。
- 20 世纪 60 年代，几乎每个学计算机的人都会使用计算机卡片，其使用过程极为沉闷无趣。但盖茨所在中学的计算机与西雅图市区的一个微型机联结，因而在 1968 年，8 年级的盖茨可以通过分时系统来练习电脑编程；此时世界上还很少有人能有这类机会，更不用说是青少年了。

- 但即使在盖茨就读的这所富裕的私立中学，校方资金也不足以支付购买微机使用时间的高昂费用。幸运的是，就在同一时间，华盛顿大学成立了一家计算机中心公司（Computer Center Corporation）来出租上机时间。它的创建者之一恰好是盖茨所在学校的学生家长，他认为学校计算机俱乐部可以通过测试该公司的新软件项目来交换上机时间。之后，盖茨就开始定期在课后乘公交去该公司办公室，一直编程到晚上。在 7 个月的时间里，盖茨和俱乐部其他成员平均每天 8 小时、每周 7 天都在使用计算机。
- 在盖茨 12 年级时，出现了另一个绝佳机会。一家大型全国公司（TRW）需要具备特别专长的程序员，事实上，那恰好是盖茨所在中学的这群孩子具备的能力。盖茨成功说服他的老师，允许他整个春天在外地工作并获得独立学分。
- 盖茨在大二时从哈佛大学辍学，此时他已经积累了超过 1 万小时的编程经验。他曾表示，自己是所有同龄人中接触软件开发最多的人，而这一切都源于一系列幸运事件。

由此看来，盖茨的成功至少部分原因在于“合适的人、在合适的时间、处于合适的地点”。

资料来源：Malcolm Gladwell, *Outliers: The Story of Success*(New York: Little, Brown and Company, 2008).

领导与管理

要想回答“领导是什么”，显然需要看看领导与管理之间的关系。对很多人而言，**管理**（management）一词让人想到的是效率、计划、文书工作、程序、规章、控制和连贯性等词汇，而领导一词更多地让人联想到承担风险、动态、创造力、变革和愿景等词汇。有些人说，领导在本质上是一个价值选择过程，因此领导是由价值观决定的活动，而管理并非如此。领导者被认为是要做正确的事，而管理者则被认为是正确地做事。[23, 24] 下文列出了管理者与领导者的其他一些区别：[25]

- 管理者执行，领导者创新；
- 管理者维持，领导者开发；
- 管理者控制，领导者鼓舞；
- 管理者关注短期，领导者关注长期；
- 管理者询问怎么发生、何时发生，领导者询问发生了什么、为什么发生；
- 管理者模仿，领导者原创；
- 管理者接受现状，领导者挑战现状。

虽然我们承认这类对领导与管理的区分基本上是准确的，甚至是有益的，但它也存在一些意料之外的负面影响：“现在有些领导者认为自己的工作就是提出宏大但含糊其词的观念；而将它们付诸实施，甚至只是对这些观念的细节进行沟通、计划，都被视为与自己的身份地位不相符的

‘管理’工作。”[26]

扎莱兹尼克（Zaleznik）更进一步地提出，这些差别反映了二者在基本人格类型上存在差异：领导者和管理者本质上是不同的两类人。[27]他认为，有些人天生就是管理者，另一些人则天生就是领导者。不是说谁比谁更好，他们只是不同类型的人。事实上，他们的差异很有价值，因为典型的组织需要这两项职能都良好运作，才能取得成功。再来看看 20 世纪 60 年代美国民权运动的例子。马丁·路德·金是美国民权运动的发起者和方向指引者，他赋予人们尊严和更自由地参与国家生活的希望，这是人们此前很少有理由期望的。他用自己的远见卓识和雄辩口才鼓舞着整个世界，并改变了我们共同生活的方式。由于他的存在，今天的美国与以往完全不同。马丁·路德·金是领导者吗？毫无疑问。他是管理者吗？从某种程度上看，这种说法并不确切，而且，如果不是因为他的支持团队的管理天赋，民权运动很可能会失败。由此可见，领导与管理互为补充，而且二者对组织成功都至关重要。

关于领导与管理的问题，本书作者持中庸的观点。我们认为，领导与管理是紧密联系，又存在差异的两项职能。我们对二者间联系的看法如图 1-1 所示，图中显示领导与管理是两项相互重叠的职能。尽管领导者和管理者完成的某些职能是各自特有的，但它们之间也存在重叠领域。在阅读专栏 1-2 时，你认为人们在应对 1906 年旧金山大地震时，表现更多的是优秀的管理还是优秀的领导，抑或两者兼备？并且，在领导概览 1-3 中，你会读到美国历史上两位不同时代的领导者。

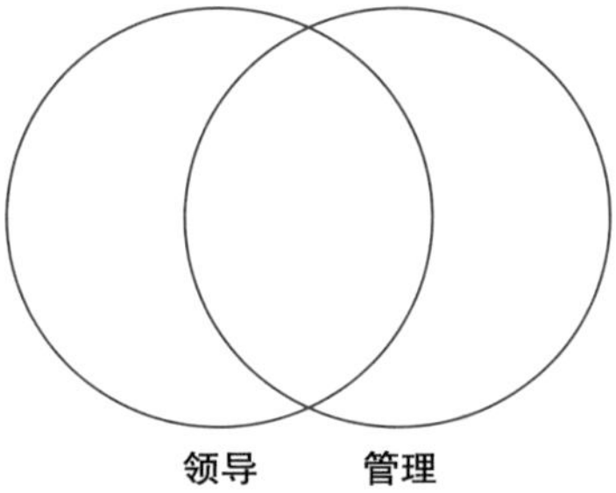

图 1-1 领导与管理的重叠

❖ 专栏 1-2

对自然灾害的领导应对

在可怕的自然灾害发生后，观察者往往会评价政府对灾害的反应是否充分及时。比较美国多个政府机构对一个世纪前发生的自然灾害（1906 年旧金山大地震）的应对，会很有启发。

那场突如其来的灾难来自地震本身，但造成最终房倒人亡惨剧的主要原因是震后的大火，一个灾难加剧了另一个灾难的影响。全城的电线杆倒塌，拉倒了上面的高压电线；煤气管道断裂；烟囱垮塌，燃烧的煤块落入因燃料罐破损流出的数千加仑㊀汽油中；居民家中的炉子和加热器翻倒在地。转眼之间，大火在全城各处蔓延。由于地震使全城水管破裂，各个街角的消防栓不能供水，人们根本无法开展灭火自救。从客观数据来看，在这场灾难中估计有 3000 余人遇难，20 多万人无家可归，并导致大约 1950 亿美元的财产损失（按今天的美元价值计算）。

政府当局是如何应对这次灾难的呢？毕竟，当时有灾难应对预案的政府机构在数量上远

㊀ 1 美制加仑=3.785 411 8 升。

少于现在，而且，高科技通信手段更是闻所未闻。请看下面两个例子：

- 当地震发生时，驻旧金山的陆军高级将领恰巧不在当地，因此，帮助组织军队和联邦政府应对灾难的重任就落在了他的副手肩上。这位副手立刻向华盛顿特区打电报说明此事，要求政府提供帐篷、食物配给和药品。战争部长（威廉·霍华德·塔夫脱，后来成为下一届美国总统）迅速做出反应，从华盛顿州调运了20万份食物配给。几天之内，美国陆军所有的帐篷都被送往旧金山，并从弗吉尼亚州调运了历史上最长的医用火车。
- 在遭遇1906年大地震的过程中，给人印象最深的领导创举可能来自美国邮政局。它在极短时间内恢复了正常运行，哪怕是地震来袭也没有遗失一样东西。并且，由于地震彻底摧毁了该城的电报网（城区内的电报临时由邮局传递），一个关键问题出现了：受灾群众如何与异地的家人联络。市邮政局局长当即宣布，旧金山的每一位公民都能使用邮局服务，向家人、朋友说明自己的状况和需求。他还进一步保证，发往外地的邮件无论是否贴有邮票，都没关系。这正是人们需要的：环境需要人们与朋友和家人交流信息，无论他们能否找到或买到邮票。

这个案例也许可以提醒我们，现代领导未必是更好的领导方式，政府中的领导也不总是官僚化的，它可以充满人性并富于创新。

❖ 领导概览 1-3

两位领导者的故事

2015年，音乐剧《汉密尔顿》(*Hamilton*)在百老汇开演。它随后获得一项普利策奖和11项托尼奖。它讲述了美国开国元勋亚历山大·汉密尔顿（Alexander Hamilton）的故事，他在美国历史上的重要作用已被大多数人遗忘了。

如果你和大多数人一样（至少在百老汇的《汉密尔顿》开演前），你可能对亚历山大·汉密尔顿的生平知之甚少。那么，请看他一生中值得注意的几个片段：

- 1755年，他出生于西印度群岛。曾在圣克罗伊的一家贸易公司做过学徒，由此获得的与航海贸易商、走私贩子打交道的经验，对他后来建立美国海岸警卫队和海关大有裨益。
- 他在美国殖民地接受了大学教育，在22岁时担任乔治·华盛顿的私人秘书，并在独立战争期间担任其非官方事务长。他还是1787年制宪会议后美国新政府的主要设计者。

他的成就相当惊人，特别是考虑到在该音乐剧流行前你几乎没听说过他。但林-曼努尔·米兰达（Lin-Manuel Miranda）在阅读罗恩·切尔诺（Ron Chernow）的杰出传记作品《汉密尔顿》后，深深地被这一人物吸引。这激励他创作了这部音乐剧（编剧和作曲）并担纲主演。

正如许多美国人由此开始了解汉密尔

顿这位领导者，也有很多人开始赞赏米兰达所表现出的领导力。后者的成就之一，是入选《时代》杂志“2016 年最具影响力的 100 人”排行榜。他在反思所获奖项及留给后世的精神遗产时，对《时代》杂志表示：“我们拥有的时间是一定的。我们在地球上存在的时间只是时间长河中最小的砂粒，我们留给后代的是什么？我想，只要我活着，这个问题就会一直困扰我。这也是剧中汉密尔顿直接表达的，在这一点上，我们很有共同点。”

得益于《汉密尔顿》的巨大成功，米兰达每周大概可以获得 10.5 万美元的版税。但至少在他本人看来，《汉密尔顿》无可争议的成功并非他的人生转折点。他仍然住在从小一直生活的华盛顿高地的拉丁裔社区，这里也为他创作第一部音乐剧提供了灵感。在回忆那个重要事件时，他表示：“我真的认为（自己人生中）最大的飞跃是第一次创作《身在高地》（*In The Heights*），我从代课教师变成了百老汇编剧。我的人生中再也不会经历这么大的飞跃了。”

资料来源：R. Chernow, *Alexander Hamilton*(New York: Penguin, 2004); J. McGregor,“How Hamilton’s LinManuel Miranda Makes Us Think about Legacy,” *The Washington Post*, May 4, 2016; and “Miranda’s Life as a Rich Man,” The Week, November 15, 2019, p.10.

领导迷思

在领导力开发的问题上，最大的障碍莫过于那些关于“领导是什么”的查无实证、自缚手脚的信条。因此，在我们详尽探讨领导力及领导力开发问题之前，先要考虑“领导不是什么”。在此，我们将探讨几个妨碍人们充分理解和开发领导力的信条（我们称之为迷思）。

迷思 1：好领导完全靠常识

仅从字面上看，这一迷思是说一个人只需要借助常识，就能成为好的领导者。但它也暗示，学术性刊物和书籍中发表的大部分（如果不是全部）领导学研究，只是证实了任何有常识的人已经了解的信息。

当然，这里的问题出在常识这个语义含糊的词汇上。常识是指任何一位明事理的、有适度经验的人都能获得的日常实践性生活知识的总和。然而，一个简单的实验就能证明，常识并不像你所想象的那么普通，也并不为所有人了解。随便找几个朋友或熟人问问，“久别情深”是真的吗？大部分人会给出肯定的回答。接下来，再问另一群人，“眼不见，心不烦”对不对？大部分人也会说是对的。但这两句俗话显然是彼此矛盾的。

> 如果每 10 个球中你会漏击 7 个，但你击球 300 次，这个成绩足以让你步入棒球名人堂。如果你总是把球棒扛在肩上，就一分也得不到。
>
> ——沃尔特·B. 里斯顿（Walter B. Wriston），花旗集团董事长，1970—1984 年

当人们听到有关人类行为的研究结论时，也经常会发生类似情况。一开始听说这些结论时，人们会说，“谁需要通过研究来了解这些，我一直都知道”。但有几项实验表明，当实验对象需要猜测一项实验的结果，而不是直接被告知实验结果时，发生的情况令人吃惊。[28，29] 在你知道结果后觉得理所当然的事，和你（或其他任何人）事先预测的结果，完全是两码事。“事后诸葛亮”永远是正确的。

一个具体示例可以更清楚地说明这一点。请阅读以下段落：

> 第二次世界大战（以下简称“二战”）以后，美军花费了大量金钱用于做研究，但很多人相信这些研究的结论从一开始就显而易见。比如，有项研究表明，来自南方的士兵比北方士兵更能忍受南海群岛的炎热天气。

这听上去合情合理，但有一个问题：上面的说法与实际研究结论完全相悖。在适应热带气候方面，南方人并不比北方人表现得更好。[30] 常识经常会捉弄我们。

换句话说，理解领导问题所面临的一个挑战可能就是，知道常识在什么时候有用，什么时候又派不上用场。领导者是否应该充满自信地采取行动？这是毫无疑问的。但他们也需要足够谦逊，认识到他人的观点也是有益的。当情况恶化时，领导者是否应该坚持不懈？的确如此。但他们也需要认识到，时代的变化要求转向新的方向。如果领导仅仅依赖于常识，在工作场所中就不该存在问题，哪怕有，也应该很少。但我们冒昧地猜想，你已经注意到在领导者和追随者之间存在大量问题。有效的领导肯定不只涉及常识而已。

迷思 2：领导者是天生的，而不是后天培养的

有些人相信，能否成为领导者取决于他有没有这个基因；另一些人则相信，生活经验塑造着每个人，没有人是天生的领导者。哪种观点是对的？从某种意义上说，两种观点都对，又都不对。说两种观点都对，是因为先天因素和后天经验会同时影响多种行为，包括领导行为。但说两种观点都不对，是想表示领导既不是先天生成的，也不是后天培养的，真正重要的是这些先天与后天的因素如何相互作用。我们相信，把世界看成由完全互斥的两类人，即领导者和非领导者组成，这种观点是无益的。更有益的做法是讨论每个人如何最有效地利用自己所面对的领导机会。

通过一个不太受关注的替代问题——“大学教授是天生的，还是后天的”，你会很容易发现，“领导者是天生的，还是后天的”这一问题毫无意义。从概念上看，这两个问题完全相同，而且答案也是：每个大学教授既是天生的，也是后天的。很显然，大学教授算得上是天生的，因为智力（及其他因素）与基因构成相关，而智力水平无疑对成为大学教授起到一定作用（最起码也有次要作用）。但每位教授也都是后天的。很显然，大学教授都必须接受相关专业领域的高深教育；即便有些人基因很优秀，但没有必需的教育经历，他仍不可能成为教授。成为大学教授部分取决于个人的天生禀赋，部分取决于后天经历如何塑造遗传因素。这一点同样适用于领导者。

更具体地说，研究表明多种认知能力和人格特质至少有部分源自遗传因素。[31] 因此，天生的

才华或个人特征可能使领导者具备某些特定的优势或弱势。以生理特征为例：超过平均身高的人更有可能被视为领导者，这一特征也可能增强他的自信。但这一特征并不会“使”他成为领导者。看似与领导相关的心理特征也有相似的作用。在较长时期内保持稳定的某项个人特征（如在校友聚会时，同学们的个性似乎与当年保持一致），可能会强化在他人心中的印象，认为人的基本天性是固定不变的，但不同的环境的确会培养或抑制不同的领导素质。

迷思3：社会历练是磨炼领导力的唯一途径

有些人对通过正规学习开发领导力持怀疑态度，他们相信领导力只能通过实践经验来获得。但将正规学习和经验学习视为非此即彼、相互对立的选择，是错误的。事实上，这二者是互补的。与其询问领导力是由正规学习获得，还是来自真实的生活经验，不如考虑哪种学习方式更能帮助辨别来自个人实践的关键领导教益。从这个角度看问题，就能认识到实践在领导力开发中发挥的关键作用，同时也会发现特定类型的学习和培训能增进个人在实践中辨别重要领导教益的能力。换句话说，它有助于加速经验学习的进程。

我们主张，以正规方式学习领导学的一项好处，是正规学习使人们可以用多种方式来探究某一特定的领导情境。通过学习研究者对领导的多种定义和分析方式，人们可以运用这些定义和理论，更好地理解各种领导情境下的问题。例如，在本章一开始，我们以不同的领导定义为框架来描述或分析帕拉多和飞机失事幸存者所面对的情境，每个定义关注了领导的不同侧面。与此相类似，这些框架也能用于理解个人既是领导者也是追随者的经历。我们认为，领导者，特别是新任领导者，很难运用多重视角来分析领导情境；但我们也相信，开发这种分析技能有助于让领导者变得更优秀。能从多重视角分析个人实践，可能正是领导学正规课程带给你的最大收获。

❖ 领导概览1-4

哈里·杜鲁门掌控全局

哈里·杜鲁门继任美国总统的最初4个月，可能也是美国历史上最重要的4个月，决定了今天的世界政治格局。

杜鲁门在1945年富兰克林·罗斯福总统去世后继任总统，但接替罗斯福的工作并非易事。罗斯福是美国历史上任期最长的总统（前无古人，后无来者），被视为美国最伟大、最受民众爱戴的总统之一。与此同时，杜鲁门则被说成“典型的普通人”。他没有大学学历，没有足够的财力为自己购置房产。他半开玩笑的自我介绍很能说明问题：“我小时候的人生规划是要么在妓院弹钢琴，要么当个政客。说句实话，这没什么差异。”

他对罗斯福去世当天（1945年，二战的最后一年）的回忆是，那天“担起天上所有星宿的重担都落在我的肩上”。当第一夫人埃莉诺·罗斯福（Eleanor Roosevelt）向他告知罗斯福的死讯时，他立刻询问可以做些什么来帮助她。她的回答则是：“我们可以为你做些什么？”他在此时还不清楚自己将要面对什么；即使作为副总统，也有大量工作是他不曾参与和知情的。在他继任总统的当天晚上，战争部长告诉他，有一个在研项目正在开发一种具有极大破坏力的武器。这就是曼哈顿计划，这个武器就是原子弹。杜鲁门只有 4 个月时间来决定是否用它终止这场战争。在继任总统的 4 个月里，他还见证了纳粹帝国的崩溃、对多个日本城市的全面轰炸（导致数十万人死亡），以及联合国的建立。今天，他被视为美国历史上最伟大的总统之一。

资料来源：A. J. Baime, *The Accidental President: Harry S. Truman and the Fourth Months That Changed the World* (Boston: Mariner Books, 2017).

领导分析的互动框架

第一位明确认识到领导者、追随者和情境对领导过程重要性的研究者，可能是弗雷德·菲德勒（Fred Fiedler）。[32] 菲德勒用这三个要素开发出权变领导模型，我们将在第 15 章中详尽探讨这一领导理论。不过，虽然承认菲德勒所做的早期贡献，但是我们将这一理论框架更多地归功于霍兰德（Hollander）提出的交易型领导方法。[33] 我们称本书所用的方法为**互动框架**（interactional framework）。

由霍兰德模型延伸出的分析框架，有几点值得进一步说明。首先，如图 1-2 所示，该框架表明领导是由三个要素构成的职能，分别是**领导者**（leader）、**追随者**（follower）和**情境**（situation）。其次，可以从不同的分析层次，深入探究某一特定的领导场景。尽管孤立分析也能理解领导过程，但如果深入探讨这三个要素（视角）之间的**互动关系**（interaction；用图中的重叠部分表示），就能更好地理解领导过程。例如，如果我们不仅关注领导者和追随者在领导过程中的表现，也关注领导过程中领导者和追随者之间的交互作用，就能更好地理解领导过程。同样地，我们可以分别讨论领导者和情境，但探讨情境如何限制或促进领导者的行为，以及领导者如何改变情境要素以提高领导效能，可以深化对领导过程的理解。因此，该框架的最后一项重要特点是，领导被视为领导者、追随者和情境三者之间多种复杂互动的结果。正因为存在这些复杂的互动关系，过度宽泛地概括领导过程往往引发质疑：有太多因素影响领导过程（见后文的专栏 1-3）。

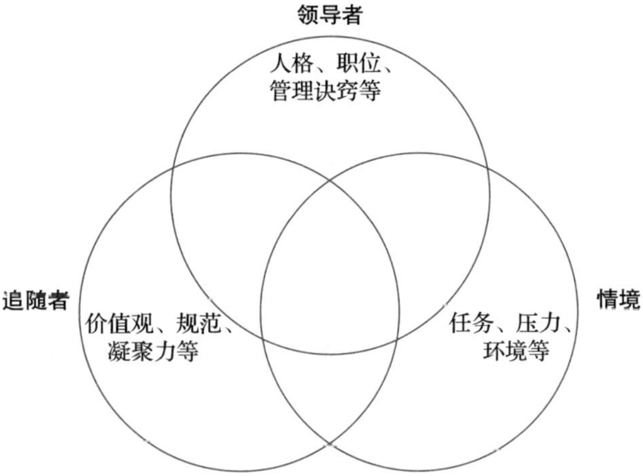

图 1-2　领导分析的互动框架

资料来源：Adapted from E. P. Hollander, *Leadership Dynamics: A Practical Guide to Effective Relationships* (New York: Free Press, 1978).

领导者和追随者之间的这种复杂互动，在所谓**圈内**（in-group）和**圈外**（out-group）的说法中表现得很明显。有时，领导者和几个下属之间会形成一种高度的相互影响和吸引关系。这些下属在圈内，他们明显表现出对领导者的高度忠诚、高度认同和高度信任。其他下属则被划到圈外。领导者对圈内追随者的影响力，比对圈外追随者的影响力要大得多。然而，这种更大的影响力也要付出代价。如果领导者主要依赖正式权力来影响下属（尤其是惩罚），他们就可能面临失去下属的高度忠诚和高度认同的风险。[34]

领导者

这一要素主要探究领导者个人的哪些属性被纳入了领导过程。这其中可能包括独特的个人历史、兴趣、人格特质和动机。

领导者并不是完全同质的一类人，但他们往往具有某些共同特征。研究表明，在人格特质、认知能力、技能和价值观方面，领导者与其追随者有所不同，有效的领导者也与无效的领导者存在差异。[35, 36, 37, 38, 39, 40] 人格对领导的一种作用方式是通过气质（temperament）实现的，这里的气质指领导者通常是沉着镇定，还是喜怒无常。与脾气火暴、经常迁怒他人的领导者相比，性情沉稳、不攻击或贬低带来坏消息的下属的领导者，更有可能获得全面及时的信息。

领导者的另一个重要方面是他如何获得领导地位。与追随者选出或一致推举出的领导者相比，下属对上级任命的领导者信任度较低，忠诚度也较低。自发产生或选举出的领导者通常能更好地影响群体以达成目标，因为他们的权力来自追随者。然而，选举或自发产生的领导者要想保持权力，必须对支持者的想法保持高度敏感。

一般来说，领导者在特定组织中的经历，通常对其领导效力至关重要。例如，从组织内部提拔的领导者熟悉组织文化和政策，也期待“一切畅行无阻”。并且，与外来的领导者相比，人们更熟悉和了解组织内部选拔的领导者。无论好坏，这一点极可能影响组织中其他人愿意赋予领导者多大的自主权。如果领导者因为以往的成就赢得了广泛尊重，就会比初来乍到、以往表现鲜为人知的新手有更大的自由行动权。另外，很多人会给新任领导者一个获得成功的公平机会，新任领导者通常也会在做出激进、有争议的决策前，花时间学习组织的非正式规则、规范和“条条框框”。

领导者的合法性，也可能受到追随者在多大程度上参与了领导者甄选过程的影响。如果追随者在甄选或选举领导者时有发言权，他们对领导者就会有更高的心理认同，但他们可能也对领导者有更高的期望和要求。[41] 我们可能还想知道领导者的上层会提供何种支持。如果追随者觉得自己的上司对上层很有影响力，他们就不太会向更高管理层表达不满。反之，如果上司对上层缺乏影响力，下属更有可能向更高管理层抱怨。

> 我不得不屈从于人民的意志。我不是他们的领导者吗？
>
> ——本杰明·迪斯雷利（Benjamin Disraeli），19 世纪的英国首相

上述例证表明，将领导者个体作为一个分析层面，可以获得关于领导过程的多种认识。但是，即使对领导者个人进行全面研究，我们对领导过程的了解仍然是不完整的。

追随者

> 群众会追随一位走在他们前面 20 步远的领路人；不过，如果领路人比他们超前 1000 步，他们就会看不见他，当然也无法追随他了。
>
> ——格奥尔·布兰德斯（Georg Brandes），丹麦学者

追随者是领导过程的关键要素，但以往的分析（经验实证研究）往往没有意识到追随者的作用（但阅读专栏 1-3，可以看到学术文献中对追随者作用的认可）。事实上，很长一段时间，“对领导过程的一般观点是，领导者积极地领导，下属（即追随者）被动、顺从地追随”。[42] 随着时间推移，特别是在 20 世纪，社会变革改变了人们对追随者的观念，领导理论逐渐认识到追随者在领导过程中发挥着积极、重要的作用。[43] 如今，人们似乎很自然地接受了追随者扮演的重要角色。

❖ 专栏 1-3

最早的兄弟连

你们中很多人可能都看过（或至少听说过）获奖电视剧《兄弟连》(*Band of Brothers*)，它由斯蒂芬·安布罗斯（Stephen Ambrose）的同名书籍改编，其中讲述了著名的美国 101 空降师的一个连队在二战期间的事迹。但你可能没有意识到，威廉·莎士比亚在《亨利五世》中使一支历史更悠久的兄弟连声名大振。

这是莎士比亚笔下最著名的演讲之一。年轻的亨利五世在远征法国的壮举面临失利时，为了联合其追随者而慷慨陈词。法国士兵在河对岸紧追亨利的军队不放，一旦过河，他们就要与法国军队正面交锋。就在阿金库尔（Agincourt）战役的前夜，亨利鼓舞人心的话语激励着他的军队。这些精疲力竭、衣衫褴褛的士兵，面临着敌众我寡的局面。与亨利所说的“我们这些人，幸运的少数，相近相依的弟兄”相比，很少有演讲能更好地将领导者与其追随者结为一体。

数百年后，亨利的演讲仍有力地显示了一位领导者如何强调其追随者的重要性。现代的领导概念，如愿景、超凡魅力、关系导向和赋权，都清晰地体现在亨利与其追随者的互动过程中。下面是亨利的著名演讲词的最后几行：

从今天直到世界末日，
我们永远会被铭记。
我们这些人，幸运的少数，相近相依的弟兄，

谁今天与我一起浴血奋战，谁就是我的兄弟。
不论出身怎样低微卑贱，
今天的洗礼将使他成为真正的贵族！
英格兰的绅士们将懊悔他们不在这里，
当任何人谈及克里斯宾节㊀那天的战斗时，
他们将感到自己的卑贱！

莎士比亚对领导过程复杂性的深刻洞察，应该提醒我们注意，虽然现代研究有助于加深对领导过程的理解，但这不应该是我们关注的唯一视角，无疑也不是最动人的视角。

资料来源：S. E. Ambrose, *Band of Brothers* (New York: Simon & Schuster, 2001).

本书给出的一个领导定义特别值得关注：领导是群体中所有成员共享的社会影响过程。领导不仅限于特定职位和角色上的某个人施加的影响，追随者也是领导过程的一部分。近年来，实践者和学者都越发重视领导与**追随**（followership）的高度相关性。正如伯恩斯（Burns）所观察的，“一长制”(one-man leadership）是一种自相矛盾的说法。[44]

尽管这一点似乎显而易见，早期领导学研究者却很少关注领导过程中追随者所起的作用。[45, 46]但我们知道，追随者的期望、人格特质、成熟度、任职能力及激励水平也会影响领导过程。专栏1-4提供了对追随者分类的一种系统方法，该方法在研究中得到了广泛应用。[47, 48, 49, 50]

✧ 专栏1–4

追随者的类型

人们都知道存在不同类型的领导者，但存在各种不同类型的追随者，还是比较新的观念。对很多人而言，“追随者”一词本身就存在消极含义，令人想到行为像绵羊一样温顺的人，需要他人告知自己该做什么。然而，罗伯特·凯利（Robert Kelley）相信，与其把追随者看成领导者的对立面，不如把他们视为领导者在组织工作中的合作者。

凯利相信，大致可以用两个维度来描述不同类型的追随者。其中，第一个维度的一端是**独立、批判性思维**（independent，critical thinking），另一端是**依赖、非批判性思维**（dependent，uncritical thinking）。凯利认为，最优秀的追随者会独立自主地思考，提出建设性的意见，甚至是解决方案，最差劲的追随者则需要他人告知自己该做什么。凯利提出的第二个维度是根据人们的工作参与程度，将追随者划分为**积极的追随者**（active follower）和**消极的追随者**（passive follower）。凯利认为，最优秀的追随者是那些做事积极主动的人，他们主动自发地工作，而最差劲的追随者则是消极的，甚至可能逃避责任，因而需要持续不断的

㊀ 克里斯宾节（Saint Crispin's day）在10月25日，是基督教为纪念圣徒克里斯宾殉道所设。《亨利五世》中提到这一天是因为阿金库尔战役发生在这一天。——译者注

监督。

凯利根据这两个维度将追随者划分为五种基本类型：

1. **疏离型追随者**（alienated follower）。这种人习惯向他人指出组织中的所有消极方面。尽管疏离型追随者认为自己不随大流，对组织所持的怀疑态度也很正常，但领导者往往认为这些人愤世嫉俗、消极、敌对。

2. **顺从型追随者**（conformist follower）。这种人在组织中只会说“是”。尽管他们在组织中总是积极工作，但如果接受的指令与社会行为规范、组织政策相违背，这类人也可能是危险的。这类追随者多半是由苛求独裁的领导者或过于僵化的组织结构造就的。

3. **实用型追随者**（pragmatist follower）。这种人很少高度认同自己所在群体的目标，但他们学会了不制造事端。因为实用型追随者不喜欢引人关注，他们往往在组织中表现平平，阻塞了组织大动脉的顺畅运行。由于很难洞悉他们对问题的态度和意见，他们给人的印象总是相当模糊，有积极的一面，也有消极的一面。在组织中，这类人可能是精通官僚规则的专家，能充分利用这种规则来保护自己。

4. **消极型追随者**（passive follower）。这种人不具备楷模型追随者（将随后讨论）表现出的任何一种特质。他们依赖领导者做出所有决定。此外，他们对工作缺乏热情。消极型追随者缺乏主动性和责任感，需要对他们进行持续不断的指导。领导者可能认为他们偷懒、无能甚至是愚笨。但有时人们成为消极型追随者，只是因为领导者预期下属会以这种方式行事。

5. **楷模型追随者**（exemplary follower）。领导者和同事对楷模型追随者的一贯印象是，他们独立、积极主动并愿意向领导提出异议。即便在面对官僚制度的苛责，或者持消极、实用态度的同事时，他们仍将自己的才华用于对组织有益的事情上。有效的领导者深知楷模型追随者的价值。本书的作者之一曾在职能岗位上充当追随者，在一次会议上领导者向与会者这样介绍他：“这是我最喜欢的下属，因为他忠诚但‘经常说不’。”

楷模型追随者在追随者的两个评定维度上得分都很高，对组织的成功至关重要。

因此，我们建议领导者应挑选具备这类特质的人作为下属，更重要的是，要创造条件鼓励下属做出这类行为。

资料来源：R. Kelley, *The Power of Followership* (New York: Doubleday Currency, 1992).

追随者工作动机的性质也很重要。与只关注金钱激励的追随者相比，追随者认可领导者的目标和价值观、相信高质量完成工作能带来内在报酬，都使他们更有可能为时间紧迫的项目加班工作。

甚至是直接向领导者汇报的追随者的数量，也会产生重要的影响。例如，管辖 3 名员工的门店经理，与管理 8 名员工、负责独立货运服务的经理相比，前者可以在每名员工的管理上花费更多时间；负责 5 名成员的任务小组和 18 名成员的任务小组，涉及的是迥异的领导活动。其他相关的变量还包括：追随者对领导者的信任度；追随者是否相信领导者关心自己的幸福感。领导概览 1-5 中谈到了追随者与领导者关系的另一个方面。

❖ 领导概览 1-5

保罗・里维尔

美国历史上的一个传奇故事，讲的是保罗・里维尔（Paul Revere）如何骑马夜越波士顿周边的乡村，警告各个市镇“英国人要来了”，使当地民兵武装做好准备迎击侵略者。结果，当英国军队在第二天真的向列克星敦进军时，他们遭遇了完全出乎预料的激烈抵抗。在康科德，英国军队遭到了当地普通民众的痛击，由此开始了美国独立战争。

一代又一代的美国人理所当然地认为，里维尔的成功夜骑是源于他的英雄主义，以及这个消息本身显而易见的重要性。然而，鲜为人知的是，里维尔并不是那天夜里唯一策马狂奔的人。另一位革命者威廉・道斯（William Dawes）也肩负着同一使命：在同一时间穿越波士顿周边的另一些市镇，警告他们“英国人要来了”。他的确这么做了，带着消息跑遍了和里维尔一样多的市镇。但他的夤夜出行并不成功；当地的武装力量领袖没有被发动起来，也没有组织与英国军队的抗争。如果他们这样做了，道斯也会和里维尔一样名垂青史。

为什么里维尔之行成功了，而道斯之行却失败了？里维尔利用了人际间口耳相传的快速消息扩散渠道，而道斯没这么做，这是因为两个人的社会联系类型存在差异。说到底，不是消息本身的性质（虽然它极端重要），而是信息传递者的性质，决定了这一切。里维尔是一个热爱交际、朋友众多的人，他是马尔科姆・格拉德威尔（Malcolm Gladwell）笔下的联络者。格拉德威尔写道，里维尔是一个“渔夫、猎人、扑克牌友和戏剧爱好者，他经常去酒吧，也是一位成功的商人。他是当地共济会的活跃分子，也是几家入会要求严格的社交俱乐部的成员”。里维尔总是有本事让自己成为受关注的中心人物。所以，在那天晚上他开始骑马夜行时，里维尔的天性决定了他无论在路上遇到谁，都会停下来把消息告诉对方，而且他也知道，在各个市镇他需要知会哪位关键的大人物。

道斯天生不像里维尔那么好交际，他也没有里维尔那么广泛的社交网络。极有可能，他也不清楚在各个市镇中该找谁分享这个重要消息，去敲响谁的房门。道斯的确通知了一些人，但其规模还不足以激起里维尔所产生的那种影响。换言之，道斯知会的人对他的了解程度，远比不上里维尔与其听众之间的关系。

作为一名领导者，不仅是你所拥有的信息、观点本身会发挥影响，你认识谁、认识多少人，以及他们对你的了解，也会影响最终的结果。

资料来源：M. Gladwell, *The Tipping Point* (New York: Little, Brown and Company, 2002).

在互动框架中，“领导是什么”与“追随是什么”无法截然分开。二者之间不存在清晰的界限，它们相互交融。领导与追随之间的关系可以借用拓扑数学[㊀]中的一个概念来表现——默比乌斯带

㊀ 原文为topographical mathematics，即地形数学，应为topological mathematics（拓扑数学），作者笔误。——译者注

（Möbius Strip）。你可能熟知默比乌斯带的奇妙特性：当一条纸带被扭曲并以图 1-3 所示的方式联结起来时，这条纸带就只剩下一个表面。你可以将铅笔放在纸带的任意一点上连续画线来证明这一点。你的铅笔将划过整个纸带（即两“面”），最终回到起点。为了展示这一奇妙特性与领导之间的关联，请裁出一条纸带。在纸带的一面写上领导，在另一面写上追随，接着按图 1-3 的做法将纸带扭曲并联结两端。这样，你就做出了一个领导 – 追随默比乌斯带，这两个概念在纸带上相互交融，正如领导与追随在组织中也会变得难以区分一样。[51]

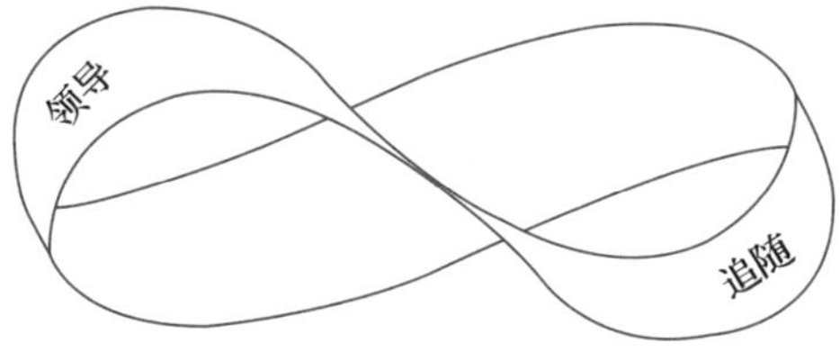

图 1-3　领导 – 追随默比乌斯带

这并不是说领导与追随是同一件事。当研究者要求高层管理者列出自己最想发现、最欣赏的领导者和追随者素质时，他们列出的清单内容相近，但并非完全一致。[52] 领导者的理想特性包括诚实、能干、有前瞻性、能鼓舞他人；理想的追随者被描述为诚实、能干、可靠和有合作精神。在特定情境下，这些差异会变得至关重要，比如，一位有前瞻性、能鼓舞他人的下属，可能觉得自己的目标、伦理标准与其上司存在重大冲突。这种情况会演变为一场个人和组织的危机，要求人们在领导和追随之间做出抉择。

> 如果你做事像头驴，就别抱怨别人骑在你头上。
>
> ——犹太谚语

随着研究者对组织过程复杂性的了解不断深入，对领导者 – 追随者关系的关注也处于动态变化中。[53, 54] 导致这种变化的一个原因是，各类组织都面临在资源减少的条件下经营的持续压力。资源减少和组织精简缩减了管理者数量，同时扩大了管理者的管理范围，这进而要求追随者承担起传统上由领导者完成的某些职能。另一个原因是，组织内部在更大程度上实现了权力分享和职权分散化，这增进了组织内各部门间的相互依赖及合作的必要性。此外，很多组织面临的问题性质日益复杂，变革异常迅速，需要越来越多的人参与解决这些问题。

这些趋势表明，追随者在未来可以采取几种方式来承担新的领导任务和责任。追随者在处理组织问题时可以更加主动。当组织的实际运作方式与其可能、应该采纳的运作方式存在差异时，追随者可以更积极、富有建设性地与领导者协作解决问题。总的来讲，“使组织变得更好”这一任务目标，需要同时得到追随者和领导者双方的认同。随着追随者角色的改变，可以很自然地预期，理想追随者的素质往往会与优秀领导者的素质高度相关。近期的一项研究发现，积极参与、独立思考等追随者特性与支配性、社交性、成就导向及稳定性等领导者素质正相关。[55]

除了帮助解决组织问题，追随者改善其“向上影响”的技巧，也能为领导过程做出更大贡献。由于追随者所在的层次正是大量组织问题发生的层次，他们可以向领导者反映相关的重要信息，这有助于实施好的解决方案。虽然有些领导者的确需要改变自身，成为更好的倾听者，但是大量追随者也同样需要接受培训，更清晰、更积极地向上级表达意见。追随者还可以通过另一种方法在未来承担更大的领导责任，即保持灵活性、以开放的心态迎接不同的机会。未来预示着更多的变革，以正面的积极预期面对变革、愿意进行自我开发的追随者将会收获更多的重视和回报。[56]

此外，这种积极看待变革、自我开发的态度也表现在以开放心态重新思考如何使用领导者和追随者的表述。即使追随者在领导过程中的重要性最终得到了应有的关注，早期的视角仍倾向于将追随者视为一种角色（即人们参演），并往往将其安排在从属的位置。与之相反，领导者往往总是"担纲主演"（借用一下戏剧的说法）。

但近年来，人们提出了理解追随者的一种不同方法。与前面提到的**角色方法**（role approach）不同，**建构主义方法**（constructionist approach）将领导视为不同个体的领导行为与追随行为的综合，而不考虑他们在组织中的正式头衔与职位。[57] 换句话说，领导来自个人在复杂社会互动过程中紧密交织的行动，有时"追随者领导"，有时"领导者追随"。从建构主义方法的视角来看，领导力是领导和追随两类行为共同作用的结果，无论行为者到底是谁。

因此，在理解领导问题时，越来越有必要同时考虑领导者变量和追随者变量，以及二者的互动关系。但这仍然不够，我们还必须理解领导者和追随者所处的特定情境。

情境

情境是领导过程的第三项关键要素。即使我们了解某位领导者及其多名追随者的全部可知信息，但通常只有在领导者与追随者互动的特定情境下，才能理解领导过程。

将领导视为领导者、追随者和情境变量三者复杂互动的过程，这一观点并非一直被人们认可。恰恰相反，最早的领导学研究假设领导是一种个人特质，与领导所处的情境无关。这一观点，通常被称为**伟人论**（heroic theory），虽然目前已经式微，但在很长时间里都代表了领导学理论的主流概念框架。[58]

在20世纪五六十年代，一种不同的领导概念模型在研究和学术领域成为主流。这一方法试图找到有效的领导行为，而不是寻找普适的领导特性。但这一方法仍然过于狭隘，忽视了有效或无效行为发生时所处的重要环境（情境）因素。随着时间推移，领导者、追随者和情境变量的复杂互动日益成为领导学研究的重点。[59]（关于领导特性、领导行为，以及探讨领导者、追随者和情境变量间复杂相互依赖性的正式理论，见本书第6、7和14章。）将情境加入领导过程变量，是一个复杂的问题。情境可能是领导框架中最有歧义的部分，它可以是群体从事的具体任务，或者是更大范围的环境背景，比如安第斯山事故幸存者所面临的困境。专栏1-5显示了情境在领导过程中所起的复杂作用。

❖ 专栏1-5

复杂世界中的决策

决策过程可以用来说明领导者如何在不同情境下做出不同的行为。直到20世纪晚期，政府和企业界的决策仍然主要建立在一个隐含假设之上：这个世界是有序的、可预测的，几乎所有决策都涉及一系列具体步骤，包括评估情境数据、对数据归类、基于惯例成规做出反应。简单地说，制定决策要求管理者感知、归类和反应。

情　境	领导者的工作
简单：可预测的、有序的；存在标准的正确答案	确保合适的流程到位，遵循最佳实践，并以清晰、直接的方式沟通
复杂：变动不居、难以预测、含糊，存在很多相互冲突的观点、许多未知事项	创造出一种允许模式逐渐显现的环境和实验；提高互动与沟通层级；使用多种方法，使每个人都能提出新的观点和思维方式

这一过程在简单环境下仍然有效，简单环境具有稳定、因果关系清晰明显的特点。但并非所有情境都如此简单，在面对具有复杂性系统特征（大量的互动要素；非线性互动关系，局部的微小变动会导致巨大的影响效应；要素间高度依赖，总体大于部分之和）的情境时，我们需要引入新的决策方法。处理恐怖主义威胁所面临的挑战，就是复杂性影响决策方式的一个例子。这种复杂性也影响着我们在商业决策和政府决策中的思维方式。简单来说，这一变化意味着复杂环境下的决策过程必须由感知、归类和反应调整为探究、感知和反应。

换言之，制定良好决策需要考虑两个方面：决策者制定何种决策，以及理解情境如何影响决策制定过程。

资料来源：D. F. Snowden and M. E. Boone, "A Leader's Framework for Decision Making," *Harvard Business Review*, November 2007, pp. 69–76.

互动框架的示例：领导角色中的女性

不久以前，在被问及受人崇敬的领导者时，人们给出的名单基本上都涉及"高龄白人男性"。如今，同一名单上的名字可能就不再高度同质化了。这一改变（我们认为是一种进步），是使用互动框架来理解领导过程复杂性的一个有益例证。

其中一个具体例证是女性的领导角色。在本节中，我们将谈及多项内容，包括女性在多大程度上承担了新的领导责任；男性和女性领导者在领导效力上是否存在差异；以及人们对领导职位甄选、继任方面存在的性别差异给出了何种解释。这一领域存在大量学术研究和流行观点的争论，比如在流行刊物上近期就有多篇文章声称女性在领导岗位上具有某种独特优势。[60]

毫无疑问，目前领导岗位上的女性数量远高于以往。但领导岗位上的女性比例仍保持相对稳定。例如，美国政府问责局（U. S. Government Accountability Office）于 2010 年发布的报告显示，2007 年，女性占据了 40% 的管理岗位，2000 年同一指标为 39%。[61] 高层管理岗位上的女性比例更不容乐观。非营利性机构 Catalyst 在 2019 年对标准普尔 500 公司的调查显示，仅有 6% 的美国公司 CEO 为女性。[62] 阻碍有能力的女性升迁至组织最高管理职位的问题仍然明显存在。大量研究探讨了这一问题，我们选择其中一些在此说明。

一项研究显示，女性高管如今获得在职指导的比例高于男性。但同一研究也发现，与男性高管的导师相比，女性高管的导师在组织影响力和辐射力上较弱。尽管这类指导能为女性的个人成长和职业发展提供有益的社会心理支持，但不足以确保女性被提拔到更高的组织职位上（指导制的说明见本书第 2 章）。[63] 另一项研究探讨了男性与女性在构建社会网络上的模式差异。与男性相比，当情境会导致高职业风险时，女性更有可能降低对他人的信任。这种行为模式可能成为一种女性自主设置的晋升障碍。[64]

在一项性别角色的经典研究中，沙因（Schein）指出，对性别角色的刻板印象给女性的管理序列晋升带来了很多问题。[65, 66] 沙因要求男性和女性中层经理分别完成一项调查表，其中，受访者就普通男性、普通女性和成功的管理者的典型特征，对不同题项打分（按 5 分制）。沙因发现，男性和女性受访者都认为“男性”和“管理者”的特征高度相关；也都认为“女性”和“管理者”的特征没有相关性。人们似乎相信管理者必定具备男性化的阳刚属性。

而且，在长达 20 年的时间里，这一点并没有发生重大改变。例如，1990 年，美国、德国、英国的管理专业学生仍然觉得，成功中层管理者的特质更多地被归结为男性特征（而非女性）。[67] 2011 年的一项性别刻板印象元分析研究提供了有力证据，显示人们倾向于将领导视为一种阳刚的文化现象。这项元分析运用成熟的统计工具，分析了三类研究：40 项独立研究采用了与沙因类似的“想到管理者，就认为是男性”的理论范式；另外 22 项研究对性别刻板印象使用了“能动性 – 社交性”的理论范式；还有 7 项研究从职业刻板印象的范式来研究。该项元分析研究的结论是，职场中仍然存在很强的男性化领导的刻板印象，女性管理者将在未来一段时间继续面临这一挑战。[68]

即使在最近，一项 2016 年的研究综述也指出性别刻板印象持续存在，人们认为相对于男性，女性更关注集体（友善、帮助支持），但能动性（野心、支配性）不够。由于人们通常认为领导对主体的能动性要求较高，女性被认为在达到领导力要求方面不如男性。此外，由于女性可能更多地表达个人情绪，人们据此推断女性的决策和行动更容易受到情绪“控制”，也就是说，在他人眼中不如男性理性客观。[69] 但随着时间推移，的确有一个领域发生了改变，那就是女性对自我角色的感知。与先前的研究不同，今天的女性认为“女性 – 管理者”与“男性 – 管理者”间的关系并没有明显差异。[70] 至少对女性而言，身为女性和成为管理者并不矛盾。

虽然女性相信自己可以成为管理者或领导者，但她们仍不时感受到来自他人的偏颇评价和判断。由于**刻板印象威胁**（stereotype threat）的存在，意识到他人对自己的刻板印象会对绩效产生不利影响（见专栏 1-6）。

❖ 专栏 1–6

刻板印象威胁

社会心理学中一项最重要的概念就是刻板印象威胁，它是指在特定情境下，人们担心他人会基于对自己的负面刻板印象进行判断。

例如，大量研究表明，非洲裔美国学生在特定测验上的成绩取决于人们如何描述这一测验。如果一项测验被说成是对智力的测试，非洲裔学生往往得分较低；如果同一项测验被说成是非诊断性的能力评价，群组间就没有差异，非洲裔学生和其他人的成绩一样好。当刻板印象很突出（比如，测试被说成是智商测试），他人关于非洲裔学生智力低下的刻板印象实际上抑制了非洲裔学生的成绩。但当刻板印象不明显时（同一项测试被说成与智商无关），非洲裔学生的表现会明显改善。

或者看看下面的例子：一组白人男性大学生被告知一项高尔夫任务测量的是“天生的运动能力”，另一组白人男性大学生未被告知。前一组的表现明显比后一组差。对该任务测量了天生运动能力的认识似乎导致了一种有威胁的情境，而这与社会中广泛的刻板印象有关，即白人的运动能力天生不如黑人。

与此相类似，刻板印象威胁对领导岗位上的女性行为和绩效也有负面影响。例如，女性可能明显感知到“女性照料，男性担责”的性别刻板印象，在需要频繁表现出阳刚、竞争行为的情境下，就会对女性行为产生负面影响。

你可以阅读克劳德·M. 斯蒂尔（Claude M. Steele）的《刻板印象：我们为什么那样看别人，这样看自己？》，更深入全面地了解刻板印象威胁。

资料来源：C. M. Steele, *Whistling Vivaldi: How Stereotypes Affect Us and What We Can Do* (New York: Norton, 2010).

在另一项关于女性管理者角色的研究《打破玻璃天花板》（*Breaking the Glass Ceiling*）中[71]，研究者记录了 78 位在美国公司最高管理层任职的女性的生活和职业情况。几年后，研究者选取这些女性中的一部分进行了随访，探讨其领导轨迹发生的任何变化。研究者吃惊地发现，这些女性的情况与其他研究中的男性高级管理者极为相似。她们有同样性质的担忧，她们想为自己和家人做到最好，她们期望公司取得成功，而且不出所料，她们也有赢得成功的动机。有些人开始提出关于工作、生活平衡的问题（这同样适用于男性）：自己所有的牺牲和努力工作都值得吗？牺牲家庭和自我，每周工作 60 小时值得吗？

但研究者期望从量化分析的角度找到那些突破了玻璃天花板的女性和在领导岗位上的男性之间存在的显著差异。毕竟，流行读物和社会科学文献使研究者相信，存在一种与男性阳刚领导风格相对的女性领导风格，这种女性领导风格是集体共识、团队导向的领导方式的衍生物。按照这一观点，女性领导者是更好的倾听者、更能设身处地为他人着想、更以人为本、在追求目标时不会咄咄逼人。

在探讨领导岗位上的女性时，这些研究者收集的行为数据包括自我评级、他人评级、评价中心数据，以及她们在加利福尼亚心理量表（California Psychology Inventory）上的得分。然而，与刻板印象和流行观点相反，研究未发现在男性领导风格和女性领导风格之间存在统计显著性差异。女性和男性具有同样的分析性思考、以人为本、强硬、目标导向、高共情水平和善于倾听等品质。但男性和女性在一些与领导风格无关的方面的确存在差异。研究人员确实发现（这些结论必须谨慎解释，因为涉及的人数相对较少）：女性的幸福感得分明显较低，她们对所在组织的承诺比男性同行更保守；而且，女性更愿意承担职业风险，去公司中全新的、陌生的领域工作，以往从未有女性涉足这些领域。

对女性公司领导者的后续研究，也验证并澄清了这些研究结论。例如，女性在一般幸福感上的低分，可能表明她们在处理日常生活问题时难以获得必要的支持。这与现实中很多女性不仅承担公司中的工作角色，也是家庭的主要照护者有关。此外，企业提拔女性以证明高管层有女性管理者，她们会受到普遍关注，这也会给她们带来额外的压力。

仍然没有明显证据支持存在其他类型的差异，特别是关于“如何待人”的问题。事实上，这种假想的差异可能会减少女性在未来的领导力开发机会。例如，改变一家身陷困境的企业面貌，或者创建一家新企业，是检验领导者能力的两个绝佳机会。如果我们接受“女性是不同的”假设，则为成功完成上述两项任务所需的领导技能类型可能将女性排除在候选人之外。但如果我们接受“女性和男性领导者之间高度相似，但略有差异”的假设，则候选的女性数量将与男性不相上下。

但这种领导力开发的好机会对女性也是一柄双刃剑，由**玻璃悬崖**（glass cliff；玻璃天花板的一种变形）就可以看出。玻璃悬崖是指一个有趣的研究发现，即当组织绩效下滑时，女性比同等条件的男性更有可能被选中担任高管职位。这一结论第一眼看上去很好，对女性似乎是个好消息，但情况并非如此。当组织绩效下滑时，领导者经营失败的风险在增加。女性在这种情况下被挑中的可能性提高，实际上表明人们更愿意把女性放在高风险职位上。[72] 当然，这也可能表明在无力回天时，组织更愿意碰碰运气。不管实际原因如何，近期的一项研究综述总结了过去10年间的玻璃悬崖研究，并确认这是“一个明确、持续的管理现象，也是女性担任高管的组织中的一个明显特征”[73]。

对来自非传统行业的中型企业女性领导者的研究表明，成功的领导者各不相同。这些女性领导者的成功，往往源于她们有效汲取女性的共享经验，而不是严格遵从那些在大型传统企业中成功的男性管理者的“行为准则”。朱迪思·罗斯纳（Judith Rosener）的调查研究发现，男性和女性对其领导实践的描述存在一些差异。[74] 男性往往使用交易型的表述，将领导看成是交换下属服务的过程。他们主要通过组织职位和权威来影响他人。与之相对，女性往往使用变革型的表述。她们帮助下属形成对更高目标的认同感，而不仅仅关心个人利益；并且更多地使用个人特性（如感召力和人际技能），而非仅仅通过组织职位等词汇来描述自己对他人的影响。

根据罗斯纳的研究，这些女性领导者鼓励参与、分享权力和信息，比人们通常认为的**参与式管理**（participative management）还要激进。她称其为**互动式领导**（interactive leadership）。这些女性领导者对领导风格的自我描述体现了一种新的领导方法，该方法旨在强化他人的自我价值感，相信当人们因工作本身而兴奋、自我感觉良好时，会有最佳的工作绩效。

这种互动式领导风格是如何形成的？罗斯纳认为，这一风格源于女性管理者在社会化过程中的经验和职业轨迹。正如我们前面指出的，对女性的社会角色期望强调她们应该富于合作精神、乐于支持他人、善解人意、温柔和善并以服务为导向。在进入企业界后，她们仍会发现工作角色中强调的是同样的行为。她们往往被安排在职能（而非一线）岗位上，工作角色中缺乏对他人的正式权威，必须在不依赖正式权力的情况下完成工作。换句话说，她们必须运用各种社会可接受的行为在组织中生存下来。

> 不可随众行恶。
>
> ——《出埃及记》(*Exodus*)

女性驾轻就熟的做法其实是一种生存策略。尽管领导者在职业初期往往采用一些自发形成的、与工作条件相适应的做法，但随着时间推移，她们也在发展自己的技能和领导风格。女性使用互动式领导风格的根源在于其社会化过程，女性受访者也坚定地相信这对组织有益。在职业进程中，她们逐渐形成了一种信念，认为自己的风格是有效的。事实上，对其中一些人而言，个人职业成功使她们形成了关于如何激励他人、做正确决策、如何使企业绩效最大化的哲学。有些人声称，由于女性更具合作性的风格，甚至可以说存在一种领导力上的“女性优势”。但对该论题进行的近 50 年的研究并不支持这一宽泛论断。[75, 76] 很多因素与性别相互作用，共同影响着领导效能的评价，包括情境（是企业，还是教育机构）、评价者（是领导者自我评价，还是由他人评价）。

罗斯纳呼吁各类组织扩展其对有效领导的界定，以构建一个更大的可接受行为区间，使男性和女性都能更自由地选择充分施展个人真正才华的领导方式。我们在专栏 1-7 中讨论了刻板印象中的“可接受行为区间”。

❖ 专栏 1-7

狭窄的可接受行为区间

阻碍女性和其他少数族裔人士进入领导岗位的一个最重要因素，是个人偏见。其中有一项偏见是右下图绘出的“狭窄的可接受行为区间”。

在图中，右边上面的圆圈代表的个人特征和行为，是传统的男性行为，而左边上面的圆圈代表的个人特征和行为，是传统的女性行为。两个圆圈狭窄的重叠部分，即女性高层管理者需要接受的行为限制。

“狭窄的可接受行为区间”这一概念不仅适用于女性，也适用于任何偏离了组织既定标准（下面的圆圈）的个人。一个人的外貌、行为、穿着、谈吐和组织中的其他领导者越相似，他所面对的可接受行为区间就越宽（两个圆圈的重叠部分面积越大）。一个人的外貌、行为、穿着和谈吐与组织中的其他领导者差异越明显（有些是个人不可控因素，如性别、种族），他面临的可接受行为区间越窄。这一观点带来了一个重要启示：在某些明显可见的方面与领导者原型存在差异（如性别），会减少此人在组织中的回旋空间；感觉上好像人们已经针对此人进行了某种打击。这就像在走钢丝。

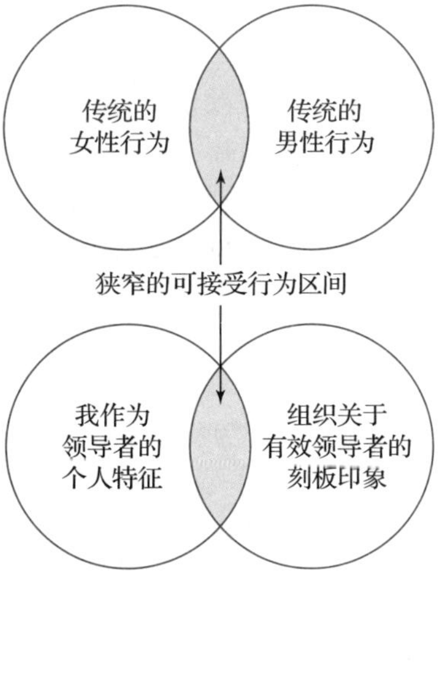

资料来源：Adapted from A. M. Morrison, R. P. White, and E. Van Velsor, *Breaking the Glass Ceiling* (Reading, MA: Addison-Wesley, 1987).

除领导风格或领导效能存在性别差异的问题以外，目前似乎的确有越来越多的女性承担领导岗位。这一变化可以用以下因素来解释。[77]

首先，女性自身发生了改变。很显然，随着时间推移，女性在成就动机和态度上与男性的相似度越来越高。关于女大学生职业成就动机的研究证实了这一点[78]，女性自我报告的个性特质包括自我肯定、支配性和男性化[79, 80]，而且，女性重视诸如自由、挑战、领导、威望和权力等工作特性[81]。其次，领导角色发生了改变，特别是关于男性领导特征的刻板印象明显减少。再次，组织实践也发生了改变。这一变化很大程度上源于法律禁止工作场所中的性别歧视，以及组织规范的变化。新的组织规范使人们更关注取得工作成果，而非构建一个由一群“老朋友”组成的个人网络。最后，文化也在发生改变。比如说，任命女性担任重要领导岗位，往往是一个具有象征意义的明确信息，表明组织想要摒弃以往的做法，承诺逐步推进变革。

循证管理研究也清楚地表明女性领导角色有助于改善组织财务绩效。“研究指向同一结论：领导者的性别多元化对企业是有利的（这一结论适用于各种类型的领导者多元化）。它会提升财务绩效，激发更多的创新。它也会带来社会效益，同时增进企业的竞争优势，被视为关键的增长推进器。例如，瑞士信贷集团近期的一份报告指出，女性占高级管理人员至少 15% 的企业，比女性占比低于 10% 的企业盈利能力高出 50% 以上。”[82]

然而，即使上述因素都有助于女性领导人数的增加，身居高位的女性仍面临巨大的挑战（见专栏 1-8）。

❖ 专栏 1-8

女性为何还无法进入领导层

在商业领域，女性升到高层职位的机会仍远落后于男性。罗伯·凯瑟和万达·华莱士（Rob Kaiser，Wanda Wallace）认为，可以用一个假想的家庭场景来解释。比如，老爸提议全家人去迪士尼度假：

> 老妈做了所有的调查计划。住在哪个度假村、什么时候去哪个乐园，具体的游园行程，什么时间去快速通道，带什么衣服（是短裤、游泳衣，还是卫衣、大衣），所有度假需要关注的小事无所不包。老妈安排这一切时，觉得压力爆棚、焦躁易怒，她可能还会对孩子们吼上几句。但每个人都玩得很尽兴。所有人都认为老爸去迪士尼的主意棒极了。

你可能会想，这个场景和女性高管在工作中升职有什么关系？凯瑟和华莱士认为二者表现出相似的行为模式。

高潜力的女性可能因为关注细节、达成目标而在职业早期得到嘉奖。她们可能埋头苦干、专注于完成目标，并在工作中表现出很强的技术能力。而这必然会让人觉得她们所擅长的内容不具有战略性。这两位作者写道：

> 我们相信女性没有进入领导层的主要原因，不是因为她们过于柔弱，或者不够阳刚，而是因为她们很擅长执行他人的计划，人们对女性的印象限定在很具体的领域。她们被固化为技术专家、执行者，被认为缺乏足够的战略能力来领导整个企业。

资料来源：R. Kaiser and W. T. Wallace, "Changing the Narrative on Why Women Aren't Reaching the Top," *Talent Quarterly* 3 (2014), pp. 15-20.

有效领导没有简单的诀窍

为了填补领导研究与实践之间的空白，本书对领导力的性质进行了相关的理论评述，同时也提供了如何提高领导力的实践建议。作为这一漫长征途的起点，本书第 2 章将会谈到如何通过实践进行领导力开发。本书的其余部分以领导者－追随者－情境互动模型为框架，组织和探讨各种领导学理论和研究成果。在学习过程中，你将会越发清楚地认识到：尽管不存在有效领导的简单诀窍，但的确存在多种不同方式来实现有效领导。

如前所述，了解领导过程中三个领域间的互动十分重要，即领导者、追随者、情境如何构成了领导过程。了解这一互动关系，是你从领导行为日常观察中得出正确结论的前提。当你观察到一位领导者的行为（哪怕其行为是有效还是无效，对你来说一目了然），你不应自动得出这位领导者是优秀还是差劲的结论，或者判断领导者的行事方式是正确的还是错误的。你需要思考在当时的情境下、针对特定追随者，这种领导行为的有效性。即使是“自信”这一看似显而易见的有效领导素质，也存在其局限性（见专栏 1-9）。

❖ 专栏 1-9

自信是坏事吗？傲慢型领导的危害

希腊神话中有很多故事警示领导意愿过剩的危害。其中一个是代达罗斯（Daedalus）和他的儿子伊卡洛斯（Icarus）的故事。代达罗斯用羽毛和蜡制作了翅膀，期望以此逃离囚禁他们的克里特岛。但伊卡洛斯相信羽翼使他具备了神一般的飞翔能力，他无视了父亲不要飞得过高的警告。兴高采烈的伊卡洛斯过于自负，飞得越来越高，直到阳光融化了蜡封，他坠入海中淹死了。

伊卡洛斯的故事是一个关于傲慢的故事。剑桥英语词典将傲慢定义为“对自己极端的、不合理的骄傲和自信”。**傲慢型领导**（hubristic leadership）忽视他人的建议和批评，几乎沉醉于自己的权力和无条件的自我膨胀感中。安然公司名声扫地的前 CEO 肯·雷（Ken Lay）

就是一位现代版的伊卡洛斯，他的过度傲慢自大使 2 万名员工失去工作，投资者的损失达数十亿美元。他无视职业、伦理和法律规定，建立了一个摇摇欲坠的财务纸牌屋。而且他最终拒不承担任何导致公司大溃败的责任。

那么，傲慢型领导有什么典型特征？以下是发现这类领导的预警信号：

- 倾向于将世界视为他们操弄权术、追求荣誉的舞台；
- 总是采取各种增加个人曝光度的行动；
- 过度关注个人形象和外在表现；
- 对自己的判断过度自信，轻视他人的建议或批评；
- 对个人能力极为自负，几乎认为自己是全知全能的；
- 焦躁、鲁莽、冲动行事；

傲慢型领导和自恋型领导不是一回事，虽然他们在某些典型行为及其危害上有共同点。二者最重要的差异是，自恋是一种典型人格特质，会持久存在。自恋狂认为自己应该获得他人的肯定与赞美，因为他们是（而且一直会是）独一无二的。但傲慢自大不是一种人格特质，而是由近期的成功、获得权力而导致的一种暂时状态。“自恋者自我陶醉，而傲慢自大者陶醉于权力和成功。”

资料来源：R. E. Sadler-Smith, G. Graham, V. Akstinaite, and T. Wray, “Hubristic Leadership: Understanding the Hazard and Mitigating the Risks,” *Organizational Dynamics* 48, no. 2 (2019), pp. 8–18.

虽然这一建议似乎显而易见，但我们经常忽视它。很多时候，我们只观察领导者的行为就得出这是个好（坏）领导者的结论，而忽略了情境因素的影响。例如，你看到一位领导者向下属征求建议。显然，由此认定优秀的领导者总是征求意见，或者说不常征求意见的人不是优秀的领导者，都是不合理的。寻求下属的意见建议是否合理取决于很多因素，包括问题的性质、下属对问题的熟悉程度。如果下属在某个特定问题上经验更丰富，此时询问下属就是正确的行动。

再看一个例子。假定你听说有位领导者拒绝了下属请假处理家庭事务的申请，你认为这是糟糕的领导行为，因为领导者看上去不太“照顾自己的员工”。或者，这是杰出的领导行为，因为他没有让个人事务影响组织使命的达成。你不能仅通过观察行为本身，就做出关于领导者行为性质的明智判断。你必须坚持基于对领导者、追随者和情境的认识，来评价领导行为。

下面关于领导者、追随者和情境的论述，更系统地说明了上述要点：

- 在相同情境下，领导者需要对不同追随者做出不同反应；
- 在不同情境下，领导者需要对同一追随者做出不同反应；
- 追随者可能对不同领导者做出完全不同的反应；
- 在不同领导者的领导下，追随者对彼此的反应可能完全不同；
- 两位领导者可能对同一追随者或同一情境持完全不同的看法。

上面的观点共同导向一个结论：适用于一种情境的行动，可能不适用于另一种情境。但这并不是说，某种行为在某种情境下必定是适当的。尽管无法就给定情境下的最佳行为达成一致，我们往往会就什么是明显不适当的行为达成一致。说领导者的行为正确与否取决于所处的情境，不等于说领导者做什么无关紧要，这种说法只是明确了领导者、追随者和情境之间存在复杂的联系。对于从实践中学习领导的过程，这一认识是有益的第一课。

扫码获取本章案例、参考文献等内容

第2章

领导者开发

在第1章中，我们讨论了从多重视角分析各种领导情境的重要性。同样，开发个人领导力也有多种途径。这正是本章要探讨的问题：如何成为更优秀的领导者。

在本章一开始，我们用一个通用模型来说明如何从实践中学习。接下来，我们描述了感知如何影响领导者对特定领导情境的解读和行动，以及反思对领导力开发的重要作用。本章也探讨了几种优化领导效力的常见做法。

这里可能有必要解释一下本章的标题"领导者开发"。我们特意使用这一词组，以示与"领导力开发"的区别。尽管读者可能认为二者含义相同，但领导学领域的学者和实践者认为它们存在差异。实际上，情况并非总是如此。直到10多年前，学者和实践者还都认为二者基本上是相等的。此后，人们逐渐使用领导者开发来说明意图促进个人观念或技能成长的多种方法。例如，用于开发个人绩效反馈技能的培训就是一种领导者开发项目。另外，"领导"一词的内涵在过去10年超越了对个体特征和技能的关注，而更关注对众多员工的素质开发。伴随着领导概念的拓展，领导被视为组织中多名员工以复杂、相互依赖的方式共同参与的过程（见第1章的讨论），**"领导力开发"**（leadership development）一词则强调开发整个群体或组织的共同属性，比如团队或部门全体成员的信任水平、强化组织奖励制度以鼓励员工的合作行为。[1]尽管这些内容贯穿本书，本章的关注点是哪些过程与方法能促进个人层面的成长，这是我们选择本章标题的原因。

在开始本章具体内容之前，有必要回答一个基本问题：学术性领导课程的价值是什么？在写作本书之前，我们与同事一直在美国空军学院教授一门面向全体学员的领导学必修课。目前针对本科生开设领导学课程相当普遍，但在20世纪80年代则很少见。多年以来，美国空军学院和美国西点军校是少数几个开设领导学课程的本科院校。

由于本科领导课程在当时不太普及，其他院系的教师觉得开设领导学学术课程的想法前所未闻。有些人公开质疑，认为学术机构不应教授领导学。当时经常有人问我们："你真的认为自己能教人领导吗？"问话者的口气明显不认为领导力是可以传授的。在其他院校教授领导学的老师也不时面对类似场景。

随着时间的推移，我们形成了对这一问题的独特回答，至今它仍是我们一贯坚持的信念。这一信念体现在本书各版次的副标题中：在实践中提升领导力。我们将说明这一观念为何能回应人们的质疑，并且，对这一问题的反思为何影响了我们关于领导学术课程的重要目标的思考。

首先要说明的是，我们并非完全否定质疑者的基本假设。我们不认为只参加一个学期的大学领导学课程就能培养出更优秀的领导者。但我们的确相信，这一课程能为其逐渐成为优秀领导者奠定坚实基础。

以下是我们的思考。如果你同意“领导是习得的”观念（而非个人的天生禀赋），并且相信最有效的领导教益来自个人实践，则关注重点就变成了我们如何从实践经验中学习。如果从实践经验中学习的一个关键要素是你看待实践的视角是否复杂、多面，则一个自然产生的结论是：熟知领导过程的多种复杂影响变量，使你能用更多方法来解读生活中面对的领导情境。采用这种方法，即使大学领导课程不能直接、迅速地使你成为优秀领导者，但积极掌握课程中的概念无疑将加速你从课程及以后的经历中学习的速度。

> 和学游泳一样，光靠读书是学不会领导的。
>
> ——亨利・明茨伯格（Henry Mintzberg），学者

为了提高效率，重视领导者开发的组织通常会有意识地开展这项工作。换言之，在多数大型企业中，领导者开发不是那种耳濡目染的自然学习。企业往往采用规范的、有计划的方式培养内部领导者或潜在的领导者。正式培训是最常见的领导者开发方式，虽然研究显示它并非最有效的方式。因此，可以预见，组织成员往往对其所在组织提供的领导者开发机会表示不满。一项针对 900 多个组织 4500 多名领导者的近期研究发现，仅有一半受访者对其获得的开发机会感到满意。[2]

这类研究结论并不是说，组织内的领导者开发机会必然是不足或设计欠佳的。我们必须记得，虽然开发机会带来的长期收益对个人和组织都有好处，但是这种机会本身通常不是免费的。因此，组织应致力于确保提供的开发机会以我们对领导者开发流程的最佳理解为基础。摩根・麦克考（Morgan McCall）总结了过去数十年间领导者开发的一些关键成果，并提出以下 7 个要点：[3]

- 如果说领导力是可以习得的，则我们是通过实践经验来学习的。事实上，个人在领导角色上的效能差异，有 70% 是经验学习的结果，仅有 30% 源于遗传因素。
- 某些特定经验对提升领导者效能特别有价值。
- 使这些经验有价值的，是个人在其中面临的挑战。
- 不同类型的经验可以提供不同的领导教益。
- 一些最有益的领导学习经历来自我们的工作，组织可以设计工作以增进开发的丰富程度。
- 我们难以获得所有期望的开发机会，但我们总是能通过个人努力和组织支持来获得大量开发经验。
- 学习成为更优秀的领导者是一项持续终身的努力，其间会面临许多艰难险阻。

行动 – 观察 – 反思模型

试想一个年轻人在两种不同工作环境下可能学到的东西：在美国国会做一年工作助理，或者，

在住宅建筑队做一年木匠。他在这两种环境下都能学到大量领导经验。比如，在国会工作会给年轻人提供观察政治领导者的机会，观察他们面对公众的表现和退居幕后时的做法。它还会提供机会来观察国会成员与不同选民间的互动，观察国会成员在政治失利或春风得意时的个人表现，并观察各种不同的领导风格。年轻人在建筑队工作也会学到大量东西，他将根据规划图纸把各种材料最终变为一幢完工的住宅，观察建筑队与分包商之间的协调、技能纯熟的工匠如何训练年轻人、领导者对问题和延误的反应、领导者如何订立标准并确保高质量的工作。同时，如果他们没有意愿，也可能在这两种环境下都学不到什么东西。充分利用个人经验是开发自身领导能力的关键。换句话，领导力开发不仅取决于一个人拥有哪一类经验，也取决于他如何利用自己的经验来促进学习。一项对成功高管人员的研究发现，使他们与众不同的一个关键素质，是他们“坚持不懈地从自身经验中提炼有价值的结论，并主动寻求那些极可能推动自身成长的经验”。[4]

但是，人们如何做到这一点？主动寻求某些经历是否更有可能获得这类经验？为什么仅仅顺其自然是不够的？体验式学习专家，如科尔布（Kolb）相信，当人们花时间思考时，他们会从自己的经历中学到更多。[5] 这些观点体现在领导学的**行动 – 观察 – 反思模型**（action-observation-reflection model）中（见图 2-1）。该模型表明，当个人经验涉及行动、观察和反思这三个不同过程时，将改善领导力开发的效果。如果一个人只是行动，而不观察行动的结果，也不反思行动的重要性和效力，就不能说他从经验中学到了东西。我们应当认识到，只有重复上述三阶段过程而带来的成长才是所谓的“通过实践实现领导力开发”，而不是用时间等客观维度（如工龄）来度量。我们相信，开发领导力的最有效方式是经历如图 2-1 所示的**经验螺线**（spiral of experience）。

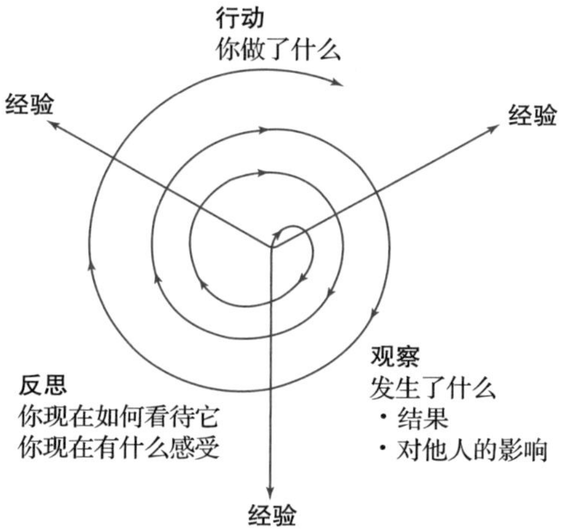

图 2-1　经验螺线

科林·鲍威尔（Colin Powell）的生活经历也许能说明经验螺线为何适用于领导力开发。鲍威尔曾担任美国参谋长联席会议主席和美国国务卿，这分别是美国军界和政府文职官员中的最高领导岗位。1963 年，26 岁的鲍威尔刚从越南回国，他的下一项任务是参加为期一个月的空降突击队高级课程。在课程快结束时，他要和其他军人一起从直升机上跳伞。作为直升机上的高阶军官，鲍威尔有责任确保整个过程顺利。飞行一开始，他就要求每个人确认各自的缆索固定到位，这些缆索在队员跳下时会自动拉开降落伞。在接近跳伞地点时，他又要他们再次检查伞绳的联结头。下面是他对随后发生的情况的描述：

> 接下来，我就像个小题大做的老太太，开始亲自检查每一根伞绳，在拥挤的人群中挤出一条路来，用手沿着伞绳摸下去，直到伞绳与降落伞的联结处。结果吓了我一大跳，有个士兵的挂钩松了。我把那个荡下来的伞绳拉到他面前，他都吓呆了……他会在走出直升机门的一瞬间，像块石头一样掉下去。[6]

鲍威尔从这次经验中学到了什么?

> 压力、困惑和疲乏时是最容易出错的。在其他人都神思不属、难以集中注意力时,领导者必须保持双倍的警醒。"一贯核对细节"成为我的另一条准则。[7]

我们可以用行动 – 观察 – 反思模型来分析上述事件。行动是指鲍威尔多次要求伞兵检查自己的伞绳。我们可以从他的自我描述("像个小题大做的老太太")中推测,虽然鲍威尔不断重复要求检查伞绳,但这种做法让他觉得不自在。有可能,你有时也会觉得虽然有些尴尬,但仍以某种方式做事(也可能是按父母的要求);接下来,如果这次成功了,下次做这件事就会觉得舒服些。这和鲍威尔的经历完全相同。观察阶段是指鲍威尔吃惊地发现,如果他没有再次检查伞绳,就会发生一次致命的事故。而反思阶段则是指鲍威尔由此获得的经验:一贯核对细节。虽然这不是什么创见,但这次经历强调了它的重要性。事实上,鲍威尔在其他个人经历中学到的内容,通过这次"螺旋运动"得到了强化,进而成为他个人风格的一部分。

需要指出的是,鲍威尔对其学习行为的描述与互动框架保持一致。他强调,领导者在特定情境下需要特别关注细节,特别是当压力、困惑和疲乏使人们很容易出错时。值得注意的最后一点是,鲍威尔从他的个人经历中获得了很多教益,他成功的一个关键就是在整个职业生涯中持续学习的能力。

感知在经验螺线中的关键作用

经验不仅指哪些事件发生在你身上,还取决于你如何感知这些事件。感知影响到行动 – 观察 – 反思模型中的每个阶段,因此,个人能从某一领导课程、领导情境中提炼出何种知识,很大程度上取决于其感知水平。人不是被动记录发生的事件,而是积极塑造和构建自己的经验。为了更好地理解感知如何影响经验,我们将探讨它在行动 – 观察 – 反思模型各个阶段中的作用。我们的说明从观察阶段开始,这个阶段与感知的关系最紧密。在专栏 2-1 中,你会发现有关人们的观察技能和自认为有多幸运的一些信息。

❖ 专栏 2-1

善于观察、运气好、从经验中学习

人们常说,有些人运气总是很好。你认为这种说法正确吗,某些人是否比其他人更幸运?理查德·维斯曼(Richard Wiseman)是英国赫特福德大学(University of Hertfordshire)的教授,他就这个问题写了本书,其研究结论与经验螺线中观察的作用高度吻合。

在维斯曼的一项实验中,他在全国性报纸上刊登广告,请那些认为自己总是很幸运或总是很倒霉的人与他联系。他给这两类自视幸运或倒霉的人一份报纸,要求他们阅读完这份报纸后告诉他其中包含多少幅照片。在报纸的中间位置,他放入了一个占半页篇幅的信息,用两英寸[一]大的字体写道："告诉实验者你看到了这一信息，你就能赢得250美元。"

这个广告摆在每个人面前，但倒霉者总是忽略这一信息，幸运者则总是注意到它。维斯曼提供了一种解释：与幸运者相比，倒霉者更焦虑，这会干扰他们注意到意外事项的能力。

你的观察力如何？开发你自己的观察技能，是否有助于更有效地从经验中学习？

资料来源：R. Wiseman, *The Luck Factor*（New York: Miramax Books, 2003）.

感知与观察

感知与观察都是指我们对周边事物的关注方式。这二者似乎是自发的、无须投入精力的行为，因此人们将这二者都视为被动的过程。我们关于感知过程的精神意象也隐含地反映出这一观点。比如，存在一种常见的错误观念，认为眼睛所呈现的影像基本上类似于连续运转的摄像机拍出的影片。认为感知是被动过程的谬误在于，它假定我们对某一情境中的各个方面都会给予同样的关注。然而，我们不会看到、听到发生在特定领导情境下的每一个细节。相反，我们关注什么、感知什么，都是有选择性的。**感觉集**（perceptual set）描述了这种选择现象。感觉集能影响到我们的所有感官，体现我们能感知到这件事而非那件事的倾向或偏好。有很多因素会激发人的感觉集，如感情、需要、以往的经验、个人期望。感觉集能扭曲人们听到的内容，这在一个代价惨重的事故中得到了印证：民航飞机机长对情绪低落的副机长说"高兴点（Cheer up）"，副机长以为机长说的是"加速（Gear up）"，他的操作使飞机在离开地面前就收起了轮子。[8] 请尝试用下面的练习来评价你克服感觉集的能力。读几遍下面的文字：

FINISHED FILES ARE THE RESULT OF YEARS OF SCIENTIFIC STUDY COMBINED WITH THE EXPERIENCE OF MANY YEARS.[二]

在继续这项练习之前，请确保你已经多次阅读了上述文字。现在，回过头再看这段文字，说出这段文字中字母F出现的次数。

你数出几个F？ 3个？ 4个？ 5个？ 6个？大多数人在第一次都不会得出正确答案（6个）。最常见的答案是3个，你大概就看到3个F。如果你没找到6个F，回去再读一遍。在这项看似简单的任务中，最常见的错误是忽略F在单词of中出现的情况（3次）。人们很容易忽视它，是因为单词of中的f发[v]的音，而不是发[f]的音。大多数人会在无意间将这项任务转化为按发音搜寻的任务，他们关注的是有几个词发[f]的音，而不是寻找F的字形，因此，他们只找到3个F，而不是6个。在这项任务中，关注发音构成了一个无益的感觉集，并且在计数之前多次阅读只会加剧上述倾向。人们忽视文字中单词of的另一个原因是，第一项任务是多次阅读该段文字。因为大多数人都能熟练阅读，人们往往会忽视文字中of一类的小词。它在我们的感觉集中消失了。接下来，当我们按要求去数F出现的次数时，我们已将这段文字视为阅读对象，因而没有真的去数其中的of。

㊀ 1英寸＝0.0254米。——译者注

㊁ 意为：已完成的文稿是多年科学研究和经验的产物。——译者注

上面的例子，与我们参加某门领导课程或观察某个领导情境时感觉集的作用极为相似。例如，授课教师的穿着土气，你可能因此心存偏见，认为衣着没品的人通常不是好的领导者。由于个人偏见，你会轻视、忽略老师所讲的课程内容。很遗憾，但老师的衣着品位与教学能力毫不相干（毕竟，后者也是一种领导力）。

当一个人预期他人（如问题员工）的表现都是负面的，也会发生类似现象。这种预期变成了全程寻找负面信息、忽视积极感受的感觉集。性别、种族及类似的偏见会阻碍学习，因为它们会像滤镜一样扭曲人们的观察。例如，如果你不相信女性、少数族裔和白人男性一样有影响他人的能力，这种偏见会使你只能发现、记住女性或少数族裔领导者的失败事例，轻视、遗忘他们的成功事例。遗憾的是，我们或多或少都有某种偏见，只是很少意识到这一点。只有在花时间反思领导者培训项目的内容，或者反思特定的领导情境时，我们才能意识到自己的感觉集。专栏 2-2 说明了我们的观察不够客观的另一种原因，并给出了如何改善的方法。而专栏 2-3 鼓励你通过多种视角来进行观察。

❖ 专栏 2-2

学习如何画手，能让你成为更好的领导者吗

这个标题乍一看荒唐可笑，但请阅读以下内容后再做判断。

在学习掌握技巧的过程中，视觉艺术家必须学会观察真实的世界，但真正把握世界的复杂性，远比我们想象得更困难。毕竟，用眼睛看周围根本不费吹灰之力，我们经常假定“眼见为实”。但事实上，我们“知道”东西长什么样这一事实，会妨碍我们准确绘制这些物品，无论想画的是双手、马匹、饭碗、水果或其他东西。

南希·阿德勒（Nancy Adler）既是艺术家，也是领导力专家，她发现在物理世界中“学习观看”和在组织环境下“学习观看”（准确观察）有很多共同点。她表示，学习画出观察对象（比如你的手）的线条会“迫使你观察真实的存在，而不是你想象中的物体形状。比如，当你开始画手时，勾勒线条要求你仔细观察某只手的特征，而不是思考人手的一般共性”。

她还将这与学习更准确地观察领导联系起来：“在领导情境下……绘画使我们重获感知独特性的能力，比如，特定公司在特定时间的动态，而不是类似公司在同类情境下的行动集合。这种近距离观察对有经验的领导者特别有益。它使这类领导者重获一种整合能力，既能认识到个人经验形成的期望，也有能力从日常情境中发现新奇之处。”

资料来源：N. J. Adler, “Finding Beauty in a Fractured World: Art Inspires Leaders—Leaders Change the World,” *Academy of Management Review* 40, no. 3 (2015), pp. 480–94.

❖ 专栏 2-3

通过多种“透镜”来观察

人们使用多种透镜改善视力。有意识地使用多种“透镜”看世界，可以强化你的观察技能。

望远镜

望远镜能让你看到远处难以看清的事物。用“望远镜”观察是在观看远距离的事物，对那些可能有必要近距离观察的事物进行环境扫描。观察者从情境中抽身出来，俯瞰全局；用“望远镜”观察可以形成对整体环境的认识。

双光眼镜

双光眼镜使你看到情境的两个不同图景。如果你真的需要戴眼镜，远处和近处的事物都能看得很清晰。例如，本文的一位作者在读书和看电视时都会使用双光眼镜，差不多还是同时进行。用“(双光)眼镜”观察使你能以交替的不同方式看待事物，有助于你克服偏见。

放大镜

放大镜使你能仔细检查原本看不见的细节。你能看到情境的具体而微小的细节，这原本很容易被忽视或被认为是没价值的。用“放大镜”观察有助于你专注于极端重要的事项。这种观察方式让你集中注意力于最核心的内容。

玫瑰色的眼镜（过度乐观㊀）

通过玫瑰色的眼镜看世界，往往是指以不切实际的积极乐观态度来看待情境。但以乐观态度看待世界，有意识地关注存在的机会（而不会被明显的问题干扰、蒙蔽)，也是很有价值的做法。这能帮助你在一项有缺陷的行动方案中发现“正确的想法”。这也是一种从错误、失败中学习的处事之道。

眼罩

眼罩当然是不想让我们看见，因而“用眼罩观察”（或闭上眼观察）和上面提到的观察方式完全不同。你可以想象它是用心灵之眼观看，类似于我们在行动－观察－反思模型中的反思阶段。它提醒你留意“看到或错过什么”及“如何看到或忽视”。它可以帮助你思考你已经看到、注意到了哪些事项，由此反思为何有些事物被忽略或误读了。这种思考方式事实上会强化其他观察方式。

资料来源：J. Gilmore, “Observational Skills: Eye-openers for Observation,” *Strategy & Leadership* 45 (2017), pp. 20–26.

感知与反思

感觉集影响到我们关注什么、观察什么。此外，感知也影响经验螺线的下一阶段（反思阶段)，因为反思是指我们如何解释观察到的事物。感知是一个诠释或意义形成的活动。感知的一个重要方面，是所谓的“**归因**”(attribution)。

归因是我们对自己关注的特征、行为或行动给出的解释。比如，你看到朱莉想组织一个学习小组，但没成功，你可能认为这一失败是朱莉的个人原因造成的。换句话说，你可能将未组成

㊀ 此处是作者的双关语，rose-colored glasses 是指“过于乐观的态度”。但因原文强调“透镜”，所以直译为“玫瑰色的眼镜”。——译者注

学习小组的原因主要归结为她的智力水平、人格、外貌或她无法控制的其他因素。这种在他人失败时，高估其个人特性对行为的影响、低估环境因素的倾向，被称为**基本归因错误**（fundamental attribution error）。[9] 即使是明显的情境因素导致他人做出了某种行为，人们仍更倾向于从个人归因的角度来解释他人行为。

相反，如果你想组织一个学习小组却未能成功，你往往会将失败归罪于情境因素（例如，没时间、其他人没兴趣、和他人一起学习效果并不好等）。这反映出一种**自我服务偏见**（self-serving bias），[10] 即将自己的失败归结为外部因素的倾向（怪罪个人所处的情境），而将自己的成功归功于内部因素（个人成就）。影响归因的第三项因素被称为**行动者 / 观察者差异**（actor/observer difference），[11] 它是指一项行动的观察者比行动者本人更有可能出现基本归因错误。例如，有一名学生考试成绩很差。坐在他旁边的人（观察者）往往会将他的成绩差归结为内部特征（不够聪明、不擅长这门课程等），而学生本人则往往将自己的成绩差归结为外部因素（教授的打分不公平）。综上所述，每个人都倾向于将自己的成功视为自身智力水平、人格、体能的结果，而将他人的成功视为情境因素或运气的产物。

在本小节的最后，我们想提醒读者注意，反思也涉及更高层次的功能，如评价和判断，而不仅仅是感知和归因。我们接下来还将继续讨论与反思有关的一些问题，这对从实践中学习至关重要。

感知与行动

我们已经看到感知如何影响经验螺线中的观察和反思阶段。感知也会影响我们采取的行动。例如，米切尔（Mitchell）及其同事研究了管理者在面对业绩不佳的下属时，感知和偏好如何影响其行动。[12, 13, 14] 总的来说，他们发现，在面对工作绩效不达标的下属时，管理者往往将其归结为个人原因；也因此，管理者通常建议用惩罚来应对绩效低下的问题。

影响我们行动的一个感知变量是**自我实现预言**（self-fulfilling prophecy），它是指我们的预期或预测本身导致了事件发生。不难发现，一些大规模的社会现象会受到这一因素的影响。例如，经济学家预测将会出现经济低迷，这降低了投资者信心，结果快速引发了经济危机。此外，自我实现预言也会在人际层面上发生。一个人对他人的预期可能影响他采取何种行动，而对方因为他的行为做出的特定反应，恰恰印证了前者的预期。[15] 图 2-2 提供了一个互动过程的图示。

自我实现预言在领导力培训项目中的作用，可以在艾登和沙尼（Eden，Shani）从美国海军新兵训练营收集到的案例中得到绝佳验证。[16] 他们做了一项现场实验，具体设计是向教授领导学的老师表示，在场学生可以分为三类：潜力不明确的、潜力一般的和潜力很高的。其实他们从未测评过学生的领导潜力（但老师并不知道这一点），而是将学生随机分配到潜力“不明确”“一般”和“高”这三个小组中。虽然老师同时向这三组学生授课，客观测试成绩显示，高潜力小组的学生成绩远高于潜力不明确或一般小组的学生。这些学生以某种方式感受到了老师的预期，并做出了相应的反应。因此，仅仅是预期（积极或消极），也能以微妙的方式影响我们的行动，而这些行动反过来能影响他人的行为方式。

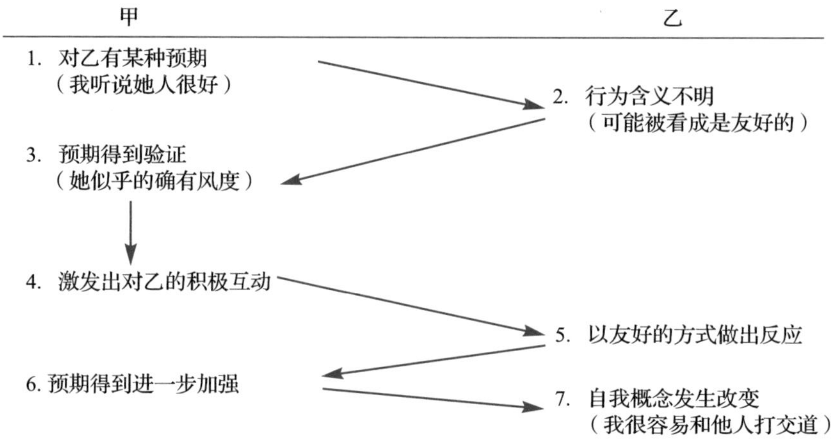

图 2-2 预期在社会互动中的作用

资料来源：Adopted from Edward E. Jones, " Interpreting Interpersonal Behavior: The Effects of Expectancies," *Science* 234, no. 3 (October 1986), p. 43.

反思与领导力开发

在行动 – 观察 – 反思模型中，反思大概是其中最重要，但也最不受关注的部分。反思很重要，是因为它使领导者获得了多种见解，以不同方式构建问题、从多种视角观察情境或更好地理解下属。然而，即使反思领导行为能使管理者获益匪浅，但大多数管理者很少花时间在这项活动上。反思在高管人员能力开发中的重要作用，仍将继续构成推进相关学术思想和实践的主要内容。[17] 影响领导力开发的一项因素是思维模式，专栏 2-4 对此进行了讨论。

❖ 专栏 2-4

一种有益的思维模式

想想看，你是否同意下面的说法：

- 你的智力水平是你的基本能力，很难加以改变；
- 你能以不同方式行事，但你的重要个人特性不会发生改变。

赞同上述观点的人具有一种所谓的“固定性”思维模式，而不同意这类说法的人具有一种“成长性”思维模式。这两类不同思维模式会对人产生何种差异？研究表明，差异巨大。心理学家卡罗尔·德韦克（Carol Dweck）提供的大量证据表明，思维模式影响个人在几乎每个领域的成功。那么，这两种思维模式有何不同呢？

首先，这两种思维模式对于决定个人成败的因素，持不同观点。持固定性思维的人相信，成功就是证明你是个精明能干、富有才华的人。德韦克写道，“坚信特定个人特质决定成败的人有一种获得成功的紧迫感；当他们真的成功时，会觉得极为自豪。他们有某种优越感，成功意味着自己的个人特质明显优于其他人”。而持成长性思维的人相信，成功取决于个人的自我成长——持续的自我完善。对固定性思维的人而言，在某一方面失败就“证明”你不行，不是那块料。然而，对成长性思维的人而言，在某一方面失败表明自己应该投入更多努力来掌握和精通，他们实际上也会这么做。思维模式甚至会影响我们选择哪种人生伴侣。固定性思维的人认为理想伴侣是那种崇拜自己、让自己感觉完美的人；而成长性思维的人认为理想伴侣是能发现自己的不足，帮助自己改善的人，他们的质疑会使自己变得更好。

大量研究证实了二者的差异。在一项实验中，德韦克让一群 4 岁的小孩选择是重玩一个简单的拼图游戏，还是去玩下一关较难的拼图。固定性思维的小孩选择再玩一次简单拼图，而成长性思维的小孩则选择玩更难的新拼图。在另一项研究中，研究者询问一群 7 年级的学生，如果在一门新课中考分很低，他们会做何反应。成长性思维的学生表示下次会更努力学习，而固定性思维的学生表示会减少努力学习。如果你相信能力是固定不变的，有什么必要花时间去改变那些无法改变的事呢？除了这些研究表明思维模式很重要，各类成功者（从宇航员到运动员）的人生故事也表明成长性思维是成功的一项关键因素。

类似地，成长性思维还使个人有意愿开发其他人，包括发展他人的领导技能。请记住，思维模式本身就是可以改变的。任何人都可以改变自己的思维模式，并因此改变自己的行为，包括你本人和同事们的行为。

资料来源：C. Dweck, *Mindset: The New Psychology of Success* (New York: Ballantine Books, 2006).

反思常常被忽视的一个原因，是人们关于领导的一些想当然的隐含信条。隐含信条具有不为人所知、未经检验的特点，但它会无意中阻隔人们以新方式看待事物、实现学习的可能性。使人们意识到隐含信条的存在，并进行有意识的反思，可以提升领导力开发效能。例如，有一种做法是用各种类型的艺术印刷品来激发个人、群体反思理想的领导形式。这些印刷品被用于唤起各种领导象征，研究者最终确认了 5 种基本的领导原型：

- **老师 – 导师**（teacher–mentor）：关注开发他人；在工作时，充当他人的角色楷模。
- **父亲 – 法官**（father–judge）：对他人进行监督、控制、道德指导和关爱保护。
- **斗士 – 骑士**（warrior–knight）：勇于冒险，在危机时采取行动。
- **革命者 – 改革者**（revolutionary–crusader）：挑战现状，引领变革。
- **远见者 – 魔法师**（visionary–alchemist）：想象使所有成员受益的可能性，并使之成为现实。

这一过程有助于参与者清晰表达关于领导的隐性知识，发现自己与他人的观点异同，并更好地理解领导过程的复杂性。[18] 关于领导的隐含信条可能在人们小时候就开始形成了。

人们忽略反思的一个原因，是认为领导力无法被开发（例如，专栏 2-4 中的固定性思维模式）。反思经常受忽视的另一个原因是工作中的时间压力。领导者通常都工作繁忙、处于高压力的情境之下，没有时间思考行动的各种可能结果，也没有时间反思他们能以何种方式更好地完成特定行动。有时，需要某种脱离常规的经验才能使人关注发展机会的存在。此外，有些领导者可能没意识到反思在领导力开发中的价值，另一些领导者可能对自己的专业能力、经验过于自信，结果他们看不到真相、无法换个视角看待问题。[19] 有意识的反思甚至能使人们看到某些个人经验的潜在教益，虽然这些经验看似与组织领导无关。我们希望本节能阐明反思的价值，帮助读者理解本书始终强调的"从多种视角观察领导过程"的观点。

单回路学习与双回路学习

不经历某种形式的反思，领导者很难改变自己的基本领导风格。基于这一点，阿吉里斯（Argyris）在研究中描述了他与一组成功CEO进行的高强度努力，后者通过不断改善其自我觉察成长为更优秀的领导者。[20] 他提出的成长过程模型适用于各个层级的领导者，我们有必要详尽介绍这一模型。

阿吉里斯提出，大多数人与他人和环境的互动是建立在某种信念体系之上的。这一体系适用于操纵或控制他人，并尽量减少自身的情绪波动、避免诱发他人的负面情绪。这种信念体系极可能形成防御性的人际关系，并减少风险承担。人们用这种生活态度（按阿吉里斯的说法，多数人都是如此）来"编程"，形成以回避冲突、缺乏信任、高度服从、群体间对抗、误解他人和沟通不良、无效的问题解决方式，以及低效决策为特征的群体和组织动态关系。

对我们而言最重要的问题是，这种信念体系导致一种特定类型的学习，阿吉里斯称之为**单回路学习**（single-loop learning）。单回路学习是指发生在个人与环境之间的一种学习过程，学习者在学习过程中只寻求很有限的反馈，这些反馈也可能与其基本观念和行动产生明显对抗。此时，人们很少用切实有效的信息来公开检验其观念。行动者的信念体系因此成了一个封闭和自我实现的系统，他们很少花时间反思这些信念。阿吉里斯用"单回路学习"一词，是因为它的运作机制就像一个恒温器：个人只学习那些处于他们信念体系"舒适区"的内容。比如，他们可能会了解自己对预设目标的完成程度，但他们不大可能去质疑目标的有效性或该情境的隐含价值观，就好像恒温器不会质疑它的温度设定一样。这种自我对抗涉及**双回路学习**（double-loop learning）。

双回路学习涉及直面自己的观念并鼓励他人质疑自己所持观念的意愿。产生这种意愿的根源在于，人们相信信息通畅、与他人分享权力有助于更好地发现和界定问题、改进沟通水平并增进决策效力。掌握双回路学习的能力，相当于"学会如何学习"。阿吉里斯的领导者小组通过大量的集体工作，包括大家一起克服个人盲点的艰苦努力，的确达到了这一学习阶段。换句话说，通过质疑自己对他人的假设、自己在组织中的作用，以及关于个人目标和组织目标重要性的隐含假设，他们在反思中学会了如何改变领导风格。

为什么双回路学习如此困难？领导经验通常是暧昧不明的；涉及拥有不同视角、兴趣的多方利益相关者；情绪的考量也很重要。这种含糊、复杂和情绪化的特征使领导者很难确定其个人行为与特定结果之间的因果联系，也很难决定不同行为是否会导致不同结果。从个人亲身经历中学习领导并非易事，即使对深信这一方案的人也是如此。近期一项研究进一步说明了我们可以如何改善这一学习过程。

研究显示，虽然缺乏外部协助的经验学习非常困难（基于前述理由），人们可以通过系统化反思或**事后分析**（after event reviews, AERs）来强化学习。[21] 事后分析包括反思、讨论个人领导经历，如不同的领导行为可能带来何种影响、未来是否应该做出不同行为等。该研究发现，参与事后分析的人改善了领导效能，而经历了同样事件但未参与事后分析的人，则几乎未实现领导力开发。

充分利用领导经历：从经验积累中学习

本节与前文一脉相承，要向领导实践者提供几项建议来强化他们的经验学习。数十年来，研究者一直在思考，从经验中学习对高管人员开发行为所起的重要作用。尽管这类研究很大程度上回答了"为了成功，人们需要学习哪些内容"（见专栏 2-5，其中对比了男性和女性管理者的经验学习），但我们对学习过程或我们如何学习以确保成功所知甚少。但正如领导概览 2-1 所示，有时需要做的只是将人投入特定情境，或者当事人乐于充分利用当下的机会。

❖ 专栏 2-5

男性与女性管理者从经验中学到了什么

20 多年来，为数众多的女性进入了公司管理层。在此期间，很多公司提拔了大量高潜力女性，但其中仅有少数人占据了真正的公司顶层职位。导致这一现象的原因很多，但其中一项原因可能是男性与女性从经验中学习的方式存在差异。研究者探讨了男性与女性管理者如何描述他们从职业经验中获得的重要教益，发现不同性别间既有差异，也有共同点（见下表）。

最常被提及的教益		
男性与女性	只与男性有关	只与女性有关
指导和激励员工 自信 基本的管理价值观 如何与高管人员共事 理解他人的观点 与你无权直接命令和管理的人共事 处理组织政治问题	技术、专业技能 与业务有关的各类事项 处理含糊暧昧的情境 承担全部责任 在逆境中坚持不懈	个人的局限与盲点 关注个人职业发展 发现并把握机会 应对不受个人控制的情境 了解激励个人的因素

为什么在两性之间存在学习差异？一个假定是，男性与女性管理者的职业模式可能存在差异。例如，有证据表明，女性管理者得到的真正有挑战性的发展机会少于男性。你认为在你所在的大学，男生和女生获得的发展机会存在差异吗？

资料来源：E. Van Velsor and M. W. Hughes, *Gender Differences in the Development of Managers: How Women Managers Learn from Experience*, Technical Report No. 145 (Greensboro, NC: Center for Creative Leadership, 1990).

❖ 领导概览 2-1

斯坦·李的漫威遗产

斯坦·李（Stan Lee）是公认的漫威系列漫画的幕后天才，“美国漫画英雄”之父。他创造了漫画及电影史上几个最流行、最成功的角色，包括蜘蛛侠、绿巨人、神奇四侠、钢铁侠、X 战警，角色众多，数不胜数。他当初是如何进入这一领域，如何成为创造这么多超级英雄角色的天才呢？

17 岁时，李在纽约找工作，他听堂姐夫说一家“即时出版公司”在招人，公司想招个漫画图书部助理。这听上去蛮有趣的，李接受了这份工作。他基本上就是在办公室里跑腿（“拿这个，拿那个”）。当时，除了出版人和李，整个公司就两名员工。在这两人被解雇后，整个部门就没人负责了。出版人问李：“你能做吗？”70 年后，李回忆起这一刻。“我当时 17 岁。17 岁的人懂什么！我说，‘当然，我能做！’”李成为漫画系列图书的临时编辑，后来升为公司整个漫画书部门的总编，最终成为神奇漫画公司的总裁和董事长。

这才真是将一次机会利用到极致啊！

班克尔和韦布（Bunker，Webb）要求成功经理人列出一些形容词，描述他们在有效的学习场合、开发经历中工作时的个人感受。[22] 他们的典型反应既包括正面感受，也包括负面感受：

负面感受	正面感受	负面感受	正面感受
痛苦	受到挑战	受到打击	感到愉快
担心	有成就	不确定	有天分
挫败感	自豪感	愤怒	随机应变
压迫感	有能力	受伤害	学习
焦虑	成长		

研究者一直猜测在压力与学习之间存在有机联系，这一研究提供了有力的支持证据。[23] 人们生活中不时出现的学习和开发经验，经常（可能总是）带给他们压力。[24, 25, 26, 27]

> 要让受过良好教育的人知道：失败并不丢脸，他必须分析导致每次失败的原因。他还必须学会聪明地失败，因为失败是世界上最伟大的艺术。
>
> ——查尔斯·F. 凯特林（Charles F. Kettering），发明家、汽车先驱、公司领导者

班克尔和韦布注意到，高管人员力图在未感到压力的情况下取得成功。利用已获证实的一套运营技巧来应对以前解决过的难题，是他们觉得最舒心的时候。考虑到存在将“绩效已获证实的人”安排到重要岗位上的组织压力，管理者一开始就面对极大压力要“继续做一直在做的

事”。在情势紧迫时，这种倾向可能更加突出。这就导致了成人教育开发中的巨大挑战：在人们最需要突破以往学习模式形成的思维定式时，正是他们最不愿意这么做的时候。能做一些与个人以往成功相悖的事，需要此人具有坚定的学习意愿、不怕失败和探索未知领域的坚忍精神。

为了取得成功，在完成正规教育之后，必须在整个生命阶段都坚持学习。结束外部应用型教育的同时，也是因内在激励而学习的开始。此时，学习目标不再是得高分、拿文凭、找份好工作，而是了解身边发生的事，形成对自身经历独特的、有意义的看法。[28]

> 不管是 20 岁还是 80 岁，任何人只要停止学习就衰老了。同样，任何人只要坚持学习就会一直年轻。生活中最伟大的事就是保持头脑年轻。
>
> ——亨利·福特（Henry Ford），福特汽车公司创始人

这一做法同样适用于成为一名有效领导者或保持领导力时所面临的具体挑战。现代组织中的领导者，需要投入一个永无休止的学习过程中。[29] 克拉维斯领导研究院（Kravis Leadership Institute）罗恩·里焦（Ron Riggio）的观察很好地体现了这种挑战，他指出，组织领导者既是领导实践者，同时也是领导学习者：

> 领导者的领导实践，如同医生、律师或其他专业人士的执业一样，是一个持续的学习过程。这些专业的复杂性意味着一个人必须不断改进，学习做到更好。聪明的领导者应当接受这一点，并经历这个偶尔痛苦的个人领导力开发过程。[30]

那么，成为好的领导学习者需要具备什么素质？凯文·韦尔德（Kevin Wilde）在培养高管人员方面有数十年经验，他相信“可塑性”是这个问题的答案。他表示，一个人的可塑性，或者从经验中学习的能力，可以表现为几项关键活动：

- 重视并向他人表达渴望获得反馈、有意愿改善；
- 主动、定期寻求反馈；
- 反思获得的反馈，并做出建设性的回应；
- 根据有价值的反馈调整行为，并持续改善。[31]

这些活动真的奏效吗？一项研究显示，在组织中工作受挫的管理者缺乏寻求反馈、按反馈调整行为的兴趣，这表明他们在个人能力、对他人的影响力方面有明显盲点。[32] 而且，在一项针对 5100 多名领导者的研究中，可塑性最强的领导者在总体领导能力上的评分位于前 20% 的可能性，是平均值的 4 倍。[33]

请阅读领导概览 2-2，想想史蒂夫·乔布斯是如何在获得巨大商业成功的同时，仍明智妥善地坚持从个人实践经验中学习的。

❖ 领导概览 2-2

史蒂夫·乔布斯

史蒂夫·乔布斯（Steve Jobs）是当今世界最著名、最成功的商业领袖之一，但他也以喜怒无常、极具攻击性和过分苛求著称。在20岁时，他与合伙人史蒂夫·沃兹尼亚克（Steve Wozniak）一起创立了苹果电脑公司，推出第一代Macintosh电脑并推动了个人电脑革命。在离开苹果电脑之后，他创立了另一家公司——NeXT电脑公司，并在1986年并购了一家名为皮克斯（Pixar）的电脑动画公司。该公司的首部长篇动画作品——《玩具总动员》，成为历史上第一部完全由电脑动画技术完成的电影。再次回到苹果电脑后，乔布斯推出的iPod、iPhone和iPad带来了消费技术产品领域更大范围的革命。

2005年，乔布斯在斯坦福大学毕业典礼上发表了演讲。他在演讲中谈到人生最困难，但也最有价值的一次经历：被他自己创立的苹果公司解雇。他说，20世纪70年代，他和沃兹尼亚克在父母家的车库里创立了苹果公司。10年后，它成长为一家价值20亿美元的公司。成功光环下的他简直无法相信苹果董事会的解雇决定："你怎么可能被自己创立的公司炒了鱿鱼？我成年后的整个生命支柱彻底崩塌，这真是毁灭性的打击。"但后来回想起他因离开苹果获得的机会，乔布斯对即将毕业的学生们说，"我当时不这么想，但事后证明，被苹果公司解雇是我这辈子发生的最棒的事"。

乔布斯相信，领导意味着创建一种期望卓越、鼓励创新的环境。但他作为商业领袖也有黑暗的一面，令他的成功、天才特质不那么耀眼。沃尔特·艾萨克森（Walter Isaacson）在2011年出版的《史蒂夫·乔布斯传》中，不加掩饰地描述了乔布斯的这两类品质。

例如，乔布斯的性格多变，他的情绪可能在几分钟内发生改变，别人视为稀松平常的事，会让他大叫、大发雷霆。他专制独断的人际风格，使他在雅达利（Atari）公司（打工期间）的上司特意将他安排在夜班工作。他通常将员工分为"大神"或"白痴"两类，但哪怕"大神"也随时可能跌下神坛。他完美通晓沉默凝视的艺术，这使他可以轻松地羞辱他人，表现得极为刻薄和轻蔑。他也是个技艺娴熟的骗人高手，基本上能说服别人相信任何事。他完全认可毕加索的观察："优秀的艺术家借鉴，伟大的艺术家剽窃"；他毫无愧意地剽窃其他公司或本公司中其他人的创意。他基本上认为，约束他人的规则、行为规范对他本人都不适用。他形成了自己独有的现实感知，即使所有人都认为这毫无事实依据。乔布斯坚定地相信，哪怕所有证据都支持相反的主张，他的观点仍是绝对正确的。其他人甚至给这种"公然否认现实"的特征起了个名字：他的"现实扭曲场"。

那么，你认为乔布斯的成功是源于这些不光彩的特质吗？或者，如果没有这些特质，他会更成功吗？

资料来源：W. Isaacson, *Steve Jobs* (New York: Simon & Schuster, 2011).

大学中的领导者开发

本书的每一位读者基本上都在为获得学分参加大学领导学课程。但学术性的领导学课程，在某些学校中只是一整套领导学课程中的很小部分。里焦、丘拉（Ciulla）和索伦森（Sorenson）分别来自三个不同的研究机构，描述了四年制本科学院中领导研究项目的兴起及其关键要素。他们指出，在高等教育机构中，已有近 1000 个受到广泛认可的领导力开发项目，[34] 但其中只有很少的项目是提供学分的全套课程（如辅修学位）。随着这些项目数量的持续增加，其课程设计应当具备几个特点。

> 受过教育的人一天经历的事，比未受教育的人一生经历的事都多。
>
> ——塞内加（Seneca），古罗马政治家，公元 1 世纪

一是，在四年制本科学院，领导研究项目应当是跨学科的。你可能注意到，领导学领域包含了来自多个学科的研究，如心理学、组织行为学、历史学、教育学、管理学、政治学等。同时，领导学研究需要获得学术认可的研究方法（虽然这一点不言而喻，但本章一开始介绍的小故事体现了这方面的挑战）。二是，领导研究项目应当有意识地强调在更广泛领域中的价值观，特别是学员所在机构中特别显著的价值观。这些价值观可能包括社会责任、参与社区服务的期望；此时，**服务学习**（service learning）就是各领导项目应共同包含的部分。在其他一些项目中，全球化意识也可能是指导性的价值观。三是，与高等教育机构的要求相一致，领导研究项目应当关注期望的开发成果，以及对项目有效性的测试和评价。[35]

> 百闻不如一见，百见不如一试。
>
> ——中国谚语

各类大学领导研究项目具有共同要素：探讨领导学基本理论与概念的课堂学习（本书期望对此提供支持）。此外，伦理学课程对领导学研究也必不可少。如前所述，学校应当提供服务学习和其他体验式学习机会，将这类学习与课堂学习有机整合。掌握群体动力学对有效领导也至关重要，这需要学生在学习中与他人互动，因而领导研究中必然包括某种社会体验。由于领导学研究具有跨学科性质，来自不同系所和学科的教师都应被纳入项目中。[36]

在领导研究项目中，除服务学习之外，还使用多种不同的领导者开发方法。有些课程向学生提供**个性化反馈**（individualized feedback），使学生了解有关其人格特质、智力、价值观、兴趣的测试分值及其领导行为评级的信息。**案例分析**（case study）包括对各种领导情境的描述，被用于激发领导讨论。**角色扮演**（role playing）也是一种流行的方法。在角色扮演中，多位参加者扮演特定工作情境中的不同角色（例如，一位主管和一位士气低落的下属）。角色扮演的好处在于让受训者实际操练相关技巧，因而能够比领导知识讲授、抽象的领导问题讨论更好地实现相关技能向工作场所的转移。**模拟**（simulation）和**管理竞赛**（game）也是领导者开发可能使用的方法。这两

种方法包含相对固定的活动，体现工作环境中经常面对的一些挑战或决策问题。领导者开发的一个新方法是，将参加者安排在相对陌生的区域（如户外，而非办公室），能使他们激发个人体力和情绪的往往是团队性的挑战。

所有这些方法都可能以某种方式促进开发，包括提供自我发现、实践和将行为转移到多种情境和群体的机会。这些方法的共同点是，它们都能将学习过程从纯粹的认知领域，转变到情绪、社交和行为领域。近期研究表明，当情境和经历的过程高度个人化时，从领导经验中得到的教益才会最大限度地、长久地影响领导者开发。比如，通过提供结构化、心理安全的机会，学生可以对本来认为带来不安或困惑的开发经历进行反思。[37]

组织环境下的领导者开发

本小节的标题不是暗示大学、学院不是组织，它们显然是的。但大学中的领导学习与公司、军队中的领导者开发项目，存在明显差异。最突出的差异可能是，大学项目的根本目的是使学生准备好承担身为公民的生产服务义务，也包括承担职业领域的责任。在本小节中，我们关注的是组织的领导者开发方法，其目的不仅是实现个人层面的发展，也是（可能更主要是）为了组织的利益。组织也普遍应用上面提及的短期开发方法，但一些有效的基于工作的领导者开发方法本质上是长期的。

长期开发方法的应用提出了一个重要问题：虽然这些项目看似成功，但到底是什么导致开发经历（如培训）的改善？例如，一位管理者参加了为期一周的领导力开发项目（暂不考虑项目包含的具体内容）。假定我们观察到该管理者一个月后的领导力明显改善，你认为是什么导致了这种变化？你可能很容易下结论，认为是培训项目发挥了作用，但也可能是其他因素在起作用：这位管理者在这个月实践了一些新行为。因此，正式的领导力开发经历有时可能有帮助，但并不足以确保成功。事实上，改变个人在工作场所的人际行为相当困难，这类改变需要花费大量时间。研究者甚至认为，特定的开发事件（如一周的培训）不是真正实现个人开发的场所。事实上，“个人不太可能因为参加了一系列项目、研讨会或专题讨论，就能充分发展领导力。实际开发是在这些领导力开发活动之间的空余时间发生的”。[38] 这一观点与我们在本章谈及的行动－观察－反思模型高度吻合。

即使在正式开发活动之间的空余时间实践是领导者开发的一个必备要素，但大多数组织相信正式的领导者开发安排仍是必要的。鉴于大量金钱被用于领导力开发（估计年支出为500亿美元），我们有必要提出一个问题：“这值得吗？”直到最近，对这一问题的回答只能借助于一个明显的事实，即无数人相信这是值得的，否则就不会花钱用于开发。但很多人在质疑组织中领导力开发项目的基本假设。例如，近期的一项批评指出了3个有问题的假设：

- 成功的组织是由那些“具有适当特质”的领导者创建的。因此，只要组织能发现、开发足够多的这类领导者，成功就能延续。
- 个人特质评测可以精准评估领导潜力（具有适当特质）。因此，组织成功的要诀就是特定的个人特质和素质的组合。

- 可以在与实际工作无关的环境下评估和开发领导效能。[39]

除了对领导力开发项目的基本假设存在质疑，这些项目的实际设计（至少回头来看）往往也有缺陷。[40]事实上，领导力开发项目直到近些年才开始接受与其他商业决策（特别是资本投资决策）相似的严谨分析。这类分析被用于确定**投资回报率**（return on investment，ROI）。其分析逻辑非常简单明了。来看一个简单的例子：假设管理者参加的一项领导力开发项目花费了公司2000美元。如果培训后该管理者的生产率改善超过了2000美元，则公司在该项投资上的ROI为正。这一生产率改善可能表现为决策质量优化、管理者的激励水平提高、对直接下属的管理更有效等。重要的是，参与开发项目后的管理者改善了领导行为。虽然人们通常无法确定组织在领导力培训上的投资回报，但近期针对335个独立样本进行的元分析显示，"领导力培训的效果明显优于以往的预期"。[41]事实上，其他研究也表明，领导力开发项目的平均投资回报率为正，且数值相当可观。[42]

大量领导力培训项目是针对工业或公共服务业的领导者和管理者的。在很多方面，这些项目的内容和教授技巧与大学领导课程相似，但项目安排往往比持续整个学期的大学课程更集中。企业项目的内容取决于受训者所在的组织层级：面向初级管理者的项目关注开发管理监督技巧，如培训、监控、给予反馈、与下属进行绩效面谈等，通常使用课堂讲授、案例分析、角色扮演练习来提高领导者技能。面向中层管理者的项目往往关注改进人际技巧、口头沟通技巧、书面沟通技巧等方面，也提供时间管理、计划和目标设置方面的行为技巧。这些项目更多使用个性化反馈、案例分析、演示、角色扮演、模拟、**公文筐处理练习**（in-basket exercise）和**无领导小组讨论**（leaderless group discussion）等方法，帮助实现领导者开发。在公文筐处理练习中，参加者需要在给定时间内，将一个虚构的管理者公文筐中的多份便条、信件、电话留言信息按轻重缓急排序，并做出适当的处理决策。这一技术对于评估和改善管理者的计划和时间管理技巧特别有用。在无领导小组讨论中，活动主持者与观察者根据一个未指定领导者的小组中每位成员表现出的说服、领导、追随或冲突的水平，确定评价等级。这些评级结果可以提供关于管理者人际和口头沟通水平的反馈。

在评述领导力开发和培训领域的状况时，康格（Conger）提出了他的看法："如果领导项目采用多层次方法，这些项目可以发挥相当好的作用。有效的培训取决于对四种不同教学方法的综合使用，我称这四种方法为个人成长、技能塑造、反馈和概念意识。"[43]有些项目试图通过多次进行河道撑筏、野外生存等激发强烈情感的个人成长经历来推动领导力开发，本书各篇关注的就是康格领导力开发中的各种技能塑造方法。有些领导力开发方法强调针对每个人的优劣势提供个性化反馈，反馈信息通常来自标准化测评方法。反馈能帮助个人发现以往忽视的"盲点"，也有助于了解自己在领导力开发中亟待开发的领域。还有一些项目强调概念性、智力性的领导力开发，比如，MBA项目强调理论学习及案例分析。上述方法各有长处，但康格强调结合使用所有方法，这无疑是很有道理的。专栏2-6详尽介绍了一个广受赞誉的进行领导力开发的企业案例。

❖ 专栏 2-6

企业中的领导力开发：3M 公司

3M 公司是一家研发和产品制造并重的企业，年收入约 300 亿美元，在 70 多个国家雇用了约 85 000 名员工。3M 公司的总部设在美国明尼苏达州圣保罗市，其产品超过 65 000 种，包括黏合剂、研磨剂、纳米技术材料、电子产品和软件、照明管理、微复制、非织造材料，以及其他 40 多种技术平台。其中有很多产品（如便利贴）广为人知。3M 公司一直关注创新，到目前为止，公司的 8000 多名研发人员取得了超过 3100 个美国专利。由于产品的巨大成功，3M 公司一直在《财富》杂志“十大最受尊重的公司”中榜上有名。

2006 年，3M 公司注意到新产品推向市场的成本正以惊人的速度增加。但 3M 公司不想只关注如何节约成本，因为此举可能对新产品开发不利。公司管理者相信，员工敬业度是同时提高效率和创新的关键。所谓敬业度，是指“个人的目的意识和集中精力，其外在表现为个人主动性、工作投入和坚持组织目标”。3M 公司的管理层认为，员工在工作中越敬业，就越有可能提出同时增加创新和降低成本的点子，并将其付诸实施。

从 20 世纪 50 年代初开始，3M 公司就一直测量全体员工的满意度和其他态度。公司还重新设计了这些问卷，将其纳入公司关注的员工敬业度评价。公司的一线管理者、中层管理者、各国事业部的管理者、地区事业部高管及职能管理者，都能从数据中了解各自管辖员工的平均敬业度水平。与此同时，3M 公司的领导力开发部门会提供补充资料，向领导者说明员工敬业度是什么、它如何构成了竞争优势的来源，以及如何提高员工敬业度。

3M 公司的领导力开发部门被视为全球最优秀的，非常强调由领导者来教育领导者（换言之，公司的 CEO 和高层领导团队都会在内部领导课程中担任讲师）。该部门的行动学习项目面向公司中少数最杰出、最聪明的员工，这些员工组成的临时团队负责提出创意和商业计划书，包括额外增加 2500 万美元的销售收入，或在某一地区提高收入、降低成本。该部门也会提供传统的课堂培训，以及分别针对一线、中层和高层管理职位的数百个 e-learning 模块。社交媒体、自主学习的视频短片、博客、维基百科等，都被广泛用于培训领导者如何提高员工敬业度。这些领导力开发投入使公司的整体员工敬业度快速提升到 4.8（5 分制），公司推出了新产品，收入增加，成本也得到了有效控制。

2012 年上任的 3M 公司的 CEO 英格·图林（Inge Thulin）就是这家老牌企业著名的创新与领导力开发项目的产物，他致力于进一步提高公司对员工开发的重视程度。在他被任命为 CEO 的一周之内，图林就宣布了新的公司愿景和 6 个重要的经营战略，其中之一是明确 3M 公司要在“构建高绩效、多元化的全球人才队伍”方面做得更好。毫无疑问，很多公司都认为各层级的领导效能对于推动快速成长战略至关重要，但图林将它体现在执行过程中，将开发全部人才（包括领导者）确定为公司的核心经营战略。

资料来源：K. B. Paul and C. J. Johnson, “Engagement at 3M: A Case Study,” in *The Executive Guide to Integrated Talent Management*, eds. K. Oakes and P. Galagan (Alexandria, VA: American Society for Training and Development Press, 2011); “World’s Most Admired Companies,” *Fortune*, March 29, 2012, http://money.cnn.com/magazines/fortune/most-admired/2012/full_list; and 3M, www.3M.com.

基于同一思路，其他研究者也强调，21 世纪的领导者开发必须在更接近真实生活的情境和背景下进行。[44] 为此，他们还提议，为领导力开发创造更好的、类似于竞技体育技能训练的实践平台，或类似于音乐技能培训中使用的短期实训班。目前，领导力开发越来越多地出现在工作环境中。[45]

针对高层管理者和 CEO 的领导力开发项目多关注战略规划、开发和沟通愿景、公共关系和人际技巧。很多时候，一个公司的全体高层领导者会同时参加某个领导力开发项目。参加这类项目的目标之一，可能是学习掌握组织战略规划的方法。为了改善 CEO 的公共关系技巧，有些项目安排 CEO 接受临时的电视记者模拟采访，并获得如何做得更好的行为反馈。

在下面几小节中，我们将分别探讨领导者开发项目中目前流行且使用日益普遍的四项技术：行动学习、发展计划、辅导和个人指导。专栏 2-7 列出了几种不太常见的领导者开发方法。

❖ 专栏 2-7

领导者开发的创新方法

本章特别强调了几种广受认可的领导者开发方法，如辅导和个人指导，但也有很多创新方法值得关注。我们在此列出了几种，大致可分为三类：艺术类方法、技术类方法和探险类方法。

艺术类方法

有些艺术类方法可能被称为“投射”方法，因为它们涉及某种形式的艺术创作或解读，使开发项目参与者可以揭示其内在想法和感受［“投射”一词最初来自罗夏墨迹（Rorschach Inkblot）测验，这是一个投射心理测试］。例如，视觉图像（如照片、艺术作品）可以刺激学员就某些领导主题做出详细说明（我曾经加入的最佳团队、在这家公司工作的感觉如何，等等）。当你看到人们由图像唤起的反应有多丰富、多坦诚时，你会大吃一惊。另一个投射技术是使用简单的建筑材料（如乐高积木），指导学员做出对某种事物的图形描述（可能是公司的组织结构或战略）。学员的关键技能，如表现出共情的能力，也可能通过戏剧、表演方面的培训来习得（这对医务人员特别有价值）。另外，电影往往有很强的情绪感染力，也可以用来推进对多种领导问题的深度讨论。

戏剧艺术也在领导力开发项目中占有一席之地。虽然学习“如何让他人觉得你很真诚”听上去有些自相矛盾，但让他人觉得真诚对领导者无疑很重要，而培训领导者采取特定行为方式以强化人们的感觉，在领导力开发项目中也越来越普遍。

技术类方法

视频游戏和虚拟现实模拟为领导力开发开辟了新阵地，在培训开发中使用这类技术有几点特别的好处。一方面，它们要求快速思考和行动。在真实生活中需要花费几周甚至更长时间的行动，可能被压缩为几小时或几分钟，因而领导的节奏明显加快。这些场景也鼓励承担风险，在游戏或虚拟现实中的领导角色往往是临时性的，需要学员频繁互换角色。甚至美国空军学院也开发了针对领导力开发的虚拟现实模拟，其中的领导情境往往是复杂、含糊不清和高交互性的。

探险类方法

有些组织，如美国户外教育学校（National Outdoor Leadership School）和拓展训练营（Outward Bound）利用户外荒野的陌生感及固有的挑战，作为领导力开发的实验场。学习有效地与形形色色的陌生人一起工作，在恶劣天气中探查地形、搭建帐篷和解决三餐，会使学员有大量机会了解自己，并学习如何在全新的且往往是高压力的情境下与他人共事。当然，提供挑战性领导力开发环境的不仅限于荒郊野外，城市环境也可以。纽约市消防局（FDNY）提供了一个名为“当一天消防员”的团队挑战项目，FDNY 还和沃顿商学院一起合作调整该项目，用于高管人员的教育。该项目将参与者置于真实的消防救险情境下，比如恐怖分子的公交车炸弹袭击。大多数探险类方法的基本理念是，在不熟悉的学习情境下，当个人习惯的那套“办公室”生存技能和角色不足以应付（甚至与问题完全不相干）时，将会激发个人进行更深层的自我审视和人际洞察。

资料来源：S. S. Taylor and D. Ladkin, “Understanding ArtsBased Methods in Managerial Development,” *Academy of Management Learning & Education* 8, no. 1 (2009), pp. 55–69; B. Reeves, T. W. Malone, and T. O’Driscoll, “Leadership’s Online Labs,” *Harvard Business Review*, May 2008, pp. 59–66; R. L. Hughes and A. Stricker, “Outside-in and Inside-out Approaches to Transformation,” in *Crosscutting Issues in International Transformation: Interactions and Innovations among People, Organizations, Processes, and Technology*, eds. D. Neal, H. Friman, R. Doughty, and L. Wells (Washington, DC: Center for Technology and National Security Policy, National Defense University, 2009); J. Kanengieter and A. Rajagopal-Durbin, “Wilderness Leadership—On the Job,” *Harvard Business Review*, April 2012, pp. 127–31; G. Peifer, “Soapbox: Learn to Take the Heat,” *Training*; and A. E. Weischer, J. Weibler, and M. Petersen, “‘To Thine Self Be True’: The Effects of Enactment and Life Storytelling on Perceived Leader Authenticity,” *The Leadership Quarterly* 24 (2013), pp. 477–95.

行动学习

了解**行动学习**（action learning）的最佳方式，可能是与传统**培训项目**（training program）进行对比。后者是指一大群员工以课堂学习方式进行的领导力开发活动，这类活动往往持续几天或一周。课堂中使用前面提到的多种开发技术，如练习、基于量表的反馈，以及讲授各个不同的领导学主题。很显然，参与这类培训项目必然要求有一段脱产学习的时间。虽然各种练习可能谈及常见的领导问题，如沟通、冲突、反馈和规划，但这类虚构场景下的活动使学员很难将习得的技能转移到实际工作场合。

与之相反，行动学习将工作中的实际问题和挑战视为开发活动。行动学习的基本理念是：成人的最佳学习途径是“干中学”。此外，行动学习往往是与同事一起解决实际工作中面临的挑战；组织将行动学习团队的成员安排到问题解决角色中，期望他们就问题或挑战制定团队决策，并将分析和正式的建议方案提交给上级（往往是本公司高层管理者）。重要的是，行动学习本身必然涉及反馈、思考参与者的分析和建议方案的质量；在理想状态下，它还会激发学员对自己在合作项目中担任领导者时表现出的优劣势进行反思。

在过去 15 年间，行动学习从一个很少被使用的开发工具，变成了大量公司领导者开发活动中的常见要素。但很遗憾，这一方法虽然快速流行和普及，但它在领导者开发过程中的效力并不突出，人们在面对棘手的公司问题时没能提出大量的新观点。

> 在一项可以拓展能力的新工作上，你应当关注学习本身，而不是得到一个 A。
>
> ——玛丽·迪·希克斯（Mary Dee Hicks），咨询顾问

导致这一问题的原因很多，很重要的一点是特定行动学习项目与其领导挑战之间的联系相当薄弱。组织在分配人员进入行动学习团队时，往往认为他们肯定能因此获得重要的领导教益，但这一成果通常不会轻易出现。如果这一过程这么轻松、自动自发，个人在原工作岗位上的经历就会导致"领导学习"，根本就不需要行动学习。此外，行动学习中的工作问题往往时间紧、高度受关注，是完全真实的工作内容，正是这些特点使行动学习很吸引人、普遍流行，但这也要求员工加快工作节奏，从而挤出领导者开发中重要的反思过程。导致行动学习项目未能取得预期开发效果的最后一个原因，是工作团队往往会面临你在团队课程作业中会遇到的问题。某项工作需要团队合作是一回事，但在完成项目时真正体现良好的团队精神则完全是另一码事。在设计不佳且缺乏组织支持的行动学习项目中，工作可能由一个人主导，或者只考虑到单一的组织视角。行动学习有巨大的潜力，但目前还没有体现为稳定的开发成果。[46]

发展计划

有多少次你决定改变一个习惯，却发现两个月后你仍然做出同样的行为？有着良好初衷的新年计划，往往无疾而终。因为失败率太高，大部分人甚至不再下决心改变了。考虑到这个经历，你可能会怀疑是否真的有可能改变一个人的行为，特别是这种行为随着时间推移得到了强化，几乎会自动自发地表现出来。但幸运的是，行为改变的确是可能的，即使长期形成的习惯也能改变。例如，很多人不依赖任何正式项目就成功戒掉了抽烟或酗酒的恶习；有些人在了解到自己的行为如何影响他人后，也做出了改变；还有些人需要获得外部支持来保持长时间的行为改变；而另一些人似乎注定永远不会改变。[47, 48, 49]

管理者似乎也可以分成上述几类：有些管理者一旦发现问题就会改变；其他人在获得社会和组织支持时会发生改变；还有些人则永不改变。但是，人们落入特定的类型纯属偶然吗？还是可以在一开始做出安排，促进他们做出行为改变？研究者提供了几种行为策略，供领导者使用来加速领导技能的自我开发。[50, 51, 52, 53, 54, 55] 这些策略包括五个行为改变的关键问题；而且，要想尽量提高永久性行为改变的可能性，领导者必须对这些问题给出肯定的回答。

问题 1：领导者是否知道哪些行为需要改变？领导者可能表现出数百种不同行为，但他们是否清楚，为了构建有效团队或取得更好的成果，需要增加、终止或继续哪些行为？开发补给线模型中的洞察部分强调，应当向领导者提供其擅长领域和开发需要的准确反馈，可以使用 360 度反馈提供这方面的有用信息。360 度反馈可以从上级、同事、合作者及领导者本人等一圈人处获得

不同视角的行为反馈。开发需要的其他信息来源可能是评价中心、绩效评价，以及其他人的直接反馈。

问题 2：领导者是否有意愿改变上述行为？开发个人领导技能的下一个步骤是确定重要的开发目标。没有哪位领导者具备成功所需的全部知识和技能，因此，大多数领导者都会面对多种技能的开发需要。领导者需要决定哪些新技能对个人和组织最有价值，并形成针对这些需要的**发展计划**（development planning）。这一发展计划应当仅仅关注一到两项需要；涉及的开发需要超过两项，则发展计划会使人不知所措，也难以实现。如果领导者有超过两项的开发需要，就应当先着手学习一到两种技能，之后再转移到下一套开发需要上去。

问题 3：领导者是否已形成了改变目标行为的计划？对领导者来说，这意味着制订书面的发展计划，利用现有的书籍、小型研讨会、大学课程、网络学习模块等，获取隐含在特定开发需要中的知识。例如，你能从学校课堂灌输中学习如何授权，或者参加一个小型研讨会来学习关于授权技能的最佳实践。我们将看到，虽然知识本身不足以发展出一项新技能，但合适的书籍和课程能加速这一学习过程。[56] 此外，重要的是，不要低估书面发展计划的力量。制订了书面计划的领导者（和追随者），似乎更有可能时刻关注其发展状况，为获得新技能采取必要的行动。

问题 4：领导是否有机会实践新技能？对领导者而言，参加课程、读书都是获得基本知识的好方法，但新技能只有通过在职实践才能获得。外科大夫的学习包括阅读书籍、观察他人的手术，但只有不断重复地练习才能使其外科技术臻于完美；领导者也是同样，只有在工作中应用才能使他们掌握所需的技能。因此，好的发展计划会充分利用在职经验来打磨领导技能。这些在职活动对开发至关重要，发展计划中有 70% ～ 80% 的行动步骤都应该与本职工作相关。

> 比从经验积累中学习更痛苦的，是经历过却没学到任何东西。
>
> ——阿奇博尔德·麦克利什（Archibald MacLeish），美国国会图书馆馆长

问题 5：领导者是否应承担起改变目标行为的责任？获得新技能的最后一步是承担责任，在发展计划中有多种方法可以实现这一点。一种确立开发责任的方法，是让不同人就技能开发的各个行动步骤提供连续反馈。例如，领导者可能在员工会议一结束，就要求同事或直接下属对其倾听技能提供反馈。另一种确立开发责任的方法，是与上级定期回顾发展计划取得的进展。采用这种方法，上级有机会帮助领导者进一步实践待开发技能，并确定何时应在发展计划中加入新的开发需要。

发展计划远不止于一纸计划书，它实际上是一个过程。当学会新技能或出现了开发新技能的新机遇时，好的发展计划会不断被修正。花时间制订并执行最佳实践发展计划的领导者，往往在随后的 360 度反馈中有最明显的改善。发展计划过程为领导者改进行为提供了一种方法框架，而这些变化主要发生在领导者从事日常活动的过程中。

辅导

发展计划往往关注的是自我：领导者和追随者以此作为改变自身行为的路线图。但在试图改变追随者的行为时，领导者可以做的通常不仅是评估追随者的行动计划、持续不断地提供反馈或定期与追随者评估该计划。在追随者的开发中，下一个步骤往往涉及**辅导**（coaching）。辅导是一种关键领导技能，它能帮助领导者改进团队的人才梯队建设能力，进而帮助团队完成其目标。正因为它在开发中的重要作用，辅导也有助于留住高素质的追随者。[57] 因为这些积极影响，辅导成为近年来的流行话题，但它也是一个经常遭到误解的话题。

> 最好的高层管理者足够明智，会选取合适人选来完成自己期望的目标，但同时又能自我约束，不会在他们做事时指手画脚。
>
> ——西奥多·罗斯福（Theodore Roosevelt），美国第 26 任总统，1901—1909 年

辅导是指“向他人提供各种工具、知识和机会，使其能进行自我开发并取得更大成功的过程”[58]。大致存在两种形式的辅导：非正式辅导和正式辅导。**非正式辅导**（informal coaching）泛指领导者帮助其下属改变行为的各种情况。根据彼得森和希克斯（Peterson，Hicks）的研究，非正式辅导通常包括五个步骤[59]：构建伙伴关系、激发承诺、培养技能、鼓励坚持不懈和塑造环境（见表 2-1）。

表 2-1 非正式辅导的五个步骤

构建伙伴关系	只有在领导者与其下属之间存在信任关系时，辅导才会起作用。在这一步骤，领导者还要确定激励下属的因素及其职业目标
激发承诺	在这一步骤，领导者协助追随者确定开发哪些技能或行为会产生最大收益。这通常会涉及回顾绩效评估结果、360 度反馈、价值观及人格测评报告等
培养技能	领导者与追随者共同工作，以制订能最大限度利用在职经验的发展计划，并制订辅导计划以支持追随者的开发
鼓励坚持不懈	领导者定期与追随者会面，提供反馈，协助追随者及时了解其进展，并向追随者提供新任务或新项目，以开发所需的技能
塑造环境	领导者需要定期回顾自己是否为下属开发起到了表率作用，以及自己为促进工作场所的开发氛围做了哪些工作。由于大部分人都想取得成功，这一步骤做得好将有助于吸引追随者并将他们留在群体中

资料来源：D. B. Peterson and M. D. Hicks, *Leader as Coach: Strategies for Coaching and Developing Others* (Minneapolis, MN: Personnel Decisions International, 1996).

关于非正式辅导，有几点需要特别说明。第一，领导实践者可以使用彼得森和希克斯提出的五步骤程序来诊断为何没有发生行为改变，领导者对此可以做些什么。比如，追随者没有开发出新技能，是因为他们不信任领导者；他们不清楚需要开发哪些技能或这些技能对他们不重要；或者，他们没有形成学习这些技能的计划。第二，非正式辅导能够也的确会在组织中的任何环境下进行。高层管理者可以用这一模型来培养下属，同事能用它来互相帮助。第三，这一程序对高绩效和低绩效的追随者都同样有效。领导实践者往往会忘记辅导那些表现最稳定、最优秀的追随者，

但正是他们给团队或组织成功做出了最大贡献。此外，研究显示，视工作复杂性的不同，在工作中表现最优秀的员工往往比平均绩效的员工多产出 20%～50%。[60] 如果领导者将关注点放在使表现可靠的员工成为绩效最佳的员工，并进一步提升最优秀员工的绩效，他们的团队极有可能比领导者仅关注辅导业绩不佳者要有效得多。这也表明，领导者（教练）需要关注员工的看法，了解后者认为哪种辅导方式最有益（见图 2-3）。第四，"远程"辅导和辅导来自不同文化的成员可能特别困难。[61, 62] 对领导者而言，与远距离的追随者建立信任关系尤其困难。与来自其他文化的追随者建立信任关系，可能也同样困难。比如，在不同文化下，组织成员对反馈的接受程度各不相同。在某些文化中，"保住面子"非常重要，辅导来自这些文化的下属时，避免以看似个人攻击的方式提供反馈（特别是负面反馈）就特别重要。[63]

大部分人都熟悉个人健身教练的观念，它是指一个人根据他人的特定需要和目标，帮其量身定做一个健身计划。**正式辅导**（formal coaching）为处于领导岗位上的管理者提供了类似服务。在全球 1000 强（Global 1000）中，约 65% 的企业提供不同形式的正式辅导项目。[64] 正式辅导项目在本质上是高度个性化的，但仍有必要谈谈它们的一些共同特点。在这类项目中，管理者和辅导者（即顾问）之间建立一对一的关系，这会持续大约 6 个月到 1 年以上。在项目的最初阶段，管理者需要完成一套内容广泛的包括人格、智力、兴趣、价值观量表和 360 度反馈在内的测评工具；辅导者还要与管理者工作领域中的其他人进行访谈。完成该程序的测评阶段，使领导者和辅导者都对开发需要形成清晰认识。接下来，辅导者与管理者定期（大致是每个月）会面一次，回顾这些反馈工具的结果，并探讨如何开发技能及在工作中运用目标行为。角色扮演和录制视频在这一阶段很常见，辅导者也会向在真实工作情境中实践新行为的客户提供即时反馈。辅导项目的另一个有益成果，是它有助于厘清管理者的价值观，识别个人信奉的价值观与其实际行为之间的差距，并设计出优化行为与价值观整合的策略。

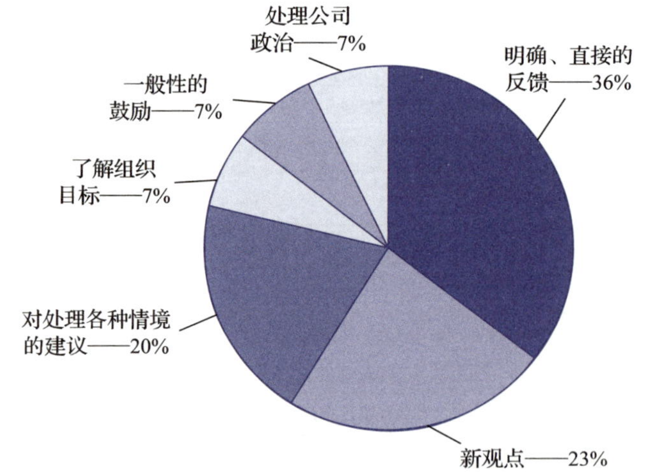

图 2-3 在你接受的辅导中，什么是最有益的方式

资料来源：Adapted from "The Business Leader as Development Coach," *PDI Portfolio*, Winter 1996, p. 6.

一项正式辅导项目的花费可能超过 10 万美元，当然有必要询问这笔钱花得是否值得。一组可靠的研究表明，设计合理、执行良好的辅导项目的确会导致行为改变，但前提是该项目应该满足某些条件[65, 66, 67, 68]（见专栏 2-8）。图 2-4 显示，辅导在行为改变方面的效能要优于传统的学习和培训。

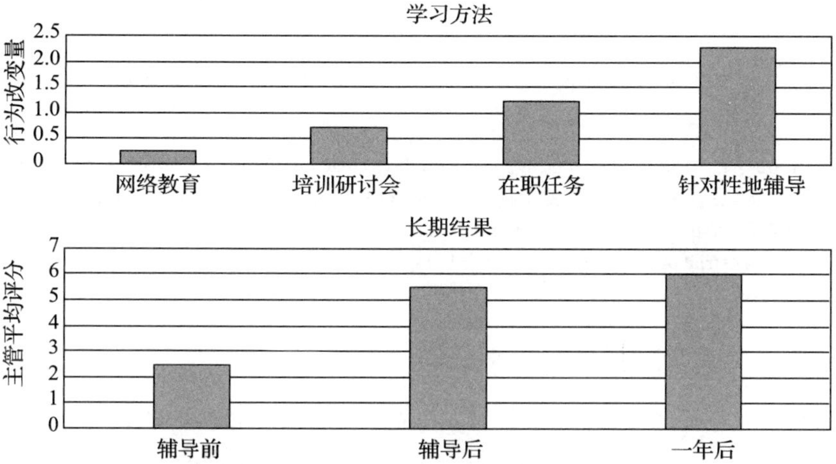

图 2-4　辅导的力量

资料来源：D. B. Peterson, *Individual Coaching Services: Coaching That Makes a Difference* (Minneapolis, MN: Personnel Decisions International, 1999).

❖ 专栏 2-8

正式辅导的一些关键教益

1. **被辅导者有改变的意愿。**除非一个人想要改变，否则很难使他改变其行为。辅导者应确保被辅导者清楚了解改变其行为的益处，以及不改变行为的后果。当辅导者将新行为与被辅导者的价值观、职业目标联系在一起时，改变往往会变得容易。

2. **测评很重要。**正式测评涉及人格、价值观、心理能力和多评价者反馈，它们对于了解被辅导者需要改变的行为、激发改变的因素、改变目标行为的难易程度是必不可少的。

3. **某些行为无法发生改变。**有些行为根深蒂固或不符合伦理要求，最好的选择就是终止辅导。例如，本书的一位作者被邀请辅导一位已婚的副总裁，他在一年之内使两名管理助理怀孕。考虑到辅导者不是生育控制专家，辅导者拒绝了这一邀请。

4. **实践是至关重要的。**好的辅导者不仅讨论改变的需要，也促使被辅导者实践目标行为。最初的实践往往发生在辅导会谈中，由辅导者扮演另一方的角色，并向被辅导者提供反馈和改进建议。这些实践可以进一步扩展到工作中，此时被辅导者必须在真实情景中运用新习得的行为。

5. **个人责任无可替代。**上级应随时掌握被辅导者的进展情况，并要求后者负责推动工作中的变革。当辅导者与因绩效不佳而危及未来职业的被辅导者共同工作时，如果后者没有做出必要的改变，则上级应主动放弃。尽管恐惧或威胁不是推动人们改变的最佳方式，但这些脱轨的被辅导者完全拒绝面对自己的问题，只有失去高层职位的担忧才能促使其改变。

在阅读了这份“辅导的最佳实践”清单后，你将如何区分“好的辅导”与“提供建议”之间的差异？

资料来源：S. Berglas, “The Very Real Dangers of Executive Coaching,” *Harvard Business Review*, June 2002, pp. 86–93; and G. J. Curphy, “What Role Should I/O Psychologists Play in Executive Education?” in *Models of Executive Education*, R. T. Hogan (chair), presentation at the 17th Annual Conference of the Society for Industrial and Organizational Psychology, Toronto, Canada, April 2002.

个人指导

与组织中那些有经验且有意愿指引你的人建立密切联系，也能获得有价值的观点和见识。这些人经常被称为**导师**（mentor），该词源于希腊神话中奥德修斯在外出与特洛伊人作战时，将整个的家庭管理及继承人教育问题托付给门特（Mentor）的故事。3000 多年后的今天，“门特”一词被用于描述一位有经验的长者帮助组织内的年轻同事实现社会化并给予鼓励的过程。[69]

个人指导（mentoring）是指一种个人关系，其中一位经验丰富的导师（通常是组织中级别高出 2～4 个级别的人）作为一位缺乏经验的门徒的指导者、行为楷模和支持者。导师向被指导者提供职业机会、组织战略和政策、办公室政治等方面的知识、建议、挑战、咨询和支持。尽管个人指导有很强的开发意味，但它与辅导不同。二者的一项关键差异是，个人指导的目标不是满足具体的开发需要。被指导者与导师会面，往往可以了解关于组织问题的不同看法，或者就潜在的委员会和特别工作组的任务、晋升机会等寻求导师的建议。另一项差异在于，这种指导不是来自被指导者的直接主管。被指导者会从上级那里获得非正式辅导，但他们更有可能向导师寻求职业指导和个人建议。此外，还有一项差异：导师有可能根本不是本组织的成员。有些导师是本组织的退休人员，或者是被指导者几年前的上司。

和辅导一样，个人指导也分为正式和非正式的个人指导项目。非正式的个人指导，是指在被指导者与导师之间建立一种基于友谊、相似兴趣和共同尊重之上的长期关系。这种关系往往始于被指导者在导师所在组织的某一部门工作，或者在某一引起高度关注的项目中为导师工作。正式的个人指导则是指组织给有高潜力但缺乏经验的领导者安排一位公司高层管理者担任其导师。被指导者和导师定期会面，获得接触和学习组织高层如何做出决策的机会。组织经常实施正式的针对女性或少数族裔人群的个人指导项目，以加快他们的职业发展进程。[70, 71, 72]

目前在很多组织中，个人指导的使用相当普遍。研究报告显示，美国陆军中 74% 的军士或军官都有导师，美国海军中有67%的舰队司令在其职业生涯中曾有过导师。此外，多位舰队司令表示，截至退伍，平均每人有过3.5位导师。[73, 74, 75]其他研究报告显示，在个人指导、个人学习、职业满意度、薪资收入、晋升与留任之间，存在正相关关系。[76, 77, 78, 79, 80]但也有研究发现，正式的个人指导项目虽然好过完全没有个人指导，但对被指导者的薪资和晋升的作用远不及非正式个人指导项目有效。[81, 82, 83]导致这种效果弱化的一个原因在于，大多数正式个人指导项目很难复制非正式个人指导中存在的强烈的个人情感纽带。此外，大多数正式个人指导项目仅持续一年时间，而很多非正式的个人指导关系会持续一生。

导致效果弱化的另一个原因，可能是人们滥用了“指导”一词，将其用于指称各种与该概念的初衷和核心含义相去甚远的开发关系。奥尔德弗（Alderfer）指出，真正的指导关系“是资深人士以一种成熟大人的角色，根据年轻同事的自我期待来协助其发展个人威信的过程。指导过程无疑不能强加（或推销）所在组织或指导者对‘这个人应该变成什么样’的观念”。[84]因此，身为指导者不同于辅导者或赞助者（赞助者是指一个身居高位的管理者，他关注的是被选中的年轻员工获得了有价值的发展或晋升机会）。

形成你的领导自我形象

本章探讨了领导力开发的多个不同领域，但必须承认，不是每个人都想成为领导者，也不是每个人都能成为领导者。约翰·加德纳（John Gardner）曾表示，很多最优秀、最聪明的年轻人事实上并不愿意成为领导者，或者被他人劝阻不去寻求领导机会和责任。[85]其他年轻人即使想成为领导者，也可能不相信自己具备领导才能。我们认为，这两组年轻人都低估了自己的潜力。请记住你还是个“半成品”，还没有准备好充分利用眼前的领导力开发机会（而非你压根不该尝试）。而且从生理上来看，如果你是个在校大学生，你的头脑仍处于发育中。脑神经科学的发展使我们知道，青少年的大脑还在进行持续的结构发展过程中，其决策和信息处理不同于成熟大脑，这会影响青少年充分利用领导力开发机会的能力。[86]

后天培养当然也会影响个人是否为领导力开发做好准备。有些父母的育儿风格使孩子更擅长从个人经验中学习。比如，过度育儿或“直升机式父母”在孩子的头顶盘旋，努力使孩子避免一切生活中的不快。这种父母往往意图良好，相信自己的行为会提高孩子的成功概率。但这种时时插手的行为会阻碍孩子的发展，无助于孩子的心智成熟。说到领导力开发的准备情况，过度育儿与年轻人成长为群体领导者的可能性负相关。[87]

对那些急于避免承担领导责任的人，我们希望他们能以一种开放的心态来看待领导的重要性和普遍性。我们期望通过本书来提供一些关于领导的思考方式，使他们对领导的感受更直接、更贴切，也更有趣。我们期望本书能帮你提升领导意愿，也能改善你的领导技能。[88]对其他人，我们鼓励形成更灵活的自我评价。正如前面说到的，形成个人的领导者定位是一个终身的“持续进程”。它是一个动态过程，其轨迹取决于每个人面对的持续机会和自我感知到的领导技能变化。[89]

不要基于某些概括性的、自我拆台的结论（如“我不属于领导者类型”），就将自己排除在领导的竞技场之外。尝试承担不同的领导角色，冒一些风险，这将帮助你发现自己未被发掘的潜质，也会拓宽你在领导方面的自我形象。事实上，通过精心选择的开发经历（不一定有“领导力开发”的明显标签）来形成你的领导自我形象是非常明智的。

扫码获取本章案例、参考文献等内容

第 3 章

领导者的自我开发技巧

每个人都可以提升其领导效力的一个原因，是领导力与某些行为技能有关，而行为技能可以通过练习来开发。关注领导技能的另一个好处，是大多数人在谈到技能不足时，不会有很强的戒备心理（这是可以改进的），而在涉及人格特质之类的缺陷时，态度则大不相同。我们将在本书的四篇内容中，分别以一章篇幅谈论与互动框架各个组成关系最密切的领导技能。由于领导技能章节的写作目的与本书其他章节存在很大差异，其写作格式相应也存在差异。具体来说，这些章节没有安排结尾部分的学习材料。

毫不奇怪，第一类技巧探讨的是最基本、最直接，但也是领导者面对的最持久的挑战。这些挑战中的关键，是身为领导者需要持续学习的内容：如何取得成功、如何在个人和职业领域进行终身学习和发展。本章谈到的技能有助于这一努力。同时，也有必要补充一些发展计划的内容，这是本章谈到的最后一项技能。一般来说，可以将发展计划视为一项高级领导技能，因为它往往涉及领导者对其下属或追随者的开发。本章将发展计划和其他技能放在一起，你可以想想如何应用发展计划的某些理念来进行自我开发。

下面是本章将谈到的领导技能：

- 成为领导者的最初 90 天；
- 从实践经验中学习；
- 培养技术胜任力；
- 与上级建立有效关系；
- 与同事建立有效关系；
- 发展计划过程。

成为领导者的最初 90 天

人们经常发现，晋升到新的领导职位是压力巨大的工作体验。这类晋升往往导致工作地点改变、为新的组织和上司工作、领导新团队、需要负责个人技术专长以外的产品和服务领域。不论是从个人贡献者晋升为一线管理者，或是担任更高层的职位，最初 90

天的压力和重负都是真切而强烈的。虽然最初 3 个月为领导者提供了独特机会，使其能实现顺利转型、绘制未来的诱人图景、推进组织变革，但太多的新任领导者在这一关键时期行差踏错。这是很遗憾的，这些早期活动对于领导者的未来成功有关键意义。新任领导者的很多错误都是可以避免的，我们将在下面谈谈帮助人们顺利转型到新领导职位的路线图。需要指出的是，由罗利格和柯菲（Roellig，Curphy）开发的履任路线图（onboarding road map）关注的是外聘人员，即由组织外部进入领导职位的管理者（见图 3-1）。[1] 对于内部晋升的员工，可以跳过或修改履任路线图中的某些步骤。

图 3-1 新领导者的履任路线图

开始之前：做好功课

很多时候，想担任另一家企业领导职位的人已经为面试做了大量准备。求职者可能通过公司网站、年报、新闻发布会和市场营销资料，尽量了解该企业的信息。他们还会用 Facebook、领英、Plaxo 和其他社交网络，与企业内部人员进行信息交流。这些信息交流使求职者增进了对组织历史和文化的了解，并更深入地了解空缺职位。在信息交流过程中，求职者应找出以下 5 个问题的答案：

- 组织为什么要通过外聘来填补该职位？
- 如何更有效地领导该职能或团队？
- 该职能或团队目前的工作方式中，哪些是有效的？
- 该职能或团队目前的工作方式中，哪些是无效的？
- 该职能或团队的哪些方面，令面试官夜不能寐？

求职者一旦进入新职位，就应该寻求关于新工作的补充信息，并确定需要在入职 2 周内着手进行的活动。新任领导者必须与上司一起，共同确认自己是否拿到了团队的绩效评估报告或指标体系，前任关于所在群体或部门的演示文稿、预算信息、直接下属的联系方式等。他们也应向新上司询问如何取得门卡和 e-mail 账号、办公室电脑账号、手机账号，确保一开始就能正常使用办公设施、电脑和电话。在到任的第一天，新任领导者应分别与上司和整个团队进行 1 小时左右的会面，并在就任后的最初 2 周，与每位团队成员进行 2～3 小时的个人会面。

第一天：形成第一印象的唯一机会

新任领导者在就任第一天有两项关键任务：与新上司见面；与新团队见面。最初的会面可能在上司的办公室进行，时间约 1 小时。会面时的一些关键话题包括：

- 明确团队的关键目标、绩效评价指标及重要项目；
- 了解上司对团队强项和弱项的看法；
- 了解上司的会议排程和沟通风格（上司期望了解信息的方式、频率和内容是什么）；
- 与上级沟通本人在当天及未来数周的工作计划。

新任领导者应在结束与上司的讨论后，约定下次会面的时间。后续会议的目的是评估工作进展，并确定是否有必要进行每周或每月的个人会面。

新任领导者还应在就任第一天与整个团队会面。根据团队规模的不同，会面可以在小型会议室举行，也可以在有网络广播的大型体育馆举行，甚至可能在多个不同场所进行电话会议。新任领导者通常需要花费 1 小时向其他团队成员说明自己的背景、与成功高度相关的个人属性和价值观、对自我及员工的期望、工作习惯和偏爱的交流方式、家庭及娱乐方式、未来几周的计划安排。在分享这些信息之后，新任领导者应当询问团队成员是否有疑问，但通常不要期望得到热烈回应。由于团队成员还不了解新任领导者，最初的会面往往更强调单向交流，而非互动式的对话。

最初的两周：打基础

新任领导者应将最初的两周用于接触团队内外部人员。这些会面的关键目的是：①尽量学习；②发展关系；③确定未来的同盟者。新任领导者需要特别留意自己在会面时说些什么、写下什么，因为他们还不确定自己能信任谁。他们也需要关注一点：无论出于何种原因，会面中的某些人可能并不欢迎空降的新任领导者，也不希望他取得成功。

在最初的两周，新任领导者可能希望和团队的关键成员进行一对一面谈。如果团队少于 15 人，新任领导者应与团队中的每个人逐一面谈；如果团队规模较大，新任领导者应在最初两周内与直接下属进行一对一面谈，并在就职后的 90 天内与其他团队成员进行小组或个人面谈。这些一对一的面谈通常持续 2～3 小时，应谈到的关键问题包括：

- 团队成员正在做哪些工作？新任领导者应当询问关于主要项目、员工的主要工作时间花费在何处的信息，这有助于识别团队面临的关键问题。
- 团队成员的目标是什么？这是接下来要询问的一个重要问题。团队成员往往将时间、精力用于一些与工作目标完全无关的项目上，新任领导者需要了解这些缺口是什么，以及为何会出现这类情况。

- 谁是组织中下一两个层级的明星员工？如果新任领导者负责的团队规模小于15人，则这一问题可以省略。但如果团队规模远大于15人，了解团队中的高绩效者对新任领导者至关重要。直接下属提出的明星员工名单可能高度相似，这些高绩效者可以在新任领导者任期的最初90天发挥关键作用。
- 团队中存在哪些人员问题？这可能是一个很难回答的问题——新任领导者不想让团队成员感到这是为了指责别人。但新任领导者有必要找到谁在做出不当行为，或者谁很难共事。一旦识别了问题，新团队领导者需要在最初60天内处理这些人员问题，让所有人清楚谁是负责人，团队中可接受（和不可接受）的行为类型。
- 团队如何能做到更好？团队成员对这一问题的回答，有助于新任领导者提出改进团队绩效的思路。这些回答也能显示团队成员是否有能力思考、接受和推动变革。
- 团队成员对新任领导者有何建议？新任领导者能做些什么来帮助团队成员？新任领导者应当以上述两个问题结束会面，并特别关注自己能做什么来帮助直接下属取得成功。新任领导者应避免立刻做出任何保证，但应承诺在未来2个月确认自己能满足或无法满足的要求。

尽管新任领导者应在个人面谈过程中开始建立人际关系，但在上任的最初两个月应尽量减少与直接下属的个人接触。工作午餐和团队聚会是好事，但在最初60天内与其家人、伴侣的聚餐，可能给随后的结构调整或人员配置决策带来困难。新任领导者在做出人事决策时，心里考虑的应是团队绩效，而非个人友谊。

在就职的最初两周，新任领导者也应安排与全体同事的一对一面谈。面谈应持续大约1小时，地点应安排在同事的办公室；新任领导者可以借此机会观察同事的办公室装饰、获得的证书、家庭成员照片等，并建立与同事的良好关系。新任领导者还应与同事讨论以下问题：

- 同事的目标、挑战、团队结构等；
- 同事关于团队做得很好或有待改善的领域有何看法；
- 同事关于新任领导者的团队成员的看法；
- 与上级沟通的最佳方式；
- 在上级的团队中，应以何种方式提出待关注的问题及制定决策。

新任领导者应当清楚表明，自己希望获得来自同事的帮助，并对此心存感激。安排与同事的定期会谈有助于培养人际关系，帮助新任领导者随时了解潜在的冲突或工作问题。与直接下属的私人会面不同，在最初60天内认识和了解同事及其家人，是受到广泛认可的行为。并且，由于上级可能向同事了解新领导者当前的工作状况，定期与同事会面显然就更重要了。

如果接受领导的团队规模很大，新任领导者也应在最初两周内与团队中的明星员工会面。明星员工可能有很多改进团队绩效的想法，而且，当新任领导者想要调整团队结构时，明星员工也是其直接下属职位的理想人选。被晋升的明星员工很有可能高度忠诚，并且因为高绩效赢得了广泛尊重。

在最初两周，新任领导者还应与曾在团队任职但目前就职于组织其他部门的人员会面。这些人可以就团队历史和团队成员提供独到见解，领导者不应忽视这一信息来源。新任领导者在最初的两周内还应收集两类信息：组织认为团队的关键作用是什么，组织内部是否曾有团队负责人的其他候选人。这些信息可能来自上级、同事、过去的团队成员、人力资源管理者或其他人。新任领导者需要这类信息以确保自己拥有最好的人才承担关键角色，并了解团队中是否有人希望自己工作失败。

最初的两个月：战略、结构和人员配置

在与上司、同事和直接下属的首轮会面后，新任领导者需要将随后 6 周用于收集更多信息、确定工作方向，并最终确定团队的架构和人员。在这一期间需要完成的任务包括收集其他组织的标杆信息、与关键外部客户和供应商会面，并尽可能安排与前任团队领导者会面。这些补充信息和来自上级、同事、直接下属和明星员工的信息一起，应能帮助新任领导者确定团队应努力的方向。未来的团队方向（或愿景）可能与现状一致，也可能需要做出重大改变。无论哪种情况，新任领导者都需要明确表达团队的现状、未来 1～3 年需要到达的位置、需要完成什么目标、为完成这些目标需要做出的改变，以及对团队成员的期望。根据新任领导者的愿景，有些变革活动可能需要调整团队结构和成员。为了促成这些变革，新任领导者需要记住：团队战略（愿景和目标）应能驱动团队结构，并进而推动团队的人员配置决策。不遵循战略 - 结构 - 人员配置这一决策顺序的领导者，其组建的团队可能功能失调、绩效低下。

尽管任职之初的 90 天为推动变革提供了独特机会，新任领导者在做出任何人事决策之前，需要向上司和同事“积极宣讲”其战略、结构和人员配置的理念。在向前推进之前，了解这两个群体的想法并努力消除可能的干扰，有助于增加其对任何变革决策的接受和支持程度。一旦获得了对变革建议的认可，新任领导者需要与受战略、结构和人员配置决策影响的所有团队成员进行一对一面谈。在面谈时，新任领导者需要描述自己的愿景及推动变革的理由，阐明这些团队成员的作用以及对他们的期望。

虽然收集补充信息，开发团队愿景，向相关各方说明关键变革都需要花费大量时间，但是新任领导者必须牢记自己的工作重心始终是团队绩效。如果团队绩效在任职 60 天内明显下滑，团队领导者做出必要变革的空间将大大缩小。这是因为，处理团队日常事务将占用大部分时间，留给推动变革的时间将极为有限。虽然会面临很大困难，新任领导者还应在入职后的 2 个月内寻求来自他人的反馈。可能的反馈来源包括同事和招聘负责人。招聘负责人乐于看到其选中的候选人取得成功，往往会利用组织内部的多种信息渠道向新任领导者提供反馈。

第三个月：沟通与推动变革

新任领导者在这一阶段已经确定了未来愿景，能清楚阐明团队将如何取得成功；明确了需要做出哪些变革、变革的原因和方式，以及对团队成员的工作期望。第三个月的两项主要工作，是

与整个团队会面，并与直接下属在工作场所之外会谈（如果团队规模很大的话）。第一次团队会议的目的是新任领导者分享在信息收集过程中了解到的内容、对未来的愿景、新的团队结构和人员配置模型、对团队成员的期望，并说明团队变革的理由。新任领导者应当从入职第一天开始，就将变革与团队特性、共享价值观紧密联系在一起。变革的关键不是新任领导者的演示文稿或宣传海报，而是人们看到的领导者的行动。而团队成员最关注的行动是新任领导者的录用、解雇、晋升、重组和其他人员配置决策。改变团队文化和规范的最快方式，就是改变团队成员。

如果群体规模较大，新任领导者可能希望与直接下属单独进行第二次会议。这次会议可能历时 1～2 天，为了减少干扰，应在公司之外召开会议。这次脱产会议的关键问题包括以下内容：

- 就团队成员的关键属性和价值观达成共识。尽管新任领导者可能对自己希望团队成员具备的价值观和属性有清晰认识，但他们无法确定直接下属是否完全认同这些属性。新任领导者应在此次脱产会议中，专门花时间确定并清晰定义自己期望团队成员具备的属性和价值观，以及相应的积极和消极行为。
- 创建团队计分卡。新任领导者会描绘团队的未来愿景及其总体目标，但直接下属需要形成一套如何度量成功的具体细致的时间表和标杆指标。
- 确定团队的新工作节奏。一旦明确了团队的方向和目标，团队需要确定其开会频率和参与规则。新任领导者及直接下属构成的团队需要确定开会的频率、时间，会议的目的和内容，会议的作用和规则（参加会议的替代人选、及时到场、会议过程中的电话接听等）。新的会议安排应以年度日程安排的方式公之于众，并发送给群体中的每个成员。
- 形成针对关键变革举措的任务小组。团队十有八九有许多问题亟待解决。有些问题可以在脱产会议期间讨论解决，另一些问题可能需要任务小组来解决。任务小组应由明星员工组成，这一做法可以使小组更有可能提出好建议，同时使新任领导者看到明星员工的行动。

在最终确定团队结构和人员配置、创建团队计分卡、确定团队的新工作节奏之后，新任领导者已经步入了成功之路。正如本节一开始所说，最初 90 天为新任领导者提供了独特的机会，将推动长期变革所需的多种要素安置到位。因此，领导者应明智地利用这段时间。

从实践经验中学习

领导者要想强化个人经验的学习价值，可以通过以下方式来进行：①创造机会获得反馈；②实现 10% 的拓展；③向他人学习；④记录个人日志；⑤制订发展计划。

创造机会获得反馈

领导者，特别是组织中位高权重的领导者，可能很难得到中肯的反馈。但领导者比下级更需要获得反馈信息。如果领导者无法得到反馈，就无法从领导经历中学到很多。因此，他们需要创造获得反馈的机会，特别是来自直接下属的反馈。

领导者不要以为声称“广开言路”，就是在欢迎他人提供反馈。很多上级常犯一个错误：仅仅因为他们表示自己乐于讨论问题，就假定其他人会相信这一说辞。很显然，旁观者的判断决定了“广开言路”的程度。因此，建设性对话（比如反馈）的关键不只是制定一项政策，还需要他人相信领导者平易近人、邀请是发自真心的。

发展你自身领导能力的最佳做法之一，就是询问他人对你采取的行为有何感受，以及你的行为对群体总体效力所产生的影响。使用心理测评和调查问卷定期获得反馈的领导者可以得到更多的反馈信息。除非领导者主动寻求反馈，否则将无法获得相关信息。

实现 10% 的拓展

学习总是意味着对自身能力的扩展。学习需要冒风险，并超越个人的舒适区。这一说法适用于幼儿学步，适用于学生初次面对纷繁多样的思想世界，同样适用于领导力开发。“实现 10% 的拓展”想表达的观念是，自愿但坚决地付出努力来提高领导能力。拓展（stretch）借用的是体育锻炼用语，即将一个人的行为（而非肌肉）拉伸到略微超出舒适区的范围。具体的例子包括：每天与办公室的每位同事进行至少一次非正式交谈，寻找机会成为某个委员会的主席，或者开会时比平常更安静（或更自信，视情况而定）。持续进行这项练习，个人开发和领导力开发都能受益良多。

定期进行这项练习的领导者将取得几项积极成果。第一，他们对于以全新或不同方式做事的担忧，会逐步降低。第二，扩大了领导者的领导技能范围。第三，领导技能扩展会提升领导效力。第四，定期进行这项练习的领导者将为他人树立很好的榜样。在向他人传递“自我开发极其重要”的信息方面，没有什么能比领导者认真进行自我开发这一事实更好的了。

“实现 10% 的拓展”还有最后一点值得注意。这个观念很吸引人的一个原因，是它听上去像是一种可以度量、可以管理的变革。人们不会强烈抗拒在某些行为中做出 10% 的改变，但如果他们认为一项开发目标需要在人格特质或行事风格上做出重大改变，就可能相当抵触（并且不会成功）。虽然这项练习听上去也许平淡无奇，但 10% 的实际行为改变仍能导致行为效能的重大差异。在很多领域中，平均绩效者与杰出绩效者之间的差距就是 10%。例如，在棒球比赛中，很多运动员的命中率都能达到 0.275，但只有最优秀的运动员才能命中 0.300，优秀运动员实现的拓展大约就是 10%。

向他人学习

领导者向他人学习，首先是要认识到自己能从别人那里学到东西，而且重要的是，可以从任何人那里学到东西。这一点似乎是不言自明的，但现实中人们会限制自己关注的对象（人和事），因而限制了能学到的东西。举例来说，运动员可能非常关注教练是如何处理领导情境的。但他们没意识到自己也能通过观察学校戏剧导演和乐队指挥的行为来学习。领导者不应狭隘地界定自己关注的人群，从而限制了自己的学习。

同样地，领导者也可以通过提问、留意日常生活中的情境来学习。一个特别重要的提问时机，是领导者新进入一个群体或活动并对此承担领导责任时。如果可能，领导者应与前任领导者谈话，了解后者的见识、经验和对情境的评估会使他受益良多。另外，善于观察的领导者也能从日常情境中提炼出有意义的领导经验。观察诸如学校洗车点、快餐厅的活动，这类平凡普通的场景也能提供有趣的领导教益。积极观察他人对困难挑战和情境的反应与处理方式，即使是极为普通的情境，领导者也能学到很多东西。

记录个人日志

领导者发掘个人的丰富体验、保存学习内容的另一种方式，是记录个人日志。[2] 日志与日记相似，但它不只是记录每天发生事件的流水账。日志应当包括一些关于领导者和领导能力方面的条目。日志条目可能包括评述有深意的或有趣的引文、轶事、新闻报纸上的文章，甚至是关于领导力的幽默卡通画。日志也可以包括对一些个人事件的反思，比如与上司、教练、老师、学生、员工、运动员、队员、室友等的互动。这些条目可以强调某人在处理事情时好的（或坏的）做法、正在出现的问题、人们对同一种情境的不同反应，或者新闻报道、书籍、电影中的人物。领导者也应该在日志中记下对课本或领导培训项目内容的“书面思考”，或者将书本中学到的概念与自己生活中的实例联系起来。

记录日志至少有三个好处。第一，写作过程能增加领导者从不同角度看问题或以不同方式加以感受的可能性。将经验诉诸文字会使人采取更客观的视角。第二，领导者能够（也应该）反复揣摩以往的条目。以往的条目给领导者提供了一个有趣且有价值的自我记录，说明领导者对领导及个人生活中特定事件思考的演变历程。第三，日志条目使领导者可以积累观念素材库，领导者日后可能想在此基础上形成较正式的文章、员工动员和演讲稿。正如专栏 3-1 中所说，好的日志条目可以为领导者提供演讲、商业演示时使用的大量例证。

❖ 专栏 3-1

日志条目示例

本周末我去滑雪，看到了领导者根据追随者和情境调整其领导风格的绝佳示例。当我穿上滑雪鞋时，我看到一位滑雪教练正在教小孩子滑雪。她用“红绿灯游戏”来教这些小孩。小孩们看起来非常喜欢，也做得很好。当天晚些时候我去休息室吃午餐，同一个教练在教成年人滑雪，这时她更多的是身体演示，而不仅仅用语言表达。她的语言表达总是具有鼓励性的，这样当小孩子从旁边呼啸而过时，练习者也不会感到受到威胁。她会对成年人说，小孩子学起来相对简单些，或者小的滑雪鞋比较容易掌控。她使小孩子在欢声笑语中学习，也使成年人在学习时不那么难为情……

今天并不是讨论领导力的话题，但我觉得讨论这一内容可能是有趣的。我在今天下午参加了一场足球赛，完全被球队的啦啦队吸引住了。我只能大概记得她们的名字，但我发现她们是（领导的）绝佳示例。每个人在比赛时都站得很整齐，这没有队长的指挥可做不到。她们很好地组织起观众，调动大家的激情（当然，比赛本身在这一点上是最重要的）。看到她们激发了所有人的兴趣，所有观众都在喝彩欢呼，真是令人震惊。你可能不认识她们本人，但她们的热情使你想发出比她们更大的欢呼声。我必须为她们的队长鼓掌……

我一直在思考，过去我是如何看待和理解领导的，试图找出现在的态度是如何发展形成的。我已经很难想起大一的时光，更不用说回到高中时代了。总的来说，我父亲对我的领导力发展影响最大——早在我意识到这一点之前就是如此。我父亲是一个典型的A型人。他对自己要求很严，对身边的人也要求很高，特别是对他的家人、他的独子（也是最大的孩子）。他总是催促我去学习，练习我当时正参加的任何一种体育活动，在任何一个方面都要走在别人前面。

制订发展计划

几乎可以肯定，领导力开发总是以一种未被完全预见或控制的方式和路径实现的。但领导者没有理由回避那些积极引导其发展的正式努力。一个列出自我完善目标和策略的系统计划，有助于领导者充分利用那些原本可能被忽视的机会。对于这项重要技能，我们将在本章最后一节详尽讨论。

领导者对个人开发加以控制的第一个步骤，就是确认自己的目标到底是什么。但如果领导者对自己在哪些方面需要改进没把握怎么办？如前所述，领导者应该从多种不同渠道系统地收集信息。领导者获得这类信息的一个途径，是在条件允许时，对自己的当前工作绩效进行回顾。理想状态是，领导者与自己的上级定期召开绩效会议，这有助于他们明确自己的相对优势和弱点。领导者应将这类反馈视为有利于个人发展需要的观点。领导者也应与同事交流，这是了解自己应该做什么的另一个意见来源。如果领导者在不同场合、与不同人互动时会出现同一类型的问题，那么这应引起领导者的特别关注。领导者在这种情况下应尽量客观看待自己的角色，并利用这些线索，确定哪些方面的行为改变可以改善与他人的工作关系。还有一种识别开发目标的方法，就是预测在更高的组织层级或不同的领导岗位上，有效发挥作用需要具备哪些新技能。最后，领导者可以使用正式的心理测评和调查问卷，确定自己作为领导者可能存在的相对优势和不足。

最后应该提到的是，不管个人发展计划中包括什么内容，有一项活动都应该包含在内，即领导者应该通过个人阅读来扩展自己关于领导的看法。阅读应当包括经典著作、当代小说、成功领导者的传记和自传、伦理和社会责任的论文，以及关于领导和管理的各类自我完善书籍。领导力开发的一个关键领域是心智激发和反思，而积极的阅读是必不可少的。领导者也可能想参加（或组成）一个讨论小组，定期会面交流大家对某本书的读后感。

培养技术胜任力

技术胜任力是指一个人可用于成功完成任务的知识和行为技巧。例如，一位技术熟练的外科医生拥有大量人体解剖学和外科手术方面的知识，并能完成多种经过大量练习的外科手术流程；一位技能娴熟的排球运动员对排球比赛的规则、战术和策略有充分了解，并能有效地托球、扣球、发球。个人往往通过专门领域的正规教育或培训（如法律、医学、会计、焊接、木工）、在职训练或经验来获得技术胜任力。[3] 多项研究都指出，技术胜任力对领导者或追随者的成功和效力有决定性影响。本节会说明技术胜任力对追随者和领导者为何是重要的，并向读者提供如何提高技术胜任力的一些建议。

追随者需要具备高技术胜任力的原因很多。第一，绩效往往是技术胜任力的函数。[4, 5] 与此相关，研究表明，技术胜任力在主管对下属的绩效评级中也发挥了关键作用。[6, 7] 第二，拥有高技术胜任力的下属享有大量的专长性权力，在群体中有时甚至拥有超过领导者的影响力。[8, 9] 第三，拥有高技术胜任力的个人更有可能成为领导者的圈内成员，[10] 更有可能获得任务授权，并参与决策过程。反之，在与低技术胜任力的下属互动时，上级更有可能采用一种严密监督、指令型的领导风格。[11, 12, 13, 14] 类似地，布劳（Blau）指出，高技术胜任力员工比例较大的组织，其组织结构往往较为扁平；高技术胜任力员工比例较小的组织则往往集权程度较高、较为专制。[15] 因此，如果追随者想获得更高回报，在群体中发挥更大的影响力，在决策过程中有更大的发言权，就应当尽其所能提高技术胜任力。

拥有高技术胜任力对领导者同样是有益的，这也有多方面的原因。第一，人们发现，技术胜任力与管理者的晋升速度存在稳定的相关关系。在AT&T，技术胜任力较高的管理者比该项能力低的管理者更有可能被晋升到最高管理层。[16, 17] 第二，拥有高技术胜任力很重要，是因为很多领导者（特别是一线管理者）常常需要花费大量时间来培训下属。[18] 技术胜任力在培训中的重要性，表现最突出的可能是体育运动队教练；如果教练对比赛的了解还不如队员，这可能是最令人沮丧的事了。第三，拥有高技术胜任力的领导者有能力减轻角色的模糊性、降低群体内部冲突，[19, 20] 而且与技术胜任力平庸的领导者相比，追随者往往对有高技术胜任力的领导者更满意。[21, 22] 第四，高技术胜任力的领导者也能激发追随者以新的方式来思考问题，这进而与下属对组织氛围的评级、下属追求成功的动机高度相关。[23, 24] 在了解了这些关于领导者和追随者的研究发现后，下面是提高技术胜任力的一些实践性建议。

确定工作对整个使命的贡献

构建技术胜任力的第一步，是确定一个人的工作对整个组织成功有何贡献。使用这一步骤，你将能更好地确定哪些技术知识和行为与工作与组织成功最相关。接下来，你应该寻求来自同事和上级的口头反馈、回顾以往的绩效评估结果和客观的绩效数据（如测试分数、团队统计数据、因质量不佳而退回的产品数量），评价自己目前的技术胜任力水平。这些行动能帮助你更好地了解自己的强项和弱项，进而确定特定的正规教育或培训项目是否完全符合你的需要。

成为工作中的专家

成为个人所在主要领域的专家，往往是获得进一步开发机会的跳板。你可以通过很多方式成为所在领域的专家，包括参加正规教育和培训项目、观察他人、提出问题及教授他人。参加相关的教育和培训课程是获得技术能力的一种方式，很多公司都会支付这类课程的学费及相关费用。提高你所在领域技术专长的另一种方式，是成为他人行为的敏锐观察者。你可以通过观察他人如何处理工作协调问题、完成生产目标、惩戒团队成员，或帮助技能不佳的团队成员成长，学到很多东西。但只观察其他人如何做事，不如观察并反思其他人的做事方式有效。反思的一种方式是努力用本书谈到的概念和理论来解释他人的行为。观察者应当寻找能解释他人行事方式变化和规律性的概念，并思考一个人为何以特定方式行事。此外，在评价他人的行动时，观察者可以尽量提出多种不同的评价效标，以此实现自我开发。

提出问题也同样重要。由于每个人都会就他人行动的动机、期望、价值观或基本原理做出推论，提出问题并寻求可以证实自己推论准确性的信息相当关键。通过提出问题，观察者可以更好地理解为什么团队实践以特定方式进行，过去执行了哪些工作程序，或者什么是导致某人离开志愿者组织的真正原因。最后，能最大限度帮助个人成长为技术专家的途径，可能莫过于向他人传授与特定工作、俱乐部、体育项目或活动相关的设备、程序、策略、问题、资源和联系的信息。身为教师，你必须对工作或职位有深入了解，才能有效地传达信息。寻求教授他人的机会，能使你同时增进自己和他人的技术专长。

寻求拓展经验的机会

寻找拓展经验的机会，也能提高你的技术胜任力。就像球队队员要尽量踢不同的位置才能充分了解其他队员的贡献，同样地，一个人也要设法在工作群体的其他岗位上工作，才能更好地理解这些工作对组织成功的贡献。类似地，人们也应该参观组织的其他部门，了解整个组织的运作机制。此外，通过团队项目的工作，人们有机会与其他工作单元的成员交流，并往往能获得开发新技能的机会。主动支持学校、政治或社区活动也是提高个人的组织计划、公开演讲、筹集资金、公共关系技能的另一种方式，所有这些技能都是特定工作中技术胜任力的重要组成部分。

与上级建立有效关系

此处将上级定义为拥有比其他群体成员更多权力和权威的人。因此，上级可以是老师、乐队指挥、教练、队长、委员会负责人，或者一线管理者。无疑，与上级建立良好的工作关系有很多好处。第一，与关系不佳的上下级相比，具备共同价值观、方法和态度的上下级会经历较少的冲突、提供更大的相互支持，并对上下级关系满意度更高。[25, 26] 与此相关，拥有良好上下级关系的个人，往往是上级的圈内成员，因此更有可能影响决策过程，分得有趣的工作任务，并在职业晋

升中获得上级支持。[27]第二，当上下级关系不好时，追随者往往对上级感到不满，并得到较低的绩效评级。[28, 29]

尽管与上级建立良好工作关系的好处似乎很明显，你可能以为，追随者在这一关系的质量方面没有多少话语权。换句话说，你可能相信追随者与上级的关系纯属碰运气；不管下属与上级的关系是好是坏，或者上级碰巧喜欢或不喜欢下属，下属一方只能听天由命。但工作关系的质量并非完全取决于上级，而且有效的下属不会听任自己处于被动的地位。有效的下属知道如何采取积极步骤来加强这一关系，并强化他们对上级和组织的支持。[30, 31]

不论个人在组织中处于何种岗位，其工作的一个重要方面都是帮助上级取得成功，正如上级工作的一个重要方面就是帮助下属成功一样。这并不意味着追随者必然是溜须拍马者、政客，或者扭曲信息使上级看上去很成功，而表明追随者应将自己的成功和上级的成功看成密切关联的整体。追随者是上级所在团队的成员，应当基于团队成功而非仅仅根据他的个人成就来获得评价。如果球队赢了，教练和球队成员都会获益；如果球队输了，也会同时向教练和球队成员问责。由于团队、俱乐部或组织的运作成果在某种程度上取决于良好的上下级关系，追随者应该了解上级的世界观并适应上级的风格，这可以提高其行动为自己、上级及所在组织赢得积极成果的可能性。[32]

理解上级所在的世界

追随者可以做很多努力来更好地理解上级所在的世界。第一，他们应当了解上级的个人目标和组织目标。忠诚度和支持是一条双行线：上级如果了解下属的个人目标，就更有可能帮助他们达成这些目标；同样地，如果下属了解上级的目标和意图，也能更好地支持上级。熟知上级的价值观、偏好和人格，有助于追随者更好地理解上级为何如此行事，并能使追随者明白自己应如何强化与上级的关系。

第二，追随者需要意识到，上级不是超人；上级没有对所有问题的答案，他们有强项也有弱项。下属通过认识并弥补上级的弱点，了解他的约束和局限，能对团队的总体成功做出重大贡献。例如，一位极其成功的管理顾问可能一年花费200多天来召开高管开发研讨会、向客户提供组织反馈或进行各类公开演讲，但他可能不擅长设计、制作用于演示的视觉材料，或者可能不喜欢安排旅行和食宿的细节。他的追随者可以运用自己良好的组织计划能力、关注细节的能力及计算机成像技术，并且清楚在各个项目之间预留一天时间休息有助于提高该顾问的工作效力，就能使顾问本人和咨询公司都更加成功。类似的过程也会发生在其他情境下，比如下属为新任上级提供入职引导，而这位上级的技术专长和以往经验都来自同当前无关的领域或活动。

从更一般的意义上讲，下属能使上级不断了解工作群体中各种活动的信息，或者所在领域的新发展或新机会的信息，以此强化上下级关系。很少有上级喜欢意外，任何消息都应来自那个负责特定领域的人，特别是坏消息或可能向不利方向发展的消息。希望构建良好上下级关系的追随者永远不会使上级处于窘境中，即让其他人（比如上级的上级）对业务领域具体情况的了解多于上级本人。正如凯利所说，最优秀的追随者会进行批判性思考，并在组织中积极发挥作用，这意味着追随者应当确保上级了解到关于组织问题的关键信息和适当观点。[33]

适应上级的风格

研究显示，一些高层管理者未能获得晋升（即脱轨），是因为他们不能或不愿适应上级的领导风格。[34] 追随者应当记住，适应上级的风格是自己的责任，而不是相反。例如，追随者可能更喜欢与上级进行面对面交流，但如果上级喜欢用书面备忘录，那就用备忘录吧。类似地，追随者可能习惯于和上级进行非正式交流，但新上级更喜欢公事公办的正式风格。追随者需要灵活适应上级的决策风格、问题解决策略、沟通方式和互动风格等。

使追随者能更好地适应上级风格的一种方法，是厘清他们在团队、委员会或工作群体中的角色期望。年轻员工往往不理解职位说明书与工作角色之间的差异。职位说明书是关于工作任务和活动的一份正式说明；角色则描述了在职者在工作中留下的个人印记。例如，高中体育教练的职位说明书，可能会具体指出某些工作职责，如甄选和训练队员、决定上场的阵容。然而，两位不同的教练可能以完全不同的方式完成这些基础职责。一个人可能强调内容广泛的队员开发，深入了解每个队员，将体育项目看成队员成长的载体；另一个人可能将自己的角色视为打造一支赢球次数最多的球队。因此，仅仅因为追随者知道他们的工作是什么，并不意味着他们的工作角色就很清晰。

尽管有些上级会主动明确表达自己对下级的角色期望，但大多数不会这么做。通常下属需要主动了解自己的角色。下属可以列出自己的主要工作职责，并在此基础上，与上级讨论各种不同的任务完成方式，以及任务的相对优先顺序。与此相关，追随者会发现与某一特定上级以往的同事交谈，也是有益的做法。

追随者如果想建立与上级的有效关系，就应表现出诚实可靠的素质。不论追随者是否有其他素质或才华，缺乏正直诚实的品质将是一项致命缺陷。不论上级、同事还是下属，没人想与不值得信赖的员工共事。在上级眼中，可靠性是仅次于正直的重要品质。上级看重的下属应有可靠的工作习惯、能按正确顺序在合适时间完成指定任务并能信守承诺。[35]

与同事建立有效关系

“权威缺位时的影响力”（influence without authority）[36] 这一说法，描述了越来越多的员工面对的一个工作现实。人们发现，在工作中需要在不具备正式权威的前提下对他人施加影响。有人说没人是座孤岛，在今天的组织中，大概也没人能独自生存。几乎每个人都会偶尔需要来自同事的帮助或资源。因此有些研究者认为，领导效力的一个基本要求就是与他人构建牢固联盟关系的能力，而同事群体往往能比单独工作的个人施加更大的影响力，完成更多的工作。[37] 类似地，将时间和努力投入到开发与同事的有效关系中，不仅有直接收益，如果一位同事在未来升到领导职位，也能获得长期回报。很多时候，领导者是从一个群体、委员会、俱乐部或团队中选拔出来的，并且，以往花时间来建立与其他工作群体成员的良好关系（而非敌对关系），能为构建与上级的有效关系、成为上级的圈内人奠定基础。考虑到与同事建立牢固关系的益处，下面是关于如何建立和保持良好同事关系的一些观点。

发现共同的兴趣和目标

尽管本书第 4～8 章讨论了人们多方面的差异，但与同事建立有效工作关系的最好方式是承认大家拥有共同的兴趣、价值观、目标和期望。[38] 而要想确认存在共同的志向和兴趣，你就必须了解同事的目标、价值观和兴趣到底是什么。建立非正式沟通联系是发现共同兴趣和价值观的最好方法。要做到这一点，你需要在沟通个人需要、价值观和目标时表现得公开坦诚，并愿意认可他人的需要、志向和兴趣。再没有比一个人只想分享自己的问题和信念，却不愿听取别人对同一问题的看法更能破坏人际关系的了。此外，虽然有些人相信参加社交集会、晚会、委员会会议、午餐、公司运动队或社区活动是浪费时间，拥有高感召性权力的同事往往将这类活动视为建立和增进人际关系的机会。因此，与团队、委员会或组织其他成员建立关系的一种有效途径，就是在正常工作关系之外的环境与他们会面。

理解同事的任务、问题和奖励

了解彼此的工作性质，是强化共事者间彼此尊重的最佳方式。因此，构建与他人的合作关系，一方面取决于你是否了解组织中其他人执行的任务类型，另一方面取决于你是否了解他人面对的问题和获得的奖励是什么。关于前者，最好的做法是在同事面对个人或组织方面的问题时，尽量伸出援手。关于后者，要记住人们往往会重复受到奖励的行为，而较少重复未受奖励的行为。一个人的破坏性或负面行为往往不是个性影响的结果（“他就是不肯合作”），而更可能是报酬结构决定的。例如，如果教师按授课效果来获得加薪，他可能不大会与他人分享自己所用的课堂练习。为了确保来自他人的合作，有必要了解哪种情境因素会强化他人的积极和消极行为。[39] 通过了解影响他人的多种情境因素，人们可以确定自己的正面反馈（或缺乏这类反馈）是增进还是抑制了有效的同事关系。人们不应低估自己的真诚鼓励、感谢、赞美等对同事行为的正面影响。

表现出 Y 理论的态度

构建有效同事关系的另一种方式，是从 Y 理论的视角来看待他人（有关 Y 理论的更多资料，及其与 X 理论的比较，见第 5 章）。当一个人假定他人是称职的、值得信赖且愿意尽最大可能合作的，并为自己的工作感到自豪时，同事会以同样方式给予回应。但即使一个人采取 Y 理论的态度，仍可能发现很难与某些同事相处融洽。此时，就很容易对个人不喜欢的某些特质形成先入为主的成见。这应当尽量避免。相互敌对的个人很容易进入一种恶性循环，人们在相互批评或使别人难堪上花费了大量精力，而不是在建设性地完成手头工作上花时间。紧张的人际关系也会使员工之外的其他群体受损。在其他同事中也会形成小集团，这会损害更大群体的效力。此处的要点不是忽视人际关系中存在的问题，而是不要让问题失控。

实践 Y 理论并非表明过度美化外部世界，而是同时看到他人的强项和弱项。然而，相处并不融洽的同事有时会被指派共同完成一项任务，“表现出 Y 理论的态度”的建议可能过于理想化了。此时，重要的是决定先将精力集中在改善关系上（在着手完成任务之前），还是只关注于任务本身（基本上忽视关系中存在的问题）。

科恩和布莱德弗德（Cohen，Bradford）提出了解决该问题的几项指导意见。[40] 如果双方之间只是稍有敌意，或者尽管存在敌意仍能取得成功，或者群体规范抑制了公开的冲突，或者任务成功能改善双方的关系，或者敌对的另一方及你本人都不擅长直接处理这一关系，则最好是关注任务的完成。反之，如果双方之间存在明显敌意，如果负面情感的存在使任务无法成功完成，如果群体规范支持公开讨论，如果双方的感受即使在任务成功完成后也无法获得改善，或者敌对的另一方及你本人能很好地直接处理这一关系，最好是关注关系的改善。

发展计划过程

发展计划过程是构建知识和经验或改变行为的系统过程。对发展计划过程进行了大量前沿研究的两位研究者是彼得森和希克斯（Peterson，Hicks）[41, 42, 43]。这两位研究者相信，发展计划过程包括五个相互关联的阶段。第一阶段是确定开发需求。领导者此时会确定职业目标、按职业目标评估自己的能力、寻求关于自身行为如何影响他人的反馈信息，并回顾与其职业目标相关的组织标准。一旦收集到了数据信息，第二阶段就是分析这些数据，确定开发需求并进行重要性排序。对开发需求的重要性排序被用于制订一个高度聚焦的、可达成的发展计划，这就是第三阶段。发展计划过程的第四阶段是定期回顾该计划、对学习加以反思并在适当的时候修订或更新计划。你可能会想到，第 2 章中谈到的行动 – 观察 – 反思模型是这一阶段的关键要素。发展计划过程的第五阶段是在新环境中实现学习转移。仅仅因为一位领导实践者能在他的 3 人团队中成功授权，并不意味着他在领导一个 25 人的小组时仍能有效进行任务授权或人员配置。此时，领导者需要构建和拓展他在领导一个小规模团队时学到的授权技能。五阶段过程获得了研究支持：有多项研究表明，在采纳这些阶段划分的领导实践者中，约有 75% 的人会永久性地改变自己的行为，或者成功开发了新技能。因为这五个阶段对发展计划过程极为重要，本节余下的部分将对每个阶段进行更详尽的说明。[44, 45, 46]

> 在被迫改变之前改变自己。
>
> ——杰克·韦尔奇（Jack Welch），通用电气前 CEO

进行 GAPS 分析

发展计划过程的第一阶段是进行 GAPS（目标、能力、感知、标准）分析。GAPS 分析有助于领导实践者收集所有与发展计划过程相关的信息并进行归类。图 3-2 提供了对某制造公司一位工程师工作的 GAPS 分析示例。此人期望在下一年被晋升为一线管理者，她的 GAPS 分析中有关于晋升的所有信息。进行 GAPS 分析的具体步骤如下。

- 第一步：目标（goal）。GAPS 分析的第一步，是清楚指出你想做什么，或者明年你想达到什么职业目标。这不一定是升迁或晋升到下一个组织层级。备选的职业目标可能是精通自己现有的工作，因为你刚刚获得了晋升，升迁到下一层级在目前还不那么重要。其他职业目标还可能包括：你在目前职位上承担更多的职责，在公司中获得平调轮岗的机会、海外工作机会，甚至可能是减少工作职责来实现工作－生活平衡。最后一项职业目标非常适合刚组建家庭或需要照顾身体欠佳的家庭成员的领导者。GAPS分析的这一步骤需要注意两点：第一，领导实践者需要花费大量精力确定与职业目标一致的发展需求。第二，晋升到下一个层级可能不是一项可行的或特别鼓舞人心的职业目标。后一点对于近期正在精减人员的组织特别适用。管理职位往往在精简活动中首当其冲，这会减少员工的晋升机会。

- 第二步：能力（ability）。人们会提出关于职业目标的多种个人强项和开发需求。你在数年的工作后可能发展了专业知识，或者有助于你取得当前职业成功的多项技能。类似地，多年来你也获得了关于需要开发何种技能、改变何种行为的反馈。优秀的领导者了解自己：经过这些年，他们知道自己需要运用哪些强项，同时需要开发何种技能。
- 第三步：感知（perception）。GAPS分析的感知部分，关注的是你的能力、技能和行为如何影响他人。他人对你的各种特性有何评价？他们对你的强项和开发需要有何反应？获得这类信息的绝佳方法，是寻求他人的反馈、运用绩效评价或360度反馈工具。
- 第四步：标准（standard）。GAPS分析的最后一步，关注的是你的上级或组织为你设定的职业目标标准。例如，上级可能表示，在获得提升之前，你需要开发出更好的公开演讲、授权或辅导技能。类似地，组织可能有政策规定，在特定的海外职位上工作的人必须熟练掌握该国的语言，或者是对各类工作提出教育或经验方面的要求。

第一步：目标 你的发展方向是什么	**第二步：能力** 你现在能做什么
职业目标 职业策略	针对你的职业目标，你有何种优势 你需要克服的开发需求有哪些
第四步：标准 你的上级或组织的期望是什么	**第三步：感知** 其他人如何看待你
期望	360度和绩效评价结果，以及来自他人的反馈： • 上级 • 同事 • 直接下属

图3-2 GAPS分析示例

资料来源：Adapted from D. B. Peterson and M. D. Hicks, *Leader as Coach* (Minneapolis, MN: Personnel Decisions International, 1996); and G. J. Curphy, *Career and Development Planning Workshop: Planning for Individual Development* (Minneapolis, MN: Personnel Decisions International, 1998).

在进行 GAPS 分析时，你可能发现自己不具备所需的全部信息。你需要在完成发展计划过程的下一阶段前获得这些信息。只有你本人才能确定自己的职业目标，但你可以寻求他人关于你的能力是否足以完成这些目标、其他人的感知，以及组织标准等方面的建议。你可能会发现，考虑到你的开发需求、组织标准或工作机会，你的年度目标是不切实际的。此时，你要么重新评估你的职业目标，要么考虑采纳多个幅度较小的职业步骤，以最终实现自己的职业目标。如果缺乏其他象限的信息，你可以向上司或你敬重的人请教，获取关于个人能力、感知和组织标准的信息。为你的 GAPS 分析获取尽可能多的最新相关信息，有助于确保发展计划关注的是高优先级的目标。

确定开发需求并根据重要性排序：GAPS 的缺口

如图 3-3 所示，目标及标准象限是未来导向的，这两个象限的问题是：你想向何处发展，你的上司或组织对这些职位上的人有何种期望？而能力和感知象限关注于当前：你目前拥有何种优势和开发需求，这些属性如何影响他人？根据现有的优势和开发目标，在你的 GAPS 中存在何种缺口？换句话说，在拥有 GAPS 分析的全部信息后，你最突出的开发需求有哪些？如何对这些开发需求进行重要性排序？你需要回顾来自 GAPS 模型的信息，寻找潜在的主旋律和模式，并确定如果你想实现自己的职业目标，最需要改变或开发的行为、知识、经验和技能是什么。

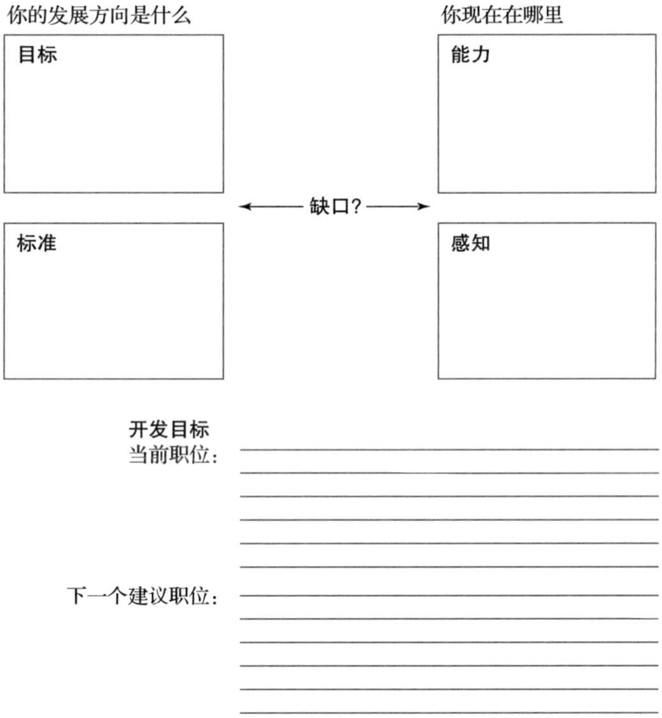

图 3-3　GAPS 的缺口分析

资料来源：Adapted from D. B. Peterson and M. D. Hicks, *Leader as Coach* (Minneapolis, MN: Personnel Decisions International, 1996); and G. J. Curphy, *The Leadership Development Process Manual* (Minneapolis, MN: Personnel Decisions International, 1998).

弥合缺口：制订发展计划

GAPS 缺口分析有助于领导实践者找出高优先级的开发需求，而不是指出领导者需要做什么来满足这些需要。一项好的发展计划如同路线图，它能清晰指明终点、安排步骤或中期检查点、形成定期反馈使人们不偏离正轨、识别出需要额外资源的地方并安排反思时间，使人们可以定期回顾进展并确定是否需要采取替代方案。制订高影响力的发展计划具体步骤如下。

- 第一步：职业和开发目标。你的职业目标直接来自 GAPS 分析的目标象限，它提供了明年你将在自己的职业领域内从事何种职位或工作的信息。开发目标来自 GAPS 缺口分析，它应该是与你的职业目标息息相关的优先开发需求。一个人一次只应考虑 2～3 项开发需求。
- 第二步：成功的效标。如果你开发了某项特定技能、掌握了技术诀窍或改变了开发目标中列出的行为，会有什么结果？这可能是发展计划过程中比较困难的步骤，特别是在“软”技能方面，如倾听、冲突管理或与他人构建关系。
- 第三步：行动步骤。发展计划的关注点，应该是领导者将采取哪些在职行动具体步骤来满足其开发需求。但领导者有时很难提出满足其开发需求的在职行动步骤。有三个优质资源列出了满足各种开发需求的在职行动步骤：《成功经理人手册》（*The Successful Manager's Handbook*）[47] 和《祝你进步》（*For Your Improvement*）[48] 这两本书，还有发展计划和培训软件 Develop Mentor[49]。这三个资源就像餐馆的菜单，为领导实践者提供了内容广泛多样的行动步骤，可以满足几乎每一种开发需求。
- 第四步：相关人员及再评估日期。发展计划的这一步涉及反馈：你需要从谁那里获得反馈，得到反馈的频率如何？由于这一步确保你处于正确轨道上，它相当重要。有人注意到你的努力吗？人们看到任何改善了吗？需要你以不同的方式来完成某些事项吗？你需要调整个人努力吗？
- 第五步：拓展任务。在人们反思自己何时学得最多时，他们经常谈到那些超出自己能力的情境。这些情境拓展了他们的知识、技能，往往被认为对学习很有价值。如果你了解一项潜在的任务，如任务小组、项目管理团队或轮值的任务，会增进你需要开发的知识和技能，并能加速你的学习过程，你就应该将它包括在发展计划中。
- 第六步：资源。人们时常发现读一本书、参加一门课程或观看录播的节目有助于获得关于特定开发需求的基本知识。这些方法往往逐项描述了特定技能或行为的具体步骤。
- 第七步：与伙伴共同反思。根据第 2 章的行动 – 观察 – 反思模型，人们应当定期与伙伴回顾自己的学习和进步。伙伴的身份并不是特别重要，只要你认可对方的意见，而且此人应当熟悉你的工作环境和发展计划。

对学习的反思：修正发展计划

发展计划就像一张路线图，发展计划过程的这一阶段可以帮助领导者察看终点是否适当，是否应更换路线，以及是否有必要获取更多的资源或装备。与伙伴反思你的学习也是公开承诺的一种形式，而那些做出公开承诺的人更有可能实现这些承诺。总体来看，定期与上司回顾你的进展可能更好。你的上司不应对你的成长一无所知，与上司定期回顾进展也能确保他不会对你的绩效评估结果感到意外。

新环境下的知识迁移

发展计划过程的最后阶段，关注的是持续开发。你的发展计划应该是“实时”文件，随着你的经验积累、收到的反馈、获取的新技能和已满足的开发需求，不断进行改变、修订和更新。有三种基本方法可以将学习转移到新环境中。第一种方法是持续更新你的发展计划。第二种增进学习的方法，是在新环境中练习使用新习得的技能。第三种打磨、改进技能的方法，是辅导他人学习你新习得的技能。从学生角色转变为教师角色，是强化学习的绝佳途径。

扫码获取本章参考文献

Leadership

第 2 篇

关注领导者

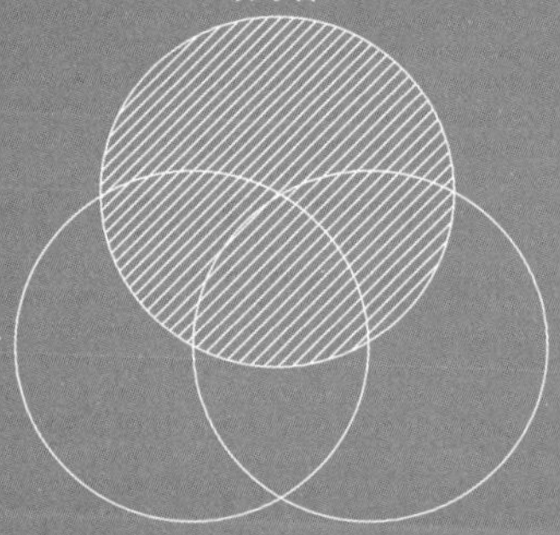

第 2 篇关注的是领导者。无论优劣，领导效力更有可能被归功于领导者本人，而不是上述框架中的其他因素。有时，领导者甚至是人们能想到的唯一的领导因素。关于领导者和追随者的重要性对比，一位伟大领导者——拿破仑的观点表达得很清楚：

大众微不足道，伟人则是一切……征服高卢的不是罗马军队，而是恺撒；令罗马人在城中发抖的不是迦太基军队，而是汉尼拔；影响至印度流域的也不是马其顿军队，而是亚历山大大帝。

正因为领导者在领导过程中发挥着如此重要的作用，本书接下来的 4 章将会简要评述领导者特性及领导者效力的影响因素研究。在第 2 篇一开始，第 4 章探讨权力与影响力，因为了解这些概念是理解领导过程的最基本途径。第 5 章着眼于与领导伦理和价值观密切相关的问题。在第 6 章，我们将探讨与领导有关的人格问题。而在第 7 章，我们将深入思考前述的所有变量是如何在有效或无效的领导行为中表现出来的。

第4章

权力与影响力

在第2篇中，我们首先考察权力现象。历史上，对领导者的最早描述就是他们的权力运用。莎士比亚的多部戏剧都涉及权力的攫取与失势，[1]而马基雅维利的《君主论》则被认为是“关于权力政治的经典手册”。[2]当代学者同样强调在概念层面上将领导视为权力现象的必要性。[3,4]权力可能是所有社会科学门类中最重要的概念，[5]尽管今天的学者关于如何严格定义权力或影响力仍无法达成共识。但不只是学者对“权力”一词持不同看法，权力是如此普遍却又极端复杂的概念，我们每个人在谈到它时，心中想的可能都略有差异。

当你想到权力时，映入你脑海的是什么？你是否想到某人在对他人行使无上的权威？你是否想到高官？你是否想到勉强他人做不愿做的事？“权力”一词在伦理上是中性的，还是如阿克顿勋爵（Lord Acton）所说，权力天生就是危险的（“权力导致腐败，绝对的权力导致绝对的腐败”）？你认为一位领导者拥有的真实权力在他人看来总是显而易见吗？哪些因素会强化或削弱领导者的权力？试图影响他人的各种方法，其利弊如何？我们将在本章探讨上述各类问题。

一些重要差异

权力（power）被定义为对他人施加影响的能力，[6]或者影响他人的潜力。[7]尽管我们常常认为权力属于领导者，事实上它是领导者、追随者和情境的函数。领导者具有影响下属行为和态度的潜力，但下属也能影响领导者的行为和态度。甚至情境本身也能对领导者影响其下属的能力产生作用（反之亦然）。例如，与那些无法使用奖惩措施的领导者相比，能奖惩下属的领导者影响下属的能力更明显。与此类似，追随者或情境特征可能削弱一位领导者影响下属的潜力，比如后者属于某一强势、活跃的工会组织。

并非只有领导者可以行使权力，这一观察不断体现在组织权力运用的研究中。除了研究者一直在探讨的组织内部及组织间的权力动力学，[8]创业关系研究中还探讨股东与董事会治理的权力关系，[9]以及与性别有关的权力问题[10]（本章随后将更详尽讨论这一论题）。

权力的其他几个方面也值得关注。要发挥权力的效能，领导者无须真正运用这一权力（见领导概览4-1）。因此，哪怕领导者未采取任何实际行动来影响追随者，仅仅具备施加影响的能力通常就能带来预想的效果。例如，艾森豪威尔在卸任数月后被问道，离开白宫是否影响他的高尔夫比赛结果。“是的”，他回答说，“现在很多人都能打败我了”。另外，权力体现了基于行动者可观察的影响行为的推断结果或归因。[11] 权力从来不能被直接观察到，而是基于影响策略的使用频率及其结果推知的。

❖ 领导概览 4-1

迈克尔·戴尔

拥有权力的问题在于，你不知道自己拥有它，也可能根本不想拥有它。

很难想象有人没听说过迈克尔·戴尔（Michael Dell）。作为戴尔电脑公司的创建者，他创立了世界上最赚钱的电脑公司之一，年销售收入高达500多亿美元。迈克尔·戴尔也跻身世界顶级富豪之列，在2005年《财富》美国富豪榜中位居第4，估计他的个人财富达到180亿美元。2007年7月，《今日美国》（*USA Today*）公布了“过去25年间最有影响力的25位商界领袖”排行榜，迈克尔·戴尔在其中排名第17位。

1984年，迈克尔·戴尔用口袋里仅有的1000美元创建了PC有限公司。迈克尔·戴尔在他的大学宿舍里组装电脑部件，开始了个人电脑的生产和销售。1988年，PC有限公司更名为戴尔电脑股份公司，并进行了首次公开募股（IPO），当时公司估值约为8000万美元。到1992年，戴尔电脑公司名列《财富》500强排行榜（即全球最大的500家公司），这使迈克尔·戴尔成为500强企业历史上最年轻的CEO。

本书的一位作者曾在20世纪90年代早期与迈克尔·戴尔共事（真希望他买了这家公司的股票）。在和迈克尔·戴尔闲聊时，他谈到了大型组织中领导者拥有大量个人或感召性权力可能出现的多种问题。迈克尔·戴尔说：“噢，我们也发现了这个问题。我们甚至给这个问题起了个名字。我们称它为‘迈克尔说’。”

下面是“迈克尔说”的一个例子。一天下午，迈克尔·戴尔在工厂各处走动，他停下来问一位装配线工人事情进展如何，为了把事情做得更好，还可以做些什么。装配工人说，事情很顺利，但偶尔他会把一种电子器件（姑且称之为电阻）搞混。这种电阻有时是红色的，有时是绿色的，而红色电阻看上去很像另一种电子器件。装配工人建议，如果这种电阻都用绿色的，就能解决这个问题。迈克尔·戴尔表示，这似乎是个合理的解决方案，就把这个信息转给了向供应商采购电阻的员工。

6个月后，在迈克尔·戴尔开会时，有人敲响了房门。此人神情疲惫，他说很抱歉打扰，但制造过程出现了危机，生产几乎陷于停顿。“为什么？”迈克尔·戴尔问。这位汇报人表示，绿色电阻的供应商出了问题，但公司不能用红色电阻。“为什么不能？”迈克尔·戴尔问。此人拘谨地看着自己的脚尖，说出了坏消息：他们不能用红色电阻，是因为“迈克尔·戴尔说，我们只能使用绿色电阻”。

尽管感召性权力和专长性权力可能很好用，但正如迈克尔·戴尔和其他人发现的，也许存在某种你甚至没意识到的潜在负面效应。

很多人将权力、**影响力**（influence）和**影响策略**（influence tactic）等术语作为同义词使用，[12] 但区分这些术语是有益的。影响力可以定义为一位目标行动者的态度、价值观、信念或行为的改变，而这一改变是影响策略的结果。影响策略是指某人意在改变他人的态度、信念、价值观或行为的实际行动。尽管人们经常从领导者的角度探讨上述概念（例如，领导者如何影响其追随者），但需要记得，追随者也会运用权力来影响领导者或其他追随者。领导者反思自身及其追随者具备的权力类型、可供选择的影响策略类型或他人可能使用的影响策略，将有助于增进其领导效力。

权力是指引起变化的能力，影响力则是指目标行动者的态度、价值观、信念或行为所发生的实际改变的程度。影响力可以用追随者表现出的行为或态度，即领导者使用的影响策略的结果，加以度量。例如，一位领导者可能要求其追随者完成某项特别任务，任务是否完成部分取决于领导者的要求（同时，追随者的能力和技能，以及能否获得必要的设备和资源，也是重要的影响因素）。下属的满意度或激励水平、群体凝聚力和氛围、单元绩效指标等可以用于度量领导者施加影响所产生的效力。领导者能在多大程度上改变追随者的满意度、激励或凝聚力水平，是领导者和追随者双方拥有的权力总量的函数。一方面，拥有较大权力的领导者能使下属的态度、行为发生较大改变。例如，一位广受尊敬的新领导者明智地运用奖赏与惩罚措施，会使追随者感知到的组织氛围发生戏剧性变化，也会使追随者花在工作相关行为上的时间大大增加。另一方面，在工作场所中，不同追随者拥有的权力也可能存在明显差异。个别追随者对群体其他成员施加的影响有时比领导者还要大。例如，与新任领导者相比，知识渊博、经验丰富的下属对其他追随者的态度、观点和行为的影响更显著。因此，目标人群的态度或行为的改变量，同时取决于行动者施加影响的能力和目标人群抗拒这一影响的能力。

领导者和追随者通常会使用多种策略来影响对方的态度或行为（见专栏 4-1，其中谈到了人们常用的一些非语言的权力暗示）。影响策略是个人表现出的影响他人的外显行为。影响策略的范围从感性诉求、互惠到威胁，不一而足。在某一领导情境下使用的特殊策略，可能取决于双方拥有的权力多少。与权力较少的个人相比，拥有较多权力的个人能成功使用的影响策略更丰富多样。例如，受爱戴的领导者可能运用感性诉求、理性诉求、个人化诉求、合法要求或威胁等方法去改变追随者行为。此时，追随者仅能使用逢迎或个人化诉求策略来改变领导者的态度或行为。

❖ 专栏 4-1

权力姿态与支配地位

我们仅仅留心观察两个人之间的行为，就能获得这两个人相对权力分布的某些线索。有为数众多的权力暗示值得我们关注。**等级秩序**（pecking order）一词是指群体成员之间存在的地位差异。这提醒我们，人类社会组织的很多方面都可以追溯到或类似于其他动物的行为。动物王国中存在多种迷人的程式化行为，特定物种中的某一成员以此向其他成员展示其相对的统御或服从地位。这类行为机制有环境适应的意义，往往会减少实际产生的身体对抗，并维持稳定的社会秩序。例如，低阶位的狒狒会走到一边让高阶位的雄性狒狒通过；当后者凝视它们时，它们会变得紧张不安。最高阶层的雄性狒狒有权选择睡觉地点和交配对象。狒狒了解“自己的地位”。如同人类一般，等级意味着特权。

那些程式化的权力秩序已经成为人的第二天性，我们甚至意识不到它们的存在。但如同在其他动物中一样，人类社会中也存在权力关系的“舞步”。下面列出了人类社会中以某些非语言形式表达出的权力关系。

凝视（staring）：在美国社会，地位较低者凝视地位较高者是不尊重他人的表现，反之，地位较高者则无须服从类似的限制。例如，儿童被告知不能紧盯着父母。并且，关于两性之间的权力关系可以做出一个有趣的评注，即女性更有可能避开男性注视的目光，反之则不然。

用手指点（pointing）：儿童也被告知用手指指点点是不恰当的行为。然而，成年人很少互相纠正其指点他人的行为。这不仅是出于礼节的考虑，对于地位较高者或那些想维持其统御地位的人，用手指点他人是可接受的行为。愤怒的上司以食指指向员工，加以训斥；如果员工想保住工作，基本上不会以同样的方式做出回应。同样的行为限制也适用于皱眉。

触摸他人（touching）：在未获得许可的情况下触摸他人、侵犯他人的私人空间，只有在此人地位较高时才是可接受的行为，但若该人地位较低，情况就不同了。例如，上司或教师将手放在员工或学生的肩上是可以接受的，反之则不然。这种不平等的限制也适用于社会经济地位，拥有较高社会经济地位的人更有可能触摸社会经济地位较低的人，反之则不然。

插嘴（interrupting）：我们每个人几乎都曾打断过他人的谈话，也都被他人打断过。但关键问题是，谁在打断谁的谈话？权力较大或地位较高的人打断他人的谈话；权力较小或地位较低的人被人打断谈话。在美国社会中，两性之间在打断他人谈话的行为发生频率上存在极大差异。与女性相比，男性会更频繁地打断他人的谈话。

资料来源：D. A. Karp and W. C. Yoels, *Symbols, Selves, and Society* (New York: Lippincott, 1979).

与此同时，由于正式领导者并非在每一领导情境下都是掌握最多权力的人，追随者常常能运用比领导者更多样的影响策略来改变其他追随者的态度或行为。这种情况发生在领导者新近上任，有一位下属受到大家的普遍喜爱和尊敬时。此时，该下属有能力运用个人化诉求、感性诉求甚至威胁来改变该领导者的态度或行为，反过来，这位新任领导者则只能局限于合法要求来改变其追随者的态度和行为。最后，虽然判断相对地位差异已经够麻烦了，但在全球化工作环境中，各种文化的不同规则、习惯往往会相互冲突并使问题进一步复杂化。2009 年，时任美国总统奥巴马的夫人在 G20 峰会期间参加白金汉宫的一次社交活动时，就发现了这一点。在摆姿势拍照时，奥巴马夫人伸出手，轻轻拍了拍英国女王伊丽莎白二世的背，这一行动所表达的非语言信息，对于在场很多人来说都是闻所未闻、极不恰当的。关于全球化环境下跨文化权力运用的复杂性，请见专栏 4-5。

权力与领导

> 我们总以为自己在领导，但大部分时候我们只是被领导。
>
> ——拜伦（Byron）勋爵，英国诗人

在本章一开始，我们就指出：对权力的认识与理解长期以来被视为领导学中不可或缺的部分。人们提出了一些观点和理论来解释对权力的攫取与运用。在本节中，首先，我们将探讨各种不同的权力来源；其次，我们将着眼于个人的权力需求存在何种差异。

领导者的权力来源

领导者的权力源自何处？领导者拥有权力，还是追随者赋予领导者权力？下面我们将看到，答案是：二者都对……但还不止于此。

一些看上去微不足道的小事，如办公室中家具的摆放位置，会影响人们对他人的权力感知。约翰·埃利希曼（John Ehrlichman）的《见证权力》（*Witness to Power*）[13] 一书中提供了一个生动事例。埃利希曼描述了他首次拜访 J. 埃德加·胡佛（J. Edgar Hoover）的司法部办公室时的情景。这位 FBI 的传奇首脑一直是华盛顿特区最有权势的人，并且，正如埃利希曼的印象揭示的，胡佛利用每个可能的机会来强化这一形象。埃利希曼首先在他人的引导下穿过两道门，进入了一个每面墙上都挂满勋章、奖杯、奖牌和证书的房间。接下来，他被带到第二个房间，这间房的装饰与前一个房间类似，再接下来他进入第三个装满奖杯的房间，最终他被带到一个空无一物的大桌子前，桌子后方装饰着数面旗帜，但此时仍看不到胡佛的身影。接待人员打开了桌子后面的门，埃利希曼走进了一个面积较小的办公室，胡佛使用的桌椅气势逼人，并被安放在一个高约 6 英寸的平台上。埃利希曼按指示在一个低矮的长沙发上落座，胡佛则从他自己那高高在上、令人望而生畏的位置上俯视着他。

在日常工作中，很多人都有过这种经历：你被上司叫去谈话，上司坐在桌子后面而你站着。可能很少有人会曲解此时释放的权力信息。除了上面提及的因素，办公室布置的其他方面也会显示领导者或追随者的权力分布。一个因素是会议桌的形状。坐在长方形会议桌两端的人往往拥有更大的权力，而圆形会议桌则会促进沟通并弱化地位差异。但即使是圆桌会议，特定的座位安排也会影响与会者的互动关系；属于同一个小圈子、联盟的人往往会坐在一起。通过相邻的座位安排，同一联盟的成员作为一个集体可以比分散落座行使更大的权力。同样，拥有私人办公室还是开放的办公空间，不仅反映出人们之间的权力差异，也影响着这一权力差异。拥有私人办公室的人能在更大程度上掌控他们何时想与他人互动，这可以通过打开或关闭房门、规定会客时间来实现。在开放的办公空间工作，就没有这么大权力来控制他人的造访。意识到这类动态关系的存在，领导者就能在某种程度上影响他人对其权力关系的感知。

将自己的文凭、奖励荣誉和头衔放在醒目位置，也能增加个人权力。这在一项大学的实验中得以体现：一位客座讲师将为几个不同班级上课，在各个班级中，他以不同的身份被介绍给学生。

他以学生身份被介绍给一个班级；在其他班级，他被介绍的身份分别为讲师、高级讲师及教授。在演讲结束离开教室后，各班同学会对他的身高进行估计。有趣的是，不同班级的同学对同一个人的感觉随着此人学术地位的提高而递增。当他是“教授”时，他的估计身高比作为“学生”时高出数英寸。[14]

这一研究表明，一件看上去微不足道的事（如某人的头衔）对他人可能存在综合影响。另一项研究则更戏剧化地指出，当追随者对头衔和权威的表象过度敏感时，会有多危险。该项研究在一家医院进行，起因是院方担心护士会不假思索地执行医生的指令。一位研究者打电话给多个不同病房的护士。他每次都声称自己是本院的内科医生，要求接电话的护士给一位住院病人开出某种特殊药剂。尽管这种做法违反了医院政策（不得使用电话开处方），但很多护士都遵从了他的指令。虽然很多护士此前从未与该“医生”交谈过，而且后者开出的药剂量过大、十分危险，更别说是未经授权的行为，她们仍按要求执行了。事实上，95% 的护士听从了要求，因为它来自最容易被伪造的权威象征——单纯的头衔[15]（见专栏 4-2）。

❖ 专栏 4-2

米尔格拉姆研究

理解权力、影响力和影响策略的一个有趣方式，是阅读斯坦利·米尔格拉姆（Stanley Milgram）有关服从的经典著作，并联系本章讨论的概念和理论来思考。米尔格拉姆的研究揭示了人们会在多大程度上接受权威人士的指示做出可能危害他人的事。具体来看，米尔格拉姆想知道在权威操控和个人良心支配这两种情形无法并立时会发生什么。

参加实验的被试者是来自耶鲁大学周边社区的男性。研究者使他们相信，自己在协助完成一项关于惩罚对学习的影响效应研究；由于研究发生在耶鲁大学校园内，研究的合法性无疑得到了确认。在研究过程中，同一时间有两位参加者，角色分别为教师和学生。这些角色明显是随机分配的。教师的任务是帮助学生记住两个一组的单词，具体做法是在学生（身处相邻的房间）出错时，给予学生电击惩罚。

一位面相严厉的实验者说明了实验过程，并向被试者展示了实施惩罚的设备。这种“电击发生器”看上去相当可怕，有成排的开关、指示灯和从 15V 一直增加到 450V 电压的各类警示牌。在这一排排的装置上有多处标注着越来越吓人的警示语，如“电击强度极高”和“危险级别：极度危险”。最高级别的电击开关上则只标注了 ×××。一旦学生出错，实验者都命令教师实施更高一级的电击。

事实上，在每一组实验中仅有一位真正的被试者——那位教师。学生实际上是实验者的助手。人们所认为的将参加者随机分配为教师和学生，也是事先安排好的。实验的真正意图是评估当学生越来越强烈抗议、要求终止实验时，教师将对其施加多大的电击。学生的抗议包括大量极为逼真的痛呼、大声抱怨心脏有问题，所有这些标准化的、预置的录音信息通过对讲设备从学生的房间传到教师的房间。如果被试者（即教师）拒绝施加任何电击，实验者就用类似“实验要求你继续下去”和“你没有其他选择，必须继续下去”这类话来催促他。

米尔格拉姆在进行实验前曾询问精神健康专家，有多大比例的被试者会施加明显危险级别的电击。这些专家一致估计会这样做的人占比微不足道，大约占总体的 1%～2%。米尔格拉姆实验的实际结果与专家预测完全不符。整整 70% 的被试者按要求做了，并施加了最大可能的电击——450V，虽然这一做法有时令他们感到极为不安。

资料来源：S. Milgram, “Behavioral Study of Obedience,” *Journal of Abnormal and Social Psychology* 67 (1963), pp. 371–78.

拥有无上权力的人应小心使用它。

——塞内加（Seneca），古罗马哲学家

甚至衣着选择也会影响一个人的权力和影响力。制服或其他工作服长期以来都与权威和地位相联系，军队、警察、医务人员、神职人员等都充分利用了这一点。在一次实验中，实验者有时身着便装，有时身着警卫制服，在城市人行道上拦住行人说：“你看见停车收费标识旁边那个人了吗？他停车超时，但身上没零钱了。请给他一美元！”当提出要求的实验者身着便装时，约有不到一半的人会照办，但当他身着制服时，超过 90% 的人都照办了。[16]

让特定职业的员工（如飞机空乘人员）身着制服，也是基于同样的原理。穿着制服除了使人更容易认出来，还能增加在紧急情况下人们遵从其指令的可能性。类似地，甚至某些小细节（比如文身）也会影响一个人在群体中的权力总量。本书作者的朋友德尔，是一家国际图书出版公司的经理。德尔以前曾在商船队工作，其前臂刺有文身。当会议没有朝他期望的方向发展时，他常常会脱下西装外衣，挽起衬衣袖子，这样，他仅仅通过向其他成员展示文身，就能对群体施加更大的影响力。

决定个人对他人影响力的最后一项情境因素，是当时是否存在危机。在危机时期，领导者往往能行使比平时更大的权力。这大概是因为，在面临危机时，领导者愿意利用他们平时放弃的那些权力来源。例如，与追随者形成了密切个人关系的领导者，通常会运用感召性权力来影响他们。然而，在危机或紧急情况下，领导者更倾向于运用法定性权力或强制性权力来影响下属。这正是一项关于银行经理行动的研究发现：在出现危机时，银行经理更倾向于运用法定性权力和强制性权力。[17] 你也可以在很多戏剧作品中观察到类似现象。在电视剧《警察世家》(*Blue Bloods*) 中，警察局长弗兰克·里根（汤姆·赛莱克饰）通常运用他的感召性权力和专长性权力来影响下属。但在紧急情况下，他更多依赖法定性权力，甚至不时使用强制性权力。这样做的另一个原因可能是，无论涉及何种权力来源，危急情况下追随者都更愿意接受领导者的指示、控制和安排。

社会权力的分类

弗伦奇和雷文（French，Raven）提出了权力的五项来源或基础，人们可以借此获得影响他人

的潜力。[18] 如图 4-1 所示，在这五项来源中，一项主要是领导者的函数；一项主要是领导者与追随者关系的函数；一项主要是领导者和情境的函数；一项主要是情境的函数；最后一项则同时涉及上述三要素。理解这些权力基础，有助于领导者预测在使用多种影响策略时可能的积极或消极结果。接下来是对弗伦奇和雷文提出的五项社会权力基础的详尽说明。[19]

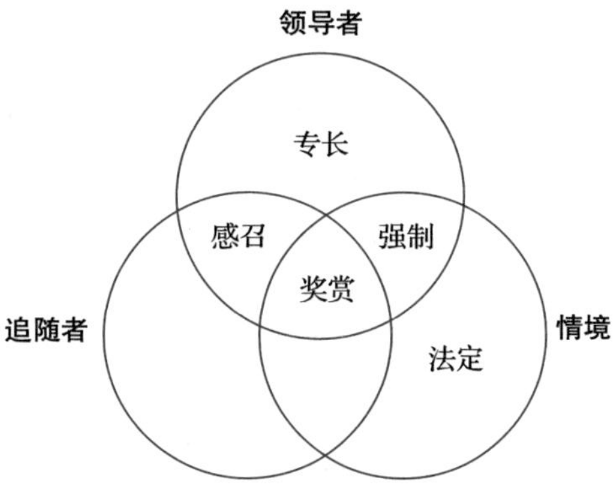

图 4-1　领导者 – 追随者 – 情境框架中的领导者权力来源

专长性权力

专长性权力（expert power）是来自知识的权力。有些人能运用自己的特殊技术专长影响他人。一位外科医生在医院具有相当大的影响力，是因为虽然她没有高于他人的正式职权，但其他人都依赖她的知识、技能和判断力。一位机修工在同事中很有影响力，是因为人们普遍认为他是全城最棒的机修工。一位资深员工有影响力，是因为他对公司历史的了解为新员工提供了有益的观察视角。了解复杂议会程序的立法者、参加过锦标赛的运动员、上过战场的士兵受到重视，是因为他们可以与其他人分享经验和智慧。

由于专长性权力是一个人与群体其他成员相比所拥有的知识总量的函数，在特定情况下，追随者拥有的专长性权力可能比领导者多。例如，新任领导者对特定部门工作任务的了解往往比不上追随者，在这种情况下，追随者可能在工作程序、新设备或聘用新员工的决策中发挥较大的潜在影响。在这种情况下，对领导者的最佳建议就是：多学多问，通过额外培训来填补这一知识缺口。只要不同的追随者拥有更多的专长性权力，领导者就很难仅仅基于专长性权力影响工作单元绩效。

感召性权力

为了抵消缺乏专长导致的问题，一种做法是构建与下属之间牢固的个人纽带。**感召性权力**（referent power）是指由于领导者与追随者之间的关系强度而产生的潜在影响。当人们钦佩敬重领导者、将他视为楷模，我们就说他拥有感召性权力。例如，学生可能对他喜爱并尊重的老师提出的建议和要求做出正面反应，但同一群学生可能漠视其他不太受欢迎的老师。这种行为反应的差异主要是学生与不同教师之间关系强度的函数。作者认识一位年轻的陆军中尉，他对所管辖的军队卫兵拥有极大的感召性权力，他无私地关心卫兵，经常在他们晚上值勤时带去热巧克力和自家做的小甜饼。在其他军官看来，卫兵的工作是理所应当的，因而士兵们了解和珍视自己的上级付出的额外努力和牺牲。当巴迪·瑞恩（Buddy Ryan）从费城之鹰橄榄球队总教练一职上被解雇时，很多球员也对他表达了强烈的忠诚感。一位球员说，“有些事我们只为巴迪做，不会为其他教练做”[20]。这就是感召性权力。

识别感召性权力的另一种方法，是观察友谊在促成事情发生时发挥的作用。例如，人们经常说，很多人得到某项工作是因为认识什么人，而非他们对工作了解多少。的确如此。但我们认为大卫·坎贝尔（David Campbell）提出了这一问题的最佳观点，他说："你认识什么人并不重要。你认识的人对你了解多少，才是关键。"

形成感召性权力往往需要花费较长时间，但你可能在很短时间内失去它，就像老虎伍兹。此外，它也有负面效应：在特定情境下，维持感召性权力的愿望可能限制领导者的行动。例如，如果领导者与追随者形成了牢固关系，他就难以惩罚下属的不良工作表现或长期拖拉的行为，因为这会破坏领导者与追随者之间关系的性质。因此，感召性权力是一条双行线；关系越牢固，领导者和追随者能向对方施加的影响就越大。此外，既然领导者可以通过强化与追随者的关系来获得感召性权力，追随者也可以建立与其他追随者的牢固关系来获得感召性权力。拥有比同事更多感召性权力的追随者往往是所在部门的发言人，并享有较大的自由偏离群体规范。没有感召性权力的追随者很少有机会偏离群体规范。例如，在电视剧《辛普森一家》(*The Simpsons*）中，霍默·辛普森（Homer Simpson）因为穿了件粉色衬衫去上班而被解雇（在斯普林菲尔德核电厂上班的每个人总是穿白衬衫上班)。霍默被解雇的部分原因是，他"还没那么受欢迎，不足以让他与众不同"。

法定性权力

法定性权力（legitimate power）取决于个人在组织中的职位。它可以被看作一个人的正式或官方授予的权威。有些人能完成工作是因为有做事的权力或权威。上司可以分配项目；教练能决定谁上场比赛；上校可以命令他人统一着装；老师能布置家庭作业并评定分数。拥有法定性权力的个人凭借其角色和岗位，在权限内发布指令或要求来施加其影响。换句话说，法定性权力表明领导者的权威来自他被任命担任组织中的某一特定职位。值得注意的是，领导者只有在担任该职位且在适当的职责范围内行事时，才能拥有这一权威。

法定权威和领导力不是一回事。担任某一职位与成为领导者也不是一回事，尽管我们经常将官僚机构的任职者称为领导者。组织的首脑可能是一位真正的领导者，但也可能不是。有效领导者往往凭直觉就知道，要想成功不能仅仅靠法定性权力。在德怀特·艾森豪威尔（Dwight Eisenhower）成为美国总统之前，他曾在二战期间统率整个欧洲盟军。在诺曼底登陆前的某次参谋会议上，艾森豪威尔拉动桌上的一根细绳来说明他关于领导的观点。他想说的是，你能拉动细绳而无法推它前行。同样，军官必须领导士兵前行，而不是从后面推着他们走。

追随者也可能使用法定性权力来影响领导者。在这种情况下，追随者只完成职位说明书、组织规章或工会政策事先明确规定的工作，也能主动抵制领导者的影响企图。例如，很多组织都编制了职位说明书，其中规定了在职者应花费的工作时间，以及应完成的任务、活动的类型。类似地，追随者也可以援引组织的规章和工会政策，来抵制领导者的影响企图。如果追随者使用规章和政策来抵制时，领导者往往就需要改变自己所提要求的性质，或者寻找其他解决问题的办法。在这种情况下，追随者成功运用法定性权力影响了领导者。

奖赏性权力

奖赏性权力（reward power）是指某人因控制着对方重视的资源而具有影响对方的潜力。这类权力包括给予加薪、额外津贴和晋升的权力；授予终身教职的权力；选拔员工完成特别任务或有利可图的活动的权力；分配有价值的资源，如电脑、办公室、停车位或差旅费的权力；做出对某人有利的仲裁决定的权力；以奖励、表扬认可他人工作的权力；等等。很多公司广泛运用奖赏来激励其员工。例如，麦当劳赋予全美汉堡包大师（All-American Hamburger Maker）极高的地位，这一称号是指能在全国范围内以最快速度、最高质量做出麦当劳汉堡包的厨师。在各家麦当劳快餐店中，经理也会奖励那些在高峰期接待顾客人数最多的店员。特百惠（Tupperware）则召开销售代表大会。几乎每个人都能得到一些奖品，从胸针、徽章到给绩效最优者的高额奖金，无所不包。[21] 学校评选年度最佳教师，职业球员因其杰出表现而入选全明星队，也都是一种奖赏。

通过提供奖赏获得影响他人的潜力，是领导者、追随者和情境三者共同作用的函数。领导者给予的奖赏在类型和频率上存在很大差异，但这在一定程度上取决于他们所在的职位。例如，对肯德基餐厅每月最佳员工的奖励不会是一辆新车，因为这些特许加盟店的经理不具备给予高额奖励所需的资源。类似地，其他组织中的领导者所能给予的奖励类型和频率，也在某种程度上受到限制。但是，领导者花时间仔细思考追随者和情境，将有助于增进他们的奖赏性权力。人们往往可以提出多种替代性或创新性的奖励方式，加上充分的赞美赏识，就足以使领导者克服特定职位在奖赏性权力上的局限。

无法审查的权力会自我纵容，而不会冷静自省。

——沃伦·E·伯格（Warren E. Burger），美国最高法院大法官，1969—1986 年

尽管运用奖赏性权力是改变他人态度和行为的一种有效方式，但在某些情境下，它也会带来问题。例如，在激励良好工作表现（或避免士气问题）上，员工对公司现金奖励政策公平与否的感觉与发放现金的多少同样重要。此外，上司也可能误以为人们期望得到特定方式的奖赏，但事实并非如此。如果某位下属由于良好的个人工作绩效而受到公开表扬，但他并不喜欢受到关注，就会发生这种情况。领导实践者与下属建立良好关系，并以他们（而非领导者）喜欢的方式给予奖励，可以避免出现后一类问题。奖赏性权力的另一个潜在问题是，它可以使人们遵从领导者，但无法导致其他有益的结果（如组织承诺）。[22] 换句话说，下属绩效可能只达到足以获得奖励的水平，但他们可能不愿承担额外的工作，而后者是组织取得更高绩效所必需的。过分强调用奖赏来回报员工的工作绩效，也可能带来不满，让员工觉得受到了外部操控，特别是在相对冷漠、隔阂的上下级关系中给予奖赏，会使员工有这种感觉。外在奖赏（如表扬、薪资、晋升、各项特权和工休等）对行为的影响，可能无法与内在奖赏（成就感、个人成长和开发等）相比。有证据表明，在某些条件下，外在奖赏可能削弱个人从任务本身获得的内在激励；并且，与不存在外在奖赏时相比，个人坚持做出期望行为的可能性反而会降低。[23, 24] 过度强调外在奖赏方式，还可能逐渐形成一种上下级之间本质上是契约或经济关系的想法，这会冲淡其他的重要方面，如彼此间的忠诚感、对更高理想的共同承诺。[25] 但瑕不掩瑜，所有这些关于奖赏性权力的告诫，都无法否认这种权力具有切实的效力。正如前面指出的，顶级企业广泛运用物质奖励和象征性奖赏来激励其员工。

并且，所有领导者都能运用一些最重要的奖赏方式，如真诚表扬和感谢员工的忠诚与工作努力。最起码，领导者通过确定企业中有哪些现成的奖赏方式、下属重视哪些奖赏，并在此基础上建立明确的政策对良好工作绩效给予公平、前后一致的奖赏，就能通过奖赏性权力来增强其个人影响力。

最后，因为奖赏性权力部分取决于个人在组织中的职位，有些人相信追随者基本上没有奖赏性权力。这倒也未必。如果追随者拥有某种稀缺资源，就能运用这种资源使领导者按他们的愿望行事。此外，当追随者觉得领导者工作做得不错时，也可以付出更多工作努力来回报领导者；而当他们觉得领导者工作差劲时，可以减少工作努力。通过调整其工作努力程度，追随者反过来改变了领导者的态度和行为。此外，追随者向领导者表示赞赏（如召开了一次建设性的会议），无疑也是奖赏性权力的例证，这与领导者赞美追随者是一样的。领导实践者应当意识到，追随者也可以运用奖赏性权力来影响领导者。

强制性权力

与奖赏性权力相反，**强制性权力**（coercive power）是指通过负面处罚或剥夺利益来影响他人的潜力。换句话说，它是利用人们害怕受到惩罚或失去所重视的成果来控制他人。和奖赏性权力一样，强制性权力也是领导者职能的一部分，但情境往往会限制或增进领导者可利用的强制性措施（见专栏4-3）。强制性权力的例子包括：警察开出超速罚单；军队里对擅离职守的士兵进行军事审判；教师将捣乱的学生留堂；雇主解雇偷懒的员工；以及父母训斥孩子。[26] 即使总统也需要借助强制性权力。例如，历史学家小亚瑟·斯雷辛格（Arthur Schlesinger Jr.）谈到林登·约翰逊（Lyndon Johnson）总统具有“摧毁他人弱点的天性”。林登·约翰逊谙熟强制性权力的运用，也乐于运用它。他曾告诉一位白宫工作人员：“你要记住一点。白宫里只有两种人——大象和蚂蚁。而我是唯一的大象。”[27]

❖ 专栏 4-3

斯坦福监狱实验的领导教训

几乎没有什么地方的权力分布不平等能比得上监狱。监狱的管理方和守卫拥有自由和控制权，犯人则什么都没有。但在这里也可以获得重要的领导教益。

对领导学历史的简要回顾，可能对分析有所帮助。如果你的祖父母碰巧在1900—1950年学习领导学，他们可能看过一些著名领导者的案例。领导学的“伟人论”希望揭示出那些将伟大领导者与芸芸众生区别开来的个人特质。但这种对内在领导能力的探索在20世纪40年代后期就基本停止了，当时拉尔夫·斯托格蒂尔（Ralph Stogdill）发表了他的研究成果，指出不存在伟大领导者所特有的一套个人特质。

1950—1980年，学者们认为，对领导过程的了解不能只关注领导者，必须探讨领导者与追随者的关系。正如你在本书第3篇中将学到的，当追随者的成熟度和技能发生改变时，领导者的行为也应做出相应调整。

自20世纪80年代中期，研究者开始考虑25年前的研究带来的领导启示。人们开始认识到，即使能了解关于领导者及其追随者的每一个细节，还有一个变量强有力地影响着领导和绩效，那就是情境（第4篇的内容）。

有两项令人困扰的研究清楚显示了情境的影响。第一项是斯坦利·米尔格拉姆的研究（见专栏4-2）。该研究发现，在权威要求做出某种恶毒行为时，即使通情达理的正常人也多半会按要求做。

在米尔格拉姆研究推出10年后，斯坦福大学的菲利普·津巴多（Phillip Zimbardo）教授招募了多名学生，在一个校园建筑物地下室改建的"模拟监狱"中分别扮演"狱警"或"囚徒"。狱警或囚徒都没有得到任何指示说明该如何行事。该项实验原本计划持续约2周时间，但在开始仅6天后，实验就被迫取消，原因是"狱警"在身体、情绪两方面虐待同学扮演的"囚徒"。学生狱警并非天生的恶棍，相反，是他们所处的权力情境消弭了他们原本的信仰和价值观的影响。

幸运的是，偶尔会有高尚的英雄站出来坚持更高的道德立场。但作为领导者，我们不能依赖偶然的英雄。对普罗大众而言，情境是强有力的行为决定因素。如果你想就斯坦福监狱实验了解更多，请登录专门网站www.prisonexp.org，我们将在第12章中更详尽地说明这一实验的细节。

了解米尔格拉姆和津巴多研究所揭示的内容，你会理解林迪·英格兰（Lynndie England）这类人为何存在。这个在家人眼中不曾射杀过一头鹿的好人，为何会陷入伊拉克阿布格莱布虐囚丑闻中。我们无意为她的行为提供借口，但我们试图去了解她。并且，如果我们无意为一名资历尚浅的小兵提供行为借口，我们更无意为将她及他人置于这一情境且不提供清晰行为准则的高层领导者提供任何借口。毕竟，我们了解这些研究已经有50年之久了！

无论米尔格拉姆研究中依据权威而发出的指令，还是津巴多研究中进行的角色任务分派，阿布格莱布虐囚事件都显示存在一种令人无法容忍的领导真空。

那么，在商业世界中又是如何呢？如果领导者将下属置于竞争和敌意的情境中，就不应宣称自己期望来自下属的团队协作。同样地，如果领导者创建的情境使下属稍微违反僵化教条就会招致重罚，就不应声称自己期望下属表现出创造性。而且，可能最重要的是，如果人们置身于高度差异化的权力情境中，领导者就不应期望人们表现出平等主义行为。组织中的员工非常精明。他们不会表现出你口头鼓吹的行为，而更有可能表现出情境要求他们做出的行为。领导者的职责就是为团队成功创造条件，其中情境是最重要的变量。在第13章中，我们将更详尽地探讨领导中的情境问题。

与奖赏性权力一样，对强制性权力的运用有可能恰当，也可能不恰当（见专栏4-4）。

❖ 专栏 4-4

惩罚

在理想社会中，也许每个人都是可靠的、以成就为导向的，并致力于组织目标的实现。但领导者有时必须面对公然敌对、缺乏服从性、制造同事间冲突、无法达到工作标准的下属。此时，领导者就需要运用惩罚手段来改变追随者的行为。

在领导学的所有领域中，惩罚是其中最有争议的部分。这主要源于人们围绕惩罚有几点迷思，同时不了解惩罚对追随者动机、满意度和绩效的影响效果。本小节将要解答关于惩罚的几点争议：①谈谈惩罚使用中的几点迷思；②回顾一项探讨惩罚与多个组织变量间关系的重要研究；③向实践者提供如何有效实施惩罚的建议。

惩罚的定义

我们要先重复本书曾提到的惩罚的定义。惩罚是指通过负面处罚或剥夺利益来影响他人的做法，这会降低特定行为重复发生的可能性。惩罚的例子包括口头批评、降职、降薪、解雇、罚绕场跑步或失去参加比赛的资格。需要指出的是，根据这一定义，只有针对不同情况而实施的负面处罚才被视为惩罚；无论情境如何都施加的负面处罚构成了辱虐对待，而非惩罚。

此外，对惩罚的看法似乎因人而异，对一位追随者的行为方向、强度或持续时间能产生有效影响的负面处罚，可能对另一个人完全无效。有些追随者甚至可能发现实施某些处罚或剥夺利益产生了行为强化作用。例如，有些孩子因为淘气能增加父母对他的关注，即使会受到处罚也照犯不误（对孩子来说，某种程度的父母关注比完全无视要好）。类似地，有些追随者因为服从性差、违反公司政策而被口头批评或名声变差，但他们却认为自己赢得了关注。由于这些追随者享受自己成为人们关注的焦点，会认为坏名声是好事，甚至有更大可能在未来做出违纪行为。

围绕惩罚运用的迷思

阿维和伊万切维奇（Arvey，Ivancevich）回顾了人们关于惩罚使用的三项迷思，其中包括惩罚会导致受罚者不良的情绪反应、违反伦理与缺乏人性关怀、很少真正起作用（很少能消除负面行为的发生）。

B. F. 斯金纳（B. F. Skinner）在行为心理学领域的研究，为“惩罚是无效的、会导致不良的反应”提供了支持性证据。他的结论源于对老鼠、鸽子的观察，这些动物在不同实验条件下接受惩罚后表现出反常的行为。虽然将这类结论推广用于解读人类行为存在风险，很多人接受了斯金纳的论点，认为惩罚对于控制人类行为是无效、徒劳的做法。他们完全无视有关惩罚对个人情绪影响的大量研究并不支持斯金纳的研究。

关于惩罚违反伦理、缺乏人道关怀的迷思，认为“未来导向”与“过去导向”的惩罚具有不同的伦理意义。未来导向的惩罚是想帮助改善行为，可能有效减少或完全消除不利行为。而过去导向的惩罚或我们通常认为的报复，只是对以往行为不当的回敬。后一种惩罚可能受到质疑，特别是当它的目的只是处罚而非威慑后来者时。此外，在考虑实施惩罚的伦理意义时，也需要考虑不实施惩罚的伦理意义。忽视有潜在危害的行为，如工作场所中危及他人安全的行为，可能产生的成本远大于惩罚本身带来的成本。

第三项迷思与惩罚的效力有关。斯金纳和其他研究者声称，惩罚不会导致永久的行为改变，而只是短期内抑制行为发生。但明智地实施处罚，同时对未来如何避免惩罚提供建议，可以相对长期地减少不利行为。此外，关于惩罚是否只能暂时抑制行为发生也没有定论（虽然斯金纳支持这一观点），只要存在对不当行为的处罚制度，其对行为的影响就会持续。从这个意义上说，惩罚对行为的"暂时"效应不同于强化对行为的"暂时"效应。

惩罚、满意度与绩效

以上分析显示，正确实施惩罚似乎不会导致不良的情绪反应，不会违反伦理，并能有效抑制不利行为。但我们还应了解惩罚如何影响追随者的满意度和绩效。大多数人可能相信，频繁使用惩罚手段的领导者会使下属的满意度下降、绩效不佳。但有趣的是，至少在适当运用惩罚的情况下，这类后果是可以避免的。我们可以仔细探讨这个问题。

有几位研究者想要弄清楚，那些针对不同情况实施惩罚的领导者是否也会视情况而进行员工奖励。他们发现，领导者有针对性的奖励行为与惩罚行为间存在中度正相关关系。同时，在领导者有针对性的奖励行为与无差别的惩罚行为间存在强负相关关系。因此，针对不同情况给予奖励的领导者，往往更有可能将惩罚控制在下属行为不当或绩效不达标的范围内。

其他几位研究者发现，差异化的惩罚不会影响下属对领导者的满意度，还可能有微小的正面影响。换言之，遵从特定惩罚规则的领导者未必会使下属感到不满。事实上，明智、适当地运用惩罚手段可能会使下属产生更高的满意度。如果考量的是整个工作单元，这些研究就是有意义的：如果大多数追随者都认为行为应受到处罚，此时不进行惩罚将会导致不公平感，进而会降低团队凝聚力和满意度。

总体来看，关于惩罚如何影响绩效的研究没有得出一致结论。有些研究者发现惩罚和绩效间存在强正相关关系，另一些研究者则发现二者无关或负相关。

虽然没有一致结论，但惩罚与绩效的关系研究中有几点值得注意。第一，不同研究中惩罚的水平与实施方式存在明显差异，这些因素可能影响了研究结论。

第二，一项发现惩罚 – 绩效间存在负向关系的研究，提出了惩罚机会这个重要问题。该研究探讨了美国少年棒球联盟中教练行为与球队输赢记录的关系。研究发现，比赛表现较差的球队，教练更频繁地处罚球员。但这些教练所面对的球员天分相对较差，也使他们有更多的惩罚机会。成功球队的教练很少有理由处罚球员。

第三，很多被处罚的行为可能与工作绩效没有直接关系。例如，不服从指令、违反公司着装规定、开会迟到都是应受处罚的行为，但并不直接影响员工解决工作相关问题或提供产品、服务的效果。

总之，研究证据表明，如果适当使用惩罚，会产生积极的组织成果。领导者针对不同情况差异化地实施惩罚，有助于提高员工的工作满意度，降低员工的角色模糊性和缺勤率，并可能改善工作绩效（取决于受处罚的行为）。但无差别的严厉处罚或随意处罚则对工作单元有巨大的负面影响。团队凝聚力会明显受损，追随者更有可能不满、缺乏工作意愿，长期绩效低下。因此，学习如何适当实施惩罚，是最大限度获得相关利益的关键所在。

实施惩罚

适当的实施惩罚取决于领导者与追随者是否建立了有效的双向沟通。领导者需要明确说明惩罚的理由，并指出未来的不当行为会导致的处罚。最后，领导者需要向追随者提供如何改进的指导，包括为追随者提供适当行为的示例、建议追随者参与培训课程，以及向追随者提供准确的工作行为反馈。

大体来说，实施惩罚的方式（而非惩罚水平）决定了对追随者满意度和绩效的影响。领导者需要意识到，他们往往想用惩罚来纠正追随者绩效低下的问题，但最好能在做出惩罚决定前尽量多收集信息。收集信息可以使领导者更关注下属的行为本身，而不是指责员工个人；确保实施的惩罚措施与公司政策保持一致；为惩罚提供必要的理由；以及为追随者如何改进提供指导。

最后需要提醒的一点是，领导者应该意识到惩罚具有一定的行为强化或奖励属性。如果领导者实施惩罚后看到了下属的行为改善，该领导者会受到鼓励在未来更多运用惩罚。随着时间推移，这会导致领导者过度依赖处罚来改善绩效，而忽视其他激励性的手段。

再说一遍，尽量收集信息，审慎思考目标设置、工作特性等理论在这一问题上的应用，领导者将能成功避免只用一种工具（惩罚）来应对所有员工激励问题的倾向。

资料来源：R. D. Arvey and J. M. Ivancevich, "Punishment in Organizations: A Review, Propositions, and Research Suggestions," *Academy of Management Review* 5 (1980), pp. 123–32; G. J. Curphy, F. W. Gibson, B. W. Asiu, C. P. McCown, and C. Brown, "A Field Study of the Causal Relationships between Organizational Performance, Punishment, and Justice," working paper, 1992; R. D. Arvey, G. A. Davis, and S. M. Nelson, "Use of Discipline in an Organization: A Field Study," *Journal of Applied Psychology* 69 (1984), pp. 448–60; and P. M. Podsakoff and W. D. Todor, "Relationships between Leader Reward and Punishment Behavior and Group Process and Productivity," *Journal of Management* 11 (1985), pp. 55–73.

在压抑的极权社会中，强制性权力会走向极端。强制性权力最悲惨的一个例证，是吉姆·琼斯（Jim Jones）的邪教徒集体自杀事件，这一耸人听闻的悲剧事件被称为琼斯城大屠杀。[28] 死于这场大屠杀的912人，几乎全都按琼斯的指示饮用了大桶中含有氰化物的调味饮料。琼斯追随者在大屠杀中表现出的顺从和自杀般的盲从，很大程度上源于琼斯长期以来的恐惧统治。例如，青少年之间牵手的举动，一经发现就会挨打；成年人被认为消极怠工，将被迫与三四个高大强壮的对手进行长达数小时的马拉松式公开拳击赛。吉姆·琼斯用恐惧来统治，追随者则变得自我毁灭般地完全听命行事。

前面的例子可能过于极端，与我们的日常生活和领导行为没什么关联。但权力滥用，特别是对强制性权力的滥用，仍然不断成为新闻事件，比如我们看到美军在伊拉克的虐囚事件或阿富汗塔利班对人民滥刑的新闻报道。但这些事例的存在的确戏剧性地提醒我们，高度依赖强制性权力必然存在某些局限和弊端。这并不是完全否定运用训诫处罚，有时这是必需的。与正式处罚的威胁不同，非正式威压也可以用于改变他人的态度和行为。非正式威压往往以含蓄的方式（常常是非语言方式）表达，而不是清晰明确地表达出来。比如，员工感觉到压力，给上司偏爱的慈善机构捐款；或者，在员工提出不受欢迎的观点时上司眼中的不满。最常见的威压形式则是上级大发雷霆。上司引而不发的愤怒带给员工的威胁感，从长期来看，通常是一种不良的领导行为方式。

追随者也可能运用强制性权力影响领导者的行为。例如，领导者可能难以确定是否采取惩戒行为来对付一位身材高大、情绪不稳定的追随者。追随者可能采用身体攻击、怠工破坏、放慢工作速度及罢工等方式来胁迫其上司，这可能改变领导者的行为。如果追随者在同事中拥有较高的感召性权力，将更有可能运用强制性权力来影响领导者的行为。在使用放慢工作速度、罢工威胁来影响领导者行为时，上述结论尤其适用。

对弗伦奇和雷文分类法的结论性思考

我们能得出领导者最好运用哪种权力基础的结论吗？如你所料，我们会说：如果不知道某一特定情境的更多信息，很难回答这个问题。例如，想想群体是否面临危机这个简单因素。该因素会影响领导者的权力运用，因为领导者在危急时刻能比平时运用更多的权力。此外，在危机时期，下属也更渴望获得领导者的指导和监督。

我们能就使用不同来源的权力提出任何一般结论吗？事实上，已有大量研究检验弗伦奇和雷文的观点，并且这些研究结论通常都认为：主要依赖感召性权力和专长性权力的领导者，下属的激励水平和满意度较高、缺勤率较低且有较高的工作绩效。[29] 但尤克尔（Yukl）[30]、波德萨科夫与斯克瑞山姆（Podsakoff，Schriesheim）[31] 对这类研究结论提出了批评，批评主要集中在这些研究使用的领导者权力基础的评估工具上。辛琴和斯克瑞山姆（Hinkin，Schriesheim）开发出的一种工具能解决上述批评中的很多问题 [32]，而未来的研究将能更清楚地描绘五项权力基础与各类领导效能指标之间的相关性。

关于权力和影响力，我们可以提出四点结论。第一，有效领导者总是运用自己拥有的所有权力来源。有效领导者了解不同权力来源的相对优缺点，会基于特定情境下的具体目标，选择性地强调某一种特定权力来源。第二，尽管高绩效组织中的领导者对其下属有很强的影响力，但他们也欢迎来自下属的影响。在领导者和追随者之间高度的相互影响，是运作最有效的组织的特征。[33] 第三，不同领导者在多大程度上与其追随者分享权力，存在很大差异。有些领导者把自己拥有的权力看成总量既定的资源，与他人分享权力（就像把馅饼切成小块）会减少自身拥有的权力份额。他们以零和看待权力。其他领导者则将权力看成一块可以做大的馅饼。他们认为存在既不减少自身权力份额又能扩大下属权力的可能性。毋庸置疑，领导者接受哪一种观点，将极大地影响他们是否支持下放权力和参与制管理等权力分享活动。领导者对权力分享活动（或者，用如今流行的语言，赋权）的支持，也取决于企业是否要求领导者为自己及下属的决策和行为负责。毕竟，当球队输球时，总是教练或经理人遭到解雇。[34, 35] 第四，有效领导者往往主动增加其各项权力基础（不论是专长性权力、感召性权力，还是法定性权力），或者变得更愿意运用强制性权力。

❖ 专栏 4-5

文化差异与权力

荷兰社会学家吉尔特·霍夫斯泰德（Geert Hofstede）及其同事用6个维度对100多个国家的商业文化进行了量化评价，这6个维度分别是：个人主义、男性气质、不确定性规避、长期导向、自我放任，以及与本章相关的**权力距离**（power distance）。他们将权力距离定义为“一个社会中无权者在多大程度上接受并认同权力分配不平等的状况”。此处的基本问题是一个社会如何处理人群中的不平等。在高权力距离的社会中，人们高度认可层级制的社会结构，每个人在其中都有确定的位置（所有人都对此心知肚明）。而在低权力距离的社会，人们致力于使权力分配平等化，并要求为权力不平等提供解释。举几个可以用来说明权力距离指数的例子。

在权力距离指数较低的一端，是奥地利这类国家。奥地利在这一维度上的得分很低（11分），这表明奥地利人具有以下特征：高独立性、层级划分只是为方便行事、平等的权利、平易近人的上级、辅导型领导者、管理促进和赋权。高度分权，管理者需要仰仗团队成员的经验。员工认为上级会重视其意见。人们不愿受到控制。沟通方式直截了当，多方参与。

与之相反的是权力距离指数较高一端的国家。需要指出的是，虽然低分国家通常可以用上述特征来总结，高分国家则表现出更多的文化差异性，可能同时受到传统和地理位置的影响。同样地，看看具体例子会有帮助。

沙特阿拉伯的分数很高（95分），这表明人们认同社会中存在的等级秩序，每个人都有自己的位置（不需要特别理由）。在人们看来，组织中的层级体现了天生的地位差异，组织高度集权化，下属认为上级会告诉自己该做什么，而理想的上级是怀有仁慈之心的独裁者。

俄罗斯的分数是93分，这是个权力距离很明显的国家。它是全球最大的高集权国家的事实也强调了这一点。几乎2/3的外国投资都投向莫斯科，同时，这个城市还集中了俄罗斯80%的金融实力。无权者与掌权者间巨大的鸿沟使权力符号在该国极为重要。在所有领域的商业交流中，无论拜访、谈判或合作，行为都必须体现或代表地位角色；管理方式应该是自上而下的，为所有任务提供明确的指示。

虽然我们在此处关注的是权力距离，但霍夫斯泰德指出，还应考虑与其他文化维度指数的潜在交互影响。以美国为例可以说明这类交互影响。美国的权力距离相对较低（40分），同时结合全球最高的个人主义分值（91分），就有如下表现：

- 美国人高度认同“所有人享有平等与公正”。这突出表现在，美国人明确强调美国社会和政府在所有领域赋予人们公平权利。
- 在美国企业组织中，层级制的设计是为了方便行事，上级平易近人，管理者依赖下属（个人和团队）的技术诀窍。
- 管理者和员工都认为需要了解对方的看法，经常分享信息。同时，沟通是非正式、直截了当的，并且各方均有机会参与。

- 社会联系相对松散；人们普遍认为个人有义务照顾好自己和直系亲属，不应过多依赖外部权威机构来获得支持。
- 美国人具有较高的地理流动性。
- 美国人是全世界最活跃的公共社会参与者，但他们很难（特别是成年男子）发展出深厚的个人友谊。
- 美国人习惯于和不熟悉的人做生意或打交道。因此，美国人会积极接近其他职能相近的人员来获取信息。在商业领域，人们期待员工独立自主，表现积极主动。同时，在交易导向的工作环境下，我们会看到雇用、升职和任务分配决策建立在个人价值、以往绩效和能力之上。

最后，霍夫斯泰德还指出，文化维度指数在用于比较两种文化间的差异时最有效。如果两种文化高度相似，在这两国间工作与交流会相对容易，不需要过多考虑文化差异。但如果文化差异巨大，领导者最好是留意两国的差异并调整自身行为以实现有效领导。

本书的一位作者在组织一次包括美俄两国与会者的研讨会时，就没能意识到权力距离的问题（公正地说，这件事发生在霍夫斯泰德第一本书出版以前）。为了准备研讨会，他提供了一份临时性的会议安排，并询问与会者想做哪些增减或改变。这种做法在美国与会者看来非常合理，但俄罗斯人则完全不赞同，彻底抗拒这一操作。作者事后发现自己误判了两点。第一，他认为自己是研讨会的“推动者”，但俄罗斯与会者看到他站在台前对着大家宣讲，认为他是“领导者”。这一误会又导致了第二个与霍夫斯泰德的权力距离直接相关的问题。在美国，非正式地提出会议议程、邀请推动者和全体与会者一起参与开发议程，都是合理做法，甚至是人们期待的。但在俄罗斯并非如此。俄罗斯人期待领导者对手头的任务给出清晰的指令。作者过了一段时间才发现自己的错误，而解决这一问题则花了更长时间。虽然没有造成什么重大国际影响，但这的确是因为作者未能注意到跨文化权力距离对领导行为的影响造成的。你可以想象，这些差异如何影响人们对美俄两国领导效能的不同感受。

资料来源：G. Hofstede, *Culture's Consequences: Com-paring Values, Behaviors, Institutions, and Organizations across Nations*, 2nd ed. (Thousand Oaks, CA: Sage Publications, 2001); and G. Hofstede, G. J. Hofstede, and M. Minkov, *Cultures and Organizations: Software of the Mind*, revised and expanded 3rd ed. (New York: McGraw-Hill, 2010).

领导者的动机

到目前为止，我们探讨的是各种不同权力来源如何影响他人，但这只是其中一个视角。看待权力与领导关系的另一种方式，是关注领导者的人格特征。在下一章中，我们将详尽探讨人格在领导过程中发挥的作用，目前我们将简要说明所有人（包括领导者）在拥有或运用权力的个人动机上存在的差异。

人们在影响或控制他人的动机上存在差异。麦克利兰（McClelland）称之为**权力需求**（need

for power）[36]，拥有高权力需求的人通过影响他人来获得心理满足。他们谋求那些能影响他人的职位，并经常同时在多个不同组织或决策团体中影响他人。他们乐于在这类活动中提出观点、建议和主张，也会搜求有助于自己影响他人的信息。他们往往擅长构建信任关系、评估权力网络，虽然他们也可能表现得坦率直言、相当强势。他们重视那些表明其权威、地位的有形标志，以及能表明他人服从的无形标志。研究者提出了权力需求的两种表现方式：**个人化权力**（personalized power）和**社会化权力**（socialized power）。拥有高个人化权力需求的人比较自私、易冲动、言行不受约束，且自制力较差。这种人行使权力是为了满足自己的需要，而不是着眼于群体或组织利益。与之相反，社会化权力则是指一种情感上更成熟的动机表达。社会化权力是为他人或组织的更高目标服务的，而且通常包括为达到目标而做出的自我牺牲。它还经常与授权式管理、领导风格（而非专制独裁型的管理、领导风格）相联系。

虽然对权力需求的测评一直以来使用的是问卷和传统的人格量表，但麦克利兰等人采用**主题统觉测验**（thematic apperception test，TAT）来测评权力需求。主题统觉测试是一种**投射人格测验**（projective personality test）方法，其中包括一些图画，如一位妇女凝视着窗外，或者一个男孩手持着小提琴。实验要求被试就每幅图画编个故事，接下来，评估者按被试赋予各个人物不同需求（其中之一就是权力需求）的强度对各个故事加以解释。由于图画的具体含义模糊不清，可以推定投射于各个人物之上的不同需求反映了编故事者本人的需求（可能是在无意识层面）。那些涉及影响或控制他人的故事，在权力需求上的得分较高。

权力需求与多项领导有效性指标正相关。例如，麦克利兰和鲍亚兹（McClelland，Boyatzis）发现，权力需求与AT&T公司非技术部门经理的成功正相关。[37] 而斯塔尔（Stahl）发现，权力需求与经理人的绩效评级和晋级速度正相关。[38] 此外，福多尔（Fodor）研究发现，如果美国预备役军官训练团（ROTC）的领导者有较强的权力需求，其学员就更有可能成功应对在亚北极区的生存挑战。[39] 尽管这些研究发现看上去很有价值，但对结果的解释需要特别慎重。首先，麦克利兰和鲍亚兹也发现，权力需求与AT&T公司技术部门经理的成功与否不相关。[40] 很显然，与非技术部门经理相比，知识水平（即专长性权力）对技术部门经理的成功更重要。其次，麦克利兰得出结论：尽管一定程度的权力需求对于发挥领导潜力是必需的，成功领导者也要有能力自我克制，不要明晃晃地表现出这类需求。[41] 无法克制其权力需求的领导者会像独裁者一样行事，他们冲动地运用权力来操纵或控制他人，或者以他人为代价来达到目标。权力需求高但活动抑制力低的领导者可能在短期内获得成功，但他们的追随者及组织中的其他人将为这一成功付出高昂代价。这些代价包括组织中其他成员觉得领导者不值得信赖、缺乏合作精神、过度竞争及只关心个人利益。最后，有些追随者也有高权力需求。当有高权力需求的追随者被指示去做某事时，可能导致领导者与追随者之间的关系变得紧张。

与权力需求一样，每个人管理他人的意愿也存在很大差异。迈纳（Miner）描述了**管理动机**（motivation to manage）的六项组成要素[42]：

- 与权威人士保持良好关系；
- 期望获得认可和晋升；

- 为人积极主动、果敢自信；
- 期望对下属施加影响；
- 与追随者有明显差异；
- 愿意完成日常管理任务。

和麦克利兰一样，迈纳也使用投射测试来测评个人的管理动机。**迈纳的填句量表**（Miner's sentence completion scale，MSCS）包括一组包含上述六项的不完整句子（例如，“我与老板的关系……”）。实验要求被试将这些句子填写完整，然后评估者根据预定的标准给句子打分。研究者发现，MSCS 的综合成绩（但不是各项构成的分值）总是可以预测在层级制组织或官僚机构中的领导成功。[43] 由此看来，那些对权威人员存有敬畏之心、渴望得到认可、行事果敢自信、积极影响其下属、在他们自己与追随者之间保持“心理距离”、乐于承担日常管理任务的人，更有可能在官僚型组织中获得成功。但迈纳也提出，在结构扁平的非官僚型组织中需要不同的素质，而他对 MSCS 的评述也支持这一观点。[44]

关于权力需求和管理动机的研究发现，带给领导实践者几点启示。第一，并非每个人都希望成为领导者。原因之一是有些人的权力需求或管理动机相对较低。因为这些测评分值相对稳定、很难改变，对目前职位不满的领导者可能愿意谋求管理监督责任较少的职位。

第二，高权力需求或高管理动机并不能确保领导成功。情境在很大程度上决定了权力需求或管理动机与领导成功的相关关系。例如，麦克利兰和鲍亚兹发现，权力需求仅与非技术部门经理的领导成功相关[45]；而且，迈纳发现，只有在层级制或官僚型组织中，管理动机才与领导成功相关[46]。

第三，为了获得长期成功，领导者可能既要有高社会化权力需求，又要有高活动抑制力。从长期来看，冲动地行使权力来满足一己私欲的领导者极可能是无效的。最后一点也很重要：各个追随者（也包括领导者）在权力需求、活动抑制和管理动机上存在很大差异。某些追随者可能有更强的需求或动机。领导者面对这类追随者时的行为表现，应当区别于他对待权力需求或管理动机较低的追随者的方式。

近期的三项研究为本节的权力与个人动机提供了合适的结束语，也有助于我们转向下一个论题。玛吉和加林斯基（Magee，Galinsky）不仅提供了对层级制组织中权力性质的全面综述，也指出获取和运用权力会导致个体心理过程的转变，个体会更明显地追求权力增长。[47] 这不是人们首次观察到这一现象（想想阿克顿勋爵关于权力与腐败的论断）。权力实际上改变了个人心理过程，以此来解释这种现象无疑很有吸引力。

但仅仅拥有权力，无论这源于情境还是个人转变，都不足以确保成功。特雷德韦（Treadway）及其同事的研究显示，尽管以往的工作绩效可以增加个人声望，并有效增进个人权力，但这种权力增长不一定会转化为个人的影响力。[48] 很多人因为缺乏政治技巧而未能增进个人影响力。影响力的应用将在下一节中论述。

最后，凯瑞珂（Karriker）及其同事在一项针对群体和团队的研究中发现，分布式领导或共享领导与团队总体绩效之间存在正相关关系（群体与团队将在本书随后谈及）。[49] 正如这项研究的题目所示，当涉及权力问题时，最好的做法是大家一起分享。

影响策略

权力是一个人影响他人的能力或潜力，影响策略则是行动者为改变作用对象的态度、看法或行为所做的实际行为。基普尼斯（Kipnis）及其合作者的早期研究探讨了个人为影响他人而采取的影响策略类型。[50] 研究者开发了多种工具来研究影响策略，其中最被看好的是**影响行为问卷**（influence behavior questionnaire，IBQ）。[51] 下面，我们将详尽讨论用IBQ评估的各种不同影响策略。

影响策略的种类

> 领导者就像牧羊人。他留在羊群后面，让最机灵的羊领头，其他羊紧随其后，却全然没意识到自己受到的指引来自后方。
>
> ——纳尔逊·曼德拉（Nelson Mandela），南非前总统，1994—1999年

IBQ被用于评估9大类影响策略，该问卷为我们提供了对影响他人的各类方法的现成综述。当一位行动者运用逻辑论证或事实证据来影响他人时，就产生了**理性劝服**（rational persuasion）。一位政治家的顾问表示在该政治家辖区出现的人口变化，需要他花费比以往更多的时间去拜访选民，就是理性劝服的一个例证。当行动者提出要求或建议以便唤起目标人群的热情或情绪时，他们就是在使用**鼓舞式诉求**（inspirational appeal）。一位牧师对他的教会成员做出热情洋溢的演说，说明他建议的教堂扩建项目能带来多少善举，就是鼓舞式诉求的例证。若行动者邀请目标人群一同参与某项活动的计划，就出现了**磋商**（consultation）。当牧师组织教会成员建立一个委员会，帮助进行该教堂扩建设施的规划和使用时，就是磋商的例证。在这个例子中，磋商不仅有助于提出更好的建造计划，也能加强成员对建造新设施这一观点的认同感。当行动者在提出要求前先设法使你心情愉快，就是**逢迎**（ingratiation）。大家熟悉的一个例子是，在你决定购买某种产品前，销售人员会表现得很和善，还不时开个玩笑。当行动者要求他人出于友谊而提供帮助时，他就在使用**个人化诉求**（personal appeal）。用“比尔，我们俩认识很长时间了，我以前从没要求过你什么”这句话开头，就是个人化诉求策略的开始。而通过互相交换利益来影响目标人物，则被称为**交换**（exchange）。如果两位政治家在对对方提案心存疑虑的情况下，最终都同意投票支持对方中意的法规，这一做法就是交换。**联盟策略**（coalition tactic）与磋商的不同之处在于，前者是在行动者寻求第三方的帮助或支持来影响目标人物的情况下使用。比如，某位酗酒者生活中的几个关键人物（即配偶、孩子、雇主、邻居）一致同意，共同面对他在各方面的问题，这就是联盟策略的明显例证。运用威胁或持续警示来影响目标人物，被称为**施压策略**（pressure tactic）。法官给一位已定罪的犯人缓刑，同时提示缓刑不过是一把“高悬于头顶的利剑”，一旦他再次触犯法律，这把利剑就将落下，这一做法就是在运用施压策略。最后，**合法化策略**（legitimizing tactic）是指行动者基于自己拥有的职位或权威提出要求。校长可能请某位老师加入学校的课程委员会，这位老师虽

不情愿但仍接受了该邀请，是因为校长有权指定任意一名教师承担该项工作。当然，实际使用的策略总是上述各种方法的综合。例如，在鼓舞式诉求的有效策略中完全不包含理性成分，几乎是不可能的。

影响策略和权力

正如本章一直提示的，行动者和目标人群之间的相对权力分布与其使用的影响策略类型间存在强相关关系。由于高感召性权力的领导者与其追随者之间形成了亲密关系，他们更有能力运用广泛的影响策略来改变追随者的态度和行为。例如，具备较高的感召性权力的领导者可以使用鼓舞式诉求、磋商、逢迎、个人化诉求、交换甚至联盟策略，增加特定追随者花在工作相关活动上的时间。但请注意，高感召性权力的领导者通常不使用合法化策略或施压策略来影响追随者，这是因为胁迫下属会使领导者面临失去感召性权力的风险。仅有强制性权力或法定性权力的领导者只能使用联盟策略、合法化策略或施压策略来影响追随者。事实上，影响策略可能非常有效，恰尔迪尼（Cialdini）称其为“有影响力的武器”。[52]

其他因素也会改变影响策略的选择。[53] 当影响者居于控制地位、预见到会遭到抵制，或者他人的行为违反了重要规范时，他们往往会运用强硬策略（合法化策略或施压策略）。当影响者处于相对弱势（见专栏 4-6 中美式橄榄球与柔道对比的例子，将劣势转化为个人优势）、预见到会遭到抵制或成功的影响对个人有利时，他们往往会运用温和策略（如逢迎）。当双方的权力分配相对平等、不太会遭到抵制或组织和个人将共同受益时，人们往往会运用理性策略（即交换和理性诉求）。研究还表明，基于事实、逻辑分析的各种影响策略是中层管理者影响同级管理者 [54] 和高层管理者 [55] 最常用的方法。为成功影响上级，还应事先做好充分准备、寻求他人的支持（即联盟策略），并坚持综合使用多种方法。[56]

❖ 专栏 4-6

权力与影响力（或者，美式橄榄球与柔道）

虽然伟大的领导者能有效运用权力与影响力（见专栏 4-9，这可能是有效使用二者的典型范例），但将这二者作为两个极端来比较也很有启发。至少对本书的一位作者来说，美式橄榄球和柔道是很好的例证。

美式橄榄球是一个权力的游戏。当然，影响力也经常在其中发挥作用，而且通常很有效。但总体而言，美式橄榄球是一项关于体魄、力量和速度的竞技。如果将上述三要素综合起来用一个词描述，我会说是“强力”。如果你身边曾经有美式橄榄球队员，你就会发现这一点。他们是一群孔武有力的男人。我姐夫多年前是职业美式橄榄球队员。他在大学球队中打进攻端，但成为职业球员后，他的角色变成后防线的防守队员。我还记得我在大学时，觉得他是我见过的人中块头最大的；如果他和其他体型正常、非美式橄榄球队员的人同处一室，你会一下子发现他的与众不同。正因为如此，当我第一次观看他参加的职业赛时，我本以为可以立刻在赛场上找到他。但赛场上都是很强壮的职业球员，除非找到他球衣上的编号，否则别想找到他。

强力在美式橄榄球比赛中的重要性，在我的教练经常重复的一句话中体现得很明显："一个优秀的大个子，永远好过一个优秀的小个子。"

将美式橄榄球与柔道（或者它的近亲——柔术）做个比较（关于柔术，请看罗伯特·恰尔迪尼（Robert Cialdini）的书《影响力：科学与实践》（*Influence: Science and Practice*），其中详尽说明了如何将柔术当作"武器"）。我的经历也为此提供了例证。我在高中时曾加入美式橄榄球队，个头不高、表现平平，我将这一切归结为自己不够强壮有力（体型、力量和速度）。但我后来改变了想法。越战期间，我被选中加入一个秘密行动小组，学习了一系列预备课程，其中有柔道课。我至今仍清楚记得第一天进入柔道馆的场景，当时我们身穿不合身的柔道服呆立在那儿。我有种感觉，我们中大多数人当时想的都是同一件事：彼此打量，最好避开班里最壮的家伙。在大家寻找最强壮的同学时，一个温和的小个子男人靠墙坐着，没人认为他有威胁，我甚至觉得他有点儿可怜。他看上去比其他所有人都怯懦，甚至不肯直视他人。他显然是整个房间中个子最小、最无力的人，只是安静地坐在那儿，随手翻着手上的本子。

当约定时间快到时，我们都看向门口，教练随时可能从那扇门走进来。我们甚至都没注意到，不知何时，那个小个子放下了手里的本子，靠墙站了起来。然后，他开口说话了，说自己名叫陈子良，将担任我们的柔道教练。真的吗？这位就是我们的教练？我可以肯定，他一定会被几个大个头同学打坏的。但我向你保证，上课后这个念头就会消失得无影无踪。

在柔道中，你可以利用对手的力量来对付他。事实上，"柔道"一词的含义就是"柔和的方式"，这在一定程度上与美式橄榄球的"强力"相反。按我们的柔道教练陈子良的说法，柔道的创始人嘉纳治五郎（Jigoro Kano）曾说过，"与强有力的对手对抗，会导致你的失利；但适应、闪避对手的进攻，会使他失去平衡，削弱他的力量，这样你就能击败他。这适用于力量对比不利的情况，弱势的人也能击败强大得多的对手"。我相信，对这一说法的另一种表述，是"个子越大，摔得越狠"。

我们很快发现，越是与教练的力量对抗，就越快发现自己躺在地上，看着这个小个子男人俯视我们。这就是权力与影响力的性质。权力可以用强力推动，而影响力则可能是"润物细无声"的。

资料来源：R. B. Cialdini, *Influence: Science and Practice*, 5th ed. (Boston: Pearson Education, 2009).

关于影响策略的使用者及使用时机的研究，为我们提供了了解影响过程的有趣见解。个人选择的影响策略显然取决于很多因素，包括期望得到的结果及与目标对象的权力对比。尽管"人们选择的影响策略是本人与他人之间权力关系的函数"这一提法不足为奇，但令人吃惊的是，在不同的社会领域中（商界的高管、父母与儿童、家庭中的配偶关系），这一说法居然都适用。无论何时，只要人们具备权力与影响力的优势，当其他策略无法奏效时，他们将主要诉诸强硬策略。[57] 正如银行大盗威利·萨顿（Willie Sutton）曾说的，“友善的话语加一支枪，你得到的远比友善多多了”。很显然，银行经理们也熟知这一点。在处理下属绩效不佳的问题上，当这些经理拥有更大的处罚权时，他们的满意度会提高。[58] 专栏 4-7 提供了一些思考，涉及男性和女性管理者在“向上管理”（managing upward）时可能使用的不同影响技术。

❖ 专栏 4-7

向上管理的性别差异：男性管理者和女性管理者如何达到目的

《财富》100 强公司中的男性与女性管理者，接受了关于如何向上施加影响（影响自己的上司）的访谈，并完成了相关调查问卷。调查结果总体上支持一个观点，即女性管理者的影响方式更关注他人，而男性管理者的影响方式则更关注自我。女性管理者更有可能时刻牢记公司利益，考虑他人对其影响方式的感受，让他人参与计划，并高度关注任务和情境中的人际方面。相反，男性管理者更有可能从个人利益出发来行动，较少考虑他人对其影响方式的感受，单枪匹马地开发战略，并主要关注任务本身。

该项研究最惊人的发现是，与人们的预测不同，女性管理者在其影响活动中比男性管理者更难做出妥协让步或协商。事实上，女性管理者更有可能坚持去说服上级，甚至可能不惜公然对抗。这一发现看似与上面的观点不符，即女性管理者的影响风格更关注与他人的联系。然而，它似乎与女性管理者重视个人参与的做法一致。大概是因为女性管理者表现出对公司具有更高的归属感，而且她们已经与组织中的其他人进行了更多接触，知道自己获得了他人支持，所以她们坚信自己在做“正确的事”。

尽管男性与女性管理者强调不同的影响技巧，需要注意的是，这两个群体的有效性并没有表现出明显的组间差异。但是，使用不同的影响技巧可能对管理者的职业晋升有重大影响。随着组织中管理层级的提升，人们越来越多地用是否与组织规范和价值观相匹配来定义“有效性”。与上司风格高度匹配的管理者，在评估和晋升决策中可能会略胜一筹。考虑到多数企业中高管阶层男女比例严重失调，这可能是女性职业提升中的一项重要阻碍。

资料来源：K. E. Lauterbach and B. J. Weiner, “Dynamics of Upward Influence: How Male and Female Managers Get Their Way,” *The Leadership Quarterly* 7, no. 1 (1996), pp. 87–107.

> 所有干预他人、指责他人、违背他人意愿将其塑造成与自己同一模式的做法，所有的思想控制和调节，都是对人之为人及其最终价值的否定。
>
> ——小 A. A. 伯利（A. A. Berle Jr.），商业作家

尽管强硬策略也许很有效，但过度依赖这种做法可能改变我们看待他人的方式。这一点在一项实验中体现出来：领导者对下属运用了各种不同类型的权威，随后研究者评估了领导者对下属

的感知和评价。[59] 在这项实验中，数百名商学院学生充当模型汽车组装小组的管理者。有些学生被告知以独裁方式行事，对小组的工作进行全面控制；另一些学生则被告知以民主方式领导，小组成员全面参与有关工作决策。正如研究者预期的，独裁型领导者较多运用强硬策略，民主型领导者则更多以理性方式影响下属。更有趣的发现是，尽管这两类领导者的下属工作成果都相当优秀，但两类领导者对下属的评价却存在很大差异。独裁型领导者认定其下属的激励水平不高、技能不熟练、不应获得提升。很显然，运用强硬策略来控制他人行为的上司往往不会把最终的良好绩效归功于下属。有讽刺意味的是，运用强硬策略带来对他人的负面归因，进而又会证实最初运用强硬策略的合理性。

最后，我们还应该记住，使用影响策略可以被视为一种社交技巧。选择运用合适的策略并不总能确保取得良好结果；这一行为需要得到有技巧的执行。我们并不鼓励以狡猾或操控的态度对待他人（虽然在专栏 4-8 中，人们的确是这样做的；在第 5 章中会做进一步讨论），只是想说明一个事实，即笨拙的影响方式常常被视为言不由衷的虚伪，并会造成不利的后果。专栏 4-9 给出了一位政治领导者的观点，他能恰当使用权力，但无疑他更是一位有效运用影响力的大师。

❖ 专栏 4-8

影响力冲击与大骗局

“骗局”，或者欺诈本身并不新鲜，但有些人的确认为，伯尼·麦道夫（Bernie Madoff）之流将骗术提升到了一个前所未有的新高度。“诈欺者”（confidence man）一词是 1849 年纽约报界首次提出的，用于报道对威廉·汤普森（William Thompson）的审判。多年以后，有一点仍然不变：骗局不是关于暴力、权力的行为，而是对影响力的不当使用。骗局是对他人信任的恶意操纵。

艾米·瑞丁（Amy Reading）的书围绕美国历史上最大的一次诈骗事件，详细讲述了一个大骗局的故事。瑞丁谈到为了赢得欺诈对象的信任而进行的骗局准备、相关场景，好像这是一出戏剧。她描述的一个欺诈目标是小弗兰克·诺佛利特（J. Frank Norfleet）。按诺佛利特的说法，自己是个非常正直的人。他会说，“我不喝酒，不嚼烟草，不吸烟，不说脏话，也不说谎”。他信任别人，这使他卷入了大骗局。

尽管我们不想过度美化诈欺者（或者骗子），但他们对心理影响力的应用真是令人叹为观止，很有教益。其中最明显的可能就是三个心理陷阱中的前两个。

作为第一次心理陷阱的前奏，诺佛利特大方地拒绝了 100 美元的酬金，这是为了答谢他把在旅馆大堂捡到的钱包还给了失主（当然，是骗子有意放在那儿的）。接着，骗子表示，他们必须去完成一项商业交易，这次交易的性质类似于今天的“内幕交易”。由于诺佛利特已经拒绝了酬金，他是否介意失主拿出同样数额的金钱，和“自己的钱一起投资于这项交易”？20 分钟后，骗子回来了，他们骄傲地向诺佛利特支付了 800 美元的回报，这就是他婉拒的

100 美元酬金的投资收益。

谈到使人信服，可能没有比骗局中的第二次心理陷阱更恰当的例子。这也体现了街头犯罪（由权力推动）与诈骗（由影响力推动）的最明显差异。

大骗局的成功，不是因为它迫使欺诈对象双手奉上自己的财物。它的成功在于影响欺诈对象，让他们相信自己不仅在做对自己有利的事，也在帮助他人。对如何推进这种戏码感兴趣的人（无论将其视为一场戏剧，还是一场骗局），都会发现瑞丁的书很有启发。

资料来源：A. Reading, *The Mark Inside: A Perfect Swindle, a Cunning Revenge, and a Small History of the Big Con* (New York: Alfred A. Knopf, 2012).

❖ 专栏 4-9

纳尔逊·曼德拉：政治影响力的大师

《成事在人》（*Invictus*）是一首广为流传的诗歌，这首诗在曼德拉长达 27 年的反种族隔离斗争及牢狱生活中，一直激励着他。2009 年，克林特·伊斯特伍德（Clint Eastwood）拍摄了同名电影，带我们回顾了 1994 年曼德拉总统大选到次年南非世界杯的历程。这首诗也成了曼德拉（摩根·弗里曼饰）用于激励南非跳羚橄榄球队队长弗朗索瓦·皮纳尔（马特·达蒙饰）的最重要礼物。

成事在人

威廉·欧内斯特·亨利

（William Ernest Henley）

透过覆盖我的夜色，
我看见黑暗层层叠叠。
感谢上帝赐予我，
不可征服的灵魂。
就算被地狱紧紧拽住，
我，不会畏惧，也绝不叫屈。
遭受命运的重重打击，
我满头鲜血，却头颅昂起。
在愤怒和悲伤的天地之外，
耸立的不只是恐怖的影子，
还有，面对未来的威胁，
你会发现，我无所畏惧。
无论命运之门多么狭窄，
也无论承受怎样的惩罚。
我，是我命运的主宰。
我，是我灵魂的统帅。

在南非，橄榄球不只是一项体育运动，它也代表了种族歧视。曼德拉赢得了总统大选，成为非洲国民议会（ANC）的第一位黑人总统。这一职位带给他权力，但曼德拉知道，他在政治上的胜利脆弱得不堪一击。虽然 ANC 在议会中占多数席位，但南非的经济力量仍掌控在白人手中。并且，正是这个国家历史上白人主导的种族隔离政策，使南非的国家橄榄球队被排除在国际赛事之外。

曼德拉拒绝了 ANC 中支持者的建议，决定保留“跳羚”这一名字，同时保留它受人喜爱的绿黄相间的球衣。曼德拉认识到，这是数十年压迫给黑人留下的遗产，但他也知道，南非的白人极端分子仍然存在威胁。他们一直抵制由黑人主导的政府，认为这会将整个国家拖入混乱和暴力冲突。权力无法发挥作用，但影响力可以。

这部电影改编自约翰·卡林（John Carlin）所著的《与敌人战斗：纳尔逊·曼德拉和一场改变国家的比赛》（*Playing the Enemy: Nelson Mandela and the Game that Made a Nation*）一书。影片向我们展示了曼德拉如何运用其戏剧化的能力，影响正在无望挣扎的橄榄球队。他带球队去参观罗宾岛，在那里被囚禁了 17 年；在队长皮纳尔和队员想象曼德拉及其狱友的斗争时，曼德拉向他们吟诵了《成事在人》。这个弱势的球队最终振作起来，赢得了 1995 年南非世界杯。但正如阿琳·盖茨（Arlene Getz）指出的，“南非很幸运，曼德拉选择了和解而非报复”。同时，南非很幸运，能够拥有曼德拉这样一位影响力大师。

资料来源：J. Carlin, *Playing the Enemy: Nelson Mandela and the Game that Made a Nation*, (New York: Penguin Press, 2008); and A. Getz,“The Real Story of ‘Invictus’,”*Newsweek*, December 9, 2009, www.newsweek.com/2009/12/09/sports-politics-and-mandela.html.

对影响策略的结论性思考

基于上面的讨论，可以得出一项启示：领导者需要意识到所有备选的影响策略及其可能的效果。了解这些效果有助于领导者更好地决定如何影响他人。领导者也有必要仔细思考自己为什么相信某一特殊影响策略可能有效。研究表明，某些因素会使特定影响策略更容易产生成功的结果。具体来说，关于某项行动能否提高员工自尊、士气的考虑，常常与成功的影响策略相关。另外，仅仅因为某项影响策略符合公司政策或有助于下属认清自己的从属地位而被选择，则是造成失败的主因。[60] 简而言之，这些结果表明，领导者不仅应注意他们使用的实际影响策略，即如何影响他人，还应关注他们为何相信需要用到这些方法。我们可能会得出一个明显结论：致力于增进他人的影响努力比只想羞辱他人，更有可能带来积极的成果。

扫码获取本章案例、参考文献等内容

第 5 章 价值观、伦理与个人品格

在第 4 章中，我们探讨了权力的多个层面及其在领导过程中的应用。领导者可以将权力用于高尚或低劣的目的，领导者的个人价值观和道德准则也是决定其如何运用各种权力来源的最重要因素。过去 10 年间大量政治、经济领导者，甚至是宗教领袖陷于丑闻中，动摇了社会公众对领导者和各类机构的信任，因此，有必要对领导力的这一领域进行更细致的探讨。即使只考虑经济视角，2010 年美国注册舞弊审查师协会（Association of Certified Fraud Examiners）估计，全球因欺诈活动导致的年度经济损失高达 29 亿美元。[1] 面对存在的腐化堕落的状况，有越来越多的学术及流行书籍关注和探讨伦理型领导的问题。[2]

领导与“做正确的事”

在第 1 章中，我们曾指出，领导者与管理者的区别在于：领导者做正确的事，而管理者正确地做事。但“做正确的事”是指什么？它是指做道德上正确的事？伦理方面正确的事？使公司获得成功的正确的事？还是，由谁来决定正确的事到底是什么？

领导者的困境在于，必须在相互竞争的价值观体系和重要性排序中做出选择。最优秀的领导者能认识并直面这些问题，他们坚持做正确的事，而不是只看是否有利可图。当然，“做正确的事”这种说法看似简单，其实不然。有时，甚至在正确行动显而易见时，也需要极大的道德勇气来做正确的事。也有些时候，领导者面对的复杂伦理问题没有简单、好坏分明的答案。无论哪种情况，领导者都为其他人做出了道德示范，不管他是好榜样还是坏榜样，他都是整个群体或组织的模仿对象。不尊重事实的领导者无法激发他人对事实的尊重。只关心向上爬的领导者也无法激发他人的无私精神。领导者应当发自内心地坚持一套强有力的**伦理**（ethics），即关于正确行为的原则或道德价值观体系。

> 领导不能仅仅沿袭过去，让大家高兴……领导必须面对当下的道德挑战。
>
> ——杰西·杰克逊（Jesse Jackson），美国人权活动家

加德纳（Gardner）和伯恩斯（Burns）都强调道德在领导过程中的中心地位和重要性。[3, 4] 加德纳表示，对领导者的判断最终都必须依据价值框架来进行，而不能仅考虑其有效性。他将领导者与追随者或选民的关系提到了道德高度，他（以哲学家伊曼努尔·康德为据）论证说，领导者应当将如何对待他人看成目的本身，而不是将其看成客体或达成目的的手段（但这不是说领导者必须待人举止文雅、行为风格民主化）。伯恩斯关于领导道德的观点更加极端，他坚信行为上不符合伦理道德的领导者没有体现出真正的领导力。

不论“真正的领导力”意味着什么，大多数人会同意，至少其中一个特征是领导者与其追随者之间的高度信任。本尼斯和戈德史密斯（Bennis，Goldsmith）指出了产生信任的四种领导素质：愿景、共情、始终如一和正直。[5] 首先，我们倾向于信任提出强烈愿景的领导者：他们基于共同的信念、组织目标和归属感将人们凝聚到一起。其次，我们倾向于信任表现出共情的领导者，他们对世界的理解与我们看待和感受世界的方式一样。再次，我们信任那些始终如一的领导者。这并不意味着我们只信任那些不曾改变过个人立场的领导者，而是指领导者的变化只是其正常发展过程的一部分（因为新证据而有所调整）。最后，我们倾向于信任正直的、通过行为展示其坚守着更高原则的领导者。

另一项影响领导者与追随者间信任度的重要因素，涉及人们做出的基本人性假设。数十年前，道格拉斯·麦格雷戈（Douglas McGregor）根据管理行为中隐含的对人性的态度，解释了不同的管理行为风格。他的成果直到今天仍有巨大影响。[6] 麦格雷戈提出了两种对立的人性假设，即 **X 理论**（theory X）和 **Y 理论**（theory Y）。

简单来说，X 理论反映了对他人较为悲观的观点。持这一看法的管理者严重依赖强制性的外部控制手段，如工资、员工纪律、惩罚和威胁来推动员工。他们假定，人不是天生勤奋的，也没有动力工作。因此，管理者的工作就是尽可能减少员工天性的懒惰和不负责任带来的有害影响，具体做法是密切监视员工工作，并提供外部奖励引导其好好干、使用外部惩戒避免其偷懒。与之相反，Y 理论体现的是另一种观点，即大多数人会从工作中获得内在激励。他们需要的不是被劝诱或强制来好好工作，他们重视成就感、个人成长、对组织贡献的自豪感、因高质量完成工作而赢得尊重。电影《指环王》三部曲的导演彼得·杰克逊（Peter Jackson）在领导过程中很明显奉行与 Y 理论一致的人性假设。当被问及“你如何与电影公司的高管人员相抗衡”时，彼得·杰克逊的回答是，“噢，我就是觉得大部分人都很欣赏诚实。我发现，如果你试着别装模作样，说实话，和他们交谈，把他们视为合作伙伴，你会觉得电影公司的人通常都很支持自己”。

但坚持 X 理论或 Y 理论的观点是否有实际益处？答案显然是肯定的。有证据表明，成功更多地青睐那些对人性持积极看法的领导者。霍尔和唐奈（Hall，Donnell）报告了五个独立研究的结论，这些研究共涉及 12 000 位管理者，探讨了管理成就和对下属态度之间的关系。[7] 总体来看，他们发现强烈赞同 X 理论的领导者极有可能管理成就较低。

当然，令人为难的是赞同 X 理论和 Y 理论的领导者都认为自己的信念是对的，自己做的是正确的事。这就产生了一个问题，人们通常所说的“正确”指的是什么，这进而提出了关于伦理、道德推理、价值观及其如何影响个人行为的一系列问题。

价值观

价值观（value）是“阐述被个人视为重要的一般行为或状态的概念”[8]。当帕特里克·亨利（Patrick Henry）说“不自由，毋宁死”时，表达的是他赋予政治自由的价值。持续研究和学习的机会可能就是使一个人在学术界谋职的基本价值观或“状态”。一个看重个人诚信的人可能被迫离开一家不道德的公司。对大多数人来说，人们通过社会化过程习得价值观并将之内化，构成了自我的一个有机部分。[9] 由此看来，价值观处于个人的整体心理构成的核心，并在多种情境下影响个人行为。在工作环境下，价值观能影响个人是否加入某一组织、对组织的归属感、与同事的关系、离开某一组织中的决策。[10] 领导者需要认识到同一工作单元中的个体可能拥有完全不同的价值观，特别是由于价值观无法被直接观察。我们只能通过个人行为来推断其价值观。个人行为与价值观保持一致为何重要，专栏 5-1 给出了有趣的观点。

❖ 专栏 5-1

“因恶小而为之”的风险

你觉得哪一点更容易做到？是在 100% 的时间坚持你的价值观，还是在 98% 的时间按价值观行事？这是克莱顿·克里斯坦森（Clayton Christensen）教授（商业创新专家）在哈佛大学的一次期末讲座上向学生提出的问题。学生想知道他在课堂中教授的商业原则是否以及如何被应用于自己的个人生活。

克里斯坦森在讲座中分享的一次个人经历，是他在牛津大学棒球队时发生的故事。那是个很棒的球队，这也是球队比赛成绩相当好的一季。他们想进入全国大学生体育协会（NACC）这一级别的赛事，也打进了四强。但当克里斯坦森看到赛程安排时，他相当懊恼：他们的冠军赛将在周日进行。克里斯坦森告诉他的学生，由于虔诚的宗教信仰，他承诺永远不在周日比赛。当时，他的教练和队友都觉得不可思议；毕竟，这件事是个意外，“仅此一次，下不为例”。这有什么关系呢？克里斯坦森坚守了他的原则，最终没有参加冠军赛。

他对哈佛学生表述的要点是，100% 地坚持你当时的价值观要比只奉行 98% 更容易，即使这种说法看上去不合情理。在某些情况下做出让步，“仅此一次，下不为例”的诱惑很大，“你需要明确你所坚持的是什么，然后清楚划出行为的安全界限”。

资料来源：C. M. Christensen, “How Will You Measure Your Life? Don’t Reserve Your Best Business Thinking for Your Career,” *Harvard Business Review*, July/August 2010: 46–51.

表 5-1 中列出了组织成员认为重要的部分价值观。其中，**工具价值观**（instrumental value）是指行为模式，而**终极价值观**（terminal value）是指期望存在的最终状态。[11] 例如，有些人把平等、自由和舒适的生活看得比什么都重要；其他人则相信家庭安全和救赎是重要目标。说到工具价值观，这些人可能认为总是雄心勃勃、以能干和正直的方式做事很重要，而其他人则认为只有雄心

勃勃和能干是重要的。值得注意的是，不同的人有不同的价值观，这些不同的价值观有时还会导致个体间迥异的行为方式。例如，个人决定是否与他人（如上司）分享有关组织的可能具有建设性的不同意见。此人是否会大声说出个人观点，部分取决于他的价值观。如果此人认为“责任意识”比“职业成功”更重要，他就更有可能明确表达不同意见。[12]

表 5-1 价值观重要性排序上的个体差异

终极价值观	工具价值观	终极价值观	工具价值观
令人兴奋的生活	勇敢	内在和谐	富于想象
成就感	助人为乐	社会认可	有逻辑性
家庭安全	正直	友谊	尽职尽责

资料来源：Adapted from M. Rokeach, *The Nature of Human Values* (New York: Free Press, 1973).

多位研究者表示，一些影响时代的重要力量（如重大历史事件和发展趋势、技术变革及经济发展状况）会使在同一时期长大的人形成共同的价值体系，并有别于其他时代的人。[13, 14, 15] 在他们看来，老一代领导者与年轻追随者之间的误解，很大程度上源于他们的基本价值体系是在不同的社会文化条件下形成的。这些分析有助于了解价值观差异如何加剧某些领导者与追随者间互动的紧张状态。

泽姆克（Zemke）是另一位研究代际价值观差异的学者，他也研究这些价值观差异如何影响人们的工作和领导方式。[16] 下面是他提出的四代员工的简述，这些员工在关键发展阶段的独特经历将他们塑造成形。

- 老兵一代（Veterans，1922—1943 年）：老兵一代在大萧条和二战期间达到法定年龄，代表了富有知识和智慧的一代。多年来，虽然他们也会说些“过去的好日子”之类不着调的话，但他们是组织中的一支稳定力量。
- 婴儿潮一代（Baby Boomers，1942—1960 年）：这批二战后出生的婴儿在社会动荡、抗议频仍、试验新生活方式、不断质疑既定价值观的背景下长大成人。如今他们的年龄也大了，不再将自己视为工作场所中的“问题”所在（即使他们经常是）。婴儿潮一代仍然有热情将参与感、个人意志、个人情感和仁爱带到工作场所和办公室中。他们也关注构建一个所有人能公平竞争的场所，但比起典型的 X 一代，他们开的会太多了。随着婴儿潮一代临近退休，与之同时消失的是以雄心、成就导向和组织忠诚为特征的工作价值观。[17]
- X 一代（Gen Xers，1961—1981 年）：X 一代的成长，与水门事件、能源危机、高离婚率、MTV 及公司精简同步，很多人都是“挂钥匙儿童”㊀。这个群体往往技术老练、独立、对体制和层级结构持怀疑态度。他们富有创新精神，衷心欢迎变革。看到自己的父母长时间忠诚地为一家公司工作，最终却落得因公司精简而失去工作的下场，他们不再相信工作保障；对 X 一代，工作保障源于你具备对组织有吸引力的技能。因此，他们往往更关

㊀ “挂钥匙儿童”是指父母外出工作、独自看家的儿童。——译者注

注职业发展（而非忠于特定组织）。事实上，最早见于职业体育界的自由球员概念，也适用于 X 一代，他们留在一家组织中，但如果有更好的工作机会也会换工作。他们带来的一项工作挑战是，虽然不愿接受密切监督，却期望自己对反馈的需要得到满足。与前面两代相比，X 一代对工作 - 生活平衡要求更高，他们工作是为了生活，而非活着是为了工作。

- 千禧一代（Millennials，1982—2005 年）：在这里做出的很多概括都是相当不确定的。然而，总体来讲，千禧一代有一种与生俱来的乐观主义精神，这大概是因为他们的父母都全心全意将孩子养大成人；他们是足球妈妈和少年棒球联盟爸爸的孩子。他们质疑传统的种族和性别划分是否明智，对于生活中充满机会、可能与远在亚洲的互联网笔友随时交流的这代人而言，这是很自然的事。当千禧一代进入职场，他们寻求团队合作、保障及工作生活平衡。[18] 作为“数字原住民”，千禧一代将社交媒体中的分享习惯带入了职场；他们习惯于将自己的行动呈现在大众面前，这也会给职场带来长期影响。[19] 更值得担忧的是，很多大学教授发现千禧一代缺乏驱动力和责任心，哪怕只是漫不经心的工作，也期望得到积极的评价。[20]

部分研究探讨了 X 一代及其价值观对工作中领导过程的影响。从这些研究中得出的一个清楚结论是，X 一代对权威的看法与前面几代人明显不同。“以往的几代人可能至少承认法定职位的权威，这一代人则对那些无法展现个人技术技能的领导者缺乏尊重和兴趣。换句话说，这代人不认为领导过程就是坐在会议室中提出深奥复杂的愿景陈述，而是排除障碍并为员工提供顺利舒心完成工作所需要的一切。”[21]X 一代期望管理者能“赢得美誉”，而非仅仅因为资历被赋予领导职责。这种态度往往被视为对年长者特别是上司的不恭。然而，更准确地说，这种态度其实是一种怀疑，而非不恭。

> 质疑权威，但发问前先举手。
>
> ——鲍勃·陶艾斯（Bob Thaues），漫画家

但我们也不应过分强调代际差异的影响意义，一项 1000 多位美国人参与的科学抽样研究发现，没有证据支持在代际间存在基本价值观的差异。事实上，全球最大的民意调查组织的负责人声称，这是他在 30 年来的民意调查研究中看到的可能最有影响的研究结论。他说，这些结论表明，虽然年轻人与上一代人在品位上存在差异，但他们并没有接受一套与长辈不同的价值观。[22] 考虑到学术研究对代际价值观差异所给予的关注，人们认为，存在价值观代沟的说法，与其说是来自可靠的社会科学研究，不如说是流行文化的产物。[23] 这种看法与近期的一项研究结论相近，该研究发现来自不同世代的管理者在评价不同领导实践的重要性及其本人的精通程度时，其评价方式“惊人地相似”。该项研究指出，管理岗位上的婴儿潮一代、X 一代、千禧一代对组织领导过程的看法，共同点远大于不同点。[24] 领导概览 5-1 谈到了一位领导者如何影响他人的价值观和道德发展的故事。

❖ 领导概览 5-1

弗雷德·罗杰斯

2019年上映的电影《邻里美好的一天》(*A Beautiful Day in the Neighborhood*)同时获得了粉丝和影评人的广泛好评。这部电影是对已故的弗雷德·罗杰斯(Fred Rogers)先生一生的适当评价,他在30多年间一直编导、主持儿童电视剧《罗杰斯先生的邻居》(*Mr. Rogers' Neighborhood*)。他在每集中都对小观众表示,"我喜欢你们现在的样子",这表明他关注的不仅是提供娱乐,更是儿童的情绪与道德发展。

想到罗杰斯是在神学院接受教育,在硕士期间进行儿童发展研究,还是一位长老会牧师,他主持的儿童电视剧关注儿童的情绪和道德发展也就不足为奇了。但他对儿童道德发展的兴趣不仅是学术性的。他对儿童发展需求的坚定信仰使他不停地推动剧集增加对挑战性的社会和道德话题的关注,比如战争、离婚、死亡、种族主义,这种做法在当时的电视圈是独一无二的,更不用说在儿童节目中更是如此。

但他在真实生活中又是什么样的人呢(没有了剧中角色罗杰斯先生的滤镜)?他妻子乔安娜(Joanne)表示,"不要把罗杰斯视为圣人……如果你认为他是个圣人,你会无视他为此付出的巨大努力"。罗杰斯的一位相识数十年的老友对他的描述更像个艺术家:高度自律、专注、完美主义者。虽然人们通常将他视为一位道德典范(这么想是正确的),但他所做的不止于此:他也是一位创造者。

资料来源:J. Laskas, " The Making of Mr. Rogers," *The Week*, December 13, 2019, pp. 40-41.

道德推理与基于个人品格的领导

迄今为止,我们的讨论主要集中于个人价值观的内容,即人们视为重要的东西。与此相关的问题是,一个人在有关对错的问题上如何思考和做出行动,以及道德推理和个人品格的问题。我们先来看看道德推理,然后再关注更宽泛的领导者个人品格问题。有几项研究可以帮助我们厘清这二者的差异,这些研究探讨的是个人认为诚实行事需要耗费更多(或更少)精力的想法会产生何种影响。近期的一项研究表明,人们越是相信诚实会导致精力耗费,就越有可能做出失信行为。[25] 专栏5-2提供了一种理论,说明个人道德推理水平的发展阶段。

❖ 专栏 5-2

科尔伯格的道德发展理论

劳伦斯·科尔伯格(Lawrence Kohlberg)相信,人的道德发展表现为一个连续、不断"提高"的道德推理阶段。与之前的皮亚杰(Piaget)相似,科尔伯格用人们如何应对不同的伦理困境来评估其道德发展水平，比如，一个男人为了救回垂死的妻子去偷一种定价过高的药，在道德上是否正当。对一个人所处的道德推理阶段的判断，取决于此人如何解释自己的答案，而不是特定答案本身。比如，两个人都认为虽然情有可原，但丈夫偷药在道德上仍是不正当的，但这两人对行为不当的原因给出了不同解释。或者，两个人都认为丈夫偷药在道德上是正当的，但行为正当的理由却各不相同。此时的关注重点是推理过程，而不是决策本身。

科尔伯格认为存在六个道德发展阶段，这六个阶段可以分为三大层次：前习俗水平（preconventional level）、习俗水平（conventional level）和后习俗水平（postconventional level）。在前习俗水平，个人对道德行为的评判标准主要是自利，比如避免惩罚或得到奖赏。在习俗水平，道德行为的评判标准主要是赢得他人的赞同，行为遵从社会规范所定义的传统。而在后习俗水平，评判标准主要是基于普遍、抽象的原则，这些原则甚至可能凌驾于特定社会的法律之上。

下面是对科尔伯格提出的道德发展三层次、六阶段的简要说明。

前习俗水平

阶段1："坏"行为是被惩罚的行为。

阶段2："好"行为是受到具体奖励的行为。

习俗水平

阶段3："好"行为是其他人赞同的行为；"坏"行为是其他人不赞同的行为。

阶段4："好"行为与社会制度确立的标准保持一致；违规会带来负罪感和耻辱感。

后习俗水平

阶段5："好"行为与民主参与形成的社会标准保持一致；关注自尊和平等尊重。

阶段6："好"行为与个人良心有关，个人以对道德原则负责的态度做出选择和承诺。

资料来源：Adapted from L. Kohlberg, *The Psychology of Moral Development*, Vol. 2 (San Francisco: Harper & Row, 1984).

在道德推理过程中，价值观发挥了重要的作用，因为人际间的价值观差异往往会导致关于道德或不道德行为的判断差异。此外，个人在青年时期对于如何判断道德上的对错，可能发生基本的重大改变。道德判断发展程度最高的人，是那些"乐于学习，寻找新挑战，喜欢智力启迪的环境，惯于自省，制订计划并设置目标，甘冒风险，从更大的社会历史和制度背景下看待个人存在的意义，并承担起对自己和外部环境的责任的人"。[26]

当然，并非每个人都充分发展了自己的道德判断。例如，研究表明，虽然大多数人相信自己的行为符合伦理，但他们的信念中实际上包含了大量个人偏见，其行为缺乏对道德纯粹性的自我感知。有几种下意识的偏见会影响我们的道德判断，具有讽刺意味的是，一个人越是相信自己是关注伦理行为的管理者，就越有可能受到这些偏见的影响。[27]这可能解释了在企业界及政府机构中，为何有很多组织都推出了实践项目来开发领导者的道德决策能力。[28]

我们理所当然地认为这类项目对发展道德决策的有效性取决于人们对道德决策过程的了解程度，但近期研究显示，道德决策过程中的心理过程远比我们想象得更复杂。可能这也不足为奇，长期以来哲学家一直无法就道德判断的性质达成共识。柏拉图、康德等哲学家相信，成熟的道德判断本质上是理性思维过程，而其他哲学家，如大卫·休谟和亚当·斯密则相信，情绪是道德判断的核心。哈佛大学心理学家乔舒亚·格林（Joshua Greene）发现这两种观点都获得了研究支持。他因此提出了道德判断的**双加工理论**（dual-process theory），他认为，与“好坏”和“责任”有关的道德判断主要由自动情绪反应来完成，而与功效性相关的道德判断主要由理性认知做出。格林的研究方法引人入胜，并且在人们思考类似专栏 5-3 中的问题时使用了大脑成像技术。[29, 30]

❖ 专栏 5-3

研究道德判断：电车难题

电车难题最早由哲学家菲利帕·富特（Philippa Foot）提出，涉及两个不同的困境——“拉杆”困境和“人行天桥”困境。

在“拉杆”困境中，一辆失控的有轨电车快速冲向路上的 5 个人，如果电车不改变方向，这 5 个人就会死于非命。你可以将电车转向另一条轨道，营救这 5 个人的生命。另一条轨道上只有 1 个人，但如果你将电车转向，这个人就会失去生命。拉动电车的拉杆，将其转向另一条轨道，以 1 个人的生命为代价营救 5 个人，在道德上是可以接受的吗？根据格林的研究，大多数人会说“是的”。

在“人行天桥”困境中，电车再次冲向 5 个人。你身边的一个大个子站在人行天桥上，这座天桥横跨电车轨道。如果你将这个人推下天桥，他会跌落并挡在电车必经的轨道上，此举会使你救下另外 5 个人。将这个人推下电车轨道，在道德上是可以接受的吗？根据格林的研究，大多数人会说“不”。

这些研究结果提出了道德哲学家面临的一个难题：为什么在第一种情境下，大多数人会认为牺牲 1 个人、挽救 5 个人的生命是道德的、正确的，但在第二种情境下却是不道德的？格林对这一困局的回答，就是正文中提到的双加工理论。

尽管像电车难题这样的**道德困境**（moral dilemma）具有学术和启智的意义，但这一场景可能与我们的日常生活经验离得太远了。更常见但同样富有挑战性的**伦理困境**（ethical dilemma），是在两件“正确的事”之间做出选择。罗什沃斯·基德（Rushworth Kidder）指出了我们经常面对的四种伦理困境，可以作为（道德判断时的）模型或范式。[31]

- **真相与忠诚**（truth versus loyalty）。比如，如实回答某个问题，可能损害你对他人明确或默示的保密承诺。
- **个人与社会群体**（individual versus community）。比如，你是否应该保守关于某人疾病状况的秘密，而这一疾病可能给更广泛的公众带来威胁。

- **短期与长期**（short term versus long term）。比如，父母是选择现在花时间和孩子相处，还是投入更多时间在事业上。后者从长期来看，会给家庭带来更大的收益。
- **公正与仁慈**（justice versus mercy）。比如，选择原谅一个人的过失，认为其“情有可原”，还是坚信他应该“从中得到教训”。

基德认为，在解决这些伦理困境时，应遵循以下三项原则：基于终极目标的思考（ends-based thinking）、基于规则的思考（rule-based thinking）、基于关爱的思考（care-based thinking）。

基于终极目标的思考往往是“为了最大多数人的最大利益”。在哲学上，这一原则也被称为功利主义，这一观点的逻辑前提是一项行动的结果能最好地决定该行动正确与否。批评这一观点的人认为，人们几乎无法事先预见个人行为的全部结果，遑论存在更广泛社会影响的政策决策等集体行动的结果。但即使可以知晓其行动结果，这一方法也存在其他问题。例如，如果一项医学研究的成果可以救治成千上万婴儿的性命，牺牲数十名婴儿的性命用于实验，在伦理上就能站得住脚吗？

基于规则的思考符合康德哲学传统，它可以通俗地表达为“遵循最高原则或责任”。这一思考方式不取决于对行动结果的预判，而取决于每个人在所有时间、任何一种情境下都应当坚守的行为标准。用康德的话来说，“我的行为方式只能有一种选择：我的个人原则亦即普适准则”。这一原则看似崇高，实则将个人的所有行为限制在僵化、缺乏个人思考的教条下，全然不考虑决策的具体情境（“如果我让你做这件事，我就得让所有人都做这件事”），这最大限度地降低了个人判断在道德决策中的作用。

基于关爱的思考描述的是世界上多个宗教中公认的黄金法则：“己所不欲，勿施于人。”本质上，这一方法在确定行动的正确性时，使用了可逆性标准。在思考特定行为时，我们站在行为对象（而非行动者）的立场上，并以我们的心理感受为指导来决定最佳行动路径。

需要指出的是，基德并没有提出哪项原则是最佳的道德思考准则。相反，他建议在考虑行动正确性时，分别从这三个原则视角来思考，分别将每个原则应用于个人面对的具体情境并权衡综合分析结果，然后再做出道德决策，才是明智的做法。换句话说，一项原则可能在某一情境下提供明智的指导，但在另一种情境下，适用不同的原则可能更有益。在不同情境中可能存在一些关键但微妙的差异，在选择最终的行动路径之前，应当尝试着使用三种原则来加以评判。

尽管大多数与伦理行为有关的研究和培训项目关注的都是道德推理的基本认知过程，但重要的是要认识到，一个人有能力在特定伦理情境下做出合理的判断，并不表明此人的行为就会符合伦理要求。看看运动员兰斯·阿姆斯壮（Lance Armstrong）的例子，他多年来一直欺骗公众，直到最后才承认长期服用提高成绩的违禁药物来赢得环法自行车赛。

研究指出，有四种偏见能对我们的道德决策产生持续有害的影响。其中之一是**隐性偏见**（implicit prejudice）。尽管大多数人声称自己会根据他人的实际价值来做出判断，但研究表明，隐性偏见往往会影响其判断。隐性偏见的隐蔽性，使人们很难意识到它的存在。比如，当人们被问及是否对因纽特人怀有偏见时，各人的回答往往会考虑到自己对这类态度的自我觉察。有些人明显表现出种族或性别歧视，这种偏见虽然很无礼，但至少他们自己知道这一点。而在隐性偏见的情况下，人们完全不会意识到自己对某些群体的判断存在系统性偏误。

在一组探查无意识偏见的实验研究中，研究者记录下了这一现象。[32] 这些研究要求被试快速将多个词汇或图像分为"好""坏"两组。被试使用键盘，对一闪而过的"爱""愉悦""伤痛"和"悲伤"等词汇进行分组。同时，他们要对一些人像图片进行分拣，这些图像有黑人与白人、年轻人与老年人、肥胖与苗条的人（取决于探讨的偏见类别）。其关键研究成果表明，当被试面对与"好"词相匹配的特定图像（如黑人面孔）时，隐性偏见会使其反应时间发生微妙的变化。那些认为自己对特定族群（如非洲裔美国人或老年人）没有偏见或负面感知的人，在面对与"好"词相关的人像图片时，其反应速度系统性地慢于看到白人或年轻人图片的情况。

另一项影响道德决策的偏见是**内群体偏爱**（in-group favoritism）。我们中大多数人都很容易指出自己对他人的帮助或善意行为，并认为这些行为表明了自己的慷慨友好。但当人们仔细审视一个人慷慨行为（从推荐工作到协助完成项目）的整体模式时，往往会呈现出获得帮助者的清晰模式：多数情况下，他们和我们"很相像"。这似乎不令人意外，但你需要考虑到那些未获得帮助的人：那些和我们"不同的人"。换言之，当我们对"和我们很相像"的工作求职者格外友善，对"和我们不同"但其他条件完全相同的求职者公事公办时，我们对后者实施了实质性的差别对待。[33]

沽名钓誉（overclaiming credit）是在判断个人决策是否道德时的一种自我愚弄方式。我们经常过高评价自己工作的质量、自己对所属群体或团队的贡献。[34] 这一现象屡见于各类研究中，其中最有说服力的一项研究是2007年《商业周刊》杂志针对2000多名高管人员和中层管理者进行的调查。该项调查向受访者询问的一个问题是："在公司中，你的绩效能否排到前10%？"如果人们客观地进行自我评价，可能只有10%的受访者认为自己达到了绩效前10%的水平。但研究结果远非如此。总体来看，90%的受访者认为自己的绩效在前10%之列。[35]

最后，我们的伦理判断受到**利益冲突**（conflict of interest）的负面影响。当然，有时我们能意识到潜在利益冲突的存在，比如你向他人推荐产品并获利的情况（你得到了销售提成，但售出的产品不能满足客户的最大利益）。但即使如此，我们也可能误判自己的能力，低估了利益冲突实际上使我们对情境的感知偏向于对自己有利的影响。[36]

领导概览5-2中谈到了（距2020年）过去75年间备受人们关注和伦理审查的一项领导决策。

❖ 领导概览 5-2

你会为了终结二战投掷原子弹吗

在第1章中，我们谈到了哈里·杜鲁门在接任已逝的罗斯福总统之位后面临的各种挑战。杜鲁门在最初数月面对的最重大决策，是决定为了结束战争，是否向日本投下刚研制成功的原子弹。

迄今距离他下令向广岛投原子弹已有75年之久了，在这75年间，关于是否需要或应该做出这一决策，人们一直没有明确结论。在世界历史上，很少有领导人的决策经历了类似的道德审视。

在时任副总统的杜鲁门继任总统之际，他并没有意识到这一"人类历史上最大胆的工业与科学工程”的存在。它被称为曼哈顿计划，目的是要开发出一种一颗就足以摧毁整座城市的炸弹。而且，当杜鲁门总统通过简报了解到曼哈顿计划时，人们还不确定这种原子弹能否试爆成功。美国最高军事指挥官、参谋长、五星上将莱希（Leahy）相信它不会成功，称整个曼哈顿计划是“我们做过的最大蠢事”。

基于道德的考虑，在一个偏远太平洋小岛试爆成功，向国际人士显示了惊人威力后，甚至一些参与了曼哈顿计划的科学家也表态不应使用这一武器。而且，可能也的确存在其他方法能迫使日本承认战败并投降。

但杜鲁门在二战时的关键盟友、英国时任首相温斯顿·丘吉尔相信，在日本本土作战可能导致150万名英美士兵死亡，这一估计部分源于日本士兵残酷暴行的传闻，也源于日本士兵在必败时仍血战到死的真实报告。这一考量是对盟军在日本本土作战的合理判断。

杜鲁门还记得在总统办公桌上的一块小铭牌上写下的：不推卸责任。因此，投下原子弹的决定由他做出，他为此承担个人责任。如果你是他，你又会如何做出决策？

资料来源：A. J. Baime, *The Accidental President* (Houghton Mifflin Harcourt, 2017).

另一些研究甚至触及了一个更基本的观念，即在理解伦理行为、提高伦理行为的可能性和普遍性上取得的进展，极有可能建立在一种纯粹理性、基于推理的方法之上。[37] 人类在认知、神经科学层面上的信息处理过程，往往涉及无意识的联想与判断过程。在前文中，我们介绍了隐性偏见概念，“隐性”一词本身没有负面含义。在我们的思维活动中，某些给人印象最深、为人类所特有的思维领域，正是隐含默示的活动。比如，有一类研究提出，在做出道德判断时，人们往往会遵循某种类似脚本的东西，而不是基于任何正式理性的道德推理过程。源于个人宗教传统（如“好心的撒马利亚人的故事”）的行为脚本，可能会在不进行明显道德推理的情况下，无意中诱发或引导出伦理行为。[38] 有些研究者更为激进，他们甚至提出，“伦理决策极少源于道德推理”。[39] 虽然这种观点表面上似乎代表了一种对增进伦理行为可能性的悲观看法，但实际情况并没那么糟。这一观点的支持者承认，人们可以建设性地强化伦理决策过程。他们还指出，对这一问题更全面地解答不仅需要改善伦理、道德推理过程，还需要引入一些方法，使人们更清楚地意识到自己分析或构建各种道德情境的方式。

如前所述，仅仅因为我们信奉某些价值观或道德准则，并不能确保在面对与其有关的情境时我们会据此行动。这一点解释了为什么领导力开发项目应该拓展、深化个人对伦理型领导面临的挑战和重要性的认识。一般来说，当人们面对以前从未遇到过的情境时，他们的行为可能与预期有所不同。我们很容易想到，在面对意外的自然灾害或坏人威胁等情境时，我们的行为往往会令自己大吃一惊。但同样真实的是，在面对需要道德决策的情境时，我们也并不总是按自己预想的方式做出道德行为。

社会心理学家莱恩·布朗（Ryan Brown）研究人们能在多大程度上精确预测自己的道德行为，他发现，尽管人们的预测通常与个人价值观保持一致，但实际行为却并非如此。这些实验的总体设计是将被试置于多种情境中，他们可以在其中选择做出完全无私或有点自私的行为。一个典型的情境要求被试在两个字谜游戏中选择一个完成（表面看这是为了完成一个不同目的的实验）：一个是只需花费 10 分钟的短字谜，另一个是需要花费 45 分钟的长字谜。被试没挑中的字谜将留给下一位被试。实验结果表明，有 65% 的被试行为自私，选择了对自己更容易的字谜。可能你会对自己说，“噢，当然……如果得到的评价是一样的，不选容易的字谜简直就是疯了”。很有可能，但只有 35% 的人预测自己会做出自私的选择。看起来，在需要预测自己的行为时，我们会将自己的实际个人价值观考虑在内。但这些研究结果也提供了有力证据，支持个人价值观反映的是我们思考自己应该如何行动，而非我们实际上如何行动。[40]

这些结论应该使我们停下来想想，在面对他人的不道德行为时，我们自信地认为自己在同一情境下的行动会有所不同。这种明显的过度自信似乎源于我们对自身行为的理想化偏见，反讽的是，该偏见使我们在实际面对高难度的道德决策情境时，无法做出最符合伦理的选择。意识到这种偏见的存在，是避开同一陷阱的首要步骤。专栏 5-4 提供了关于这类自我觉察的一些建议。[41]

❖ 专栏 5-4

自测题

工作中行为合乎伦理要求的一个重要基础，是提高对个人的伦理标准和实践的自我意识。国家伦理研究所（National Institute of Ethics）为了促进个人思考，在自我评价中使用以下自测题：

- 我如何在伦理困境中做出决策？
- 我是否已经形成了伦理信念或标准？
- 如果是这样，我在生活中是否遵循了上述信念或标准？
- 我做出令自己羞愧的行为频率如何？
- 我做出令自己自豪的行为频率如何？
- 我是否会承认自己所犯的错误？
- 我做了哪些努力来纠正自己所犯的错误？
- 我是否经常将他人的福祉作为首要考虑因素？
- 我是否遵循黄金定律（己所不欲，勿施于人）？
- 我是否诚实？
- 人们是否对我的正直品格表示尊敬？
- 列出曾经发生在我身上的最好的三件事。
- 我曾做过的最不诚实的事是什么？
- 我是否曾努力改变这一情况？
- 我曾经做过的最诚实的事是什么？

所有领导者都应该定期思考类似问题。

资料来源：N. Trautman, *Integrity Leadership*, Director, National Institute of Ethics, www.ethicsinstitute.com.

道德行为的一个相关领域涉及复杂的精神训练，人们由此可以将道德思考与道德行动区别开来。如前所述，一个人拥有就假想的道德问题进行推理的能力，终究不能保证此人的行为符合道德；并且，一个人的道德行为也并不总是与他赞同的价值观保持一致。班杜拉（Bandura）特别指出，那些拥有坚定道德原则的人在做出恶劣行为时，会采用几种方式缓解自己的愧疚或悔恨感。我们应当仔细审视每种方式，特别是班杜拉的分析在近期得到了一项重要研究的支持，该研究探讨了工作场所的道德背离行为（换句话说，员工为何做坏事）。[42, 43, 44]

道德辩护（moral justification）是指用一个更高层次的目的来重新解释原本不道德的行为。战争中的士兵行为戏剧性地揭示了这一点。关于杀人的道德推想在约克中士那里得到了展示，他是现代战争史上一位杰出的战士。由于他虔诚的宗教信念，约克中士被登记为“拒服兵役的人”，但他的多次申请都被否决了。在军营中，营长引用《圣经》中的章节来劝说他，表示在适当的条件下，战斗和杀人是符合基督精神的。在山边的马拉松式的漫长祈祷最终使他相信，成为一位富于献身精神的战士能使他同时服务于上帝和他的国家。[45]

将一个人的行为与他所赞同的道德原则区别开的另一种方式是**委婉命名**（euphemistic labeling）。这种做法使用“经过美化”的词汇来缓和或掩饰那些与道德相抵触的行为，或令人讨厌的行为对他人的冒犯。例如，恐怖分子可能称自己为“自由战士”，而解雇某人可能被指为“听任其离开”。通过**优势对比**（advantageous comparison），一个人将自己的行为与他人更可憎的行为做对比，以此避免自我轻视的感觉（“如果你认为我们对下属的需要麻木不仁，那你应该看看为 × × 公司工作是怎么回事”）。

通过**责任转移**（displacement of responsibility），人们会将行为责任转嫁给他人，从而违背个人的道德标准。例如，纳粹集中营的卫兵试图逃避他们对自身行为的道德责任，他们声称自己只是执行命令。与此相关的机制是**责任扩散**（diffusion of responsibility），在其他人都以同一方式行事时，这一机制的存在使人们更容易从事并接受那些应受谴责的行为。当每个人都有责任时，也就没人承担责任了。这种将集体行动中的个人道德责任最小化的做法，是群体决策的一个负面效应。通过**漠视**（disregard）或**扭曲结果**（distortion of consequence），人们将其行为带来的危害最小化。这可能是官僚机构的一个问题，在这里，决策者因职位所限无法直接观察到决策的影响后果。**去人性化**（dehumanization）则是逃避个人行为的道德后果的另一种方式。无视他人的人性一面，会使恶劣地对待这些人变得比较容易，这在“非法居留者”或“魔鬼崇拜者”这类称呼中表现得很明显。最后，人们有时也声称自己的不道德行为是由他人行动导致的，以此来说明自身行为的合理性。这被称为**谴责归因**（attribution of blame）。

这些使个人道德责任最小化的方法有多普遍？班杜拉说，如果人们的行为恶劣是源于个人基本品质方面的缺陷，这种做法就不太普遍。确切地说，人们使用这些方法，是想以某种自我保护的方式使个人行为合理化。[46]

有可能，但目前存在明显的领导信心危机[47]，而且即便领导者的个人品格问题不是其行为偏差的根源，学者仍然对个人品格这一概念给予了越来越多的关注。事实上，虽然直到不久前“个人品格”一词还基本受到学术界忽视，但如今它却被认为是“可持续领导绩效的不可或缺部分”[48]，以及“伦理型领导的核心、关键特征”[49]。导致这种变化的一个原因，是长期以来对道德判断的狭隘概念占据了人们的头脑，但它只能解释人们在伦理行为上80%的差异。因此，汉纳和阿沃利奥（Hannah，Avolio）建议，应增加对**“道德效力”**（moral potency）[50]这一概念的关注。他们认为，道德效力包括三个要素：

- **道德所有权**（moral ownership）。个人不仅对自身行为的道德性承担责任，也承诺在个人影响力所及的更大范围内（包括他人、组织），不会听任不道德行为的发生。
- **道德勇气**（moral courage）。个人坚定地直面风险，克服因采取伦理行为而产生的担忧和恐惧。
- **道德效能感**（moral efficacy）。在陷入道德逆境时，相信自己有能力运用多种个人资源、人际关系及其他外部资源来坚持初衷。

里焦及其同事采用互补法研究领导者的个人品格，他们关注的是审慎、节制、百折不挠和公正等德行，这通常被视为伦理型领导者的典型特质。虽然研究者直率地表示，这种方法一定程度上“只是”再次确认了古老智慧的正确性，但他们的确开发出了一套测评量表（领导德行问卷，leadership virtues questionnaire），这有助于未来研究者使用新方法来研究并更深入地理解这些领导品质。[51]

在测评这些难以定量评价的概念时，研究者取得的另一项进展是恺撒和霍根（Kaiser，Hogan）使用多种测量方式对管理者道德水平进行的分析。[52]他们指出，测量管理者道德水平的常见方法，是由同事基于观察到的管理者伦理行为来评分，这一做法可能严重低估了实际的道德问题，因为管理者的不当行为很少败露。他们建议使用另一种方法来测量管理者道德水平，即“可疑声誉法”（dubious reputation approach）。这种方法要求下属（最有可能看到领导者“黑暗面”的人）猜想，管理者有多大可能会做出不符合伦理的行为。这明显不同于需要直接观察到这类行为的方法。

基于个人品格的领导方式

你可以不是个好人，却是个好领导吗？例如，说希特勒虽然大奸大恶，却是个“有效领导者”，这合理吗？从这个意义上说，虽然有些人认为**伦理型领导**（ethical leadership）一词是同义反复的表达，但阿沃利奥及其同事提出了伦理型领导定义中的两个要项：**道德人**（moral person）和**道德型管理者**（moral manager）。[53]道德人被视为一位恪守原则的决策者，他关注他人与更大范围的社会福祉。[54]这类人的行动表明，他们在个人生活和职业工作中都努力做正确的事，具有诚实、公正、公开的特性。此外，伦理型领导者在面对道德压力时，秉持明确的个人道德标准。伦理型领导者不仅是道德人，也是道德型管理者，他们“通过明确表达伦理、价值观信息，有意识地表现出堪为楷模的伦理行为，使伦理道德成为其领导活动的一个显在部分”。[55]近年来，研究界重新燃起了对特定领导方式的研究兴趣，这些领导方式本身就体现了价值观，或者明确强调有效领导力与特定价值观系统间的相互依赖关系。这与数十年前社会科学研究传统中为追求客观公正而有意识地“价值中立”形成了鲜明对照。下面将更详尽说明在这次运动中出现的两种重要领导方式。

诚信领导

诚信领导（authentic leadership）坚持的原则体现在人们熟知的格言“忠于自我”之中。诚信领导者显示了个人价值观、信念及行为间的高度一致性。[56] 诚信领导的根源也可以追溯到心理学人本主义运动的各种表述中，包括马斯洛的自我实现理论（见第 9 章）和卡尔·罗杰斯（Carl Rogers）的“机能完全发挥的人”。[57] 马斯洛和罗杰斯理论的核心观点是，个人可以发展出理解其所在社会环境并与之互动的模式，从而真正独立于他人的期望（包括个人、群体和文化层面），并更多地遵从一般真理和需要的引导。这类人的内在感受与外在行为表现、所说与所做都会高度统一。他们具有现实的自我感知，不受大多数人常见的盲点和自我的错误感知困扰。同时，他们高度认可自我，承认并接受本人及他人的天性。

诚信领导者有很强的道德信念，这些信念对行为的引导更关注“做正确的事”，比如尊重他人、赋予他人尊严，而较少关注避免“做错误的事”。他们清楚自己的基本价值观和在关键问题上的立场。诚信领导者的行事方式取决于其个人信念，而不是为了获取地位、奖励或其他好处。正如阿沃利奥所说，诚信领导者主动、有意识地使个人行动与其内在价值观保持一致。[58] 他指出，这种诚信不是指你“具备或不具备”的某种特性。领导者的诚信是一种你必须持续努力改善的状态。它要求努力发现最好的自己、审视你在领导行为和经营实践中关注的核心价值观，并确认自己的行动与恪守的最高伦理道德原则保持一致。这样一来，诚信领导的实践就表现为采取行动，践行人际关系、社会责任和绩效标准等方面的高水平道德原则的过程。[59]

> 表演中最重要的就是诚实。一旦你学会了伪装诚实，你就入行了。
>
> ——萨缪尔·戈德温（Samuel Goldwyn），早期电影制片人

理解诚信领导的一种方式，是将它与**不诚信领导**（inauthentic leadership）进行对比。如果你想到一位领导者在“扮演某种角色”，或者为了让别人对自己有好印象而针对不同对象做出不同行为，那就是不诚信的。例如，两位侦探在审问犯罪嫌疑人时，分别扮演了“好警察”和“坏警察”的角色，这种做法就是不诚信的（你可能觉得这么做是有道理的，但无论如何，这也是不诚信的）。一位老板在面对员工的错误时，极度夸大自己的愤怒，要“给他一点教训”，也是不诚信的。一位领导者否认看到来自直接下属的负面反馈时受到的情感伤害，可能也是不诚信的。当然，诚信本身不能保证领导的有效性。领导者的个人品格的性质也很重要，而不仅是此人是否“诚信地”展现了真我。

诚信领导研究在过去十年间受到的追捧源于以下信念：①强化自我觉察有助于组织成员找到更多的工作意义和联系；②增进人际关系层面（甚至是领导者与追随者之间）的透明度和开放性，

培养信任和高承诺；③促进组织中更具包容性的结构和实践，将有助于培养更积极正面的道德氛围。[60] 与斯多葛学派中“英雄领导者”必须高大、完美的刻板观念不同，诚信领导者乐于被追随者视为有弱点的领导者（这是构建高度信任的领导者－下属关系的重要部分）。在构建信任关系时，同样重要的是领导者愿意增加透明度，真实表达个人意愿。近期一项重要的诚信领导综述研究发现，“诚信领导理论假设组织中的人可以在表现自己独特人格和风格的同时，进行有效的领导和追随。这一想法令领导研究者和实践者兴奋不已”[61]。

但有些学者仍对学界表现出的对诚信领导的研究热情持有偏见，如专栏 5-5 所示。

❖ 专栏 5-5

谦逊和诚信能让你登顶吗

本章谈到的大部分领导方式都要求 21 世纪的领导者对其他组织成员表现得谦逊和诚信，甚至是类似于仆从。这种观点与唐纳德·特朗普的领导风格形成了鲜明对照，毕竟，特朗普在入主白宫前最著名的一句话就是“你被解雇了”。但特朗普的风格在 21 世纪真的不再流行了吗？

斯坦福大学教授杰弗里·普费弗（Jeffrey Pfeffer）并不这么看。他发现，自我中心型的自恋者比态度谦逊的同事更容易获得晋升。他还表示，工作场所中诚信的价值被过度高估了。事实上，他认为，在工作场所表现诚信几乎是项不可能的任务。“领导者不需要忠实于自我；实际上，他们应该表现出诚信的对立面。”他指出，领导者应该根据情境的需要来行事，有时这需要领导者扮演某种角色，至少是做出某种姿态。比如，如果在作战期间，军事长官向士兵们表示：“我不了解你们的情况，但我自己怕得要命，不知道这次能不能打赢！”这种诚信有什么用呢？

普费弗认为，对领导者更重要的是，了解特定情境需要他做出何种适当行为。“我们每个人都在生活中扮演了多个不同角色，在每个不同角色中做出不同的行动和思考，因此要求完全真实没有意义。”普费弗在书中引用的社会学研究显示，员工态度的改变取决于他们在工作中的具体情境，比如是普通员工还是管理阶层；是否隶属于某一工会。研究也显示，职位性质和工作条件也会影响和改变一个人的个性。

资料来源：J. Pfeffer, *Leadership BS: Fixing Workplaces and Careers One Truth at a Time* (New York: HarperBusiness, 2015).

仆从领导

20 世纪 70 年代以来，**仆从领导**（servant leadership）被用于描述一种不同于官僚型组织中将员工视为机器中的螺丝钉的领导方式。传统领导观念认为，领导者的主要角色是确保事情进展顺利，任务得到执行，目标得以达成。这通常涉及层级制的领导方式。仆从领导则与这一观点截然相反，认为领导者的角色实际上是为他人服务。

仆从领导的现代观点是由罗伯特·格林里夫（Robert Greenleaf）提出和推广的，他在阅读了赫尔曼·黑塞（Herman Hesse）的短篇小说《东方之旅》（*Journey to the East*）后形成了这一观点。[62, 63] 这是个虚构的故事，描述了一群人筹划的一次精神探寻之旅。陪伴这群人左右的是一个名叫里奥的仆人，在整个旅途中，他照顾群体中的每个人、维系着整个群体，直到有一天里奥突然消失了。人们发现没有这个仆人根本无法成事时，整个群体立刻分崩离析，并放弃了这次探寻。最后，在多年持续不断的找寻后，故事叙述者找到了一开始支持这次探寻之旅的宗教派别。他发现，里奥，也就是叙述者所知的仆人，实际上是这个派别中受人崇拜的领袖。格林里夫认为，这个故事表明：当一个人的主要动机是帮助他人时，真正的领导力就开始显现出来。

当然，仆从领导的观点已经存在了数千年。它至少部分源于耶稣对门徒的教诲：可信赖的领导要义，就是做众人的仆人（例如，耶稣为门徒洗脚，就是例证）。有 10 项特征往往与仆从领导相关。你会看到，其中大部分与前面谈到的诚信领导的观点一致[64]：

- 倾听（listening）。尽管所有的领导者都需要有效沟通，但其关注点往往是与他人沟通；仆从领导则将重点放在用心倾听他人上。
- 共情（empathy）。仆从领导需要理解他人的感受和观点。
- 治愈（healing）。仆从领导帮助促进每个人的情绪和精神层面的健康、完整。
- 领悟（awareness）。仆从领导了解自己的价值观和感受、优点和弱点。
- 说服（persuasion）。仆从领导不会依赖于职务权威，而是通过个人说服力来影响他人。
- 概念化（conceptualization）。仆从领导需要平衡当前的现实和未来的可能性。
- 远见（foresight）。仆从领导需要具备良好的直觉，了解过去、现在和未来是如何联系在一起的。
- 管家（stewardship）。仆从领导是管家，他们持有受托组织资源是为了实现更崇高的利益。
- 致力于他人成长（commitment to others' growth）。对仆从领导工作的最终检验，是被服务者是否发展成为更有责任心、更有爱心、更有能力的人。
- 构建共同体（building community）。这种个人成长与开发最有可能出现在一个支持性的共同体中。遗憾的是，很多因素，如地理上的流动性、大型组织的非人格化都在侵蚀人们的共同体意识。因此，仆从领导的角色就是帮助人们重建共同体意识，有效的仆从领导有能力激发他人形成“追随者的互助及面向客户和整个社会的服务圈”。[65] 这种社会或“服务文化”在世界级宾馆连锁企业丽思·卡尔顿得到了体现，该企业的核心价值观是“以绅士淑女的态度为绅士淑女们忠诚服务”。[66, 67]

毫不奇怪，对仆从领导的概念，有人不以为然，有人极力拥护。最常见的批评是，尽管仆从领导在所谓“软性”行为方面有一定的吸引力（例如，领导者应当更关心其他人的福利状况，在组织中也应形成一种更关注开发的氛围，寻求整个组织的目标实现，而非仅仅关注个人升迁），但仅从字面来看，或者更极端地说，这个概念似乎表明服务于他人本身就是目的，而不是为达成其他组织目标和意图的一种手段。有一种领导者与仆从领导完全相反，那就是自恋型领导，专栏 5-6 中探讨了这种领导风格。

❖ 专栏 5-6

自恋型领导

有些领导者非常傲慢，或者过度自信。正如专栏 1-9 中所说，傲慢型领导是一种暂时状态，而自恋作为一种相对持久存在的人格特征，会给领导者带来问题。其中一些问题涉及违反伦理的行为。

如果自恋倾向不太极端时，人们会表现得自信、乐于受到大众关注、在他人犹豫不决时敢为人先，换言之，这都是你期望领导者具备的特征。但是，当存在极端自恋倾向时，这就成了一种人格障碍。自恋狂表现出多种人格特征，包括过分夸大自己的重要性、臆想自己拥有无限的权力地位、自控力薄弱、无法忍受外界批评、难以共情及人际剥削㊀（美国心理学会，1994）。

多年以来，人们不断警告自恋型领导可能造成的组织危害，但能证实这些告诫的实证研究一直很少。然而，近期发表的一项研究显示，“在自恋量表上得分高的领导者更有可能无视他人的建议、驳斥他人的批评意见、要求自己的决策被无条件接受并削弱他人的权威……他们还倾向于疏远他人，并虚构信息来支持自己的行动”。换句话说，越是自恋的领导者，越有可能做出不道德行为。

资料来源：C. A. Blair, K. Helland, and B. Walton, “Leaders Behaving Badly: The Relationship between Narcissism and Unethical Leadership,” *Leadership & Organization Development* 38, no. 2 (2017), pp. 333–46.

对仆从领导理论的一项近期研究综述指出，在仆从领导的观念与当前组织生活的现实之间存在不可调和的冲突：仆从领导是要开发人的潜力，帮助他们成长。仆从领导者希望自己的服务对象能成为更健康、更明智、更自由、更自主的人。仆从领导是为追随者服务的。但管理者受雇是为了达成组织目标。这些目标似乎只有通过下属（而非追随者）解决工作问题、提高生产率和效能才能达成。[68] 然而，生产率和效能不一定必然与仆从领导存在冲突。例如，近期的一项研究显示，仆从领导可以提高组织信任水平、减少顾客流失和提高员工满意度，进而影响组织利润。[69] 但即使仆从领导的观点无法适应组织生活的现实要求，它至少提出了明确的挑战。例如，一位领导者的行为可以或应该体现出共情吗？对他人表达真正的体贴和同情会让人情绪枯竭，这也是一种自限行为（人们的共情可能总量一定，对某人表现出共情，可能会抑制对他人表达的同情）；它还可能导致人们的伦理判断失误，从而削弱人们的道德观（比如，使我们更愿意无视他人的侵权行为）。[70]

㊀ 人际剥削是指以不公正的方式利用他人谋取个人利益或利润的倾向，常见于自恋型人格障碍。——译者注

近期对仆从领导文献的一个综合评述进一步强调了在一家运作良好的组织中全面有效地引入仆从领导方式，需要面对许多实践上的挑战和问题。[71]

伦理与价值观在组织领导中的作用

正如每个人都有一套自己的价值观，同样，组织也有一套主导价值观。这些价值观通常会在公司年报、公司网站和宣传海报中明确表达。这些价值观代表了员工在完成工作，对待其他员工、客户和供货商时应遵循的准则。这些正式表述的价值观是否真正代表了企业的运营准则，或者对潜在投资者是否有意义，取决于组织表述的价值观与最高领导层的集体价值观之间的一致性程度。[72, 73] 例如，很多公司的价值观陈述都没提到赚钱，但这显然是大部分企业领导者心中最重要的组织目标，也是很多公司决策中的主要决定因素。在公司表述的价值观与实际运作方式之间往往存在很大差距。与组织正式表述的价值观相比，了解高层领导者的价值观有时可以提供更多的组织实际运作方式的信息。

在每家企业中，最高领导层的集体价值观决定着整个组织的主导价值观，这与个人领导者的价值观决定了团队氛围同理。与文化和氛围等观念相关的，是员工的“价值观匹配度”。研究表明，个人价值观与组织、团队价值观相似的员工，会有更高的满意度，也更有可能留在组织中；价值观相似度低的员工，则更可能离开组织。[74, 75] 因此，领导者失败的一个原因，可能不是他本人缺乏工作能力，而可能是个人价值观与组织价值观之间存在偏离。尽管个人与组织价值观高度匹配带来的益处不言而喻，但拥有不同个人价值观的领导者有时正是公司为推动变革、提升组织效力所需要的。

最后，价值观往往也是导致个人内心冲突与人际冲突的一项关键因素。领导者所做的一些最困难的决策，正是在两种截然对立的价值观之间做出抉择。例如，一位具有强商业和利他主义价值观的领导者，可能在决定是否为提高盈利水平而裁员时，内心斗争极为激烈。一位拥有强商业和弱利他主义价值观的领导者（反之亦然），在做出同一决策时遇到的麻烦会少得多。与此相类似，当友谊与施加个人影响之间存在抵触（归属与权力），或者承担风险以获得公众关注与保持团队或组织的稳定性背道而驰时（社会承认与安全保障），一些领导者会发现很难做出决策。价值观也会影响团队间的冲突。由于价值观是在人生早期形成发展的，很难发生改变，解决一些团队间的冲突往往极为困难。

总而言之，对领导者而言，做出基于价值观的示范行为至关重要，同样重要的是（特别是高层领导者），确保使用清晰的价值观指导组织中每个人的行为。只有在领导者做出了相应的个人行为表率时，这一切才有可能发生。这可能是整个组织按原则行事的必要条件，但不是充分条件。如果最高层对价值观持漠视态度或只是做做样子，组织的其他成员也不会认为按原则行事非常重要。比尔·奥布赖恩（Bill O’Brien）曾任一家大型保险公司的 CEO，他将组织中的道德风气薄弱比作一个人习惯了闻到臭味：

> 我意识到，以权力为导向的组织也散发出强烈的臭味，并且，哪怕人们都习惯了，不再注意到它的存在，这种臭味仍然影响环境。它影响人们的工作表现、生产效率和创新精神。这种环境最恶劣的是，它阻碍了每个在此工作的人发展其人格和品性。[76]

将这一问题引向极端，它可能导致了过去10年间各种过分的现象：

> 有谁知道，20世纪90年代弱肉强食的经济活动会产生如此之多的江洋大盗？你可以大声嘲笑那些锒铛入狱的CEO和股票分析师，事实证明他们比小店前看手相的人还靠不住，但过了一会儿，这种笑声就有些苦涩了。马莎·斯图尔特（Martha Stewart）的光环破灭黯淡了（随后认了罪）。泰科（Tyco）被自己的高管人员洗劫。安然和世通则是虚假承诺的双子塔，轰然倒下。它们的股东、员工与它们一起落入了深渊。同样轰然倒下的，还有公众对美国大型公司的信任。[77]

以身作则的领导：善、恶、丑

要想成为好领导，人们最常说的一项原则就是"以身作则的领导"。但成为伦理型领导的示范，或者成为道德行为楷模，到底意味着什么？在一项研究中，有来自多家组织的人员接受访谈，给出自己认识的某个人是工作中行为楷模的例证。并非所有人提供的道德行为楷模都具有相同的素质，但这一群体中有四类态度和行为表现得特别突出[78]：

- 人际行为。他们显示出对他人的关心、爱护和友善。他们努力工作，乐于助人。他们重视自己与他人的关系，主动保持和维护这种关系。他们往往关注积极方面，而非消极方面，并接受他人的失败。
- 基本公平。他们在人际行为中的一个具体特质，是向他人展示出公正。他们不仅愿意听取他人的意见，而且积极主动寻求他人的意见。他们会就决策原因提供理由。他们尊重他人，从不居高临下地对待他人，哪怕有意见分歧也是如此。
- 伦理行为和自我期望。他们对自己有很高的伦理要求，在公开场合和私下里都能按这一准则行事。他们接受自己承担的伦理责任，也不避讳谈及自己的伦理过失。他们被视为诚实、可信、谦虚、正直的人。
- 清楚地表达伦理标准。他们清楚地表达自己一贯的伦理愿景，坚持信念不打折扣的态度及其对应的高伦理标准。他们要求他人在伦理行为上承担责任，并将伦理标准的执行置于个人和公司短期利益之上。

可以说，一个人最重要的楷模就是他的上司，并且，当上司是糟糕的伦理行为样板时，个人将面临困难而复杂的挑战。此时员工面临的挑战远大于那种虚伪的说法："按我说的做，别管我做什么。"

高居权位的人无疑承担了恪守伦理标准的特别责任，但如果他们不这样做呢？在你的上司没有按伦理期望行事时，你该做些什么？

应对这些挑战的一种做法，是拒绝将组织领导力等同于正式职位、组织内部等级权力的观念，转而接受一种不同的观念，即所有组织成员都在组织领导过程中发挥着作用，其中包括对组织中伦理型领导的责任。“**向上的伦理型领导**”（upward ethical leadership）一词，被用于特指“在面对上级做出的道德不端行为时，个人采取行动维持伦理标准及由此展现的领导行为”[79]。

> 想指挥乐队的人，必须转身背对观众。
>
> ——马克斯·陆可铎（Max Lucado），牧师、美国作家

然而，几乎总是存在某些原因抑制这类员工行为，包括担心上级挟私报复。一个更具普遍性的问题是：员工在表达对上级管理人员道德不端行为的质疑时，是否认为有安全的表达渠道？

影响员工提出上述疑问的一个变量，是组织的整体伦理氛围。**伦理氛围**（ethical climate）是指在组织中伦理标准和规范高度相容、清晰，并在整个组织中广泛沟通，同时，组织领导者也在语言行动上接受和支持这一伦理系统。**非伦理氛围**（unethical climate）是指在组织内出现不当行为或明显的不道德行为时，不会引发针对性的纠错行动，或者（更糟的是），人们普遍容忍这类行为的存在。[80] 当员工认为管理者做出道德不当行为时，他们可能会产生某种道德上的苦闷情绪，但这种感受通常在非伦理氛围中更强烈。

然而，即便在伦理氛围中，一些人也比另一些人更有可能以积极、建设性的方式谈及自己感知到的伦理问题。那些具备个人权力意识的人往往表现得更明显。比如，如果员工相信自己在外部劳动力市场上能找到其他好工作，在组织中因个人可信度和高能力受到尊重，并且，组织其他成员对他们高度依赖，他们就会觉得自己拥有较大的权力。组织也能进一步提高员工以积极、建设性的方式谈论伦理问题的可能性，包括培养一种不强调“命令控制链”的文化，促进员工对共享领导力（而非传统层级制）的感知，并重视向上的领导力。[81] 然而，最后一点是，组织为强化员工以积极、建设性的方式谈及伦理问题的可能性，最有效的做法是在整个组织中主动培养伦理氛围，这一实践不是组织中伦理型非正式领导者的责任，而是正式领导者不可推卸的责任。

事实上，承担正式领导角色意味着独特的伦理责任和挑战。与追随者相比，领导者拥有：①更多的法定权力和奖惩权力；②更大的特权；③更充分的信息；④更广泛的权威和责任；⑤与更大范围的、期望受到公平对待的利益相关者交流互动；⑥在决策时，必须平衡相互竞争的效忠者的利益。[82] 有时，这些条件构成了为个人行为辩护的理由，但对领导者来说，更重要的是采取积极步骤创建伦理氛围并坚持在这一过程中承担个人责任。专栏 5-7 说明了在安然丑闻中不关注伦理氛围带来的危害。

❖ 专栏 5-7

安然公司的邪教崇拜

安然公司已成为商业世界中贪婪、道德败坏和巨大失败的一个缩影。它的高管人员，如 CEO 肯尼思·莱（Kenneth Lay）和杰弗里·斯基林（Jeffrey Skilling）因公司突然垮台和无情

漠视公司员工的福利状况而备受指责（同时，也遭到起诉）。但安然公司存在的问题远不止于身居高位的一小撮人在道德上的卑劣和不法行为。其问题很大程度上是由于安然公司内部全体人员一直以来坚持的安然文化。

问题的一个根源可能是安然公司的文化具有邪教崇拜的很多特征。邪教崇拜有以下四个特征：

- 魅力型领导。
- 强制顺从和极权主义的意愿。
- 皈依过程。
- 共同的文化。

下面将说明安然公司的文化在哪些方面和邪教崇拜具有共同点。阅读这些内容，你可以了解公司以及狂热的邪教崇拜可以鼓励反生产性的顺从，并惩罚异议者。

魅力型领导

安然公司的领导者通过不断充满戏剧性的个人推销，在他们周围形成一种超凡魅力的氛围。例如，斯基林鼓励人们将他视为安然公司的“达斯·维德”(Darth Vader)㊀，他甚至将手下的交易员称为“帝国冲锋队”(storm troopers)㊁。通过各种高端商业出版物的刻意奉承、他们享受的奢华生活方式，安然公司的斯基林和其他高管人员的声望得到了进一步加强。

强制顺从和极权主义的意愿

在安然公司，各种夸张的做法相当流行，比如横幅上大书公司愿景是成为“全球领先公司”。这种极度膨胀的自我形象很容易使公司成员形成一种特殊荣誉感，自以为是天选之子。公司用大量诸如“他们是最棒、最聪明的”信息给员工洗脑。员工对组织成功做出承诺时，几乎洋溢着类似于福音传教士的热情，而每周工作接近80个小时则被视为完全正常。

皈依过程

从员工被招募到安然公司开始，沟通就是单向的（自上而下）。这一沟通过程早期包括几天紧张而耗费精力的仪式，其中新入职员工会听到来自领导者的强有力信息。群体动力学的研究表明，这种启动仪式会使人们在头脑中极力夸大群体成员的优点。在安然公司的例子中，其目的是培养员工牢固树立一种一门心思追求公司持续高增长率的个人承诺。

共同的文化

尽管安然公司投入了所有努力来甄选员工、激发员工的特殊荣誉感，公司同时也形成了一种惩罚性的内部文化，强调公司的所有精神和物质利益都可能因管理层的一时心血来潮而化为乌有。安然公司会迅速解雇任何不愿服从的“最棒、最聪明的”员工；这些人也可能在一夜之间，被他人视为“失败者”。这种情况的发生，可能仅仅因为他们对公司路线持有异议，也可能因为未能达到公司设定的极高的绩效目标。

资料来源：D. Tourish and N. Vatcha, “Charismatic Leadership and Corporate Cultism at Enron: The Elimination of Dissent, the Promotion of Conformity, and Organizational Collapse,” *Leadership* 1, no. 4 (2005), pp. 455–80.

㊀ 即《星球大战》中的黑武士。——译者注

㊁ 即纳粹的冲锋队员，以暴力著称。——译者注

创建和维护组织的伦理氛围

那么，领导者该如何做呢？为了创建组织中的伦理氛围，需要采取以下几项领导行动[83]：

- 正式伦理政策和程序。有时人们会说，“你不能立法来规范道德风尚”，当然，想通过订立规则来建立伦理氛围同样不行。但某些正式的政策和程序的确构成了创建伦理氛围的必要（而非充分）条件。这些政策程序包括对伦理标准和政策的正式表述、汇报机制、惩戒程序及对违反伦理标准的行为的处罚。
- 核心理念。核心理念是一个组织的灵魂。它体现了组织的目标、指导原则、基本个性，以及最重要的——组织的价值观。星巴克就是一个很好的例证。星巴克的指导原则包括：①尊重伙伴（员工），赋予他们尊严；②秉持多元化的理念；③采用最高的卓越标准开展业务；④形成“热忱满足顾客需要”的氛围；⑤积极贡献社区和环境；⑥保持公司盈利。[84]
- 正直诚信。核心理念不能只是装点董事会会议室的牌匾或口号标语，上面写着要求员工行为得体的字眼。核心理念必须融入组织中的每个层级、单位。正如个人诚信描述了一个人的表里如一、坦荡无私，组织诚信也描述了一个组织的公开声明与各层级、各部门的职务及个人行为保持一致的状态。尤其重要的是，任何组织的最高管理层都应该被认为表现出了高度诚信。[85]
- 结构强化。一个组织的结构、系统的设计方式也有助于促进其合乎伦理的绩效表现，并减少不道德的绩效表现。有机会提供匿名反馈的绩效评价系统，可以提高员工报告“黑暗面”行为的概率，进而抑制这些行为的发生。企业的奖励制度则可以鼓励诚实、公平对待客户、友好及其他期望的员工行为。但如果设计不当，奖励制度也可能鼓励人们不诚实的行为。例如，为了提高汽车修理部的修理速度，西尔斯公司为机械师设定了一个每小时147美元的销售目标。但这只是鼓励机械师提高服务报价，并凭空捏造修理服务。[86]
- 关注流程。组织不仅需要关注可见的个人、团队和组织目标的达成，也有必要明确表达对流程的关注。这些目标是如何达成的，也需要成为关注和强调的焦点。当高层管理者设定特别高的目标，并表示期望不惜任何代价来达成目标时，极有可能使员工无视不道德行为的存在。而且，当领导者对看似微不足道的组织违规行为视而不见时，就会导致一个人陷入道德推脱的恶性滑坡，进而导致日后更大的违规行为。[87]

创建组织伦理氛围的另一种方式，是要认识到组织氛围不是组织成员道德感的简单相加。柯维开发并普及了一种名为**“原则至上的领导”**（principle-centered leadership）[88]的方法，这种方法认为领导的各个层面（个人、人际、管理和组织层面）存在基本的相互依赖关系。每个层面的独特作用可以表示如下。

- 个人：个人的第一需要是成为值得信赖的人，而这取决于个人的品性和能力。只有在个人值得信赖时，他才能与他人建立信任关系。
- 人际：缺乏信任的关系的一个特征就是人们为自我保护而努力控制及核实彼此的行为。
- 管理：只有在高信任关系的背景下，一位管理者才会冒险授权给他人，使后者充分施展其才华和活力。但即使采用赋权的领导风格，领导高绩效群体仍需要运用多种技能，包括团队建设、授权、沟通、协商和自我管理。

- 组织：当组织结构、制度（如培训、沟通、奖励制度）、战略和愿景保持高度整合并相互支持时，企业是最富创造性和生产力的。换言之，特定领域的组织整合比其他安排更有可能培养和强化道德行为。

有趣的是，在原则至上的领导中描述的不同层面间相互依赖的关系，与近期诚信领导研究的理论框架高度相似，后者也被视为一个多层面的现象。也就是说，诚信领导不仅是特定领导者的个人素质，也能用于描述特定领导者与下属、领导者与群体或团队乃至领导者与整个组织间的关系性质。因此，谈论诚信组织的话题，也和谈论诚信领导者一样很有意义。[89]

在本章结束部分，我们无法避开一个贯穿本章始终的隐含问题：公司费心去创建和保持伦理氛围的原因何在？[90] 对该问题的一个回答（可能足够充分），就是因为这是正确的事。但有时候，问题没这么简单，因为做正确的事必然伴随着某些成本或不便。基于本章的论述，在组织中创建和保持伦理氛围并不容易，它需要人们坚持信念、勤勉和坚守承诺。在某些方面，这种持续的关注和努力可以被视为某种成本。但这类关注和努力也会带来除内在满足感之外的其他好处。

约翰逊（Johnson）指出，组织创建伦理氛围可以带来多项明显的积极成果。首先是组织中可以实现更高的协作水平：伦理氛围会导致组织内部更高的信任水平，而信任是协作的一个重要基石。另一项积极成果是提高组织的社会地位和市场份额。84% 的美国受访者表示，如果产品服务的价格和质量差异不大，他们会转而支持那些有崇高事业目标的企业。目前，有超过 2 万亿美元价值的共同基金投资于关注环境、伦理与社会责任的公司。[91, 92] 这也表明伦理型公司往往比竞争者的绩效更优。[93]

> 我的确相信人的精神本性。对某些人，这是个奇怪、过时的想法，但我相信，的确存在所谓的人文精神。人的精神层面应当获得滋养。
>
> ——昂山素季（Aung San Suu Kyi）

哈佛大学教授约翰·科特和詹姆斯·赫斯克特（John Kotter，James Heskett）同样指出，那些确保公司价值观与组织实践高度一致的公司，具有明显优势。这些公司的营业收入平均增长了 682%，与之相比，未实践这一做法的公司同期收入增长率仅为 166%。[94] 关注伦理和价值观，可以是有利可图的好买卖。但选择伦理型领导风格不仅是组织的商业决策，更是道德抉择。专栏 5-8 提出了领导过程中存在的 7 项道德挑战。

❖ 专栏 5–8

领导过程中的 7 项道德挑战

尼古拉斯·埃姆勒（Nicholas Emler）指出，领导过程中存在 7 项道德挑战。

个人利益的诱惑

毫无疑问，给我们不信任的人提供犯罪牟利的机会，是很不明智的。但一个人在组织中所处的层级越高，就有更多的机会操控职权、获取犯罪收益。因此，组织高层职位对应的巨大诱惑，要求在职者具有更高尚的个人品格。

暴政的吸引力

诱使我们伤害他人的原因众多：有些人是因为愤怒或恼火；他们的行为表现无礼、不尊重人；他们也可能对他人的目标、计划设置障碍，或者就是纯粹的霸凌。处于组织较高职位的威权人士在产生了上述情感时，可能会以威吓、强制手段来推行其个人意愿。

确保公平公正

对公正问题的研究提供了大量的证据，使我们了解组织环境下员工对公平的反应，即他们对受到何种对待的反应。但我们关于组织中公平公正的实际状况所知甚少。由于人们在组织中通常关注公平更甚于关注个人利益最大化，而领导者又总是会厚此薄彼，对组织公平状况缺乏了解会导致很多问题。

追寻道德准则

在选拔领导职位的人选时，组织不仅关注个人能力、道德诚信的判断，也会关注他们对道德标准相对重要性的判断。因此，这些未来的领导者需要清晰地说明自己对整个企业价值驱动的愿景，这一点对存在价值观冲突的组织尤其重要。

避免任务失败

乍一看，这似乎不属于道德挑战，但由领导无能导致的组织经营失败，不仅是领导能力不足，也可以被视为一种领导的道德缺失。故意无视他人建议或本人的能力局限，这类领导者应当为最终的惨烈后果承担道德责任。

减少附带伤害

有无数例证显示公司决策导致了消费者伤亡事故，涉及范围从有缺陷的汽车到药品副作用，不一而足。在其他领域（如军事行动），附带伤害似乎是达成使命需要付出的必然代价。但我们总是需要回答一个问题：达成特定成果的“代价”是什么？埃姆勒表示，我们“需要特别关注组织明确目标之外的影响后果，认识到自己对这些后果应承担的责任”。

行善

这一道德挑战关注我们在本章一开始提到的问题：做正确的事。埃姆勒认为这是领导道德挑战中最少见的，也是最难定义的。其核心观念是领导过程使人们有机会解决组织中的不公正和各种恶行。比如，一家航空公司 CEO 决定对飞机失事的遇难者家属和伤者给予帮助，提供了远超出公司法律义务的同情和人道主义措施。

资料来源：N. Emler, “Seven Moral Challenges of Leader-ship,” *Consulting Psychology Journal* 71 (2019), pp. 32–46.

扫码获取本章案例、参考文献等内容

第 6 章

领导特性

在第 1 章中，领导被定义为“对一个有组织的群体施加影响，以推动其完成目标”。根据这一定义，领导研究者过去一个世纪一直致力于回答一个问题：特定的个人属性或特性是否有助于或阻碍领导过程。换句话说，运动能力、身高、人格、智力或创造性是否有助于领导者构建团队、取得成果或影响整个群体？考虑一下美国总统竞选的情况，那些赢得初选并最终成为美国总统的候选人与其手下败将相比，是否更精明能干、更有创造性、更雄心勃勃或更加外向？这些领导者的行事方式是否与其追随者存在本质差异，而且，这些行为上的差异是否源于其内在智力、特定人格特质或创造力上的差异？如果是这样，同样的特征是否也能用于有效区分成功领导者与不成功领导者、高管与一线管理者、团队领导者与个人贡献者？对这些问题的研究产生了最早的领导理论——**伟人论**（great man theory）。[1]

伟人论的根源可以追溯到 20 世纪初期，当时很多领导学研究者和大众报刊都认为，领导者和追随者之间存在本质差别。这一观念产生了数以百计的研究，分析特定的人格特质、生理属性、智力或个人价值观能否将领导者与追随者区别开来。拉尔夫·斯托格蒂尔是第一位对前人研究加以总结整理的研究者，他得出了两个主要结论。首先，领导者在个人特质上与追随者并没有本质差异；很多追随者也同样身材高挑、精明能干、外向、雄心勃勃，这与领导他们的人并无二致。其次，有些特性，如智力、主动性、压力容忍度、责任感、友善和支配力，与领导成功之间存在一定的关联。换句话说，精明、努力工作、认真尽职、友善或愿意负责任的人在构建团队、影响群体达成其目标的问题上，通常比不太精明、懒惰、冲动、性情暴躁或不喜欢发布命令的人更成功。[2] 拥有“正确的属性”不能确保领导成功，但它的确能提高领导者成功影响群体完成目标的概率。

> 每个人都是自己人生戏剧中的明星。但不幸的是，你了解的自己并不值得结交。
>
> ——R. T. 霍根（R. T. Hogan），美国心理学家

研究者随后的研究综述涉及数以百计更成熟的研究，并得出了两个同样的结论。[3] 尽管这些研究综述都提出了充分证据，表明拥有正确素质的领导者更有可能成功，但很

多领导学研究者只关注一点：领导者与追随者之间不存在本质差异。考虑到处于领导岗位上的大多数人同时也在扮演追随者角色（向部门经理汇报的主管；向总监汇报的部门经理；等等），这一研究发现并不令人吃惊。对这些研究发现的错误解释，伴随着20世纪六七十年代日益流行的行为主义观点，导致很多领导学研究者相信个人特性不能用于预测未来的领导成功，转而关注对其他领导现象的研究。直到20世纪八九十年代一系列具有重大影响的论文发表，智力和人格才重新受到领导学研究者的广泛关注。[4, 5, 6] 通过这些文章和随后的领导学研究，我们现在对智力和各种人格特性如何推动或阻碍领导者构建团队、取得成果的努力已经了解了很多。[7, 8, 9, 10] 这类研究使我们深入了解各种情境、追随者特性如何影响领导者的智力和人格在工作场所中发挥作用。

本章的意图在于总结目前关于人格、智力和领导关系的已知内容。换言之，研究认为，精明、外向、创新和平静的人与迟钝、害羞、关注实际和容易兴奋的人相比，是否存在领导效力的差异？思路敏捷的人，是否总是更优秀的领导者？在某些情境下，紧张、情绪化的领导者是否比冷静的领导者更有效？本章回答了人格、情商、智力和创造性与领导效力关系的很多常见问题。本章回顾并界定了这四项关键的个人属性，回顾与这些属性相关的一些重要研究成果，并讨论这类研究对领导实践者的启示。

人格特质与领导

什么是人格

尽管**人格**（personality）一词被广泛使用，罗伯特·霍根（Robert Hogan）还是注意到，这一词汇实际上相当含混不清，至少有两种完全不同的含义。[11] 一种含义认为人格是一个人带给他人的印象。这种观点强调人格是一个人的**社会声誉**（public reputation），它不仅是一种描述，也是他人眼中的一种评价。从领导学的立场来看，这种人格观点谈论的是两个截然不同的问题："他是什么类型的领导者或什么类型的人？"以及"他是我愿意与之共事或合作的人吗？"在实际生活中，当你向室友或朋友描述自己的上级时，就会采用这一人格观点。例如，你可能将上级描述为有进取心、诚实、外向、有冲劲、有决断力、友善和独立。此外，不管这位领导者给你的印象如何，其他人也很有可能用同样的字眼来描述他。沿着这一思路，美国的很多民主党人都可能会说美国前总统贝拉克·奥巴马是精明能干、自信、外向、善于表达、雄心勃勃且头脑冷静的领导者；而很多共和党人则会说美国前总统唐纳德·特朗普是充满激情、坦率、直言不讳和乐于挑战现状的领导者（见领导概览6-1）。

✧ 领导概览6-1

安格拉·默克尔

安格拉·默克尔（Angela Merkel）是公认的世上最有权势的女人之一。她在2005年11月出任政府总理，是首位当选德国总理的女性，也是来自民主德国、领导统一后的德国的第一人。她也是G7首脑会谈中与会的第三位女性首脑，还被广泛认为是欧盟的实际领导人。

默克尔在东德的一个农村社区中长大，在她很小时就表现出数学和科学方面的天赋。她是东德共青团运动成员，取得了物理学的学士和博士学位，主修量子化学。在20世纪70年代和80年代的大部分时间，她在学术领域从事前沿化学研究，并在《分子物理学》(*Molecular Physics*)、《国家量子化学杂志》(*International Journal of Quantum Chemistry*)等期刊上发表了她的成果。1989年柏林墙倒塌之前，默克尔都没有涉足政治。

20世纪90年代，她被任命担任赫尔穆特·科尔（Helmut Kohl）政府的多个部长职务，并成为科尔总理的年轻接班人。在科尔的指导下，她很快了解到国家政治和国际外交的错综复杂性，并基于这一了解参加2005年的德国大选并最终取得了胜利。默克尔目前担任基督教民主联盟主席，并领导着由德国左翼和右翼政党组成的联合政府。

在担任德国总统后，她经历了四次重大危机。第一次危机发生在2010年，希腊差点就债务违约。这是一次危及欧盟存亡的危机，因为一旦希腊无法履行债务偿还义务，则欧洲19国通用的货币——欧元的存在价值就会受到质疑。默克尔赢得了欧盟各成员国的共识来寻求对这一问题的解决路径，并明确要求希腊政府采取经济紧缩计划。第二次危机发生在几年以后，涉及克里米亚问题。默克尔联合多个盟国对俄罗斯进行了一致行动和经济制裁。第三次危机是2015年默克尔决定允许超过100万来自中东、非洲和亚洲的难民定居德国。第四次危机，是她支持欧盟对英国“脱欧”的强硬立场。

由于默克尔总是要求源源不断的数据、寻求达成共识、行事稳健，德国目前是欧洲最大的经济体，她也被美国《时代》杂志评选为“2015年度人物”。德国人甚至造出了一个动词——默克尔行动（merkeling）来描述她的问题解决方式。

虽然这些年来，默克尔受民众爱戴的水平有涨有落，但她已经宣布将在2021年总统任期结束时退休。考虑到她的背景，你将如何准确区分和判断默克尔总理的社会声誉、人格特质、价值观和智力水平？

资料来源：“Angela Merkel,” IMDB, www.imdb.com/name/nm1361767/bio; “Person of the Year 2015,” *Time*, http://time.com/time-person-of-the-year-2015-angela-merkel;“Angela Merkel,”Biography, www.biography.com/political-figure/angela-merkel; and “Angela Merkel's Leadership: Now What?” *The Economist*, May 13, 2010, www.economist.com/europe/2010/05/13/now-what.

人格的第二种含义强调**身份**（identity）认同。虽然社会声誉是指其他人对某人的感知方式，但身份认同则是指人们如何看待和定义自己。例如，某人可能认为自己为人开朗、容易相处、待人体贴、做事有计划、条理性强（身份认同），其他人则可能认为他安静、难以接近、就事论事、缺乏条理性和计划性（声誉）。研究表明，在个人的社会声誉和身份认同之间存在相当明显的缺口，因此一个有趣的研究问题是：社会声誉和身份认同哪个更重要。一个人如何看待自己可能是有意思的信息，但压倒性的研究证据表明社会声誉能更好地预测领导力的成功和效力。[12, 13] 由于社会声誉在个人聘用、升职和入选团队成员的决策中起到关键作用，人们在管理其社会声誉上花费了大量时间和精力（见专栏 6-1）。

> 持续坚持一种行为，你就会塑造个人品行。行事公正，你就成为公正的人；行为克己，你就成为节制的人；行为勇敢，你就成为勇士。
>
> ——亚里士多德（Aristotle），希腊哲学家

❖ 专栏 6–1

身份认同、社会声誉和诚信

第 5 章中谈到了诚信领导，即根据个人价值观来采取行动。由于人格可以从身份认同和社会声誉两个角度来定义，在这些概念与诚信领导之间存在着有趣的联系。身份认同是指一个人如何描述自己，则诚信领导就是指个人如何实现行为与身份认同的统一。如果一个人认为自己聪明、有雄心、有领导者范儿，则与这些身份认同一致的行动就会使他成为真正的领导者。这里的问题是（也是身份认同面对的常见问题），身份认同可能与社会声誉截然相反。某人可能认为自己很有吸引力、有趣、值得关注，但别人认为她乏味无趣，她就不可能赢得大家的追随。事实上，很多自视是传奇领导者的人，在他人看来“极度缺乏个人魅力”。在推动员工参与、员工开发、构建团队和达成目标的问题上，关注和管理自己的社会声誉远比行为与身份认同的统一更重要。

资料来源：R. T. Hogan and S. Sherman, “ Person-ality and the Nature of Human Nature,” *The Science of Personality*, July 29, 2019, www.hoganassessments.com/personality-theory-and-the-nature-of-human-nature; D. Lusk, R. Sherman, and R. T. Hogan, “The Nature of Human Nature,” *Talent Quarterly*, June 2019; S. B. Kaufman, “ Authenticity Under Fire,” *Scientific American*, June 14, 2019, https://blogs.scientificamerican.com/beautiful-minds/authenticity- under fire; and T. Chamorro-Premuzic, “ How to Work for a Boss Who Lacks Self-Awareness,” *Harvard Business Review*, April 3, 2018, https://hbr.org/2018/04/how-to-work-for-a-boss-who-lacks-self-awareness.

虽然关于人格的有益见解来自多种不同的理论，大多数讨论人格与领导成功之间关系的研究都以**特质论**（trait approach）为基础，在这里关注这一话题是最合适的。**特质**（trait）是指个人行为中重复发生的规律性或趋向，而且，人格特质理论坚信，个人采取某种行为方式，是因为他们具备的那些特质的强度。[14, 15, 16, 17] 特质无法被观察到，但它们可以通过行为的一贯模式被推知并使用人格量表来测量。例如，尽责性这一人格特质将那些努力工作、遵守规章制度的领导者和那些偷懒、经常违反纪律的领导者区别开来。在人格量表测试中尽责性评分高的领导者将更有可能按时上班、自始至终地完成工作任务、极少早退。我们也可以得出推论，在尽责性特质上得分较低的领导者，更有可能频繁出现迟到、冲动决策或不能信守承诺并取得成果。

人格特质的概念可以解释不同情境下人们为何做出相对一致的行为。这种跨情境的行为一致

性，可以用不同城市的季节性气候模式来做类比。[18, 19] 我们知道1月的明尼阿波利斯非常寒冷、干燥，而8月的香港非常炎热、潮湿。因此，我们能很好地预测明尼阿波利斯1月的一般天气状况，即使我们对具体某一天的天气预测不是很准确。明尼阿波利斯1月的平均气温约为20ºF（低于 –6℃），而1月的任意一天，气温将在 –30ºF～30ºF（–35℃～–1℃）之间波动。类似地，了解两个人在某一特殊人格特质上的差异，也有助于我们更准确地预测他们在各种不同情境下将如何行事。

正如不同的气候因素将影响某一天的气温，外部因素也会影响领导者在任一特定情境下的行为。特质论认为，领导者的行为反映了他的人格特质与多种情境因素之间的互动关系。在确定人们在不熟悉、含糊不清或我们称之为**弱情境**（weak situation）的情况下如何做出行动时，人格特质发挥着特别重要的作用。反之，那些受到明确的规章、要求或组织政策约束的情境——**强情境**（strong situation），往往会使个人特质对行为产生的影响降到最小。[20, 21, 22, 23, 24, 25]

人格特质与领导效力之间的关系强度，往往与情境的相对强度负相关；也就是说，在弱情境下，领导特质与领导效力关系更密切。考虑到如今大多数组织在加速变革，领导者极有可能在未来面对更加陌生、含糊不清的情境。因此，人格特质在领导者的行为中将发挥日益重要的作用。如果组织能准确识别领导人格特质及拥有这些特质的个人，就能将合适人选提拔到领导岗位上去。并且，如果让合适的人成为领导者，组织成功的概率会大大提高。下一节将描述几项研究，其中探讨了哪些人格特质有助于领导者构建团队、通过他人取得成果（见专栏6-2）。

❖ 专栏6-2

对社会声誉的测评

人们花大量时间讨论他人的社会声誉。我们在谈论室友、朋友、同学、同事、上司、爱人、名人、政治人物、体育明星时，往往会猜测他人有多好奇、开朗、有条理、冲动、紧张、幽默、勤奋、守法、体贴、精干、值得信赖或有创造力。了解一个人的声誉有助于预测其未来的行为，因此准确判断他人声誉非常重要。那么，我们可以如何评价他人的社会声誉呢？基本上有三种常见的做法。第一种是询问你们都认识的朋友，你认为可以信赖他的意见。如果有四五个人对此人表达了类似观点，你基本上就能确定这个人怎么样，研究也表明，观察者对社会声誉往往有较多共识，分歧较少。

评价某人声誉的第二种做法是回顾他在社交媒体上的表现，包括真人秀、YouTube、Facebook、领英、推特（2023年7月更名为X）或各种App应用上的评论。过去数年间的研究表明，这些电子签名可以可靠地预测人们在人格大五模型（见6.2.2节）上的得分。一些乘客或司机因为举止不当被优步标为“拒绝往来户”，网上视频也能瞬间摧毁一个人花费数年才树立起的形象（比如优步的前CEO特拉维斯·卡兰尼克）。由于各大学的人才招募机构将社交媒体评估作为甄选录用程序的一部分，求职者越来越关注如何包装自己在社交媒体上的形象。一个有趣的问题是，类似于Snapshot这类应用程序提供的随身相机或临时信息，能否比Facebook、领英更准确地描述求职者的个性特征。

第三种评价社会声誉的做法是进行人格测评。设计良好的人格测评工具可以使人们了解自己“天生的行为倾向”及他人可能如何看待自己，而且，领导者参与正式开发或辅导项目的一个最主要原因也是获得**自我觉察**（self-awareness）。自我觉察的关注点不是帮助领导者确定自己是谁（即他们的自我认同），而是确定他人如何看待自己（社会声誉）。获得自我觉察极为重要，这是因为：①和其他人一样，领导者也会自我欺骗（在身份认同与社会声誉出现巨大缺口）；②直接下属（特别是热衷于升官晋级的下属）往往不会向领导提供全部事实，而只会分享能改善个人印象的部分信息；③权威的存在使员工不愿向领导者提供建设性反馈。一旦领导者有机会了解他人如何看待自己，他们就能决定是否想改变自己的社会声誉，进而确定为此需要做出哪些行为改变。

资料来源：I. S. Oh, G. Wang, and M. K. Mount, “Validity of Observer Ratings of the Five-Factor Model of Personality Traits: A Meta-Analysis,” *Journal of Applied Psychology* 96, no. 4 (2011), pp. 762–73; R. T. Hogan and T. Chamorro-Premuzic, “Personality and Career Success,” in *The APA Handbook for Personality and Social Psychology, Vol. 4: Personality Processes and Individual Differences*, eds. M. Miculincer and P. R. Shaver (Washington, DC: American Psychological Association, 2015); *Sticks & Stones: Gossip, Reputation, and How Whispered Words Kill Careers* (Tulsa, OK: Hogan Press, 2012); *Who Are You?* (Tulsa, OK: Hogan Press, 2013); M. Barney, “A Victor in the Science Wars,” Forbes, December 16, 2011, www.forbes.com/sites/infosys/2011/12/16/business-leadership-bte-2; T. Chamorro-Premuzic, “How Different Are Your Online and Offline Personalities?” *The Guardian*, September 24,2015, www.theguardian.com/media-network/2015/sep/24/online-offline-personality-digital-identity; R. T. Hogan, “How to Flunk Uber,” unpublished white paper, 2014; J. Stein, “Snapchat Faces the Public,” *Time*, March 13, 2017, pp. 26–32; L. Penny, “Every Time We Take Uber We’re Spreading Its Social Poison,” *The Guardian*, March 3, 2017, www.theguardian/commentisfree/2017/mar/03/uber-spreading-social-poison-travis-kalanick; “Road Rage: The Woes of Uber’s Boss,” *The Economist*, March 4, 2017, pp. 51–52; G. J. Curphy, “The Misguided Romance of Authentic Leadership,” LinkedIn, August 11, 2014, https://linkedin.com/pulse/20140811130045-36824143-the-misguided-romance-of-authentic-leadership; M. J. Del Giudice, M. Yanovsky, and S. E. Finn, “Personality Assessment and Feedback Practices among Executive Coaches: In Search of a Paradigm,” *Journal of Consulting Psychology: Practice and Research* 66, no. 3 (2014), pp. 155–72; R. I. Sutton, “Some Bosses Live in a Fool’s Paradise,” *Harvard Business Review*, June 3, 2010, https://hbr.org/2010/06/some-bosses-live-in-a-fools-pa; O. Staley, “The No. 1 Thing CEOs Want from Executive Coaching? Self-Awareness,” *Quartz*, May 2, 2016, https://qz.com/670841/the-no-1-thing-ceos-want-from-executive-coaching-self-awareness; R. M. Sapolsky, “When Computers Assess Personality Better Than We Do,” *The Wall Street Journal*, July 25–26, 2015, p. C2; D. Winsborough, “Should I Use Social Media as a Selection Tool?Winsborough,” www.winsborough.co.nz/blog/should-i-use-social-media-as-a-selection-tool-0; “Staff and Nonsense: Why Companies Are so Bad at Hiring,” *The Economist*, May 11, 2019, p. 55; Z. Ihsan and A. Furnham, “The New Technologies in Personality Assessment: A Review,” *Journal of Consulting Psychology: Practice and Research*, 70, no. 2 (2019), pp. 147–66; and T. Eurich, “What Self-Awareness Really Is (and How to Cultivate It),” *Harvard Business Review*, January 4, 2018, https://hbr.org/2018/01/what-self-awareness-really-is-and-how-to-cultivate-it.

人格的大五模型或 OCEAN 模型

尽管领导特质为描述跨情境的不同行为模式提供了一种有用方法，但一个潜在问题是，有大量与性格相关的形容词可以描述个人的典型行为。早在 1936 年，研究者就在标准英语词典中找出了超过 18 000 个与特质有关的形容词。[26] 尽管相关形容词数量众多，研究表明，用于描述他人行为模式的特质性词汇能可靠地归类到五项人格维度。从历史上看，1915 年，研究者首次提出五维度人格模型；1934 年，该模型获得了独立检验；并且，大量研究者在此后使用各种不同的样本和测评工具，都得出了相似结论。[27, 28, 29] 基于上述研究结论的稳健性，可以说存在多项有力证据支持人格的五维度模型。在人格理论文献中，这被称为**人格的大五模型或 OCEAN 模型** [five factor model(FFM)or OCEAN model of personality]，而且大多数现代人格研究者都支持这一模型，仅在具体维度上略有出入。[30, 31, 32, 33, 34, 35, 36, 37]

人格的大五模型的核心是一个分类框架。用来描述他人的大多数（如果不是全部）人格特质，都可以被归到 OCEAN 人格维度中的一类。对这一模型的描述如表 6-1 所示。这五项主要维度包括经验开放性、尽责性、外倾性、宜人性和神经质。**经验开放性**（openness to experience）涉及个人的好奇心、创造性思维、吸收新信息和以开放心态来接受新体验。经验开放性分值较高的领导者比较有想象力、思路开阔、有好奇心，并有较大可能是战略性的全景式思考者；他们通过旅行、艺术、电影、体育活动、阅读、去新餐馆或学习新文化来寻求新经验。经验开放性分值较低的领导者可能更关注实际、兴趣较狭窄，喜欢使用已经证实有效的做事方式，而不喜欢尝试新方式。值得注意的是，经验开放性与智力不是一回事——精明能干的人并不一定具有知识上的好奇心。

表 6-1 人格的大五模型或 OCEAN 模型

五要素维度	行为 / 项目
经验开放性	我喜欢去国外旅游；我喜欢上学
尽责性	我通常会列出行动清单；我很少陷于麻烦中
外倾性	我喜欢承担对他人的责任；我有一大群朋友
宜人性	我是个有同情力的人；我通常与他人相处愉快
神经质	我总是在压力情境下保持镇静；我能很好地接受个人批评

一个关键的研究问题是：与偏好实用型思考的人相比，好奇心强、全景式思考者是否更有可能成为有效领导者？研究表明，经验开放性是领导有效性的一个重要部分，对组织高层或完成海外任务尤其重要。[38, 39, 40, 41, 42, 43, 44] 经验开放性得分高的人乐于采用更具战略性的方法来解决问题，这有助于 CEO 和其他高层领导者及时了解市场趋势、竞争威胁、新产品和政府政策的变化。并且，由于高经验开放性的人也喜欢陌生新奇的体验，他们往往乐于面对在国外生活和领导工作中的挑战。但好奇心、创新性、全景式思考对某些领导岗位并不重要。例如，生产流水线上的基层管理者、麦当劳的店长或美国陆军的排长都不需要很强的战略思考能力。这些职位更需要做出实用性决策，而不是提出精妙的解决方案，因此，高经验开放性可能对这些职位的领导效力产生

损害。

尽责性（conscientiousness）关注与个人工作方法有关的行为。尽责性分值较高的领导者往往有高计划性、井井有条、认真、严肃对待承诺，并且很少陷入麻烦。尽责性分值较低的领导者则往往不受约束、有创造性、冲动、偏离成规、不太关注完全履行承诺。电视剧《辛普森一家》中的巴特和丽莎·辛普森提供了高尽责性与低尽责性人格特质的绝佳例证。丽莎是井井有条、努力工作、值得信赖且从不陷入麻烦的人；巴特则是杂乱无章、喜欢恶作剧、懒惰、很少能信守承诺的人。大量研究表明，尽责性分数较高的人比分数较低者更有可能成为有效领导者。[45, 46, 47, 48, 49, 50, 51, 52, 53, 54, 55, 56]

> 我们过于迷信人格特质了；当事情不顺时，我们四处找救星来解决。如果碰巧以为自己找到了一个，它很快也会被我们毁了。
>
> ——康斯坦丁·卡拉曼利斯（Constantine Karamanlis），希腊前政治家

尽责性在很多方面与管理（而非领导）关系更大。这是因为，获得高尽责性分值的领导者虽然有计划、有条理、坚持目标导向、偏爱结构化，但他们往往也倾向于风险规避、缺乏创造力、有点沉闷并且讨厌变革。尽管情境将决定这些倾向能在多大程度上推动或阻碍一位领导者构建团队、获取成果的能力，但研究表明，尽责性是领导潜力的良好预测指标。根据这一思路，尽责性似乎能很好地预测那些需要遵守规程、监督项目、关注细节的职位上的领导成就。获得高尽责性分值的人更有可能在前面谈到的一线生产管理者、店长和排长等岗位上取得成功，但若从事销售、咨询、大学教授或音乐家时，有效性就会打折扣了。

外倾性（extraversion）涉及的行为方式往往发生在群体环境下，通常关注在生活中获得成功。[57, 58, 59] 这种行为模式通常在某人试图影响或控制他人时出现。在他人看来，外倾性较强的人好交际、富于竞争精神、有决断力、心直口快、固执己见且高度自信。外倾性较弱的人通常更愿意独自工作，对影响他人和与他人竞争不太感兴趣。因为领导者的决断力、竞争精神和自信关系到他们能否成功地影响整个群体、构建团队及获得成果，领导者往往比非领导者有更高的外倾性分数，也就不足为奇了。[60, 61, 62, 63, 64, 65] 每次看到一群人聚到一起，你都会注意到人们在外倾性方面的差异。群体中的有些人可能比较外向，致力于引导整个群体去做特定活动；其他人则乐于友好相处，而非就群体活动争辩不休。

这种在群体中占据领导地位的强烈需要，往往与勇于冒险、制定决策及向上升迁的可能性高度相关。关键问题是，人们表现出这类外向行为是为了促进团队绩效，还是为了强化自己的权力。有些领导者表现得自信、果断和敢冒风险，唯一目的是获得晋升。这些雄心勃勃、一心向上爬的人完全不在意团队或群体成果，擅长说服团队成员完成高曝光度（但低影响力）的项目，帮助自己登上组织阶梯的更高层。还有些领导者表现出外向行为，是为了帮助群体绩效达到更高水平。由于这两类领导者都能让人产生强烈的第一印象，人们需要时间来分辨他们属于哪一类领导者。外倾性得分过高也可能存在问题，因为这种领导者不会采纳其他人的建议，认为只有自己有能力制定决策，并做出过于冒险的决策。很多时候，外倾性得分最高的人会做出糟糕的项目决策，或

者无法使群体成员开展有效的项目合作。尽管外倾性水平过高可能出现问题，但总体而言，较为果断、自信、外向的人往往是更有效的领导者，因此，外倾性也是评价领导潜力的一项重要指标（见专栏 6-3）。[66, 67]

❖ 专栏 6-3

领导成功与领导效力

本书第 1 章中谈到了成功领导者（successful leader；致力于获得晋升）与有效领导者（effective leader；专注于调动员工、构建团队、取得成果）的差异。㊀读者可能认为职业成功与领导效力相辅相成，但登上组织最高层的领导者所具备的人格特质，可能完全不同于成功构建高绩效团队的领导者所具备的人格特质。很多爬上顶层的人（特别是在大型官僚制组织中），他们努力树立的个人公开形象是忠诚的士兵、无条件服从、从不出错，从不质疑决策，不树敌，构建广泛的人际网络，并细心培育与组织中有权势者的关系。他们恭维上司，为获得晋升机关算尽，往往将直接下属看成剥削利用的对象。从人格角度来看，成功领导者有低神经质、高外倾性和高宜人性的分值。

有效的领导者更有可能相信**公平世界假说**（just world hypothesis），即一个人只要努力工作并取得卓越成果，就会得到回报。有效的领导者本身很少花时间培养人际网络或为晋升而游说上级，他们展现出的个人形象是将合适的人吸引到自己身边、描绘吸引人的未来愿景、激励他人、克服障碍并完成目标。他们往往有低至中等水平的神经质、外倾性和宜人性分值，有较高的尽责性和经验开放性分值。

虽然大多数组织想要有效领导者，但它们更有可能晋升的是成功领导者。之所以如此，是因为成功领导者花费大量时间有策略地迎合讨好，而有效领导者则一直在埋头专注于完成工作。在你所在的大学或组织中，这两类领导者中的哪一类得到了晋升？如果你开始自己的职业生涯，你会选择走哪一条路？

资料来源：F. Luthans, *Organizational Behavior: An Evidence Based Approach*, 12th ed. (New York: McGraw-Hill Irwin, 2011); G. J. Curphy, "Key Differences between Successful and Effective Leaders," LinkedIn, March 14, 2014, www.linkedin.com/pulse/20140314142437-36824143-key-differences-between-successful-and-effective-leaders; G. J. Curphy, "Does High-Potential Success Lead to Organizational Failure?" LinkedIn, August 25, 2014, www.linkedin.com/pulse/20140825110125-36824143-does-high-potential-success-lead-to-organizational-failure; G. J Curphy, "Stupid High-Potential Tricks," LinkedIn, September 8, 2015, www.linkedin.com/pulse/stupid-high-potential-tricks-gordon-gordy-curphy-phd; R. T. Hogan, G. J. Curphy, R. B. Kaiser, and T. Chamorro-Premuzic, "Leadership in Organizations," in *The Sage Handbook of Industrial, Work, and Organizational Psychology, Vol. 2: Organizational Psychology*, eds. N. Anderson, D. Ones, H. K. Sinangil, and C. Viswesvaran (London: Sage, in press); and J. Pfeffer, *Power: Why Some People Have It and Others Don't* (New York: HarperCollins, 2010).

㊀ 这里应该是指第 1 章的"successful manager"和"effective manager"，疑为原书笔误。——译者注

另一项 OCEAN 人格维度是**宜人性**（agreeableness），它关注一个人如何与他人融洽相处，而不是如何超越他人。[68, 69, 70, 71, 72] 在外人看来，宜人性分值高的人往往很有魅力、处事老练、待人热情、能设身处地为他人着想、平易近人并且乐观向上；宜人性分值较低的人则更容易表现出感觉迟钝、不擅长与人交往、性情乖戾、冷淡和悲观。宜人性关注的是一个人获得他人赞同的需要。有些人努力工作以赢得他人的喜爱，大家都知道他是个"好伙计"，人缘非常好。其他人则宁愿只谈事实（无论多不愉快），而不介意其他人是否喜欢自己。后一类人往往从事需要评估他人的工作，比如法官、裁判、警官或质检人员。这类人员雄心勃勃、沉迷于追求权力可能使人难以分辨其个性差异，但《权力的游戏》中不同的人物角色就表现出了或高或低的宜人性分值。乔弗里·拜拉席恩（Joffrey Baratheon）、拉姆斯·波顿（Ramsay Bolton）、桑铎·克里冈（Sandor Clegane，绰号"猎狗"）都是天性卑鄙刻薄，完全不在意他人看法的人。而在宜人性高分值的一端，瓦里斯大人（Lord Varys）极其热衷于操纵他人，但会努力避免树敌，而山姆威尔·塔利（Samwell Tarly）则似乎是真正体贴、受人喜爱的人。

尽管宜人性特质分数较高的人比分数较低的人更受人喜爱，往往能更好地构建团队，但他们可能在通过他人获取成果方面存在困难。这是因为，高宜人性的人相信关系比绩效重要，通常很难做出不受欢迎的决策或处理冲突、绩效问题，这会负面侵蚀团队效能。研究显示，由于存在这些困难，使用宜人性来预测领导有效性时，未能得出明确结论。[73, 74, 75, 76, 77]

神经质（neuroticism）关注的是人们如何对压力、变化、失败或个人批评做出反应。神经质得分较低的领导者脸皮较厚、冷静沉着、乐观、就事论事地看待错误或失败并且会隐藏情绪，而那些神经质得分较高的领导者则充满热诚、情绪激烈、脸皮较薄、情绪化，在面对压力或受到批评时会变得焦虑或情绪失控。在面对高压力时，追随者往往会模仿领导者的情绪或行为，所以在压力下保持沉着、不易被触怒的领导者，往往有助于群体坚持完成任务和工作，渡过难关。但遗憾的是，反之亦然。

在可预测的常规情境下很难观察人们在神经质维度上的差异，但在高不确定性或危机情境下，差别会变得很明显。在压力下，低神经质的人会保持冷静、沉着镇定，而高神经质的人则会变得紧张、激动和情绪化。情绪波动无疑会影响一个人构建团队和达成成果的能力，而且研究表明，神经质是领导潜力的另一项良好预测指标。[78, 79, 80, 81, 82, 83, 84, 85, 86, 87] 虽然神经质的低分值通常与领导效力有关，但在需要投入额外努力来达成成果或推动变革时，低神经质的领导者很难鼓舞员工士气。这是因为员工此时的情绪极为低落，他们无法表现出任何激情或热诚。与之相对，魅力型领导者则往往有较高的神经质分值。[88]

大五模型或 OCEAN 模型的启示

特质论和大五模型或 OCEAN 模型为领导学研究者和实践者提供了几种有用的工具和思路。人格特质有助于研究者和实践者解释领导者和追随者在长时间保持稳定行为倾向的原因。这些理论告诉我们为什么一些领导者很有支配欲，另一些则较为顺从[㊀]；一些坦率直言，另一些则沉默寡

㊀ 此处疑为笔误，原文为 deferent，疑应为 deferential。——译者注

言；一些很有计划性，另一些则冲动行事；一些很热情，另一些则相当冷淡；等等。值得注意的是，人格特质的行为表现往往自动自发地显现出来，无须多少有意识的思考。例如，在外倾性上分数较高的人，往往不假思索地运用某些手段来影响或领导他们所在的群体或团队。人格特质虽然预设了我们会以特定方式行事，但是我们也能通过经验、反馈和反思来学习调整自己的行为。

爬上任何组织的顶端都是一场政治游戏。构建一个长盛不衰的组织，则是一场领导游戏。

——R. T. 霍根（R. T. Hogan）和提姆·贾兹（Tim Judge），领导学研究者

如图6-1所示，人格特质是行为的一个关键组成部分，相对稳定、较难改变。此外，由于人格特质往往多年来一直保持稳定，且特质的行为表现几乎是自发产生的，当前及未来的领导者有必要深入了解自己的人格。例如，想象一下，一位领导者在神经质这一特质上得分较高，而他正在考虑是否接受一项高压力、高曝光度的工作任命。根据他的人格特质分数，我们可以预见这位领导者将对批评高度敏感，会很情绪化。如果这位领导者了解自己很难处理压力和批评，他就可能决定不接受该职位，改变情境以降低压力水平或学习能有效处理这类问题的技巧。缺乏这种自我洞察力的领导者可能会做出不利的选择，在应对该职位要求时遇到更多的困难。[89]

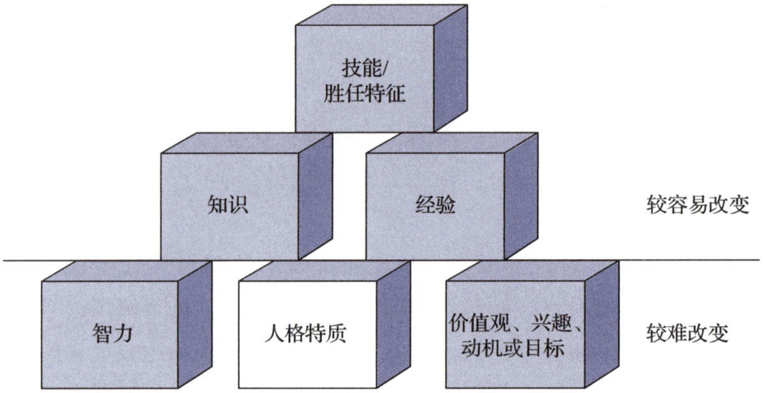

图6-1 领导技能积木（一）

研究表明，OCEAN模型可用于多种用途。目前大多数人格研究者都接受了某种形式的大五模型，因为它为人格–领导绩效研究的分类提供了一个有益范式。[90, 91, 92, 93, 94] 由于研究表明人格是领导潜力的有效度量指标，组织如今将OCEAN人格测评结果用于选聘新任领导者、为领导者提供关于多种人格特质的开发反馈，并将其作为领导者晋升决策的一个关键组成部分。[95, 96, 97, 98, 99]

OCEAN模型的一个好处是，它是进行领导者个人分析的有益工具。例如，图6-2给出了一位学校校长的OCEAN人格测评结果。根据这一结果，该领导者给人的总体印象是自信、目标导向、富于竞争性、开朗、乐于成为他人关注的焦点，但也易于分心、不擅长倾听（高外倾性）；乐观、有韧性、在压力下保持冷静（低神经质）；比较友善、易于相处（中等的宜人性）；具有中度

的计划性、遵守规则和认真（中等的尽责性）；务实、战术层面的思考者（低经验开放性）。其他领导者可能有不同的行为倾向，在雇用或晋升某人至领导岗位前了解这类信息，将有助于提高组织成功的概率（见专栏 6-4）。

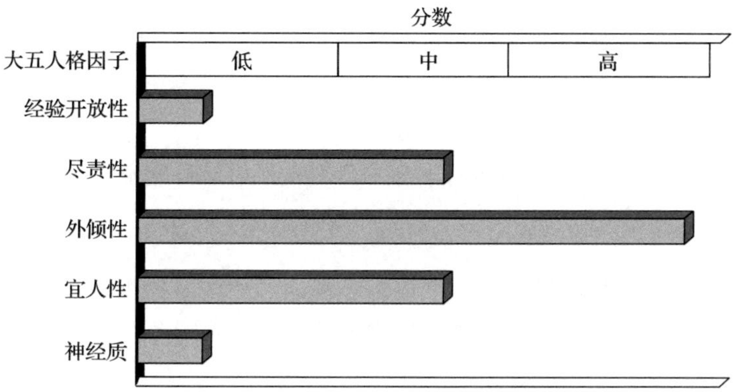

图 6-2　OCEAN 人格测评结果（示例）

❖ 专栏 6-4

人格与生活

目前很多组织在聘用领导者或领导开发项目中使用人格测评工具。尽管人格测评在私营企业和政府部门都得到普遍应用，但在组织环境下使用人格测评仍存在一些争议。反对使用人格测评的理由包括：①人格测评分数与工作绩效无关；②人格测评是有偏见的，或“不符合伦理的”；③人们可以编造人格测评结果。这些都是重要的问题：如果人格测评分数是有偏见的、与工作绩效无关、可以被编造出来，人们没有理由在工作环境下使用它们。但对人格研究的综述揭示出以下结论：

- 人格特质预测了总体管理效力、晋升速度和可能达到的管理层级。
- 人格特质预测了领导者成功和效力。
- CEO 的人格特质预测了公司的财务绩效。
- 人格特质预测了外派人员的绩效。
- 人格特质预测了职业成功。
- 人格特质预测了努力、毅力、创造力和帮助他人的意愿。
- 人格特质预测了几乎所有工作类型的总体工作绩效。
- 人格特质预测了缺勤及其他反生产工作行为。
- 人格特质预测了工作和职业满意度。

- 人格特质预测了死亡率、离婚、酗酒和吸毒、健康行为及职业成就。
- 人格特质分数预测了团队合作和团队绩效。
- 人格特质分数的预测力同样适用于受保护群体。换言之，男性、女性、非洲裔美国人、西班牙裔、亚洲裔美国人通常在人格测评中得到同样分数。
- 人格测评结果在一定程度上是可以伪造的，但测试结果的作伪与测试环境和管理过程有关。然而，作伪似乎并未影响人格测评结果与工作成果的相关关系，并且是可以发现并加以纠正的。
- 与传统的人员甄选技术（如简历和面试）相比，“负面影响”或作伪对人格测评的伤害较小。

上述研究结论表明，人格测评可以帮助组织雇用有潜力取得成效的领导者，帮助领导者雇用成功概率较大的追随者。反对使用人格测评的理由站不住脚，而且，这些研究结论还使领导学研究者重燃对人格问题的热情。

资料来源：L. M. Hough and F. L. Oswald, “Personality Testing and Industrial-Organizational Psychology: Reflections, Progress, and Prospects,” *Industrial and Organizational Psychology: Perspectives on Science and Practice* 1, no. 3 (2008), pp. 272–90; G. J. Curphy, *Hogan Assessment Systems Certification Workshop Training Manual* (Tulsa, OK: Hogan Assessment Systems, 2003); G. J. Curphy, “Comments on the State of Leadership Prediction,” in *Predicting Leadership: The Good, the Bad, the Indifferent, and the Unnecessary*, J. P. Campbell and M. J. Benson (chairs), symposium conducted at the 22nd Annual Conference for the Society of Industrial and Organizational Psychology, New York, April 2007; R. T. Hogan and T. Chamorro-Premuzic, “Personality and Career Success,” in *APA Handbook of Personality and Social Psychology*, vol. 3, eds. L. Cooper and R. Larsen (Washington, D.C.: American Psychological Association, 2012); D. S. Chiaburu, I. S. Oh, C. M. Berry, N. Li, and R. G. Gardner, “The Five-Factor Model of Personality Traits and Organizational Citizenship Behaviors: A Meta-Analysis,” *Journal of Applied Psychology* 96, no. 6 (2011), pp. 1140–65; J. Antonakis, D. V. Day, and B. Schuns, “Leadership and Individual Differences: At the Cusp of a Renaissance,” *The Leadership Quarterly* 23, no. 4, (2012), pp. 643–50; A. E. Colbert, T. A. Judge, D. Choi, and G. Wang, “Assessing the Trait Theory of Leadership Using Self and Observer Ratings of Personality: The Mediating Role of Contributions to Group Success,” *The Leadership Quarterly* 23, no. 4, (2012), pp. 670–85; M. O’Connell, “The Five Biggest Myths about Pre-Employment Assessments,”PSI,July 7,2015, https://blog.psionline.com/talent/the-5-biggest-myths-about-pre-employment-assessments; D. Winsborough and T. Chamorro-Premuzic, “Great Teams Are about Personalities, Not Just Skills,” *Harvard Business Review*, January 25, 2017, https://hbr.org/2017/01/great-teams-are-about-personalities-not-just-skills; I. D. Grow, S. N. Kaplan, D. F. Larcker, and A. A. Zakolyukina, “CEO Personality and Firm Policies,” *Working Paper 22345* (Cambridge, MA: National Bureau of Economic Research, July 2016); R. I. Damian, M. Spengler, A. Sutu, and B. W. Roberts, “Sixteen Going on Sixty-Six: A Longitudinal Study of Personality Stability and Change across 50 Years,” *Journal of Personality and Social Psychology* 117, no. 3 (2018), pp. 674–95; P. D. Harms and B. J. Brummel, “The Five Big Mistakes,” *Talent Quarterly*, August 2019; A. Furnham, “Why do Personality Tests Fail at Selection?” Hogan Assessments, April 23, 2019, www.hoganassessments.com/why-do-personality-tests-fail-at-selection; A. Furnham, “Twelve Myths about Psychometric Tests That You Have Fallen For,”Chartered Management Institute, November 30, 2017, www.managers.org.uk/insights/news/2017/november/twelve-myths-about-psychometric-tests-that-youve-fallen-for; and R. Sherman, “Five Marketing Trends in the New Era of Assessment and Why You Shouldn’t Fall for Them,” Hogan Assessments, October 14, 2019, www.hoganassessments.com/five-marketing-trends-in-the-new-era-of-assessment-and-why-you-shouldnt-fall-for-them.

OCEAN 模型的另一项好处是它似乎在不同文化中普遍适用。[100, 101, 102, 103, 104, 105] 来自亚洲、西欧、中东、东欧或南美文化的人，似乎都用同样的五个人格维度归类、侧写或描述他人。不仅来自不同文化的人用同样的五因素框架来描述他人，而且这些维度似乎也都预测了不同文化下的工作和领导绩效。例如，萨尔加多（Salgado）进行的一项全面研究综述发现，OCEAN 模型的所有五个维度都能用于预测多个欧洲国家中的蓝领工人、专业人员和管理者的绩效。[106] 但人格 – 工作绩效间的关系强度取决于特定的工作类型。有些工作，比如销售，特别强调人际技能和目标导向（即外倾性和宜人性）；而制造类工作则更强调计划和严格遵守安全、生产规则（即尽责性）。当度量的人格特质与工作有某种关联时，研究者往往会发现较强的人格 – 工作绩效相关关系（见领导概览 6-2）。[107, 108, 109, 110]

❖ 领导概览 6-2

罗伯特 · 霍根

过去 40 年间，罗伯特 · 霍根（Robert Hogan）无疑是领导学研究领域中最突出、最有影响力的学者之一。他撰写的论文和专著在行为科学研究中的引用率最高，他也频频被政府机构、企业和学术团体邀请进行主题演讲。人们普遍认为他开发的人格测评问卷是“同类产品中最佳的”，并被用于全球各地从卡车司机到 CEO 的录用和开发决策中。截至目前，超过 300 万人接受过一项或多项霍根测评，而且这些测评工具正变得越来越受欢迎。

霍根在洛杉矶东部长大，是家中第一个接受大学教育的人。他被加利福尼亚大学洛杉矶分校录取，用海军后备军官训练队奖学金（Navy ROTC Scholarship）取得了工程学学位，随后在美国海军的一艘护航驱逐舰上工作了 7 年。正是在海军服役期间，霍根开始对领导学和心理学产生了兴趣；在海上，他阅读了所有能找到的弗洛伊德、荣格和其他著名心理学家的著作。从海军退役后，霍根成为洛杉矶警察局的一名假释官。在担任假释官期间，霍根发现，决定未成年人命运的流程完全取决于假释官的一时心血来潮，并不存在使这些人摆脱困境的标准化制度或程序。霍根认为一定存在更好的工作方式，因此决定去加利福尼亚大学伯克利分校攻读人格心理学的博士学位。在博士学习期间，霍根对警官使用人格测评，并设计了甄选系统以防止不公平的录用和晋升。毕业后，他先是担任了一段时间的约翰 · 霍普金斯大学教授，随后又成为塔尔萨大学的教授。最终，霍根成为塔尔萨大学心理系系主任，并同时创立了自己的公司。

霍根是一位真正的企业家，他创立的霍根测评系统公司现在已有超过 100 名全职员工，其分销合作商遍布全球。霍根测评系统公司为他本人提供了绝佳的平台，使其可以指导和培养研究生，帮助新教师发表研究成果。他也得以利用测评收集到的数据，发表了数百篇人格与领导学领域的论文（包括书籍），其中很多都发表在顶级心理学期刊上。本书的作者之一，戈登·J.柯菲认为，霍根关于领导的思考、他本人身为领导咨询顾问所取得的成就，对自身产生的影响远大于其他任何同事。

资料来源：R. B. Kaiser, “Robert Hogan and the Revival of Personality Theory and Assessment,” LinkedIn, December 21, 2015, www.linkedin.com/pulse/robert-hogan-proud-say-hes-been-my-mentor-12-years-jeremy-sutton.

人格特质的替代：人格类型

特质不是描述典型行为的唯一方式。描述人们日常行为模式差异的一种替代方式是**类型**（type），或者说**人格类型学**（personality typology）。在OCEAN模型中每个人格因素（如神经质）都被视为一个不同人可能有不同取值的连续区间，但人格类型通常被视为相对离散的类别变量。

用下面的例子可以更清楚地说明二者的区别。我们以支配欲这一人格特质为例，将它与一个假想的概念“支配型”做比较。上面这条线是指特质的连续区间，一端是顺从，另一端是支配。吉姆、约翰、乔伊、杰克这四个人的特质分数显示在刻度上。你能从他们在刻度上的相对位置推断出：约翰与乔伊更相似，而与吉姆或杰克差异较大。现在看下面一条线，这是对顺从型和支配型的一种类型学划分。人格类型背后的理论表明，约翰与吉姆的相似程度高于乔伊，而乔伊与杰克的相似程度高于约翰。

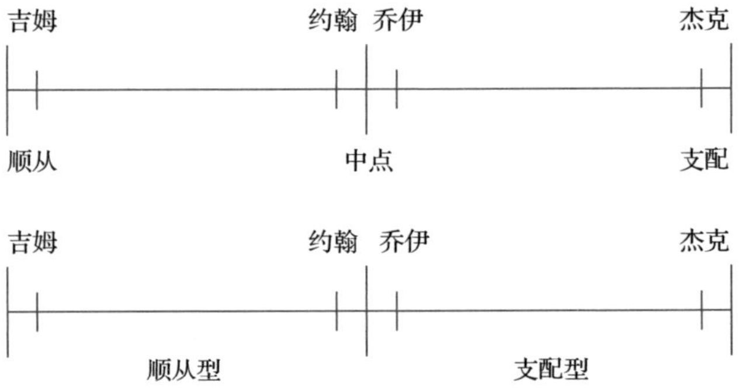

迈尔斯－布里格斯类型指标（Myers-Briggs type indicator，MBTI）是最流行的人格类型测评工具，每年有超过200万人接受测试。[111] 迈尔斯等（Myers，Myers）认为[112]，个人在四种基本的偏好维度上存在差异。这四个维度是外向－内向（extraversion-introversion，即开朗与安静）、感觉－直觉（sensing-intuition，即关注细节与全局导向）、思维－情感（thinking-feeling，即理性决策与基于情绪的决策）、判断－感知（judging-perceiving，即工作方式上高度计划性与强调灵活性）。这四个维度都是两极化的，这意味着个人通常的偏好是要么外向、要么内向。由这四个两极化维度可以形成十六个心理类型。例如，有人具有高度内向、感觉、思维和判断型的特征，就被归为ISTJ型。另一个具有高度外向、直觉、情感、感知型的人，就被归为ENFP型。心理偏好的支持者相信，任

何特定类型的个体之间的相似度都高于其他十五种类型的个体之间的相似度。[113, 114, 115]

尽管MBTI应用广泛，领导实践者需要意识到它存在多项局限性。首先，这四个心理偏好维度忽略了某些关键的人格因素，如神经质。[116] 其次，个人的心理类型可能并且的确随时间推移而改变。有些研究表明，有一半人在五周内再次测试时，四个字母（维度）中至少有一个会发生改变。[117] 数据还显示，心理类型分布会随年龄而发生重要的变化。[118] 如果人格类型经常变化，很难看出如何应用MBTI来甄选领导者和追随者。最后，测试还可能受到**福勒效应**（Forer effect）的困扰，这是指人们获得的描述性说明有某种奉承讨好的意味，但表述极为含糊，可以适用于几乎每个人。你在使用星座图时会观察到福勒效应的存在，而MBTI中那16种类型的描述方式也差不多。人们坚信每个人都有各自的特质，但他们的社会声誉（其他人如何看待他们）则往往与其人格类型的描述不匹配。另一个严重问题是MBTI维度和类型与职业成功或领导效力无关，没有值得信赖的研究能证明MBTI预测了专栏6-5中列出的结果。[119, 120, 121, 122, 123, 124]

❖ 专栏6-5

积极心理学和优势领导

传统心理学很大程度上关注的是对心理失调的诊断和治疗。积极心理学则关注心理状况连续区间的另一端——心理健康，它想了解人们可以做什么努力来提升才华、天分、能力及幸福感。积极心理学不担心什么地方出了问题，它关心的是如果人们想的只是进展顺利的部分，会发生什么情况？这种方法能否促进职业成功、提高收入、增进人们的生活满意度？有一些人，比如诺曼·文森特·皮尔（Norman Vincent Peale）、乔·奥斯廷（Joel Osteen）和托尼·罗宾斯（Tony Robbins），因为关注积极方面而吸引了大量粉丝并赚取了数百万美元。这种方法的极度流行也影响到了领导学领域，它在领导学中的一种表现就是所谓的**“优势领导”**（strength-based leadership）。

优势领导方法以三个信念为基础：①明确个人擅长做什么；②找到能充分利用个人优势的工作或任务；③尽量减少花在改善劣势上的时间，因为这一做法将负面影响整体效力。优势测试器2.0（StrengthsFinder 2.0）是一项类似于人格测评的量表，用于帮助领导者发现其最突出的5项优势（即特质）。这一测评量表的开发者相信，最有效的领导者将大部分时间用于从事自己最擅长的活动，并吸引与自己优势互补的追随者一起共事。

虽然这种方法听上去很吸引人，领导者只需要从事自己擅长的事，忽视自己的劣势或转交给其他人完成，但优势领导方法存在5个问题。其一，领导者自以为的个人优势可能与其社会声誉不符。基于自我评价的优势测试器2.0测评结果可能表明，某位领导者很擅长做5件事，但熟知这位领导者的人可能认为此人擅长做的是另外5件事。因此，领导者可能会将自己的全部时间用在错误的活动上。其二，优势领导方法可能成为一项方便的借口，被自恋狂滥用。人们可能认为自己真的很擅长X、Y和Z，因此相信自己应该只做X、Y和Z。虽然工作需要完成任务A、B和C，但这与其优势不符，因而他可能会避开这些活动。其三，仅仅忽视劣势并不能使它们消失。如果领导者不擅长制定愿景、构建团队、鼓舞他人，他很难通过吸引特定追随者来弥补其缺陷。其四，领导者面临的情境处于不断变化中，领导者会面对新的上级、面临新任务或新职责、获得晋升、被调到新的事业部或公司等。在某些情境下有利的优势行为，可能在其他情境下成为个人的不足。其五，大量研究表明，过度运用优势也会导致管理无能。在运用其优势时，具有天然魅力的领导者可能变得操控欲过强，关注细节的领导者可能变得事必躬亲。很多尝试优势领导方法的领导者可能过度使用这一方法，结果使团队成员产生反感。领导者应该深入了解自己的优势所在，但最优秀的领导者是那些清楚过度运用优势会带来何种后果并致力于改善其劣势的领导者。

由于存在上述诸多问题，科学研究未能证明优势领导方法可以预测专栏6-4中列出的任何一项结论，也就不足为奇了。

资料来源：M. E. P. Seligman and M. Csikszentmihalyi, "Positive Psychology: An Introduction," *American Psychologist* 55, no. 1 (2000), pp. 5–14; T. Rath and B. Conchie, *Strengths-Based Leadership: Great Leaders, Teams, and Why People Follow* (New York: Gallup, 2009); J. Asplund, S. J. Lopez, T. Hodges, and J. Harter, *The Clifton Strengths-Finder 2.0 Technical Report: Development and Validation* (New York: Gallup, 2009); R. B. Kaiser and D. V. Overfield, "Strengths, Strengths Overused, and Lopsided Leadership," *Consulting Psychology Journal* 63, no. 2 (2011), pp. 89–109; R. B. Kaiser and J. Hogan, "Personality, Leader Behavior, and Overdoing It," *Consulting Psychology Journal* 63, no. 4 (2011), pp. 219–42; H. Le, I. S. Oh, S. B. Robbins, R. Ilies, E. Holland, and P. Westrick, "Too Much of a Good Thing: Curvilinear Relationships between Personality Traits and Job Performance," *Journal of Applied Psychology* 96, no. 1 (2011), pp. 113–33; T. Chamorro-Premuzic, "Strengths-Based Coaching Can Actually Weaken You," *Harvard Business Review*, January 4, 2016, https://hbr.org/2016/01/strengths-based-coaching-can-actually-weaken-you; G. Karris, "The Danger of the Strengths-finder Test," March 24, 2016, https://stepoutoftherace.com/strengthsfinder-test-danger; " Too Much of a Good Thing: Leaders Need to Learn to Beware Their Strengths," *The Economist*, June 8, 2013, p. 72; M. Loftus, " When Virtue Becomes Vice," *Psychology Today*, October 2013, pp. 52–60; and G. J. Curphy, "Strengths, Jedi Mind Tricks, and Leadership Development," LinkedIn, January 23, 2016, www.linkedin.com/pulse/strengths-jedi-mind-tricks-leadership-development-curphy-phd.

情商与领导

什么是情商

到目前为止，我们已经讨论了人格特质在领导者日常行为模式中发挥的作用，但我们还没有讨论情绪在领导成功和效力中扮演的角色。换言之，**心境**（mood）是否会影响领导者获得晋升、构建团队和通过他人获取成果的能力？心境和情绪在工作中持续产生影响，但大多数人都不愿与密友之外的人谈论个人心境。而且，心境似乎是有感染力的，领导者的心境往往会以积极或消极的方式影响追随者。并且，魅力型或变革型领导者以情绪为催化剂，来达到超过期望的成果（见

第 16 章）。考虑到情绪在工作场所中的重要性和普遍性，应该有大量研究探讨心境和领导效力的关系，但情况并非如此。研究者真正开始认真探讨情绪在领导过程中的作用，不过是过去 25 年间的事。

领导者的情绪及其对团队和成果的影响，自研究者丹尼尔·戈尔曼（Daniel Goleman）所著的《情商》（*Emotional Intelligence*）一书出版后，开始成为热门话题。[125] 但什么是情商，它与人格或本章即将描述的三种智力类型有何异同点？不幸的是，**情商**似乎至少有四种主要定义。“情商”一词可以追溯到两位心理学家彼得·萨洛维（Peter Salovey）和约翰·梅尔，他们研究了一些聪明人无法获得成功的原因。萨洛维和梅尔发现，他们中有很多人遇到麻烦，是因为缺乏人际敏感性和技巧，两位研究者因此将情商定义为有助于人们识别其自身情感和他人感受的一组精神能力。[126, 127] 洛文·巴昂（Reuven Bar-On）相信，情商是度量个人有效性的另一种方式，并将其定义为应对日常情境与处世所需的 15 种能力。[128] 瑞克·阿伯曼（Rick Aberman）将情商定义为思想、情感和行动保持一致的程度。根据阿伯曼的观点，当领导者的思想、情感和行动完全一致时，领导者会更有效、更“在状态”。[129, 130] 戈尔曼作为《纽约时报》科学栏目的作家，大大拓展了这些定义，并在《情商》和《情商实务》（*Working with Emotional Intelligence*）两本书中对其部分工作成果进行了总结。[131, 132] 戈尔曼认为，生活中的成功更多取决于一个人的自我激励水平、面对挫折的坚忍不拔、情绪管理、适应力、共情和与他人相处的能力上，而非取决于一个人的智商值。过去 20 多年来，情商被证明是一个具有很高影响力的概念，《时代》杂志宣称《情商》一书入选“有史以来最具影响力的 25 本管理书籍”排行榜。[133] 表 6-2 比较了萨洛维和梅尔、巴昂、戈尔曼的情商模型。

表 6-2　情商的能力模型与混合模型

能力模型	混合模型	
梅尔、萨洛维、卡鲁索（Caruso）	戈尔曼等	巴昂
感知情绪	自我觉察 情绪觉察 准确地自我评价 自信	内省 自重 情绪觉察 果断 独立 自我实现 适应力 现实验证 灵活性 问题解决
管理情绪	自我调节 自我控制 可信度 尽责性 适应力 创新	压力管理 抗压性 冲动控制

（续）

能力模型	混合模型	
梅尔、萨洛维、卡鲁索（Caruso）	戈尔曼等	巴昂
运用情绪	激励 成就 承诺 首创性 乐观 共情 理解他人 开发他人 服务导向 多元化 政治意识	人际 共情 社会责任 人际关系
理解情绪	社交技能 影响力 沟通 冲突管理 领导力 推动变革 建立联系 协调与合作 团队能力	一般情绪状态 乐观 幸福

资料来源：R. Bar-On, *Emotional Quotient Inventory* (North Tonawanda, NY: Multi-Health Systems, 2001); D. Goleman, *Working with Emotional Intelligence* (New York: Bantam Doubleday Dell, 1998); D. R. Caruso, J. D. Mayer, and P. Salovey, "Emotional Intelligence and Emotional Leadership," in *Multiple Intelligences and Leadership*, ed. R. E. Riggio, S. E. Murphy, and F. J. Pirozzolo (Mahwah, NJ: Lawrence Erlbaum Associates, 2002), pp. 55–57; and Consortium for Research on Emotional Intelligence in Organizations (CREIO), www.eiconsortium.org.

虽然这些定义可能令有兴趣进一步了解情商的人困惑，情商的四种定义大致可以分为两类模型：情商的能力模型和情商的混合模型。[134, 135] 能力模型关注情绪如何影响领导者的思维、决策、计划和行动方式。该模型将情商界定为四种不同但相关的能力，包括：①准确感知自己及他人情绪的能力；②产生情绪以促进思考和行动的能力；③准确理解情境的产生原因及传达意义的能力；④调节自己情绪的能力。根据梅尔、萨洛维、卡鲁索的研究，有些领导者可能很擅长感知情绪并充分利用情绪来达成团队结果，却无法调节自己的情绪。或者，他们可能很善于理解情绪的产生原因，但不善于感知他人的情绪。能力模型不打算成为一个包罗万象的领导模型，而是成为 OCEAN 模型的补充。[136, 137] 就像领导者在神经质或宜人性上存在差异，他们在感知和调节情绪的能力上也存在差异。情商的能力模型有助于研究者确定情商是否为一项单独的能力，以及它能否作为 OCEAN 模型和认知能力之外的独立变量来预测领导效力。

戈尔曼等和巴昂对情商的定义被归入混合模型。这些研究者相信，情商不仅包括上一段提出的多种能力，也包括其他一些属性。因此，混合模型提供了一个更宽泛、更全面的情商定义。根据表 6-2 的简述，情商的属性是指大部分领导者都应该具备的素质，并且，戈尔曼、鲍亚兹和麦基（Goleman，Boyatzis，McKee）主张，高情商的领导者多多少少应具备所有这些属性。[138, 139, 140] 此外，情商的混合模型在人力资源专业人员和公司环境下受到的普遍欢迎远高于能力模型。但混合模型真的与我们已知的内容存在差异吗？更具体地说，混合模型与 OCEAN 模型有差别吗？研究表明，混合模型与 OCEAN 模型测评了同样的个人特征，并且在预测工作绩效和其他重要工作成果时，情商的预测能力并未优于 OCEAN 模型。[141, 142, 143, 144, 145, 146, 147,148] 戈尔曼等和巴昂使“非认知能力是领导成功的重要预测指标”这一观念广泛流行，他们的贡献值得赞誉。但消极的一面是，他们也坚持主张自己的发现是全新的，却对过去一百年来的人格研究（混合模型中的多项属性正是以此为基础）的贡献避而不谈（见领导概览 6-3）。

❖ 领导概览 6-3

斯科特·鲁丁

很少有人知道斯科特·鲁丁（Scott Rudin）是谁，但很多人都看过他的作品。鲁丁在过去 35 年间一直是好莱坞的电影制片人，制作的电影包括《龙文身的女孩》《血色将至》《老无所依》《月升王国》《社交网络》《女王》《美国战队：世界警察》《超级名模》《摇滚校园》《丑闻笔记》《布达佩斯大饭店》《机械姬》《藩篱》，还有其他作品，包括大受欢迎的戏剧作品（《摩门经》）和电视剧集（《硅谷》）。他是首位同时赢得艾美奖、格莱美奖、奥斯卡奖和托尼奖的制作人，他所获得的奖项还不仅于此。他制作的影片合计票房收入超过了 40 亿美元。

鲁丁同时有一个“好莱坞最难共事老板”的坏名声。据估计，他在过去 5 年间解雇了超过 250 名助理。他刻薄地大声咆哮、尖声威胁，冲动地解雇以及如旋转门一般频繁地更换助理，都是人们津津乐道的事。例如，据说他曾因为带来的早餐松饼不对而解雇了一位助理，下面这些话据称也源自他：

“该死的，不要思考！我雇的是你脖子以下的部分。”

“这是愚蠢的新境界。”

“你有三件事要做：接电话、听我的、去死。”

鲁丁认为自己的领导风格介于匈奴可汗与简·布罗迪小姐㊀之间，有传言称，《穿普拉达的女魔头》一片中的米兰达有些方面就是以鲁丁为原型。

鲁丁是一位极端的微观管理者，他会参与到影片制作的每个细节中。由于他会同时担任几部影片的制作人，鲁丁经常会在一天时间内打超过 400 个电话。鲁丁的助理从早上 6 点开始工作，手里有一份长达 30 页（带注脚）的电话号码表需要在当天搞定。助理在一天内需要做的事，包括取回干洗衣物、接电话、确定约会日程、安排差旅行程、购买生日礼物、接送小孩等。只要鲁丁说得出，助理都要去做。那么，为什么这些助理要忍受鲁丁的差遣？工作时间虽然很长，但收入相当可观——大

㊀ 电影《春风不化雨》(*The Prime of Miss Jean Brodie*) 的女主角。——译者注

多数实习生可以每年赚70 000～150 000美元。更重要的是，那些熬过来的助理有机会和顶级人才来往，了解电影行业的全部诀窍。再加上一点，熬过来的人还有大量机会获得提拔——鲁丁的很多助理后来也成了电影制片人。

根据这一背景，哪些人格特质有助于鲁丁制作成功的影片？他在过度使用自己的优势吗？你将如何评价鲁丁的情商？

资料来源：K. Kelly and M. Marr, "Boss-Zilla!" *The Wall Street Journal*, September 24–25, 2005, p. A1; E. Gould, "New York's Worst Bosses: Scott Rudin," *Gawker*, March 13, 2007, http://gawker.com/243908/new-yorks-worst-bosses-scott-rudin; M. Callahan, "The Man Known as Hollywood's Biggest A-Hole," *Page Six*, December 14, 2014,http://pagesix.com/2014/12/14/the-man-known-as-hollywoods-biggest-a-hole; and R. Gustini, "The Four Types of Scot Rudin Temper Tantrums," *The Atlantic*, December 2011, www.theatlantic.com/entertainment/archive/2011/12/four-types-scott-rudin-temper-tantrums/334726.

情商能被度量和开发吗

《情商》一书的出版，催生了一个由情商测量和开发的相关书籍、培训项目和测评工具组成的产业。梅尔、萨洛维和卡鲁索的情绪智力量表（MSCEIT）是对情商能力模型的测量，它要求被试指出图片中表达的情绪，哪些心境在特定社会情境下是有益的，如此等等。[149, 150] 巴昂则开发出了情商的自我、自我 – 他人、年轻人、组织等量表，如巴昂情绪商数 –360 或 EQi-S。[151]

戈尔曼开发出的情绪能力问卷（emotional competence inventory，ECI）包括10个子问卷。这些子问卷分别由被试本人和其他9人完成；测评者汇总计算全部回答后向被试提供一份反馈报告。由于研究者界定情商的方式存在差异，并使用不同流程来测量情商，这些测量工具经常为领导者提供相互冲突的结论也就不足为奇了。[152] 然而，美国空军征兵服务处使用情商量表进行潜在征兵人员的初筛，发现候选人在果断、共情、幸福、自我觉察和问题解决方面的分数越高，提前终止该岗位任职的可能性就越小，并有90%的可能会达到他们的征兵定额。[153]

大多数情商研究者都同意一点，即情商是可以开发的。戈尔曼和阿伯曼（Aberman）开发出了多种1～5天的项目来帮助领导者改善情商；巴昂也开发了15个网络学习模块（见EQUniversity.com网站）。情商培训的一个应用大户是美国运通财务顾问公司（AEFA）的销售人员。AEFA的领导者发现，公司拥有广受尊重的成套客户投资和保险产品，但很多销售人员在电话销售时受到如何对客户情绪表现做出反应的问题困扰。此外，公司中最优秀的销售人员往往能更好地"读懂"客户情绪，并能设身处地对客户做出回应。自1993年以来，AEFA有超过5500名销售人员和850名销售经理参加了为期5天的培训项目，旨在更好地识别客户情绪表现并做出回应。AEFA发现，参加了该项目的销售人员平均年销售额增长了18.1%，而没有参加该项目的人员平均年销售额仅增长了16.1%。这一绩效差别并不明显，未能证明5天销售培训中的情商培训内容的确带来了增值。[154]

情绪与理智的本质差异是：情绪带来行动，而理智产生结论。

——唐纳德·卡恩（Donald Calne），神经学家

情商的启示

阿伯曼坚持认为，当人们的思想、情感和行动处于不一致时（例如，你在高速公路上开车的同时，还在手机上和人争论），可能会导致事倍功半的结果。[155, 156]看起来，那些所思所想与实际行动不一致的领导者在影响群体完成其目标时，极可能是低效的。有关情商的文献也帮助大众了解到非认知能力（如压力容忍度、果断和共情）能在领导成功中发挥重要作用。今天的很多组织在聘用或提拔领导者的程序中，同时使用认知和非认知指标。最后，有关情商的文献也有助于将情绪重新带回工作场所。人的情绪在一对一的互动和团队工作中非常重要[157, 158, 159, 160, 161, 162, 163, 164, 165, 166, 167]，但有太多的领导学实践者和研究者选择无视其发挥的作用。当情绪被承认并得到有效运用时，它能成为激励的助燃剂，帮助个人和群体完成其目标。当情绪遭到忽略或轻视时，它也能严重阻碍领导者构建团队或影响群体的能力。正如本章在人格一节中所讨论的，能设身处地为他人着想、与他人融洽相处的领导者往往更成功。

近期的一些研究指出，当员工面临失去工作的威胁时，情商可以缓解员工对缺乏工作保障的反应，提高其应对压力的能力。在面临企业精简时，低情商的员工比高情商的员工更有可能出现消极情绪反应，并可能运用低效的应对策略。[168]沿着这一思路，其他研究者也报告，在领导者的心境与追随者的心境、工作绩效、工作满意度、创造力之间存在相关关系。[169]但鲍亚兹、斯塔布斯和泰勒（Boyatzis，Stubbs，Taylor）明确指出，大多数 MBA 项目更专注于认知能力和开发财务技能，而非成功构建团队和通过他人获取成果所需的那些能力。[170]

> 真正影响成功、人品、幸福和一生成就的，是特定的一套情绪技能（即你的情商），而不是纯粹由传统 IQ 测试评价的认知能力。
>
> ——丹尼尔·戈尔曼（Daniel Goleman），EQ 研究者

根据上述研究成果，有可能开发情商吗？对这一问题的回答是肯定的，但开发情商采取的路径，将取决于培训项目依据的是情商的能力模型还是混合模型。基于能力的情商培训项目关注的是改善参与者的能力，包括准确感知自己和他人的情绪、产生情绪以促进思考和行动、准确理解产生情绪的原因及其传递的意义，以及调节个人情绪的能力。这些项目大量使用视频、角色扮演及其他体验性练习，以帮助人们更好地识别、展示和调节情绪。由于情商的混合模型包含了极为广泛的个人属性，几乎所有领导开发项目都可以同时被视为情商培训项目。

尽管有上述积极贡献，但情商的概念也存在几方面局限。首先，戈尔曼及其同事、巴昂都没有承认人格的存在，更不用说一百年来的人格 - 领导效能关系研究。如表 6-3 所示，戈尔曼的情商模型与表 6-1 中的 OCEAN 模型极为相似。至少在这两位作者的概念框架中，很难看出情商与人格之间存在任何差异，而且有大量研究也证明了这一点。[171, 172, 173]其次，如果情商的属性在本质上就是人格特质，就很难看出如何通过培训干预来改变情商。人格特质很难发生改变，而且，通过一些网络学习模块或为期 5 天的培训项目来改变一个人 20～40 年来的日常行为模式，其可

能性值得怀疑。我们在第 1 章中谈到，人们能改变其行为，但这需要花费巨大努力、经历长期辅导才能完成。最后，一个重要的问题是：情商真的是一个新概念，或者仅仅是对原有观点和研究结论的重新包装？如果将情商定义为一种能力模型，正如梅尔、萨洛维和卡鲁索提出的，则情商可能是一种独特的能力，值得进一步研究（见图 6-3）。一位领导者在准确感知、调节和利用情绪方面的技能，似乎对构建高凝聚力、目标导向的团队至关重要，而 MSCEIT 之类的测量工具可以和 OCEAN 测量工具结合使用，用于聘任和培养更优秀的领导者。但如果情商被定义为一种混合模型，则很难看出戈尔曼及其同事、巴昂到底提供了什么新发现（见专栏 6-6）。

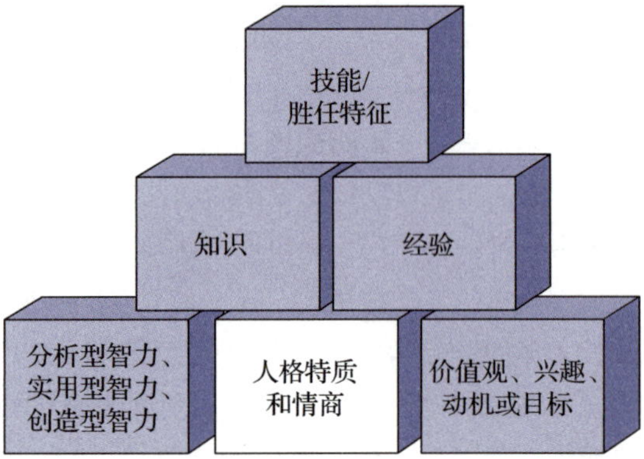

图 6-3 情商与技能积木

表 6-3 OCEAN 模型与戈尔曼的情商模型的比较

戈尔曼等	可能相关的 OCEAN 维度	戈尔曼等	可能相关的 OCEAN 维度
自我觉察		**共情**	
情绪觉察	宜人性	理解他人	宜人性
准确地自我评价	神经质	开发他人	经验开放性
自信	外倾性	服务导向	宜人性
自我调节		多元化	宜人性
自我控制	神经质、尽责性	政治意识	宜人性
可信度	尽责性	**社交技能**	
尽责性	尽责性	影响力	外倾性、宜人性
适应力	神经质、尽责性	沟通	外倾性
创新	经验开放性、尽责性	冲突管理	宜人性
激励		领导力	外倾性
成就	外倾性	推动变革	外倾性
承诺	外倾性	建立联系	宜人性
首创性	外倾性	协调与合作	宜人性
乐观	神经质	团队能力	外倾性、宜人性

✧ 专栏 6-6

神经领导学：事实还是一时的风尚

无论怎么说，情商将情绪带回工作场所的巨大贡献值得称道，但在很多方面，它也只是对人格特质和概念相对老套的重新包装。由于营销宣传活动的作用，情商和 MBTI 一样，在组织环境下随处可见。另一个目前广受公众关注的领导风尚是**神经领导学**（neuroleadership）。在过去 25 年间，研究者进行了大量的脑化学、大脑活动、结构和过程的研究，研究结论也被应用于日常生活中。例如，Match.com 和 Chemistry.com 等网站声称使用最新的大脑研究，为求偶者找到理想的约会对象；健脑操（Brain Gym）据称能帮助用户改善其认知能力。神经领导学试图将认知科学应用于情境觉察、压力容忍、专注力、激励、人格、价值观、判断力和决策、追随和领导等多种概念中，目前这已经成为一种潮流。对脑神经科学的狂热极为普遍，如今有多个咨询公司（如神经领导力研究所，NeuroLeadership Institute），正在推销基于认知科学最新研究的领导力开发项目。

“领导力或吸引力只不过是激活或抑制大脑特定活动的能力”的想法可能很有吸引力，但没有证据能证明这一点。Match.com、健脑操、神经领导力开发项目都利用这种一厢情愿的想法，推出了远超出我们所知的人类大脑运作方式的服务。研究表明，健脑操的练习无法预防阿尔茨海默病、健忘，无法改善整体认知能力或学业成绩，但这正是该公司推广这些活动的卖点。与此相类似，很多神经领导力开发项目用无意义的神经递质名词和听上去很科学的术语，取代了 20 世纪 70 年代发现的一些著名的心理效应。实际上，这些企业提供的各类项目在内容上并无差别。大脑运作极为复杂，领导力也相当复杂，我们对大脑运作的了解要想被用于甄选或培养领导者，还有一段很长的路要走。

认知科学中可能与领导学相关的一个领域，是**正念**（mindfulness）。正念可以被定义为有意识地放下杂念、关注当下的能力，亚马逊、谷歌等企业已经采用了正念培训来帮助领导者和员工改善关注力与应对压力。正念培训大量借用了冥想的内容，包括安排专门时间来观察当下、在杂念出现时放下定见、在思绪游移时回到当下。正念似乎的确有助于人们降低压力水平，提高对周围环境的觉察能力，并保持专注力。但这一技术是否真的有新意，能否带来优于其他情境觉察和压力管理技术的效果，仍有待进一步确定。

资料来源：R. J. Richardson and A. J. Kaszniak, “Conceptual and Methodological Issues in Research on Mindfulness and Meditation,” *American Psychologist* 70, no. 7 (2015), pp. 581–92; N. Lee, C. Senior, and M. Butler, “ Leadership Research and Cognitive Neuroscience: The State of This Union, ” *The Leadership Quarterly* 23, no. 2 (2012), pp. 213–18; J. Schwartz, J. Thomson, and A. Kleiner, “The Neuroscience of Strategic Leadership,” www.strategy-business.com/article/The-Neuroscience-of-Strategic-Leadership?gko=d196c; “ Does Not Compute: Modeling Brains, ” *The Economist*, January 21, 2017, pp. 65–66; A. Beard, “If You Understand How the Brain Works, You Can Reach Anyone: A Conversation with Biological Anthropologist Helen Fisher,” *Harvard Business Review*, March 2017, https://hbr.org/2017/03/the-new-science-of-team-chemistry#if-you-understand-how-the-brain-works-you-can-reach-anyone; B. Eichinger, “What’s Next for Leadership/Talent Development?” Keynote address given at the Minnesota Professional Psychology and Work Meeting, Minneapolis, MN, February 16, 2016; M. Wall, “How Neuroscience Is Being Used to Spread Quackery in Business and Education,” *The Conversation*, August 26, 2014, http://theconversation.com/how-neuroscience-is-being-used-to-spread-quackery-in-business-and-education-30342; K. Nowack and D. Radecki, “Introduction to the Special Issue: Neuro-Myth-conceptions in Consulting Psychology—Between a Rock and a Hard Place,” *Journal of Consulting Psychology: Practice and Research* 70, no. 1 (2018), pp. 1 10; and R. J. Davidson and A. Huffington, “Don’t Buy in to the Backlash the Science on Meditation Is Clear,” *Thrive Global*, June 25, 2018, https://thriveglobal.com/stories/don-t-buy-into-the-backlash-the-science-on-meditation-is-clear.

智力与领导

> 好头脑未必能产生好判断。
>
> ——佩吉·努南（Peggy Noonan），作家

什么是智力

在智力和领导之间首次建立起正式联系的，是公元前605年的中国；中国历代王朝用科举考试来决定哪些人会在国家管理机构中担任关键领导职位。[174] 在美国，运用智力测验来识别潜在领导者的做法可以追溯到第一次世界大战，而且，智力测验在这一领域的应用一直延续至今。超过一百年的全面系统研究，提供了压倒性的证据支持一般智力在人类事务中发挥了重大作用的观点。[175, 176, 177, 178, 179, 180, 181, 182, 183, 184, 185, 186] 但时至今日，智力与智力测验仍是社会科学中最具争议的论题。人们争论的问题包括遗传和环境如何影响智力、智力测验是否应该在公立学校中使用、少数族裔的平均智力测验分数是否存在差异等。但我们在此将大致绕开这些争议，将关注点放在智力与领导的关系上。

我们将**智力**（intelligence）定义为一个人在受思想指导的活动方面表现出的综合效力。[187, 188, 189, 190, 191, 192, 193, 194, 195, 196] 智力的这一定义与领导有何关系呢？研究表明，与智力水平较低的领导者相比，智力水平较高的领导者能更快地学习；提出更好的假设、演绎和推断；更好地提出有吸引力的愿景，并开发出将愿景变为现实的战略；提出更好的问题解决方案；就决策初期及其后的影响提出更多看法；更快地独立开展工作。[197, 198, 199, 200, 201, 202, 203, 204, 205, 206, 207, 208, 209, 210, 211, 212, 213, 214, 215, 216] 在很大程度上，人们被安排到领导岗位上是为了解决问题，不论这些问题的性质是有关客户、财务、运营、人际、绩效、政治、教育或社会的问题。因此，只要这些行为与高智力水平有关，就很容易看出一位高智力水平的领导者在影响群体完成目标方面通常比低智力水平的领导者更成功。但与人格特质一样，单独的智力因素不足以确保领导成功。很多聪明人是糟糕的领导者，也有很多愚钝者是糟糕的领导者。然而，很多领导活动似乎涉及某种程度的决策和问题解决能力，这意味着领导者的智力水平会在很多情境下影响领导成功的概率。

正如图6-4所示，智力是相对难以改变的。和人格一样，它也是一项看不见的素质，只能通过观察行为推断出来。此外，智力对行为的影响视情境不同而有差异。有些活动，比如遵循简单的规程，对智力的依赖相对较少。[217, 218] 我们对智力的定义也并未暗示智力在数量上是固定不变的。尽管遗传发挥了作用，智力水平的确可能因教育和经验的增加而发生变化。[219, 220, 221, 222] 最后，智力也是一个人社会声誉的组成部分。我们往往会对他人进行归类：聪明、精干、有创造力、迟钝、愚笨，这些属性都与一个人的智力水平紧密相关。

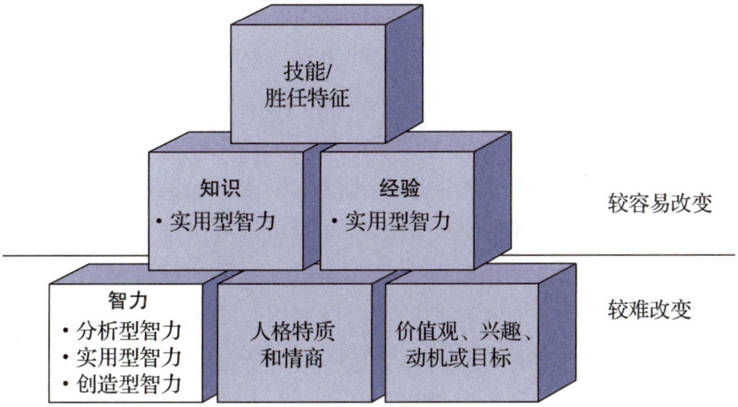

图 6-4　领导技能积木（二）

智力三元论

智力与领导效力之间有相关关系，但关于智力的性质仍存在持续争论。很多心理学家试图确定智力的结构：智力是一元的能力，还是涉及多个相关精神能力的集合？[223, 224, 225, 226] 另一些心理学家提出，了解人们完成复杂心理工作的过程要比确定心理能力的数量重要得多。[227, 228, 229] 在过去 30 年间开发并得到检验的智力理论中，综合性最强、最有说服力的要数斯腾伯格（Sternberg）的**智力三元论**（triarchic theory of intelligence）。[230, 231, 232, 233, 234] 它也提出了关于领导学的一些重要启示。三元论关注的是一位领导者在解决复杂心理问题时采取的行动，比如，在解决问题时如何综合并整理信息、提出了什么假设、出现了什么误差等。根据这一理论，存在三种基本的智力类型。**分析型智力**（analytic intelligence）是通用的问题解决能力，可以用标准化的智力测验进行测评。分析型智力很重要，是因为这类智力水平较高的领导者和追随者往往能快速学习、在学校取得好成绩、能看出问题之间的联系，并有能力基于不熟悉的信息做出准确的演绎、假设和推断。

> 每个人都是无知的，不过是在不同的领域。
>
> ——威尔·罗杰斯（Will Rogers），美国喜剧作家

然而，还有很多是分析型智力未能解释的。很多人在标准化测验中得了高分，但在生活中却表现平平。[235, 236, 237, 238] 也有些人在标准化智力测验中得分较低，但能对实际问题提出有创意的解决方案。例如，斯腾伯格及其同事描述了以下情境：在一所弱智儿童学校中，学生在标准化测试中得分极低，但他们总能找出办法绕过学校精巧复杂的安保系统。这一情境下的学生拥有相对较高的**实用型智力**（practical intelligence），或者说“街头智慧”。与缺乏街头智慧的人相比，拥有街头智慧的人知道为了更好地满足个人需要，应当如何适应、塑造或选择新的情境［比如，想象一

下，一个极少出门的电脑迷和一个来自市中心（inner-city）的小孩，都在纽约市中心迷路了]。换句话说，实用型智力是指知道如何完成工作、如何做事。对领导者而言，实用型智力很重要，是因为在面对特定的领导情境时，比如管理绩效不佳的下属、解决客户的问题或使团队更好地共同工作时，它使我们知道该做什么、如何做。[239, 240]

由于它对领导效力的潜在重要性，有必要指出实用型智力的其他几个方面。第一，实用型智力比分析型智力更注重知识和经验（见图6-4）。领导者可以通过增进其领导知识和经验来构建其实用型智力。本科和研究生课程、公司教育项目、类似于本书的教科书都可以帮助你构建实用型智力。获得各种不同的领导经验，对这些经验加以反思，也会帮助你构建实用型智力。但你需要了解，在你成为领导“专家”之前有很长的路要走——研究显示，真正精通任何特定领域，需要花费10年时间（见专栏6-7）。[241]

❖ 专栏6-7

为何聪明人学不会

有能力学习和适应是一项关键领导技能，但事实是很多专业人士并不擅长此道。领导者的工作是解决问题，他们通常也擅长此道，但也有很多领导者不清楚自己对问题的出现起到了何种作用。领导者都擅长**单回路学习**（single-loop learning），即评估数据和事实，并从收集的信息中找出导致问题的根源，但并不擅长**双回路学习**（double-loop learning），后者是指确定领导者需要如何改变工作方式以避免未来的问题。导致大量领导者不擅长双回路学习的一个主要原因，是大多数人并未经历过真正意义的失败。很多身居领导岗位的人有着令人羡慕的成功记录，因此，当事情变糟时，他们会错误地认为，既然自己一直都非常成功，这次也不是自己的错，肯定是其他原因导致群体绩效低于期望，比如未能充分发挥能力的追随者、市场条件、挑剔的客户、政府规制，或者不道德的竞争者。因此，很多领导者对失败的反应是将问题归罪于环境或他人。尽管外部因素可能也的确会影响群体绩效，但领导者的作为或不作为也是团队失败的一个主因。在领导者指责外部因素之前，他们需要问一个问题：我的行动在多大程度上导致了这一问题？遗憾的是，似乎一个人接受的正规教育越多，就越难开展双回路学习。智力本身无法帮助人们从经验中提炼出最大价值——反思也在学习和适应过程中扮演着关键角色。

资料来源：Adapted from C. Argyris, “Teaching Smart People How to Learn,” *Harvard Business Review*, May–June 1991, Reprint Number 91301.

第二，实用型智力与专门领域有关。一位拥有大量药物研究团队领导知识和经验的领导者，可能在受命领导一家慈善机构的重大募捐活动时完全不在状态。再举个例子，本书的一位作者曾与一家员工超过10万人的成功零售企业合作。企业中所有关键领导者都有超过20年的零售运营和理货经验，但他们在标准化智力测验中的得分不高。该公司在美国成功实现了扩张（充分利用了实用型智力），但公司向外国市场扩张的努力则是彻头彻尾的失败。这一失败部分源于领导者未能学习、领会或了解其他文化的复杂性（分析型智力），缺乏对国外市场的知识和经验（实用型智力），这进而导致开发的跨国业务经营战略不适当（分析型智力和实用型智力的共同作用）。因此，实用型智力对于熟悉情境中的领导很有用，但当领导者面对全新的或全然陌生的情境时，分析型智力可能会发挥更重要的作用（见专栏6-8）。

❖ 专栏6-8

一无所知，还是难辞其咎

过去数年间，发生了多起广受关注的事件，高管人员都声称对组织的不法行为一无所知。下面是几个典型例子。

富国银行

约翰·斯腾普夫（John Stumpf）担任富国银行CEO兼董事长9年后，于2016年秋天辞职。斯腾普夫被晨星公司评为“2015年度最佳CEO”，在他的领导下，富国银行的资产达到5000亿美元，整个金融服务行业都对该银行羡慕有加。公司成长的一个关键是它强调交叉销售，其奖励制度鼓励银行员工向客户推销多种产品，如信用卡、贷款、支票账户、储蓄账户或退休账户（如果未能做到，也会受到惩罚）。交叉销售带来的压力非常大，以至于该银行的员工虚设了200多万个客户账户以达到销售目标。告发这些不法行为的员工会遭到报复，通常是被解雇或列入其他金融服务公司的受雇黑名单。当面对他人对这些做法的质疑时，斯腾普夫声称富国银行没有问题，公司有伟大的文化，虚假账户只是由少数几个害群之马导致的。事实上，有5300名员工参与了这一骗局，很难说这只是几个害群之马的所作所为。富国银行的一位主要投资人沃伦·巴菲特，表示公司的奖励制度非常愚蠢；而且，在认识到奖励制度的问题后，公司也没有做什么事来改进它。4年后的今天，富国银行似乎仍然没学到任何东西，积压了大量内部员工投诉，收入控制手段仍然相当糟糕。

巴西石油公司

作为一家设立于巴西的能源公司，巴西石油公司（Petrobras）在巴西上市公司中的全球市值排名第四。巴西政府的调查发现了220亿美元的可疑合同、非法支付，以及支付给巴西石油公司管理者、建筑公司和巴西劳工党成员的回扣。在这些非法活动发生时，迪尔玛·罗塞夫担任巴西能源部长、巴西石油公司董事长，同时是劳工党的重要领导者。罗塞夫声称对巴西石油公司的腐败和贿赂一无所知，但这一丑闻曝光使她被罢免巴西总统职务。

亚特兰大公立学校

美国颁布《不让一个孩子掉队》法案的意图，是终结中小学阶段不同族裔儿童群体间长期存在的学业成绩差距，并引入标准化学业测试来确定在缩小差距方面取得的进展。美国联邦及州政府将资金分配、教师奖金与测试成绩挂钩，而亚特兰大公立学校因为前所未有的学生学业进步，在数年间赢得了多个教育奖项、媒体赞誉和追加资金。但乔治亚州调查局的调查发现，这些教育成就很大程度上是虚构的，在亚特兰大公立学校系统的 56 所学校中，44 所学校的 178 名老师和教学管理者在测试评分前大规模修改了学生答案。该学校系统的负责人比弗利·霍尔表示，他对整个学区广泛存在的欺诈行为一无所知。

每个部门都充斥着无心或有意犯错的人，但政府部门、警察机构、军队、媒体、公司、公共教育、职业运动队、慈善机构及非政府组织的领导者总是声称对自己管辖范围内的不法行为一无所知。人们并不期望最高领导者了解组织中发生的每件事，但当独立调查发现对员工或公民的系统性虐待、欺诈、腐败、贿赂、舞弊、盗窃、掩盖或其他恶劣行为时，人们不禁会想，为什么这些人还能保住职位。最高领导者对组织文化有着深远影响，如果组织文化败坏，这些人就该为此负责。如果“一无所知”是问题所在，就需要提出一个问题：这些组织是如何甄选最高领导者并监管其绩效的？

资料来源：E. Glazer, “Wells Fargo CEO John Stumpf Steps Down,” *The Wall Street Journal*, October 12, 2016, www.wsj.com/articles/wells-fargo-ceo-stumpf-to-retire-1476306019; Z. Faux, L. J. Keller, and J. Surane, “Wells Fargo CEO Stumpf Quits over Fallout from Fake Accounts,” *Bloomberg*, October 12, 2016, www.bloomberg.com/news/articles/2016-10-12/wells-fargo-ceo-stumpf-steps-down-in-fallout-from-fake-accounts; G. J. Curphy, “Clueless or Culpable?” LinkedIn, June 1, 2015, www.linkedin.com/pulse/clueless-culpable-gordon-gordy-curphy-phd; and R. L. Ensign, “Well Fargo’s List of Woes Grows,” *The Wall Street Journal*, December 5, 2019, pp. A1 and A8.

第三，同时拥有这两类智力非常重要。当今的组织正在寻找那些具备成功所需的知识技能（实用型智力）及学习能力（分析型智力）的领导者和追随者。[242, 243, 244, 245, 246, 247]

第四，高水平的实用型智力可能弥补分析型智力的不足。分析型能力较低的领导者如果具备大量的工作相关知识或经验，可能仍然可以解决复杂的工作问题或制定高质量的决策。但其他条件不变，具备较高分析型智力水平的领导者，会比分析型智力水平较低的领导者更快地开发其街头智慧。一旦他精通了某个知识领域，分析型智力的作用可能下降，但在遇到新情境时，分析型智力又会发挥相对重要的作用。

智力三元论中的第三项要素是**创造型智力**（creative intelligence），即生产出新颖且有效的产品的能力。[248, 249, 250, 251, 252, 253, 254, 255, 256] 同时用这两个标准（新颖性和有效性）作为创造型智力的构成要件，有助于排除很多用稀奇古怪的方案来解决潜在问题的做法，确保所采纳的方案是现实可行的或有某种实际回报的。有几个例子可能有助于进一步厘清创造型智力的新颖性和有效性这两个要件。维可牢尼龙搭扣（Velcro）的发明者是在从袜子上摘下数不清的蓟花时形成这一想法的，他意识到，令他烦恼的根源可以转化为一种有效的搭扣。3M 便利贴的发明者因为赞美诗集中夹的书签不断滑落而懊恼，而他从 3M 公司一位科学家发明的低度黏胶中找到了解决方案。设计火星飞行器勇气号和机遇号的科学家们得到的预算大大低于以往的火星任务预算，但这些科学家面对的挑战是开发出两个比探路者号和维京登陆者号功能更强大的飞行器，他们在勇气号和机遇号上付出的努力获得了巨大成功，这部分源于他们在飞行器着陆和探测周边区域时所用的全新解决方案（使用可充气气球装置着陆，两个都是活动飞行器）。

围绕创造力的两个有趣问题，是智力的作用和创造能力的评估。研究表明，分析型智力与创造型智力的相关性达到 0.5 的水平。[257] 因此，现有的最佳研究表明，分析型智力和创造力是相关的，但二者并非一一对应。创造力的形成需要人们具备一定程度的分析型智力，但高分析型智力水平并不能确保一位领导者富于创造力。并且，和实用型智力一样，个人的创造力似乎仅限于特定的领域和子领域。[258, 259, 260, 261, 262, 263, 264, 265]

> 成功的最快捷径，是将失败率翻倍。
>
> ——老托马斯·沃森（Thomas Watson Sr.），IBM 前董事会主席、CEO

评估创造力并非简单的事。对创造力或称**发散思维**（divergent thinking）的测试与**收敛思维**（convergent thinking）的测试存在很大差异。收敛思维的测试题通常只有唯一的最优答案，大多数智力和潜能测试就是很好的例子。相反，创造力或发散思维的测试题有很多可能的答案。[266] 尽管斯腾伯格及其同事的研究表明，有可能对不同回答的相对创造性进行可靠判断，但判断创造力远比给收敛思维测试打分难得多。[267, 268, 269] 例如，没有既定的答案或标准来决定一部电影、一则营销广告或一个新的制造流程是否真是开创性的。评估创造力的另一项困难是，创造力可能随时间而发生增减变化；很多具有创造力的人似乎偶尔会有枯竭期。这与分析型智力大不相同，智力测验的成绩会在长时间内保持稳定（见领导概览 6-4）。

❖ 领导概览 6-4

露丝·巴德·金斯伯格

露丝·巴德·金斯伯格（Ruth Bader Ginsburg）自 1993 年开始担任美国联邦最高法院（SCOTUS）的助理法官，直到她于 2020 年 9 月去世。在此期间，她被《时代》和《福布斯》杂志评为“100 位最有影响力的人”，并被提名入选美国女性名人堂。金斯伯格支持自由派主张，是性别平等和女性权利的主要倡导者。她也是一位坚信以判决先例为基础的大法官，而非致力于推广她个人对宪法的愿景。

金斯伯格大法官出生于纽约布鲁克林，童年家境贫寒。在她很小的时候，唯一的姐姐死了；她的母亲死于她高中毕业的前一天。她母亲面对的机会匮乏的人生，给金斯伯格留下了持久的印象。金斯伯格在母亲要她努力读书的鼓励下，仅 15 岁就高中毕业。毕业后，她参加工作来帮哥哥支付教育费，最终在康奈尔大学取得了本科学位。她是班里成绩排名最好的女性，并进入了哈佛大学法学院——她是哈佛大学法学院招录的 500 名学生中仅有的 9 名女性之一。在一次就餐时，院长问金斯伯格和其他女生：“你们为什么要来哈佛法学院，挤占男生的位子？”金斯伯格的丈夫一年后在纽约找到了一份工作，于是她转学到哥伦比亚大学法学院，并以全班并列第一的成绩取得了学位。

作为20世纪50年代的女性律师，金斯伯格在法学院毕业后有一段时间很难找到工作。在为社保管理机构工作时，她因怀孕被降职，并最终在罗格斯大学获得教职，她在大学的收入“因丈夫有全职工作”而被压低。她成为哥伦比亚法学院首位获终身教职的女教授，也是当时全美仅有的20名法学女教授之一。金斯伯格花时间在瑞士进行国际法研究，并注意到在这个国家女性获得更平等的对待。她随后与人合著了第一本性别歧视的法律案例汇编，并与美国民权联盟共同创建了女权项目（Women’s Rights Project）。她在加入SCOTUS之前参与了6次性别歧视诉讼并赢了其中5次，而且，她的法律论据总是围绕美国宪法的平等保护条款展开的。

金斯伯格和她丈夫是分享收入与育儿的早期倡导者，他们一起养育了2个孩子和4个孙辈。她丈夫于2010年去世，近年来金斯伯格也出现了多次健康问题。但她仍是一名健身爱好者，在80岁时还能做20个俯卧撑，并每周2次和私教一起锻炼。

你如何评价金斯伯格大法官的五项OCEAN特质？她在情商、分析型智力、实用型智力和创造型智力指标上的表现又如何呢？

资料来源：R. B. Ginsburg, M. Harnett, and W. W. Williams, *My Own Words* (New York: Simon & Schuster, 2016); B. A. Macaluso, “15 Things You Should Know about Ruth Bader Ginsburg,” *Mental Floss*, December 25, 2018, www.mentalfloss.com/article/76804/15-things-you-should-know-about-ruth-bader-ginsburg; P. Galanes, “Ruth Bader Ginsburg and Gloria Steinem on the Unending Fight for Women’s Rights,” *New York Times*, November 14, 2015, www.nytimes.com/2015/11/15/fashion/ruth-bader-ginsburg-and-gloria-steinem-on-the-unending-fight-for-womens-rights.html; “Ruth Bader Ginsburg,” National Women’s Hall of Fame, www.womenofthehall.org/inductee/ruth-bader-ginsburg; “The 100 Most Powerful Women,” *Forbes*, August 19, 2009, www.forbes.com/lists/2009/11/power-women-09_Ruth-Bader-Ginsburg_D8D7.html; N. Gibbs, “How We Pick the Time 100,” Time, April 21, 2016, https://time.com/4300131/how-editors-pick-the-time-100; and P. Ryan, “‘RBG’: How Ruth Bader Ginsburg Became a Legit Pop-Culture Icon,” *USA Today*, May 1, 2018, www.usatoday.com/story/life/movies/2018/05/01/rbg-documentary-shows-how-ruth-bader-ginsburg-became-pop-icon/562930002.

虽然存在测量困难和局限于特定领域的问题，但由于快速全球化、自动化、大数据、人工智能、物联网和数字化的颠覆性影响，对1500多位高层领导者的调查显示创造力是最重要的领导素质，甚至比“为人正直”或“全球化思考”更重要，也就不足为奇了。[270]的确，高科技、通信、消费品、医药、娱乐、广告和交通等行业极力鼓励创新，但甚至连那些平凡无趣的行业，如食品杂货、垃圾回收等，也不断寻求降低成本、提供更佳服务的新方法。也有一些研究表明，邪恶的天才是真实存在的；欺诈与创造力正相关，而生存威胁（如战争）也会激发创造力。政府机构将大量资源分配在入侵他国或阻止他国入侵上；而且，不幸的是，人们一直在努力思考自相残杀的新方法。唯一的好消息是，在这些创新中有一些（如人造卫星、无人机、合成材料、GPS等）找到了造福普通人的用途。[271, 272]

智力三元论的启示

大约有 200 多项独立研究探讨了智力测验分数与领导效力或领导者崭露头角之间的联系，一些重要研究综述对此进行了回顾。[273, 274, 275, 276, 277, 278, 279, 280, 281, 282, 283, 284, 285, 286, 287, 288, 289, 290, 291, 292] 这些综述提供了压倒性证据，支持领导效力或领导者崭露头角与分析型智力正相关。但是，分析型智力和领导成功之间并未达到以往假设的关系强度。目前看来，人格特质有时能比分析型智力更好地预测领导者崭露头角及领导效力。[293, 294, 295, 296, 297] 在相对常规、稳定不变的领导情境下，或者要求深度专精的产品或流程知识时，人格和实用型智力可能比分析型智力更重要。在解决含义模糊、复杂的问题时，比如组织高管人员所面临的那类问题时，拥有高分析型智力似乎更重要。此时，领导者必须有能力在看似无关的信息中发现主要问题和模式，对市场状况做出准确假设，或者做出明智的兼并、收购或剥离等决策。关于高分析型智力与高层管理者相关联的问题，进一步证据如图 6-5 所示（见专栏 6-9）。

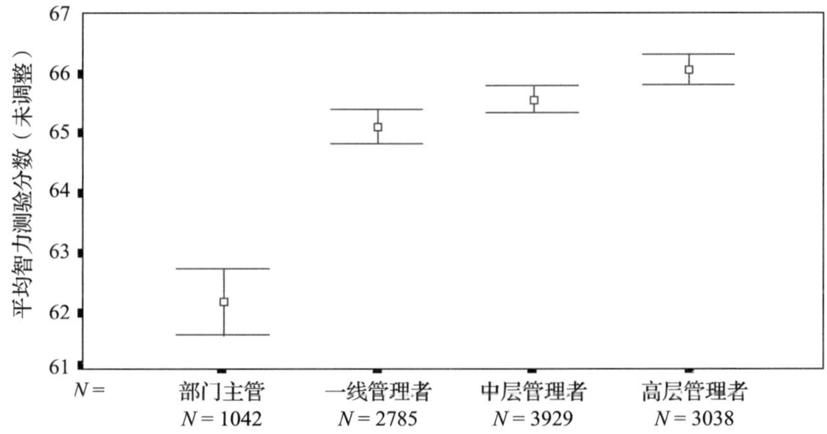

图 6-5 管理层的平均智力测验分数

资料来源：N. Kuncel, “Personality and Cognitive Differences among Management Levels,” unpublished manuscript (Minneapolis: Personnel Decisions International, 1996).

❖ 专栏 6-9

能干的刺头

当某位追随者非常精明、能干、富有创造力（即有很高的实用型、分析型和创造型智力），但很难与其他团队成员相处时，领导者应该做什么？很显然，拥有高分析型智力和专业知识水平的追随者，可以帮助其所在团队做出更优决策，但这种知识的代价往往是团队成员间紧张的人际关系或高流动水平。研究表明，在有可能选择时，团队成员宁可与一位受人喜爱但能力不强的“呆瓜”共事，也不愿跟一个易怒但能力极强的“怪胎”一起工作。一方面，如果团队中的每个人都快乐但能力不足，团队绩效会受到负面损害。另一方面，如果团队中有一位“有毒”的追随者，绩效同样会受到损害。很多管理者解决这一两难困境的方式，似乎是在项目初期在团队中引入有能力的“怪胎”，此时团队需要确定项目方向、可能的问题及解决方案。一旦做出了上述决策，很多管理者接下来会安排这些高能力的“怪胎”离开团队。好消息是，团队可以在项目决策期利用高能力“怪胎”所拥有的专业诀窍，而无须在执行阶段忍受他们不良的行为。坏消息是，摆脱这类人最常用的方法是职位晋升。很多管理者宁可看到一位“有毒”的追随者变成一位“有毒”的领导者，也不愿意直接面对困难的绩效问题。随后的上司往往会重复这一“管理刺头”的过程，帮助这些“有毒”的领导者不断进入责任日益扩大的职位上去。

高能力的“怪胎”无疑不好管理，但当一位精明能干、讨人喜欢的追随者提出关于公司目标、战略、产品或服务的合理疑问时，会发生什么？事实上，这可能是导致员工降低其智商的最快方式，因为虽然大量领导者宣称自己希望员工能挑战现行做事方式，但那些对现状提出疑问的人往往被归为“不了解状况的”无知闹事者。员工在几次徒劳的警示后，会变得无所谓，团队绩效也会开始下滑。领导者应该在录用精干、高能力的团队成员问题上坚决果断，但也需要了解这些人拥有高预期，如果领导者想要有效领导由天才成员组成的团队，就需要加入他们的顶级比赛中。

资料来源：J. Sandberg, “Sometimes Colleagues Are Just Too Bad to Not Get Promoted,” *The Wall Street Journal*, August 17, 2005, p. A5; J. Casciaro and M. S. Lobo, “ Competent Jerks, Lovable Fools, and the Formation of Social Networks,” *Harvard Business Review*, June 2006, pp. 92–100; J. Stricker, “ Is it Smart to Play Dumb on the Job? ” *Star Tribune*, June 2, 2013, pp. E1, E12; and G. J. Curphy, “ The Fastest Way to Lower Your IQ,” LinkedIn, April 5, 2015, www.linkedin.com/pulse/fastest-way-lower-your-iq-gordon-gordy-curphy-phd.

尽管高分析型智力通常是领导者的有利条件，但研究也表明，在某些情境下，分析型智力与领导效力可能存在曲线的相关关系。[298, 299, 300, 301] 当领导者和追随者之间的分析型智力存在过大差距时，可能不利于沟通；领导者的高智力水平可能妨碍下属对他的理解。对分析型智力和领导效力之间曲线关系的另一种解释，可能与压力对领导 – 下属互动关系的影响有关。菲德勒及其同事发现，与不太聪明但有经验的领导者相比，精明但经验不足的领导者在压力情境下的领导效力较低。[302, 303, 304] 这一发现的例证，在电影《野战排》（*Platoon*）中表现很明显。有一段疯狂的场景讲的是一个美国野战排遭到越共伏击，一位缺乏经验、大学毕业的中尉要求友军提供火力支援。但他报的是错误的坐标，结果炮弹落在了他自己的野战排所在位置，而非敌军所在地。直到一位有经验的老兵猜到了问题所在并要求友军停火后，情况才得到了控制。这个例子指出了实用型智力在压力情境下的重要性。领导者在高压力、频繁变化的时期会恢复其长期持续做出的行为，而具备高实用型智力的领导者拥有相对广泛的应对问题的行为，可供其在这类情境下选择。由于今天的很多领导岗位都伴随着高压力和频繁变化，通过教育和经验系统性地提升实用型领导技能，对当前和未来的领导者都是重要的。

> 硅谷并不比世界其他地方拥有更好的创意或更聪明，但它在筛选创意并付诸行动上做得更好。
>
> ——谢尔盖·布林（Sergey Brin），谷歌创始人

在创造型智力方面，领导者应当牢记的最重要的一点是：身为管理者，他们的主要作用并非自己富于创造力，而在于形成一种能使他人发挥创造力的环境。这并不是说领导者应当缺乏创造力，而是说大多数创新来自最接近问题或机会的人（即员工）。领导者可以通过多种方式激发群体或组织的创造力，特别是甄选有创造力的员工，给他们提供开发创造力的机会，引入多样有助于创造力发挥的管理干预措施（如确保对他人的激励或奖励），并至少就创造性产品或成果可能的表现形式提供某些指导或设想。[305, 306, 307, 308, 309, 310, 311, 312, 313, 314, 315, 316, 317]

领导者可以做几件事来改善与创造力相关的群体或组织因素。领导者应当招录具有不同教育程度、经历和专业技术诀窍的追随者，因为这有助于提出创意。但他们也应该当心，异质性团队更擅长提出突破性产品，但不擅长将其转化为有销路的或有实用性的产品和服务。[318] 众包也是一种选择，跨越整个组织来获取创意可以帮助领导者利用为数众多、高异质性的听众提供高难度问题解决方案。领导者也需要留意各种奖励或报酬对创造力的影响效果；特定类型的工作激励方式比其他激励方式更有益于发挥创造力。研究表明，当人们被引导去关注工作活动的内在激励（即解决任务本身的乐趣）而非关注外在激励（即公开认可或工资）时，他们往往能提出更多的创造性解决方案。[319, 320] 当需要提高创造力时，领导者会发现甄选出那些真正享受手头工作的追随者，要比依靠奖励来促进创造力更有效。

如果人们相信自己的观点将面临他人评判，这也可能妨碍其创造力的发挥。阿玛拜尔和周（Amabile，Zhou）的实验表明，当学生被告知项目将接受专家评判时，他们提出的项目不如未被告知时那么有创造力。[321, 322] 类似的现象也会在群体中发生。如果群体知道其工作最终必须接受评估，团队成员会在解决方案形成期就明显表现出过早评估和判断的倾向。这往往会减少提出的创造性解决方案数量，原因可能在于大家都相信批判性思维（在某些群体中，群体规范似乎是批评越多越好）及仔细审查评估不同观点的价值。如果群体成员在观点刚提出时就加以判断，会出现两种功能失调的问题。群体中的个人会主动审查自己的观点（不在群体分享其所有观点），因为哪怕和缓的拒绝或批评也有明显的抑制作用，或者他们会因为关注某一观点的缺陷（而非潜在可能性）而过早否定他人观点。[323] 考虑到这些研究发现，领导者可能希望将评估新观点的时间推迟到所有观点都公开表达后，而且领导者还应鼓励追随者也这么做。

最后，需要开发新产品和新服务的领导者还应尽可能降低团队的人员流动水平，并为成员提供明确的目标。目标不清晰的团队可能会成功开发出新颖的或全新的产品，但这些产品可能市场表现不佳或缺乏实用性。有一个例子说明了这一观点。20世纪80年代，德州仪器公司决定进入个人电脑领域。德州仪器以技术卓越闻名，而且公司中最优秀的一位经理被任命领导该项目。该经理不清楚客户想要什么，也不清楚个人电脑应当具备的性能是什么。这种模糊不清导致了某些戏剧性的后果。当越来越多的工程师加入这一项目时，越来越多创新性的硬件创意被加入

该计算机设计中。虽然这些增加使项目时间越来越长，花费也远超过预算，但德州仪器的个人电脑项目最终赢得了多项重要的工程设计类奖项。遗憾的是，该项目的商业表现是灾难性的，该产品最终没能满足客户的需要。德州仪器的项目算得上是**完美蠕行**㊀（creeping elegance）概念的绝佳例证。对最终项目的结果缺乏清晰愿景的领导者最终可能无法满足客户的需要。领导者应当为发挥创造力提供充分空间，但同时又能为集中努力提供足够的指导。[324, 325, 326] 表 6-4 说明了领导者在鼓励创造性时，应当铭记在心的几个因素。

表 6-4 创造力终结者：如何最大限度抑制下属的创造力

如果领导者想要抑制追随者的创造力，下面是备选行动清单：
录用克隆人：高度同质化的团队提出的创新观点较少、创新程度较低。多样化的团队会提出多种不同的观点
剥夺下属的工作自由度和自主权：人们喜欢对工作具有某种控制权。对员工进行微观管理，有助于创造出一支只会说“是”的员工队伍，或者使人们在精神上疏远工作
形成碎片化的工作日程：人们需要大块的、不受干扰的时间来提出全新解决方案。不断打断其思路或在其他会议前后安排“15 分钟的全新解决方案创意时间”，都将干扰人们创新的能力
提供的资源不够使用：人们需要适当的数据、设备或金钱来进行创造。削减这部分资源，你将看到创造力付之东流
关注短期目标：要求某人在指定时刻表现出创造力，就像要求喜剧明星在第一次遇见你时就能逗乐打趣。如果有足够时间，人们可能是有创造力的、有趣的，但仅仅关注短期成果将会损害创造力
提出紧迫的时间表和僵化的流程：时间表越紧、流程越缺乏弹性，创新能力越有可能受到削弱
阻碍合作和协调：最好的创意往往来自成员具有不同工作经验和职能背景的团队。领导者对跨职能合作的阻挠，将有助于确保团队成员只能提供一些以往行之有效的问题解决方案
使人们知足常乐：如果你总是让员工感到足够愉悦，他们将没有动力改变现状

资料来源：T. M. Amabile and M. Khaire, “Creativity and the Role of the Leader,” *Harvard Business Review*, October 2008, pp. 100–10; T. M. Amabile and J. Zhou, in S. F. Dingfelder, “Creativity on the Clock,” *Monitor on Psychology*, November 2003, pp. 56–58; and T. Chamorro-Premuzic, “Does Diversity Actually Increase Creativity?” *Harvard Business Review*, June 28, 2017, https://hbr.org/2017/06/does-diversity-actually-increase-creativity.

一个特别强调创造力的行业是电影业。由于创造力对电影的商业成功极端重要，电影制作很容易出现完美蠕行的问题。电影导演如何在应对高创造力、极端自我的员工时，成功避免完美蠕行问题呢？部分答案可能隐藏在好莱坞两位最成功导演的工作方式中。斯蒂芬・斯皮尔伯格和朗・霍华德表示，在电影开拍前，他们心中已经有了清晰的画面。如果没有形成对该电影的清晰画面，他们会先和相关各方坐下来，找出这一问题的答案。这表明在管理创造力时拥有清晰愿景的极端重要性（见专栏 6-10）。

❖ 专栏 6-10

对大问题的创造性解决方案：海洋清理计划

地球面临的一个最大环境问题，是海洋垃圾。你不必从任何一个港口走出多远，就会看

㊀ 完美蠕行描述的是产品设计中，对局部的设计变得过于精美，其回报处于下降的趋势。完美蠕行的实现往往以设计中不太有趣的部分、时间进度安排及其他在真实世界中的重要事项为代价。——译者注

到漂在海上的瓶子、罐子、塑料和其他各种垃圾。2014 年的一项调查估计，海上有超过 5.25 万亿个漂浮的塑料制品，这一数字可能仍大大低估了实际状况，因为还有更多垃圾沉到了海底。海上还有大片的垃圾场，据估计，太平洋垃圾旋涡的面积接近美国的得克萨斯州面积。

通过并强制执行禁止倾倒垃圾的国际法被证明不能解决问题，而海洋垃圾堆之间的距离也使收集垃圾困难重重。但一位年轻的荷兰创业者提出的海洋垃圾收集方法可能有很高的成本效益。在一次潜水时，16 岁的博杨·斯莱特（Boyan Slat）注意到存在大量海洋垃圾。他想就这个问题做些什么，并想出了一个用弧形浮动栅栏来收集垃圾的创意。这种弧型装置可以设置方向，使海浪在拍击栅栏浮标时推动垃圾向弧型中央汇集，从而集中垃圾并使其易于收集。由于栅栏可以浮在海洋表面，鱼类和迁徙动物可以从这类垃圾收集装置下方游过或轻松避开。

在他 2012 年的 TED 演讲迅速传开后，斯莱特发起了一次众筹，募集了足够多的金钱来制作一个 40 米长的弧形概念验证原型。该原型出色地通过了验证，人们开始将其用于清理全球近 1000 条大河的垃圾，它们是 80% 的海洋塑料垃圾的来源。这种拦截器是首个收集河流垃圾而不干扰航运的可扩展解决方案，它有能力每天捕获 100 000～200 000 磅㊀的垃圾。已经有 4 个拦截器被安置在亚洲和拉丁美洲的河流中，而北美洲的第一个拦截器也将在不远的将来上线。

资料来源：A. Anderson, "Garbage in, Garbage out," *The Economist*, June 23, 2016, p. 153; Boyan Slat TEDx Talk, www.youtube.com/watch?v=ROW9F-c0kIQ; and "The Ocean Cleanup Unveils Plan to Address the Main Source of Ocean Plastic Pollution: Rivers," *The Ocean Cleanup*, October 26, 2019, https://theoceancleanup.com/updates/the-ocean-cleanup-unveils-plan-to-address-the-main-source-of-ocean-plastic-pollution-rivers.

智力与压力：认知资源理论

在前面一节中我们注意到，在某些情境下，领导者的智力是比其他特征更重要的素质。但可能令你吃惊的是，近期研究指出，在某些情况下高智力水平还可能是不利因素。导致这一自相矛盾的研究结论的关键变量，似乎是领导者是否处于高压力情境下。最近的研究指出，在确定领导者的智力水平如何影响其领导效力时，压力起到了关键性作用。虽然压力通过多种方式影响行为这一点并不出奇，但菲德勒和加西亚（Fiedler，Garcia）提出了**认知资源理论**（cognitive resources theory, CRT）来解释在压力及非压力条件下，领导者智力、经验水平与群体绩效间的有趣关系。[327, 328]

认知资源理论包括几个关键概念，其中之一是智力。菲德勒和加西亚的智力定义与我们早先的提法一致，即一个人在受思想指导的活动中表现出的综合效力，往往通过标准化智力测验来测量（换句话说，就是指分析型智力）。另一个关键概念是经验，这代表了一个人的习惯性行为模式、长期习得的知识、为有效处理任务相关问题而获得的技能（即实用型智力）。尽管经验往往是在高压力、不愉快的条件下积累的，但经验也为面临压力的人提供了应急方案。[329, 330, 331, 332, 333] 菲

㊀ 1 磅 = 0.4536 千克。

德勒观察发现，人们在压力下往往表现出不同的行为，而应急方案能说明这种行为模式上的改变。在大多数认知资源理论的研究中，经验被界定为从事工作或在组织中任职的时间长短。认知资源理论的第三个关键概念是压力。压力往往被界定为与上级存在冲突或担心绩效评估而导致的结果。[334, 335] 研究者相信这种人际压力会造成情绪困扰，也会干扰人们对问题解决活动的关注。换句话说，人们可能会过于关注自己的绩效评估方式，因而无法表现出最佳绩效水平。总体来看，认知资源理论提供了一个理论框架，解释压力下的领导者行为如何发生改变，从而影响群体绩效。

认知资源理论就智力、经验、压力和群体绩效，提出了两项主要预测。第一，因为有经验的领导者可以使用的行为集合范围广泛，可以假定经验丰富但智力平平的领导者在高压力条件下会有更高的群体绩效。有经验的领导者“有过类似经历”，并在面对高压力情境时清楚要做什么、如何做。但领导者的经验水平也能在低压力条件下影响绩效。

第二，因为经验导致了习惯性的行为模式，在需要创造性解决方案时，有经验的领导者往往会误用其固有的解决方案。有经验的领导者在面对新问题时，哪怕在相对低压力下，仍过度依赖以往行之有效的方法。因此，高智力水平但经验不足的领导者不受以往习得的行为模式约束，在低压力情况下群体绩效水平相对较高。换言之，在高压力下，经验是有益的，而在没有压力时，经验可能对绩效不利。

认知资源理论的两项主要预测很容易在日常生活中见到。被选中担任运动队、军乐队、表演团体及志愿者组织领导者的，很多时候不是其中最聪明，而是最有经验的成员。这些领导者被挑中，是因为其他成员认可他们在体育赛事和公开表演的高压力下，仍能做出上佳表现的能力。此外，对军队作战人员、消防员、高管人员和学生的研究，也为认知资源理论的这两个主要论点提供了有力支持。[336, 337, 338, 339, 340]

尽管得到了初步的实证研究支持，但认知资源理论的一个问题是它对智力和经验的明显二分法处理。菲德勒和加西亚对认知资源理论的早期研究没有考虑到聪明且有经验的领导者的情况。吉本森（Gibson）随后的研究显示，不仅有很多领导者是聪明且有经验的，而且这些领导者可能在高压力下求助于以往的经验，在低压力下运用其智力来解决群体问题。[341]

认知资源理论的另一个问题与领导者的压力容忍度有关。正如盛普夫拉格和扎卡罗（Schonpflug，Zaccaro）指出的，有些领导者比其他人更能容忍高压力。[342, 343] 一些领导者的人格特征是低神经质，即使缺乏相关经验，他们也能运用处理压力的内在能力在高压力下表现上佳。关于这一问题仍有待进一步研究。

总体来讲，有确凿证据支持认知资源理论的主要假设。基于上述研究，认知资源理论对领导者有几项重要启示。第一，最优秀的领导者可能是精明且有经验的。尽管智力测验是评估基本心理能力的良好指标，但领导者要想在高压力情境下获得成功，拓宽其领导知识和经验也同样重要。有能力随时在分析型或实用型智力之间切换，正是军事单位在高压力环境下训练的原因，而且，研究也表明，通过培训领导者来改善其在战斗条件下的决策水平是可能的。[344] 这一点在当前环境下可能极端重要，因为全球化、技术和组织变革带来的额外压力，可能使领导者的绩效受到比以往更严格的审查。事实上，这种更高程度的审视可能会使以往成功的领导者如今表现不佳。

第二，领导者可能没有意识到他们给下属带来了多大压力。如果追随者觉得其工作表现受到严密监控，就有可能为达成绩效而转向应急方案。但如果情境要求新颖的、全然不同的问题解决方案，这类领导者行为就可能无法达成预期目标。此处的要点是，领导者可能没有意识到他们对追随者的影响。例如，他们想的是更仔细地检查下属的工作会有所帮助，但下属的感受并非如此。

> 对于接触现实的人，现实生活是压力的首要来源。
>
> ——简·瓦格纳（Jane Wagner），作家

第三，在甄选领导者之前，需要考虑该职位固有的压力水平。那些填补高压力领导职位空缺的人，可以寻找经验丰富的领导者，或者可以降低职位压力使较聪明的领导者取得更大成功。另一种做法是可以聘用更聪明的领导者，并让他们参加压力管理培训或工作模拟，从而使压力的影响最小化。[345, 346] 也有可能，被安排到低压力职位上的有经验的领导者会觉得无聊乏味（见专栏 6-11）。[347]

❖ 专栏 6-11

智力与判断

某些流行商业书籍的作者，如丹尼尔·戈尔曼和安吉拉·达克沃斯（Angela Duckworth），相信情商或工作伦理是将成功与不成功人士区别开来的关键特征。他们都尽量弱化智力在个人工作和生活成功中发挥的作用。但压倒性证据表明，为人精明能干有诸多益处。例如，它能提高某人被视为群体领导者、该群体成功达成目标、拥有广泛的职业选择、在职业中取得更大成功、获得更高收入及积累更多财富的可能性。智力很重要，在相当多的领域中都是如此。

在组织层面上，罗伯特·霍根认为，“智力”一词多用于决策领域。能够成功解决问题或改善组织绩效的决策，必然被视为是“聪明的”；而达不到这一效果的决策则被视为是“愚蠢的”。决策制定在商业、政治和战争中至关重要，人们为此赌上了金钱和生命。根据霍根的观点，组织成功可以用它做出的集体决策来评价。一般来说，赢得战争的军队或绩效优于对手的公司都会做出更多聪明的决策。

当领导者根据信息的指向选择解决问题和改变行动路线的正确方式时，就出现了好决策。而当人们对问题给出了错误解答，并在它明显不奏效时仍坚持执行该解决方案时，就出现了坏决策。制定好决策没那么简单，比如，约 25% 的社交媒体用户后悔自己上传的内容；美国的离婚率为 50%；过去 10 年间祛除文身的业务增长了 400%。据估计，约有一半的商业

决策最终被证明是错误的；而成功的关键似乎是在决策不奏效时及时承认并迅速提出新的解决方案。遗憾的是，很多组织的失败可以归咎为领导者过度自我膨胀，即使有压倒性证据指向相反方向，他们仍不肯改变航向。

资料来源：R. T. Hogan, *Intelligence and Good Judgment*, unpublished manuscript (Tulsa, OK: Hogan Assessment Systems, 2009); P. Ingrassa, "How Detroit Drove into a Ditch," *The Wall Street Journal*, October 25–26, 2008, pp. W1–2; T. E. Ricks, *Fiasco: The American Military Adventure in Iraq* (New York: Penguin Press, 2006); T. Chamorro-Premuzic, "Book Smart vs. Street Smart-The Psychology of Good versus Bad Judgment," *HR Examiner: The New Architecture of Work*, November 10, 2015; Hogan Assessment Systems, "Why Smart People Make Dumb Decisions," white paper, November 2015, www.hoganassessments.com/wp-content/uploads/2016/12/Why-Smart-People-Make-Bad-Decisions.pdf; and G. J. Curphy, "IQ, EQ, and Personality, Oh My!" LinkedIn, March 23, 2015, www.linkedin.com/pulse/iq-eq-personality-oh-my-gordon-gordy-curphy-phd.

扫码获取本章案例、参考文献等内容

第7章 领导行为

研究者：和你一起飞的那些机长，大致都属于同一类型吗？

机组成员：噢，不是的。有些家伙是世界上最棒的飞行伙伴。我的意思是，他们可能不是全世界业务上最出色的，但这没关系。和他们一起飞时，你觉得能一起完成工作。你确实想为他们做好工作。另一些机长刚好相反……你就是无法忍受和他们共事。这不是说你会做些不安全、危险的事，但你也不会特意做什么帮他们摆脱困境。你只是坐在那里，做些分内的事，然后希望他们把事情搞砸了。

研究者：你怎么区分与你共事的机长属于哪种类型？

机组成员：噢，你能看出来。

研究者：怎么看？

机组成员：我不知道怎么分，但这不会花多长时间。只要几分钟，你就能知道。

纵览全书，我们一直在谈论评估领导者的不同方式。但说了这么多，我们到底如何区分好的领导者和差的领导者？这是个极端重要的问题：如果我们能具体识别领导者的哪些行为会影响其效力，我们就可以通过聘用或培训使领导者表现出这些行为。区分领导者的一个方式是看他们的日常行为。有些领导者擅长制定决策、发出指示、创设计划、提供定期反馈、确保下属获得成功所需的资源，以及构建高凝聚力的团队。另一些领导者则很难制定决策、设定的目标含糊不清、忽视追随者对设备的要求，也无法构建团队。尽管领导者的价值观、人格和智力水平很重要，但这类变量与领导效力可能仅有间接关系。它们的效应可能来自其对领导行为的影响，而后者则与领导者吸引追随者参与、构建团队和通过他人取得成果的能力有更直接的联系。从行为（而非人格等）角度来看待领导者的一个好处是，行为往往更容易测量；领导行为能被观察到，而人格特质、价值观或智力必须通过行为推断出来，或者通过测评来度量。观察领导行为的另一个好处是，与关于人格或智力的判断不同，人们的抵触心理较弱，也会认为自己有更强的控制力。

但是，具有特定特质、价值观或态度的领导者可能发现，自己更容易有效做出某些领导行为，而非另一些领导行为。例如，宜人性分值较高的领导者（按第 6 章的定义）可能发现对下属表现出关心和支持相对容易，但约束惩戒下属则有困难。类似地，拥有低友谊价值观的领导者（第 5 章）和外倾性分值较低的领导者（第 6 章），会更乐于独自工作，而非与他人合作。由于行为处于个人有意识的控制之下，只要愿意，领导者总是可以选择改变自己的行为。然而，我们轻松自在地表现或改变自身行为的能力，仍部分取决于我们与生俱来的特质，即我们的价值观、人格和智力。

在评估领导行为时，追随者和情境是需要牢记在心的另外两项主要因素。正如第6章所述，强情境规范对领导者行为会产生广泛深入的影响。类似地，追随者和情境因素也有助于决定特定的领导行为是“差”还是“好”。假定一位领导者就如何完成任务向追随者下达了极为详尽的指令。对于新进入组织或以往未从事过该项任务的追随者，这一详尽程度可能有助于领导者通过他人取得更大成果。但如果追随者很有经验，则同样的领导行为可能是有害的。公司在面对财务危机或生意红火的年份时，同样的领导行为也会产生不同的效果。

本章首先讨论了研究领导行为为什么极端重要。接下来，我们回顾了领导者行为的一些早期研究，并讨论了对不同领导行为进行分类或概念化的几种方法。之后，我们描述了社区领导的模型，并且在本章最后介绍了一种常用的领导行为评估技术——360度反馈，或称多评价者反馈。

领导行为研究

为什么研究领导行为

到目前为止，我们已经回顾了影响领导行为的多个关键变量，但我们仍未直接探讨领导者实际上会做什么来成功构建团队或通过他人取得成果。例如，杰辛达·阿德恩（Jacinda Ardern）在怀卡托大学求学时、在总理办公室任研究人员时、在担任新西兰工党领袖时表现出了何种行为（见领导概览7-1）？美国前总统贝拉克·奥巴马具体做了什么来挽救美国的金融服务业和汽车业、通过全民医保立法、处理墨西哥湾的石油泄漏事件，并终止在伊拉克和阿富汗的战争？Facebook的CEO马克·扎克伯格（Mark Zuckerberg）和微软的萨蒂亚·纳德拉（Satya Nadella）做了什么使公司保持盈利？玛丽娜·勒庞（Marine Le Pen）做了什么来领导法国反对党，或者格蕾塔·桑伯格（Greta Thunberg）做了什么来激发人们对不断逼近的全球气候危机的关注？为了回答上述问题，我们有必要将注意力转到领导行为本身，如果我们能识别出成功领导者与不成功领导者的行事方式存在何种差异，我们就能设计出领导人才管理系统，使组织可以聘用、开发和提拔具备未来成功所需技能的领导者。但遗憾的是，正如我们在连环漫画《呆伯特》(*Dilbert*)、电视连续剧《办公室》(*The Office*)及管理咨询公司的爆炸性增长上可以看到的，大量居于实权岗位上的人既不知道如何构建团队或通过他人取得成果，也没有意识到自己的行为如何对下属产生负面影响。[1, 2, 3, 4, 5, 6, 7, 8, 9, 10]

在我们描述对领导者构建团队、影响群体的行为进行分类的多种方式之前，有必要先回顾一下目前已知的关于领导技能和行为的内容。如图7-1所示，领导行为（包括技能和胜任特征）是智力、人格特质和情商、价值观、兴趣、动机或目标、知识、经验的函数。位于领导技能积木底层的各种因素较难改变，它们会使领导者以预设的独特方式行事。正如第6章描述的，一个人的人格特质是此人普遍的、几乎是自动表现出的特征，其发生往往是下意识的。价值观和智力对行为的影响也是一样的。然而，随着时间推移，领导者可以了解和辨别哪些行为比其他行为更恰当、更有效。记住一点总是有益的：个体差异、追随者和情境变量在领导者行动中发挥着关键作用（见领导概览 7-1 和领导概览 7-2）。[11, 12, 13]

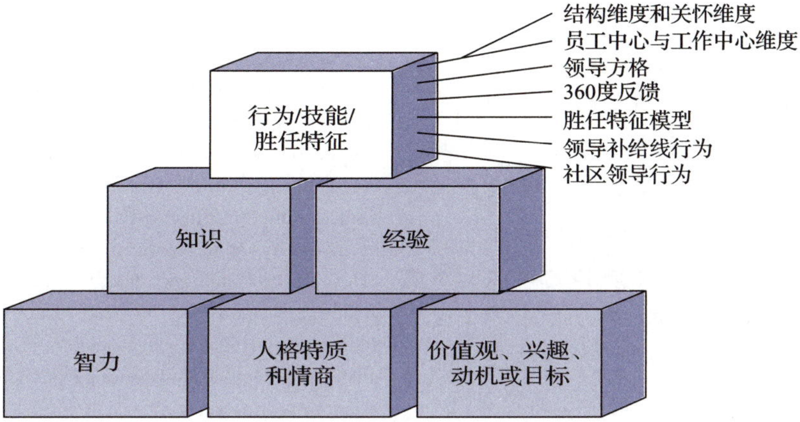

图 7-1　领导技能积木

❖ 领导概览 7-1

杰辛达・阿德恩

杰辛达・阿德恩是新西兰第 40 任总理（2017—2023 年），也是全球最年轻的民选国家领导人之一。在她的领导下，新西兰通过了全面禁止半自动武器的法案，并获得了更高的全球认可和重要性评级。她被公认为南半球最有权势的女性之一。

杰辛达・阿德恩来自新西兰乡间的一个宗教家庭，父亲是一名警官，母亲为学校提供餐饮。在她从怀卡托大学取得传播和公共关系学位的那年，她因摩门教会反对同性恋权利的立场而脱离教会。她姑姑介绍她加入工党，协助进行竞选活动并担任总理的研究员。随后，她搬到美国纽约，在一家救济站做志愿者，后来又搬到伦敦为时任英国首相的布莱尔做政策顾问。2008 年，阿德恩被选为国际社会主义青年联合会（International Union of Socialist Youth）主席，并在任内访问了多个国家。

同年回到新西兰后，阿德恩在工党获得了一份全职工作，着手党内选举，并多次参与竞选。她的竞选并非总是很成功，她在 2011 年和 2014 年两次竞选国会议员失败。2017 年，她终于当选国会议员，并于同年经投票成为工党副党魁。在全国大选前仅 7 周，因面临支持率达历史低位的问题，工党党魁安德鲁・利特尔（Andrew Little）辞职。阿德恩由此成为反对党领导人而参与大选，并发起了一场主题为“永远积极向上”的竞选活动。工党的支持率急剧上升，在选举期间赢得了多个席位，并有能力与绿党组成联合政府来领导这个国家。

作为一名参加了2017年全球女性大游行的激进领导者，阿德恩关注住房、儿童贫困和社会不平等问题。她最广为人知的事迹是在一位白人民族主义者于基督城清真寺的枪击案致51人死亡、49人受伤后，带领新西兰通过了一项全面禁止半自动武器的法案。她获得了新西兰三大主要政党对该新法案的支持，并在枪击案发生1个月后通过了该法案。

阿德恩两次担任“科尔伯特晚间秀”（*The Late Show with Stephen Colbert*）的嘉宾，并邀请科尔伯特访问新西兰，还在奥克兰机场接机。在接受科尔伯特及其他人的采访时，她给人的印象是思维缜密、幽默、易接近和待人体贴。阿德恩表现出的哪些行为使她成为有效或无效的领导者？

资料来源：“The World’s Youngest Female Leader Takes Over New Zealand,”*The Economist*, www.economist.com/asia/2017/10/26/the-worlds-youngest-female-leader-takes-over-in-new-zealand; J. St. John, “How Jacinda Ardern Became New Zealand’s Youngest Female Prime Minister,” *Nation Builder*, https://nationbuilder.com/jacinda_ardern; “Australian Journalist Surprised by Jacinda Ardern’s Accessibility,”*Stuff*, October 21, 2017, www.stuff.co.nz/national/politics/98121814/australian-journalist-surprised-by-jacinda-arderns-accessibility; I. Tharoor, “New Zealand Shooting: The World Is Praising Jacinda Ardern’s Response to Terrorist Attack,” *Independent*, March 20, 2019, www.independent.co.uk/news/world/australasia/new-zealand-shooting-jacinda-ardern-video-reaction-world-praise-a8832186.html; “Prime Minister Jacinda Ardern Explains Why the UN Laughed at Trump,” *The Late Show with Stephen Colbert*, www.youtube.com/watch?v=aYsZv9JXmio; and “Stephen Colbert: The Newest Zealander Visits PM Jacinda Ardern,”*The Late Show with Stephen Colbert*, www.youtube.com/watch?v=DUPo62ouU84.

❖ 领导概览 7-2

托马斯·穆斯格雷船长和乔治·达卡诺船长

奥克兰群岛位于新西兰以南300英里[㊀]处。它们孤悬海上，令人望而生畏。150年前，那些过于靠近群岛的船只面临的是必死的厄运。咆哮而过的环南极气流将船只吹到浅礁上，大多数水手在很短的时间内就溺毙了。勉强爬上岸的水手也会死于曝晒和饥饿。很少有人能在这种可怕的条件下幸存。琼·德鲁埃特（Joan Druett, 2007）在《荒岛求生》一片中重现了两群人在1864年因船只失事而分别在该岛两端登陆的故事，这是一个关于领导和团队合作的故事。

第一群人由5人组成，由来自英格兰的托马斯·穆斯格雷（Thomas Musgrave）船长带领，他们做事的方式与在南极威德尔海陷入困境的沙克尔顿如出一辙。在穆斯格雷船长的鼓励下，这些人组成了一支共同目标就是生存的队伍。在20个月的时

㊀ 1英里＝1609米。

间里，使用失事船只上的剩余物资，他们建起了小屋、找到了食物、轮流煮饭、互相照顾、制作工具、建起了风箱和熔炉、制作螺丝和钉子，最后造了一艘能载他们回到安全地带的小船。

与此同时，20英里外，一艘由乔治·达卡诺（George Dalgarno）船长带领的苏格兰船只也搁浅了，19个人活着登上了小岛。达卡诺船长极为沮丧，情绪失控，其他人也陷入绝望无序之中，他们之后甚至开始自相残杀、同类相食。一位名叫罗伯特·霍丁（Robert Holding）的水手试图鼓励他人一起努力，建立住所和寻找食物，但其他水手则威胁说要杀死并吃了他。3个月后，只有3个人活了下来，并最终得到营救。

尽管事情发生在150年前，但这一故事仍与现代领导活动极为相似。穆斯格雷和达卡诺船长所表现出的领导行为存在何种差异？这些行为对其他船员产生了何种影响？这两位船长与政府、企业或慈善组织中的领导者，是否存在相似之处？

资料来源：R. T. Hogan, *The Pragmatics of Leadership* (Tulsa, OK: Hogan Assessment Systems, 2007); G. J. Curphy and R. T. Hogan, *A Guide to Building High Performing Teams* (North Oaks, MN: Curphy Consulting Corporation, 2009); G. J. Curphy and R. T. Hogan, *The Rocket Model: Practical Advice for Building High Performing Teams* (Tulsa, OK: Hogan Press, 2012); and Joan Druett, *Island of the Lost: Shipwrecked on the Edge of the World* (Chapel Hills, NC: Algonquin Books, 2007).

早期研究

如果有人请你研究并指出能最好地区分有效领导者和无效领导者的行为，你会怎么做？你可以询问领导者做了什么、跟随领导者观察他们的实际行为，或者向领导者及其同事提供问卷来了解领导者表现出特定行为的频率。这三种方法在迄今为止的领导学研究中都得到了广泛应用。

早期的领导者行为研究很多是在俄亥俄州立大学和密歇根大学完成的。俄亥俄州立大学的研究团队开发出了一系列问卷来度量工作情境下的不同领导行为。这些研究者最开始收集了超过1800项描述不同类型领导行为的问卷题项。这些题项被压缩为150句，用于开发**领导者行为描述问卷**（leader behavior description questionnaire, LBDQ）。[14, 15] 为了获得某位领导者的行为信息，需要下属就领导者在多大程度上表现出下列行为给出评级：

- 他让下属了解自己在何时很好地完成了工作。
- 他设定了明确的绩效期望。
- 他对下属的个人需要表示关心。
- 他使下属觉得轻松自在。

在分析来自上千名下属的问卷时，对所有不同题项回答的统计模式显示，可以用两个独立的行为维度来描述领导者，即**关怀维度**（consideration structure）和**结构维度**（initiating structure）。[16, 17] 关怀维度是指一位领导者对下属的友善和支持程度。高关怀的领导者会采用多种不同行为来表达其支持和关心，比如为下属的利益大声疾呼、关心他们的个人情况、表现出对他们工作的赞赏。结构维度是指一位领导者强调达成工作目标和完成任务的程度。高结构的领导者会做出多种不同的任务相关行为，如指定截止期限、确定绩效标准和监督绩效水平。

LBDQ 不是俄亥俄州立大学研究者开发出的唯一的领导问卷。他们还开发出了主管描述性行为问卷（supervisory behavior description questionnaire, SBDQ），这一问卷度量商业环境下的领导者表现出关怀和结构维度行为的程度。[18] 领导意见问卷（leadership opinion questionnaire, LOQ）要求领导者说明自己认为不同的关怀或结构维度行为对领导成功的重要程度。[19] 领导者行为描述问卷第 12 号表（LBDQ- Ⅻ）被用来评估关怀和结构维度以外的 10 类领导行为。[20] 在 LBDQ- Ⅻ中评估的一些领导行为包括：以群体代表的身份行事、有能力容忍不确定性、强调生产、协调相互冲突的组织要求。

密歇根大学的研究者没有描述领导者在工作环境下表现出的多种行为，而是设法找出对有效团队绩效做出贡献的领导行为。[21] 他们的结论是，有四类领导行为与有效团队绩效相关：**领导者支持**（leader support）、**相互促进**（interaction facilitation）、**目标强调**（goal emphasis）和**工作促进**（work facilitation）。[22]

目标强调和工作促进都是**工作中心维度**（job-centered dimension）的行为，这与前面描述的结构维度相近。目标强调行为关注的是激励下属完成未来的任务，而工作促进行为关注的是阐明工作角色、获取和分配资源、协调组织冲突。领导者支持和相互促进是**员工中心维度**（employee-centered dimension）的行为，与前述的俄亥俄州立大学问卷的关怀维度相近（见表 7-1）。领导者支持包括领导者表现出的各种关心下属的行为；相互促进包括领导者为了消除、尽量减少追随者间的冲突而做出的行为。与俄亥俄州立大学的研究者一样，密歇根大学的研究者也开发出了一个问卷，名为组织调查表（survey of organization），来评估领导者在多大程度上表现出这四个维度的领导行为。[23]

表 7-1 早期的领导行为维度

俄亥俄州立大学的维度	密歇根大学的维度
结构维度	目标强调和工作促进
关怀维度	领导者支持和相互促进

尽管构成任务导向和人员导向领导维度的行为在两类研究项目中存在相似之处，但这两个机构的研究假设存在基本差异。密歇根大学的研究者认为，工作中心型和员工中心型的行为处于领导行为这一连续区间上的两端。领导者在理论上可以表现出较强的员工中心行为或工作中心行为，但不能同时表现出这两种行为。与此相反，俄亥俄州立大学的研究者相信，关怀维度和结构维度是独立的两个连续区间。因此，领导者可以同时表现为高结构和高关怀，或者两个维度都低，或者一个维度高、一个维度低。

隐含在这两个研究项目中的关键假设是，人们可以识别出哪些行为总是与领导者成功影响群体完成目标的能力相关。下面是这些研究者感兴趣的问题：

- 从密歇根大学研究者的视角看，谁在帮助群体完成目标时更有效，是工作中心型领导者，还是员工中心型领导者？
- 从俄亥俄州立大学研究者的视角看，那些既表现出高任务导向又表现出高人员导向行为的领导者，是否比仅表现出任务导向或人员导向行为的领导者更有效？
- 情境因素对领导效力发挥何种作用？员工中心的领导行为是否在非营利性组织或组织精简的情境下更重要，而工作中心的行为在制造企业或创业阶段更重要？

对这类问题的回答有几方面的实践意义。如果领导者只需表现出工作中心型行为或员工中心型行为，则人员甄选和培训系统可以只关注这类行为。但如果情境因素发挥了作用，研究者就需要识别出哪些变量最重要，并培训领导者如何相应做出行为调整。你可能会猜到，对所有这些问题的答案都是“视情况而定”。总的来说，研究者的报告表明，表现出高关怀或员工中心型行为的领导者，下属的满意度较高。如果群体面对相对含糊或界定不明的任务时，领导者能设置明确的目标、向追随者说明为完成任务要做什么及如何做并监督结果（即结构维度或工作中心型），其所在工作单元的绩效往往较高。[24, 25, 26] 但与此同时，行为高度独裁专断的领导者（结构维度的一个方面）更有可能有低满意度的下属。[27] 这类研究结论表明，不存在一套总是与领导成功相关的、普遍适用的领导者行为。领导者需要在多大程度上表现出任务导向或人员导向型的行为，往往是由情境决定的，并且，这一研究结论促进了第15章中谈到的领导情境理论的基础研究。回顾这些理论，你会看到50年前提出的工作中心和员工中心行为与领导情境理论之间的紧密联系。

领导方格理论

俄亥俄州立大学和密歇根大学的研究是一个很好的开端，描述了领导者实际上在做什么。其他研究者拓展了这些研究结论，提出更容易理解和使用的框架，或者开发出不同的模型对领导行为进行归类。与早前的研究相同，这些概念框架通常关注以下内容：识别关键的领导行为；确定这些行为是否与领导成功存在正相关关系；帮助人们开发与领导成功相关的行为。有一个受到广泛认可的领导概念框架实际上是对密歇根大学和俄亥俄州立大学研究发现的拓展。这项研究被称为**领导方格**（leadership grid），它从两个维度来说明领导者的行为：**关心人**（concern for people）和**关心生产**（concern for production）。[28, 29]“关心”一词反映了领导者关于工作者的基本假设，以及财务指标对领导风格的重要影响。从这个意义上说，领导方格理论涉及的不仅是行为。但它被归入本章，因为它直接来源于早前的行为研究。

如图7-2所示，领导者在“关心人”和“关心生产”这两个维度上的取值是1到9，具体分值取决于他们对一套领导问卷的回答。这两个分值随后被标在领导方格上，而且，这两个分值的不同组合代表了不同的领导倾向。每一个倾向反映了对使用权力和权威将个人与生产联系起来所持的一套独特假设。[30] 在不同的领导风格中，最有效的领导者是既高度关心人又高度关心生产的领导者，而领导方格培训项目被设计用于使领导者改变为（9，9）型的领导风格。尽管这一目标感觉似乎很诱人，但你认为唐纳德·特朗普或特斯拉的CEO埃隆·马斯克，在这两个维度上会得到什么分数？他们两人是否都表现出高度关注生产和员工？在这两位领导者之间是否存在差异，或者说，他们都是（9, 9）型领导者吗？

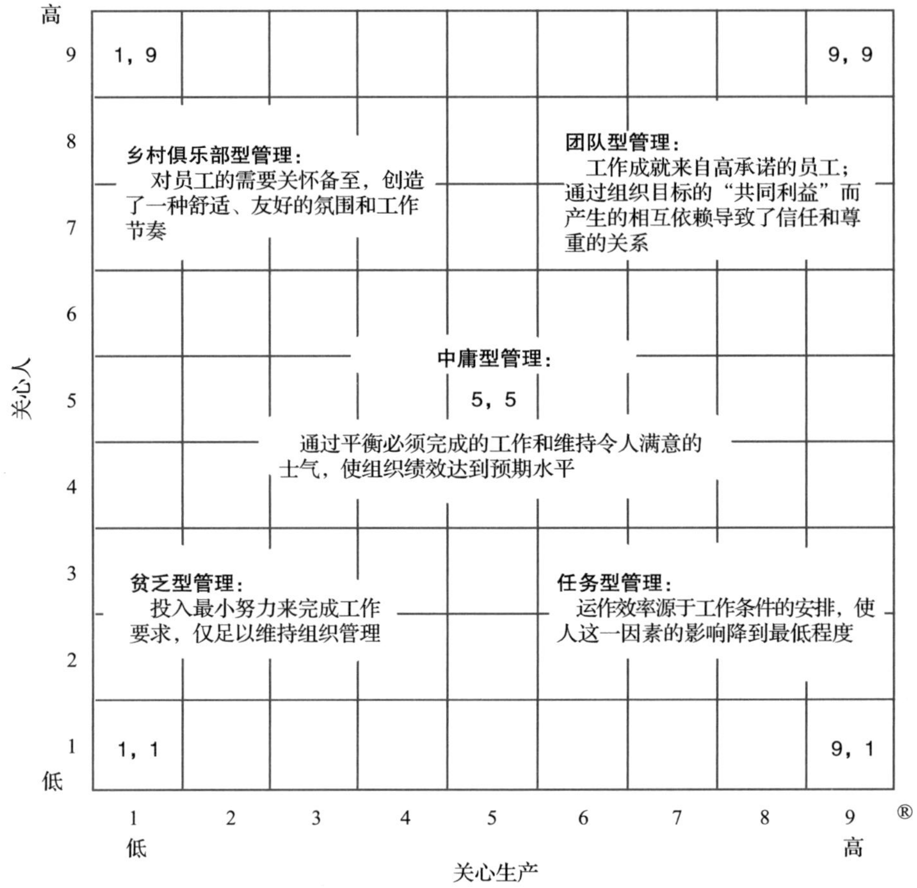

图 7-2 领导方格

资料来源：Robert R. Blake and Anne Adams McCanse, *Leadership Dilemmas—Grid Solutions* (Houston, TX: Gulf Publishing, 1991), p. 29. Copyright 1991. Reprinted with permission of Grid International.

> 如果一个机构需要天才或超人来管理，那它不可能存活下来。机构的组织方式必须确保它能在由普通人组成的领导团队下顺利运作。
>
> ——彼得·德鲁克（Peter Drucker），管理专家

尽管领导方格在描述或归类不同领导者时很有用，我们应当注意到，支持（9, 9）型领导者是最有效领导者这一论断的证据，主要来自布莱克、慕顿及其同事（Blake，Mouton，et al.）。然而，其他研究有可能说明（9, 9）型领导者是否真的最有效。智睿咨询发布的一项涉及15 000位

全球领导者的大型研究报告称，17% 的高级管理人显示出高执行力（关注生产），同时仅有 10% 的人表现出高参与技能（关注人）。仅有少数几位领导者同时在两个维度上得分很高，该研究表明（9, 9）型领导者可能并不多见，特别是在高阶职位上。[31] 罗比、坎特、尼尔森和哈兹查（Robie, Kanter, Nilsen, Hazucha）研究了美国、德国、丹麦、英国、意大利、西班牙、法国和比利时的 1 400 多名经理人，以确定同样的领导行为在不同国家中是否都与领导效力相关。他们报告说，不论在哪个国家，与问题解决、结果驱动相关的领导行为［结构维度或（9, 1）领导风格］总是与领导者成功构建团队、影响群体完成目标、达成成果有关。[32] 关于结构维度与工作绩效的类似结论，亦见贾兹、皮科洛和伊利斯（Judge, Piccolo, Ilies）的研究。[33] 高夫（Goff）对美国一家高科技企业中的 800 位管理者所做的研究表明，花费更多时间构建关系的经理［关怀维度或（1, 9）型领导风格］也会有满意度更高的追随者，他们离开企业的可能性较低。[34] 同样地，其他研究者也提供了强有力的证据，说明高关怀维度的行为能降低员工的流动水平。[35, 36] 在这一连续区间的另一端，研究者表示任务型领导者（9, 1）可能对工作绩效、组织承诺和员工留任意愿产生负面影响。[37] 这些结果似乎表明，最有效的领导风格可能与使用何种标准来评判领导效力相关。领导者行为的环境和风格，也是影响领导者构建团队、通过他人取得成果的能力的因素（见专栏 7-1 和专栏 7-2）。

❖ 专栏 7-1

行为与技能

领导行为与领导技能略有差异。**领导行为**（leadership behavior）关注的是一项具体的行动，比如，“为团队成员设定具体的绩效目标”。领导技能则包括三个要件：良好定义的知识体、一套相关的行为和应达到的明确绩效标准。用篮球做类比可能更容易理解领导技能。人们的篮球技能存在很大差异；好的篮球运动员知道何时过人、何时投球，并且擅长打配合、投三分球和罚球。知道何时过人、何时投球就是知识要件的例子，打配合和罚球是技能的行为要件的例子。此外，投中的百分比可以作为评价某人篮球技能的一项标准。

领导技能，如授权，也可以用同样的方式来解释。好的领导者知道一项特定任务应在何时、应向谁授权（即知识），他们会对授权任务的绩效期望（即行为）进行有效沟通，并且，他们会检查该项任务的完成是否令人满意（即标准）。因此，领导技能包括知道何时行动、以适合情境的方式行动，并能以有助于领导者达成团队目标的方式来行动。

❖ 专栏 7-2

外貌真的重要吗

一个人的外貌和健康状况，会影响其获得晋升、成为有效领导者吗？创新领导力中心

（Center for Creative Leadership，CCL）的研究回答了这一问题。CCL定期进行针对高层管理者的领导开发项目（为期一周），其中包括人格、智力和生理测试，公开演讲测评，以及来自上级、同级和直接下属的领导行为反馈调查（即360度反馈，将在本章随后介绍）。该研究使用2006—2010年757位高管人员的数据，探讨了身体质量指数（BMI，用于度量体脂水平）和领导行为反馈结果的关系，结果发现，超重的高管人员往往获得他人较低的领导行为评级。换言之，在同事眼中，肥胖领导者的效力较低。

在大多数组织中，工作场所的过度肥胖问题是一个禁忌话题，但这项研究表明，个人外貌在人员录用和晋升决策中的确会产生影响。在《财富》世界500强公司中，只有很少几位CEO体重超标，CCL研究者将这一现象归结为以下事实：身居高位的人需要保持良好的身体状况，以应对与职位相关的高负荷工作量和旅行安排。但真是如此吗，还是个人偏见决定了谁能爬到顶层？外貌在公司世界似乎是个大问题，很多商学院、咨询公司和高管教练都会提供**"高管形象"**（executive presence）项目。虽然存在不同定义，但高管形象大体上关注的是个人展示信心、镇静和权威的能力；换言之，这些项目向受训者传授如何表现得像个领导者。衣着、仪容、体重、眼神交流、充满自信和活力的演讲、避免犹疑不定的语言、使用最新的商业流行语、构建人际网络，是高管形象项目中的几个模块内容。

高管形象上佳的人在吸引员工参与、构建团队及达成结果方面，有特别的优势吗？或者，好的高管形象对管理个人职业生涯、获得晋升更重要吗？

资料来源：L. Kwoh, "Want to Be CEO? What's Your BMI?" *The Wall Street Journal*, January 16, 2013, pp. B1, B6; G. J. Curphy, "Executive Presence: When Confidence Trumps Competence," LinkedIn, December 8, 2014, www.linkedin.com/pulse/20141208135825-36824143-executive-presence-when-confidence-trumps-competence; and M. Forbes, " Are You 'Leadership Material'?" *Forbes*, July 10, 2014, www.forbes.com/sites/moiraforbes/2014/07/10/are-you-leadership-material.

胜任力模型

到目前为止，在本节中，我们描述了对领导者或领导行为分类的几种方式，但这些研究对领导实践者有什么启示呢？信不信由你，在全球1000强（Global 1000）的每一家公司，你都会看到对这些领导行为研究的实际应用。**胜任力模型**（competency model）描述了为使组织成功，管理者需要表现出的行为和技能。[38, 39, 40, 41, 42, 43, 44, 45, 46, 47, 48, 49, 50] 正如不同国家的领导者为了取得成功，可能需要表现出独特的行为来适应环境一样，同一国家的不同行业、不同企业往往也强调不同的领导行为。因此，不同组织中拥有截然不同的胜任力模型并不奇怪，它取决于企业的性质和规模、商业模式、全球化水平、技术或团队在经营中发挥的作用。[51, 52, 53, 54, 55, 56] 图7-3是一个中层管理者胜任力模型的典型示例。

很多优秀的组织目前针对不同层次的管理者建立了胜任力模型。例如，家得宝（Home Depot）的部门主管、门店经理、区域经理、地区副总裁和事业部总裁所需的行为与技能存在很大差异，并且这些差异体现在针对每一管理群体的胜任力模型中。这些模型有助于阐明对不同领导岗位的绩效期望，并描述了晋升所需具备的技能。它们也能帮助人力资源专业人员设计甄选、开发、绩效管理和继任计划等项目，使组织获得领导人才的稳定来源。[57, 58, 59, 60, 61, 62, 63, 64, 65, 66]

胜任特征：

- 分析问题、制定决策：有效分析问题，及时制定明智、合乎逻辑的决策
- 战略性思考：以广泛的视角看待问题（如考虑来自不同行业、市场和竞争者的信息）；审慎评估可能的决策与行动的战略匹配度
- 财务和技术洞察力：在解决客户、运营、财务问题时，表现出很强的技术和财务知识。在客户、运营和财务之间合理折中
- 计划和组织：提出清晰的目标和行动计划，组织资源以达成业务成果
- 管理执行：指导和监督绩效，在必要时进行干预以确保达成业务目标
- 鼓励形成一致目标：成功引导员工对使命、愿景、价值观和组织发展方向的认同；增进员工激励
- 推动变革：挑战现状，寻找方式来改进团队或组织绩效。支持新举措或推动他人开展变革
- 建立人才基地：理解支持业务目标所需的人才要求（如资质、能力）；识别、运用和培养才华卓越的团队成员
- 促进团队合作：创建一种员工能有效合作以达成目标的环境
- 创建公开沟通氛围：清晰的沟通，并创建一种分享重要信息的环境
- 发展关系：开发和保持与直接下级、同事、管理者和他人的有效工作关系；表现出维持有效工作关系是当务之急
- 关注客户：保持对客户需要的关注；表现出有高度意愿提供卓越的客户服务；积极寻找多种方法来提高客户满意度
- 可信度：赢得他人的信任和信心；通过言行一致、贯彻个人承诺来打造他人眼中的可信度
- 个人驱动：表现出对达成目标和成果的紧迫感；追求挑战性目标并坚持不懈地完成
- 适应性：有信心地做出适应和调整以应对变革与挑战；保持对未来的积极期望，在压力下进行建设性工作
- 学习方法：主动识别机会，并寻求改进的资源

图 7-3 中层管理者胜任力模型典型示例

资料来源：G. J. Curphy, K. Louiselle, and S. Bridges, *Talent Assessment Overview: 360-Degree Feedback Report* (Eagan, MN: Advantis Research & Consulting, 2003).

根据霍根和华伦费兹（Hogan，Warrenfelz）的研究，几乎每个组织的胜任力模型中列出的技能和行为，都可以大致分为四大类。**个人技能**（intrapersonal skill）是指与适应压力、目标导向和遵守规则相关的领导素质和行为。这些技能和行为不涉及与他人互动，也是最难以改变的。**人际技能**（interpersonal skill）与直接的人际互动有关，比如沟通、发展与他人的关系。这些技能相对比较容易开发。**领导技能**（leadership skill）是一些与构建团队、通过他人取得成果有关的技能和行为，比前两类的技能和行为更容易开发。最后，分析焦点问题、制定决策、财务洞察和战略性思考都属于**业务技能**（business skill）的类别。这些技能和胜任特征往往是 MBA 教育的关注重点，也是四大类中最容易学到的。霍根和华伦费兹提出的领导胜任力的领域模型很重要，因为它使人们可以在看似不同的多个组织胜任力模型中发现相互联系，并可以预测改变不同领导行为和技能的难易程度（见专栏 7-3 和专栏 7-4）。[67]

❖ 专栏 7-3

美国老兵为何很难获得雇用

美军是全员自愿入伍的军事武装人员，而且，100 名美国公民中仅有 1 人加入美国陆军、空军、海军、海军陆战队或海岸警卫队。美军提供广泛的领导培训和经历，拥有美国一些最好、最聪明的领导者，他们用成绩证明自己有能力吸引士兵参与、构建团队、在极端不利的情况下达成使命目标。尽管军队老兵展示了高水平的才干，但大多数老兵很难获得公司的雇用机会。鲍里斯·格鲁斯伯格（Boris Groysberg）对人才管理的研究解释了为何公司不愿雇用老兵的原因，以及可以做些什么来缓解受雇老兵的过渡问题。

格鲁斯伯格强调的内容之一是**可迁移技能**（portable skill）与**不可迁移技能**（nonportable skill）的差异。可迁移技能，如编程或做 PPT 的诀窍，可以轻易从一项工作转移到另一项工作中。其他技能，如开炮台、将导弹装载上战斗机，都无法方便地转移到其他组织中。完成后一类活动所需的知识和技能对于军队极其重要，但在公司部门缺乏应用机会。军队老兵面对的一项挑战是，他们在服役期间获得的可迁移技能与不可迁移技能的比例。很多人的技能组合中包含高比例的不可迁移技能，这使公司很难看出这些技能如何转变以适应公司的工作要求。

格鲁斯伯格进一步将技能分为 3 类：生产型、领导型和管理型。任何处于权威职位上的人都需要相关的技术和职能专长，并视职位的不同，需要了解呼叫中心如何运作、开发团队如何创建商用手机 App、生产线如何生产产品或拉动哪个杠杆来达成财务成果（生产技能）。他们也需要了解如何提出有吸引力的愿景、推动变革、传达紧迫感、开发员工和吸引员工参与、构建团队（领导技能），以及设置目标、建立绩效指标、创设流程、执行计划和要求员工为行为负责（管理技能）。大体上，领导技能和管理技能的可迁移程度高于生产技能，而军队老兵往往在前两者上的得分高于平均分。问题在于，由于招聘人员和人力资源管理者针对工作提出严格的技术、职能和业务要求，军队老兵完全不在他们的考虑范围内。

老兵和公司可以做几件事来充分利用前者的军事经历。首先，公司需要认真审视其在工作公告中设置的技术、职能和业务标准。其中有些标准极为离谱，没有人甚至是目前的在职者，也无法达到要求。减少对不可迁移技能的要求，也可以打开求职者蓄水池，改善老兵受雇的概率。如果有什么事是老兵擅长的，那就是适应急剧变化的环境；很多时候，他们只需要几个月来获得足够的生产知识和技能，以便有效工作。其次，老兵在写简历时可以更关注可迁移技能（而非不可迁移技能），从而降低受雇的难度。那些充斥着军用缩略语和高技术性军事术语的简历与平民世界完全不相干，也降低了受雇的可能。再次，类似地，在服役期间获得学位的老兵必须确保它们与平民世界相关。拥有军事史或航空科学硕士学位可能有助于老兵获得军队提拔，但在私有部门的应用性很低。最后，老兵需要比其他受雇者更多的帮助，以实现向公司职位的过渡，因此入职过程对这一群体而言极其重要。入职项目应当包括标准化的 HR 安排，提供与工作职位相关的不可迁移的基本知识和技能，并组织系统化的上级、同事、员工、客户和供应商关系构建活动，使老兵了解如何完成工作及在新的工作岗位上获得成功。

资料来源：G. J. Curphy, "Why Veterans Have a Hard Time Getting Hired," LinkedIn, May 23, 2016, www.linkedin.com/pulse/why-veterans-have-hard-time-getting-hired-gordon-gordy-curphy-phd; G. J. Curphy, "Veteran Status and Interview Behavior," LinkedIn, June 1, 2016, www.linkedin.com/pulse/veteran-status-interview-behavior-gordon-gordy-curphy-phd; B. Groysberg, *Chasing Stars: The Myth of Talent and the Portability of Performance* (Princeton, NJ: Princeton University Press, 2010); and S. Young, "How Veterans Outscore their Counterparts on Leadership," Center for Creative Leadership, August 26, 2019, www.ccl.org/blog/veterans-outscore-civilian-leaders.

❖ 专栏 7-4

领导胜任力模型中的致命缺陷

模型 1	模型 2	模型 3
战略性思维	战略性视角	辅导
分析问题	快速学习	决策
运用明智判断	果断坚定	授权
应用技术诀窍	变革管理	具有使命感
使用财务敏锐度	领导员工	注重实效
制订计划	直面问题	变革领导
推动执行	参与式管理	确定方向
管理变革	培养关系	高管风范
注重实效	同情心与敏感	推广愿景
无畏领导	令人安心	
影响他人	尊重差异	
辅导与开发	积极主动	
参与和激励	镇静沉着	
促进合作	工作生活平衡	
培养关系	自我觉察	
管理冲突	职业生涯管理	
促进沟通		
倾听他人		
激发信任		
展现适应力		

全球 1000 强中的大多数公司、美国联邦政府及州政府、非政府组织、慈善机构都在使用领导胜任力模型描述领导者为取得成功需要表现出的技能和行为，并将其作为多个招聘、甄选、入职、开发、继任计划和绩效管理系统的基础。由于这些模型在很大程度上决定了谁将被录用、晋升、获得奖励、接受培训，组织往往会认真对待确认领导胜任力这项工作。人力资源部门或向咨询公司购买现成的领导胜任特征分析，以此向"最佳实践"看齐，或自行构建模型。后者需要访谈几十位在职者及其上司，组织多次焦点小组，并获得高层管理者的最终认可。这两种方法都有一个致命缺陷，这会使成功领导者（而非有效领导者）获得晋升。

很多咨询公司和人力资源部门都没有意识到，领导是一个群体现象。没有追随者就不会有领导者，而且，领导者的主要角色就是激励员工参与，并构建能赢得竞争的团队。因此，领导胜任力模型需要界定构建团队、通过他人达成目标所需的技能和行为。正如你在上述3个领导力模型中看到的，没有一个模型提到有关团队构建的内容。相反，它们提出的是一种**领导的轮辐模型**（hub-and-spoke model of leadership），专注于领导者与追随者之间一对一互动时需要表现出的行为。在3个模型中，有2个谈到了“实效”，但其中提到的胜任特征更多与领导者达成个人目标有关，而不是通过他人完成工作或打败竞争者。很多领导胜任力模型在识别晋升所需的技能上表现出色，但是否识别出了有效领导所需的技能（即构建能取胜的团队）则值得怀疑。模型2就是一个很好的例证。

为了解决这一问题，组织需要认真审视自己的领导胜任力模型，看看公司鼓励的是否为轮辐模型的领导才能，以及是否描述了构建团队、达成成果并打败对手所需的技能和行为。

资料来源：G. J. Curphy, “The Fatal Flaw in Leadership Competency Models,” LinkedIn, September 1, 2014, www.linkedin.com/pulse/20140901121513-36824143-the-fatal-flaw-in-leadership-competency-models; R. B. Kaiser and G. J. Curphy, “Leadership Development: The Failure of an Industry and the Opportunity for Consulting Psychologists,” *Consulting Psychology Journal: Practice and Theory* 65, no. 4 (2013), pp. 294–302; and G. J. Curphy, M. Hartgrove, A. Licata, and E. Paulson, “Are Teams a Missed Opportunity for Human Resources?” *TalentQ*, in press.

霍根和华伦费兹模型的重要性还体现在，它指出领导者为了构建团队和通过他人取得成果需要表现出的行为。由于组织胜任力模型的共性大于个性，不同组织中为构建团队和取得成果所需的行为往往具有普遍性。期望构建高绩效团队的领导者需要雇用合适的员工，有效应对压力，设定较高的绩效目标，按规则行事，并要求员工承担责任。他们也需要进行沟通、与他人建立联系。有效的领导者还会将追随者纳入决策过程中，公平分配工作量，开发人才，及时了解可能影响团队的各类事件，并做出正确的财务和运营决策。因此，胜任力模型为不同组织中期望构建团队和取得成果的领导者，提供了一剂良方。这些领导行为有很多都普遍适用于不同的文化和行业，但自动化、AI、机器学习、数字化和物联网的近期发展，与日益加剧的全球化一起，可能使组织特别关注某些特定领域的胜任特征。[68] 时间序列研究表明，特定胜任特征的相对重要性会随着时间而改变。例如，在过去20～25年间，构建个人关系、行政管理或组织技能、时间管理技能的重要性明显提升。[69] 也有一些重要差异体现在公司和领导力层面上。安格那、马龙、奥利克斯基和圣吉（Ancona, Malone, Orlikowski, Senge）恰当地指出，大部分领导者都不具备多个胜任力模型中列出的所有技能，而有效领导者清楚个人所长，并学会了如何借助他人力量来弥补其技能不足的领域。[70]

虽然领导胜任力模型在企业及非营利组织中都得到了广泛应用，但是这一方法也遭到了某些人的反对。正如专栏7-4所说，大多数胜任力模型提倡的是一种轮辐模型领导风格，而很少涉及构建团队或取得集体成果。此外，一线和职能管理者有时也发现，领导胜任力模型存在过于复杂、与组织战略匹配度不高、实际用处不大的问题。有一套内容全面、表达清晰的行为来界定有效领导力对组织是重要的，但企业需要确保这套行为易于理解、能推动有效团队合作、带来卓越成果的达成，并与企业未来的长期愿景高度匹配。[71, 72]

领导补给线

我们在本章一开始探讨了一个观念：存在一组普遍适用的、与领导效力密切相关的行为。但研究显示，结构维度、相互促进和（9, 9）型领导可能在某些情境下非常重要，而在其他情境下不太重要。情境与追随者因素在决定不同领导行为的相对效力时，发挥了重要作用，研究者和人力资源专业人士提出了胜任力模型来描述特定职位和公司中的领导者需要表现出的行为。成员遍布全球的虚拟团队的领导者，或者在销售企业（而非制造企业）工作的领导者，需要表现出的有效领导行为可能有所不同，而胜任力模型是把握这些差异的有益工具。尽管全球化、所在行业和职能领域都会影响所需的领导行为类型，但还有一项影响领导行为的因素是**组织层级**（organizational level）。例如，一线管理者需要展示的行为是确保呼叫中心的一群员工保持高士气并持续工作，这与 CEO 在投资者见面会或主持公司经营战略会议时的行为存在很大差异。尽管这两类领导者都需要构建团队、通过他人达成目标，但他们所领导的团队类型和需要达成的目标存在巨大差异，因而需要他们展现出完全不同的领导行为。

领导补给线（leadership pipeline）是一个有用的模型，可以解释领导者需要将时间分配到哪里，哪些事项需要关注（或听任其发展），并且，当领导者从一线管理者晋升为职能管理者乃至 CEO 时，他们需要表现出哪些类型的行为。[73, 74, 75, 76, 77] 该模型也描述了当人们处于特定的组织层级时需要学到的内容，以及他们将在未来更高的层级中面临何种挑战。同时，该模型还为所有想成为组织最高管理者的员工提供了一个路线图。由于处于不同组织层级的员工需要表现出不同行为，很多公司制定了胜任力模型以描述在不同组织层级上的成功行为。根据领导补给线模型，最有效的领导者是那些能准确诊断本人工作所处的组织层级，并表现出对应行为的人。补给线也为那些晋升失利的人提供了潜在的解释：这些人没有关注正确的事，或者表现出的领导行为可能更适合较低的组织层级。

表 7-2 提供了对 7 个组织层级及其胜任特征要求、时间安排和工作价值观的详尽描述。表 7-2 中列出的项目适用于大型工商企业，规模较小的营利或非营利性组织中可能没有这么多层级。但无论如何，领导补给线模型提供了一个当员工在组织中获得升迁时，其领导胜任特征将发生何种变化的有益思考框架（见领导概览 7-3）。

表 7-2　领导补给线

组织层级	胜任特征要求	时间安排	工作价值观
个人贡献者	技术熟练度 使用公司工具 与团队成员建立联系	按时完成任务 准时出勤	通过个人熟练度达成目标 高质量的工作 接受公司价值观
一线管理者	规划项目 委派工作 辅导和提供反馈 监督绩效	年度预算规划 安排时间与下属交流 为团队设定任务优先级	通过他人达成目标 追随者的成功 团队的成功
中层管理者	甄选、培训和管理一线管理者 管理各团队的分工、在团队间分配资源	监督各团队的绩效 安排时间辅导一线管理者	重视管理和专业工作 开发一线管理者

（续）

组织层级	胜任特征要求	时间安排	工作价值观
职能领导者	管理整个职能 与职能领域中的每位员工沟通，倾听他们的想法 协调不同子职能 与其他职能领域开展互动	确定本职能在未来3年的愿景 与业务单元领导者的团队开展交流	清楚本职能对业务经营的支持 重视所有的子职能
业务单元领导者	构建跨职能领导团队 有财务敏感度 在未来目标和短期经营需要间保持平衡	开发本业务单元在未来3年的愿景 监督财务成果 有效的时间管理	重视所有职能领域 重视组织文化和员工参与度
集团管理者	管理业务组合 分配资金，使业务成功最大化 开发业务单元领导者	为多个业务单元开发战略 监督多项业务的财务成果 与CEO团队开展互动交流	重视所有业务单元的成功 与内外部利益相关者开展互动
CEO或企业领导者	分析和评判战略 管理整个公司及其各组成部分 达成可预测的经营成果 设定公司未来方向 创建公司文化 管理董事会	管理外部利益相关者 将大量时间用于审核财务成果 将大量时间用于战略规划	重视少数的关键长期目标 重视来自董事会的建议 重视来自各种利益相关者的意见

资料来源：R. Charan, S. Drotter, and J. Noel, *The Leadership Pipeline: How to Build the Leadership-Powered Company* (San Francisco: Jossey-Bass, 2001).

❖ 领导概览 7-3

英德拉·努伊

百事公司被公认为拥有全球最好的领导人才管理系统。百事的人才管理系统广泛使用胜任力模型、360度反馈工具、人格和智力测评、公文筐模拟及工作单元绩效评估指标。从这种深度测评和开发系统中受益良多的人，其中就有英德拉·努伊（Indra Nooyi）。努伊目前已从百事公司CEO任上退休，并曾在《福布斯》杂志“世界上最有权力的女性排行榜”中位居第12位，在“最有权力的商界女性排行榜”中名列第2位。努伊在印度长大，在马德拉斯教会学院取得学士学位，在印度管理学院（Indian Institute in Management）取得管理学硕士学位。她也在耶鲁大学管理学院取得了学位。在大学期间，努伊带领过一支完全由女性成员组成的摇滚乐队，并且，当她公开演讲时，她的有趣、坦诚令人耳目一新。2005年5月努伊引发了一场争议，当时她在给哥伦比亚商学院的研究生做演讲，说美国“必须当心，当我们伸出双臂时（无论从商业或政治的意义上来看），我们应当确保自己伸出的是一只手……而不是一根手指”。

在1978年移民到美国之前，努伊曾担任强生公司的产品经理，并在一家印度的服饰公司马特·比德赛尔（Mettur

Beardsell）任职。从耶鲁大学毕业后，她的第一份工作是波士顿咨询公司的顾问。随后，她在摩托罗拉和 ABB 担任高级领导职务，1994 年，她进入百事公司。在百事公司期间，努伊在百胜公司（Tricon）剥离项目上发挥了关键作用，这家公司现在叫 Yum!Brands 公司（塔可钟、肯德基就是 Yum!Brands 公司的特许经营品牌）。她还领导百事公司在 20 世纪 90 年代后期并购纯品康纳（Tropicana）公司和桂格（Quaker）麦片公司。2001 年，努伊被晋升为 CFO，2006 年升任 CEO。在担任百事公司 CEO 期间，努伊领导着这家拥有 30 多万名员工、全球年销售收入达到 660 亿美元的公司，其销售的产品包括百事可乐、激浪、纯果乐、佳得乐、Aquafina 瓶装水、都乐、立顿茶、立体脆、乐事薯片、桂格麦片、生命燕麦片和 Rice-A-Roni 速食。在努伊的领导下，百事公司广泛使用跨文化的咨询顾问团队来开发新产品和推出新的营销项目，其管理的 22 个品牌每个都带来了超过 10 亿美元的年销售收入。

基于百事公司的全球经营范围及对品牌管理的重视，努伊的背景似乎很适合应对多种多样的领导挑战。2006 年，印度的一些人表示，可口可乐和百事可乐的产品均受到杀虫剂的污染。随后的调查否认了上述指控，但围绕这一事件的公共宣传损害了百事在这个容量巨大、成长迅速的市场中的品牌声誉。努伊致力于恢复印度公众对百事产品安全性的信心，并投入精力开发更健康的饮料和小吃。

努伊相信人们需要做 3 件事来抓住职业机会。第一，在当前的工作中成为卓越的绩效贡献者。想获得晋升的人不应执着于获得晋升，而应关注在当前职业上比其他人都做得更好。第二，应具备“后袋”技能，那种真正与众不同且能进一步发展的技能。努伊的后袋技能是她简化复杂问题以帮助人们提出、执行解决方案的能力。第三，要展现出领导的勇气。伟大的领导者为自己的信念挺身而出，而努伊也有为非白人、女性和 LGBT 社区站出来发声的历史。努伊还有一点与其他 CEO 不同：她每年都会给公司中职位最高的 400 位管理者的父母写亲笔感谢信。她将自己的成功归因为父母亲的奉献，而这些信件就是她感谢那些为百事公司所有高层领导者做出类似奉献的父母的方式。

你认为努伊的职业生涯与领导补给线理论是否一致？你认为当她在领导补给线上努力前行时，她学到的哪些东西使她成为有效的百事公司 CEO？

资料来源：M. Ward, “PepsiCo CEO Shares Her 3-Step Path to Advancing Your Career,” CNBC, December 28, 2016, http://www.cnbc.com/2016/12/28/pepsico-ceo-shares-her-3-step-path-to-advancing-your-career.html.

根据领导补给线模型，未表现出与职位相符的胜任特征、工作价值观和时间安排的人，将在构建团队、通过他人达成目标的困局中挣扎。例如，不能摒弃一线管理者行为习惯的职能领导者，会花费大量时间辅导和监督个人贡献者的绩效，他们不仅没时间确定职能的愿景和实施管理，也无法向职能领域内的一线管理者和中层管理者赋权。因此，获得职业成功的一个关键，是要展现出适合当前组织层级的胜任特征，在沿组织阶梯向上晋升时，摒弃这些胜任特征并学会新的特征。

查伦、多特和诺埃尔（Charan, Drotter, Noel）认为，从个人贡献者向一线管理者转型，以及从职能领导者转向业务单元领导者，是最难实现的两次转型。[78] 对于花费全部时间向客户推销、写代码的人，很难转型去管理从事这类工作的员工；并且，对于整个职业生涯都在从事销售或 IT 领域的人，也很难管理、重视和充分利用其他职能领域的工作。[79]

在年收入超过 5 亿美元的企业中，50% 的企业表示"没有真正意义上的管理继任计划"。

——普德管理咨询公司

这一模型有五点启示值得提及。第一，研究发现，智力和特定人格特质可以提高获得晋升、成功向新领导层次转型的概率。[80] 第二，在员工向新领导层次转型时，组织的协助至关重要。组织通常会提供**入职培训**（on-boarding）项目来帮助外部雇员实现新工作角色转型，帮助他们了解组织的历史、价值观、不成文的规则；培养与关键利益相关者和有影响力者的关系；增进对关键目标、流程、产品和服务的了解；形成由直接下属组成的高绩效团队；并提出如何在这一领导层次上运营的思考。组织往往未能将同一做法用于内部员工晋升，而这可能是一个重大错误（并且很容易被忽视）。例如，经营一家星巴克门店与运作 10 家星巴克门店的目标、关系、时间分配及其他领导力要求可能有巨大差异，而内部入职培训项目可以帮助人们缓解转型的困难。[81, 82, 83]

第三，越级晋升的人员往往被证明是低效的领导者。例如，组织常常向管理咨询顾问提供工作机会。顾问可能被请来解决一个特别有难度的问题，比如实施一项新的销售方案或 IT 项目，由于解决方案极为成功，公司邀请他们加入。问题是，在这类工作邀约中，很多都是职能领导者或业务单元领导者一类的工作，而咨询顾问的整个职业生涯在很大程度上做的都是个人贡献者层级的工作。由于咨询顾问从未正式领导过一个团队，也未管理过多个团队或职能，他们会继续表现出最初受到赞赏的行为，即个人贡献者层面的行为。无论这些前顾问在个人贡献者工作上曾经表现得多么杰出，他们现在所处的职位涉及的范围太大了，这使他们无法独自处理所有的销售访问、编写所有计算机代码，如此等等。如果他们不及时调整自己的领导行为以适应职位要求，就会很快出现工作耗竭，并被公司要求去找新工作。因此，如果你的职业抱负包括领导一个职能领域、业务单元或整个公司，你需要仔细考虑能带给你合适经验、教会你合适胜任特征的职位序列，这将使你为最终的职业目标做好准备。

第四，收购往往使人员被安置到领导补给线上较低阶的职位。例如，被收购企业的 CEO 可能在新公司中被派去担任中层管理者角色。虽然新职位的下属人数可能更多、管理的预算金额可能更大，但管理者为了达成效能，需要重新分配时间并从事与这一层级相关的活动。很多前 CEO 和业务单元领导者有很强的企业家特征，会因被"降职"担任中层管理者而愤慨。很多人在母公司工作一两年后，就会离开去创立新公司。[84]

第五，在合适的领导层次开展工作极端重要。太多领导者在低于其实际职位一两级的层次上运作，而这一做法对其领导的团队和组织都产生了有害影响。如果 CEO 的行为类似于一位职能领导者，就会花费全部时间关注某一特定职能内的绩效评估指标、细节、项目、流程和预测，而很少进行外部扫描，完全忽视战略规划和解决企业面对的重大问题，也没有充分利用其他职能来达成实效。这会在各团队和整个企业产生连锁反应，因为此时每个人带来增值的唯一方式就是在低一两个职位的层次上工作。在面对危机、彻底转型或人员短缺时，在低层次上运作可能是适当的做法，但这只能是短期安排。大多数在过低的层次上运作的领导者这么做是源于个人偏好，他们或者很享受这一过程，或者误以为自己是唯一有能力解决技术问题、直接应对客户或解决低阶员工间冲突的人。他们相信自己从事这些活动是在增加价值，但事实上，他们剥夺了员工的权力，并使追随者转而寻求其他雇用机会。[85, 86]

❖ 专栏 7-5

华夫饼屋教会了我关于领导力的一切

华夫饼屋是一个价值 10 亿美元的连锁餐厅，包括位于美国 25 个州的约 2000 家餐厅。每个餐厅都是一周 7 天 24 小时营业制，餐厅员工由经理、值班主管和一般员工组成。这家连锁餐厅因在发生自然灾害时仍坚持营业而被津津乐道，因此美国联邦应急管理署用它来判定飓风、龙卷风和暴风雪造成的灾害程度——如果华夫饼屋都关门了，那事态就真的很糟了。

餐厅经理要为门店里发生的每件事负责，包括客户服务、录用和培训员工、员工工作安排、订购供货、管理成本，以及餐厅的财务绩效。企业期望顾客受到热情迎接，在下订单的 8 分钟内获得餐点。管理者则应随时出现在需要的地方，无论接待顾客、收拾餐桌、烹制餐点还是充当服务员。这一期待并非只针对餐厅经理，公司的 CEO 和高级职员在外出实地考察各餐厅时，也会戴上围裙尽可能帮忙做事。经营一家快餐厅的压力和挑战总是持续变化、高度密集的，因为顾客会在一天的任意时间来就餐，有些顾客喝醉了、暴躁好斗，还有些顾客会提出无理要求，而且员工也可能缺勤。录用和培训新员工及值班主管来运作一家 24 小时运营的门店可能花费大量时间，而餐厅在高峰时间的工作节奏可能近乎疯狂。餐厅经理还不时在半夜接到电话来处理突发事件。

华夫饼屋只从内部晋升，所以餐厅经理必须先花时间做服务员、厨师、碗碟收拾工、洗碗工和值班主管，才能有机会经营自己的餐厅。新任餐厅经理起薪仅有 45 000 美元，但如果餐厅绩效良好，他们在 5 年后可以赚到 117 000 美元，这对一个可能还不到 30 岁、没有大学学历的人来说，是相当高的收入。餐厅绩效取决于销售收入、盈利水平、顾客满意度评级、运营指标和员工流动率。与很多快餐连锁企业不同，华夫饼屋很重视留住员工，餐厅管理者会因为低员工流动率而获得奖励。

来自华夫饼屋、星巴克、麦当劳、赛百味、塔可钟和其他类似快餐连锁的领导教益，都强有力且多种多样。有效的餐厅经理学习如何挑选合适的员工、设定清楚的期望、开发技能、使员工成为高凝聚力的团队、监督和评价绩效、保留员工、处理有问题的顾客和员工、改善餐厅经营和降低成本、管理财务、应对突发事件。根据领导补给线理论，餐厅经理的领导层次是什么？当 CEO 穿上围裙洗盘子时，又处于什么领导层次？如果餐厅经理来自外部招聘，没有花时间做厨师或值班主管，你认为会出现什么情况？

资料来源：S. Walker, "If You Can Manage a Waffle House, You Can Manage Anything," *The Wall Street Journal*, Saturday–Sunday, November 2–3, 2019, p. B7.

社区领导

尽管组织胜任力模型在甄选、培养与晋升政府和商业领导者的过程中发挥着普遍影响，但它们在**社区领导**（community leadership）中应用较少。社区领导是指构建志愿者团队以实现某些重要社区成果的过程，它体现了领导行为的一种不同概念框架。[87, 88, 89] 社区领导的例子包括组建一个为新图书馆筹集资金的小组、召集多名志愿者献血或募捐食品、组织一场改变移民法或医疗保健法的运动。因此，任何时候，只要出现一组志愿者致力于推动（或阻止）其所在社区的某些活动时，社区领导就出现了。

但是，领导一组志愿者与身为上市公司、军队或非政府组织的领导者，存在很大差异。一方面，社区领导者不具有任何职位权力；他们无法约束、惩罚那些不遵守组织规范、未完成任务或不出席会议的追随者。与其他领导者相比，他们往往拥有较少的资源和奖励手段。另一方面，由于缺乏正式的人员甄选或晋升流程，任何人都可以成为一名社区领导者。但这些领导者能否在推动社区变革的努力中取得成功，取决于三项高度相关的胜任特征（见图 7-4）。正如你在点火时需要氧气、燃料和引火材料三要素一样，你也需要**建立框架**（framing）、**积累社会资本**（building social capital）和**组织动员**（mobilization）这三项胜任特征，以成功推动社区变革。

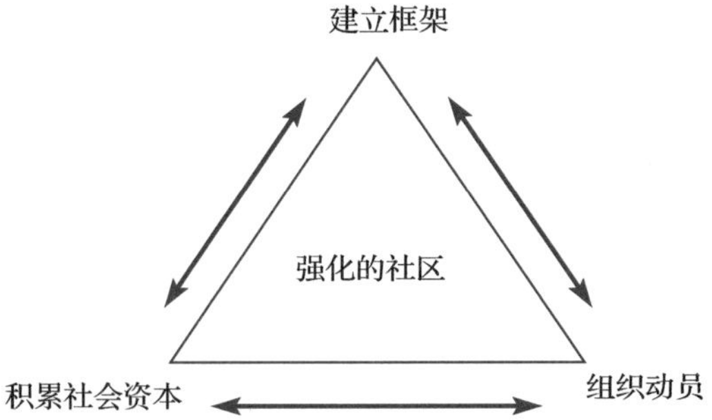

图 7-4 社区领导的构成要素

资料来源：J. Krile, G. Curphy, and D. Lund, *The Community Leadership Handbook: Framing Ideas, Building Relationships, and Mobilizing Resources* (St. Paul, MN: Fieldstone Alliance, 2006).

建立框架是指帮助群体或社区识别和界定其面临的机会与问题，进而产生有效行动的领导胜任特征。建立框架有助于群体或社区明确需要做什么、为什么做这些事很重要、如何做，并以清楚、有说服力的方式与他人沟通。任何社区都会有大量的潜在项目，但很多项目从来不曾启动，因为负责人从未以他人可以理解的方式就以下内容建立项目框架：项目成果；成果给社区带来的益处；必须做什么来达到上述成果（见领导概览 7-4）。

❖ 领导概览 7-4

格雷格·博伊尔神父

格雷格·博伊尔（Greg Boyle）神父在美国洛杉矶地区一个育有 8 个子女的家庭长大。在成长过程中，格雷格神父经常在父亲的牛奶场工作，在高中毕业后加入了耶稣会，并于 1984 年被任命为牧师。从贡萨加大学、洛约拉·马利蒙特大学和惠顿学院分别获得学位后，他花了几年时间在一所高中教书，在洛杉矶布道，并在福尔松监狱和墨西哥的马里亚斯群岛监狱做驻地神父。格雷格神父在洛杉矶多洛雷斯传教所任职时，创立了“未来的工作”(Jobs for the Future，JFF) 项目，该项目的意图是帮那些涉足黑帮的年轻人摆脱困境。JFF 项目设法为他们提供不同的积极选择，建立了一所小学和日托中心，并为弱势的年轻人提供工作。

部分原因是 1992 年洛杉矶的种族骚乱，格雷格神父创立了第一家帮派男孩企业（Homeboy)。该企业的创立是为了教那些涉足黑帮的年轻人一些生活和工作技能，以及如何与其他敌对帮派的成员共同工作。格雷格神父创立的其他企业，还包括帮派男孩丝网印刷与刺绣公司、帮派男孩维修公司、帮派男孩农夫市场、帮派男孩餐饮、帮派男孩食品店、帮派男孩或女孩（Homeboy/Homegirl）销售公司，以及帮派女孩自助餐厅与餐饮服务公司。所有这些小企业都为急于摆脱街头混混身份的帮派成员提供了必需的商务、冲突处理和团队合作技能。

由于加利福尼亚州中 34% 的穷人都住在洛杉矶，该市的穷困率达到 16%，拉丁裔和非洲裔美国人的高中辍学率分别为 35% 和 45%，这里也是帮派活动的核心区域。帮派男孩连锁企业被视为美国最大的帮派干预、恢复和重返社会项目。帮派男孩连锁企业在 2001 年开始以非营利性组织身份运作，目前的规模已扩大了数倍，以满足对其服务不断增长的需要。它提供的服务包括消除文身；雇用、教育、法律、药物滥用和心理健康服务；太阳能电池板安装上岗证书培训；等等。该组织目前的服务人员超过 1000 人，包括雇员或它的多个外部拓展项目的参与者。尽管帮派男孩的经营会产生收入，但它带来的现金收入不足以支撑其全部项目运作，经营收入和成本间的差额由捐款和演讲收入补足。

在帮派男孩连锁企业的创立过程中，建立框架、积累社会资本、组织动员等概念在其中如何发挥作用？格雷格神父具备的哪些技能，帮助他构建团队和达成目标？你认为，让帮派成员加入帮派男孩连锁企业，或者将其关入监狱，哪一种选择更好地利用了公共政策资金？

资料来源：G. Boyle, *Tattoos on the Heart: The Power of Boundless Compassion* (New York: Free Press, 2010); Homeboy Industries, www.homeboyindustries.org; and T. Gross, “Interview with Greg Boyle,” *Fresh Air*, May 21, 2010.

积累社会资本是指开发和保持个人联系，使人们得以克服差异，并在社区中共同工作的领导胜任特征。正如金融资本使个人可以做出购买决策（如购买一台新电视、一辆新车或一幢房子）

一样，社会资本也使社区领导者可以选择会带来成功的社区变革项目或可能成功的社区项目。如果手里的钱很少，你的购买选择是非常有限的。同样，缺乏社会资本的领导者也很难在社区中成就任何事，因为他们没有能力组织动员将愿景转化为现实所需的资源。社会资本是指个人之间、个人与群体之间或群体之间的联系强度。

运用最少的必要资源、采取行动以达成某一特定成果或一组成果，是组织动员的领导胜任特征。当社区领导者拥有达成目标所需的足够人力和其他资源时，他就满足了对“临界质量”的需要。为了解决债券发行问题或吸引新企业进入社区，往往需要人员、金钱、设备及设施。组织动员能力涉及一些战略性的、有计划有目的的活动，以实现明确定义的最终成果。几乎每个人都能使资源流动起来，但只有领导者可以获得充足的、为达成该目标所需的合适资源。

如果你想在大学校园里成立一个新学生会，社区领导模型会如何发挥作用？首先，你需要就主要问题制定框架，使其他学生了解这一机构对他们的意义，以及要使该机构成为现实需要他们做些什么。其次，你需要走出去，与当前和潜在的所有新学生会的用户建立联系。你需要识别不同用户群的正式和非正式领导者，与他们会面来培养和保持信任关系。最后，你需要这些不同的用户群采取行动，来推动新学生会的建立。这些行动可能包括筹集资金、打电话、找学生发起请愿书、发动一场宣传活动，并与负责这一问题的大学和州政府官员会面。

值得指出的是，想要构建志愿者团队并成功取得社区成果，你必须在上述三项社区领导的构成要素上均表现出色。你也许有能力简明扼要地确定问题框架，但如果你缺乏社会资本或无法动员“临界质量”的资源，你可能无法在建立新学生会的问题上走得很远。同样，如果你有广泛成熟的学生人脉网络，但无法以一种能推动追随者采取行动的方式来制定问题框架，同样不会成功。失败的社区变革项目数量可能与成功项目的数量一样多，而导致失败的原因往往与不充分的建立框架、积累社会资本和组织动员有关。在涉及构建志愿者团队和获取社区成果的问题上，这三项要素都是至关重要的。

评估领导行为：多评价者反馈工具

改进领导者效力的一种方法，是对领导者以何种频率或技能表现出各种不同类型的领导行为提供反馈。在过去30多年间，出现了一个年收入2亿美元的行业来满足这一需要。这就是**360度反馈**或**多评价者反馈**（360-degree or multirater feedback）测评行业，无论在美国还是在海外，你怎么评价它对管理开发的重要性都不过分。通用电气公司的前CEO杰克·韦尔奇曾表示，这些工具对通用电气的成功至关重要。[90] 事实上，全球最大的1000家公司都针对管理者和关键个人贡献者使用某种形式的360度反馈工具。[91, 92, 93, 94, 95, 96, 97, 98, 99, 100, 101, 102, 103, 104]360度反馈工具已被翻译成16种不同的语言，目前有超过500万管理者使用这类工具获得关于个人领导技能和行为的反馈。[105] 由于360度反馈在公共和私营部门被普遍使用，有必要在此探讨与这类工具有关的一些问题。

很多管理者和人力资源专业人士有一种错误假定，即管理者的自我评价是关于其领导力强项与弱项最准确的信息来源。但随着多评价者反馈工具的引入，这一观点已经发生了变化。这些工具表明，直接下属、同事和上司关于领导者的行为可能存在完全不同的感受；与领导者的自我评价相比，这些不同视角能更准确地描绘出领导者的强项和开发需要（见图 7-5 和图 7-6）。一位管理者可能认为自己与他人相处很融洽，但如果 360 度反馈中来自同事和直接下属的评级表明很难与此人共事，则该管理者应能对如何提升自己的领导效力形成全新认识。在引入 360 度反馈工具之前，管理者很难获得他人对其在职行为感受的准确信息，因为他们获得的他人反馈来自面对面的小组会议，这类信息往往会掺假或大打折扣。[106, 107, 108, 109, 110, 111, 112, 113, 114, 115, 116, 117, 118, 119] 此外，个人所处的组织层级越高，寻求反馈的可能性越小，这将导致个人与他人感知间存在更大的差距。[120, 121, 122, 123, 124] 同时，如第 6 章中所述，领导者的很多最常见行为源于其人格特质，行为的发生几乎是不假思索的；正因为如此，很多领导者缺乏自我觉察，不了解或不懂得自己对他人造成的影响。直到 360 度反馈工具出现以前，管理者很难明确其个人的领导强项和发展需要。今天，大多数组织将 360 度反馈工具作为一个全面的领导人才管理系统的内在组成部分，用于培训、辅导、继任计划及绩效管理等子项目。[125, 126, 127, 128, 129, 130]

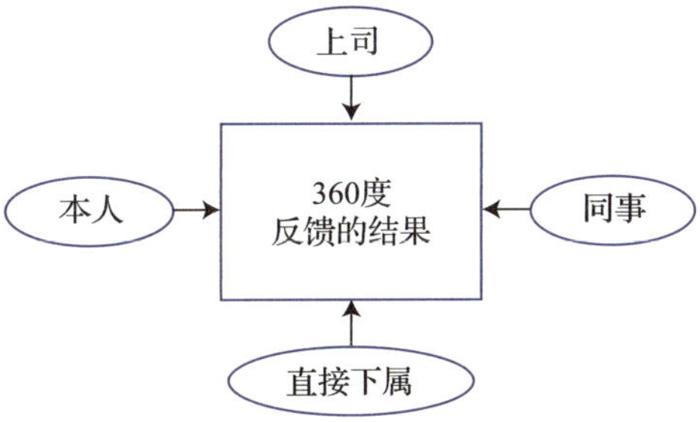

图 7-5　360 度反馈的来源

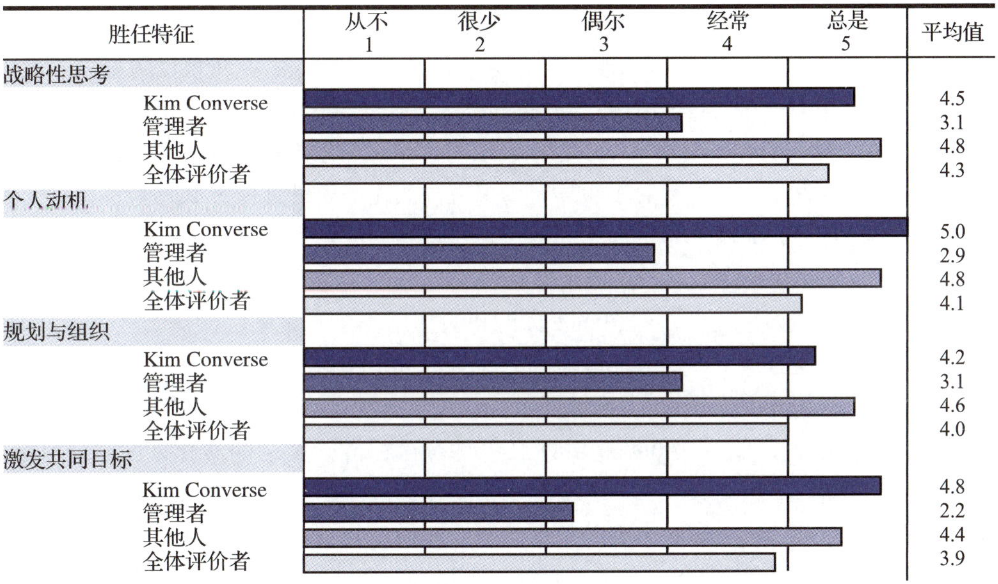

激发共同目标：
成功引导员工按组织使命、愿景、价值观和战略方向的要求行事；提高激励水平。

图 7-6　360 度反馈的示例

按题项和评价者类别计算的平均值

题项	本人	管理者	其他人	全体评价者
1. 向他人描述有吸引力的未来愿景	5.0	1.0	4.5	3.8
2. 提供关于团队目标和方向的明确信息	5.0	3.0	4.3	4.0
3. 设定有挑战性的目标和期望	5.0	4.0	4.5	4.4
4. 提升员工对团队或组织发展方向的热情和认同感	5.0	1.0	4.8	4.0
5. 通过语言和行动，支持高层管理者的行动倡议	4.0	2.0	4.0	3.2

图 7-6 360 度反馈的示例（续）

资料来源：Adapted from K. Louiselle, G. J. Curphy, and S. Bridges, C3 360-Degree Feedback Report (Eagan, MN: Advantis Research and Consulting, 2003).

总的来说，在如今的组织中可以看到 3 种不同类型的 360 度反馈流程。最常见的是**基于胜任特征的 360 度反馈问卷**（competency-based 360-degree feedback questionnaire）。组织使用这一方法来识别领导者在特定组织层级上有效领导所需表现出的行为；问卷被发放给目标对象本人、上司、同事和直接下属作答；随后形成的反馈报告体现了类似图 7-6 所示的综合评分结果。另一种收集领导者 360 度信息的方法，是使用**领导力多面性方法**（leadership versatility approach）。[131, 132] 使用这种方法，可以发现上司、同事和直接下属对目标对象在战略、经营、赋权与强制等领导行为上的表现相对于特定职位需要是过多、适当还是过少，而且，这一方法还可以很好地发现过度使用其强项的领导者。例如，一位领导者可能因其擅长运营和强制性领导技能而被提拔，但新角色更强调战略和赋权技能。如果他未能学会如何调整行为以适应新角色的要求，就会面临职业脱轨的风险。还有一种方法是**口头 360 度技术**（verbal 360-degree technique）。使用这一方法时，10～15 位上司、同事和直接下属以电话或面对面访谈的形式按要求分享目标对象的领导强项和需改进领域。口头 360 度技术关于领导者为了提高效能需要继续做什么行为、应增加哪些行为、需要改变哪些行为，提供了非常详尽和与特定情境相关的信息。但由于所需的时间和成本原因，口头 360 度技术往往更多被用于高层领导者。

考虑到 360 度反馈如今在很多组织中发挥的普遍作用，存在大量研究探讨这类工具的构建、使用及其影响，就不足为奇了。这方面的研究有一大部分是探讨如何使用胜任力模型来开发有效的 360 度反馈问卷、360 度反馈是不是有意义、本人 – 观察者的感知差异是否重要、领导者的评级是否随时间而改善，以及 360 度反馈评级中是否存在值得关注的文化、性别或种族问题。关于第一个问题，研究者报告说，360 度反馈问卷的开发是极其重要的。构思拙劣的胜任力模型和设计不良的问卷题项，将会导致不实的反馈结果，从而使管理者无法获得改进工作绩效所需的信息。[133, 134, 135, 136, 137, 138, 139, 140] 关于 360 度反馈本身是否有意义的问题，多位研究者的观点是，与不接受 360 度反馈的领导者相比，接受反馈的领导者所在的工作单元绩效较高。这些结果表明，360 度反馈评级的确是有意义的。[141, 142, 143, 144, 145, 146, 147, 148, 149, 150, 151] 但是，人力资源管理咨询公司华信惠悦咨询公司（Watson-Wyatt）对 750 家公司所做的研究表明，使用 360 度反馈系统的公司，其股东价值下降了 10.6%。[152] 尽管该研究提供了有力证据说明 360 度反馈可能无效，但需要思考的是，在这些公司中 360 度反馈被用于何种目的。在普发和凯（Pfau, Kay）研究的公司中，大多数公司将 360 度反馈用于绩效评估，而不是用于员工开发目的。这一区别非常重要，因为大部分 360 度反馈系统的设计初衷不是用于人际间的比较。相反，设计这些系统是为了使领导者了解自身的相对优势及开发需要。但由于 360 度反馈工具以数据为基础，并能提供良好的个人开发反馈，很多组织决定修订这一程序并用于绩效评估目的。这一做法很可能是错误的，因为很多用于绩效评估的 360 度反馈工具都是设计拙劣的，往往会产生高估的评级，这使最终的反馈无法区分高水平、平均水平和低水平的员工绩效表现。其结果是一个代价高昂、耗费大量人力的绩效评估系统，却对其本人或上级没什么益处，这就类似于华信惠悦报告的组织成果。归根结底，只有构思和使用得当的 360 度反馈系统才能带来巨大的价值增值。[153, 154, 155, 156, 157, 158, 159, 160, 161, 162, 163]

> 很多情况下，唯一对 360 度反馈结果感到吃惊的是被评价者本人。
>
> ——戴安娜·尼尔森（Dianne Nilsen），领导力顾问

如前所述，360 度反馈的好处之一在于它提供了关于个人领导技能的自我感知和他人感知信息。但是，本人 – 观察者之间的感知差异有重要意义吗？如果领导者具备高度的洞察力，即对自身作为领导者的强项和弱项的评价与他人评估相同，是否会更有效？如图 7-6 所示，不同来源的评价往往会存在某种差异，因为上司、同事和直接下属对领导者会有不同期望。但是，在谈到领导效力时，洞察力不见得非常重要。只要领导者获得的观察者评级高，即便本人 – 观察者评价差异较大的领导者也是有效的。相反，最无效的领导者是那些自我评价高而他人评价低的领导者。此处的启示是管理社会声誉的重要性，即领导力存在于他人眼中。并且，获得高观察者评级的关键在于，开发出一整套内容广泛、有助于群体达成目标的领导技能（见专栏 7-6）。[164, 165, 166, 167, 168, 169]

❖ 专栏 7-6

千禧一代和 Z 世代领导者应如何管理年长员工

很多大型工业国家，如中国、日本、德国和美国，都正在经历一种有趣的人口结构变化。由于这些国家的人民寿命和工作时间都在延长，其劳动人口中有较大比重是 50～65 岁年龄段的人。也有很多人在达到退休年龄后仍选择继续工作。同时，这些国家的出生率正在下降，进入劳动力队伍的年轻人相对较少。由于这些年轻人往往比资深员工更懂技术，很多公司向不到 30 岁的年轻人提供一线管理者或中层管理者职位，虽然他们可能缺乏以往的管理经验。这一做法使得越来越多的千禧一代和 Z 世代开始管理拥有 30～40 年工作经验的老员工。那么，管理年长员工会导致何种结果？并且，年轻管理者需要做什么来融入和构建由年长员工组成的团队？

千禧一代和 Z 世代必须记得，当年长员工发现自己向年轻领导者汇报工作时，会有相当大的不满和负面反应。此外，研究表明，在年长员工的反应、绩效和年轻领导者的年龄差距

间存在强相关关系。这表明，如果领导者和员工仅有2～4岁的年龄差距，则可能影响极小；但如果年龄差距为20～30岁，则极可能对员工敬业度和绩效产生较大影响。管理年长员工与成为有效领导者在很多方面高度相似，但年轻领导者还需要特别表现出以下领导行为：

以身作则。尽早到岗，保持对员工的关注，工作中注重实效，公平对待他人，最后一个离开。年长员工欣赏有很强工作伦理的领导者，如果他们认为老板视一切为理所当然或怠惰，就会士气大减。

沟通预期。清楚界定需要完成的工作任务及如何评价成功。向年长员工寻求意见，了解完成被指派任务的最佳方式。

要求投入。由于年长员工有相当多的经验，他们过去可能遇到过类似问题，或者知道如何最好地完成工作。能充分利用这些技术专长的年轻领导者更有可能避开愚蠢的、可以轻易避免的错误。

保持自信。年轻领导者表现出担心害怕或对决策犹豫不决，会很难通过年长员工完成工作。年轻领导者需要对后者的意见保持开放态度，但坚定不移地坚持自己的期望和决策。

承认差异。50岁的员工与20岁、30岁的员工有不同的需要、激励水平和世界观。年长员工可能不想在上班时间玩乒乓球，或者下班后一起去喝啤酒。

避免过早预判。年轻领导者有时会落入一个陷阱，认为年长员工都是技术恐惧症患者，但事实上年长员工有很强的能力学习新流程和新系统。

管理混合团队。年轻领导者应该寻找机会要求年轻和年长的下属充分利用自己的独特技能和经验，一起解决某些问题或完成任务。由来自不同世代的团队成员组成的团队，绩效往往优于由单一世代组成的团队。

资料来源：“Elders Not Betters,” *The Economist*, December 17, 2016, p. 59; P. Cappelli, “Engaging Your Older Workers,” *Harvard Business Review*, November 2014, https://hbr.org/2014/11/engaging-your-older-workers; R. E. Silverman, “Young Boss May Make Older Workers Less Productive,” *The Wall Street Journal*, December 20, 2016, www.wsj.com/articles/young-boss-may-make-older-workers-less-productive-1482246384; S. Tulman, “How Young Leaders Manage Older Employees,” Business 2 Community, October 8, 2014, www.business2community.com/leadership/young-leaders-manage-older-employees-01029503#WvxkHR6cRr6ofVqk.97; F. J. Reh, “How to Manage Older Workers,” *The Balance*, January 14, 2019, www.thebalance.com/how-to-manage-older-workers-2276082; and R. Jenkins, “Why Generational Diversity Is the Ultimate Competitive Advantage,” *Inc.*, May 15, 2017, www.inc.com/ryan-jenkins/why-generational-diversity-is-the-ultimate-competitive-advantage.html.

另一条研究脉络是查看360度反馈评级结果是否随时间推移而改善。换句话说，是否有可能改变他人对领导者技能的感知？考虑到他人评级结果与领导效力之间存在的关系，你可能希望这一说法是对的。沃克和史密瑟（Walker，Smither）报告说，与其下属分享360度反馈信息并形成行动计划来改进其评级的管理者，在随后5年中，他人评级会有戏剧性的改善。[170]K. 约翰逊和J. 约翰逊（K. Johnson，J. Johnson）观察了一项历时两年的360度反馈，并报告说在一家制造企业的515名经理中，有9.5%发生了领导生产率的改善。[171]最近的一篇文章对24项不同研究进行了综述，得出结论：360 度反馈评级的确随时间推移而发生改变，但改变程度往往很小。[172] 其他研究者恰当地指出，360 度反馈本身不是改善领导技能的灵丹妙药。如果想要看到他人评级（换句话说，个人领导效力）随时间推移而提高，除了通过 360 度反馈增进自我了解，领导者也必须形成一套开发目标并致力于发展计划的实施。[173, 174, 175, 176, 177, 178, 179]

最后一个研究思路探讨 360 度反馈中是否存在重要的文化、种族或性别差异问题。在文化方面，有些国家（如日本）不认为同事或下属应向领导者提供反馈。[180, 181] 其他国家（如沙特阿拉伯）往往会尽可能避免冲突，只向领导者提供正面反馈。后一种现象在美国也同样会发生，面向小型组织或乡村社区的美国研究者，往往报告类似的研究结论。如果人们在工作和不工作时都必须面对反馈的结果，他们可能在向领导者提供建设性反馈时表现得更迟疑。这些研究结果支持了下面的观念，即 360 度反馈不是管理的灵丹妙药；社会文化、组织文化对 360 度反馈过程的准确性和有用性发挥着关键作用。[182, 183, 184, 185, 186, 187, 188, 189, 190]

关于种族差异，蒙特、斯茨玛、哈兹查和荷特（Mount, Sytsma, Hazucha, Holt）进行的一项大规模研究探讨了来自多家美国公司的 20 000 多名管理者的上司、同事和下属绩效评级结果呈现出的模式。总体来说，这些研究者报告，黑人往往会给其他黑人更高的评级，无论对方是同事、下属还是上司。然而，这一效应值普遍较小。白人同事和下属一般会对黑人和白人同事、上司给出同样的评级。但这一发现不适用于白人上司，他们往往会给白人直接下属明显较高的评级。这些结论表明，黑人领导者的晋升速度可能低于其白人同事，因为 80%～90% 的工资、奖金和晋升决策完全是由上司做出的。[191, 192]

关于性别问题，研究表明存在某些微小的性别差异。女性管理者通常在大多数技能上得到更高的评级，但她们的男性同事往往被认为具有更大的晋升潜力。在 360 度反馈中没有看到任何同性间的偏见（same-sex bias），且女性管理者通常有较低的自我评价。与女性同事相比，男性管理者的自我评价不够准确，存在更多的盲点。总之，男性和女性在 360 度反馈评级上有很大的相似性，不存在什么有实质意义的性别差异。

360 度反馈的最后一个研究结论与**传染效应**（contagion effect）有关。研究表明，情绪具有传染性，这表明和一个沮丧、气愤或兴高采烈的朋友一起闲混的人极有可能也表现出同样的情绪。事实上，传染效应同样可能发生在优秀或拙劣的领导活动中。对 360 度反馈的研究表明，为那些他人评价“超过平均”的上司工作的人，更有可能获得高于平均的评级。对这一研究结果的解释是，杰出的上级会吸引和留住高绩效的追随者，如果这些追随者恰巧也处在领导职位上，则他们也会被视为有效的领导者。反过来似乎也成立，被视为“低于平均”的领导者更有可能拥有 360 度反馈中被他人评价为“低于平均”的直接下属。但对这些研究结论的另一种解释是普遍存在的**评价者偏差**（rater bias）。某些在特定职能、企业或文化下的领导者可能倾向于总是提供较高或较低的评级，而无论实际绩效如何。对这种系统性的高评或低评的另一种解释可能与组织绩效有关。评价者可能相信优秀或糟糕的组织绩效源于优秀或拙劣的领导力，哪怕经营结果主要是情境因素影响的结果，而与领导者行为关系不大。领导者可能做了所有正确的事，但低于要求的团队或组织成果可能会影响 360 度反馈评级。要想确定到底是赢家催生了赢家，或者赢家只是组织进行相对友好宽松评级造成的假象，仍有待进一步的研究。[193]

领导实践者从这些360度反馈研究中可以学到什么呢？第一，考虑到这一技术的普遍应用，你在某个职业阶段很可能会接受360度反馈。第二，360度反馈应当围绕组织的胜任力模型来构建，这一模型描述了为达成组织目标所需的领导行为。第三，组织可能有不同的胜任力模型，反映出在不同组织层次上取得成功需要不同的领导行为。第四，360度反馈可能是领导实践者获得关于“如何做”的最佳信息来源。领导者往往可以获得大量“做了什么”的反馈——他们在群体目标上取得了什么进展、达到了什么样的客户服务水平、输－赢记录等，但他们获得的“如何做”以取得更好结果一类的反馈信息很少。多评价者反馈工具提供的反馈，正是关于领导者需要做什么来构建高凝聚力、目标导向的团队，以及通过他人取得更佳成果的信息。第五，有效的领导者似乎具备一套内容广泛、高度开发的领导技能，他们不是仅在一两个方面表现出色，而在其他方面捉襟见肘的人，相反，他们似乎拥有广泛的领导强项。第六，领导者需要确立具体目标和发展计划来改进其领导技能，360度反馈的结果使领导者了解到哪些方面需要改进，但这一工具本身仍不足以带来行为改变。第七，领导行为能随时间推移而改变，但可能需要花费1～2年时间才能获得新技能并将变化体现在360度反馈评级中。第八，存在一些与360度反馈相关的文化、种族和性别问题，实践者在实施任何360度反馈程序前，应意识到这些问题的存在（见专栏7-7）。[194, 195, 196, 197]

❖ 专栏7-7

领导行为：我们已知与未知的内容

领导研究者的一个重要目标，是识别出哪些行为会促进或抑制个人通过他人取得成果、构建高凝聚力目标导向团队的能力。在过去50年间，研究者进行了数以千计的研究，取得了数百万名领导者的数据。这些研究显示，有效领导行为的研究结论是碎片化的，仅仅得出了很少的几项普遍真理。到目前为止，我们所了解的大致上是：领导者如果更多地表现出监督、问题解释、规划、支持、开发、赋权、促进和构建人际网络的行为，会比那些较少地表现出上述行为的领导者更有效。由于好的宣传推广总是比严谨的科学更受欢迎，很多领导学方面的作家以这些研究为佐证，写作了一系列书籍，宣称最优秀的领导者采用的“五种行为”“七个习惯”等。

为何领导行为的相关研究发现数量如此有限，而倡导特定领导行为的书籍建议总是出错，存在几方面的原因。其一，领导研究者往往使用不同的胜任力模型和行为定义，整合这些研究结论变得很困难。其二，情境和追随者变量往往决定了领导行为的有效性。如果某人不知道如何驾驶一架着火的飞机，此时赋权给他来掌控局面可能不会导致好结果。其三，领导行为的质量和时机，可能与该行为发生的频率同样重要。简单地增加辅导次数产生的效果，可能不如在适当时机进行的高质量辅导。其四，领导是一项团队活动，使整个群体成员有效工作来解决问题或提出行动计划，远比一对一的领导活动要复杂，也需要完全不同的一套行为。很多领导学研究者和作者混淆了个人与团队活动间的差异。其五，很多领导学研究者将领导定义为那些占据实权职位的人。例如，研究者可能将领导者定义为食品杂货连锁店中的所有门店经理。但如果大部分门店经理都不擅长构建团队、通过他人达成结果呢？由此得到的研究结论更多谈到的是为了获得晋升（而非通过他人取得成果、构建团队）而需要做出的那类行为。正如你将在第 17 章中看到的，实权职位上的管理者中，约有 50%～65% 都被认为是不胜任的，如果将这一群体纳入领导研究中，就会干扰研究结论。所有这些行为研究的结果就是：关于“有效领导者不应该做什么”，我们知道得远比“他们应该做什么”要多。

资料来源：G. Yukl, “Effective Leadership Behavior: What We Know and What Questions Need More Attention,” *Academy of Management Perspectives* 26, no. 4 (2012), pp. 66–85; G. J. Curphy, “Investing in the Wrong Vehicle: The Neglect of Team Leadership,” in *Why Is the Leadership Development Industry Failing?* R. B. Kaiser (chair). Symposium conducted at the 28th Annual Conference for the Society of Industrial and Organizational Psychology, Houston, May 2013; R. B. Kaiser and G. J. Curphy, “Leadership Development: The Failure of an Industry and the Opportunity for Consulting Psychologists,” *Consulting Psychology Journal: Practice and Theory* 65, no. 4 (2013), pp. 294–302; G. J. Curphy, “Leadership Master Class,” Bratislava, Slovakia, March 31, 2017, and G. J. Curphy, D. Nilsen, and R. T. Hogan, *Ignition: A Guide to Building High Performing Teams* (Tulsa, OK: Hogan Press: 2019).

扫码获取本章案例、参考文献等内容

第8章

培养个人可信度并影响他人的技能

在这第二个专门探讨领导技能的章节中，我们关注的是每位领导者都需要具备的最“基本”技能：

- 培养个人可信度；
- 沟通；
- 倾听；
- 果敢自信；
- 召开会议；
- 有效的压力管理；
- 问题解决；
- 提高创造力。

培养个人可信度

对数千名追随者的访谈和50多万份360度反馈报告结果表明，可信度可能是领导成功和领导效力的最重要组成部分。[1,2] 如果员工在其信赖的领导者手下工作，会乐于工作更长时间、对公司有较强的认同感，更愿意全身心地参与到工作中，而且在随后两年内离开公司的可能性较小。[3] 考虑到公司很难发现和留住有才华的领导者和员工，以及智力资本和员工人才梯队建设能力在组织成功中发挥的重要作用，可信度似乎能对很多组织的财务绩效产生明显影响。可信度与领导力有某种相似之处，即很多人关于可信度是什么持个人观点，但关于可信度的“真正”定义却很难达成共识。这一节将定义我们认为可信度是什么，提出可信度的两个组成要素，并探讨领导实践者为培养其可信度能做些什么（以及应避免做什么）。

> 领导者都清楚：在职位带来权力的同时，其行为将赢得尊重。领导者先行。领导者以身作则，并通过简单的日常行动产生进步和动量，从而形成归属感。
>
> ——吉姆·库兹和巴利·波斯纳（Jim Kouzes，Barry Posner），领导学者

可信度的两个要素

可信度可以被定义为使他人产生信任的能力。高可信度的领导者被认为是值得信赖的，他们有很强的是非观，为个人信念大胆直言，保守秘密，鼓励关于业务和工作问题的伦理讨论，并能信守承诺。有时，不诚实的领导者、个人化的魅力型领导者或玩弄权术者一开始也可能被追随者认为是值得信赖的，但他们自私、只关注个人利益的品性通常会随着时间推移而暴露无遗。可信度由两个部分组成：专业诀窍和信任。如果追随者觉得领导者不懂自己在说什么，他们是不会信任他的。同样，如果追随者觉得秘密会被泄露出去、领导者不愿表达在道德问题上的个人立场或领导者不信守诺言时，也不会信任领导者。可信度的这两个要素已经在第 3 章的“培养技术胜任力”“与上级建立有效关系”和“与同事建立有效关系”等小节谈过了。接下来是对这三种技能的简要回顾，以及有助于领导实践者培养可信度的进一步思考。

培养专业诀窍

专业诀窍包括技术胜任力、组织知识和行业知识，因此培养专业诀窍意味着提高你在上述三个领域的知识量和技能。第 3 章中谈到的培养技术胜任力，关注的是提高一个人为成功完成工作任务所需的知识和行为技能组合。为了培养技术胜任力，领导者必须确定自己的工作对公司或组织的总体使命有何贡献；通过正式培训或教授他人，成为相关工作的专家；并寻求机会来扩充自己的技术诀窍。

但是，培养专业诀窍不仅需要技术胜任力，领导者也需要了解自己所在的公司和行业。许多追随者不仅期望领导者能在技能上给予辅导，也希望领导者能提供一些关于组织、行业及市场事件的背景信息。形成个人的组织、行业知识可能和培养技术胜任力同样重要。然而，领导实践者积累这两类知识的方法与培养技术胜任力的方法稍有不同。培养技术胜任力往往更多使用亲身实践的方法，而在积累组织或行业知识时却很难这么做。形成组织或行业知识的一种方法是定期阅读行业相关杂志、年报，或者浏览各类网站。许多领导者使用这种方法，每周花费 5～10 小时积累行业及公司知识。找一位导师或接受上级的辅导，则是另一种积累这类知识的方法。还有一些领导实践者会去承担拓展性任务，由此可以与高层管理者在专门项目上共事。这些任务往往使他们能与高层管理者密切合作；并且，这种接触能使他们更好地了解竞争图景、组织历史、经营战略和公司政治。最重要的是，你拿到了学位，并不意味着学习结束了。在很多方面，学习才刚刚开始。

需要记住：专业诀窍和工作经验不是一回事。如前所述，有些领导者在 5 年的工作时间里仅仅获得了价值 1 年的经验，而其他人却能在 1 年的工作时间里积累价值 5 年的经验。后一种领导者可能在任意给定工作期内形成高于前者的专业诀窍。从经验中受益最多的领导者会定期与伙伴讨论自己学到了什么，并根据这些讨论频繁更新自己的发展计划。

培养信任

培养信任可以进一步分解为厘清并表达你的价值观、构建与他人的关系两部分。在很多时候，领导是一种道德实践。例如，魅力型领导者和变革型领导者之间的一项关键差异就是，后者将愿景建立在自己及其追随者的价值观之上；而前者可能将愿景建立在自己（可能自私）的需要之上。拥有强价值观体系是领导技能积木模型和领导成功的重要组成部分。由于价值观和关系在培养信任中的重要性，本节余下的部分将更深入地探讨这两个论题。

第 5 章将价值观定义为个体认为重要的一般行为或状态。然而，只要领导者做出合乎伦理的决策、遵守组织规章，领导者与追随者之间存在的价值观差异是很难被察觉到的。人们来上班时并没将价值观纹在额头上，因此，其他人往往从领导者的日常行为来推断其价值观。遗憾的是，领导者的日常行为很多时候与其个人价值观并不相符，他们在工作、生活中并没有完全遵照价值观来行事。

领导者未遵照价值观来生活的一个例子，很能说明问题。一家石油天然气公司的高管人员负责加拿大西部的所有石油钻探业务。由于他认为发现新的石油、天然气资源是公司取得长期成功的关键，他每天工作 18 个小时，并强制要求下属也工作这么长时间。他对员工缺乏耐心，公开贬斥那些进度落后的石油钻探工人，因为一名中层管理者给员工一周假期回美国等待儿子出生，他差点儿解雇了那位中层管理者。这位高管在相当长时间内一直持续做出这类行为，越来越多的下属要么要求调走，要么离职去了别的公司。由于员工流动率和士气的问题，他被要求参加一个正式辅导项目。不足为奇的是，360 度反馈结果表明，他的上司、同事和下属都认为很难与他共事。这些结果表明，他过于重视取得成果、出人头地和经济回报。但当他按要求列出“作为领导者最重要的事项”时，他的排序是家庭、宗教、与他人融洽相处、培养下属（利他主义）。很显然，在他真正的信念和行为之间存在巨大差异。他觉得公司期望他置员工于水深火热之中，不计代价地取得成果，但老板和同事觉得事情并非如此。这位高管人员曲解了情境，并表现出与其价值观不符的行为。

虽然上述例子有些极端，但领导者的行为方式与其个人价值观不符的情况相当常见。评估领导者生活方式与个人价值观差异程度的一种方法，是询问他们真正相信什么，在什么事情上花费时间和金钱。例如，写下五件你最关心的事（即你的前五项价值观），然后查看你的日历、记事本、支票本和信用卡支付单据，确定你在何处花费了时间和金钱。如果这两张清单是一致的，则你可能是按自己的价值观在生活。如果不一致，则你可能是按其他人认为你应该怎么做的想法在生活。并且，如果这两张清单存在某种程度的偏差，你应该做些什么？当然，一定程度的偏差是极有可能的，因为情境的需要和限制往往会影响领导者的行为方式。但如果两张清单间的偏差很大，可能表明你并非一贯按照个人价值观生活，他人对你的价值观推断可能与你本人信奉的价值观完全不同。厘清这一偏差的良好开端，是起草一份个人使命说明或领导信条，说明你作为领导者真正相信什么。

专栏 8-1 列举了美国公司管理者持有的不同领导信条的示例。领导信条中有许多方面值得我们做出评述。第一，领导信条是高度个人化的，与领导者的价值观密切相关，即信条应该描述领导者相信什么，会支持（或反对）什么。第二，它也应该描述一种理想状态。一位领导者的行为可能无法与其个人使命说明完全保持一致，但它应该是领导者会努力完成的一整套日常行为。第三，领导信条应该是激励性的；领导者应该对自己立志要成为的那种领导者充满激情和热诚。如果领导者不觉得自己的个人使命说明特别令人鼓舞，就很难看到追随者会受到激励。大多数领导信条的鼓舞作用源于它的个人化和以价值观为基础的特性。第四，个人使命说明应该公之于众。领导者需要向他人说明自己的价值观，一种好方法是在办公室显眼的位置挂出他们的领导信条。这不仅能让他人知道你身为领导者认为什么是重要的，也是对你的领导信条做出公开承诺的一种方式。

❖ 专栏 8-1

领导信条示例

作为领导者，我……

……相信“全人”（whole person）的观念，并力求在可能的情况下充分发挥同事的才华和能力。

……力求使所有人充分了解信息。

……总是表达对高质量完成工作者的赞赏。

……当政策或规定使我们无法有效服务客户时，我会承担风险来挑战它们。

……将有选择地进行战斗，而非参与到所有战斗中。

……将积极支持那些为公司指出最有效方向的人。

……将力求改变那些我能积极加以影响的事，并接受我不可能或没机会改变的事。

资料来源：*Impact Leadership* (Minneapolis, MN: Personnel Decisions International, 1995).

建立信任的另一种关键方法，是与他人建立牢固的关系。如果领导者和追随者之间存在牢固的关系，更容易形成高度的相互信任；如果这种关系很薄弱，则互信程度也会较低。与同事和上级建立关系的技巧，已经在第 3 章讨论过了。而与追随者建立关系，最好的办法可能就是花时间倾听他们的想法。由于很多领导者是行动导向的，他们拿工资是为了解决（而不是倾听）问题，部分领导者会忽视在追随者身上花时间的重要性。但是，花时间与追随者建立关系的领导者，更有可能了解追随者对组织问题的观点、内在激励源、价值观、对不同任务的胜任程度或职业抱负。用这类知识武装起来的领导者更有能力影响他人，并通过他人来完成工作。关于与追随者建立关系的更多信息，见第 12 章相关内容。

专业诀窍 × 信任

领导者在专业诀窍和信任水平两方面都存在相当大的差异，对于想提高个人可信度的领导者，这种差异意味着截然不同的行为启示。看看落在图 8-1 第 1 象限的领导者，这些人赢得了高度信任，并具备高水平的专业诀窍，他们极有可能被他人视为非常值得信赖的领导者。落在第 2

象限的人可能包括那些很少在追随者身上花时间的人，不能信守承诺的人，或者新进入组织、没时间与共事者建立关系的人，在这三种情况下，期望提高个人可信度的领导者应将“与共事者建立关系”作为关键开发目标。落在第3象限的领导者，可能是刚毕业的大学生或来自完全不同行业的人，这两种领导者都不可能拥有技术胜任力、组织或行业知识，也没时间与共事者建立关系。这些领导者的行为可能与其价值观存在关联，也有个人使命说明，但为了培养个人可信度，他们还需要使他人了解自己的使命说明，并确保行动与说明一致。其他开发目标还包括形成专业诀窍和与他人的牢固联系。落在第4象限的领导者可能包括那些从同事中晋升的人或从公司其他部门平调过来的人，这两类领导者要想提高个人可信度，应确保行为与价值观的关联性、提出领导信条、与共事者建立牢固的关系、拥有组织和行业知识，但前一类领导者需要开发的是领导知识或技能，后一类领导者则需要提高技术胜任力。最后，请注意，不能努力追求实现个人理想或未能信守其开发承诺的领导者，不太可能被视为值得信赖的领导者。

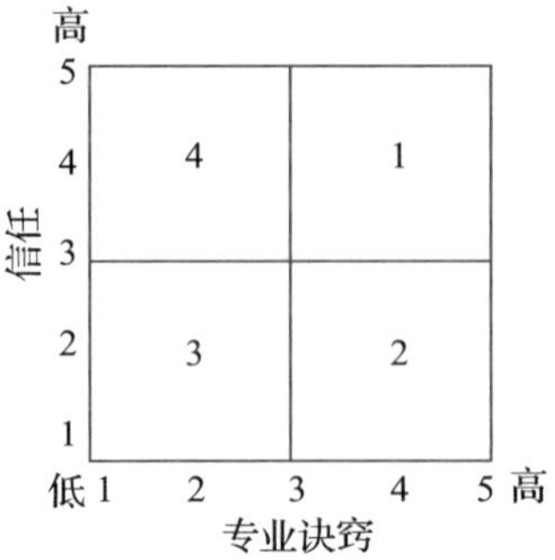

图 8-1 个人可信度矩阵

资料来源：G. J. Curphy, *Credibility: Building Your Reputation throughout the Organization* (Minneapolis, MN: Personnel Decisions International, 1997).

沟通

巴斯（Bass）[4]将沟通有效性定义为一方向另一方告知某事后，在多大程度上能确保对方了解自己所说的内容。从更一般的意义上讲，有效沟通是指在发送和接受信息时，确保意图传达的信息从发送者传递给接收者的能力。对领导力而言，很少有技能比沟通更重要。研究证明，好的领导者能表达自己的感觉和想法，积极征求他人的新观点，有效阐述自己的论据，说明自己的立场并说服他人。[5, 6, 7]好的追随者似乎也是如此，尽管这方面的研究很少。此外，领导者的沟通质量与下属的满意度[8]、下属的生产率和服务质量均存在正相关关系。[9]有效的沟通技能也很重要，也因为它能为领导者和追随者提供更多接触涉及重要组织决策信息的机会。[10]

关于沟通的系统观点如图8-2所示。最好将沟通理解为一个过程，它始于一方想与他人交换特定信息。这一意图最终表现为某种特定的表达，它可能会，也可能不足以传递最初想表达的信息。沟通的下一步是接收。正如微弱、含糊不清的收音机信号或功能不良的天线会使信号模糊一样，接收到的信息与发送的信息并不总是一致。接收之后就是解释。如果一位司机问：“还要我回来接你吗？”乘客回答“right”，乘客的意思是“是的”，还是“向右转”呢？最后，仅仅是接收和解释信息还不够；他人的解释不一定与一开始打算传递的信息相一致。因此，建立一条反馈回路来评估沟通的总体有效性总是有益的。

我们也能用图8-2的框架来思考用于评估沟通技能的知识、行为和标准。根据这一模型，沟通技能的知识要素包括了解领导者的意图、了解何种媒介最有效、了解信息是否被对方听到和理解。沟通技能的行为要素包括与语言和非语言沟通相关的那些行为。沟通技巧的评估要素涉及信息是否为接收者理解的反馈。反馈的一个重要特性是，它是沟通过程中前面各步骤的结果。在现实中，沟通过程的有效性取决于沟通过程中的所有步骤在多大程度上实现了成功整合。只是一个步骤（如语言表达能力）有效是不够的。成功的沟通需要从整个系统的有效运作来判断。

该模型还指出了出现沟通破裂的一些原因。例如，信息传递的目的不明确，领导者或下属的语言或非语言行为不一致，接收者没有听到该信息，或者一方错误理解了信息，都可能导致沟通破裂。大多数人都自认是有效的沟通者，信息的发送者和接收者似乎都相信沟通破裂是对方的错。沟通破裂常常导致就特定问题指责对方，或者双方"针锋相对"（见图 8-3）。避免因沟通破裂而相互指责的一种方式，是将沟通视为一个过程，而非一套互不关联的个人行动（如向某人发出指示）。运用这一沟通模型，领导实践者可以将与沟通破裂相关的冲突降低到最小。

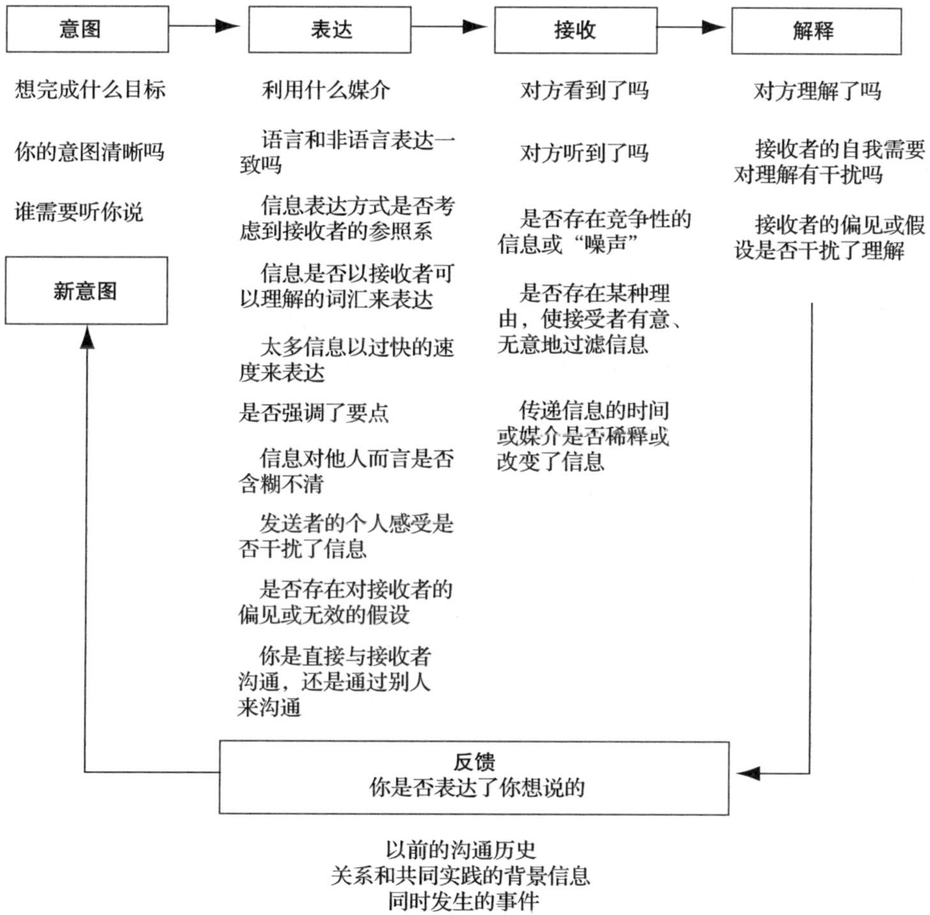

图 8-2　沟通的系统观点

"你没在听我说话！"　　"我只做了你要求我做的事。"
"我当时没这么说。"　　"你为什么不早说？"
"你没按我的指示做。"　　"但你看上去不是认真的。"
"那不是你应该做的。"

图 8-3　沟通破裂有时会导致针锋相对

图 8-2 中的模型可以为领导实践者提供如何改进沟通技能的多种方法。他们可以通过以下方式改善沟通技能：在谈话前先确定自己的沟通目的；选择适宜的交谈环境和信息媒介；发送清楚的信号；积极确认他人理解信息的内容。如果未能做到，就可能发生沟通破裂。下面将对领导者改善沟通技能的部分方法做更详尽的讨论。

了解你的意图

当你清楚自己的沟通意图时，与他人的沟通会更有效。了解沟通目的，领导者或追随者就能更好地确定是公开交流还是私下交流，是口头交流还是书面交流。这些决定看起来微不足道，但信息的具体内容往往会因沟通的方式和地点而得到加强或削弱。

选择合适的环境和媒介

经验法则告诉我们，领导者应该公开表扬下属，而在私下惩罚下属。这一说法指出了选择能增进沟通效力的物理、社会环境的重要性。例如，如果领导者有间办公室，那么与下属的沟通中有多少应该在办公室进行，又有多少应该在下属的工作地点进行呢？

当然，有些时候，办公室是最好的谈话场所。但这个决定并非领导者需要考虑的全部内容。办公室的家具布置会增强或妨碍有效沟通。当两个人以 90 度角的姿势坐着，而且彼此坐得很近时，会强化非正式的个人沟通；而领导者坐着、下属站立在一旁，或者领导者与下属隔着办公桌交谈，则会强化更为正式的沟通。

此外，领导者的沟通往往发生在整个组织的大背景下，这包括范围更广泛的当前实践、政策和程序。领导者要注意他们的言行举止不会背离或抵触这一更大范围的组织沟通环境，包括他们自己的上级。组织因素还有助于领导者确定特定的沟通内容是适于口头表达，还是适于书面表达。口头沟通是最迅速、最个人化、最灵活，往往也是最有效的；当需要双向沟通或个人化因素很重要时，口头沟通是理想选择。在另一个极端，当领导者需要一份沟通记录，或者需要以特定方式在不同时间、不同场合向不同人传递某些信息时，保存期更长的沟通形式是最适宜的。

发出清晰信息

领导者和追随者能通过多种途径增强其沟通的清晰度。首先，意识到对方的专业诀窍水平、价值观、经验、期望，以及这些特征将如何影响他们的参照系（frame of reference），会很有帮助。例如，领导者可能向追随者简要介绍组织的一项新政策，而后者基于不同的价值观和期望会对该政策做出不同的解读。如果对下属的参照系保持高度敏感，并相应调整信息，领导者就能尽可能减少沟通破裂的可能。厘清信息的另一种途径，是在沟通信息之前，与下属形成共同的参照系。例如，考虑下面这段话：

> 使用典当宝石提供的财务支持，我们的英雄勇敢地藐视所有意欲阻止其进程的轻蔑嘲笑。他说过："你的眼睛会欺骗你，一只蛋而非一张桌子，可以准确地说明这个未经探查的星球。"如今，三姐妹都在努力寻找有力的证据。
>
> 她们孤独地前行，有时穿过广阔的原野，但更多时候经过险恶的山峰和峡谷，当许多怀疑者散布关于边界的可怕谣言时，一天就像一星期一般漫长。终于，出现了迎接她们的飞禽，她们成功了。[11]

许多人都会慢慢发现上段文字是关于克里斯托弗·哥伦布的。但一旦了解了正确的参照系，以前令人困惑的东西就变得合理了。如果领导者在引入新内容之前描绘出共同的参照系，就会使追随者更容易理解新的或含糊不清的内容。

发送清晰信息的一种途径，就是使用熟悉的词汇、专用术语和概念。在信息接收者熟悉这些词汇时，这么做有助于厘清和简化信息。然而，包含专用术语的信息也会使不熟悉这些术语的信息接收者困惑。例如，美国空军学院的一年级学员可能会对另一位学员说："我希望这周末能有一次 ONP，因为在三次 GR、一次 PCE 和一次 SAMI 后，我需要一次 ONP。"由于第二位学员了解这些校内专门用语，很容易理解对方在说什么。但是，一位不熟悉空军学院的人可能对这一谈话意味着什么，完全摸不着头脑。领导者应当确保追随者了解他们所使用的全部术语，特别是在追随者相对缺乏经验的情况下（如果你想知道，那个学员说的是"我希望这周末得到去市区的许可，因为在三次专业考试、一次军事测验和一次寝室检查后，我需要放松一下"）。

发送清晰信息的另外两种途径，是使用明确具体的术语，并发出一致的语言和非语言信号。例如，领导者告诉追随者"你这个月的销售额比上个月减少了 22%"，会比说"你这个月的表现糟糕"更能有效表达他的担忧，同时也会减少追随者的戒备心理。因此，信息越具体，接收者就越不会对它的含义感到困惑。此外，如果领导者的非语言信号与信息内容一致，他们的沟通会更有效。追随者和其他任何人一样，在领导者发送的语言和非语言信号不相符时会感到困惑，并更倾向于相信非语言信号。[12] 类似地，追随者也会向领导者发送不一致的信号；沟通总是双向的。

不一致的语言和非语言信号中，有一种破坏性特别强，那就是讽刺挖苦。并不是信息表达的愤怒本身会破坏领导者和追随者的信任关系，这一效果是由充满恶意的词语所传递的隐含信息造成的。领导者总是与下属共享其当下感受并非明智之举，但如果领导者想要分享自己的感受，以适当方式来表达就非常重要。类似地，追随者与领导者分享自己的当下感受也非明智之举，但如果他们真的这么做，表现出一致的语言和非语言行为是至关重要的。

主动确保他人理解信息

领导者和追随者可以通过双向沟通、留意他人的情绪反应，确保他人了解自己的信息。有效的领导者和追随者往往会积极进行双向沟通（尽管这通常处于领导者的控制下，而非追随者）。他们可以通过许多方式进行双向沟通：寻求反馈、加入对方的工作领域中，并且，对于领导者，还可以表现出对“广开言路”政策的真诚态度。[13]

虽然这些步骤似乎直截了当，但在领导者眼中自己运用双向沟通的频率总是多于其追随者感知到的频率。[14] 领导者可以留意下属发出的非语言信号，以了解自己信息的清晰度。当追随者的语言和非语言信号看起来不一致时，可能是因为传递给他们的信息本身就不明确。例如，当追随者口头表示他们已经明白某一特定任务时，面部表情看起来相当困惑。在这种情况下，领导者可能会发现为了消除这些困惑，有必要直接解释这种混杂的信号。

倾听

我们关于沟通的系统观念强调，沟通有效性取决于信息的传递和接收。因此，将“倾听”的话题从更普遍的“沟通”话题中区分出来，可能与这一说法不一致。难道倾听不正是沟通的一部分吗？当然是，我们将倾听单独提出来，只是为了强调它。我们觉得，关于沟通的大部分讨论似乎更关注发送方，而忽视了接收方。优秀的领导者和追随者会认识到双向沟通的价值。倾听他人和清楚地向他人发送信息同样重要。占据领导岗位的人能做到多好，取决于他们所获得的信息质量，而且，他们的大多数信息都来自观察和倾听自己周围发生的事。

乍一看，将倾听视为一种技能可能比较奇怪。倾听更像是对他人谈话的一种自动反应，而不是一项需要练习来改善的技能（比如罚球）。然而，最好的倾听者应该是积极（而非被动）倾听者。[15] 在被动倾听时，某人在说话而接收者却没有注意去理解说话者。相反，接收者可能只是在想自己接下来该说点什么，或者在想“听这个人说话真是乏味”。在这两种情况下，接收者都没注意发送者的谈话内容。为了了解其他人谈话的全部含义，我们需要练习积极倾听的技能。积极倾听者会表现出特定的非语言行为模式，不会打断发送者的信息，试图用自己的话语来表达发送者的信息，并注意发送者的各种非语言信号。了解要发送什么非语言信号、正确解释发送者的非语言信号，是倾听技能的知识要素。发出的非语言信号是倾听技能的行为要素，而我们能在多大程度上准确复述信息发送者的信息，构成了倾听技能的评估要素。

积极倾听除了有助于更好地理解他人，也是一种向他人表达尊重的方式。有些人，特别是那些高自我监控的人，往往能感觉到别人是不是在认真听自己说话。如果追随者觉得领导者没有注意倾听，他们会很快决定是否有必要花时间向领导者提供信息。领导者也同样如此。为了避免将他人拒于千里之外，领导者和追随者有很多方式可以提高自己的积极倾听技巧。其中包括：表现出与主动倾听相关的非语言信号；积极解释发送者的信息；留意发送者的非语言行为；避免戒备心理。下面将更详尽地讨论这四种提高主动倾听技能的方法。

表现出与主动倾听相关的非语言信号

确保你的非语言行为表明你在全神贯注地倾听说话者。许多人错误地认为倾听是一个单向过程。虽然认为信息流只是从发送者到接收者听起来有道理，但主动倾听的实质就是将所有的沟通，甚至是倾听，都看成一个双向过程。倾听者用肢体动作表明自己在关注说话者。他们把正在进行的其他脑力或体力工作放置一旁。主动倾听者与说话者进行眼神接触，不胡乱涂画，也不玩橡皮筋或盯着其他东西看。他们对说话者想说的内容真正表现出兴趣。

积极解释发送者的信息

主动倾听的实质就是尽力去理解说话者的真实意思。仅仅是一字不落地录音（即使你能做到）是远远不够的。倾听者必须寻找隐藏在他人语言背后的意义。首先，这意味着我们需要敞开心扉去了解发送者的观点。这就意味着在说话者传递信息时不去打断他，也不要去想自己该说点什么。此外，好的倾听者直到听完全部信息后，才会做出个人判断。通过这种方式，倾听者避免传递一种“我已经做出决定了”的信息，也可以避免对他人的谈话内容过早得出结论。避免发送那种封闭思维信息的另一个原因是，这可能使他人不去提及你需要了解的话题。

积极解释发送者信息的另一个有效方式，就是复述发送者的信息。将说话者的想法以自己的话表达出来，领导者能确保自己充分了解下属的意思，反之亦然。即使只是复述一个很简单的想法，它的好处在下面的例子中也很明显：

> 莎拉：“吉姆永远也不会成为一名教师。”
>
> 弗雷德：“你的意思是他不喜欢和孩子打交道？或者你觉得他太没耐心了？”
>
> 莎拉：“不，都不是。我只是认为他的生活品位太高端了，教师的工资无法满足他。”

在这个例子中，弗雷德表明了他对莎拉想法的理解，而这使莎拉得以澄清自己的意思。如果弗雷德只是说“我知道你说的是什么意思”，他们都会错误地认为自己达成了共识，而实际上他们的想法相距甚远。复述也能使你在与他人的谈话中，积极表达你的兴趣所在。专栏 8-2 提供了许多“沟通引导”，这可能有助于复述他人的信息来提高你的倾听技能。

❖ 专栏 8–2

对复述和确保相互了解的沟通引导

从你的观点出发……

你似乎认为……

在你看来……

你认为……

我听起来，你的意思是……
你的意思是……？
我不能确定已经理解你的意思，你的意思是……？
我有这样的印象……
你似乎觉得……
如果我错了请纠正我，但……

留意发送者的非语言行为

人们可以运用所有可能的手段去理解他人的谈话内容。这包括复述发送者的信息，敏锐地把握发送者的非语言行为。信息中的许多社会含义是以非语言方式表现的，而且，当语言和非语言信号存在冲突时，人们往往会相信非语言信号。因此，不留意非语言信号的倾听者，不会是有效的倾听者。这要求倾听者不仅留意说话者的话语本身；还要留意倾听者的音量大小、语调、语速所表达的情感，并观察说话者的面部表情、姿势、手势等。这些行为传递了大量的信息，其含义远比单纯的语言信息要丰富，就好像观看舞台剧中的演员表演要比只是看剧本内容更丰富一样。[16] 尽管不存在一个非语言暗示的编码本可以破译发送者的“真实”感觉，但只要倾听者感到发送者的语言和非语言行为发出的信号不一致，就应当探究后者到底想表达什么。

避免戒备心理

当一个人感到面临威胁时，最有可能出现戒备防御行为。[17] 尽管在面对批评时可能会自然地表现出防御性态度，但防御性也降低了个人建设性地利用信息的能力。防御性的行为方式也会降低下属未来向他人（领导或下属）传递坏信息的积极性，甚至会降低领导者向下属反馈的意愿。领导者的防御性还可能损害整个团队或组织，因为它包括指责他人，将他人分成道德上正确或错误的两类，全面质疑他人动机的行为倾向。领导者的这类行为很难构建积极的工作或团队氛围。

领导者在倾听抱怨时设身处地为他人着想，就可以减少戒备心理。如果领导者能站在他人的立场来考虑自己和自己的政策，他们就会拥有一种优势；他们了解他人对自己的感知，就能更好地改变自己的行为和政策。领导者应避免去解释别人为什么错了，而应试图了解他人是如何看待这些事的。领导者表现出防御性行为（或封闭思维的行为）的警示信号，就是他以“是的，但是……”开始一次谈话。

果敢自信

果敢自信（assertivenss）的行为和表现出果敢自信的技巧，包括行为要素、知识或判断要素和评估要素三部分。表现出果敢自信行为的个人（即行为要素）有能力为自己的权利（或所在群体的权利）挺身而出，同时承认他人有做出同样行为的权利（见专栏 8-3）。果敢自信行为技能的知识或判断要素，涉及知道在什么地方、什么时候不要表现出过度自信的行为。过度自信的人可能被认为过于好斗，往往是“赢了一场战斗，却输掉了整个战争”。最后，当个人成功（或不成功）地坚持自己或群体的权利，并持续以有效方式与他人共事时，评估要素就在发挥作用了。

❖ 专栏 8-3

自信行为调查问卷

你会让别人知道，你认为他或她对你不公平吗？
你能公开批评他人的观点吗？
你能在会议上大声发言吗？
你能向他人寻求支持或帮助吗？
赞美他人对你来说容易吗？
你能告诉别人自己不喜欢他或她的做法吗？
当你受到赞美时，你会不假思索地照单全收吗？
当你和他人交谈时，你会与他们对视吗？
如果在大多数情况下你对这些问题的回答都是肯定的，那你的行为方式就是自信的。

资料来源：Adapted from R. E. Alberti and M. L. Emmons, *Your Perfect Right* (San Luis Obispo, CA: Impact, 1974).

了解自信行为的最好方式，可能就是将它与人们处理冲突的另外两种风格区别开来：默许（缺乏自信）和侵害。[18] 默许（acquiescence）就是通过放弃、屈服或以抱歉、谦卑的方式来表达个人需要，从而完全避免出现人际冲突。虽然有时人们认为默许意味着礼貌和提供帮助的善意，但二者是不同的。默许或缺乏自信的人很容易在面临挑战时，放弃自己原先的主张。由于不公开表达自己的立场，他们将权力让渡给他人，并且在这一过程中受到践踏。除了无法达到个人目标的实际结果，默许的行事风格还会带来许多消极感受，如负罪感、怨恨、自责及较差的自我形象。

另外，侵害（aggression）则是以攻击或伤害他人来达到目标的一种努力。有攻击性的人践踏他人的尊严，他们的侵害可能表现得很直接，如语言攻击、人身威胁、情绪爆发、暴跳如雷、欺凌弱小和敌对，而间接的形式有唠叨、被动或攻击性的不合作，激起内疚感，以及降低对手自主性的其他行为。有一点很重要：侵害不是果敢自信行动的强烈情绪表现形式。侵害往往是反应性的，而且往往由来自内心的脆弱感和缺乏自信造成。有攻击性的人在内心怀疑自己在直接面对相互尊重的平等主体时，能否通过互惠互让来建设性地解决问题。侵害是人际操控的一种形式，在这一关系中，一个人想让自己处于“胜利者”的角色，而其他人则是“服从者”的角色。[19] 此外，有攻击性的个人很难表达积极情感。

果敢自信不同于默许和侵害；它不是二者折中的产物，或者这一连续区间的中点。果敢自信是对我们自己的目标和感受直接、坦率的表述，乐于在共同的问题解决中兼顾他人的利益，并且相信坦诚公开比偷偷摸摸、行踪诡秘更好。果敢自信是默许和侵害在行为上的对立面，如图 8-4 所示。这三种风格在本质上的差异，就如同逃避（默许）、争斗（侵害）与问题解决（果敢自信）之间的差异一样。

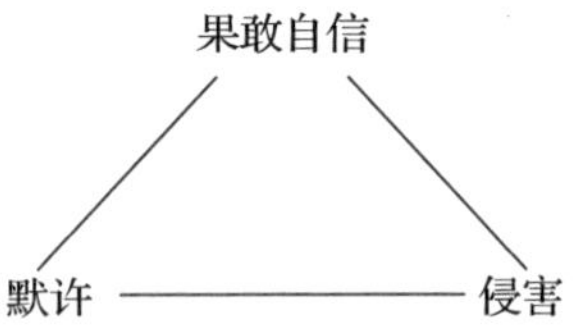

图 8-4 果敢自信、默许和侵害之间的关系

领导者需要对下属表现得果敢自信，这一点似乎不言自明。然而，有时领导者也需要对自己的上司表现出果敢自信的行为。追随者往往需要对其他下属行事果敢自信，有时对他们的领导者也是如此。例如，中层管理者需要清楚直接地向下属说明绩效期望，也需要在高层主管那里坚决维护下属的利益。同样地，领导者有时需要向自己的上级报告坏消息，而且最好是直接表达出来，不能犹豫不决或有所保留。追随者有时可能需要对工作习惯差、对工作群体有负面影响的同事行事果敢自信。此外，领导者有时需要对其他权力或特殊利益集团的代表行事果敢自信。例如，一个社区群体的领导者在居民区内寻找一所新的小学，他可能需要在与当地校董会官员打交道时持坚定自信的立场。

有时，最难以果敢自信的态度来应对的人是朋友、家人和同事。无法果敢自信地对待朋友和同事的领导者，有可能成为阿比林悖论（Abilene paradox）的牺牲品。当某人建议所在群体从事某一特定活动或采纳某行动方案，而组织中没有人真的想从事这一活动（包括倡议者本人），就出现出了阿比林悖论。[20] 然而，由于错误地相信群体中其他人都想做此事，没有人果敢自信地表达出自己的真实想法。只有在活动结束后，每个人才表达自己的看法（而且通常是负面的）。例如，你的一群朋友中可能有人建议，大家在周五晚上一起去看某场电影。群体中没有人真的想去，但由于错误地相信其他人都对那部电影感兴趣，没人指出这部电影没想象的那么好，大家应该找点别的事做。如果群体成员的真实想法只有在看完电影之后才浮现出来，则该群体就成了阿比林悖论的牺牲品。我们在首次提出群体决策和活动建议时表现得果敢自信，就能避免出现阿比林悖论。

每个人都能做几件事，来帮助自己以更果敢自信的方式行事。这包括：使用“第一人称——我”来表达；大声说出你的需要；学会说“不”；监控自己内心的对话；坚持不懈。下面是对这几点更为详尽的讨论。

使用“第一人称——我”来表达

果敢自信的人会为自己的言论承担责任。他们清楚自己的想法，也会清楚地向别人说明自己相信什么、想要得到什么。要做到这一点，最容易的方式就是在说话时使用第一人称代词。专栏 8-4 提供了几个例子，说明用第一人称代词能表达得更果敢自信。

❖ 专栏 8-4

表现果敢自信的小窍门

关于第一人称表达的好例子和坏例子

坏：有些人可能不喜欢继续使用这些新的表格。

好：我不认为这些新表格有任何好处。我不认为值得在这上面花力气。

坏：那位候选人可能不具备我们想要的所有素质。

好：我认为他的专业记录看上去不错，但我们以前说好只考虑有至少五年经验的候选人。我认为我们应该继续寻找。

大声说出你的需要的小窍门

不要过多道歉，或者为自己寻求帮助或协助说明理由（如：我很不愿意来问你，而且我通常也不需要这么做，但……）。

与此同时，在提出要求时给出一个简短理由往往是有益的。

直截了当。不要绕圈子，向别人暗示你需要什么，并指望别人能理解这个信息。

不要利用他人的友谊。

不要将拒绝视为是针对你本人的。

说“不”的小窍门

回答要简短、有礼貌。避免冗长、漫无边际的解释说明。

不要编造借口。

不要因为你做不到，就拼命道歉。

对你的局限及你能支持的选项要坦白相告。

如果必要，要求给予考虑的时间。

资料来源：Adapted from K. Back and K. Back, *Assertiveness at Work* (New York: McGraw-Hill, 1982).

大声说出你的需要

没有一个人拥有为完成工作群体任务所需的全部知识、时间或资源，几乎每个人都需要在某些时候向上级、同事或下属寻求帮助。有效的领导者和追随者在需要帮助时，都会向他人提出请求。专栏 8-4 也提供了在寻求帮助时的一些指导。

学会说“不”

没有人能令所有人满意，但只有果敢自信的人才能对他人说“不”。例如，领导者有时为了维护下属或组织的权利、避免铺得摊子过大、避免干扰其他优先事项，需要对自己的上级说“不”。此外，无法说“不”（即不说）的人往往会积累大量负面情绪，比如人们觉得自己被他人利用时的那种感受。果敢自信地拒绝做某事的小窍门，也可以在专栏 8-4 中找到。

监控自己内心的对话

我们中的大多数人会自言自语，尽管可能并没有大声说出来。这种自言自语很自然，也很常见，但并非每个人都意识到它有多频繁或对行为的影响有多大。果敢自信者的自言自语往往是积极的、肯定的。不自信者的自言自语则是消极、迟疑、充满质疑的。学会说“不”是个很好的例子，说明自言自语在自信行为时的作用。假定有人被要求服务于一个志愿者委员会，他完全没时间做此事，而且他想拒绝此项要求。为了表现得果敢自信，此人需要与自己积极交谈。他需要确保没有被自己的自言自语打败。例如，那种“如果我不答应，他们会觉得我自私”，或者“如果他们都能挤出时间参加这个委员会，我也应该有时间这么做”之类的内心对话无助于此人下定决心。因此，为了学会更果敢自信地行事，领导者应当更加了解自己具有破坏性的自言自语，直面它，并且改变它。

坚持不懈

果敢自信的人坚持己见，但不会变得恼怒、生气或大声叫嚷。他们坚持追求自己的目标，甚至在面对他人的借口或拒绝时，也是如此。退换货的场景可以作为自信者坚持不懈的一个绝佳例证。假定某人在一家百货公司买了一件衬衣，穿了一次，然后注意到衬衣的接缝处做工很糟。行事果敢自信的人可能会发生如专栏 8-5 所示的口角。类似地，自信的人会坚持不懈地主张自己或群体的权利。

❖ 专栏 8-5

顾客与销售员发生口角的示例

顾客：“我上周买了这件衬衣，它的做工很差。”

销售员：“看上去您已经穿过了。我们不调换那些已经穿过的服装。”

顾客：“我知道这是你们的政策，可这并不是因为我不喜欢这件衬衣。它显然是次品。在我穿它时，并不知道它有这些问题。”

销售员：“可能您穿衬衣的方式使这个接缝开线了。”

顾客：“我没做什么特别的事。它是次品。我想调换这件衬衣。”

销售员：“我很抱歉，但您应该早点送来。我们现在不能收回了。”

顾客：“我明白你的意思，但它不值我付的那些钱。你要么把钱还给我，要么给我换件新衬衣。”

销售员：“这不是我能决定的。我不是制定政策的人，我只是照章办事。”

顾客：“我知道你不认为自己有权改变这项政策。但你老板有权力。请你告诉她，我想马上见到她。”

召开会议

会议是组织生活中的现实存在。很难想象领导者能（或者应该）避免它，特别是在群体、委员会或团队工作具有高任务或横向相互依赖性的特性时。规划良好且领导有方的会议是完成各类目标的有益机制，同时，它也是工作群体内部、群体之间或志愿者组织之间交换信息和保持公开沟通渠道的重要方式。[21, 22] 尽管会议有多种好处，但它们也耗费了大量时间和金钱。在公司经济部门，仅每年的会议开支一项就达到数十亿美元。此外，不必要的低效率会议可能令人沮丧，并往往导致与会者的不满。考虑到会议所需的时间和金钱投资，领导者有责任使它们尽可能产生效果。古斯和肖（Guth, Shaw）[23] 提出了召开会议的 7 个小窍门，下面我们将逐一讨论。

确定召开会议的必要性

召开会议的最重要步骤，可能就是花时间确定是否真的有必要开会。如果你在评估是否需要召开会议，就要评估这次会议可以达成什么成果。只有在潜在收益大于潜在成本时，才有必要召开会议。在评估过程中，尽可能事先了解其他与会者的意见。此外，如果会议是定期举行的，你应当在每次会议中都安排重要事务。否则，可以考虑降低会议的召开频率。

列出目标

一旦决定有必要开会，你就应当按顺序列出会议目标并制订实现这些目标的计划。将你希望在会议中达到的目标按重要性排序，指出预计在每项议程上花费的大致时间，通常也会有帮助。此外，事先将会议议程和涉及的问题告知与会者，同时让他们知道还有哪些人会参加。

严格遵守会议议程

一旦会议开始，领导者坚持遵守议程安排十分重要。群体很容易转移目标，谈话内容可能离题万里，或者讲一些活跃气氛的故事。尽管你有必要保持一种合作、自在的会议气氛，但会议中宁可过分讲条理、公事公办，也不应让会议流于松懈、自由放任。如果工作事项重要到可以列入议程，那它们也重要到在会议分配的时间内受到关注和讨论。

事先提供相关资料

除了制定会议议程，如果领导者能事先向其他与会者提供相关报告或支持材料，会议往往会更加有效。在会议期间派发材料、等待人们阅读这些材料，都是在浪费宝贵的时间。如果你将材料发给与会者，大部分人都会事先准备、阅读相关材料，而且几乎每个人都会对不必要的超过会议预定时间、将本可以提前做好的事放在会议上做以表示不满。类似地，事先准备好你在会议中的演示材料。如果你在会前不提供报告正文，则提供演示文稿摘要方便他人做笔记，将是有益的。当然，最后一点，务必确保你提供了准确无误的信息。

为与会者提供方便

使会议效益最大化的另一种方式，是尽可能挑选对所有与会者都方便的时间和地点。除了能尽量提高会议出席率，这么做还能使关键与会者免受其他紧迫问题的干扰。同样地，选择对与会者方便的、与会议性质相匹配的地点。一定要考虑以下问题，比如，你是否需要会议桌（所有与会者可以围坐在桌旁），白板、投影仪或类似的可视辅助设备，咖啡或其他点心，以及如何找到会议地点的指示图。并且，准时开始会议；等待迟到者是对准时到达者的不公，这还会发出关于会议严肃性的错误信息。也要预先计划和宣布会议的时间限制，并坚持遵守这一时间表。

鼓励参与

领导者有责任鼓励参与，与会的每个人都应当有机会发言，结束时感到自己对会议成果有所贡献。在某些情况下，你需要请不爱发言的与会者参与，因为如果有机会，这些成员往往能为群体提供有价值的建议。此外，确保不爱发言的成员参与，你就不会误以为他人的沉默代表了赞同、认可。同样地，有时你需要压缩那些乐于直言的与会者的发言时间。你只要指出群体已经充分了解他们的立场，此时听取别人的意见也会有所帮助，就能不失尊重地做到这一点。通过提供群体讨论的中期总结，你也可以鼓励有效参与。

做会议记录

在会议期间，你可能清楚了解所讨论的观点、各种决策或采取的行动，但不要过分相信你的记忆力会记住所有这些。花几分钟来记录，这样你和其他人就能重构与会者当时怎么想，你为什么会（或者为什么不）采取某种行动。记下决策和将要采取的行动，包括谁对此负责、任务完成的时间期限。这类记录对于准备未来的会议议程也很有帮助。

遵循上面的简单步骤，领导者和追随者都能从会议中获益更多，同时，会议也会更有条理、更有效。

有效的压力管理

人们以不同的方式使用“压力”（stress）一词。有时，人们用它来描述特定类型的事件或环境条件。例如，球迷可能推测一位职业足球教练的心脏病是由他的职业压力导致的。其他的例子包括：未能通过体育测验；在众目睽睽之下，你在一次重要会议上迟到了；或者，打一场曲棍球的加时赛。但人们也以一种完全不同的方式使用这个词。有时，它是指环境产生的效应。“我感到了很大的压力”这句话可能是指一个人正在经历的不同症状，比如肌肉紧张、难以保持注意力。因此，在我们继续论述之前，对这一术语的用法达成共识是有益的。

我们将压力定义为我们对构成挑战或威胁的情境进行感知并做出反应的一个完整过程。这些反应通常包括特定的情绪反应，以及生理症状上的变化，如排汗增加、心跳加速、胆固醇水平升高或血压升高。压力往往发生在过于复杂、要求严苛或期望不明确的情境下。压力源是指个人、任务、组织或环境的某些具体特性，它对个人构成了威胁或挑战（见专栏 8-6）。尽管专栏 8-6 中的所有因素都可能对个人产生负面影响，但每个人感受到的压力程度取决于他的总体压力容忍度，以及以往对该压力源的体验。[24] 类似地，必须认识到，压力存在于个人的主观感受中，一个人认为有挑战性的、值得一试的事，在另一个人看来可能构成威胁且令人苦恼。[25, 26]

❖ 专栏 8-6

压力症状

你的行为方式是否“不像”自己了？
你的情绪是否变得负面、敌对或消沉？
你是否很难入睡？
你是否心存戒备或相当暴躁？
你的人际关系是否受损？
你最近是否犯了更多错误，或者做出了更多糟糕的决策？
你是否对以往乐于从事的活动失去了兴趣？
你是否饮酒或服用其他药物？
你是否觉得精力不足？
你是否经常担忧？
你是否在大多数时间都神经紧张？
你是否进食过多或过少？
你的头痛或背痛是否增加？

你认为谁通常会承受更大的压力，领导者还是追随者？从某种意义上，对这一问题的回答和大多数心理研究的结论一样：视情况而定。领导者角色确实可能压力很大。领导者至少每月要面对一项重大的压力事件。[27] 另外，追随者的压力水平往往取决于他们的领导者。领导者能帮助追随者应对压力，或者相反，可能实际上提高追随者的压力水平。很多领导者会意识到追随者在何时处于巨大压力之下，并愿意给下属一段假期、设法减少其工作量，或者采取其他行动来帮助下属应对。但也有 2/3 的员工表示，由上司导致的压力，要比其他任何个人、组织或环境因素都大。[28, 29] 其他人也报告说，为一位专横的上司工作是员工最常提及的压力源。无论好坏，领导者对于下属的工作压力体验，显然有着极为重要的影响。[30]

压力既能促进绩效，也能阻碍绩效，这要视情境而定。过多的压力会使个人和组织付出代价，包括健康状况恶化、情绪困扰、工作绩效下降、组织效力受损（见专栏 8-7，其中谈到了压力过大如何损害个人绩效的例子）。

❖ 专栏 8-7

电视游戏节目中的压力

电视游戏节目《财富之轮》(*Wheel of Fortune*) 安排参赛者竞争，努力找出一些常见谚语。通过旋转一个轮子，参赛者决定在他们可能赢得的奖金之上再加上数额不等的美元金额。

这个游戏类似于你小时候可能玩过的“刽子手”（Hangman）游戏。它在一开始的空格中给出了一句谚语的单词数和每个词中的字母数。一位参赛者转动轮子，这将决定赏金的数额，然后猜一个字母。如果这个字母在这句谚语中出现，这位参赛者就再次转动轮子，再猜下一个字母，依此类推。字母被正确识别后，就被填入句子中。参赛者可能在指出一个正确字母后，就想猜出整句谚语。

如果参赛者所说的字母不在谚语中，则该次赏金就不加入该参赛者的奖金数额，游戏转到下一位参赛者。

一天，一位参赛者要解决下面这个难题，奖金是 50 000 美元。大概是因为上电视的压力和用这么多钱做游戏的压力，参赛者没能准确说出余下四个空格中的一个字母。大多数未经历这种压力的人，都能很容易地解决这个问题。你能吗？问题的答案，见本专栏的底部。

THE THRI_ _
OF _I_TORY
AND THE
AGONY OF
DEFEAT

答案：The thrill of victory and the agony of defeat.（成功的喜悦和失败的痛苦。）

用类比来理解压力的影响效应会有帮助。风筝需要恰到好处的风力才能飞在空中；无风的日子它们飞不起来，风力过大时绳子可能拉断。你可以将压力看成风对风筝的影响：存在一个最优水平，既非过大，也非过小。另一个类比是你的汽车。正如汽车引擎在每分钟转速（RPM）处于一定区间时运转最佳一样，大多数人在处于特定压力水平时工作状况最佳。特定的压力数量或唤醒因素对于提高激励和绩效水平是有益的，但过多的压力则有破坏性。例如，在发表演讲前觉得有点紧张很常见，还可能是有益的，但过于紧张就会破坏一个人的工作效力。

最优压力水平取决于多种因素，例如该任务实际要求的生理活动水平，感知到的任务难度等。在压力环境下完成高难度的任务，绩效往往会受到不利影响。例如，想想一个人首次学习驾驶汽车，安静、含蓄的教练和不断大声喊叫的教练，会使学车者的绩效产生何种差异。很有可能，与第一位教练相伴的绩效会比第二位教练好得多。

需要注意的是，任务难度往往是经验的函数；一个人对任务的经验越丰富，难度就越低。因此，一个人的驾驶经验越丰富，驾车就变得越容易。此外，在完成难度较低的任务时，人们不仅能更好地处理压力，他们往往还需要更高的压力水平以达到最优绩效。任何一项练习的基本目的，不管是橄榄球、军乐队、足球、戏剧，都是要降低任务难度，帮助成员或队员在面对关键表演或比赛的压力时，表现出更高的水平。

尽管压力可能存在正面效应，但研究者关注的是压力过大对健康和工作的负面意义。压力与心脏病[31, 32]、免疫系统缺陷[33]和肿瘤的增长速度[34]有关。也有多项研究显示，与工作相关的压力导致工作场所滥用药物和酗酒的情况大大增加，[35, 36]而且，压力与员工缺勤、离职意愿和流动正相关。[37]压力也能影响决策过程。虽然领导者需要在面对危机时行事果断，但他们可能无法在压力下做出高质量决策。[38, 39, 40]有些观察者指出，人们在压力下做出拙劣的决策，是因为他们会转而求助于直觉，而非对问题进行理性思考。[41, 42]

正如我们已经指出的，过多的压力会使个人和组织付出代价。个人可能看到自己的健康、精神和情绪的安宁、工作绩效或人际关系受损。对组织而言，代价包括生产率下降，员工缺勤率、流动率和医药费增加。我们有理由说，任何活动的领导者都应该对压力有所了解。领导者应当理解压力的性质，既因为领导角色本身可能就是充满压力的，也因为领导者的压力会损害追随者的绩效和福利状况。为了防止压力过大，使你或追随者生活中的某些重要方面受到不利影响，我们在下面提供了有效进行压力管理的一些指导原则。

监控自己和下属的压力水平

管理压力的一个最重要步骤，就是监控你自己和追随者的压力水平。尽管这看上去简单明了，但关于压力的一个悖论是：往往在还未意识到它的存在时，人们就已经为此付出了代价。一个承受过多压力的人可能表现出多种症状，其他人看得很清楚，但他本人却浑然不知。由于这一原因，有必要养成习惯，定期关注压力过高的警示信号。专栏 8-6 中列出了部分压力警示信号。如果你对所有问题的回答均为“是”，则你本人或追随者的压力水平可能就过高了，此时立即应用下面给出的压力管理策略可能是个好主意。另外，对部分问题做出肯定的回答，并不一定意味着你的压力水平过高。例如，也可能存在其他解释。

识别产生压力的根源

监控你的压力，可以降低在你采取行动之前就压力过大的可能性，但仅仅监控是不够的。领导者也需要识别是什么引发了压力。乍一看，产生压力的原因会很明显，但这并非事实。有时问题足够清晰，但没有明确的答案（如家庭财务问题或一份负担重、期限紧的工作）。而在另一些时候，可能很难发现根本问题。例如，一名教练可能认为自己的愤怒源于团队的失败记录，而没有意识到导致他情绪困扰的更主要原因，是他与家里正值青春期的儿子之间的问题。一名员工可能觉得沮丧是因为上司压给自己太多工作，而没有意识到是自己的优柔寡断使他无法对上司说出自己的感受。问题解决能被用于建设性的压力管理，但它要求首先发现问题所在。一旦找到问题，就可以制订一项计划使压力或压力源的影响减少到最小。

一个人可能正经历着高水平压力但对此一无所知，这使识别压力源的问题进一步复杂化了。

例如，如果领导者正经历着工作倦怠的压力，这可能表现为领导者与下属互动方式的变化，如鼓励下属、寻求下属意见及表达对下属信心的次数减少。虽然下属可能明显注意到这一变化，但领导者本人并没有察觉。[43] 换句话说，领导者可能没发现自己就是导致员工压力的根源。这是另一个培养与他人关系的好理由，如果他们注意到你的心境、行为发生变化，有意愿向你（领导者）提供反馈。

实践健康生活方式

实践健康生活方式，是使压力最小化的最佳方式之一。没有什么能替代均衡营养、定期锻炼、睡眠充足、不吸烟、只适量饮酒（如果一定要喝的话）等健康生活的关键要素。一项针对近 7000 名成年人的生活方式所做的长期研究证实，这些都构成有益健康、减少压力症状的独立影响因素。[44] 睡眠不足会使人精力耗竭，影响个人的敏捷反应和判断力，提高个人对压力的敏感性，并降低对疾病的抵抗力。体育锻炼不仅是任一种长期健康策略的重要组成部分，也是减少焦虑的绝佳方式。

学会放松

信不信由你，有些人就是不知道如何放松。尽管体育锻炼是一种很好的放松方式，但有时你需要放松却没有锻炼的机会。如果环境使你无法进行剧烈运动，可以实践其他一些方便可行的放松技巧（relaxation technique）。当然，有些人只是更喜欢其他放松技巧，而不愿进行体育锻炼。深呼吸、逐渐放松肌肉、想象令人平静的词汇和形象，都是很有效的现场镇定技术。它们适用于从工作面试到体育活动等各种压力情境。这些技术的效力与个人偏好有关，但没有一种技术能满足所有目的或适用于所有人。

形成支持性关系

另一种很有效的压力解药，是拥有亲密的、支持性的关系网络。[45] 通过婚姻、加入教会或其他群体的方式与他人建立紧密联系的人，往往比社会联系较弱的人更健康。各种社会支持（如配偶、同事或上级的支持）会缓解工作压力的影响[46, 47]，而且人们相信，部队的凝聚力也是使士兵有能力承受战斗中极端生理、心理压力的关键要素。[48] 领导者能在下属形成共同支持和高凝聚力的过程中发挥建设性作用，而在含糊不清、高压力的情境下，领导者与下属进行公开坦诚的沟通也特别重要。

客观看待事物

正如我们前面指出的，任何事件的压力都部分取决于我们如何解释它，而非取决于事件本身。例如，一次考试考砸了，可能使某个学生感到特别有压力，正如上司的指责可能使某位员工特别有压力一样。当然，这有一部分是因为个人重视的事物存在差异，进而在活动中的投入程度有所不同。在个人大量投入资源的领域中存在的问题，会比个人投入较少时带来更大压力。然而，情况还远不止这么简单。有效管理压力取决于客观看待事物。这对某些人来说是很困难的，因为他们解释事件的方式往往会加剧自己感知到的压力。

自我概念相对复杂的个人（用他们描述或看待自我的不同方式的数量来度量），与“自我复杂性”低的个人相比，不易受到常见压力问题的影响。[49] 例如，有人经历了工作中的挫折，比如在一次期望的晋升机会中输给了同事。自我复杂性低的人（比如，个人的自我概念完全由职业成功来定义）可能被这件事彻底击垮。自我复杂性低意味着，个人对那些危及自我认知的事件缺乏弹性。与之相对，考虑一下自我复杂性高的个人面对同样挫折的情况。此人自然会感到失望，还可能觉得工作令人沮丧，但如果他的自我复杂性较高，这一事件的影响就会因为存在其他未受波及的积极自我形象而获得缓冲。例如，他可能将自己对职业成功的感觉建立在更多标准之上，而非仅仅依据是否获得了晋升。其他标准，如同事的高度尊重，可能是他职业成就感的更重要来源。此外，他生活中的其他维度（如在当地政党中的领导地位、对家庭的支持）可能正面影响着他的自我形象。

A-B-C 模型

遗憾的是，由于没有发展自我复杂性的捷径，它并非一种可靠的压力管理策略。但其他的认知性压力管理方法可以产生更直接的结果。这些方法的共同目标是改变一个人关于压力事件的想法或自我对话。其中最简单的方法被称为 A-B-C 模型。[50, 51]

要理解 A-B-C 模型的作用，有必要考虑发生在压力感受之前的一系列事件。有时人们把这看成两阶段的过程。某个外部事件发生（压力事件），随之而来的是某种内在的变化（压力症状）。我们可以用下面的连续事件来描述：

A. 触发事件（将老板的咖啡杯碰翻在他的裤子上）；

B. 感觉和行为（焦虑、害怕、难堪、出汗）。

换句话说，很多人觉得自己的感觉和行为直接源自外部事件。但这种观点排除了我们的自我对话所发挥的关键作用。实际的连续事件应表述为：

A. 触发事件（将老板的咖啡杯碰翻在他的裤子上）；

B. 你的自我对话（“他一定觉得我是个大笨蛋”）；

C. 感觉和行为（焦虑、害怕、难堪、出汗）。

根据这种观点，你能看到内部对话（或自我对话）在压力产生过程中的作用。这种内在对话可能是理性或非理性的、建设性或破坏性的，到底是什么样的对话由个人自主控制。当人们意识到，改变自我对话的方式可以控制自己对周围事件的情绪反应，他们将在很大程度上从压力中解脱出来。考虑一个不同的连续事件：

A. 触发事件（将老板的咖啡杯碰翻在他的裤子上）；

B. 你的想法（“糟糕！但这只是一次意外”）；

C. 感觉和行为（道歉、帮助清理干净）。

因此，人们会以不同方式来解读特定事件，有些方式会提高压力感和困扰，而另一些方式有助于保持自尊和积极应对。当你练习倾听自己的内心对话，并将破坏性的自我对话转变为建设性的自我对话时，你会更好地应付压力。但这不是一个容易完成的改变。改变自我对话比你想象得要困难，特别是在情绪化的情境下。由于自我对话是隐蔽、自发、转瞬即逝和反射性的，[52] 就像任何一种坏习惯一样，它很难改变。但是，正是因为自我对话只是一种习惯，你还是能改变它的。

最后，领导者有必要认识到自己对下属压力水平的影响。在压力情境下明显表现出某些压力症状的领导者（见专栏 8-6），不会对下属产生多大的示范作用。相反，由于下属向领导者寻求指导和支持，这些行为和症状将具有传染性，可能提高下属的压力水平。领导者需要认识到，行为楷模在降低（或提高）追随者压力水平上发挥的重要作用。领导者也需要确保与下属互动的风格不会使自己成为“压力携带者”。

问题解决

生活中及组织环境下的成功，都取决于问题的解决。根据定义，问题是指面对一个你没有快速解决方案的情境。但幸运的是，你可以采取几个步骤朝着建设性解决方案努力。

识别问题或改进机会

问题解决过程的第一步是阐述问题，以便使每个参与寻求解决方案的人都能在信息充分的基础上形成对该项任务的评价和了解。这是问题解决过程的一个关键阶段，会花费时间，还可能需要群体讨论。那种假设每个人一开始就知道问题是什么的想法是危险的。草率、过早地界定问题（如群体思维的结果）会带来相当大的挫折，甚至于无功而返。例如，在咨询和建议过程中，与客户合作的一个重要部分就是阐明问题。学生可能向学校咨询中心寻求学习技巧的帮助，因为他虽然花费了大量时间学习，但考试成绩仍然很差。经过讨论可能揭示出，是家庭问题使他无法将注意力集中到学业上。如果咨询顾问立刻着手开发学习技巧，后者学习困难的问题得不到真正解决，则该学生甚至可能对个人能力及他人帮助自己的可能性更为悲观。或者看看一位警察局长，他担心很少有志愿者愿意在本部门的市民顾问委员会服务。他可能发现存在多个问题，比如市民缺乏热情、对委员会的必要性和重要性的宣传不足。但真正的问题可能是，其他人认为他过去很少听取或在意类似顾问委员会的建议。如果这位局长一开始就能花时间探讨并阐明这个问题，他就能发现这一重要事实，并采取步骤解决真正的问题（他自己的行为）。反之，如果他只是冒进地向前推进，相信自己对问题的判断，则情况不会发生任何改变。

因为有时人们会将症状表现与原因混为一谈，有必要花时间仔细界定问题。在学生的例子中，学习效率低下只是另一个原因（家庭困难）的症状表现，而不是学习成绩差的原因。在警察局长的例子中，顾问委员会缺少市民参与是问题的症状表现，而非问题本身。如果一项计划触及的是问题表象（而非导致问题的真正原因），则期望的目标是无法实现的。在这一阶段中，避免寻找替罪羊，或者因存在问题而指责某个人、某个群体是很重要的，这种做法极易导致抵触情绪，并减少创造性思考。在这个阶段中，冲突解决技术和谈判技巧极其重要。最后，对问题的表述不应暗示某个特定解决方案是正确的。对问题的正确表述方式就是说清问题本身，而不是指出一个隐含的解决方案，这也是专栏 8-8 中谈及的规范性模型的基本假设。

❖ 专栏 8-8

决策制定与规范性模型

有效的决策不仅有助于问题解决，也有助于培养信任。信任一位制定糟糕决策的领导者是很困难的；同样困难的是信任一位在追随者具备专业技术时却不重视其投入的领导者。规范性决策模型可以帮助领导者在确保决策质量的同时，投入合适数量的追随者。

很显然，在某些情境下，领导者可以授权追随者来做决策，或者在制定决策前向追随者询问相关信息。在另一些情境下，比如突发事件或危急时刻，领导者制定的决策只有很少（如果有的话）的下属投入。追随者在决策过程中的投入水平可能有很大差异，这取决于待解决的问题、追随者的技术诀窍水平或是否存在危机。虽然由于不同的领导者、追随者和情境因素而存在参与度差异，弗鲁姆和耶顿（Vroom，Yetton）认为，领导者往往可以通过在决策过程中运用最佳数量的下属参与来改善群体绩效。因此，规范性决策模型仅被用于确定下属在决策过程中应有多少投入。

为了确定哪些情境和追随者因素影响参与度和群体绩效，弗鲁姆和耶顿首先探讨了领导者在群体环境下使用的决策过程。他们发现存在一个决策过程连续区间，从完全独裁（命名为“AⅠ”）到完全民主（命名为“GⅡ”，所有群体成员平等参与）。这一决策过程的全部范围包括如下内容。

独裁过程

AⅠ：领导者基于当时既有的信息，独自解决问题或做出决策。

AⅡ：领导者从追随者那里获得全部必需信息，随后独自针对问题决定解决方案。他可能会，也可能不向追随者告知提出问题的意图，或者他正面临的问题或决策的相关信息。追随者的投入明显是对他要求的具体信息的回应，在界定问题或形成、评估不同的解决方案时没有发挥作用。

咨询过程

CⅠ：领导者与相关追随者个别讨论问题，获得他们的意见和建议，但没有让这些追随者组成一个群体。接下来，由他做出决策。这一决策可能会，也可能未体现出追随者的影响。

CⅡ：领导者与追随者在群体会议中讨论问题。在这次会议中，他了解了下属的观点和建议。接下来，由他做出决策，这可能会，也可能未体现出追随者的影响。

群体过程

GⅡ：领导者与追随者群体共同讨论问题。他们在一起提出和评估备选方案，并试图找出一致同意的解决方案（共识）。领导者的作用很像主席，协调各参与者的讨论，使讨论集中于问题本身，并确保关键问题得到详尽的分析。他能向群体提供自己的信息或观点，但他不会“迫使”他人采纳“自己”的解决方案。此外，运用这种参与程度的领导者乐于接受并实施任何获得群体全体支持的解决方案。

弗鲁姆和耶顿相信，领导者需要关注两项最重要的效标：决策质量和接受度。制定拙劣决策的领导者在组织中好景不长。制定高质量决策但不能确保下属充分接受的领导者，也会发现自己制定了一项好决策，却未能得到有效实施（比起领导者努力和推行决策的时间投入，追随者有更多时间破坏一项他们不接受的决策的实施）。

规范性模型被绘制为一个决策树。每个节点（A到G）对应于一个问题，领导者必须用“是”或“否”来回答。要使用决策树，我们从左边开始陈述问题，然后按从左到右的顺序推进模型。每次遇到一个方框，必须对与该方框相对应的问题回答“是”或“否”。最后，所有路径都导向一套决策过程，如果应用这些过程，就会导出一项高质量且高接受度的决策。整个决策模型如下图所示。

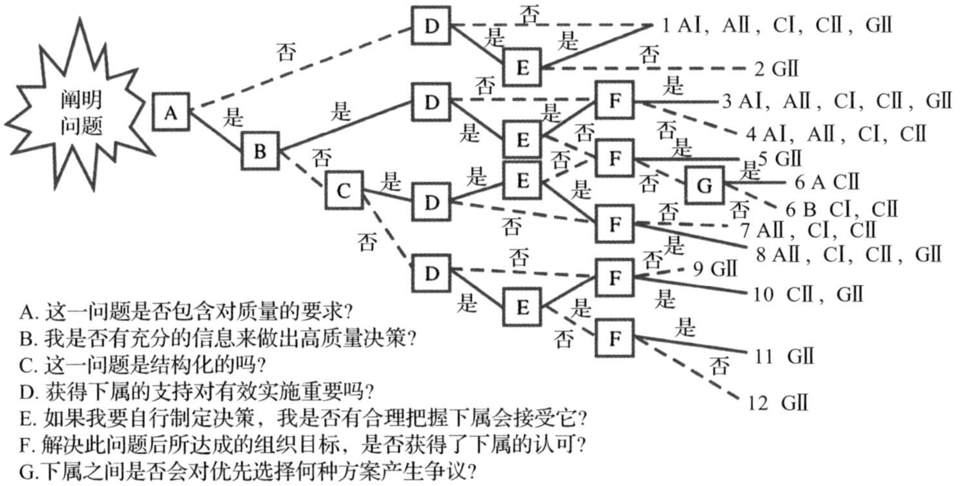

领导者在形成了一套满足决策质量和追随者接受度的可行备选方案后，可能会希望考虑另外一些决策评价效标。一个实用的考虑是可供使用的决策时间。如果时间因素至关重要，则领导者应当在可行的备选方案组中选择最左边的备选方案，再次提醒，可行方案组的排列顺序是从AⅠ到GⅡ。通常来说，制定和执行独裁型决策比制定咨询或群体决策花费的时间要少。但第一步是确保质量和接受度（通过使用该模型）。只有在找出一整套适用方案集之后，领导者才应该在决策过程中考虑时间因素。过分强调时间标准的领导者有时可能忽视这一原则。很显然，存在某些时间因素至关重要的情境，比如说生死攸关的紧急事件。的确没人会期望全美航空公司的切斯利·萨伦伯格（Chesley Sullenberger）机长在他的空客A320撞上一群野鸭、俯冲向哈德逊河（飞机变成了一架大型滑翔机）时，会拿出弗鲁姆和耶顿的决

策模型来分析。但在很多时候，要求制定决策的领导者好像面对的是紧急事件，但事实上正是他们（领导者，而非情境）创造了这种时间压力。尽管存在这类行为，但很难想象一位领导者会故意选择那种低质量、不被下属接受的快速决策，而不选择高质量、下属接受度高但较费时间的决策。

资料来源：Adapted from V. H. Vroom and P. W. Yetton, *Leadership and Decision Making* (Pittsburgh, PA: University of Pittsburgh Press, 1973).

为了应用上述多种建议，我们来看下面两个问题的成对表述，这是一位老师为了解决课堂中令他不满的情境而可能采取的第一步。这些对话的示例涉及本书早前提到的沟通、倾听及反馈技巧的诸多方面。但此处我们关注的是在界定问题时存在的差异。在每个例子中，第二种表述更有可能导向建设性的问题解决。

A：我认为你们对课程的关注不够。没人进行课外准备，怎么才能让你们多花点时间在课业上？

B：是什么干扰了你们，使你们无法在这门课上表现更好呢？

A：你们的考试成绩太差了。除非成绩有所提高，否则我要取消你们的郊游。还有问题吗？

B：我很担心你们的学习成绩，这比我预期的要低得多，我不清楚发生了什么。你们认为问题出在哪儿？

问题解决过程的第一阶段，还涉及识别出哪些因素一旦得到了纠正，就会最大限度地改善令人不满的情境。因为有待解决的问题或改进机会总是多于能投入的时间及精力，识别出哪些解决方案能带来最大潜在回报至关重要。这里的一个有用概念是帕累托原则（Pareto principle）。根据这一原则，在任何系统中 20% 的原因导致了 80% 的结果。例如，学校中大多数的违纪问题是由少数学生引起的。在所得税返还过程出现的所有错误中，少数几种错误（如忘记签名）导致了极高比例的表格退回。我们可以预期在一个城市公交车队发生的所有机械故障中，20% 的问题导致的停运占整个车队停运期的 80%。帕累托原则可以用于将解决问题的努力集中于那些产生最大整体影响的原因上。

分析原因

一旦确定了问题，下一步就是分析导致问题的多种原因。分析问题的原因应先于寻找解决方案。有两个有用的工具可以确定某个问题情境的关键影响因素，其中一个工具是因果图［由于它的形状，又被称为鱼骨图，或者以发明者的名字命名为石川（Ishikawa）图］，另一种是力场分析。因果图用图形方式系统描述了问题产生的根本原因、不同原因之间的关系，以及对原因重要性的可能排序（见图 8-5）。

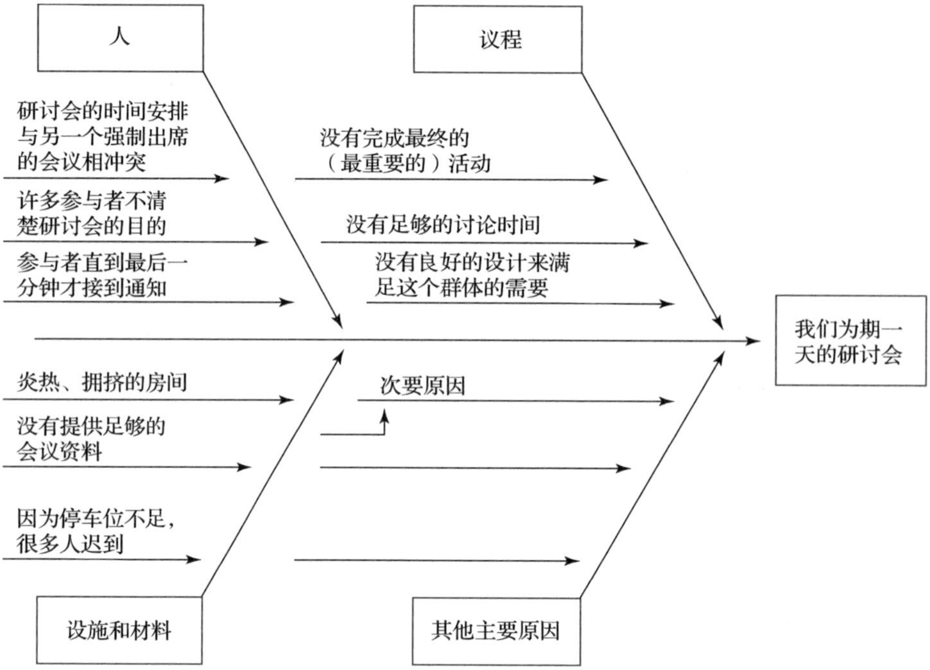

图 8-5 因果图

力场分析（见图 8-6）也是一种图形方法，它描绘了使事物保持现状的各种对抗力量。它从动态平衡或均衡的角度，描述了在任何一种稳定状况下，有些作用力会推向一个方向运动，而其他作用力会抑制向那个方向的运动。只要所有作用力的总和为零，就不会出现任何运动。在希望发生改变时，力场分析可以识别出打破正的作用力与负的作用力平衡的最佳途径，从而达到一种不同的均衡。

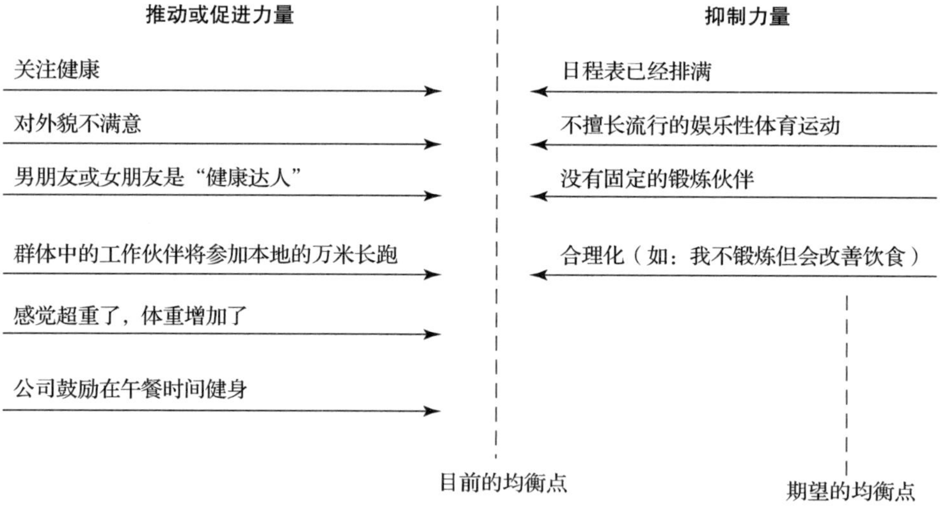

图 8-6 力场分析案例：启动个人锻炼计划

提出备选解决方案

一种被称为名义群体技术（nominal group techique，NGT）的程序，是激发与特定问题相关的创意的好方法。[53] 这一程序与头脑风暴法相似（见专栏 8-9），因为它也是在群体环境中激发观点的活动。但在使用 NGT 方法时，群体成员在各自的纸片上写下自己的想法，这些想法随后被写到黑板上或做成活动卡片供整个群体讨论。

❖ 专栏 8-9

用头脑风暴增进创造力的步骤

头脑风暴法是为想解决问题的群体设计的、用于增强其创新潜力的一种技术。在召开头脑风暴会议时，领导者应该使用以下规则：

（1）群体应由 5～7 人组成；少于 5 人会使产生的观点数量受限，但超过 7 人会使会议规模过于庞大。仔细考虑参加者的人选，可能比决定让多少人参加更重要。

（2）应该给每个人贡献才智的机会。头脑风暴的第一阶段是激发观点，要鼓励成员只要有新想法就主动说出来。第一阶段的目标是数量，而不是质量。

（3）在激发观点阶段，不允许批评他人。这有助于将充满想象力的思考和提出观点的阶段与观点评价阶段分开。

（4）要鼓励随心所欲、奇特的观点。经过某种修正，这些观点可能最终被采纳。

（5）应该鼓励融合他人的观点。综合或拓展他人的观点往往会形成更好的解决方案。

（6）观点的数量、类型越多越好。产生的观点越多，就越有可能发现好方案。

（7）应记下各种观点。理想的做法是将各种想法写在白板上或一大张纸上，使所有成员能回顾提出的所有观点。

（8）在提出所有观点后，从利弊、成本收益、可行性等角度对每个观点进行评价。根据这些分析结果选择最终的解决方案。

资料来源：A. F. Osborn, *Applied Imagination* (New York: Scribner's, 1963).

选择并实施最佳解决方案

人们最早想到的解决方案很可能不是最好的，哪怕每一位参与者都认为它是可接受的。依据一些事先确定的效标来选择方案可能更好。这些效标具体包括：是否评估了所有备选方案的优缺点？是否评估了各备选方案对整个组织的影响，而不是仅仅评估其对特定团队或部门的影响？拥有的信息是否足以确保在各备选方案中做出明智的选择？

评估解决方案的影响

我们不应假设仅仅实施上述行动步骤就会解决问题。必须评估解决方案的持续影响，最好是使用获得参与各方认可的、可度量的成功效标来评估。

提高创造力

领导者可以做几件事来提高自己及追随者的创造力。有些促进因素前面已经讨论过了，包括确保足够的技术专业诀窍水平、推迟和尽量减少对解决方案的评价或判断、专注于任务的内在激励、消除对追随者的不必要限制、赋予追随者更大的决策自由度。在群体中激发创造性思维的一种常用技术被称为头脑风暴法（见专栏 8-9）。

以全新方式看待事物

领导者在增进创造力上还可以做的一件事，是以全新方式看待事物，或者说从尽可能多的视角来看待问题。但说来容易做时难。看出熟悉事物的全新用途可能相当困难。心理学家称这种心理障碍为功能固着（functional fixedness）。[54] 创造性思维取决于克服功能固着，它与我们对周围事物的僵化刻板观点相关。

以不同方式看待事物的一种做法，是用类推法来思考。这种思考方式是对克龙巴赫（Cronbach）的创造力定义的实践拓展，该定义认为创造性是进行新的观察或将某一事物看成另一事物。[55] 在这种情况下，积极寻求类推是这种问题解决方法的精华所在。事实上，找出类推规则构成了综摄法（synectics）的基础，这是一种商业化的创造性问题解决方法。[56] 在综摄法中使用类推的一个实际例子是，某个问题解决群体想要设计一种能随季节变化改变颜色的新型屋顶材料，在夏天换成白色以反射热量，在冬天换成黑色以吸收热量。这个群体的首要任务是在自然界中寻找类似事物，他们想到了那些能改变颜色与周围环境保持一致的鱼。这些鱼改变颜色的机理，是使极其微小的色素微粒贴近或远离表皮，从而改变其颜色。经过讨论，该群体设计出了一个充满白色小塑料球的黑屋顶，这些小球在受热时会膨胀，使屋顶颜色变浅，受冷时会收缩，使屋顶颜色变深。[57]

以不同方式看待事物的另一种做法是将想法或问题用图形表达，而不是用语言文字来表述。口头表达无法呈现的感觉或关系会在图画中体现出来，带来新鲜的见解。

建设性地运用权力

除了使追随者从尽可能多的角度看待问题，领导者也需要建设性地运用权力来提高创造力。正如前面指出的，在解决方案的形成阶段，群体可能因过于挑剔或过快评判而抑制了创造性思考。当存在较强的权威关系和地位差别时，这种影响会更加明显。上级在场，特别是大家都认为该上级不易接受新观点时，群体成员可能不愿冒险提出看似“荒唐”的观点；或者，当成员相信群体的其他成员会在领导者面前肆意抨击时，也不愿提出自己的看法。领导者如果希望形成一种促进创造力的良好氛围，就需要运用权力来鼓励大家公开表达观点，抑制群体成员之间不合作或攻击性（公开或私下）的行为。此外，领导者可以通过奖励成功而不惩罚错误的方式来鼓励创造力。领导者也可以将权威和职责下放，放松对追随者的限制，并向追随者赋权使其承担风险。通过采取上述步骤，领导者可以帮助追随者建立起个人的独特信誉，这进而又会鼓励他们承担风险并表现得更有创造性。沿着同一思路，组织中的整个氛围会或多或少地影响创造性思维，这一差异可能源于组织内部的权力使用方式。坎特（Kanter）对“权力产生腐败”这句名言进行了卓有见识的改动，她表示，无权同样导致腐败。[58] 她指出，组织中的管理者如果感到缺乏权力，会花更大精力捍卫自己的地盘，而不是与他人在生产活动中合作。在官僚型组织中，由于组织明显缺乏灵活性、正式化、集中化，使很多人觉得缺乏权力，领导者积极支持追随者的创造力在这类组织中显得尤其重要。

形成多元化的问题解决群体

领导者可以形成多元化的问题解决群体来提高创造力。与内部成员的经验、价值观、偏好差异大的群体相比，成员相似度高的群体不太可能提出大量不同的解决方案，更有可能过早地就某一解决方案达成一致。因此，群体或委员会选择具有不同经验、价值观及偏好的成员，可以提高群体的创造力；但这种差异也可能提高群体内的冲突水平，使领导者难以在最后方案上实现意见统一。在问题解决群体中提高多样性、进而提高创造力的一种做法，是使用迈尔斯－布里格斯类型指标（MBTI）的四种偏好维度。目前仍缺乏对这一特定方法的支持证据，[59] 但可能只有在群体创造力的其他特定条件均获得满足后，才能假定偏好是重要的。例如，多样性不能弥补技术诀窍的匮乏。尽管 MBTI 维度在选择多样性群体中是有用的，但只有在确保所有潜在成员都具备高技术诀窍后才应使用该量表。仅仅基于 MBTI 的偏好来选择成员，会忽视技术诀窍和内在激励对创造力的关键作用。创造力与领导力之间存在的其他关联，如专栏 8-10 所述。

❖ 专栏 8-10

创造力管理

R. T. 霍根和莫里森（J. Morrison）坚持认为，那些被认为更有创造力的人往往具有几种显著的人格特质。总的来说，有创造力的人乐于接受不同的信息和经验、精力充沛、为人果敢自信甚至惯于弄权、对事件做出情绪化的反应、易冲动、对音乐和艺术要比对打猎和体育更感兴趣，而且，最后一点，有很强的动机来证明自己（即重视自我胜任感）。因此，有创造力的人往往独立、固执、不切实际、不看重钱财、理想主义和不唯唯诺诺。尽管有这些特性的人可能不是理想的追随者，但霍根和莫里森提出了一个有趣的问题：一个人如何领导或管理有创造力的人呢？在考虑成功领导者或管理者的特性时，这个问题变得越发有趣了。

正如前面所讨论的，成功的领导者往往聪明、有支配力、有责任心、情绪稳定、沉着、目标导向、开朗，而且有点守旧。因此，你可能会想，有创造力的追随者与成功领导者的人格特质差异，可能是大量冲突的根源，在组织环境下他们会成为彼此的天敌。因为许多组织依赖创造力的发挥来繁荣壮大，成功领导有创造力的员工是这些组织成功的一个关键。如果有创造力的人已经具备技术诀窍、富于想象的思维技能和内在激励，霍根和莫里森建议，领导者应采取以下步骤来成功领导有创造力的追随者：

（1）设置目标。因为有创造力的人很看重自由和独立，因此在目标设置阶段，领导者应允许其高度参与。领导者应询问追随者，他们在特定时间框架内可以完成哪些工作。

（2）提供充足的资源。如果追随者有合适的工作设备，他们就能将时间投入到解决问题上，而不是将时间用在寻找完成工作所需的设备上，从而会更有创造力。

（3）减少时间压力，但要使追随者处在正确轨道上。尽可能设定现实可行的阶段性成果和目标，并视阶段性成果的达成情况提供组织奖励。此外，领导者应很有条理地获取必要资源，并保证项目没有偏离正轨。

（4）同时考虑非货币性奖励和货币性奖励。有创造力的人往往从解决手头的问题中获得满足，而不是从货币性奖励中得到满足。因此，反馈的目标应是提高其个人满足感。被视为高控制欲的货币性奖励，可能降低而非提高对任务的激励水平。

（5）认识到创造力是演进的，而非突变的。尽管追随者可以创造出真正新颖的产品（如施乐复印机），但创造力的关键往往是持续的产品改进过程，使下一年的产品更快、更轻、更便宜或更有效，要求的只是小修小改，而随着时间推移，这会累积成一项大革新。因此，如果领导者在考虑创造力时，不是专注于大突破而是关注小创新，将是有益的。

资料来源：R. T. Hogan and J. Morrison, "Managing Creativity," in *Create & Be Free: Essays in Honor of Frank Barron*, ed. A. Montouri (Amsterdam: J. C. Gieben, 1993).

扫码获取本章参考文献

Leadership

第3篇

关注追随者

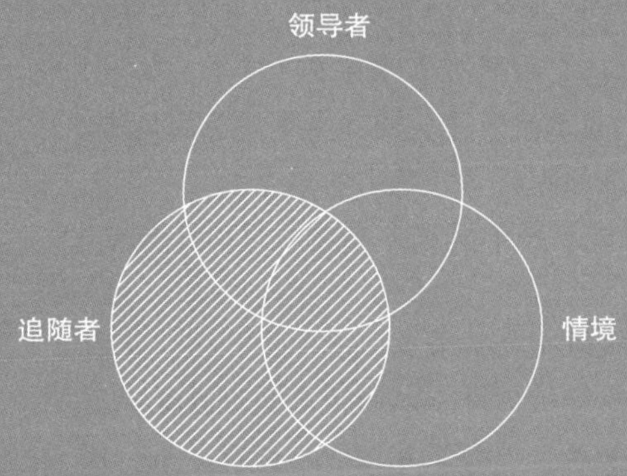

本书第2篇一开始，我们提出了一个观点：领导者个人是领导过程中最重要的组成部分。第3篇的开篇，我们将适度修正这一说法。尽管无法否定一位优秀领导者的重要性，但追随者在任何成功的群体或组织中扮演着同样重要（但常常被忽视）的作用。没有追随者就没有领导者，但迄今为止的大多数研究关注的仍是领导力。只是在近年来，研究者才开始认真思考追随者及追随品质的问题。

这类研究提出了几个有趣的问题和研究结论。第一，几乎每个人在其人生的某个阶段都做过追随者。而且最重要的是，任何占据实权职位的人都不时通过追随者的角色发挥作用：一线管理者向中层管理者报告、中层管理者向副总裁报告、副总裁向CEO报告、CEO向董事会报告。由于同一个人既扮演领导者角色，也扮演追随者角色，那些用

3

于描述有效领导者特征的价值观、权力基础、个人特质、智力水平及行为，无疑也同样适用于对有效追随者的描述。和领导者一样，追随者也在这些领域存在差异。

> 更好的追随品质往往会带来更好的领导力。
>
> ——芭芭拉·凯勒曼（Barbara Kellerman），哈佛大学

第二，情境因素有时要求身处追随职位的人承担起领导角色。例如，当排长在战斗中受伤时，一名士兵可能接过对野战排的领导权；当领导者被调离时，一位志愿者可能接管某一社区小组；一位软件工程师也可能因具备独特的编程技能而被要求领导一个项目；或者团队成员可能被要求就团队目标、工作优先顺序、会议安排及类似事务做出决策。当机会出现时，他人眼中最有效的追随者也最有可能被要求充当领导者，因为同事经常将他们视为团队中的非正式领导者。[1]所以，理解什么构成了有效追随并表现出这类行为，有助于增加一个人的晋升机会。有效追随在未来的领导技能开发中将发挥极为重要的作用，正因为如此，美国所有军事学院（空军、陆军、海军、国民警卫队、商船学院）的新生都在第一年担任正式的追随者角色。遵循军事学院的做法，可能任何组织中最有效的员工都是那些既擅长领导也擅长追随的人。很多伟大的领导者最终以失败告终，是因为他们无法听从命令或与同侪良好相处。也有些人善于服从命令却导致团队失败，是因为他们不愿承担领导角色。

第三，要记住很重要的一点：追随者在社会变革和组织绩效中发挥着至关重要的作用。美国民权运动、阿拉伯之春、全球气候变暖、英国“脱欧”都是很好的例证，说明愤怒的追随者决定改变现状时会发生什么。组织领导者应当把追随者视为重要资产，因为正是这些人创造产品、接受订单、服务客户和回笼货款。研究一直显示，敬业度较高的员工比敬业度低的员工幸福感更强、生产率更高，也更有可能留在企业中。[2]此外，伦理型追随者也能帮助领导者避免做出不当决策，而高绩效的追随者往往能激励领导者提高其自身绩效水平。[3,4]战争中的赢家往往是那些拥有最佳士兵的军队，拥有最佳球员的球队通常会赢得大部分比赛，而拥有最佳雇员的公司的表现也往往优于竞争者，因此，甄选和开发最优秀的追随者对领导者是有利的。[5,6,7,8,9,10]

第四，虽然“一个人为何想成为领导者”是个有趣的问题，可能更有趣的问题是：为何有人愿意成为追随者。成为领导者可以带来明显的好处，但为何有人会主动选择成为其他人的下属？你为什么要做追随者？演化心理学的假设是，人们追随是因为这样做的收益大于单独行动或努力成为群体领导者的成本。[11]数千年前，大多数人生活在小型的游牧群体中，这些群体为个人提供了更多保护、获得食物和成家的机会，而这在个人单打独斗的情况下是不可想象的。拥有最佳领导者和追随者的群体更有可能存活下来，而领导不力或由糟糕的追随者组成的群体则更有可能缺衣少食。对成员身份带来的成本收益感到满足的追随者留在了群体中；对此不满的人，或者离开加入其他群体，或者为成为领导者而战。演化心理学也正确地指出，领导者和追随者往往有不同的目标和事项安排。在工作场所中，领导者可能制定决策追求财务成果最大化，而追随者则可能致力于提高职业保障。因此，以演化心理学视角看待追随的领导者，必须尽可能使追随者的目标与组织目标相统一，并确保个人获得的收益大于为领导者工作的成本；如果目标不统一，或者感

知到的成本大于收益，追随者将会拒绝服从甚至离开。

然而，社会心理学告诉我们，人们在选择承担追随者角色时，还有成本收益之外的其他考虑。在某些情况下，人们似乎急于推卸责任、服从命令，哪怕这样做会违反社会道德标准。著名的米尔格拉姆实验在20世纪50年代就显示，如果人们认为命令来自处于实权职位的人，他们会遵从命令，甚至不惜伤害他人。你可能认为米尔格拉姆研究中的恶行曝光会使人们随后免于遵从有违道德的或反伦理的命令，但对米尔格拉姆实验的一次近期重复研究表明，约有75%的男性和女性会接受来自素不相识者的命令，只要他们相信后者占据了某种实权职位。[12]对于领导实践者，该研究表明仅仅占据实权职位本身就赋予领导者对其追随者行动的某种影响力。领导者需要明智地使用这种影响力。

社会心理学也告诉我们，对领导者的认同和信任是人们选择服从的另外两个理由。第16章中关于魅力型领导和变革型领导的许多研究表明，领导者的超凡魅力可以吸引追随者并说服其采取行动。这一效应可能很强烈，甚至能使追随者为某项目标献出生命。尽管大多数人不会有马丁·路德·金的个人影响力，但那些拥有极大影响力的人的确有必要考虑，将自己的影响力用于正义还是邪恶的目的。

信任是成本收益分析、权威服从或对领导者自愿认同等假设中的共同因子。人们不太可能追随那些自己不信任的领导者。[13]而信任关系一旦破裂，重建信任是极为困难的，并且追随者对信任关系破裂的典型反应可能包括：降低敬业度、离开或对其领导者做出以牙还牙的行动。在很多国家，对政治人物的信任已经降到了历史低点，这导致了高度的社会不满及公民的追随危机。很多恶劣的客户服务、损害组织的行为，以及工作场所暴力都可以直接归结为追随者的不满[14]，而近年来的经济衰退则进一步冲击着领导者与追随者之间的信任关系。很多领导者，特别是金融服务行业中的领导者，似乎乐于在获得数百万美元收入的同时，搞垮世界经济、解雇成千上万的员工。考虑到目前很多组织中领导者与追随者缺乏信任的现状，大量人才正在寻找其他工作机会，选择自我雇用，创立自己的公司，或者在小型创业企业就职，而不愿接受大型组织中的工作。[15]由于信任对于团队和组织绩效至关重要，领导者需要尽可能保持与追随者间的强信任关系。

追随研究的最后一项问题或研究发现涉及追随者框架。在过去40年间，很多研究者，如霍兰德[16]、扎莱兹尼克[17]、凯利[18]、谢里夫（Chaleff）[19]、凯勒曼[20]、阿代尔（Adair）[21]、麦克罗斯基（McCroskey）及其同事[22]、波特（Potter）和罗森巴赫（Rosenbach）[23]、柯菲和罗利格[24]、柯菲和霍根[25]、柯菲、尼尔森和霍根[26]等开发了多个模型来描述不同类型的追随者。这些模型的目的是使领导者进一步了解激励追随者的各项因素，以及如何改善个人和团队绩效。由这些研究者开发出的理论框架通常描述3～6种不同的追随者类型，框架间的共同点要多于不同点；为了说明这一点，下面将详尽说明其中两个模型。

波特与罗森巴赫的追随模型

波特与罗森巴赫[27]相信，追随者的投入对团队绩效至关重要，因为追随者最接近行动现场，往往也会提出最好的问题解决方案。他们的模型基于两个独立维度：追随者的绩效水平和领导者－追随者的关系强度。绩效驱动（performance initiative）维度关注追随者个人能在多大程度上完成工作、与团队中的其他成员有效合作、拥抱变革，并将自己视为团队绩效完成过程中的重要资源。在这一维度上评分较高的追随者是一些能力很强、与他人友好相处、支持领导者的变革努力，并能照顾好自己的员工；而评分较低的追随者则是缺乏完成工作所需的技能、和他人相处不太融洽，并极力抵制变革的人。关系驱动（relationship initiative）维度关注追随者的行动在多大程度上是为了改善与领导者的工作关系。在这一维度上评分较高的追随者，往往很忠诚、认同领导者的未来愿景，但在必要时也会提出反对意见并讨论观点上的差异；而评分较低的追随者则忠诚度较低、即使在有利时也不愿提出反对意见，当个人与上级的工作安排重心不一致时，极有可能自行其是。

由于绩效驱动和关系驱动是两个独立维度，以这两个维度分别为横轴和纵轴，可以描述四种不同类型的追随者。如图 P3-1 所示，这些不同类型的追随者包括：从属者、贡献者、政治家和合作伙伴。从属者是那种传统意义上的追随者，他们按要求做事，遵守规则，有低至中等水平的绩效表现，并且没有形成与领导者特别好的关系。这些人在官僚、层级制组织中更为常见，因为他们往往在同一组织中任职很久，避开麻烦，也不去制造纠纷。

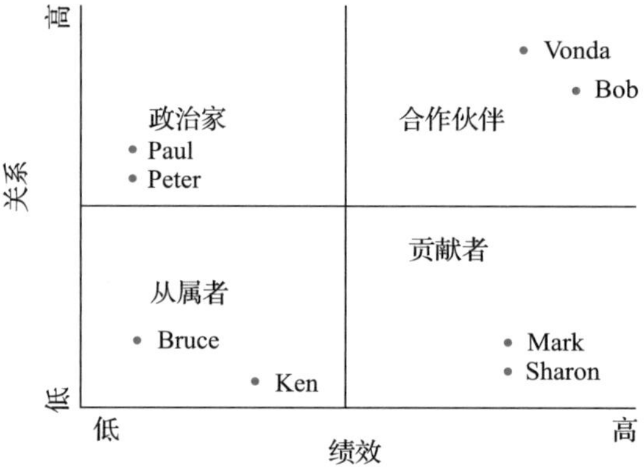

图 P3-1 波特与罗森巴赫的追随模型

贡献者的情况有所不同，他们工作努力，往往有很高的动机成为本组织的主题专家。尽管这些人可以成为杰出的研究人员、程序员或会计师，但他们对人际关系的变化、与领导者建立更紧密的关系缺乏兴趣。他们很少设法了解领导者的观点，一般会等待上级指示，在独自完成工作时表现得最好。

政治家是一个有趣的群体：这些人对与上级搞好关系的关注远胜于完成工作。他们是忠诚的员工，对人际关系变化极为敏感，因而可以帮助领导者很好地了解其他团队成员。似乎存在两种不同类型的政治家：一类政治家乐于遵守规则，在需要与他人进行大量互动交流的职位上如鱼得水。他们往往将事务繁忙与高效率混为一谈，不擅长日常行政管理，由于他们善于与人交谈，多见于销售或公共关系类职位。另一类政治家往往操纵欲很强、自私，近乎病态地想成为所有人关注的中心。这些人工作敷衍、造谣生事、极少完成工作却争抢他人的功劳，喜欢说自己是领导者不可或缺的得力助手。手下有这类政治家的领导者，其团队往往士气低迷、绩效不佳。

合作伙伴是指那些努力达成高绩效，同时与领导者建立良好关系的员工。合作伙伴花时间了解领导者的想法，认同他们对团队的愿景。由于他们有很强的意愿产生影响，合作伙伴与领导者会密切合作以发现问题并找出解决方案。与政治家不同，合作伙伴更有可能指出令人不快的问题，并要求领导者为决策负责。

关于波特与罗森巴赫的追随模型，还有几个方面值得提及。第一，情境在决定追随者类型上发挥了重要作用。有些人可能在一家软件公司中是合作伙伴，但在另一家公司则充当从属者角色；或者，在为新老板工作时，他们由贡献者变成了从属者。组织文化、职位要求、可用资源、其他团队成员、领导者本身都在影响追随者的类型。第二，尽管领导者会想当然地认为合作伙伴是最好的追随者，但波特与罗森巴赫坚持认为，所有四种类型的追随者都能在组织中做出贡献。如果领导者希望周围的员工都是合作伙伴，他们需要创建出鼓励有效追随者的团队氛围。为了做到这一点，领导者必须清楚地向追随者阐明其绩效和关系期望。领导者也要在条件允许时，向追随者展示合作伙伴的行为榜样，了解追随者对各类问题和决策的看法，提供项目简报以展示有效的追随，并且努力培养信任。如果领导者采取了上述所有行动，但团队成员仍选择延续其从属者、贡献者或政治家角色，则领导者可能需要考虑更换成员，代之以有潜力成为合作伙伴的团队成员。第三，波特与罗森巴赫的追随模型可以帮助领导者了解自己是哪类追随者，追随者分为哪些不同类型，自己目前拥有何类追随者，以及自己可以做些什么来形成有效追随。领导者往往发现，追随模型有助于确定如何更好地激励和领导团队成员。

然而，该模型也存在两个局限。第一个局限是，该模型认为，追随者应对追随的有效性承担主要责任。追随者在认同领导者、接纳领导者的愿景、提出反对意见、表现出高绩效方面，拥有决定权。但如果领导者并未提出吸引人的未来愿景、鼓励建设性反馈，或者未能提供追随者为高水平完成工作所需的各类资源，追随者将很难采取前述行动。因此，我们认为，领导者和追随者在有效追随中发挥着同样重要的作用。

这引出了模型的第二个局限。正如第 17 章中我们将详尽讨论的，约有半数以上占据实权职位的人是不胜任该职位的。既然如此，当领导者愚笨、不道德，甚至是邪恶时，在追随过程中又会发生什么？波特与罗森巴赫的追随模型指出，情境在有效追随过程中发挥着重要作用，但他们没有考虑到无效领导在追随过程中的作用。然而，柯菲和罗利格的追随模型对领导无能如何影响追随进行了思考。

柯菲和罗利格的追随模型

柯菲和罗利格的追随模型[28]以霍兰德[29]、凯利[30]、谢里夫[31]及凯勒曼[32]早前对追随的研究为基础，该模型与波特和罗森巴赫的追随模型也有相似之处：它也包括两个独立维度和四种类型的追随者（见图 P3-2）。柯菲和罗利格的模型中的两个维度分别是批判性思考（critical thinking）和敬业度（engagement）。批判性思考是指追随者的求知欲和挑战现状、提出好问题、发现难题并开发解决方案的能力。在批判性思考维度上评分较高的追随者会不断提出“为什么”，并发现改进生产率或效率、推动销售增长、减少成本的方法；而那些评分较低的追随者则相信发现和解决问题完全是管理层的责任。

敬业度是指人们在工作中投入多大的努力。获得高分者喜欢自己正在从事的工作，具有乐观、努力工作的特性，必要时会长时间工作，乐于成为团队的一分子，并有很强的达成目标的动机；而低分者则懒惰、参与意愿不高，除手边的任务外不愿做任何事。

与波特和罗森巴赫的追随模型一样，柯菲和罗利格的追随模型也可以用于测评当前的追随者类型。自我激励者（self-starter），如图 P3-2 中的鲍勃（Bob）和芳达（Vonda），都是对团队充满热情，愿意付出大量努力使团队成功的人。他们也不断思考各种方法来提高团队绩效，为此他们提出问题、找出解决方案，并热诚地推行多种变革措施。[33, 34, 35] 当面对问题时，自我激励者往往会解决问题后再告诉领导者自己做了什么，而不是等着领导者告诉自己该怎么做。这种追随者类型也有助于提高领导者的绩效，因为他们会在领导者决策前提出个人意见，在不当决策后提供建设性反馈。[36]

图 P3-2 柯菲和罗利格的追随模型

自我激励者是高绩效团队中的重要组成部分，也是最有效的追随者类型。期望拥有这类追随者的领导者，需要时刻牢记自我激励者的基本心理动机和鼓励这类人所需表现出的领导行为。关于基本心理动机，领导者需要了解自我激励者从根本上缺乏耐心。他们不会耐着性子和庸才相处，他们期望领导者能迅速清除障碍，获得成功所需的资源。总是做出拙劣决策、犹豫不定、未能快速获取所需资源或坚持其承诺的领导者，其团队中不会有自我激励者。由于他们的高期望和缺乏耐心，自我激励者有时会是最难管理的员工类型。想要鼓励自我激励者的领导者，需要让员工在工作中将能力发挥到极致，其中的关键行动是传达清晰的团队愿景和目标。自我激励者会先斩后奏，事后寻求谅解，而非事前要求许可，如果他们不知道团队未来的方向，就可能做出不利于团队效力的决策和行动。同时，如果自我激励者的决策多次被推翻，也有可能降低其参与意愿，进而转变为吹毛求疵者或懒虫。除了确保他们了解团队的愿景和目标，领导者也需要向自我激励者提供所需的资源、有趣且有挑战性的工作、充分的自由空间和定期绩效反馈、对高绩效的认可，以及晋升机会。[37] 重点是，自我激励者可能是高回报但有挑战性的团队成员，领导者为了成功管理这些追随者，要为他们提供最好的发挥平台。

马屁精，如图中的肯（Ken）和莎伦（Sharon），都有很强的工作伦理，但缺乏自我激励者的批判性思考技巧。马屁精是一些认真、尽责、谨慎、忠诚的员工，他们愿意做领导者要求的任何事。他们从不指出问题，提出反对意见，或者制造纠纷，而会尽己所能地取悦上司。马屁精总是不停地向领导汇报，事先获得领导许可，绝不先斩后奏。毫不奇怪，很多领导者身边都围着马屁精——这些人不断地阿谀奉承，告诉大家自己为这样好的上司工作有多幸运。他们也乐于承担很多其他追随者不愿做的令人厌恶、烦人的任务。同样不奇怪的是，马屁精往往可以在组织中爬得很高，特别是在缺乏良好工作绩效评估体系的组织中。在缺乏清晰目标和绩效评估方法的组织中，人事决策往往受公司政治左右，而马屁精的奋斗方向就是永不树敌（你永远不知道下一个领导者是谁)，因而能在政治环境下如鱼得水（见专栏 P3−1）。

❖ 专栏 P3−1

领导者和好好先生

虽然自我激励者是最有效的追随类型，但有研究表明领导者在位时间越长，就越有可能被马屁精包围。观察围绕在美国前总统唐纳德·特朗普周围的领导核心，就能轻易地发现这一点。雷克斯·蒂勒森、拉里·麦克马斯特、约翰·博尔顿、杰夫·塞申斯、詹姆斯·科米、吉姆·马蒂斯和约翰·凯利都会向当权者说真话，告诉唐纳德·特朗普他需要了解的，而不是他想听的内容。他们的替代者，以及留在总统内阁中的那一小群人，表现出的是始终如一的忠诚和恭顺。由于总统职位的巨大权力，这一卖身契还延伸到了共和党；那些以往批评特朗普的美国众议员和参议员变成他最大的支持者；那些直言不讳者则黯然退休或因选举失利下台。很多基督教福音派领导者也顿时开悟，转变成他谄媚的忠诚支持者，全然无视特朗普总统的所作所为似乎与耶稣基督相悖的事实。一个人有过几次婚外情、多次离婚、主张将移民子女关在笼子里、辱骂政敌和残疾人，在任期间的说谎次数超过 10 000 次，这些都无关紧要，为达目的可以不择手段，一切都会被原谅。

那么，如果自我激励者发现领导者想要身边都是马屁精，应该怎么做？在提出令人不快的事实真相时，马屁精们会联合起来对付自我激励者，给出借口或反驳来支持领导者。或早或晚，自我激励者都会被边缘化，并被视为吹毛求疵者。这就像一个自我实现预言，他们提出的警告或建议越是被无视，自我激励者就越有可能变成吹毛求疵者。防止这一问题出现的最好方法是另找一份工作，因为有效的领导者最渴望的就是被自我激励者包围。

资料来源：J. Stoll, "Why CEOs Shouldn't Hang Around Too Long," *The Wall Street Journal*, Saturday–Sunday, October 6–7, 2018, p. B6; F. Bruni, "The Perverse Servility of Bill Barr," *The New York Times*, December 10, 2019, www.nytimes.com/2019/12/10/opinion/william-barrtrump.html; L. Kislik, "Managing an Employee Who Wants to Impress You All the Time," *Harvard Business Review*, September 13, 2019, https://hbr.org/2019/09/managing-anemployee-who-wants-to-impress-you-all-the-time; C. Joseph, " Congressional Retirement Tracker 2020. House Republicans Head for the Exits," *Vice News*, December 4, 2019, www.vice.com/en_us/article/j5yp37/republican-greg-walden-quits-congressional-retirement-tracker-for-2020; E. Dias and J. Peters, "Evangelical Leaders Close Ranks After Scathing Editorial," *The New York Times,* December 20, 2019, www.nytimes.com/2019/12/20/us/politics/christianity-today-trump-evangelicals.html; and J. Martin and M. Haberman, "Fear and Loyalty: How Donald Trump Took Over the Republican Party," *The New York Times*, December 22, 2019, www.nytimes.com/2019/12/21/us/politics/trump-impeachment-republicans.html.

由于马屁精不会带来坏消息，总是报喜不报忧，从不对拙劣决策提出反对意见，不愿做出个人决策，马屁精比例高的团队或组织能否成功，将完全取决于其领导者。但领导者也可以做几件事将马屁精转变为自我激励者，其中第一步可能就是要了解：导致马屁精行为的基本心理问题是害怕失败。马屁精往往具备解决问题所需的全部工作经验和技术专长，他们不想因“低级错误”而受到指责，也缺乏提出反对意见或制定决策所需的自信。因此，想改变马屁精的领导者在辅导下属时，需要关注增强其自信，而不是增进这些人的技术诀窍。每一次马屁精带着问题请示领导时，领导者都需要询问他们对如何解决问题的看法；要求其承担解决问题的责任，将能增加这类人的批判性思考技巧和自信心。领导者应当在可能的情况下尽量支持其提出的解决方案，消除其疑虑，当解决方案不能完全奏效时也不过度干预，并定期询问他们在执行自己的解决方案过程中学到了什么。当马屁精公开指出领导者面临问题的多种解决方案的利弊时，他们就变成了自我激励者。

图中的布鲁斯（Bruce）和彼得（Peter）是懒虫，他们不在工作中投入过多，相信自己只要露露面就该拿到工资，而解决问题则是管理者的事。懒虫很精于避开工作任务，他们是行动隐秘的员工：他们会连续几小时不见踪影，出工不出力，在项目未能完成时总有很多借口，他们在想方设法避免完成任务上花的时间要大于直接完成任务的时间。懒虫乐意花一整天时间在网上冲浪、线上购物，与同事聊天，频繁地休息，而不愿高效率地工作。但懒虫也想避开领导者的注意，因此他们的工作往往足以使其避开麻烦，但工作量从不会超过其同事。

将懒虫转变为自我激励者是极具挑战性的任务，因为领导者需要同时提高这类人的敬业度和批判性思考技能水平。很多领导者错误地相信懒虫缺乏激励，但事实是，懒虫在与工作无关的活动上表现得很积极。这类追随者可能花数不清的时间玩电子游戏、骑摩托车、钓鱼、从事副业或其他个人爱好；如果你询问他们的个人爱好，其热情就会显现出来。懒虫工作是为了生活，而非活着为了工作，他们将工作看作支付其他人生追求的手段。因此，懒虫的基本心理推动力是工作激励水平；领导者需要找到方法吸引这类人关注工作并在工作活动上投入更多努力。增进其工作激励的一种方法，是给他们分派与其个人爱好更一致的任务。例如，对于喜欢网上冲浪的追随者，分派给他一些研究项目，可能是提高其工作激励的一种做法。优化工作匹配度是提高工作激励水平的另一种方法。很多时候，追随者缺乏激励是因为工作不适合，将他们分派到同一团队或组织中匹配度更高的职位上，让他们从事感兴趣的工作，有助于提高这类员工的敬业度和批判性思考技能水平。

但工作最终需要完成，很多时候，领导者缺乏足够的灵活性，无法向这类人员分派其偏爱的任务或新工作（或者，也不想以此奖励他们表现出的低绩效）。在这种情况下，领导者需要设定明确的目标，对工作绩效提供定期反馈，并逐步提高对员工的绩效标准，要求其在问题的解决方案上投入更多。由于懒虫不喜欢受到关注，告诉他们要么改善绩效，要么成为领导者的关注重点，将有助于提高其工作激励和绩效。但毫无疑问，将懒虫转变为自我激励者是困难而持久的过程。用有潜力成为自我激励者的员工替代懒虫，要比花时间实现这一转变容易得多。

四类追随者中的最后一类，是吹毛求疵者。他们是一些工作敬业度不高，但批判性思考技能很强的追随者。可是，他们没有将其用于识别与工作相关的问题、找出解决方案，而是热衷于对领导者或组织的所作所为百般挑剔。吹毛求疵者不停地告诉同事：领导者在哪里做错了；哪些变革努力注定要失败；与竞争者相比，自己的公司有多糟糕；以及管理层又否决了哪些优化建议。[38] 吹毛求疵者是四种追随者中最危险的，他们相信自己的个人使命就是要改变他人的观点。他们往往是第一个向新员工打招呼的人，“告诉他们这个地方的真实情况”。并且，物以类聚，人以群分，他们往往和其他吹毛求疵者聚在一起。有效管理由吹毛求疵者组成的团队或组织，可能是领导者面临的最大挑战。

由于他们热切地想改变他人观点，吹毛求疵者就像组织中的癌症。并且，就像很多癌症一样，吹毛求疵者对激进疗法的反应最佳。领导者需要了解，吹毛求疵者行为的关键心理推动力是寻求认同。吹毛求疵者也曾是自我激励者，他们通过工作成就满足了自己的认同需求。但由于某种原因，他们未能如期获得晋升，组织结构重组剥夺了他们的某种地位或权力，或者他们的上司因其问题解决技巧感到了威胁。吹毛求疵者的行为是为了寻求认同，领导者要想开始将其转变为自我激励者，首先是要找机会公开认可这类员工的贡献。如前所述，吹毛求疵者善于指出决策或变革措施将如何走向失败。当吹毛求疵者公开提出反对意见时，领导者应当感谢他们的投入，并询问他们对如何解决问题的看法。大多数吹毛求疵者在一开始会拒绝提供解决方案，因为他们的抽屉里满是过去被忽视的提案，他们可能不愿与大家公开分享其问题解决技巧。领导者需要打破僵局，并敦促吹毛求疵者提供帮助。一旦吹毛求疵者提供了领导者可以接受的解决方案，后者就应采纳这些方案并公开感谢其努力。重复这一模式（寻求解决方案、采纳建议、公开认可吹毛求疵者的努力），将有助于使这一群体转化为自我激励者。如果领导者不断尝试激发吹毛求疵者但对方全无回应，终止雇用将是一个切实的选择。例如，美国前总统贝拉克·奥巴马解除了美军及北约阿富汗联军最高指挥官斯坦利·麦克里斯特尔的职务，当时这位将军在《滚石》(*Rolling Stone*) 杂志中撰文公开批评美国政府。[39, 40] 由于吹毛求疵者倾向于制造出一些与之想法相似的同事，不能果断处理这些员工的领导者最终会发现自己领导的团队中只有一类人——吹毛求疵者。此时，被要求离开另谋他就的将会是领导者，而不是他未能恰当处理的那一两位吹毛求疵者（见专栏 P3-2）。

❖ 专栏 P3-2

受够了这些扯淡

吹毛求疵者是组织中最不满的那些员工，通常糟糕的领导是导致这一问题的主要原因。大多数时候，吹毛求疵者远离聚光灯，在与志趣相投的同事开会时表达他们对领导者和组织的失望，但他们偶尔也会将自己的不满公之于众。杰克逊·拉西科特在埃德蒙顿市的一家沃尔玛超市工作了 18 个月后，受够了这里的领导方式并决定提交辞职信。但他使用超市的内部广播系统来辞职的做法是前所未闻的，他大声抱怨超市的领导力及沃尔玛在整个加拿大如何恶劣对待员工。拉西科特在一开始就说：“请注意！所有的购物者、同事和管理层！今天我想对你们所有人说，任何人都不应在这里工作——永远别来。”

如果你是监管埃德蒙顿地区所有沃尔玛超市的区域经理，在看了这段视频后，你会做什么？你将如何防止吹毛求疵者出现在你管辖的那些门店中？

资料来源：K. Fida, “Sick of all the Bulls—t: Grande Prairie Teen’s Video Quitting His Job at Walmart Goes Viral,” *StarMetro Edmonton*, December 8, 2018, www.thestar.com/edmonton/2018/12/08/sick-of-all-the-bullshit-grand-prairieteens-quitting-video-from-walmart-goes-viral.html.

> 只有不摇桨的人才有时间捣乱。
>
> ——让 - 保罗·萨特（Jean-Paul Sartre），法国哲学家

与波特和罗森巴赫的追随模型一样，柯菲和罗利格的追随模型也有几个方面值得进一步说明。

第一，该模型可以帮助领导者分析追随者类型，确定激励直接下属的最优方式。

第二，领导者需要了解，追随者类型不是静态的，而是会随情境而改变的。图 P3-3 显示了一个人的追随者类型会如何因职位调整、不同的上司、承担的不同责任而发生改变。此人在职业

生涯初期是一个马屁精，随后上移至自我激励者，有一段时间是吹毛求疵者，目前是一个懒虫。当被问及自己的追随者类型为何随时间而发生改变时，大多数人表示，其直接上级是导致这些改变的最重要因素。因此，领导者可以对有效追随过程施加直接影响，他们或者可以选择有可能成为自我激励者的直接下属，或者将直接下属开发成为自我激励者。

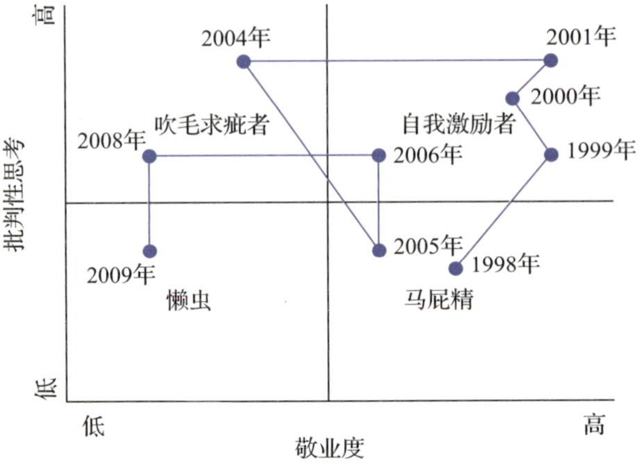

图 P3-3 柯菲和罗利格的追随路线图

第三，在追随者的职业早期或刚走上新岗位时，常见的选择是成为马屁精。在新员工能自如地提出改进建议之前，他们需要时间了解这项工作。领导者此时面临的问题是，是否需要采取有意识的行动将马屁精转化为自我激励者。

第四，拥有有效甄选程序的组织，更有可能雇用马屁精和自我激励者，而不太可能雇用吹毛求疵者和懒虫。进一步的研究显示，人们在组织中的受雇时间越长，越有可能成为吹毛求疵者。随着时间推移，人们学习掌握了如何开发其所在职能专业诀窍的批判性思考技巧。人们将这种训练有素的批判性思考技巧用于瞄准领导者、团队和组织，通常只是时间问题。[41, 42] 一个“烂苹果”就可以毁掉一个团队，因此领导者要想构建高绩效团队，就得积极应对懒虫和吹毛求疵者的问题。在另一个极端，充斥着吹毛求疵者和懒虫的团队与组织，也有必要严格审视自己的领导力。吹毛求疵者和懒虫之类的追随者可能正是直接下属对无能领导者的应对策略。[43]

第五，由于实权职位上的人同时也充当追随者角色，他们应当认识到，自己的追随者类型也会影响领导方式。例如，自我激励型的领导者更有可能设置高绩效期望、奖励他人的积极主动、给绩效卓越者充分权限并提供所需资源。马屁精型的领导者会遏制人们的不同意见，并要求直接下属频繁汇报。他们也期望员工按指示工作，不要兴风作浪。懒虫型领导者是顺其自然的领导者，他们的工作敬业度不高，很少与追随者交流，很少回应追随者的要求，所领导的团队也很难完成目标。吹毛求疵型的领导者不仅会抱怨自己所在的组织，也会抱怨员工。同样，这类领导者在管理过程中往往关注例外事件，会对追随者所做的每件事挑剔苛责。

我们在第3篇一开始谈到，追随者在团队和组织绩效中扮演着重要角色。我们希望本篇谈及的一些主要追随研究的结论和问题，能促使读者对有效追随做进一步思考。接下来的两章，我们将更详尽地探讨追随者的问题。与领导者个人一样，追随者个人也在很多方面存在个体差异，但

当追随者群体需要共同完成工作时，会出现不同的情况。期望构建高绩效团队的领导者应该意识到，员工激励、敬业度、满意度和群体动力学对团队绩效发挥着重要作用。

❖ 专栏 P3-3

追随和确认偏误

与追随有关的一个有趣内容是**确认偏误**（confirmation bias），这是指人们倾向于只相信那些能证实自己固有信念的信息。在2019年唐纳德·特朗普面临弹劾诉讼时，这一偏误就普遍存在。民主党人相信特朗普想让乌克兰调查自己的政敌，并以搁置援助为筹码。他们也断言，特朗普通过阻止其关键助手的证言，妨害了司法公正。特朗普的支持者相信，弹劾听证会和审判只不过是一次猎巫行动，目的是在2020年总统大选前将特朗普赶下台。将乌克兰军事援助与政治恩惠挂钩的情况并未发生，同时总统也没有妨害司法公正，而是援引总统行政特权来阻止其手下作证。当面对与自己信念相反的故事或数据时，美国两党的狂热追随者们都很快摒弃这类信息，认为它们属于“另类事实”和“假新闻”。这类反宣传的分享越多，人们越乐意摒弃这类信息并强化其立场。

这就产生了一个追随的有趣观念：一旦追随者得出结论，认为领导者是有效的、无效的或只关心自身利益，领导者将很难改变其想法。本身真的具备高效能且追随者也有同样感受的领导者永远不会犯错，因为追随者乐于忽视拙劣的决策或个人失利，而只承认领导者做过的好事。对自私、无效的领导者也是同样，无论他们做什么来展示其领导效力，都会被追随者归因为运气或情境因素，而非个人选择的结果。这就重新回到了第6章中提到的社会声誉概念，以及在首次进入领导职位时形成好的社会声誉有多重要。有效的领导者不仅需要激发员工参与、构建团队和完成工作；他们还需要积极管理自我形象，让追随者认为他们是有效领导者。如果希望改变追随者对本人领导效力的看法，就需要了解这一转变过程的实现会花费大量时间、精力和专注力。领导可能做了所有正确的事以改变自己的声誉，但只要有一次拙劣的决策或行动，就能证实追随者认为领导者自私自利或无效的信念。

确认偏误也会影响领导者对追随者的看法。自我激励者和马屁精可能被领导者认为从不出错，哪怕存在相反的证据；而被视为吹毛求疵者或懒虫的追随者则会发现很难让领导者改变对自己的看法。在这种情况下，追随者要想改变其社会声誉，比较容易的实现方式是更换工作或等待一位新领导者接手团队。

资料来源：K. Cherry, “How Confirmation Bias Works,” *Very Well Mind*, February 19, 2020, www.verywell.com/what-is-a-confirmation-bias-2795024; S. Heshmat, “What Is Confirmation Bias?” *Psychology Today*, April 23, 2015, www.psychologytoday.com/blog/science-choice/201504/what-is-confirmation-bias; and M. Boot, “Impeachment Isn’t Democrats vs. Republicans. It’s Right vs. Wrong,” *The Washington Post*, December 18, 2019, www.washingtonpost.com/opinions/2019/12/18/impeachment-isnt-democrats-vs-republicans-its-right-vs-wrong.

扫码获取本篇参考文献

第 9 章

追随者的激励

> 民意测验估计，如果公司能使每位员工多做 3.7% 的工作，对应于每 8 小时上班时间，相当于多工作 18 分钟，美国的 GDP 将增加 3550 亿美元，这一数字是希腊全年 GDP 的两倍。
>
> ——盖洛普集团（The Gallup Organization）

追随者为何加入某些团队，而非其他团队？你如何使追随者表现出足够多的、团队成功所需的关键行为？并且，为何有些领导者可以使追随者做得远超出本职工作的要求？激励他人的能力是一项基本的领导技能，与构建高凝聚力、目标导向的团队和通过他人达成目标存在很强的联系。很多研究都指出了追随者激励水平的重要性：大多数受访者表示，他们可以在工作中投入比现在多 15% 或 20% 的努力，而不会有任何人（包括他们的上司）意识到这一差异。可能更令人吃惊的是，这些员工也相信，他们也能在工作中神不知鬼不觉地少投入 15% 或 20% 的努力。此外，不同的领导者和追随者的工作产出存在很大差异。视工作复杂性的不同，任一岗位上前 15% 的高绩效员工的生产成果比平均绩效员工多 20%～50%。换句话说，最好的计算机程序员或销售人员能多写 50% 的程序或多处理 50% 的客户订单。[1, 2, 3] 那么，激励员工的更佳做法是否会使所有员工都提高生产率水平？激励一位追随者与激励一群追随者是否存在差异？激励水平较高的员工是否更幸福，或者更敬业？金钱是否有助于提高生产率和满意度，或者，领导者还能做什么来提高追随者的激励和满意度水平？例如，美国军方每年付出的留任奖金超过 10 亿美元，[4] 这笔钱花得值吗？

培养激励水平高的追随者，在很大程度上取决于对他人的了解。因此，尽管激励是领导过程的基本组成部分，但将它列入本篇“关注追随者”是合适的。本章作为总体综述，将提到三个关键领域。首先，我们将探讨领导、激励、满意度、敬业度、绩效和效力这 6 个紧密相关的概念间的联系。其次，我们将回顾激励、绩效和效力方面的一些主要理论和研究成果。最后，也是最重要的，我们将讨论领导者在运用这些不同理论时，能做什么来提升追随者的激励和绩效水平，并改善团队效力。由于这些追随者导向的话题涉及范围广、内容具体，对员工满意度和敬业度的更深度讨论见第 10 章。第 11 章中将评述我们对追随者绩效、效力和潜力的研究结论。

激励、满意度、敬业度、绩效和效力的定义

激励、满意度、敬业度、绩效和效力之间似乎明显相关。例如，埃隆・马斯克在斯坦福大学应用物理学博士项目中只待了 2 天，就决定退学去追逐自己的创业梦想。马斯克本可以留在博士项目中，但他受到的激励是创建互联网、汽车、可再生能源及空间探索等领域的企业。他一心一意地忙于创设和推动这些企业的成长，并且不得不从事一系列与筹资、开发产品、注册审批、决定合适的销售和商业模式等相关的行为。这些行为的效力可以通过审视他创建的公司（PayPal、特斯拉和太空探索技术公司）的市场份额、汽车的销售数量、顾客满意度或其他成果指标来确定。我们也可以推断，他从创设和运营这些企业中获得的幸福感或满意度，超出获得博士学位可能带来的感受。

图 9-1 提供了在领导、激励、满意度、敬业度、绩效和效力之间一般关系的概要图示。我们可以看到，某些领导行为，比如构建关系或关怀维度（第 7 章），会产生满意度更高且更敬业的追随者。这些追随者离职的可能性较低，并更有可能帮助同事完成工作（即组织公民行为）；而不快乐且不敬业的追随者可能不来上班，或者对顾客态度恶劣。其他领导行为，比如设置目标、提供所需的资源和反馈、奖励优秀的绩效（第 7 章中的结构维度），似乎能提高追随者的敬业度和绩效水平。这些领导者行为使追随者知道自己需要做什么，以及他们需要如何改变自己对顾客和同事的行为频率和提供方式。最后，单元或团队效力是上述所有追随者行为的影响结果。此处的绝佳例证是球队的输赢记录、不同星巴克门店的月度销售结果或竞选团队的竞选结果。

正如第 3 篇篇首部分和本章前面所说，有很好的研究支持这一因果链。[5] 领导行为明显对追随者的满意度和敬业度水平产生影响，因为有效的领导者往往会带来忠诚和强工作伦理氛围，而不满的员工则是无效领导者存在的标志。员工态度和行为对顾客服务体验、顾客忠诚度、消费习惯也有直接影响，而这些顾客成果最终共同作用决定着企业的成败。并且，高绩效的个人和高效力的团队往往会获得更高的奖励，这进而提高了追随者的满意度、敬业度和绩效。[6, 7] 因此，领导者激励追随者的能力对于工作群体的士气和效力都极其重要。然而，领导者对激励技术的运用并不是影响团队效力的唯一因素。为团队甄选合适的人员、正确运用权力和影响力策略、被视为合乎伦理且可信的领导者、拥有合适的人格特质和高智力水平、获取必需的资源、具备开发追随者的技能，是影响群体是否有能力达成目标的其他领导因素。最后，图 9-1 中还有一项值得关注：领导者很少对顾客满意度、单元或团队效力发挥直接影响。正如在球队比赛时，教练总是站在边线外一样，组织中的领导者往往不直接从事员工的工作。他们不会做写代码、打销售电话、处理客户问询、组装设备等类似任务，这些行为是追随者的主要职责。领导者可能参与部分活动，但追随者是完成大部分工作的人。组建合适的团队、使追随者具有高敬业度并确保每个人了解自己的角色和表现出正确的行为，对于想要取胜（即有效）的领导者至关重要。

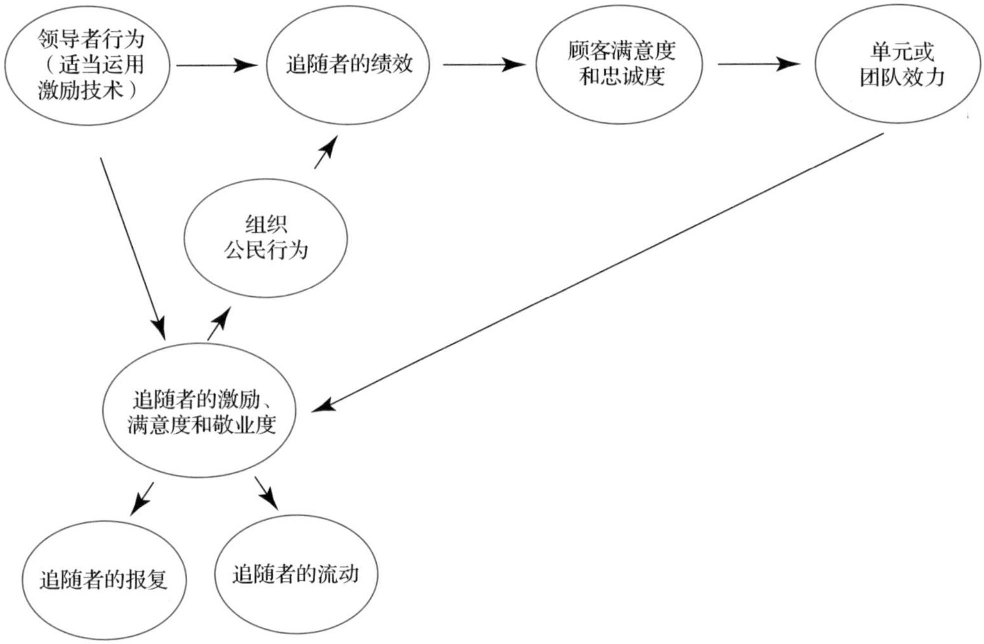

图 9-1 领导、激励、满意度、敬业度、绩效和效力之间的关系

资料来源：M. A. Huselid, "The Impact of Human Resource Management Practices on Turnover, Productivity, and Corporate Financial Performance," *Academy of Management Journal* 38, no. 4 (1995), pp. 635–72; T. Butorac, Recruitment and Retention: The Keys to Profitability at Carlson Companies, presentation given at Personnel Decisions International, Minneapolis, MN, June 11, 2001; D. J. Koys, "The Effects of Employee Satisfaction, Organizational Citizenship Behavior, and Turnover on Organizational Effectiveness: A Unit-Level, Longitudinal Study," *Personnel Psychology* 54, no. 1 (2001), pp. 101–14; J. Husserl, "Allied's Organizational Life Cycle,"*Management Education & Development* 24, no. 3 (1998), p. 8; Sirota Consulting, Establishing the Linkages between Employee Attitudes, Customer Attitudes, and Bottom-Line Results (Chicago, IL: Author, 1998); D. S. Pugh, J. Dietz, J. W. Wiley, and S. M. Brooks, " Driving Service Effectiveness through Employee–Customer Linkages," *Academy of Management Executive* 16, no. 4 (2002), pp. 73–84; and B. Schneider, P. J. Hanges, D. B. Smith, and A. N. Salvaggio, "Which Comes First: Employee Attitudes or Organizational, Financial and Market Performance?" *Journal of Applied Psychology* 88, no. 5 (2003), pp. 836–51.

大多数人可能把激励看成处理关于我们做什么、花多大努力来做的行为选择过程。很多研究者将**激励**（motivation）定义为“为行为提供方向、强度和持续时间的任何机制”。[8, 9, 10, 11] 因此，当一个人选择要从事某项活动或任务、确定对该活动投入特定的努力水平并在一段时间内持续投入努力时，激励就在发挥作用了。和人格特质一样，激励也无法被直接观察，它必须通过行为来推断。我们可以推知，如果一个人花费很多时间学习来准备考试，那他就有很强的激励取得好成绩。他可以选择将时间和精力花在社交、从事校内事务或志愿者工作上，但由于他将时间花在整理阅读材料、温习课堂笔记上，我们说他有很强的激励取得好成绩。在工作中，如果一个人组装的 iPad 数量总是工作群体中其他人的 2 倍，假定所有人的能力、技能和资源完全相同，则我们很可能说，此人比其他人的激励水平高。我们用激励概念来解释观察到的行为在能量和方向上存在的个体差异。J.J. 艾布拉姆斯（J.J.Abrams）花在导演电影《星球大战：天行者崛起》(*The Rise of Skywalker*) 上的精力和努力，是激励的方向、强度和持续时间要素的例证。

与之相反，**绩效**（performance）关注的是这些行为导向组织的使命，或者因这些行为而生产的产品和服务。在工作场所或学校中，我们可以选择表现出多种不同的行为，但绩效只包括那些与产品或服务生产、得到高分有关的行为。绩效不同于**效力**（effectiveness)，后者往往涉及为达到特定效标（如工作群体或组织的目标）的行为是否充分适当的判断。换句话说，领导者的群体、单元或团队是否达成了其总体目标、产生了影响或取得了胜利？巴里·詹金斯（Barry Jenkins）花费数年时间制作了电影《月光男孩》(*Moonlight*)。他为完成电影拍摄而表现出的行为，构成了绩效；这一电影创造的票房收入、赢得的多项奥斯卡金像奖，都表明他作为电影导演的效力。然而，绩效和效力都受到多种因素的影响。智力、技能和关键资源的可获得性，都能影响追随者在完成组织目标（即绩效）时的行为，而这与追随者的激励水平无关。类似地，市场状况、竞争性产品和服务、政府管制政策、颠覆性技术、负面报道、不断变化的消费者偏好，也都能影响团队效力。因此，适当的激励水平可能是有效绩效的必要条件，而非充分条件。

工作满意度（job satisfaction）不是指一个人工作多努力或工作得有多好，而是指一个人有多喜欢一项具体的工作或工作活动。工作满意度考虑的是一个人对工作本身、报酬、晋升或教育机会、监督管理、同事、工作负担等的态度或感觉。[12, 13, 14] 在过去半个世纪中，各类民意调查一致显示，大多数男性和女性声称喜欢自己的工作。[15, 16, 17, 18, 19] 研究也表明，对自己的工作更满意的人更有可能做出**组织公民行为**（organizational citizenship behavior)，即与其本职工作没有直接关联，但对其他共事者有帮助的行为。组织公民行为会创建一个更具支持性的工作场所。这方面的例子可能包括自愿在某项任务或项目上帮助其他员工，或者在必要的情况下填补另一位员工的临时空缺。较幸福的员工往往会成为更乐于助人的员工。[20, 21, 22, 23, 24, 25, 26]

在过去 15 年间，员工**敬业度**（engagement）取代了工作满意度，成为最重要的工作态度指标。工作满意度是指人们在多大程度上喜爱工作或对收入和福利感到满意，而员工敬业度是指人们在多大程度上全神贯注、充分投入、热诚地从事分配的工作任务。对工作感到满足是一回事，而鼓足干劲付出执行任务必需的努力并非常杰出地完成任务则是另一回事。敬业度包含工作满意度和激励的要素，因为不快乐、激励水平低的员工不太可能从事分配的工作活动，而满意的、高激励水平的员工则会分配时间并投入必要努力来完成分配的工作活动。这样看来，员工敬业度是生产率的一种表现形式，因为高敬业度的员工将更高比例的时间用于执行工作活动，而低敬业度的员工则将大部分时间用于想方设法逃避工作。

尽管人们通常都喜欢自己从事的工作，但有几个事件导致美国员工的工作满意度和敬业度水平发生了改变。大约在 2002—2007 年，美国经历了强劲的经济增长，公司迅速扩大了提供的产品和服务规模。由于雇用和培训员工来满足需求增长要花费时间，在职员工必须承担更多的工作量。为了更好地满足增长需求，这一时期也发生了大量的公司并购（公司间的相互收购）和重组

(职能、流程和人事重组)。变革是2002—2007年最突出的主题，领导者和追随者都在不断寻求新方法向客户提供产品和服务。这种并购、重组和变革的持续循环，使员工很难产生组织忠诚感，因为他们永远不清楚自己所在的工作单元是否会被出售，还是与其他单元合并。雇主和员工间的心理契约在这段时间受到了史无前例的冲击。2002年以前，很多员工觉得如果自己工作努力，就能在同一家公司中工作到退休。但在经历了所有并购、组织精简和重组之后，很多员工对雇主的态度变成了“一切向钱看”。如果他们所在的公司对员工不公平、老板很糟糕，或者没有获得自视合理的工资或晋升，员工就会转而投向其他雇主。而且，当时经济处于高速增长期，人们有大量的其他工作机会。

虽然人们需要工作更长时间、应对更多的变革，但大多数人认为，与2007—2009年的经济衰退相比，2002—2007年的经历更容易应付。全球经济衰退使公司冻结雇用和培训项目，解雇了创纪录数量的员工。美国的失业率由5%上升至10%，很多人数月乃至数年都找不到像样的工作。那些仍保有工作的幸运儿也不得不用较少的资源、较低的工资完成更多的工作。员工们通常为保有工作而庆幸，也并不抱怨什么(因为害怕失去工作)，但很多人在企业中有强烈的挫折感。这种工作量增加和挫折感使员工的工作满意度和敬业度降到了历史低点。随着过去10年间的全球经济改善和技术进步，员工发现自己面临比以往更多的就业选择。有些人选择成为自我雇用的承包商，以零工经济方式在家工作；有些人开创了自己的企业或为小型创业企业工作；也有些人转职到提供更有吸引力的工作或更佳晋升机会的企业。员工是企业最重要的资产，而且那些技能最娴熟、最敬业的员工也最有可能提供最佳工作成果。如果被粗暴对待，员工极有可能用脚投票，而公司无法承受失去最优秀、最聪明员工的代价，它们正在竭尽全力留住高绩效者。美丽的公司园区、设备完善的办公室、灵活的工作时间安排、在家工作的可能、健康项目、公司日托设施、高潜力人才计划，以及其他员工福利，都被用于帮助公司吸引和留住合适的员工。[27, 28, 29, 30]

> 那些只是有工作(而非有事业)的人会担心工作–生活平衡问题，因为他们无法从工作中感到乐趣。
>
> ——托马斯·查莫罗–普雷姆兹克(Tomas Chamorro-Premuzic)，咨询顾问

今天的很多领导者都面临双重挑战，既要达成难度日益提高的团队目标，同时又要用更少的下属来完成目标。最优秀的领导者和组织知道，克服这一双重挑战的方法，是招聘、培养和留住顶级的领导和技术人才。有见识的公司花费大量时间和努力来吸引、培养和留住最好的人才，这些公司往往会报告更出色的财务结果。[31, 32, 33, 34, 35, 36, 37, 38, 39, 40, 41, 42] 例如，很多入选《财富》“100家最佳雇主”的企业的股市表现优于标准普尔500指数。最优秀的领导者可能就是那些能激励员工做出高绩效，同时又使员工保持高敬业度和工作满意度的人。专栏9-1探讨了生产率和工作满意度的问题。

❖ 专栏 9-1

全球的激励、生产率与满意度

2007—2009 年的全球经济衰退导致美国和欧洲公司的大幅度裁员，但很多公司在此后能以较少的员工维持高水平的顾客满意度和经营收入。至于工作小时数，美国员工每年平均工作时间比典型的日本员工多 137 小时，比英国员工多 260 小时，比法国员工多 499 小时。换句话说，在长达 40 年的职业生涯中，美国员工平均比法国员工多相当于 10 年的工作时间。多年来，外界一直挖苦法国人的工作伦理，认为这构成法国在全球市场竞争力的一个重要阻碍。美国公司以全球最高的生产率著称，但这样的高生产率水平是否也有负面作用呢？

研究表明，与较长的工作周相关的风险，包括对工作的不满、较低的员工敬业度、受到损害的家庭和社会关系。有趣的是，工作周与生理健康之间似乎不相关，查莫罗－普雷姆兹克的研究表明，工作狂有更高的社会地位，高成就者寿命更长，且工作狂倾向最高的 10 个国家的 GDP 水平最高。查莫罗－普雷姆兹克指出，很多员工变得自我放任和娇纵，迷恋追求个人享受，他们完全忘记了努力工作、个人成就的价值。他相信，追求工作－生活平衡是一种由积极心理学家和自助大师们捏造出的奇谈怪论，只是为了让人们在面对失败、无力取得任何成就时心里好过些。长时间投入但痛恨工作的人很可能经历前面提及的负面影响。而那些高度敬业、在工作中感到乐趣、从职业轨迹视角看待现有职位（而非仅视为一项工作）的人，则不会受到上述负面影响，也会成功得多。

你认为，今天的员工在激励水平、成就导向方面不如以往吗？工作－生活平衡的需要是否切实存在呢？较长的工作时间，是好事还是坏事？

资料来源：J. M. Brett and L. K. Stroh, “Working 61 Plus Hours a Week: Why Do Managers Do It?” *Journal of Applied Psychology* 88, no. 1 (2003), pp. 67–78; “Schumpeter:Overstretched,” *The Economist*, May 22, 2010, p. 72; “Schumpeter: The French Way of Work,” *The Economist*, November 19, 2011, p. 71; H. Schachter, “Get Over It: There Is No Work–Life Balance, Just Work,” *The Globe and Mail*, February 28, 2013; T. Chamorro-Premuzic, “Embrace Work-Life Imbalance,” *Harvard Business Review*, February 12, 2013, https://hbr.org/2013/02/embrace-work-life-imbalan; and D. Ganster, C. Rosen, and G. Fisher, “Working Long Hours and Well-Being: What We Know, What We Not Know, and What We Need to Know,” *Journal of Business Psychology* 33, no. 1 (2018), pp. 25–39.

目前我们已经界定了激励、满意度、敬业度、绩效和效力，接下来就可以略微深入地探讨它们之间的关系。我们已经指出，高激励水平并不总能确保追随者的绩效或团队效力。如果追随者缺乏完成一项群体任务所需的技能或资源，则致力于更大程度地激励他们将不会对生产率产生效果，甚至可能令人沮丧。[43, 44] 例如，没有一支高中篮球队可能战胜金州勇士队，不管其队员的激励水平有多高。高中球队的队员完全缺乏金州勇士队队员所具备的能力和技能。只有当追随者已经具备了完成工作所需的能力、技能和资源时，更高的激励水平才会影响绩效。激励他人是领导力的重要部分，但不是全部；鼓舞士气的演讲和奖励措施并非总能达成目的。

激励、满意度和敬业度之间的关系可能更为直接；事实上，很多激励理论同时也是工作满意度理论和员工敬业度理论。满意度、敬业度和激励之间的隐含联系是，当人们完成一项任务（特别是需要投入大量努力的任务）时，其满意度和敬业度水平会提高。“满意度较高的员工，绩效必定较好”的说法，听上去似乎符合逻辑，但事实并非总是如此。[45, 46, 47, 48, 49] 尽管满意度与绩效正相关，但幸福的员工并非总是最有生产力的员工；不幸福或不满意的员工也并非总是绩效最差的员工。例如，绩效不佳的员工有可能对他们的工作相当满意（也许是因为他们的收入不错，也不必非常努力工作）。同样，不满意的员工也可能是绩效相当好的员工（他们可能有很强的工作伦理观，没有其他雇用机会或想以此提高离开当前工作的可能性）。尽管直觉上人们倾向于相信满意的员工往往绩效更佳，但满意度对绩效可能只有间接影响。正是因为工作满意度与绩效的关系相当不牢靠，研究者开始探讨是否有其他员工态度指标可以更好地预测工作绩效。研究者随后发现，员工敬业度（而非工作满意度）与工作绩效、单元或团队效力有强相关关系。对工作满意度和敬业度的详尽说明，见第10章。无论如何，拥有既满意又高绩效的追随者，是领导者通常应该努力实现的目标。

理解和影响追随者的激励水平

领导者会做什么来“激励”下属达成群体目标呢？是否所有的领导者和追随者都以同样方式受到激励呢？存在一个普遍适用的激励理论吗？换句话说，弗拉基米尔·普京、金妮·罗梅蒂、本·卡森或比尔·贝里希克激励下属的方式是完全相同，还是存在明显差异呢？如专栏9-2所示，组织花费了数十亿美元来激励员工，但这些干预措施真的改善了工作满意度、员工敬业度和绩效吗？研究可以为这些问题提供答案，事实上，有关人类行为的话题很少能像激励一样受到如此多的关注。关于激励的问题人们已经写得太多了，对这一主题的全面综述将会超出本书的范围。然而，我们将审视理解追随者激励的几种主要方法，并提出这些方法对追随者满意度和绩效的启示。这些激励理论和方法为领导实践者提供了如何激发下属参与并坚持不同行为的多项建议。然而，有些激励理论在特定情境中特别有用，却不适用于其他一些情境。正如一位木匠如果得到一套更大的工具，就能成功做出更好的木制框架或家具一样，领导者通过熟悉各种不同的激励理论和方法，也能解决更多的追随者激励问题。一个人的工具箱中如果只有榔头，他极有可能把每个问题都看成需要锤打的钉子，而低效的领导者依赖数量极其有限的方法来解决所有激励问题也并不少见。了解不同激励理论的领导者更有可能针对特定追随者和情境选择合适的理论，其结果是他们往往有更高绩效和更满意、更敬业的员工。

❖ 专栏 9-2

组织在员工激励项目中花费数十亿美元，得到的只是烧伤的双脚

组织总是在寻找绩效与效力问题的快速解决方案。阻碍团队或组织绩效的因素往往包括

资源和技能不足、不清晰的目标、糟糕的绩效或职责标准，或者缺乏领导力。但大量组织没有采取方法直接解决上述问题，而是要求员工去听励志演说家的演讲，或者参加激流划筏、蹦极、火上行之类的活动。激励演讲的圈子包括了前职业运动员、宇航员、战斗机飞行员和军事将领，成功或失败的商界领导者，政客，心理学家，以及管理咨询顾问。激励演讲活动可能是有利可图的，本书的一位作者曾与这类演讲者共事：此人午餐时在拉斯维加斯做一次演讲，晚上在明尼阿波利斯再做同一演讲，那一天就赚了150 000美元。本书作者也曾与一群前战斗机飞行员共事，他们做半天“商场如战场”的小型研讨会，要价是30 000～75 000美元。

公司认为花费大把金钱来激励员工，不过是稀松平常的事。例如，软件咨询公司EMC花费了625 000美元，让5000余名员工在燃烧的煤块上行走。但这些开价高昂的演讲者和极限活动真的有助于改进组织绩效吗？遗憾的是，全面彻底的研究表明，在激励项目的花费和公司收入、获利能力或市场份额之间几乎没有任何关联。最大的问题可能是，员工很难发现在热炭床上行走或参加一个“商场如战场”的使命规划活动与每周多拨打20个销售电话之间存在何种联系。关键问题是，这些活动并未触及很多组织中的痛苦根源，而只是悄悄地将责任转移到“绩效不达标的”员工肩上。除了给励志行业撒钱，这些项目似乎还有另一项影响。9位美国空军的征兵人员在参加这类“激励项目”后，因脚部的二度和三度烧伤被送进了急救室。

资料来源：D. Jones, “ Firms Spend Billions to Fire Up Workers—With Little Luck,” *USA Today*, May 10, 2001, pp. 1–2A; P. G. Chronis, “9 Burn Feet in National Guard Recruiters’ Fire Walk,” *Denver Post*, December 28, 1998, pp. 1A, 17A; G. J. Curphy and R. T. Hogan, “Managerial Incompetence: Is There a Dead Skunk on the Table?” working paper, 2004; and G. J. Curphy, M. J. Benson, A. Baldrica, and R. T. Hogan, *Managerial Incompetence*, unpublished manuscript, 2007.

> 事实上，你一直知道该做哪些正确的事。困难的是真正去做它。
>
> ——诺曼·施瓦茨科普夫（Norman Schwartzkopf），美国前陆军上将

大多数绩效问题都能被归结为不清晰的期望、技能不足、资源或设备短缺，或者缺乏激励。在所有这些基本原因中，领导者最难做到的似乎是识别和纠正激励问题。举一个例子可能有助于说明这一点。一家大型航空公司在空乘人员的客户服务方面存在严重问题。客户抱怨率在上升，而航班上座率（每次飞行的平均乘客数）在下降。人们对客户服务的感受不佳，使得该航空公司的市场份额和收入下降；为了解决这一问题，他们决定让公司的全部10 000名空乘人员参加一项为期两天的客户服务培训项目。遗憾的是，培训后的乘客抱怨问题反而进一步恶化了。对造成这一问题基本原因的全面调查揭示，班机的空乘人员知道别人期望他们做什么，也具备做出期望行为所需的全部技能，通常也具备为客户服务所需的资源和设备，但他们缺乏为客户“再多做一点”的意愿。当被问及他们认为“空乘工作中最激励你的是什么”时，大多数人表示是“放假回家”。换句话说，当空乘人员不工作时，激励水平最高（由于工作排程的原因，空乘人员通常每个月有2周假期）。假如有一个强大的工会作为空乘人员的代表，你将做什么来解决这一两难困境？

正如前文所述，领导者可以运用多种不同理论和方法来激励追随者。在本节中，我们将讨论五种流行且实用的方法，来了解工作或领导环境下的激励问题。有些读者可能想知道，为什么要关注这些激励方法，而将另一些方法排除在外；他们还可能就改变备选的激励方法提出合理论据。但我们的意图是要提供一个相对宽泛的视角来看待不同的激励方法，而不是用无所不包的理论来吓退读者。这五项理论和方法如表 9-1 所示。为了方便说明，我们也将讨论领导实践者在激励两位虚构的追随者朱莉和玲玲时如何应用这些方法。朱莉 21 岁，是加拿大阿尔伯塔省班夫镇的滑雪缆车操作员。她的主要工作是确保人们安全地上下滑雪缆车，她也定期对设备进行安全检查，维护缆车和相关区域。朱莉每天从早上 8:30 工作到下午 5:00，一周工作五天，定期拿到工资，还有一个许可证允许她在非工作时间免费滑雪。玲玲 35 岁，是香港的一位房地产经纪人。她为某房产经纪商工作，该企业为跨国公司外派到香港从事 1～3 年业务的海外员工寻找并租赁公寓。为了陪客户看房，她经常在晚上或周末上班；除工资外，她每次成功租出一套公寓还能获得一份佣金。本节将逐项讨论如何运用这五种方法来激励朱莉和玲玲。

表 9-1 五种激励方法

理论或方法	主题或特征
动机或需要	满足需要来改变行为
成就导向理论	具备特定的人格特质
目标设置理论	设定目标来改变行为
操作性方法	通过改变奖惩方法来改变行为
赋权	赋予个人自主性和权限以提高其工作激励水平

动机或需要：需要如何影响激励

要使追随者参与并坚持不懈地做出完成群体任务所需的行为，一种方法是诉诸他们的需要。**需要**（need）是指由于匮乏而导致的内部紧张、兴奋或不适状态，人们有意愿对此加以改变。饥饿是需要的一个绝佳例证：当人们感到饥饿时，他们有进食的意愿。其他需要可能包括在安全、有保障的地方生活，从属于有共同利益或社会联系的某个群体，或者从事有趣的、充满挑战性的工作。如果这些需要未得到满足，人们就会选择做出特定行为并坚持不懈，直到上述需要得到满足。根据这一激励方法，通过正确识别和满足追随者的需要，领导实践者能使他们参与并坚持不懈地从事某些特定行为。

最著名的需求理论，可能就是马斯洛的需要层次论。[50] 马斯洛假定，人受五种基本需要的激励，包括生理上的生存需要、安全需要、亲和需要（即归属感）、自尊需要和自我实现需要。尽管马斯洛的理论在如何提高激励水平方面提供了有益观点，但它的确有几个理论局限，使它无法具体预测某人将做什么来满足特定需要。[51, 52] 例如，某人满足其亲和需要的方式可能包括加入提供群体动感单车训练班的健身俱乐部、在无家可归者收容所做志愿者、在工作中培养更大范围的朋友圈、在 Facebook 或领英上表现更活跃。此外，对于大多数（但并非全部）追随者，生存需要、安全需要与亲和需要很大程度上已经得到满足，这意味着领导者为了提高激励、绩效和效力，需要更多地关注如何协助追随者满足其自尊需要和自我实现需要。

基于马斯洛、戴西（Deci）[53]、亥克曼和奥尔德姆（Hackman,Oldham）[54]的研究，丹尼尔·平克（Daniel Pink）描述了驱动员工创造新产品或服务、从事复杂及非常规工作的三个基本需要。[55]这些需要是自主、掌握和意义。**自主**（autonomy）主要关注的是做出选择：追随者能否自由地从事他们认为有趣的工作，或者，他们是否被赋予工作权限，按自己认为合理的方式完成工作？例如，有些软件公司允许员工每月休假一天，基于个人喜好开发应用程序或处理商业问题。公司唯一的要求是在那天结束后，员工会向同事展示自己的工作以寻求建议和反馈。工作场所自主的其他例子，包括弹性工作时间、允许员工在家工作或带宠物上班、让销售代表在指定的地理区域内选择自己愿意服务的客户。自主是零工经济中的关键要素，如自行设定工作时间、做自己的老板是优步和来福车司机的主要激励因素。[56]

掌握（mastery）关注的是帮助追随者开发出那些以更高水平完成绩效所需的技能。这意味着领导者需要为工作绩效设定清晰的期望、评估追随者达到这些期望的能力，并在此后提供获取和改善关键技能所需的支持、辅导和培训。[57]掌握的一个关键方面是向追随者提供关于技能开发或任务进展的反馈。[58]追随者看到的个人进展越明显，他们就越有动力持续进行技能开发，或者从事与完成任务相关的活动。**意义**（meaning）是指一种观念，即去做重要的事、产生影响、成为比自己更大的事业的一部分。[59]很多知识型员工想从事可以带来改变的工作，因此领导者的一个关键责任就是指出追随者从事的任务或活动将如何帮助客户、团队或组织变得更成功。对领导者显而易见的事，可能对追随者并非清晰可见，因此，想利用这一激励方法的领导者需要明确告知追随者任务－影响链或因果关系。

自主、掌握和意义有几个有趣的方面值得说明。第一，平克坚持认为奖励和惩罚对于激励从事常规性、流水线工作的员工是有效的，但对从事复杂任务或创造新产品的员工则没有帮助。虽然有研究支持这一观点，但大多数职业运动员、电影明星、高层管理者、中层领导者、销售代表都在从事复杂工作，而其总收入中有相当大的比例与绩效奖金挂钩。如果这些奖金被取消，同时向他们支付更高的基本工资，他们的工作会有更大的数量及更优的质量吗？可能会，也可能不会。很多在绩效工资条件下工作的人，喜欢自己的薪资取决于个人工作成果这一事实，并将奖金视为确定其影响力的方式。第二，平克相信追随者的工资水平应达到或高于市场工资水平。领导者要想让自主、掌握和意义发挥作用，首先应解决钱的问题，否则，对工资的不满会占据主导地位。第三，这些概念具有很高的特异性；对一位追随者而言是有趣、有影响力、有开发价值或赋权的活动，对另一位员工可能具有截然相反的效果。[60]第四，虽然关于员工激励在不同世代间的差异有大量研究文献问世，但事实上，Z世代、千禧一代、Y世代、X世代、婴儿潮一代之间关于自主、掌握和意义存在大量共同点。[61]第五，领导者需要认识到，很多工作几乎没有多少自主、意义，也不要求高的掌握水平。在“没人想谈论的无用工作”中，试图从动机视角来激励追随者是徒劳的做法。[62]

那么，领导者如果想运用动机方法来激励追随者达到更高绩效，需要做些什么？第一，领导者需要确保工资问题不是员工的不满来源，因为如果追随者认为报酬过低，则任何改善自主、掌握或意义的努力都不会产生影响。第二，领导者需要清楚地了解如何尽可能减少控制追随者的各项行为规则，追随者具体需要开发或改善哪些方面才能在各自岗位上表现更好，以及哪些工作对追随者有个人意义。为了激励空乘人员，领导者需要指出他们在登机、飞行及离机过程中的行为如何影响乘客忠诚度，以及这些行为如何帮助公司取得客户满意度排名第一的成绩。将付费乘客粗暴拖下飞机，致使乘客脑震荡和门牙被打落，无助于空乘人员发现工作的意义。[63] 领导者也需要帮助空乘人员发展在航空公司中做到最好需要具备的技能，削减那些阻碍他们提供高质量客户服务的规则，并找到方法向员工提供持续的乘客反馈（见专栏 9-3）。

❖ 专栏 9-3

红牛为你插上翅膀

大约30年前，奥地利企业家德尔里希·马特西茨（Dietrich Mateschitz）出差去泰国，碰巧喝到的一种名为“红水牛”（Krating Daeng）的当地饮料减轻了时差带来的不适。由于这种饮料的效果非常好，马特西茨和当地生产商进行合作，调整配方以更好地适应西方人的口味，并在奥地利创立了一个红牛生产厂。从那以后，红牛成长为一个超过70亿美元的大企业，在全球拥有10 000多名雇员。这家饮料企业创造了巨额收入，它同时还拥有电视频道、唱片公司和多个体育运动队，并赞助了大约700位极限运动选手、红牛空中竞速飞行、红牛破冰赛和悬崖跳水等赛事。

与其他公司不同，红牛的规则很少，领导者被赋予很大权限来决定需要达成何种目标、如何做事以达成目标、如何调整预算和员工规模、如何管理人才等。他们在这种方式下做得非常成功，而且，这一成功可以主要归因于围绕4个支柱或激励驱动因素建立的企业文化，它们是：意义、掌握、自由和责任。意义涉及使他人的生活有所不同或对他人的生活产生影响，它可以进一步分解为两个方面。小写的“m”是指发现日常工作的意义；员工能否看到他们从事的活动与影响团队或组织成功之间的关联。大写的“M”是指过上有目标感的生活，并了解红牛如何使顾客的生活有所不同。当人们可以看到自己的行动有价值，他们就能容忍大量的压力并付出大量努力，因此，红牛领导者的一项重要工作就是帮助员工发现他们工作中的“m”和“M”。

掌握是指人们是否工作出色或有效。这意味着了解岗位要求的技能领域，知道自己擅长哪些技能、需要改善哪些技能，以及致力于优化岗位所需的全部技能。这不仅包括使专长变得更强，也要求额外培训和练习以改善原本较弱的技能。自由和责任与自我管理有关，赋予员工以对他们有意义的方式完成工作活动的自主权，并要求员工为工作成果负责。因此，员工有相当大的权限来决定如何完成工作，但也要为工作成果负责。当自由和责任与意义和掌握相一致时，员工关于如何进行问题的优先级排序、如何最好地完成工作、需要付出多大程度的努力来协助团队和整个企业取得成功这些问题，会做出更优的决策。

马特西茨在红牛推出了意义、掌握、自由和责任的4个支柱，并确保这些特性持续构成公司文化的核心特征。因此，红牛有很高的员工满意度和敬业度，以及连续30年的非凡经营成果也就不足为奇了。

在红牛工作会是一种什么样的体验？在红牛工作，与在亚马逊、富士康或百威英博工作，有何不同？你会想在哪家公司就职？

资料来源：A. Yearsley, *Personal Communication*, April 3, 2017; and A. Yearsley and M. Hartgrove, *Personal Management Program 2 Participant Manual* (Fuschl am See, Austria:Red Bull, 2017).

朱莉和玲玲的老板会使用类似方式来激励这两位追随者。朱莉的老板会希望了解对她有个人意义的是什么（即她想从工作中获得什么）。她的老板也会想确定为了成为一位杰出的滑雪缆车操作员，她目前有能力做出哪些行为及哪些领域她还需要改进；并且，在确保安全高效的前提下，想赋予她按自己的期望运行滑雪缆车的自主权。最后，朱莉的老板还想找到方法为她提供客户和运营反馈，这样她就能确定自己是否在达成目标上取得了进展。玲玲的老板则想在玲玲的工作、客户满意度和公司整体绩效之间建立联系；帮助她开发杰出房产经纪人所需的技能；为她提供定期的绩效反馈；并赋予她按自己期望的时间、地点工作的自主权，以及消除可能干扰公寓出租的任何规定或障碍。

考虑到自动化、外包削减了很多常规性工作岗位，对于那些从事复杂工作或负责开发创新产品、服务的追随者来说，关注自主、掌握和意义似乎是合理的做法。但让每个人都成为知识型员工尚有时日，因此，领导者也需要使用其他激励技术来帮助那些从事较常规工作的人保持敬业和高水平的绩效。本节以下的部分将说明另外几种激励方法。

> 最好的工作总是落在那些不会互相扯皮、找借口，而是有效完成它的人手中。
>
> ——拿破仑·希尔（Napoleon Hill），作家

成就导向理论：人格如何影响激励

某些人是否天生就比其他人的激励水平更高，或者说，他们更会出现“内心激情燃烧”的情况？在完成群体目标时，有些人是否自然而然地花费比他人更多的努力，仅仅因为他们天性如此？与平克所宣称的“所有人都拥有某些基本需要”的理论不同，这种激励方法相当简单：为了改善群体绩效，领导者应当只选择那些具备合适技能和拥有高成就导向这一人格特质的追随者（见专栏 9-4）。

❖ 专栏 9-4

你有能力就业吗

可就业能力可以被定义为发现工作、获得雇用和保住工作的能力，事实上，对于能保住一份有偿工作的人来说，情境、追随者和领导者因素都在其中发挥了作用。显然，情境因素

影响着可就业能力。当经济繁荣时，市场上有大量工作；而在经济衰退时，工作机会相当有限。即使在经济增长阶段，企业兼并、重组或破产仍会导致某些人失去工作。

领导者偏见也会影响谁将被录用或被裁员。偏袒徇私会影响录用决策，而公司政治在绩效评估中发挥的作用也要大于客观绩效成果。研究表明，销售人员的绩效评级结果与完成文书工作及其他日常管理任务的关系，要重要于他们完成的销售金额。由于很多工作缺乏清晰的目标或更客观的绩效指标，领导者偏见在绩效评级中普遍存在。与人相处融洽、不树敌、阿谀奉承的人，在组织中的升职速度要快于真正完成工作的人。

追随者特征也在可就业能力中发挥着关键作用。研究表明，为人精干、有创造力、能解决问题、完成工作、易于相处的人，比愚笨、缺乏想象力、懒惰、难以相处的人，更有可能获得录用并保住工作。红牛的人才管理全球负责人亚当·伊尔斯利（Adam Yearsley）与一群出色的心理学家一起开发了Wingfinder，这是一个专门用于评估个人可就业能力的在线测评工具。该测评是免费的，你可以在www.wingfinder.com接受测评。你的Wingfinder测评结果将告诉你是否具备可就业能力，但重要的是要记住：情境和领导者因素也在决定空缺职位数量及谁将填补职位空缺的过程中发挥关键作用。

资料来源：T. Chamorro-Premuzic, *The Talent Delusion* (London:Piatkus, 2017); A. Yearsley, “The Science behind Wingfinder,” Red Bull Wingfinder, https://www.wingfinder. com/science; and A. Colquitt. “Performance Management: Current State, Future State,” presentation given at the Minnesota Professional Psychology at Work meeting, Minneapolis, MN, September 18, 2018.

艾金森（Atkinson）提出，某个人在完成任务时愿意付出多大努力，部分取决于此人期望获得成功的激励强度，或者用艾金森的话说，是否具有**成就导向**（achievement orientation）。[64, 65] 麦克利兰进一步发展了艾金森的观点，并表示高成就导向（或者用麦克利兰的话说，高成就需要）的人会尽其所能，做出社会认可的各种努力和活动。这些人也更喜欢从事能提供直接和充分反馈的任务，以及中等难度的任务（即要求付出相当大努力，但可以达成目标的任务）。此外，高成就需要的个人在成功解决了工作问题或完成工作任务时，会感到满足。低成就需要的个人往往更喜欢容易完成的任务，不会因解决问题或完成指派的任务感到满意。麦克利兰坚持认为，在成就导向上的差异是使人们在完成任务、实现目标时付出不同程度努力的主要原因。因此，成就导向有点像“个人抱负”；高成就导向的人可能给自己制定较高的个人和工作目标，更有可能付出完成这些目标所需的努力。低成就导向的人往往会制定较低的个人和工作目标，并且不大可能完成它们。[66]

成就导向也是人格的大五模型或OCEAN模型中尽责性维度的一个组成部分（见第6章）。人们发现尽责性几乎与所有工作的绩效正相关，并与学校、军队、蓝领工人、管理者的成功正相关。如果其他条件保持不变，与低成就导向的同伴相比，高成就导向者的在校表现更好，会继续其研究生学业，更快得到提升，并获得更高的工资和奖金。[67, 68, 69, 70, 71, 72, 73, 74, 75, 76, 77, 78]

因为有较高成就导向分数的人会制定较高的个人目标，并投入达成目标必需的时间和精力，所以成就导向往往是攀升到组织最高层的管理者所具备的关键成功因素。例如，成就导向似乎是使马克·罗利格（Mark Roellig）、詹姆斯·姆旺吉（James Mwangi）取得成功的一个共同因素。尽管成就导向往往与更高的绩效相联系，但高成就导向者在面对界定模糊或不可能完成的任务时，会变得极度消沉。在与美国特种兵部队共事期间，布瑞特（Britt）发现，这些部队几乎总能表现出极高的绩效水平，而且往往非常成功。但在面对资源有限、时间极为紧迫、任务目标不明确的使命时，同一部队却可能很快地自我毁灭。在这类情境下，这些部队觉得自己注定要失败，于是它们的确失败了。这一现象在电影《黑鹰计划》（*Black Hawk Down*）中有清楚呈现，这部电影讲述特种兵部队被送到索马里摩加迪沙去抓捕一名索马里军阀的故事。[79] 此处的重要教益是，领导者需要为高成就导向者提供清楚的目标和成功所需的各种资源（见专栏 9-4～专栏 9-6）。

❖ 领导概览 9-1

马克·罗利格

马克·罗利格不久前从美国万通金融集团（MassMutual Financial Group）的首席技术及行政官职位上退休。但他通向这家《财富》100 强公司 IT 最高负责人的道路很不寻常。罗利格在密歇根长大，在 3 年时间内获得了密歇根大学数学本科学位。他继续深造，取得了乔治·华盛顿大学的法律学位及华盛顿大学的 MBA 学位。罗利格职业生涯的起点是在西雅图的两家律师事务所担任民事诉讼律师，随后，他于 1983 年加入了太平洋西北贝尔电话公司（Pacific Northwestern Bell Telephone Company）。在接下来的 17 年间，他在公司法律部工作，该公司在此期间由太平洋西北贝尔电话公司变为美国西部电信公司，后来又变成 Qwest 通信公司。在此期间，罗利格获得了快速晋升，最终成为美国西部电信公司公共政策、人力资源和法律执行副总裁。在这一职位上，罗利格管辖的员工超过 1000 人，拥有高达 2.5 亿美元的年度预算。

在美国西部电信公司被 Qwest 通信并购后，罗利格在 Storage 技术公司和 Fisher 科学国际公司担任了一段时间的法律总顾问，并于 2005 年开始担任万通的高级副总裁和法律总顾问。和他在以往担任法律总顾问时一样，罗利格在其后的 7 年全面扭转了法律、公共政策和公司服务事业部的经营状况，并进一步改善其绩效。他能做到这些，是因为他做到了：定期向内部客户发放调查并寻求口头反馈；为每个事业部开发战略规划；制定清晰的个人、团队和事业部目标；使用评价指标系统来追踪绩效；将顶级人才召集到身边；构建高绩效领导团队；创建一套基于绩效的文化。罗利格非常重视人才，花费大量时间进行顶级人才的雇用，并将其安排到各种开发项目和轮岗活动中，以帮助其开发所需的技能。多年以来，他的多名直接下属成长为其他企业的顶级领导者。

除了在自己身边安排并开发合适的人才，罗利格也非常重视客户满意度和绩效。在他的任期内，他负责的 3 个事业部都有持续的客户满意度和财务绩效改善，同时有全公司最高的员工敬业度分数。由于罗利格作为高层领导者的历史业绩极佳，他在2017年年初被任命为万通IT部门的负责人。这个有2500名员工的部门当时未能完成一个全公司范围的重大软件转换项目，公司CEO认为该部门需要换一位领导者。这对罗利格是一个巨大挑战，因为他的职业背景是法律，而非IT。作为一名律师，他可以精准地确定公司的法律需要、如何最优化地设计法律部门的结构以满足这些需要，并快速评估其他人的法律相关技能，而且，他还知道在哪里能找到优秀人才。在这个新岗位上，罗利格不具备改善IT部门的相关经验。他花了2年时间评估万通的技术需要、对IT服务的满意度、IT部门的职能和领导能力，提出了IT战略并选拔了IT领导团队。

你认为罗利格在面对扭转一个大型IT部门的经营困局时，面临哪些挑战？他需要做什么来激励和吸引IT员工参与，并使他们达成高绩效？你会如何评价万通IT部门的效力？你将如何运用需要理论或成就导向来描述罗利格的职业生涯？哪一种激励理论能最好地描述他的领导哲学？

资料来源：M. Roellig, *Summary of 2009 Law Division Activities,* presentation given to the MassMutual Audit Committee on April 13, 2010, in Springfield, MA; M. Roellig, *Personal Communication*, April 11, 2017; and T. Alexander, "Q&A with the EIC: How Mark Roellig Accelerated His Career with Technology," *ACC Docket*, March 23, 2017, www.accdocket.com/articles/mark-roellig-q-a-accelerate-your-career-technology.cfm.

❖ 专栏 9-5

"追随自己的激情"是好的职业建议吗

丹尼尔·平克相信，如果知识型员工想要达到巅峰绩效，意义、掌握和自主是至关重要的。但当领导者没有创建出能满足这类需要的环境时，从事复杂、创新工作的员工应该做什么？平克相信，在这种情境下，员工应该离开当前从事的工作，加入其他能更好满足其需要的组织。但事实上，追随自己的激情可能没有它第一眼看上去那么简单，结果也不那么令人满意。其一，新公司的文化在满足员工需求上可能并不优于老公司，研究显示，人们在整个职业生涯中平均会从事7种不同类型的工作。大多数人的激情不止表现为一个方面，而且这些激情似乎会随着时间发生改变。这表明，人们的激情处于流动和不断变化中，因此只是转到另一个组织并不会满足这种变动的需求。其二，如果人们想通过个人爱好谋生，有趣的爱好也会变成烦人的事。人们可能真心喜欢烹饪或开飞机，但往往发现做流水线厨师或商业航班的飞行员，需要承受巨大压力。其三，一个人可能怀有强烈的激情并创立了一家小企业，提供人生辅导、时装或摄影服务，但如果他不能说服他人购买自己的产品或服务，这种激情没什么用处。

心理学家道恩·格雷厄姆（Dawn Graham）不建议追随自己的激情，而是建议人们追随自己的**职业能量**（professional energy）。人们应该确定哪些工作或项目领域可以为自己提供能量，然后寻求那些包含更多这类活动的工作或机会。有些人可能喜欢解决客户问题、在严格的交稿时限下工作或解决高难度的问题。其他人可能喜欢亲自动手做事、遵循清单或既定的流程工作或在团队中工作。那些敬业度最高、绩效最好且满意度最高的员工，很可能也是将最大比例的时间用于能带来职业能量的人，因此，领导者义不容辞的责任是发现什么赋予了每位追随者职业能量，并据此安排工作活动。

资料来源：D. Graham, "Why 'Follow Your Passion' Is Terrible Career Advice," http://drdawnoncareers.com/why-follow-your-passion-is-terrible-career-advice; and C. Gregoire, "Why 'Follow Your Passion' Is Bad Career Advice," *Huffington Post*, July 22, 2013, www.huffing-tonpost.com/2013/07/22/sustainable-career_n_3618480.html.

能力本身会带来激励。

——大卫・坎贝尔（David Campbell），创新领导力中心

领导者如何运用这些成就导向的知识来改进朱莉、玲玲和前面提到的空乘人员的绩效呢？第一步可能要确保雇用程序能甄选出有更高成就导向的人。假定他们拥有更高的分数，我们可以期望玲玲与上级共同制定积极的公寓出租目标，随后会有很多夜晚和周末都为达成这一目标而工作。我们还会期望玲玲在以后几年中将从香港大学获得 MBA 学位。我们也可以期望朱莉制定高的个人和工作目标，但她也可能发现自己的工作限制了她追求目标实现时所能发挥的能力。与玲玲能决定她在夜晚或周末工作不同，朱莉无法控制来乘缆车的人数。工作本身可能限制朱莉实现其高成就导向的能力。其结果是，她可能去追求其他目标，比如成为一个滑雪能手、参加滑雪巡逻队、参加滑雪竞赛、寻求额外的责任或晋升机会，或者寻找有成就机会并奖励其努力的其他工作。由于朱莉将制定高个人目标并为之努力工作，一位好上司会和朱莉一道努力来寻找工作中充分利用其成就导向的方式。因此，成就导向可能是一柄双刃剑。领导实践者也许有能力雇用一组有高激励水平的追随者，但他们也需要确定明确的期望、向追随者提供设置并达成工作相关目标的机会并向追随者提供目标进展情况的反馈。否则，追随者可能寻求不同的方式来满足自己的高成就导向。

将成就动机用于分析空乘人员的情境，或者 2002—2019 年的美国员工，会产生一些有趣的想法。航空公司可能在雇用空乘人员时并没有测评其尽责性，因而公司没有足够数量的高尽责员工来提供卓越的客户服务。或者，公司可能只雇用了有高尽责性分数的员工，但并未设定任何可度量的目标、屡次忽视员工对改善设备的要求、在员工面对“无事生非的”旅客时未能提供支持或没有认可其良好工作表现。在这种情况下，空乘人员可能感到自己注定要失败。对于 2002—2019 年工作的美国员工，那些拥有最高成就导向的人最有可能在经济繁荣期获得提升，并在经济衰退时留在公司中。然而，由于很多公司濒临破产或裁减了整个工作单元、职能部门，一些高成就导向的员工发现自己失去了工作。由于工作对高成就导向的员工有重大意义，他们中的一些人可能会尽快在其他地方寻找工作，包括成为独立承包商、开创自己的小企业或加入创业企业，使个人的高激励水平能发挥更大的作用。

❖ 专栏 9-6

坚毅

在过去 5 年间，“坚毅”（grit）这一激励概念获得了相当多的关注。**坚毅**可以被定义为一个人

为了达成长期目标而坚持不懈地付出努力和热诚。那些高坚毅水平的人有很强的耐力，会不惜代价来达成最终目标，无论这一目标是获得大学毕业文凭、成为CEO或精通一项乐器。那些不够坚毅的人则不愿投入精力、努力来达成教育或职业目标。宾夕法尼亚大学教授安吉拉·达克沃什（Angela Duckworth）及其同事探讨能预测常春藤盟校的GPA（平均积点分）、全国拼字比赛获胜及西点军校辍学率的个人特征，发现坚毅是成功人士共同具备的最重要的个人属性。

达克沃什有很多追随者。在她的畅销书出版前，就有超过800万人观看了她的TED演讲。很多企业认同坚毅的准则，并将领导者和员工送进坚毅研讨会，期望以此来提升绩效。坚毅也引起了教育者的注意，老师们现在执行多种项目来提升学生的坚毅程度。从表面上看，那些工作更长时间、更努力的人有可能取得更大成就，这似乎很有道理。但坚毅是个全新概念，还是对我们已知内容的重新包装呢？

研究显示，坚毅在很大程度上是对成就导向和第6章中谈到的尽责性人格特质的重新命名。此外，将学校、销售或职业绩效的差异归因于坚毅，完全未考虑情境或道德因素对学生和员工的影响。如果学生吃不饱、担心被枪击或在较差的学校求学，学业成绩会受到负面影响。类似地，公司收入可能表现一流，如果销售代表出售的是热销商品或支付回扣，此时运气和偏袒徇私对职业晋升的作用可能明显大于坚毅。此外，坚毅只关注达成长期目标，这可能限制尝试和创新。考虑到坚毅包含很大的人格成分，可能它并不适用于学校推动的学生发展举措。学校可能花费大量金钱用于提高学生的坚毅程度，但不太可能获得相应回报。

你认为坚毅不仅是成就导向吗？你将如何用坚毅来激励空乘人员、朱莉或玲玲呢？

资料来源：A. Duckworth, *Grit: The Power of Passion and Perseverance* (New York: Scribner, 2016); D. Moreau., B. MacNamara, and D. Hambrick, "Overstating the Role of Environmental Factors in Success: A Cautionary Note," *Current Directions in Psychological Science* 28, no. 1 (2019), pp. 28–33; and D. Demby, "The Limits of 'Grit'," *The New Yorker*, June 21, 2016, www.newyorker.com/culture/culture-desk/the-limits-of-grit.

目标设置理论：清晰的绩效目标如何影响激励

人们最熟悉也最容易使用的一项针对追随者的正式激励制度，是**目标设置**（goal setting）。从领导者的视角来看，它涉及设定清晰的绩效目标并帮助追随者制订达成目标的系统性计划。根据洛克和莱瑟姆（Locke，Latham）的研究，目标是决定任务行为的最重要因素。目标可用于引导注意力、动员人们付出工作努力、帮助人们开发达成目标的策略，并帮助人们持续付出努力，直到目标最终达成。这会进而促进形成更高的目标。[80, 81, 82, 83, 84, 85]

> 组织行为学者将目标设置理论评为73种管理理论中重要性排名第一的理论。
>
> ——爱德·洛克（Ed Locke），马里兰大学

洛克和莱瑟姆表示，涉及8个国家40 000余个人、群体和组织的近400项研究提供了一致证据，支持目标设置的几个观点。第一，研究表明，与"尽你最大努力"式的目标相比，具体

且有难度的任务总是会产生更高的努力水平和更优的绩效。第二，目标承诺度至关重要。仅仅有目标还不够。尽管追随者在设置目标时的参与度是提高目标承诺度的一种方式，由领导者单方面设置的目标或追随者参与设置的目标都能达到必需的承诺水平。如果领导者被视为有合法权威、表现出了对追随者的信心并提供了明确的绩效标准，则追随者对分派目标的承诺度通常与其参与设置的目标承诺度一样高。第三，在目标完成过程中伴有反馈时，追随者会付出更大程度的努力；只能获得目标或反馈的追随者，往往付出的努力较少。这种对反馈的需要与前面提及的掌握如出一辙，都认为追随者通常在获得目标进展情况的定期进度更新时，表现出更高的激励。

目标设置理论还有其他几点值得注意。第一，可以针对绩效的各个方面设置目标，它可以是节约成本、改进服务和产品质量、提高选民登记率或赢得联赛冠军。但是，领导者需要确保他们没有设置相互冲突的目标，因为追随者在一定时间内只能付出那么多努力。[86] 第二，确定目标应有多大的挑战性使领导者面对一种两难困境。成功完成目标使追随者获得了某种工作满足感，容易的目标比困难的目标更有可能实现。然而，与困难的目标相比，容易达成的目标会导致较低的工作努力（及较低的绩效）。研究指出，领导者在设置难度适中的目标、认可部分完成的目标并运用持续改善哲学逐渐提高目标难度时，能最有效地激励追随者。[87, 88, 89, 90, 91, 92]

领导者对目标完成的外显和隐含期望，也会影响追随者和团队的绩效。以色列的多夫·艾登（Dov Eden）及其同事的研究，明确支持皮格马利翁效应和巨人效应的存在。[93, 94] **皮格马利翁效应**（Pygmalion effect）发生在领导者向追随者表达高绩效期望时；在很多情况下，这些期望本身就会造就高绩效的追随者和团队。但遗憾的是，**巨人效应**（golem effect）也真实存在，对其下属完成目标缺乏信心的领导者也很少有意外之喜。因此，领导者对追随者或团队的期望很有可能成为一个自我实现的预言（见第 2 章）。这些结果表明，想改善个人绩效或团队绩效的领导者应当设置可以实现的高目标，并表现出对追随者完成该项工作的信心和支持。[95, 96]

领导实践者可以如何运用目标设置理论来提高朱莉、玲玲和空乘人员的激励水平？根据上面提到的研究结论，朱莉和玲玲的老板们应当与这两位追随者一同工作来设置具体的、中等难度的目标，表达对她们完成目标的信心，并对目标进展提供定期反馈。朱莉和她的老板可以查看朱莉以往的绩效或其他缆车操作员的绩效，并以此为基准，就工作小时数、在一次轮班中从缆车上滑落的人数、滑雪者的客户满意度评级、缆车线路的时间长度或客户抱怨次数等指标，设置具体、可度量的目标。类似地，玲玲和她的老板可以寻找某些房产经纪的基准度量指标，并就一年内出租的公寓数、租约的总货币金额、结束租约并完成必要案头工作所花费的时间、客户抱怨及销售支出等指标设定目标。需要注意，玲玲和朱莉的老板们应确保不要设置相互冲突的目标。例如，如果朱莉的目标仅涉及从缆车上滑落的人数，她就可能以较慢速度开缆车，其结果是缆车线路花费时间较长和大量的客户抱怨。类似地，老板需要确保个人目标不会与团队或组织目标相冲突。玲玲的老板需要确保玲玲的目标不会干扰公司中其他房产经纪人的目标。如果玲玲的目标没有明确的地区限制，则她可能出租其他经纪人所辖区域的房产，这可能导致部门间的高冲突水平。这两位老板也都应该留心去设置可度量的目标，这样他们就可以向朱莉和玲玲提供反馈，使后者不会偏离轨道。目标设置也能帮助航空公司激励空乘人员向客户提供更优的服务。航空公司的高管人员可能相信客户满意度对保持航班高上座率至关重要，但他们可能没有设置明确的目标，或者未能设计出在单个航班上度量客户满意度的好方法。只有在航空公司设置了清晰的客户满意度目标、对既定目标提供反馈并要求空乘人员承担客户满意的最终责任时，客户服务才可能改善。例如，德尔塔航空（Delta Airlines）对客户满意度设定了具体目标，并在每个航班结束后随机请乘客参加线上调查，以提供关于检票员、飞行员和空乘人员的绩效反馈。

> 无法度量，就无法管理。
>
> ——彼得·德鲁克（Peter Drucker），管理专家

虽然目标设置是一种高效的激励技术，但这一方法也有其阴暗面：它可能太过有效了。追随者可能非常关注自己的目标，以至于他们不愿在与目标无关的活动上花费任何时间或精力。这意味着如果他们没有与客户满意度或团队工作相关的目标，可能就不会帮助客户或与同事合作。[97] 他们甚至可能篡改规则或违反法律来达成目标，就像富国银行的员工所做的，为了达成不切实际的销售目标，他们开设了200多万个虚假银行账户。[98, 99, 100] 领导者有时也会过于关注目标，结果是“赢得一次战斗，却输掉了整个战争”。他们可能花费太多时间和精力来达成效率目标，却忘了企业的终极目的是吸引和留住客户。[101, 102] 重要的是，目标设置很有效，但领导者需要审慎处理以确保追随者的目标能驱动合适的行为。由于目标设置理论是一个应用广泛且有效的激励技术，我们将在第12章中更详尽地讨论这一话题。

❖ 领导概览 9-2

詹姆斯·姆旺吉

阻碍非洲经济发展的一项重要因素是基础设施不足。非洲很多地方极度缺乏跨地区转移货物和服务所需的公路、铁路、电网及互联网接入服务。基础设施不足的一种表现在银行业。很多非洲国家的运转以现金为基础，缺乏存款、转账或贷款所需的金融服务系统。

1994年，一家在肯尼亚农村为穷人提供金融服务的银行——权益建设互助会（Equity Building Society）濒临破产。拙劣的内部管理、宏观经济衰退及一系列坏账使该银行处在经营失败的边缘。董事会向詹姆斯·姆旺吉求助，而他开始进行银行转型，将这些债权人转变为股东。此举使贷款持有者拥有了银行未来的股本，坏账比例最终缩减到不足贷款总额的1.5%。姆旺吉也改变了银行的业务重点，由提供家庭抵押贷款转为向贫穷的农户和小店主提供小额贷款。农户的贷款金额可以低到500先令（约9美元），他们用这些钱购买种子、化肥、农具和手机。在姆旺吉的领导下，权益建设互助会的偿付能力得以恢复，并在整个肯尼亚扩张业务。2000年，该银行的年度净利润为3360万先令；到2012年年底，这一数据快速增长为120多亿先令。到2014年，该银行从肯尼亚扩张到乌干达、南苏丹、卢旺达和坦桑尼亚，目前已成为非洲最大的银行集团，向1200

多万名客户提供服务。

你认为动机或需要、成就导向、坚毅或目标设置，哪一个激励理论可以最好地解释权益建设互助会的成功？

资料来源："Kenya's Biggest Bank: The Cult of Equity," *The Economist*, December 8, 2012, p. 76; and C. Munda,"Equity Group Net Profit Falls on Rising Loan Defaults,"*The Star*, March 15, 2017, www.the-star.co.ke/news/2017/03/15/equity-group-net-profit-falls-on-rising-loan-defaults_c1525498.

操作性方法：奖惩如何影响激励

一种非常流行的改变行为方向、强度或持续时间的方法，是通过奖励和惩罚来实现的。在讨论**操作性方法**（operant approach）时，先定义几个术语是有益的。**奖励**（reward）是指能增加一种行为重复发生可能性的任何结果。例如，如果朱莉因一项改进滑雪营地客户服务的建议而获得现金奖励，她有可能会提出更多建议。**惩罚**（punishment）是运用某种令人厌恶的刺激物，或是收回某种期望的事物，这两种做法都会减少特定行为重复出现的可能性。[103] 因此，如果玲玲因未能准时完成案头工作而失去了奖金，她在未来不太会再这么做。奖励和惩罚都能以一种权变和非权变的方式来实施。**权变**（contingent）的奖励或惩罚是作为特定行为的结果来实施的。在朱莉赢得滑雪比赛后，立即给她颁发一枚奖牌，或者因玲玲超额完成销售定额而给她奖金支票，都是权变奖励的例证。**非权变**（noncontingent）的奖励和惩罚与特定行为无关。如果不论朱莉和玲玲的实际努力程度和成果如何，她们都会每月得到固定数额的基本工资，则每个月的工资支票就是这类奖励的例子。没有受到奖励的行为最终将会消失，这一过程被称为**消退**（extinction）。

有充分证据表明，在得到适当运用时，操作性方法是一种能有效提高追随者激励水平和绩效表现的方法。[104, 105, 106, 107, 108, 109, 110, 111, 112] 其中有些研究表明，奖励的效果优于惩罚，特别是以权变方式加以实施时。[113, 114, 115, 116, 117, 118, 119] 在比较了不同类型奖励产生的相对影响后，斯塔伊科维奇和卢桑斯（Stajkovic，Luthans）报告，在信用卡处理中心，针对追随者具体行为的奖金对于改善追随者绩效是最有效的，其次是社会认可和绩效反馈。[120] 尽管有些观察者可能存在不同看法，但研究清楚地表明，领导者恰当地设计和运用权变奖励制度，的确提高了追随者的生产率和绩效。关于奖励制度的更多信息，请看专栏 9-7～专栏 9-9。

❖ 专栏 9-7

职业运动员与高管人员的薪资要求

总经理为职业球队的总体绩效负责。他们协助甄选球员和教练；与媒体、运动员、教练和体育场谈判合同；保持团队士气处于高水平；采取行动确保整个球队赢得冠军并赚到钱。总经理处理的一个最困难的问题就是与球员谈判合同。球员看得到自己的收入和表现，并将其与联赛中的其他球员比较。如果他们觉得个人收入与其他球员不一致，通常会要求转会或谈判一份新合同。这种比较的结果是，目前美国篮球、橄榄球和棒球的明星球员，年收入都达到了2亿美元以上。但当一两位球员的收入明显高于球队中所有其他球员的收入总和时，对球队士气、输赢记录和财务绩效会产生何种影响呢？一项针对职业棒球队为期8年的研究指出，**收入离散度**（pay dispersion）高（即最高收入球员与最低收入的新进球员之间存在明显收入差距）的球队财务绩效不佳，并且赢得所属赛区冠军的可能性较低。研究者猜测，团队绩效的下降可能源于高的收入离散度，它损害了球队绩效，提高了球队中其他球员的不公平感。总经理成功的诀窍，似乎就是提供足够的财务奖励来诱导出更好的表现，但同时又不能形成一个团队其他成员认为不公平的环境。

职业运动员收入分配不公的明显影响，同样适用于顶级高管人员。很多公司的董事会担心，如果支付给CEO或其他顶级高管的工资低于其他公司的水平，就会形成失去这些高管的风险。但通过谈判获得高额签约奖金和巨额年薪的高管人员，根本无须完成比其他收入较低的同行更高的绩效。太多的高管大谈按绩效支付工资的好处，但他们似乎更关注自己的收入，而非所在公司的绩效。例如，1980—2004年，美国普通员工的收入年均增长率为0.3%，而CEO的收入年均增长率则达到了8.5%。而在此期间，CEO承诺的销售收入年均增长率为11.5%，但实际年均增长率仅为6%，这一数字略低于1980—2004年的美国宏观经济增长率。虽然CEO的平均绩效未能优于整体经济增长，但1980年，CEO的平均收入是普通员工的42倍，而到了2019年，其平均收入上升为一般员工的300倍。日本公司的最高管理者，目前的收入比一般员工高20～30倍，而且在CEO薪酬和公司绩效间似乎不存在相关性。人们一定会想，收入离散度高的公司，是否会和球员收入离散度高的职业运动队一样，取得不太理想的成果。员工工资在减少、工作时间却在延长，而处于组织顶层的人则无论其经营成果如何都能获得丰厚的工资和奖金，也就难怪如今的员工满意度和敬业度都不高了。

资料来源：M. Bloom, "The Performance Effects of Pay Dispersions on Individuals and Organizations," *Academy of Management Journal* 42, no. 1 (1999), pp. 25–40; J. Lublin,"Boards Tie CEO Pay More Tightly to Performance,"*The Wall Street Journal*, February 21, 2006, pp. A1, A14; L. A. Bebchuk and J. M. Fried, "Pay without Performance: Overview of the Issues," *The Academy of Management Perspectives* 20, no. 1 (2006), pp. 5–24; J. Bogle, "Reflections on CEO Compensation," *The Academy of Management Perspectives* 22, no. 2 (2008), pp. 21–25; "Executive Pay: Neither Rigged or Fair," *The Economist*, June 25, 2016, pp. 15–20; "Cheques Need Balances," *The Economist*, June 25, 2016, pp. 12–13; "Schumpeter: Pay Dirt," *The Economist*, April 23, 2015, p. 60; J. S. Lublin, "Parsing the Pay and Performance of the Top CEOs," *The Wall Street Journal*, June 25, 2015, pp. B1, B4; R. L. Landis, "The 100 Most Overpaid CEOs: Are Fund Managers Asleep at the Wheel?" *As You Sow*, www.asyousow.org/reports/ the-100-most-overpaid-ceos-2017-are-fund-managers-asleep-at-the-wheel; R. Umoh, "CEOs Make $15.6 Million on Average—Here's How Much Their Pay Has Increased Compared to Yours Over This Year," *CNBC*, January 22, 2018, www.cnbc.com/2018/01/22/heres-how-much-ceo-pay-has-increased-compared-to-yours-over-the-years.html; C. McGee, "Wall Street Chief's Pay Doesn't Sync with Returns," *The Wall Street Journal*, July 8, 2019, www.wsj.com/articles/wall-street-chiefs-pay-doesnt-sync-with-returns-11562580018; and P. Eaves, "It's Never Been Easier to Be a CEO, and the Pay Keeps Rising," The New *York Times*, May 24, 2019, www.nytimes.com/2019/05/24/business/highest-paid-ceos-2018.html.

使顶级球员失去动力并输球的最佳做法，是为了保持现状而奖励庸才。

——佚名

领导者如何设计和实施一套基于操作性方法的制度，以提升追随者的激励水平和绩效呢？适当运用操作性原理来改善追随者的激励水平和绩效，需要几个步骤。第一，领导实践者需要清楚阐明什么样的行为是重要的。这意味着，朱莉和玲玲的领导者需要具体说明自己想要她们做什么，应以何种频率做出这些行为，以及所要求的绩效水平。第二，领导实践者需要确定这些行为目前会受到了惩罚、奖励，还是被忽视。信不信由你，追随者有时做出领导者试图消除的行为却得到了奖励，又在做出领导者想增加的行为时受到了惩罚。例如，朱莉因为和老板针锋相对，或者因违反滑雪营地的着装规定，获得同事们大量的正面关注。类似地，在老板极力宣传合作和团队工作需要的情况下，玲玲表现得过于争强好胜（如出租同事辖区内的公寓），却比同事更快得到提升。而且，领导者有时还会忽视那些他们乐于强化的行为。此处的例子是，在朱莉努力工作以达到上佳的安全和客户服务评级时，老板一直没有奖励她。第三，领导实践者需要确定追随者实际上认为哪些做法有奖励或惩罚作用。领导者不应错误地假定，所有追随者关于哪些做法有奖励或惩罚作用的观点完全一致。对一位追随者的惩罚，可能被其他追随者视为奖励。例如，玲玲可能不喜欢引起公众关注，在获得公开认可后实际上会减少投入努力，但她的一些同事可能认为获得公众关注是很棒的事。第四，领导实践者需要警惕，不要在实施个性化奖励时，使员工产生不公平感。一位同事可能觉得她和玲玲的工作成果一样，但她本季度的奖金数额却不及玲玲。通过清楚、始终如一地实施奖励和惩罚，领导者可以将这种不公平感减到最低。第五，领导实践者不应仅仅局限于只提供组织规定的奖罚措施。领导者能发放给高绩效下属的奖金数额通常是有限的，但研究表明，社会认可和绩效反馈会明显改善追随者的生产率，而这些奖励不花费任何金钱。[121, 122, 123] 只要动动脑子，领导者往往能想出一大堆可供使用的奖惩措施，它们既有效又没有多少成本，也不违反组织的规范和政策。朱莉可能发现驾驶雪地车特别愉快，而她的老板可以用这一奖励来保持或提高她操作滑雪缆车的激励水平。第六，由于非权变奖惩方式几乎没什么效果，领导者应当尽可能以权变方式实施奖惩措施，使追随者承担起个人责任。[124] 专栏 9-8 提供了一些例子，说明在运用操作性方法提高组织绩效时，出现的一些出人意料的结果。

❖ 专栏 9-8

奖励 A 而期待 B 的愚行

斯蒂芬·克尔（Steven Kerr）在一篇令人信服的文章中，详细说明了政府部门、体育界、大学、商业、医药行业和政治领域中，有多少奖励制度迫使人们以违反组织期望的方式行事。例如，选民希望政治家能提供其规划或施政纲领的具体细节，但这么做的政治家却往往会受到惩罚。当一项规划的细节被披露时，总会伤害或冒犯一些选民，这进而会减少政治家的选票。如果一位政治家对他的总体目标含糊其词，可能有更多选民赞同这位政治家，并在下一轮选举时投票支持他。与大学和政治领域一样，商业界也经常运用不恰当的奖励制度。根据克尔的文章，下面是较常见的几种管理者的奖励闹剧：

我们希望………

长期成长
团队工作
对总体质量的高承诺
诚实报道新闻
但我们往往奖励……
每季度的收益
个人努力
按进度安排发货，即使存在次品
报告好消息，不管是否为真

克尔表示，那些抱怨员工激励水平不高的管理者，应该考虑一下其现有奖励制度与期望的绩效之间不一致的可能性。而且，公司期望与实际奖励对象之间缺乏一致性的最明显例证，就是高管人员薪酬。董事会往往需要预先支付数百万美元给新任CEO，以吸引他们加入本公司；接下来，通常会提供股票期权和其他形式的薪酬，来留住这些人，哪怕他们一直都没有达到绩效承诺。很多公司在绩效工资的问题上嘴上说得好听，但行动表明，它们更有可能是在奖励任期，却在心里希望看到绩效改善。

资料来源：S. Kerr, "On the Folly of Rewarding A, While Hoping for B," *Academy of Management Executive* 9, no. 1 (1995), pp. 7–14; S. Kerr, "Establishing Organizational Goals and Rewards," *Academy of Management Executive* 18, no. 4 (2004), pp. 122–23; S. D. Levitt and S. J. Dubner, *Freakonomics* (New York: HarperCollins Publishers, 2005); L. Bebchuck and J. Fried, *Pay without Performance* (Boston, MA: Harvard University Press, 2004); L. Bebchuck and J. Fried, "Pay without Performance: Overview of the Issues,"*The Academy of Management Perspectives* 20, no.1 (2006), pp. 5–24; P. Dvorak, "Limits on Executive Pay: Easy to Set, Hard to Keep," *The Wall Street Journal*, April 9, 2007, pp. B1, B5; and J. S. Lublin, "Boards Tie CEO Pay More Tightly to Performance," *The Wall Street Journal*, February 21, 2006, pp. A1, A4.

操作性方法也能用于改进空乘人员的客户服务上。运用前面谈到的原则，航空公司需要具体说明哪些客户服务行为很重要，确定这些行为是否应得到强化或惩罚，确定空乘人员认为什么是有益的奖励，并在空乘人员表现出良好客户服务行为时提供他们认为有价值的奖励。

目前在很多公司，操作性方法仍是一种广受欢迎的激励方法。大多数组织都宣称自己建立了"基于绩效付酬"的文化，并按照取得的成果支付奖金或佣金提成。这在销售岗位上最明显，销售人员按其销售总额的一定比例获得报酬。毫无疑问，在2007—2009年美国经济衰退期间，由于客户停止购买产品和服务，销售人员虽然使尽浑身解数，为留住客户、招揽新生意做出很大努力，但他们的佣金仍然大幅下滑。这个例子揭示了操作性方法的一个缺陷：情境因素可能大幅降低某种奖励安排的有效性。有时，人们可能不需要努力工作就能得到一大笔奖金或佣金提成，因为销售的是热门产品，或者经济正处于普遍繁荣期。而在另一些时候，他们可能做了所有正确的事，但由于存在不可控因素（比如，在油价每加仑4美元时，推销皮卡或SUV），几乎没人想买他们的产品。

在实施绩效工资制度时，领导者需要记得的另一个因素是贪婪。绩效奖金可能无意中诱导追随者撒谎、欺诈、违法或做出其他愚行以获取财务奖励。奖金可能诱导公司向政府官员行贿以获得商业合同；鼓励销售人员给客户购买产品和服务的回扣；激励退伍军人管理局下属医院的管理者就患者等待时间撒谎；并诱导汽车公司安装造假软件来应付尾气排放检测。[125, 126]用奖励制度激励追随者行为明显是奏效的；领导者需要做的是，确保绩效工资诱导出的是正确的行为。

❖ 专栏9-9

优步如何激励司机

优步于2009年由加勒特·坎普（Garrett Camp）和特拉维斯·卡兰尼克（Travis Kalanick）创立，目前在全球近800个城市运营，年收入超过110亿美元。它惊人的成长可以归因于使用技术、博弈论和心理学来颠覆出租车行业的能力。说到科技，优步设计了一个应用程序，使司机和乘客可以通过智能手机实现无缝联系。乘客只需确定自己想在哪里上车、最终目的地是哪里，以及希望获得何种水平的服务。应用程序接下来就会告知乘客预计的等待时间、车费和此次行程的司机信息。司机也会获得行程、乘客姓名和上车地点的提示。

博弈论在优化三种竞争性需要的过程中也发挥了作用，这三种需要包括：乘客的需要、司机的需要、优步的需要。乘客希望等待时间短、车费低，并有愉快的乘车体验。司机希望尽量增加收入，这意味着他们希望司机数量较少（可以减少竞争和提高车费），并尽量缩短车辆闲置时间。优步希望成为所在市场的主导者，实现乘客满意度和忠诚度最大化、收入最大化和成本最小化。为了做到这一点，司机必须自备车辆、支付所有保险和维护成本，而优步必须确保有足够的司机来满足本地需要，同时尽量减少司机流失率（理想状态下，拥有超过市场需要的司机数量，因为司机的大量供给会降低车费）。优步也需要应对大量乘客想在同一时间乘车时的需求激增问题，比如在体育赛事后或上下班高峰期。

与大多数雇主不同，优步没有对司机的直接控制权，司机是自我雇用的商业主体，有权选择工作时间和地点。优步使用多种不同的心理技术来激励司机行为。例如，新司机如果每周至少驾驶60小时，则可以得到每周最低2000美元的保证工资。司机在接受行程前不会被告知最终目的地，这是为了防止司机只接赚钱多的行程。公司支付给司机奖金，鼓励他们长时间工作、在热点地区高峰时段工作、提高接单比率。例如，一周载客50次的司机会得到50美元奖金，载客120次则会得到500美元奖金；他们还会因为高接单率而得到较高比例的车费分成；在非热点地区和时段工作时，公司会提示司机损失了多少钱，而在高峰时段工作时，公司会提示司机可以赚到多少钱。优步也知道，大多数司机都有每周收入目标，所以它让司机了解自己的收入目标进展，以及如果再做一单，会增加多少收入。优步还允许司机和乘客给对方打分，并给予非货币性奖励，如卓越司机表现的徽章。

虽然运用了所有这些心理策略，但司机的高流动率仍是优步面临的一大问题，50%的司机会在最初12个月内离开优步。意义、掌握、自主和目标设置会如何影响优步司机？优步能如何利用成就导向和操作性方法来激励司机？优步可以做什么来增加新司机的留任比率？负责优步各城市运营业务的领导者，面临的难点有哪些？

资料来源：A. Shontell, "All Hail the Uber Man! How Sharp-Elbowed Salesman Travis Kalanick Became Silicon Valley's Newest Star," *Business Insider,* January 11, 2014, www.businessinsider. com/uber-travis-kalanick-bio-2014-1; N. Scheiber, "How Uber Uses Psychological Tricks to Push Its Drivers' Buttons," *New York Times*, April 2, 2017, www.nytimes.com/interactive/2017/04/02/technology/uber-drivers-psychological-tricks.html; and C. Said, "Uber Incentives Aim to Lure Power Drivers," *San Francisco Chronicle*, March 26, 2016, www.sfchronicle.com/business/article/Uber-incentives-aim-to-lure-power-drivers-7089842.php.

赋权：决策权限如何影响激励

赋权（empowerment）是本章讨论的最后一种激励方法。一般而言，人们对赋权的看法大致可以分为两大阵营。有些人相信赋权就是关于授权和职责的问题，是一种自上而下的过程，高级领导者清晰表达了愿景和具体目标，要求追随者负责达成上述目标。其他人则相信赋权更像是一种自下而上的方法，它关注明智地承担风险、成长、变革、信任和主人翁精神；追随者就像企业家和所有者一样行事，质疑现有规则并做出明智决策。在这种赋权方法下，领导者包容错误并鼓励合作行为。[127, 128, 129, 130, 131] 毫无疑问，这两种赋权的概念框架对领导者和追随者有着完全不同的启示。并且，正是这种概念上的混淆导致了多家组织的赋权项目失败。[132] 由于围绕赋权存在的概念混淆，摩托罗拉等公司没有使用这一术语来描述公司中将决策下移到较低组织层级的项目。这些公司宁可自己创造词汇来描述这些项目，以避免赋权带来的概念混乱。

> 用僵化的教条来管束，无视其存在的价值，人们也会以同样方式回报公司。
>
> ——罗莎贝斯·莫斯·坎特（Rosabeth Moss Kanter），哈佛大学

我们对赋权的定义，包括了两个关键部分。对于真正想赋权给员工的领导者，他们必须将领导和决策过程下放到尽可能低的组织层级上。员工往往是最接近问题的人，拥有最充分的信息，因而能做出最佳决策。一个经典例子是UPS的员工额外订购了一架737飞机，来运送在圣诞节业务高峰的最后时刻被遗忘的礼物。这项决策明显超出了该员工的职权范围，但UPS赞扬了他在发现问题、做出正确决策时表现出的主动性。赋权的第二个组成部分，也是经常被忽视的，是确保追随者拥有制定良好决策所需的资源、知识和技能。公司常常会实施一个赋权项目，将决策过程下移到员工层级，但员工缺乏制订商业计划、提交预算、与公司其他部门打交道、直接面对客户或供应商的经验。不出意外，能力欠缺的员工往往会做出拙劣的、信息不足的决策，而管理者可能据此认为赋权并不是人们说得那么灵验。同样的情况可能出现在企业精简时，员工需要承担额外的责任，企业却没有提供培训或支持。这种“强制性的”赋权可能会产生某些短期收益㊀，但长期的影响往往是灾难性的。因此，赋权包括授权和员工培养两个部分；仅有授权而没有培养，往

㊀ 原文为“short-term stock gains”(短期股票收益)，疑为笔误。——译者注

往被员工视同遗弃；仅有培养而没有授权，则往往被员工认为是微观管理。希望赋权给追随者的领导者必须确定追随者有能力做什么，强化并拓展这些能力，并赋予追随者与之相匹配的权力和职责。赋权中的授权和开发部分，在很多方面类似于本章前面讨论的自主和掌握。

对于赋权的心理要素，我们可以从宏观和微观两个层次来分析。赋权包括三项宏观心理要素，它们是激励、学习和压力。赋权这一概念至少在20世纪20年代就被提出了，大部分目前实施赋权项目的公司是为了提高员工的激励水平，进而提高员工生产率。但赋权作为一项激励方法的效果并不确定；很多时候，获得赋权的员工比未获赋权的员工有更高的生产率，但也有些时候，情况并非如此。在赋权未促使生产率提高时，高层领导者往往过于乐观地看待赋权。他们听说赋权项目为另一家公司带来的好处，却并没有考虑到创建一个真正获得赋权的员工队伍所需投入的时间、努力和需要进行的变革。与此相关，很多赋权项目的执行欠佳：企业大张旗鼓地宣布项目开始，但缺乏真正的指导、培训或支持，而且，一旦追随者开始做出低质量的决策，管理者就很快终止该项目。实行一个有效的赋权项目，需要培训、信任和时间，但公司更有可能实施一个缺乏上述三要素的赋权项目（将它视为解决公司财务困境的灵丹妙药）。[133, 134] 美国和欧洲的员工生产率接近历史最高值，但很多公司同时在着手应对员工的高压力。此时再将额外的工作责任加到满负荷的员工身上，可能会损害员工的生产率。正如谢和琼斯（Xie，Johns）所报告的，有些赋权项目提出的岗位职责过多，很难由单个员工来有效完成，此时通常会导致工作倦怠。[135]

尽管赋权的激励价值有时未能实现，但它在学习和减压方面的好处可能相当明显。如果设计合理、实施有效的赋权计划有很强的开发导向，这类项目的一个关键好处就是有助于员工更多了解工作、公司和行业。这些知识和技能增加会提高公司的智力资本积累，并成为公司向前发展的竞争优势。除了有助于学习，设计良好的赋权项目实际上还有助于减少工作倦怠。当人们对外界的控制程度较高时，他们就能容忍更高的压力水平。考虑到很多员工的工作时间比以前更长、工作要求也处于历史高位，赋权有助于追随者提高对个人生活的控制力，从而更好地应付压力。尽管被赋权员工面对的工作要求可能与未被赋权的员工一样高，但前者有更多的选择来决定如何及何时达到上述要求，这使前者感受到的压力较少。增加员工对工作要求的控制力还可以降低流动率，进而改善公司财务绩效（见专栏9-10）。

❖ 专栏9-10

权力与赋权

阿克顿勋爵（Lord Acton）的一句名言——权力导致腐败，意思是个人拥有的权力越大，越有可能违背法律、规则和社会准则的要求。领导学研究者罗莎贝斯·莫斯·坎特（Rosabeth Moss Kanter）引入赋权概念，对这一名言做了有趣的修正。坎特认为，**无权**（powerlessness）也导致腐败。换言之，如果员工只获得了少量权力，他们会满怀嫉妒地守护自己拥有的那点权力。没权力的员工不会用话语表达其不满，而是在响应要求前，通过要求他人顺服来展现实力。他们僵化地执行职位相关的管理政策，确保每个人都毫无例外地遵守规则。如果客户有任何要求，都被告知必须提交所有必备表格，从其他机构获得书面许可，不折不扣地遵从各种官僚程序，而且，需要等待几个月才能看到结果。由于速度是执行力的重要组成部分，对于需要快速生产产品、处理订单、提供发票、收回货款、服务客户，或者雇用和培训新员工的公司，员工的无权状态会使其基本处于瘫痪状态。

无权状态如何影响公司社会声誉的一个例证来自航空业。大多数航空公司都会超额销售航班，因为总是有少数乘客未乘坐预订的航班。公司也设置了一套规则，应对航班超售客满时付费乘客无法登机的情况。有些航空公司按乘客的旅客等级来决定，其他公司则可能按机票价格或登机顺序（即常旅客、高价机票和较早登机的乘客，不太会被要求下机）。2017年4月，联合航空发生了一次机票超售，由于一组机组人员要搭乘该航班赶往另一个城市，需要4名乘客自愿乘坐下一航班。登机服务人员和空乘人员向乘客提供800美元的旅行优惠券，但仅有2位乘客愿意接受。公司随后要求机场保安强行将另外2人拖离座位，其中一位是69岁的医生，由于4位机场警察的粗暴对待，导致他脑震荡、鼻窦损伤、面部撕裂，还掉了2颗牙。登机服务人员、空乘人员和机场保安遵循的是联合航空的超售乘客下机流程，但此次事件的视频在网上疯传，航空公司的股票市值在很短时间内损失了7.7亿美元。公司CEO最初指责是乘客导致了问题发生，在股东利益受损、客户反应不断激化的几天后又改变了态度。

哪种激励方法可以最好地描述登机服务人员、空乘人员和机场保安的情况？联合航空可以如何向登机服务人员、空乘人员赋权，以应对机票超售？在公司CEO的公开声明中，激励和基本归因错误（见第2章）是如何发挥作用的？

资料来源：R. Moss Kanter, “Powerlessness Corrupts,” *Harvard Business Review*, July–August 2010, p. 36; D. Victor and M. Stevens, “United Passenger Is Dragged from an Overbooked Flight,” *The New York Times*, April 10, 2017, www.nytimes.com/2017/04/10/business/united-flight-passenger-dragged.html; R. Wile, “Here’s How Much United Airlines Stock Tanked This Week,” *Time*, April 14, 2017, http://time.com/money/4739880/united-airlines-fiasco-overbooked-passenger-dragged-stock-price-value; and A. C. Ott, “Are Scorecards Killing Employee Engagement?”*Harvard Business Review*, July 12, 2011, https://hbr.org/2011/07/are-scorecards-and-metri-cskil.

赋权还包括4项微观要素。这些要素可以用来确定员工是否获得了赋权，它们是：自我决定、意义、胜任力和影响力。[136, 137, 138] 被赋权的员工有自我决定感，他们可以就做什么、怎么做、何时应当完成等问题做出选择；被赋权的员工也会有强烈的意义感，他们相信自己所做的一切对自己和公司的成功都是重要的；被赋权的员工也有高水平的胜任力，他们知道自己在做什么并相信自己有能力完成该项工作；被赋权的员工可以对其他人施加影响，并相信自己可以影响团队或工作单元，同事和领导者也会倾听自己的意见。总之，被赋权的员工有权限做出决策，在制定上述决策时感到游刃有余，相信自己所做的一切是重要的，并被视为团队中有影响力的成员。未被赋权的员工则缺乏制定决策的权限；感到权力有限并且可能不愿制定决策；即便有好主意，也对工作单元缺乏影响力。大多数员工可能处于赋权连续区间的两个端点之间，如图9-2所示。

被赋权的员工 ⟷ **未被赋权的员工**

- 自我决定
- 充满意义感
- 高胜任力
- 高影响力

- 他人决定
- 不确定自己所做的是否重要
- 低胜任力
- 低影响力

图 9-2　赋权的连续区间

赋权和操作性方法指出了经常被其他激励理论忽视的重要一点：通过改变情境因素，领导者可以提高追随者的激励水平、绩效和满意度。不幸的是，很多领导者天真地认为改变人比改变情境容易，但事实并非如此。情境并非固定不变，而追随者也不是绩效等式中的唯一变量。领导者往往能通过重组工作流程和程序，来提高员工的决策权限并增进工作的意义，进而正向影响追随者的激励水平。将追随者的这些改变和一项良好设计、有效实施的奖励制度联系在一起，会带来激励水平的进一步提高。但是，领导者在每一次改变流程、程序、对工作的奖励方式时，哪怕这些改变是朝更好的方向发展，他们都可能遇到阻力。按原有方式做事是容易的，因为追随者了解绩效期望，往往也开发出了达成目标所需的技能。追随者往往发现以新方式做事可能令人沮丧，因为绩效期望可能不明确，他们可能也不具备必需的技能。领导者可以向追随者表达支持、提供新技能的培训和辅导、充分利用机会奖励个人进展，以此帮助他们度过对新流程和程序的最初抗拒期。如果流程、程序和奖励的设计合理且实施有效，在很多情况下，追随者会度过最初的抗拒期；并且，随着时间推移，他们甚至会对自己用旧系统来完成工作感到奇怪。向新工作流程和程序成功转型的责任，将完全由领导者承担。

你会如何用赋权来激励朱莉、玲玲或空乘人员？你需要收集什么信息，如何实施该项目，你的项目又可能存在什么潜在问题？有些公司，比如 IBM 和惠普，不允许员工在家工作，因为公司认为员工在办公室工作会提高生产率和创新能力。[139] 你认为不赋权给员工在家工作，是个好主意吗？你认为哪种激励方法最适合描述雇主支持这类变革的理由？哪种激励方法最适合描述员工抵制在办公室之外工作的决定？

扫码获取本章案例、参考文献等内容

第 10 章

追随者的满意度和敬业度

领导者的工作是为了使追随者幸福吗？感到幸福和满意的追随者，工作表现优于对工作不满的追随者吗？如果领导者改善了追随者对工作的态度，他们会看到追随者绩效的相应提升吗？正如第 9 章所述，工作满意度与工作绩效之间并不存在很强的相关关系。幸福的追随者可能对当前状况感到满意，但并不急切地想完成工作，而不满意的员工有时却会产出卓越的成果。由于工作满意度和工作绩效间的关系相当薄弱，研究者开始探讨其他的追随者态度指标能否更好地预测员工工作行为。在过去 20 年间，研究者发现员工敬业度这一与工作满意度和激励高度相关但存在差异的概念，与追随者的绩效水平、团队或组织效力指标有更强的相关关系。企业界采纳了这些研究结论，并定期评估和运用多种方法来改善员工敬业度。员工敬业度已经成为企业人力资源职能的一个关键评价指标，它本身也成了一门大生意，企业界每年花费超过 7 亿美元用于改善敬业度分值。全球数百万名员工每年接受相关调查，并且这些调查也得出了很多有趣的结论。[1, 2, 3, 4, 5]

虽然员工满意度调查通常向追随者询问他们对各种不同因素的态度，比如工作条件、压力水平、工资和福利、工作保障、晋升机会、多元化或高层领导力，但员工敬业度则更关注追随者对需要执行的任务或需要完成工作活动的态度。有些人由衷地相信自己的工作很重要，并且享受工作过程，不论他们所做的是营销活动策划、写电脑代码还是帮他人获得学生贷款。另一些人选择工作是为了工资和福利，并认为工作既缺乏影响力，也不令人愉快。研究者发现，拥有较大比例高敬业度员工的组织，其财务绩效优于高敬业度员工比例较低的企业；而且，员工敬业度目前也变成了员工态度研究的“圣杯”。[6, 7, 8, 9] 有些管理咨询顾问和企业开始相信员工敬业度本身就是领导的目的，即让追随者感觉自己所做的工作有趣且重要，就是领导者要做的正确的事。虽然这种利他主义观点值得赞许，但大多数企业认为员工敬业度只是一种为了达成目标的手段。组织的存在是为了获得成果，而且关心的主要是效力指标，如市场占有率、顾客满意度的总体水平、年销售收入，或者追随者的生产率水平。最高层领导者将拥有高敬业度员工视为获得这些卓越成果的一种途径。[10, 11, 12, 13, 14, 15]

理解和影响追随者的满意度水平

本章一开始是对追随者满意度研究的回顾。虽然在大型企业中，员工敬业度已经取代了满意度，但有些企业仍选择评估员工满意度，而非员工敬业度。此外，我们对员工敬业度的了解很大程度上是根植于工作满意度研究的，因此对这些研究结论及其启示的回顾具有重要意义。本章接下来将评述如何度量员工敬业度，我们对这一概念的理解，以及领导者需要做些什么来培养高敬业度员工。

虽然人们的关注从工作满意度转向员工敬业度，但有几点实践考量使领导者仍有必要将工作满意度视为一个重要概念。研究表明，在过去 10 年间，员工流动从每月 170 万人激增为每月 350 万人，目前已处于 17 年来的最高值。研究显示，满意的员工更有可能留在企业继续工作，[16, 17, 18, 19, 20, 21, 22, 23, 24, 25, 26, 27, 28] 并更有可能做出组织公民行为，即做出职位说明书和角色要求之外的行为，并帮助组织的其他成员减轻工作负担和压力。不满意的员工则更可能与领导处于敌对关系（比如，提出书面申诉），并从事各类反生产行为。[29, 30, 31, 32, 33, 34, 35, 36, 37] 满意度低是人们离开组织的一项关键理由，并且使人们对工作感到满意或不满意的很多理由都处于领导者的直接控制之下（见表 10-1）。[38, 39, 40, 41]

表 10-1　人们为何辞职或留在组织中

人们为何辞职	人们为何留在组织中
有限的认可和赞美	承诺长期雇用
薪资	令人兴奋的工作和挑战
有限的职权	公平的工资
恶劣的企业文化	鼓励充满乐趣的、合议式的关系
重复性工作	支持性的管理

资料来源：SIGMA Assessment Systems, www.sigmaassessmentsystems.com; Pace Communication, *Hemispheres Magazine,* November 1994, p. 155; "Keeping Workers Happy," *USA Today*, February 10, 1998, p. 1; B. G. Graves, "Why People Quit Their Jobs," *Harvard Business Review*, September 2016, https://hbr.org/2016/09/why-people-quit-their-jobs; and B. Kaye and S. Jordan-Evans, *Love 'Em or Lose Em: Getting Good People to Stay*, 5th ed. (San Francisco: Berrett-Koehler, 2014).

> 当人们决定不再重复购买时，70%～90% 的理由与产品或价格无关，而是关于服务的各个方面。
>
> ——贝瑞·吉本斯（Barry Gibbons），汉堡王前 CEO

尽管很难度量员工不满意的总成本，但员工流动可能是领导者面对的一个严重问题。替换一行一线管理者或高管人员的直接成本在 5000～400 000 美元，具体数额取决于招聘、再安置和培训成本，而这些成本还没有包括因职位空缺导致的相关生产率损失。[42] 另一项间接成本是客户流失。一项对大型公司的调查显示，转向另一家卖主的客户中有 49% 是因为恶劣的客户服务。[43] 如果员工对工作、上级或公司不满意，他们不太可能提供世界一流的服务。无法留住员工会导致客户流失，这直接影响销售收入，并使投资者重新考虑是否购买公司股票。与此相关，莎兰巴格（Schellenbarger）也报告，35% 的投资者决策是由非财务因素驱动的。在投资者购买股票之前考虑的 39 项因素中，公司吸引和留住人才的能力名列第 5。这些研究结果表明，一家公司的股价不仅受到市场份额和获利能力的驱动，也受到服务、员工留任和人才梯队建设能力等方面的驱动。因此，员工满意度对于公司的财务绩效可以产生相当重要的影响（见专栏 10-1）。[44]

❖ 专栏 10-1

得不到的并非总是最好的……

获得巨大财富的可能，以及在大型官僚制组织中工作的不满，使很多人选择在创业企业工作。在这些创业企业中工作，不仅能最大限度地提高第 9 章中提及的意义、掌握和自主水平，而且当创业企业被大型企业收购时，其成员往往也会获得大笔钱财。例如，Facebook 支付 10 亿美元收购 Instagram 时，后者是一家只有 13 名全职员工的企业。我们不了解这笔交易的收入如何分配，但毋庸置疑，这些员工中有些人这辈子再也不必工作了。在全球的亿万富豪中，有超过半数是通过创立并出售高科技初创企业发家致富的，我们也经常看到关于科技新宠被大型企业收购的最新报道。尽管新闻曝光率很高，但加入初创企业有很多风险。

首先，为初创企业工作不适合内心脆弱的人。初创企业对长时间工作的要求近乎苛刻，对大多数员工的标准是每天工作 16 个小时、周末也要工作，并且 24 小时应能随叫随到。工作生活平衡、人际关系与健康之类的问题，是初创企业员工最常抱怨的问题，高工作倦怠和流动率也是常态。只有 19% 的初创企业员工表示对工作满意，而且，由于缺乏职业晋升机会和高工作要求，仅有 17% 的员工感到被尊重。初创企业通常向员工提供丰厚的福利和股票期权来补偿这些不足。例如，Facebook 会给选择冷冻卵子的女性员工 20 000 美元的福利。事实上，企业支付这些福利并不是基于利他主义的动机，而是为了保持成本可控并诱导员工持续努力工作。

大多数初创企业都有现金流问题，因为可能还要一段时间才能有产品上市、销售收入才能进账，而企业需要立即支付工资、租金、设备等开支。为了应对这一问题，初创企业向投资者或风险资本家筹资，并向员工赠予股票（例如，10 000 股的本公司股票），而不是支付市场水平的工资或奖金。为了筹措现金，员工有时也被要求买入股票，通常有一定折扣。如果公司的商业模式存在问题，最终未能上市，则这些股票就会变成一堆废纸，而员工则将一生中 1～5 年的时间用于劳累过度、收入不足的工作上。

即使公司被成功收购，也无法保证员工的状况会因此改善。当初创企业被卖出时，主要所有者和投资者会首先被支付；只有在这之后，员工才能瓜分剩余的收入。很多时候，剩余部分不足以补偿员工为初创企业工作而损失的工资、奖金或买入的股票。这些收入缺口可能数额巨大，有些员工实际上是付钱买到了在初创企业工作的特权，而不是在承担了巨大的职业风险后获得了丰厚回报。

你会乐于为一家初创企业工作吗？你的理由是什么？

资料来源：V. Luckerson, "Here's Proof That Instagram Was One of the Smartest Acquisitions Ever," *Time*, April 19, 2016 http://time.com/4299297/instagram-facebook-revenue; "Schumpeter: The Other Side of Paradise," *The Economist*, January 16, 2016, p. 74; K. Benner, "When a Unicorn Start-Up Stumbles, Its Employees Get Hurt," *The New York Times*, December 27, 2015, www.nytimes.com/2015/12/27/technology/when-a-unicorn-start-up-stumbles-its-employees-get-hurt.html; R. Feintzeig, "Feeling Burned Out at Work? Join the Club," *The Wall Street Journal*, March 1, 2017, p. B6; and P. Cappelli, "Why Companies Are Paying Employees to Take Vacations," LinkedIn, www.linkedin.com/pulse/why-companies-paying-employees-take-vacations-peter-cappelli.

员工流动通常会对领导实践者产生直接影响。例如，在零售、休闲餐饮、快餐和咖啡等行业工作的值班经理、副经理及其他管理者，往往面临高达100%～200%的年流动率。换句话说，在门店或餐馆工作的每个人都有可能在一年内被他人替换，其中有些企业需要为每位在职员工每年招录两位替换人选。想象一下这些领导者需要为以下工作花费多少时间：招聘、遴选、入职和培训新员工，调整工作时间并为员工代班，以及应对不满的顾客。高流动水平还会使新员工很难做出高绩效，并很难达成餐馆或门店的顾客服务和财务绩效目标。

尽管一定水平的**功能性流动**（functional turnover）对于组织而言是健康的（即这些追随者退休、不再适合组织要求或绩效低于标准），但功能不良的流动则不然。**功能不良的流动**（dysfunctional turnover）发生在组织中“最优秀、最聪明的”员工开始不满并离开组织时。在本地整体经济状况较好、工作机会充足时，最有可能发生功能不良的流动，此时高绩效的追随者有其他就业机会。功能不良的流动也会发生在组织以精简、裁员来应对经营状况恶化时（如成本增加，收入、市场份额或盈利能力下降）。在这些情况下，功能不良的流动可能有几种极具破坏性的影响。第一，那些最有能力扭转公司局面的人不在组织中了。第二，留下的人可能更不擅长处理与组织精简相伴的额外工作负担。使这一问题更为复杂的是，精简期间的公司培训预算往往也被削减。第三，精简的组织有一段时间会很难招聘到具有扭转公司局面所需技能的新人。由于工作缺乏保障，有能力的求职者会避开申请该企业的工作，继续留在企业中的能力较弱的管理者也会决定，不聘用任何可能取代自己的人。由于领导者能对追随者的满意度发挥重要作用，而追随者的满意度水平对各种组织成果均能产生显著影响，有必要就这个题目做更为详尽的探讨（见专栏10-2）。[45, 46, 47, 48, 49, 50]

❖ 专栏 10-2

被误导的幸福追求

虽然压倒性的研究表明，工作满意度与组织效力之间不存在很强的相关关系，但一些管理咨询公司仍在力推一个观念：对想要达成卓越财务绩效的公司而言，员工幸福可以构成公司的竞争优势。有些公司，如扎珀斯（Zappos）或谷歌，都设立了头衔为“班长”（class president）、首席幸福官、快乐好伙伴之类的高层管理职位，其职责是要与员工共情并提供支持，使员工保持心情愉快。但事实上，如果组织致力于消除常见的员工困扰，比如不得不参加无益的会议、坚守高度僵化且通常不必要的规章制度或按固定的办公时间工作，而不是每周五下午参加一次办公室餐会，情况就会明显改善。

在追求幸福时，还有几种做法存在问题。一些公司现在表示，追随者仅仅完成分派的任务是不够的，他们现在必须“边吹口哨边工作”，表现出在完成工作时很幸福满足的外在形象。清洁酒店房间、在收银台工作或在免下车服务门店下订单，都是相当沉闷的工作；如果追随者在完成乏味工作的同时，还必须微笑并表现出积极态度，这份工作就变得更有难度了。研究表明，如果追随者不得不持续展示积极的工作态度，他们更有可能受到工作倦怠的困扰并离开企业。

另一个与追求幸福有关的问题，是它使追随者注定失败。文森特·诺曼·皮尔、乔尔·奥斯汀、托尼·罗宾斯、朗达·伯恩及其他一些励志大师极力推销一种观念：每个人需要做的是思考开心的事，好事会随之而来。但遗憾的是，只是思考你打算写的几行代码、无家可归的人不再挨饿或需要投递的包裹，并不等于实际完成了工作，而且，也没有证据支持积极思考的力量。此外，研究显示，那些坚定相信为了达成目标，自己需要做的就是积极思考的人，实际上会投入较少努力追求目标实现。这些人在持续乐观但未能产生结果时，往往也会表现得更失望。

虽然员工幸福和绩效之间的关系至多是勉强相关，在工作中伪装出幸福状态也可能是有益的。一方面，没人想和一个不断抱怨的人共事，而且幸福的人比吹毛求疵、牢骚满腹的人更有可能获得晋升。伪装幸福也可能是一种重要的领导素质，因为追随者宁愿为一位乐观、有适应力的人工作，也不愿自己的上司是悲观、情绪波动很大的人。另一方面，领导者和追随者应该伪装幸福，还是为人真诚、在工作中表现出真正的自我？

人们应该在工作中感到幸福吗？企业有责任确保员工幸福吗？如果企业要求员工表现出积极的工作态度，这是合理的做法，还是对员工的侵扰呢？企业是否应该用电子监控技术来持续追踪员工的幸福状态？如果你的公司这样做，你认为员工的工作态度将会如何？

资料来源：“Schumpeter: Against Happiness,” *The Economist*, September 24, 2015, p. 66; A. Alter, “The Powerlessness of Positive Thinking,” *The New Yorker*, February 13, 2014, www.newyorker.com/business/currency/the-powerlessness-of-positive-thinking; J. Low, “Is Work Culture Overrated?”*The Low Down*, September 8, 2016, www.thelowdown-blog. com/2016/09/is-work-culture-overrated.html; T. Chamorro-Premuzic, “Is There a Case for Faking Happiness at Work?” *Forbes*, December 15, 2019, www.forbes.com/sites/tomaspremuzic/2019/12/15/is-there-a-case-for-faking-happiness-at-work; “Whistle While You Work,” *The Economist*, November 2, 2019, p. 58; “The Spy Who Hired Me,” *The Economist*, January 5, 2019, p. 46; W. Arruda, “How to Succeed by Being Your True Self at Work,” *Forbes*, November 3, 2019, www.forbes.com/sites/williamarruda/2019/11/03/how-to-succeed-by-being-your-true-self-at-work; and C. White, B. Uttl, and M. Holder,“Meta-Analyses of Positive Psychology Interventions: The Effects Are Much Smaller Than Previously Reported,”*PLOS ONE*, May 29, 2019, www.ncbi.nlm.nih.gov/pmc/articles/PMC6541265.

总体满意度、特殊构面满意度和生活满意度

想了解个人对工作的态度有很多不同方式，但研究者往往用某种工作满意度调查表来收集这类信息。[51, 52, 53, 54, 55] 这些调查表通常被分发给所有员工，调查者收集员工回复后列表计算，并将这些结果在整个组织发布。表 10-2 给出了工作满意度调查表中常见的三种不同题项的示例。题项 1 是**总体满意度**（global satisfaction）题项，评估员工对组织、工作的总体满意水平。题项 2～7 是**特殊构面满意度**（facet satisfaction）题项，评价员工对工作的不同侧面（如薪资、福利、晋升政策、工作时间和条件等）的满意程度。人们可能总体上感到满意，但仍对工作的特定方面感到不满。例如，2001—2011 年，职业保障是影响员工满意度的一项主要因素，而 2007—2009 年的经济衰退更是强化了员工的忧虑。美国人力资源管理协会的一项研究显示，使用个人技能和能力的机会、薪资、职业保障、沟通和与直接上级的关系，是影响总体满意度的最重要因素。[56] 对美国陆军下级军官的一项研究显示，这些军官的总体满意度持续下降，而且，有更大比例的下级军官选择离开军队。有两个主要原因导致这种较高水平的功能不良的流动：对直接上级的不满和对高层领导的不满。很多下级军官表示，他们厌倦了为那些一门心思只想向上爬的上级工作，这些上级有很强的微观管理倾向，而且，只要对其职业有益，他们不惜背弃自己的下属。[57, 58] 这种总体满意度的下降不仅限于美国军队，同样的现象在很多美国和欧洲公司中也存在。造成这种下滑的主要原因，可以归结为较高的追随者期望、追随者通过科技手段可以接触到更多信息、经济下滑、兼并收购、组织精简和无能的上级。

表 10-2　工作满意度调查表中的典型题项

1. 总体来说，我对自己的工作感到满意
2. 我觉得组织中每个人的工作负担基本上是一样的
3. 我的上级能很好地处理冲突
4. 我的薪金和福利与其他企业中的员工具有可比性
5. 如果人们做事尽心尽责，他们在组织中有很好的前途
6. 在这家企业中，出色的绩效会得到回报
7. 组织中有良好的医疗保健计划
8. 总体来说，我对自己的生活和未来方向感到满意
这些项目通常按从非常不同意（1）到非常同意（5）的尺度来打分

领导实践者应当意识到，关于总体满意度和特殊构面满意度还有几个重要研究结论。第一个结论是，人们往往喜欢自己的专业或职业。他们可能不喜欢目前的薪资、福利或老板，但他们似乎的确对自己赖以谋生的方式感到满意。第二个结论与**层级效应**（hierarchy effect）有关。总的来说，与组织中的新人、基层员工相比，工作年限较长或身居高位的人有更高的总体满意度和特殊构面满意度。[59] 因为身居组织高位的人对工作的感觉更愉快，他们可能不理解或不懂为什么基层员工会感到不满。从基层视角来看，身居高位的领导者可能让人觉得想法天真，不谙世事。而从高层视角来看，关于士气、薪金或资源的抱怨往往被看成在发牢骚。本书的一位作者曾在一家公用事业公司工作，该公司经历了组织精简，正在遭受与高功能不良的流动率相伴的各种副作用的侵蚀。但遗憾的是，负责吸引和留住人才、致力于使公司成为“最佳雇主”的常务副总裁表示，他不理解员工为什么要抱怨，如果员工能停止发牢骚，事情就会改善很多。由于这位副总裁不知

道员工抱怨的根源何在，旨在彻底改善员工士气的项目完全没击中要点，高水平的功能不良的流动一直在持续。层级效应也意味着，高层管理者需要高度关注并花费大量精力来提高非管理阶层员工的满意度水平；此时仅仅嘴上说说是不够的。专栏 10-3 给出了一些公司不重视员工满意度的例子。

❖ 专栏 10-3

耻辱墙：美国的 10 大最差雇主

大多数人的理想工作场所，是能感受到被重视、有良好工作保障并能获得公平薪资的组织。很多企业想方设法满足员工的这些要求，而那些真正做到的公司会被公众视为美国最佳雇主。但还有一些公司把员工当成装配线上的小部件，完全不关心员工满意度或敬业度。过去人们很难了解公司如何对待其员工，但员工满意度和敬业度调查、互联网、社交媒体的使用，如今使这种信息很容易获得。《福布斯》和 *Inc.* 杂志公布了根据员工调查所得的最佳雇主排名，而 Indeed、Glassdoor、TheJobCrowd 等网站也提供了让当前员工与离任员工对公司进行匿名评级和留言评论的平台。人们似乎对了解关于雇主的真实观点很感兴趣，因为 Glassdoor 有 3000 多万名注册用户，而 Indeed 的月访问量超过了 2.5 亿人次。

虽然每年的最差雇主名单都有变化，但公司跌落到这一名单底部也需要很长时间。换言之，最差雇主的管理方式应该已经持续了一段时间，而且未来还会继续保持下去。虽然情境因素会影响员工评级，但更多时候，中高层管理者是造成员工负面工作环境的主因。2019 年的一些最差雇主企业如下：

10. 家庭美元百货（Family Dollar Stores）。这家公司长年位于 10 大最差雇主名单中，它在美国 46 个州有超过 8000 家门店，不合格的管理者和极度的工作生活不平衡是它上榜的主要原因。

9. 安络维科（Alorica）。创立一家使命为“提供酷毙了的客户体验”，而员工却不断抱怨工资、工作时间、加班工资率和企业文化的公司，难度超高。

8. Speedway LLC。前雇员对自己在这家加油站连锁公司的经历感到不满，在 Glassdoor 上给出了 2.6（满分为 5.0）的平均分。

7. CDK 全球。哪怕高科技公司也可能是恶劣的工作场所。公司前雇员表示，低收入、长工作时间是他们离职的原因。除此之外，门店关闭、经常解雇员工、销售收入下滑、高高在上的管理者，都是导致这一排名的原因。

6. 美国安保联合公司（US Security Associates）。很显然，围绕大楼巡视、检查 ID 卡、监控安保摄像头没有让人感觉充实；工资收入不高或缺乏高层管理者的支持，使员工的感受更加恶劣。

5. 健瑞仕健康服务（Genesis Health-Care）。人们只能希望病人得到的照顾优于员工。僵化的高层管理者、低士气、有限的职业机会都是这家总部设在美国宾夕法尼亚州的医疗保健服务商面临的问题。

4. 边疆通信（Frontier Communications）。仅有 14% 的 Glassdoor 评价认同公司 CEO 的领导力；频繁且不必要的变革及恶劣的组织文化，是这家通信服务商的标志。

3. 鲜煮荟绿色食品超市（The Fresh Market）。微薄的工资和拙劣的工作生活平衡安排是这家食品超市连锁公司前雇员的常见抱怨。

2. United Biosource。很显然，公平薪酬、职业稳定性和健康的工作生活平衡，不是这家医药服务支持公司的主要关注点。

1. 联合太平洋公司（Union Pacific）。作为 2019 年的最差雇主第一名，联合太平洋大肆宣传公司"对绩效的热诚、高伦理标准和团队合作"，但 Glassdoor 的评价显示，它在这三个领域都远远不达标。仅有 12% 的前雇员认同 CEO 兰斯·菲茨（Lance Fitz）在联合太平洋的经营，并有 78% 的前雇员表示不会向朋友推荐该公司。

看上去最差雇主可能来自广泛的行业领域，但它们有明显的共同点。哪一种激励或满意度理论能最好地解释员工选择离开这些最差雇主的原因？哪些理论能最好地解释人们为何选择继续留在这些企业的原因？这些公司在西欧或亚洲也会被视为最差雇主吗？

资料来源：G. Parker, "The 20 Worst Companies to Work For in 2019," August 2019, *Money Inc.*, https://moneyinc.com/worst-companies-to-work-for/.

薪资作为工作满意度的另一个构面，对领导实践者有着重要意义。你可能会想到，层级效应在收入领域也存在：对 300 万员工的调查表明，有 71% 的高级管理者、58% 的中层管理者和仅仅 46% 的非管理者对本人薪资的评级为"非常好"。在非管理者中，33% 的受访者对薪资的评级为"一般"，20% 的受访者评级为"非常糟糕"。[60] 考虑到男性和女性之间存在的工资差距，在满意度较低的群体中女性的占比可能明显过高。其中很多女性可能是所在职位的最高绩效者，因此，这一工资不平等状况，加上过去几年间相对较低的年度加薪，可能导致女性员工群体面对过高的功能不良的流动问题。

> 领导者往往是唯一会对员工满意度调查结果感到吃惊的人。实际上，员工一直以来都在谈论调查中涉及的这些问题。
>
> ——黛安娜·尼尔森（Dianne Nilsen），领导力咨询顾问

在工作中感到更愉快的人，往往也会有更高的生活满意度评级。**生活满意度**（life satisfaction）是指一个人对生活的总体态度，表 10-2 中题项 8 是生活满意度问题的一个典型例子。由于领导者往往是追随者生活中最有影响力的人之一，他们永远不应低估自己对追随者总体福利水平的影响力。

工作满意度调查在公营和私营机构中都得到了广泛应用。组织往往每一两年使用这些测评量表来评估员工对工作的各个方面、政策或工作流程的变化或其他管理建议的态度。当这些调查结果能与其他**参照组**（reference group）的结果相比较时，这类信息最有价值。组织过去的结果可以作为一个参照组：人们对薪资、晋升或总体满意度的评级随着时间推移是在改善，还是在恶化？

来自类似组织的工作满意度评价也可以作为参照组：员工对本组织的领导和工作条件的评级是高于还是低于类似组织中的员工评级？

图 10-1 显示了在美国西部一家中型机场工作的约 80 名员工的特殊构面满意度和总体满意度的调查结果。完成调查表的员工包括航空总监和他的多位主管（n=11）、运营部员工（n=6）、机场维修部员工（n=15）、通信部员工（n=6）、机场设备部员工（n=12）、行政管理部员工（n=10）和安保人员（n=20）。该机场归市政府所有，自从新航站楼开业以来实现了快速增长；事实上，开业不到两年，飞机载客量已经超出了新航站楼的承载能力。遗憾的是，员工配置仍保持在开业之初的水平，人们认为由此导致的工作负担和压力对员工士气和满意度产生了负面影响。出于这些方面的考虑，航空总监决定实施一项工作满意度调查，精准确定存在问题的领域并开发出解决问题的行动方案。

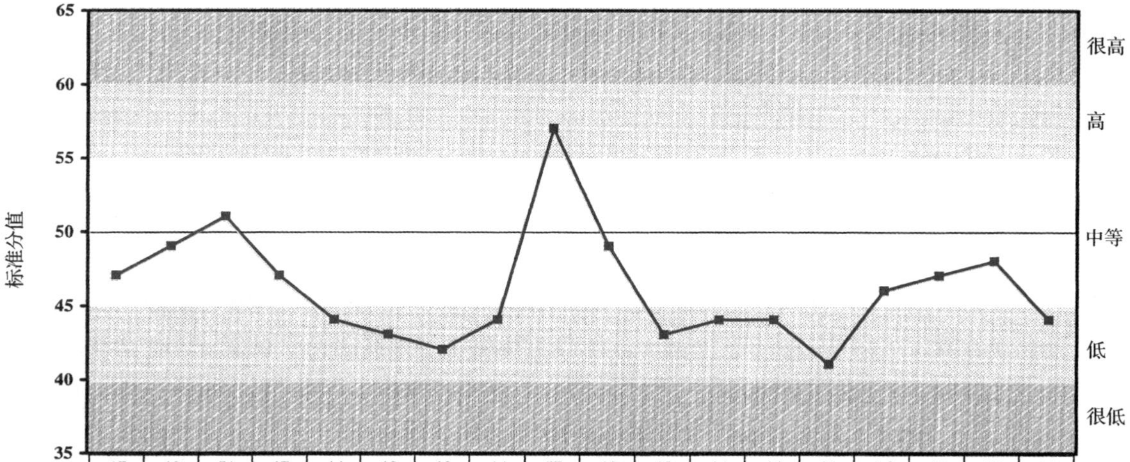

	工作本身	工作条件	免于压力	同事关系	多元化	管理监督	高层领导力	薪资	福利	工作保障	晋升机会	反馈	计划	伦理	质量	创新	总体满足感	综合指标
组	47	49	51	47	44	43	42	44	57	49	43	44	44	41	46	47	48	44
低/高	-11/6	14/62	31/68	16/66	11/61	14/62	22/66	23/63	36/61	20/62	16/64	23/65	22/65	15/62	15/65	28/68	18/63	9/68

图 10-1 一项特殊构面满意度和总体满意度的调查结果

资料来源：D. P. Campbell and S. Hyne, *Manual for the Revised Campbell Organizational Survey* (Minneapolis, MN: National Computing Systems, 1995).

与全美的基准水平相比，图 10-1 中分数超过 50 的是满意区域，分数低于 50 的是不满意区域。在这里，我们看到机场员工对他们的福利很满意，对工作本身相当满意，但对管理监督、高层领导力、晋升机会、反馈、伦理等相当不满意。所有机场员工都有机会了解这些结果，而且，每个部门都讨论了影响调查结果的诸多因素，并开发和实施了解决这些问题的行动方案。高层领导（本案例中的航空总监）被所有部门视为员工不满的最大根源。这位总监是个真诚善良的人，也想把工作做好，但他从不说清楚他对机场的愿景是什么，也从不解释员工的行动与这一使命有什么关系，他没有为每个部门设置目标，不提供反馈，也从不为下属厘清角色或责任领域，他向碰巧在大厅里遇到的员工委派活动任务，经常在关键决策上改变主意，并且没能使下属及时了解航空承租人或市议会的决策。在这位总监获知这一结果后，他将过错归咎为机场的快速成长、缺乏来自市政府的人员支持（又一次，第 2 章中的基本归因错误在发挥作用）。市政府的管理者接下来给总监 6 个月时间，要求他明显改善员工的满意度水平。总监没把这个问题当回事，所以，毫不意外，6 个月后的调查结果在高层领导力一栏中没什么变化。由于未能改善机场员工的士气，总监随后被免职了。

仅仅做满意度调查是不够的。领导者还必须有意愿基于调查结果采取行动，否则就会冒失去可信度和增加工作不满的风险。一旦获得调查结果，评级不高的领导者很可能不想与追随者分享信息，但这么做几乎总是错的。尽管结果可能令人不快，但公司中的流言可能比结果本身更糟。而且，如果下属看到对调查结果的抗拒或工作场所几乎没什么改变，他们也就不愿意再填写以后的满意度调查表了。此外，对这类结果很戒备、想把它藏起来的领导者应当记住：坏消息只能让自己吃惊，其他人早都知道了，有什么可藏的呢？从实用角度来说，除非领导者愿意分享调查结果并采取行动，否则他们一开始就不应该评估员工的工作态度。

如果领导者希望改善追随者满意度调查的分值，可以采取三个方面的行动。第一，他们需要与追随者分享调查结果。领导者最好不要为追随者解读调查结果，而是让他们自行分析数据并找出待改进的领域。第二，领导者需要表现出好奇心，广纳建言。追随者可能确认需要改进的领域是绩效期望、会议、决策、职责、沟通或资源。这些话题往往折射出追随者面对的领导方式，此时领导者需要抵制对追随者的建议给予合理化解释的诱惑。他们应该与追随者紧密合作来找出共同认可的解决方案，因为这种做法会同时改善领导者技能和追随者满意度。第三，领导者和追随者需要制订行动计划，定期评估取得的进展。空谈是廉价的，行动才是可贵的，而在确认领导者是否严肃对待追随者满意水平时，进展评估的做法甚至更好。

工作满意度的两个理论

如表 10-3 所示，第 9 章描述的 5 个激励理论也为追随者的工作满意度提供了有益观点。例如，如果追随者认为自己的工作不重要、对于该做什么没有明确的目标或期望、奖罚制度的执行相当随意，或者面对管理者的微观管理，他们很难对工作感到满意。还有两个理论——组织公平理论和赫茨伯格的双因素理论，也为工作满意度提供了不同的解释。

表 10-3　7 种满意度理论

理论或方法	领导者如何提高工作满意度
动机或需要	帮助确保员工的需要得到满足
成就导向理论	保障所需资源、清除障碍、允许员工从事对自己重要的活动
目标设置理论	设定高目标，并帮助员工实现这些目标
操作性方法	提供奖励
赋权	给员工所需的培训和更大的决策权限
组织公平理论	公平对待员工
赫茨伯格的双因素理论	给员工更有意义的工作

组织公平理论：公平感重要吗

组织公平（organizational justice）理论的前提是：受到不公正对待的人生产率较低、满意度较低且对组织的归属感较低。此外，这些人更有可能发起集体产业行动，并从事各种类型的反生产行为。[61] 根据崔维诺（Trevino）的研究，组织公平由三个相关要素构成：**互动公平**（interactional justice）反映人们在多大程度上获得了关于不同奖励流程的信息，并获得有尊严、受尊重的对待。**分配公平**（distributive justice）涉及追随者关于奖惩水平是否与个人绩效或违规相匹配的感觉。当追随者认为有人得到的奖罚结果太少或太多时，就会出现不满。对**程序公平**（procedural justice）的感知涉及奖励或惩罚实施的过程。当某人将受到惩罚时，如果事先对此人进行了充分警告、他有机会为自己的行为申辩解释，并且惩罚的实施方式是及时、始终如一的，则追随者会比较满意。[62] 研究表明，这些不同的组织公平要素与员工对领导者、薪资、晋升和工作本身的满意度，以及员工的组织公民行为、反生产工作行为（在感受到不公平时）都相关。[63, 64, 65, 66, 67, 68, 69, 70, 71]

> 公平才是真正的正义。
>
> ——波特·斯图尔特（Potter Stewart），美国最高法院前大法官

那么，如果希望运用组织公平理论来提高追随者的满意度、降低员工流动率，领导者需要做什么？组织公平的基本原则就是公正：追随者是否认为自己受到了有尊严和受尊重的对待？奖励是否与绩效相称？或者，奖励制度的执行是不偏不倚的吗？想使用这一方法提高工作满意度的领导者，需要确保追随者对这三个问题的回答均为“是”；如果对上面任何一个问题的回答为“否”，则想用组织公平理论来提高工作满意度的领导者就需要改变奖惩制度。布罗克纳（Brockner）指出，组织场所的公正听上去理所当然，但在很多组织中却是极度缺乏的。太多的管理者偏袒下属、回避而非直接处理不愉快的状况，或者，由于法律原因而不愿公开特定问题的处理方式。[72] 这些不公平感的例子，往往是导致很多组织中员工不满的基本原因。

❖ 专栏 10-4

幸福感最强的职业、州和国家

民意调查显示，工作满意度和生活满意度在不同的职业、州乃至国家间存在巨大差异。并且，尽管美国是全球最富裕的国家之一，但其人民的生活满意度水平仅位居全球第 16 位。针对超过 13 万人的生活满意度调查，揭示了以下调查结论（按顺序排列）。

最幸福的职业：房产经纪人、质检工程师、高级销售代表、建筑施工监理、高级应用程序开发人员、采购经理、行政助理和助理财务总监。

最幸福的州（美国）：南达科他州、佛蒙特州、夏威夷州、明尼苏达州和北达科他州。

最不幸福的州（美国）：西弗吉尼亚州、路易斯安那州、阿肯色州、密西西比州和俄克拉

何马州。

最幸福的国家：芬兰、丹麦、挪威、冰岛和荷兰。

资料来源：K. Gilcrest, "These Are the Happiest Countries in the World," CNBC, www.cnbc.com/2017/03/20/norway-ranked-worlds-happiest-country-as-the-us-gets-sadder.html; "The Happiest and Unhappiest Jobs," *Forbes*, www.forbes.com/pictures/efkk45ehffl/the-happiest-and-unhappiest-jobs; S. Ferro, "And the Most Miserable State in America Is...," *Mental Floss*, July 25, 2019, www.mentalfloss. com/article/552027/most-miserable-state-america; and M. Grothaus, "These Are the 10 Happiest and Unhappiest Countries in the World in 2019," *Fast Company*, March 21, 2019, www.fastcompany.com/90323247/these-are-the-10-happiest-and-unhappiest-countries-in-the-world-in-2019.

赫茨伯格的双因素理论：有意义的工作会让人快乐

赫茨伯格根据他对会计师和工程师的一系列访谈，提出了**双因素理论**（two-factor theory）。具体来说，他询问是什么使人们对工作感到满意，他发现人们的回答总是可以归纳为五种固定的类别。此外，他不认为工作不满意因素恰好是工作满意因素的对立面，因此他也具体询问了什么因素使人们对自己的工作感到不满。令人吃惊的是，满意因素与不满意因素代表了工作中完全不同的领域。

赫茨伯格将带来工作满意的因素命名为**激励因素**（motivator factor），将带来工作不满的因素命名为**保健因素**（hygiene factor）。表 10-4 中列出了最常见的激励因素和保健因素。根据双因素理论，旨在改善保健因素的努力将不会提高追随者的激励水平或满意度。例如，不论领导者如何改善工作条件、薪资或病假政策，追随者都不会投入额外努力或坚持更长时间去完成任务。再比如，追随者不太可能仅仅因为得到了舒适的办公家具，就很积极地从事一项乏味无趣的工作。反过来，追随者可能被要求在极差的条件下工作，这会激发员工的不满，使其注意力偏离建设性的工作。[73, 74, 75]

表 10-4　双因素理论的激励和保健因素

激励因素	保健因素
成就	监督
认可	工作条件
工作本身	同事关系
责任	薪资
晋升和成长	政策、程序
	工作保障

资料来源：Adapted from F. Herzberg, *Work and the Nature of Man* (Cleveland, OH: World Publishing, 1966).

❖ 专栏 10-5

角色模糊、角色冲突和工作满意度

工作满意度的 7 个理论为理解人们在工作中感到幸福或不幸的原因提供了有益的框架。但对导致工作不满的另外两项关键原因，并未很好地被纳入上述框架之中。第一项是**角色模**

糊（role ambiguity），它发生在领导者或追随者不清楚自己需要做什么或以何种方式来做时。很多人想在工作中取得成功，但太多的领导者未能为追随者提供指导、培训或成功所需的资源，这实际上把他们推向了失败。在这类情况下，追随者可能付出很大努力，但他们常常没有做正确的事，结果获得的成果极为有限。这种挫折感很快会变成不满，并最终使人们寻找其他的工作机会。这里的一个例子是一位人力资源副总裁，他在某个岗位上仅仅工作两周之后就决定辞职，因为在此期间他没有见过老板、没有办公桌，甚至没有电话可用。更为讽刺的是，他当时正就职于加拿大的一家大型电话公司。

第二项是**角色冲突**（role conflict），它发生在领导者及下属认定的目标之间存在不一致时。例如，领导者可能被告知，其目标是在提高产出的同时减少人员编制。同时达到这两项目标可能非常困难，除非领导者获得了足以大大提高员工生产率的新工艺、技术或产品。在面对不一致的目标时，领导者往往集中努力，以某些目标为代价来完成另一些目标。这可能就是英国石油公司的深海地平线钻井平台事故的情况，公司要求管理者以安全、不破坏环境的方式开采石油，同时又要降低成本、提高生产率。钻井平台上的管理者似乎过于关注生产和成本节约目标，其最终结果是11名员工丧生及一次史无前例的环境灾难。

尽管角色冲突是导致员工不满的来源，但人们需要意识到，管理者面临的一项关键挑战是要成功完成看似彼此不一致的目标。如果团队只有一项生产率目标，很多领导者都能成功地帮助团队实现该目标。如果团队同时有生产率和盈利目标，数量较少的领导者可以取得成功。而如果团队同时有生产率、盈利性、安全性、质量和客户满意度目标，在所有这些领域中均能取得成功的领导者可能数量更为有限。事实是，大多数团队和组织都同时面对一个以上的目标，有效领导者有能力带领团队成功完成所有指派的目标。挑选成就导向的团队成员、设置清晰的目标、对目标进展进行定期评估和报告、清除障碍、获取必要的资源、提供与绩效相关的奖励，将对成功完成多重目标、改善员工满意度水平大有帮助。

资料来源：G. J. Curphy and R. Hogan, *The Rocket Model: Practical Advice for Building High Performing Teams* (Tulsa, OK: Hogan Press, 2012); "Building High Performing Teams," presentation given at the Minnesota Professionals for Psychology Applied to Work, Minneapolis, MN, February 2013; G. J. Curphy, *Applying the Rocket Model to Virtual Teams*, unpublished manuscript, 2013; G. J. Curphy and M. Roellig, *Followership*, unpublished manuscript, 2010; and G. Curphy, D. Nilsen, and R. Hogan, *Ignition: A Guide to Building High Performing Teams* (Tulsa, OK: Hogan Press, 2019).

考虑到领导者可用的资源有限，根据双因素理论，提高追随者努力水平的关键就是在适当满足某一工作中保健因素的同时，使该工作中的激励因素最大化。适当的工作条件是重要的，但（为了强化激励和满意度）提供大量的认可、责任和晋升可能性甚至更重要（见图10-2）。尽管为追随者提供有意义的工作并对他们取得的成功表示认可似乎简单明了，但值得注意的是，领导者对这些技巧的应用非常有限。[76, 77, 78] 换句话说，赫茨伯格认为，领导者通过工作重构使它变得更有意义、更重要，所得到的结果要比赠送印有公司图案的T恤或提高医疗报销额度更好。

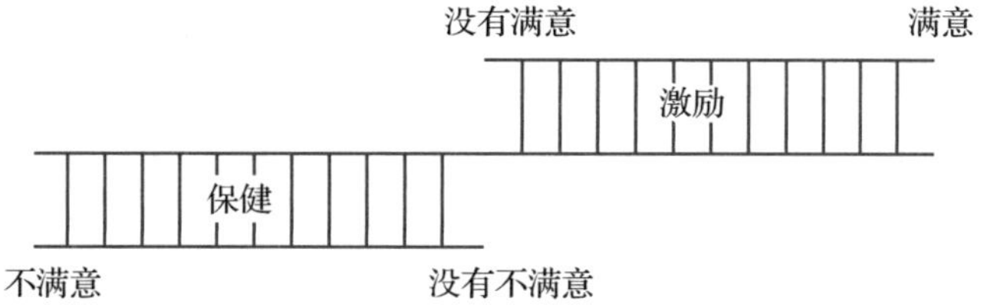

图 10-2　赫茨伯格的双因素理论

双因素理论向领导者提供了如何提升追随者满意度的观点，但除了赫茨伯格本人的研究之外，这一理论并未获得实证支持。尽管它显然建立在数据之上，但它可能不是对工作满意度的精确解释。我们在这里介绍该理论，部分原因在于它已经成了非常著名的工作激励和工作满意度理论，如果在理论介绍部分忽视它，就会显得不完整。但双因素理论的一个问题，似乎存在于它赖以存在的最初数据。赫茨伯格仅仅在访谈了会计师和工程师之后就提出了该理论，而这两组人很难代表从事其他工作或活动的劳动者。此外，他的调查对象往往将工作满意归结为自己的技能或努力，而将他们的不满归结为自己无法控制的环境因素。这听上去很像第 2 章提到的基本归因错误。尽管存在这些局限，但双因素理论仍对追随者在工作中感到满意或不满意的特性，以及驱动员工敬业度的因素，提供了有益的见解。

理解和改善员工敬业度

> 企业无处可藏。它们或者不得不适应现代员工队伍的需要，或者不得不面对为吸引和保留优秀员工及客户苦苦挣扎的局面。
>
> ——盖洛普公司

正如本章前述，员工敬业度在过去 20 年间已经成为一个热门话题，公司花费数十亿美元来开展调查并执行员工敬业度改善项目。但员工敬业度到底是什么？它与员工激励和满意度有何差异？如何测量敬业度？敬业度重要吗？还有，领导者可以做什么来改善员工敬业度水平？要回答这些问题相当困难，因为在这些组织中，员工敬业度的定义相当模糊，很多工作满意度调查中的题项同时被用于测量员工敬业度。这一做法导致工作满意度的很多方面与员工敬业度高度相关。此外，组织在调查员工时使用了不同的敬业度定义，并且，报告结果往往有明显差异。[79, 80]说到底，**员工敬业度**（employee engagement）是指追随者对组织和工作活动的态度。追随者对组织有高承诺水平吗？他们是否认为自己在从事有意义的工作？他们了解对自己的工作行为期望吗？他们的意见重要吗？并且，在工作中他们有机会学习并最大限度地发挥能力吗？人们相信，高敬业度的员工对团队和组织成功有更高的承诺水平，投入更多工作精力，将时间用在完成工作上；而低敬业度的员工不在意组织的成功，他们感兴趣的是领到薪水，而不是完成指定的任务。

和工作满意度一样，度量员工敬业度的常用方法是调查问卷法，表 10-5 列出了很多员工敬业度调查表中的题项。企业通常每年或隔年将这些调查问卷发给全体员工，并根据数据分析的结果确定有多大比例的员工敬业度“很高”“较高”“较低”或“很低”。使用通用调查表使企业可以比较本企业数据在不同时期的变化，也可以对标竞争对手或类似规模的其他企业的情况。员工所在的地理区域、行业、经济状况、领导者效力、工作类型及敬业度本身的定义方式，都会影响有多大比例的员工被划入上述四个等级中，而时序数据报告了一些有趣的研究结论。例如，全球仅有13%的员工、全美有33%的员工表示敬业度“很高”；16%的员工表示工作敬业度“很低”。这些士气和生产率杀手给团队及组织带来了巨大的破坏。**出勤主义**（presenteeism，与缺勤相对立）是指员工在岗工作但心思并没有完全放在工作上，这在很多企业都很常见，约有51%的美国员工符合这一描述。综合来看，这些结果表明，领导者有大量的工作要做，因为约有2/3的美国劳动者的敬业度不高或很低，而且在任何时点上，都有51%的员工在寻找其他工作机会。[81, 82]

表10-5 盖洛普 Q^{12} 测评

1. 你知道对你的工作要求吗
2. 你有完成工作所需的材料和设备吗
3. 在工作中，你每天都有机会做最擅长的事吗
4. 在过去7天里，你是否因工作出色受到认可或表扬
5. 你的主管或同事关心你的个人情况吗
6. 工作单位有人鼓励你的发展吗
7. 在工作中，你觉得你的意见受到重视吗
8. 公司的使命或目标使你觉得你的工作很重要吗
9. 你的合作者（同事）致力于高质量的工作吗
10. 你在工作单位有一个最要好的朋友吗
11. 在过去6个月内，工作单位有人和你谈到你取得的进步吗
12. 在过去1年里，你有机会学习和成长吗

资料来源：Gallup Q^{12} Employee Engagement Survey, https://q12.gallup.com/public/en-us/Features.

乍一看，这些员工敬业度结果很令人失望，大多数员工似乎在工作中都没有很高的敬业度。但有充分证据表明，员工敬业度的测量和报告方式与这一结果有关。有些咨询公司只关注敬业度“很高”的员工，并大肆宣传仅有少量员工符合这一类别的结论。其他企业则将敬业度“较高”和“很高”这两类合并，报告约2/3的员工都是高度敬业的。员工敬业度的水杯可能是半空的，也可能是半满的，取决于研究者用于报告结果的分类方式。当“较高”和“很高”这两类被合并报告时，员工敬业度水平似乎达到了历史高位。这表明领导者在解读员工敬业度调查结果时，还需要了解报告的细则。[83, 84]

员工敬业度在过去几年变得如此流行的一个原因，是**敬业度-股东价值链**（engagement-shareholder value chain）。这一关系链是指研究者相信员工敬业度会推动客户满意度的改善，进而提高客户忠诚度、销售收入、盈利能力和股价。换一种方式来解释，公司中敬业度属于“很高”“较高”的员工比例越高，最终将会导致更高的股东回报水平。推销员工敬业度调查和改善服务的咨询公司相信这一论点的正确性，也提供了统计数据支持敬业度-股东价值链的存在，但事实并非总是与这一营销宣传保持一致（专栏10-6提供了对员工敬业度的另一种观点）。[85, 86, 87]

❖ 专栏 10-6

关于员工敬业度的几个问题

领导者需要记得的一件事，是提高敬业度本身不是目的，而是达成目的的手段。如果领导者认真看待敬业度 – 股东价值链，则他们想要的是培养高敬业度的追随者以帮助其团队和组织更有效，而不是想让员工感到幸福。后一种视角会使领导者和追随者都设置不切实际的期望。追随者可能错误地相信对工作的热诚投入是自己的权利，而且，如果领导者没有使追随者具备高敬业度，就应该感到自责。但领导者能使工作有吸引力的手段是有限的。每份工作都包含令人不快的某些方面，而且很多工作是沉闷乏味的。多少迎合纵容或工作再设计都无法使这些工作活动变得有吸引力。

虽然“低”或“很低”敬业度的员工可能使领导者很难构建获胜团队或达成团队目标，但领导者也可能面对“高”敬业度员工工作倦怠的风险。研究表明，有些敬业度最高的员工无法做到工作生活平衡，往往在多种竞争性要求之间左右为难，持续地寻求他人意见，并最终因为不堪重负而离开企业。

与员工敬业度有关的最后一个问题，涉及第 2 章中谈到的基本归因错误。对表 10-5 中所列题项的一种解释是，领导力及其他情境因素（而非追随者）决定了员工敬业度。但追随者将最终决定他们在工作中是敬业还是不敬业。在现实中，领导者只能创建出有利于追随者做出敬业度相关决策的环境。处于公众认为有趣、有影响力工作中的追随者也可能选择做个不敬业的员工，而那些收银员、银行出纳、客服代表或流水线工人也可能表现得高度敬业。追随者需要为自己的敬业度承担部分责任。

你认为是高敬业度的员工推动团队和组织成功，还是卓越成果提高追随者的敬业度水平？你认为谁要为员工敬业度负责：领导者还是追随者？与某个完全依赖工作来建立自我身份认同的人一起工作，感觉会怎么样？

资料来源：R. Cross, R. Rebele, and A. Grant, “Colla-boration Overload,” *Harvard Business Review*, January–February 2016, pp. 74–79; M. M. Moon, “Overlooking the Role of the Job and Its Impact on Employee Engagement,” LinkedIn, June 16, 2016, www.linkedin.com/pulse/overlooking-role-job-its-impact-employee-engagement-moon-phd; A. Levenson, “High Performance Work Design Trumps Employee Engagement,” LinkedIn, April 6, 2017, www.linkedin.com/pulse/high-performance-work-design-trumps-employee-alec-levenson; R. Hogan and T. Chamorro-Premuzic, “Beyond the Hype: The Dark Side of Employee Engagement,” Hogan Assessment Systems, 2015, www.hoganassessments.com/sites/default/files/uploads/ Engagement%20 Symposium.pdf; T. Chamorro-Premuzic, “The Dark Side of Employee Engagement,” *Forbes,* May 20, 2014, www.forbes.com/sites/tomaspremuzic/2014/05/20/the-dark-side-of-employee-engagement; L. Garrad and T. Chamorro-Premuzic, “The Dark Side of High Employee Engagement,” *Harvard Business Review*, August 2016, https://hbr.org/2016/08/the-dark-side-of-high-employee-engagement; W. Tincup, “The Long Con of Engagement,” Fistful of Talent, http://fistfuloftalent.com/2012/08/the-long-con-of-engagement.html; G. J. Curphy. “Why Is Employee Engagement Stagnant?” The Rocket Model, February 22, 2016, www.therocketmodel.com/blog-articles/2016/2/22/why-is-employee-engagement-stagnant; A. Dizik,“The Problem with Very Engaged Employees,” *The Wall Street Journal*, August 12, 2019, p. B7; T. Chamorro-Premuzic, “Bringing Your Whole Self to Work is a Bad Idea,” *Fast Company*, December 23, 2019, www.fastcompany.com/90444640/bringing-your-whole-self-to-work-is-a-bad-idea; and J. Koretz, “What Happens When Your Career Becomes Your Whole Identity,” *Harvard Business Review*, December 26, 2019, https://hbr.org/2019/12/what-happens-when-your-career-becomes-your-whole-identity.

领导者为何应该对高敬业度员工有助于形成更优的组织成果这一观点持怀疑态度，有一个很好的理由。虽然在员工敬业度、工作绩效、公司经营收入、盈利能力和股票价格之间存在正相关关系，但这些变量关系中孰为因、孰为果，并没有明确结论。有可能是较高的客户满意度评级、股票价格或盈利水平推高了员工的敬业度，而不是员工敬业度促进了经营成果改善。换句话说，是因为加入一个获胜团队使追随者有更高的敬业度并表现出高绩效，还是高敬业度的追随者是推动团队成功的关键因素呢？咨询公司为了赚钱鼓吹敬业度促进绩效、效力提高的观念，但也可以提出有力证据支持相反的结论。[88]

在解释员工敬业度结果（及来自员工满意度调查的结果）时，需要注意几个问题。首先，在某些组织中，这些调查工具变成了某种人力资源部的万能工具。结果是未能“高于平均值”的领导者（按定义，有一半达不到平均值）会获得人力资源部门的“特别关注”，要求他们解决员工敬业度“问题”。员工开始意识到自己为了改善敬业度而做的额外工作妨碍了为达成成果需要做的真正工作，因此员工在问卷上打出虚高的评价。本书的一位作者在与一家大型医疗设备公司的最高领导团队共事时，就观察到这一情况。这家公司的市场份额在下降，连续 4 年未达到财务目标，而且领导者也一致同意员工士气低下、功能性流动㊀成为企业的主要问题。但在这 4 年间，每年的员工敬业度调查结果稳步提升。公司的最高管理团队没有因为创建了一支高度敬业的员工队伍而额手称庆，而是相信调查结果有误，并建立了一个特别任务小组来调查组织内部的实际状况。

领导者也有必要认识到，调查结果代表的只是特定时点的状况，而且有多种情境因素可能的确影响着“较高”或“很高”敬业度的员工比例。新的所有者、兼并、剥离、宏观经济和政治状况、重大变革措施、经济周期和组织结构重组都会影响员工敬业度，因此领导者需要确保行动方案考虑的是可控因素，而非情境因素或随机事件。另一个问题是调查频率也会加大追踪进度的难度：领导者和追随者可能需要等待一两年才能确定行动是否产生了影响。为了解决这一问题，有些企业现在要求少数员工按月、周甚至每天评价其敬业度水平。这一做法为领导者和追随者提供了更频繁的反馈，但情境因素和数据造假仍有可能影响调查结果。[89, 90]

不记名调查方式和参照组也可能构成员工敬业度调查中的问题。大多数调查要求评价者提供人口信息，如年龄、性别、种族、教育水平、工作单元、职能等信息。这些信息对于准确地对结果进行分类是必需的：女性比男性的敬业度高吗？人力资源部的员工比其他职能部门员工的敬业度低吗？这些结果可能对领导者很有价值，但它们也可能被用于确认调查受访者。例如，一个应用软件开发团队可能只有一名西班牙裔女性成员或一位有硕士学位的印度裔男性员工。如果受访者觉得自己的评价不是匿名的，就可能打出虚高的分数。[91] 参照组或对照组也可能成为问题。领导者应该将员工敬业度结果与组织中其他类似团队相比较，与整个组织的结果相比较，与国家或地区的结果相比较，还是与全球数据相比较呢？任何一种比较都可能有合理理由，而且领导者往往也能获得所有这些分析结论。但最终，最好的比较可能是同一团队的跨期比较及与同一企业内其他相似团队的比较。领导者应该关注团队的员工敬业度结果是否随时间推移而改善、持平或恶

㊀ 此处疑为笔误，应为 dysfuntional turnover，即功能不良的流动。——译者注

化，以及这组数据与组织中的其他销售、财务或 IT 团队的比较结果如何。[92]

在解释员工敬业度或满意度调查结果时，领导者需要意识到的最后两个问题是从事工作的性质和追随者的人格。如本章前述，有些工作沉闷、重复、无聊乏味，再多的喝彩加油也不能使工作变得有吸引力，到头来还是得有人给汉堡包翻面、拖地板、找零钱。而且，领导者对于改善这类员工的敬业度能做的很有限。使这一问题更复杂的是，有些追随者天生就不太敬业。研究表明，人格特质对敬业度调查结果有重大影响；外倾性与尽责性得分较低、神经质得分较高的追随者，与具备相反人格特质的人相比，不太可能表现出高敬业度。这表明，改善敬业度分数的一个途径是雇用天性更外向、遵守规则、努力工作、乐观、适应性强和对批评不太敏感的追随者。[93, 94]

正如前几段所说，在解读员工敬业度和满意度调查结果时需要谨慎。但如果领导者获得了这些调查结果，并考虑了影响员工敬业度的各种潜在因素后，又该做什么呢？一个极端是，有些企业认为有责任进行员工调查，但并不认为有必要改善敬业度分数。它们做调查是因为其他企业都这么做，而这种“紧跟潮流”的做法只能使员工失去兴趣，相信调查结果不会改变任何事。另一些企业则错误地相信福利待遇会使员工敬业。弹性工时、在家工作的确会改善员工敬业度，但企业现场按摩、免费啤酒、桌上足球桌、很棒的公司餐厅永远无法消除 80 小时工作周或使人思想麻木的工作带来的影响。领导者的最优做法是与追随者分享调查结果信息，并共同确认可能影响结果的因素，以及敬业度分数中的强项与待改进领域。领导者和追随者接下来还应制订改善员工敬业度的计划，领导者此后还应跟进以确保行动计划的执行和定期的进展评估。

红牛采用了一种不同的员工敬业度调查方法，其他企业若有兴趣可以效仿。它不是将结果与领导者分享，而是直接与员工分享。企业要求员工共同分析结果，制订行动方案，并与领导者交流自己打算做什么来改善敬业度。[95] 这一方法有助于尽量减少前面谈到的不计名、参照组和评分虚高的问题，并增进员工对于为改善敬业度而采取的行动的认可。

说了这么多，可能在改善员工敬业度上的最大障碍是无能的管理层。有些领导者完全不清楚追随者对工作的感受；有些领导者恶劣对待追随者，完全不在意后者是否敬业；还有些领导者不知道追随者想从工作中获得什么，或者如何改善工作局面。如果领导者相信员工敬业度对于团队、组织效力很重要，他们就应该认真对待敬业度调查的结果，并与追随者一起努力来设计并实施敬业度改善项目。[96, 97, 98, 99, 100, 101]

扫码获取本章案例、参考文献等内容

第 11 章

追随者的绩效、效力和潜力

前面两章描述了激励和吸引追随者参与并使他们乐于工作的不同方法，这些都是基本的领导技能。但它们不是很容易掌握的技能，因为不同的情境需要使用不同的激励和吸引员工的技术。在特定情境下能激励追随者的技能，可能在另一些情境下会造成相反的效果；而且，随着环境改变，不同的追随者也会表现出不同的敬业度。有效领导力的一个标志就是有能力在多种不同情境下激励和吸引员工参与。

领导力不是一场人气竞赛，请记住，激励和吸引员工参与、培养自我激励者都只是达成目标的手段，而不是最终目标。毕竟，领导者的存在意义是取得成果。一群人可能收效甚微，直到有人为他们设置方向，阐明目标和期望，组织和分派工作，激励、吸引和培养员工，明智地分配资源，监督进展，并为了达成团队或组织的重要成果而按需调整。此人可以是正式领导者，也可以是非正式领导者，但必须有人解决上述问题，否则团队很有可能陷于忙乱却一事无成。对教练的评价依据是他们赢得比赛的能力，评价军事领袖是按他们赢得战役和战争的能力，评价企业领导者是按他们获得市场份额和财务成果的能力，而评价非营利性组织的负责人是按他们吸纳资金、达成使命的能力。人们被安置到实权岗位上是为了提高团队获胜或产生影响的可能性，而且很多时候，做到这一点比提高员工敬业度、激励员工更有挑战性。

如图 9-1 所示，领导者行为和追随者的激励、敬业度、满意度、流动、组织公民行为有着不同程度的关系，本章关注的是追随者的绩效和单元或团队效力。**绩效**（performance）可以定义为单个追随者达成的成果及为取得成果而表现出的行为。销售代表是否完成了月度销售目标，并且，他们是否遵守了公司的定价策略，还是给客户大额（且未经授权）的折扣？咖啡调配师是否遵照饮料冲调建议指南，并获得了上佳的客户服务评价？

绩效关注的是追随者的个人行为与成就，而**单元或团队效力**（unit or team effectiveness）则关注集体成果。当所有销售代表的工作成果被加总，该销售团队是否达成了它的月度销售和盈利目标？咖啡馆是否完成了它的月度经营收入、盈利水平、服务顾客人次、每单价格及顾客满意度目标？该销售团队与其他团队相比，表现如何？该咖啡馆的绩效是优于，还是低于本地其他咖啡馆？领导者最终按成果获得评价，而且通常使用单元或团队效力指标来评价。和激励与敬业度一样，追随者的绩效是实现卓越团队成果的另一个关键途径。

> 问题：如果女性是更好的领导者，为什么没有更多的女性领导者？
> 回答：因为我们在评估男性时，标准过低了。
> ——托马斯·查莫罗－普雷姆兹克（Tomas Chamorro-Premuzic），睿仕管理顾问公司

追随者的**潜力**（potential）是本章讨论的最后一个话题，它主要围绕着晋升决定来展开。如果一个销售团队有 12 名销售代表，谁会是下一任销售团队领导者的最佳人选？销售数字最佳的员工有能力通过他人完成成果，并成为最好的销售领导者吗？或者，某个销售数字略低但有能力鼓舞他人的人会是更好的销售领导者吗？你会使用什么标准来决定哪位咖啡调配师应被晋升为下一任值班经理？选举是一个常见的决定潜力的好例子，因为选民实际上是在预测谁会成为最好的总统、首相、议员、市长或法官。有时，选民选对了，而另一些时候，他们的预测明显出错。类似地，组织也就谁应该得到晋升做出预测。组织使用多种技术来做出决定，有些技术较少受到偏见的影响、准确性比其他技术高。领导者为所在团队的总体成果和追随者的个人绩效负责，而且企业也要求领导者针对追随者的潜力给出推荐意见，因此了解这些概念至关重要。

理解和管理追随者绩效

> 领导者面临的最大挑战之一就是实现有才华、能干的员工与组织目标的整合。
> ——约翰·布德罗（John Boudreau），南加利福尼亚大学

追随者的绩效可以分为两大类，通常可以分别称为**绩效成果和实现方式**（the what and the how of performance）。成果（what）部分与任务和目标达成有关，即追随者实际上完成了什么，他取得了何种成果，或者他完成了什么项目。绩效成果在体育界的例子包括击球率、每场比赛得分或助攻数、发球次数。企业界的例子包括应答的电话数、月度销售成果、编写代码行数。方式（how）则被定义为达成团队或组织目标而做出的行为。[1] 示例可能包括使一位冰球运动员罚点球的行动、一位销售代表如何应答客户电话或员工在组装汽车时采取的行动。追随者绩效中有几个方面值得注意。

第一，领导者有责任充分了解团队和组织目标，因为这决定了追随者需要完成的成果，以及追随者为达成目标需要做出的行为类别、强度和持续时间。追随者的目标、任务分派和行为应当与团队绩效成果、运营时应遵循的规则保持一致。

第二，领导者需要了解追随者表现出特定行为的环境或情境：追随者是在流水线上工作、在

家工作，还是在办公室工作？他们需要使用何种流程、程序和设备？追随者是相对独立操作，还是需要他人提供输入、资源等？为了成功完成目标，行为的标准是什么？应该如何测量绩效和目标的进展？[2]

第三，追随者可以选择在工作中将时间用于不同类型的行为，这些行为未必都与目标达成相关。研究表明，追随者每天可能花费1～3.5小时用于非目标导向的行为，而领导者最重要的是要激励员工将更多时间用于与工作相关的活动。[3]

第四，激励水平不是影响追随者绩效的唯一因素。追随者的知识和经验、配备了合适的硬件和软件，以及运用合适的流程和程序，只是影响追随者绩效水平的诸多因素中的几项（见专栏11-1）。

❖ 专栏 11-1

影响追随者绩效水平的诸多因素

有很多因素影响着追随者能否达成成果及如何完成工作。虽然领导者往往会因追随者的成果和行为不达标而迅速指责对方，但追随者绩效面临的最大障碍往往就是其上级。导致追随者绩效不佳的两大领导者问题是：缺席的领导和浪费时间的领导。

缺席的领导（absenteeism leader）是指领导者忙于四处出差、参加会议或忙于其他事务，因而没有时间用于追随者或团队事务的情况。他们可能很友好、与员工高度互补，但他们实际上对事情的进展一无所知，也未能向追随者提供任何有益的指导或支持。由于他们茫然无绪，他们在设置目标和截止期限、分派项目、忽视员工要求和制定决策时，完全缺乏现实依据。就像《呆伯特》漫画里尖头发型的老板，缺席的领导者是组织中的沉默杀手，追随者很快就会意识到他们的存在，但上级却很难发现这一点。

浪费时间的领导（time-wasting leader）在组织中也很普遍。领导者往往无意识中以不利于团队总体绩效的方式来分派工作和设定规则，并且往往因为发起项目（并非完成项目）而获得瞩目，也因此，有些领导者喜欢追逐“发光体”，采纳最新流行的管理潮流。这使追随者不断调整方式，而永远无法完成以前启动的计划。另一些浪费时间的领导行为包括出勤主义、执行放大和舔饼干。**出勤主义**（presenteeism）是指领导者坚持要求追随者在办公场所投入大量时间。但研究表明，员工在每周工作50个小时后，生产率会急剧下降。**执行放大**（executive magnification）是指领导者在闲聊时谈及的内容，被追随者错误解读为工作的强制命令。领导者可能私下谈及自己偏爱的办公室颜色，然后很快地，他们去的每间办公室都被刷上了同一种颜色。领导者可能并没这个打算，但未能意识到自己的言论对追随者的影响力。**舔饼干**（cookie licking）㊀是指领导者无法放手将行动或决策授权给员工。一家《财富》50强的企业CEO坚持对每位外聘或内部晋升为总监的人进行个人面试。由于公司每年会任命500名新总监，这位CEO给新聘人员、潜在晋升人选、招聘人员、人力资源管理人员和招聘经理

㊀ 舔饼干（cookie licking）是一种比喻，即某人并不想吃饼干，但拿起饼干舔一下再放回托盘，以此阻止他人吃到饼干。——译者注

增加了大量工作，后者需要及时调整以适应 CEO 不断变化的日程安排。

那么，追随者可以做什么来成功应对缺席和浪费时间的领导？工作更长时间可能不是解决办法，因为花费更多露脸时间在工作上只会使员工敬业度下降，并不是很有效率。可能有益的做法是首先确认对团队和组织成果有最大影响的目标和行动，并对它们进行优先级排序。接下来，追随者应该据此集中投入努力，谨慎安排自己的时间，学会如何对额外的工作说“不”。但这是一种高风险的职业策略，因为选择这条路需要冒被视为不合格的组织公民或在未能交付成果时被斥为长期低绩效者的风险。但那些努力做出这一选择的人很可能会有较高的敬业度，并完成对团队真正重要的任务。

资料来源：S. Gregory, “The Most Common Type of Incompetent Leader,” *Harvard Business Review*, March 30, 2018, https://hbr.org/2018/03/the-most-common-type-of-incompetent-leader; G. Curphy, “Clueless or Culpable,” LinkedIn, June 1, 2015, www.linkedin.com/pulse/clueless-culpable-gordon-gordy-curphy-phd; R. Sutton, “How Bosses Often Waste Their Employees’ Time,” *The Wall Street Journal*, August 13, 2018, p. R2; “The Joy of Absence: Fighting the Curse of Presenteeism,” *The Economist*, May 18, 2019, p. 55; and M. Hansen, “The Key to Success? Working Less,” *The Wall Street Journal*, January 13–14, 2018, pp. C1–2.

第五，也是最后一点，领导者在与追随者共同努力达成群体或组织目标时，需要精通**绩效管理循环**（performance management cycle）的三个组成要件。[4, 5, 6, 7] 如图 11-1 所示，循环的第一个要件是**计划**（planning），这是指全面深入了解团队和组织目标、追随者在目标达成时需要承担的角色、追随者运作的环境、他们需要完成哪些工作，以及为使团队成功需要表现出的行为。第二个要件是**监督**（monitoring），这包括及时了解追随者绩效、就目标进展共享反馈信息、提供所需的资源和辅导等。**评估**（evaluating）是循环的第三个要件，它是指向追随者提供某种类型的工作绩效总结反馈。由于绩效管理循环对于成为有效领导者至关重要，我们将花一些时间分别讨论这三个要件。

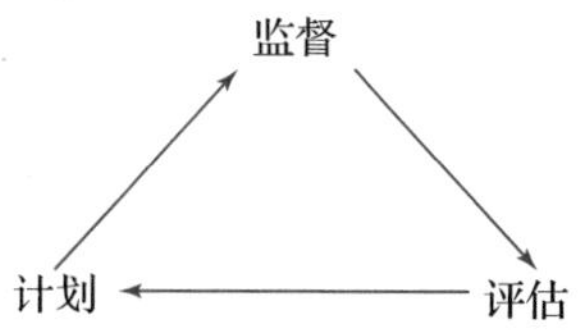

图 11-1 绩效管理循环

计划

计划包含的内容有：理解团队或组织如何定义成功；理解追随者工作所处的环境；确定追随者为了团队成功需要交付的成果和表现的行为；为追随者的绩效设定明确的期望。为了做到这些，领导者需要清楚地了解追随者扮演的各种不同角色、需要完成的任务、使用的工具、需要遵循的流程和程序，以及追随者从事的各项活动的相互关系和可能的意外状况。通过深入了解待完成的工作，领导者可以利用第 9 章和第 10 章中谈到的需要、成就导向、目标设置与赋权等激励和吸引追随者参与的方法，据以设计追随者的不同角色。

领导者在审视追随者将要从事的工作时，需要确定是否需要出色完成工作的所有领域。以迪士尼的清洁工为例。清洁工需要确保自己管辖的区域没有垃圾，但他们的最大贡献是与游客积极、有益地互动交流。这一点同样适用于销售人员；对他们来说，拥有潜力很大的后备业务、与客户积极互动、编制令人信服的计划书并完成交易，远比每周提交文书工作重要得多。这意味着将工作的各个方面视为同等重要，会使团队目标的完成状况不理想，因为追随者可能在对团队效力影响甚微的行为上花费过多时间。领导者需要了解追随者的哪些角色需要达成高绩效水平，哪些只需做到足够好就行。[8, 9] 遗憾的是，招聘经理和人力资源管理专业人士往往犯了一个错误，希望求职者在特定职位的每个方面都表现出色，结果就是他们错失了录用杰出人才的机会，并久久无法找到人填补空缺。[10]

> 如果你设定的标准太低，我能为你达成的成果就完全没下限了。
>
> ——杰夫·贝克尔（Jeff Baker），领导培训者

对追随者绩效的成果和实现方式设定清晰、明确、可度量、有共识的目标至关重要。如果追随者不了解自己需要交付的成果、应该如何行动，领导者将很难提供有意义的反馈、评估总体绩效、区分低绩效和高绩效者。[11, 12] 领导者在计划阶段需要做的另一件事是，在追随者绩效和团队、组织成果间建立高度明确的联系。很多时候，领导者假定这些联系人人皆知、无须解释，但追随者多半不了解自己的行为为什么对于团队成功很重要。[13, 14] 如果团队没有明确定义何为获胜、没有开发出团队计分卡，领导者也很难建立这种联系，以及对追随者提供绩效反馈、评估追随者对组织成功的贡献。

监督

监督包含以下几种领导者行为：观察追随者的绩效、对追随者的行为提供反馈和辅导、争取所需的资源，并定期与追随者回顾取得的进展。和计划一样，追随者所做的某几项工作可能比其他工作更值得监督。一般而言，监督涉及创造力或问题解决的知识型工作或活动，要比监督应答客户电话、组装摩托车或住宅建设的工作困难得多。追随者也可能跨地域工作，这会增加监督的难度。[15]

技术发展使领导者能更大范围地使用**电子绩效监控**（electronic performance monitoring）。装在牵引式挂车上的信号转发器使卡车公司可以每天24小时监控司机的绩效，美国公司目前追踪2700万名员工的电子邮件，优步在每次行程结束后立刻监控客户和司机的反馈，并且记录和定期回顾打给客户服务中心的电话。企业乐于使用电子绩效监控方式，是因为它成本低廉、有更大的控制力，并有助于减少工作场所的时间浪费行为。但这些非传统的监控方式会在绩效管理中取代领导者的作用吗？可能一段时间不会，因为客户评级往往虚高，而且不是特别准确。[16] 还必须有人定义什么是糟糕、平均或杰出绩效，并提供追随者达成高绩效所需的辅导和支持。此外，接受持续监控也有明显的弊端。人们不喜欢电子绩效监控的侵入性，以及工作被推到极限的状态。而且，它也与我们关于自主、赋权、敬业度和创造力所知的内容相背离。[17, 18, 19, 20]

追随者类型与人才管理实践也会影响监督。本书第3篇中谈及了不同的追随者类型，其中自我激励者、马屁精、懒虫和吹毛求疵者各自需要不同类型的监督。例如，如果缺乏足够的监督，懒虫和吹毛求疵者可能对团队士气与组织效力产生相当大的损害。其中有些人可能虚构差旅费支

出来侵占公司财物、盗取客户身份信息，还可能因不满而破坏公司 IT 系统。还有些人完全出工不出力。一位西班牙水处理公司的管理者有 6 年时间没来公司工作，而公司只是在计划赋予他“服务 20 周年”的奖励时才发现找不到此人。另外，一位德国公共部门雇员在对全体员工的临别赠言中，表示自己在 14 年的工作中没提供任何价值。[21, 22, 23]

绩效评估的另一个极端，是高绩效者有时会被忽略或受到不公正对待。鲍里斯·葛罗伊斯堡（Boris Groysberg）对金融服务行业中绩效位于前 1% 的成功人士进行了大量研究。这些人往往会实现高于平均值 5～10 倍的投资收入、管理费或商业贷款额，而且这些人也最有可能被其他公司挖走。葛罗伊斯堡发现，公司没有让这些人去做自己最擅长，也能给公司创造大量金钱的事，而是约束他们、要求其在工作的所有领域都表现出色。成功人士对这种微观管理的反应不佳，于是这些难伺候的大牌们会换到其他公司工作。葛罗伊斯堡的研究还表明，这些人在新公司中的表现往往不如以往。因此，成功人士可能有光鲜的履历表、要求高额工资和新雇主的签约奖金，但他们极有可能在新工作中只能达到平均绩效。[24, 25]

人才囤积症（talent hoarding）可能也是很多企业面临的问题。有些追随者有非常出色的绩效，以至于领导者不愿让他们离开，或者不愿让其他人知道他们的卓越绩效。这一做法可能会使团队绩效最大化，但也可能损害组织绩效，因为高绩效追随者如果在不同的团队工作，可能会对组织成功做出更大贡献。在这种情况下，高绩效追随者往往会感到沮丧失意，为了获得晋升而离开本企业。有趣的是，绩效不佳的企业往往比高绩效企业更有可能出现人才囤积症，而这只会使公司的人才短缺进一步恶化。[26]

绩效管理的监督阶段是耗时最长的。领导者可能花费数小时来确定追随者需要完成的绩效成果和实现方式，设置追随者目标和绩效期望，并帮助他们看到个人任务和行为与重要团队成果间的联系。如果绩效反馈被定期记录，则通常只需要花费几小时就能对追随者进行绩效评估、写出绩效评估报告，并召开年度绩效评估会议。领导者应该花费更多时间监督员工和团队绩效、提供持续的反馈和辅导、清除障碍、给予支持、调整个人目标，并变换工作岗位以使团队绩效最大化。

评估

> 绩效评估是一种昂贵且复杂的制造不快的方法。
>
> ——凯文·墨菲（Kevin Murphy），宾夕法尼亚州立大学

绩效管理循环的最后一个要件是评估追随者的绩效，组织进行这一活动的目的是要解决三个问题。第一，谁是组织中最优秀和最差劲的员工？虽然直接主管可能对下属的绩效有相当好的把控，但是管理者的组织层级越高，就越有可能不了解组织中每名员工的绩效水平。有 6 位团队成员的领导者对员工绩效表现差异的了解，远优于在全球范围运营、有 2000 名员工的领导者，

尽管这两位领导者都需要了解追随者的总体绩效水平。因此，追随者的**差异化**（differentiation）是绩效评估的一个关键领域，这项工作的出色完成可以系统性地逐步提升追随者的素质。第二，应该如何在员工中进行**绩效结果**（performance consequence）的分配？谁应该因为杰出绩效而得到奖励，谁应该被遣送回家？公司是否应该给每名员工同一水平的加薪，还是只奖励绩效前20%的人，或者定期解雇最后10%的人？大多数企业认为自己采用的是**优才制度**（meritocracy），即那些绩效表现最佳的人会得到最高的奖励。[27, 28]但如果无法公平公正地判断总体绩效，则奖励、晋升将更多地体现忠诚度和公司政治的影响，而不是追随者的绩效。第三，追随者是否能从绩效评估中获得**个人成长**（personal growth）？追随者是否了解自己在哪些方面表现出色，在哪些方面需要改善？他们是否在意自己的绩效差距？根据总体绩效评估，留在当前工作职位、调整到其他团队或加入其他组织，哪一项选择对他们最有利？在过去数年间，大多数企业关注的是绩效评估的差异化和绩效结果。一些企业在近期开始将个人成长视为绩效评估的一个重要领域（见专栏11-2）。[29, 30, 31, 32]

❖ 专栏 11-2

优才制度公平吗

实力至上的优才制度是一种社会理想状态，支持我们对公平感的诉求。大多数人相信，那些更有才华、工作更努力、取得更大成就的人应该比产出较低的人得到更大的回报。这种观念与第10章的组织公平概念，以及大多数绩效管理制度强调的绩效工资哲学相符合。但这种方法在实际使用时效果如何呢？

研究表明，在满足以下条件时，优才制度的效果很好：工作绩效对组织成果至关重要，且与组织成果直接相关；工作绩效取决于个人努力（而非团队）；工作绩效易于度量，而且度量结果能提供关于绩效的精确信息；工作绩效表现存在明显的个体差异；而且，只有少数人是高绩效者。销售岗位通常能满足这些要求，而且为了奖励为企业销售收入做出最大贡献的员工，按绩效付酬是有效的薪酬战略。

除了销售人员，组织中很少有职位能满足这一优才制度的标准。大多数从事IT、运营、财务、客户服务、人力资源、法务、物流和采购岗位的员工为了完成工作，都需要来自团队成员或其他利益相关者的协助。他们的贡献难以被度量，其工作成就与组织成果之间的关联也相对薄弱。高层管理者的工作也是如此。此外，组织期望在财务、IT、运营或服务部门工作的每个人都能工作出色，因而无法确定他们的绩效水平是否表现出巨大差异。

虽然现实中的大量组织职位都无法达到优才制度的标准，但大多数员工还是基于某种绩效工资管理制度获得奖金。这会导致各种意料之外的后果，比如追随者可能每天工作很长时间（但缺乏成效），大量囤积信息，阻挠他人的工作，变得自私和歧视他人，以及在这些情况下缺乏自我批评的意愿。他们也更有可能将晋升和奖励等同于才华和努力，但人际关系、特权、忠诚、偏袒及运气因素实际上对奖励和职场晋升的影响更明显。

你的才华和努力在多大程度上导致了你目前的成功，同时，你拥有的关系和运气因素在你的生活中扮演了何种角色？

资料来源：D. Markovits, *The Meritocracy Trap* (New York:Penguin Press, 2019); C. Mark, "Meritocracy Doesn't Exist, and Believing It Does Is Bad for You," *Fast Company*, March 13, 2019, www.fastcompany.com/40510522/meritocracy-doesnt-exist-and-believing-it-does-is-bad-for-you; and A. Colquitt, "CEO Pay, Employee Pay, and Pay Inequality in Organizations: Meritocracy or Monkey Business?"February 25, 2019, www.alancolquitt.com/single-post/2019/02/25/CEO-Pay-Employee-Pay-and-Pay-Inequality-in-Organizations-Meritocracy-or-Monkey-Business.

评估可能是绩效管理循环中最具争议性的要件。据我们所知，有超过 90% 的公司使用某种形式的**绩效评估**（performance appraisal）。[33, 34, 35, 36, 37] 绩效评估记录了追随者在给定期间（通常是 1 年）的总体绩效，但企业也可能更频繁地评估。绩效成果和实现方式是大多数绩效评估制度的主要组成部分。绩效成果部分评估追随者在多大程度上完成了绩效管理循环计划期列出的目标：追随者销售目标的实现情况、他的总体客户满意度评级、他开发的应用程序数量或他成功送货的次数。绩效的实现方式评估的是追随者在规定时间内做出的工作相关行为：他是否准时出勤、与同事融洽相处、帮助他人、在需要时有意愿加班？如表 11-1 所示，大多数绩效评估制度要求领导者按 1～5 级评估追随者的绩效成果和实现方式，其中 1 是“未能达到期望”，3 是“达到期望”，而 5 是“大大超出期望”。接下来，综合这两方面的评估结果并形成这一期间的总体绩效评级。领导者也需要提供书面材料来佐证这三个级别的绩效评估结果，并对追随者在评估期的绩效写出简要的书面意见。在有些企业，追随者也需要提供书面材料：绩效成果、实现方式、总体绩效评级，以及简要的评估意见。

表 11-1 销售代表的年度绩效评估结果

绩效要素	目标	实际完成情况	绩效评级（1～5）
销售收入	2 750 000 美元	2 900 000 美元	4.0
毛利率	32%	29%	2.5
客户流失率	12%	12%	3.0
净推荐值（net promoter score）①	62	50	2.0
平均评级			2.9
每周客户关系管理（CRM）系统更新	每周日	晚两周	2.5
每周费用报告	每周日	晚五周	2.0
折扣商品	低于销售收入的 5%	销售收入的 11%	2.0
销售拜访评级	12 个月内平均 4.5	4.2	2.5
销售巡检评级	12 个月内平均 4.5	4.3	2.5
平均评级			2.3
总体绩效评级			2.6

① 净推荐值是度量某个客户将会向其他人推荐某个企业或服务可能性的指数。它是一种顾客忠诚度分析指标，专注于顾客口碑如何影响企业成长。

关于追随者的绩效评估有几个颇具争议性的问题。第一，正如专栏11-2所示，有些工作比其他工作更难评估。这一点对知识型员工尤其明显，他们占据了现代企业的诸多岗位。[38] 与此相关，如果追随者的目标和期望在绩效管理循环的计划期没有进行明确定义，领导者将很难做出关于绩效成果、实现方式和总体绩效评级的判断。如前所述，有些企业和职能可能很难设置可度量的绩效目标，而由于这些目标缺位，领导者很可能根据直觉给出总体绩效的判断。毋庸讳言，这些判断很可能包含个人偏见，也未能体现追随者的实际绩效水平。第二，领导者不了解工作本身或工作环境，有时也会给追随者分派不适当的绩效目标。追随者可能很好地完成了这些目标，但他们的绩效对团队或组织效力影响甚微。第三，有相当大比例的领导者相信，受员工欢迎要比表现公正更重要。他们宁可给所有追随者亮眼的评级，也不愿与绩效不佳者进行艰难的对话。这种缺乏区分度的做法通常会导致平庸表现，因为高绩效者会离开企业，加入其他更欣赏其才华的团队，而低绩效者则相信自己是晋升队列中的下一个候选人。缺席的领导往往会根据员工的忠诚度来评估绩效，而不考虑其实际表现；而浪费时间的领导在给出评级时，会将追随者的活动与实际生产率混为一谈。值得指出的是，在所有这些情境中，领导者（而非追随者）应该对未设置清晰或重要的绩效目标、未能准确评估追随者的实际绩效承担全部责任。[39]

> 准确度不是上级决定绩效评分时的主要考虑因素。
>
> ——艾伦·科尔奎特（Alan Colquitt），组织研究者

第四，很多领导者和追随者都对绩效评估的官僚属性持负面态度。大多数绩效评估系统都受限于严格规则决定的流程和大量表格，需要领导者和追随者花费数小时来完成，它们挤占了完成实际工作绩效的时间。德勤表示其65 000多名员工每年花费超过200万小时来完成年度绩效评估。[40] 进行绩效评估可能工作量繁重，但公司完全有能力改变这一流程的官僚性质。在管理追随者绩效时，这种误入歧途的公平追求有时可能完全无视现实的需要。

绩效评估中的最大争议可能与量化评分有关。绩效评级的确会受到个人偏见的影响，而且也可能无法准确认定追随者的绩效水平。[41, 42] 另一些人相信绩效评估中的主观性和偏见非常普遍，结果是绩效评级年复一年很少有变化；领导者的亲信无论绩效如何，总是得到较高的评级，而局外人则得到较低的评级。另一个问题是它可能导致对追随者的末位淘汰，将评级分用于剔除每年绩效最低的10%的员工。[43]

一些很有价值的绩效管理研究反驳了上述观点。第一，人们总是不断地接受评估。SAT分数、GPA（平均积点分）、FICO信用评分、优步的乘客评价等，被用于评估个人，而且这些被评估者似乎并未因此感到困扰。此外，那些决定不再提供绩效评级的公司仍然在进行基于追随者绩效的差异化加薪、发放奖金和晋升。在现实中，这些行动只是评级的不同表现方式。[44, 45] 第二，虽然评级的确受到主观性的负面影响，不打分的评估可能受主观性影响的程度更大。由于缺乏量化评分，人们无法在团队内和团队间准确度量绩效，因而绩效加薪取决于领导者心血来潮的决定。第三，研究表明，绩效评分的结果每年有相当大的变化，而且，前一年被评定为杰出绩效者的追随

者，下一年仍保持这一评级的可能性只有 33%。这意味着追随者的绩效在不同时间有相当大的差异，因而根据绩效总评分对员工进行末位淘汰不是个好主意，即使最优秀的员工在从事难度特别高的项目时，也可能表现不佳（见专栏 11-3）。[46]

❖ 专栏 11-3

绩效管理奏效吗

企业组织花费了数不清的时间和数十亿美元来设定追随者的目标、监督和开发其绩效、开展绩效评估，并据此做出薪酬决策。一个重要的问题是：这些活动是否产生了影响？大多数企业对此深信不疑，有超过 90% 的企业使用某种形式的目标设置、监督、评估和绩效工资制度，以期追随者的努力和成就与重要组织成果保持一致。但伊莱恩 · 普拉科斯（Elaine Pulakos）及其同事所做的广泛研究表明，绩效管理制度的成本极高，而对财务绩效结果的影响微乎其微。如果绩效管理制度的实施花费不菲，而且对组织的年度经营收入、盈利水平或客户满意度评价影响不大，为什么要这么做呢？

虽然优才制度、绩效工资和绩效管理制度存在上述所有问题，但企业运用某种正式绩效制度还是有很好的理由。很有可能，普拉科斯的研究结论是因为绩效管理制度的运行方式有缺陷，而不是这种方法本身有问题。无论绩效管理制度的设计有多完善，都无法弥补一个无能上级造成的损害。在你阅读本书第 17 章时，你会发现有太多企业充斥着无能的领导者。如果少一些繁文缛节、提供更频繁的绩效反馈并从个人绩效转向基于团队的评估和奖励，很多企业的绩效管理制度会得到明显改善。绩效管理还将继续存在，但企业可以采取一些措施从该制度中获取更多价值。

资料来源：E. Pulakos, R. Mueller-Hanson, and S. Arad, "The Evolution of Performance Management: Searching for Value," *Annual Review of Organizational Psychology and Organizational Behavior* 6 (2019), pp. 249–71; D. Schleicher, H. Baumann, D. Sullivan, and J. Yim, "Evaluating the Effectiveness of Performance Management: A 30-Year Integrated Conceptual Review," *Journal of Applied Psychology* 104, no. 7 (2019), pp. 851–87; J. Bersin. " We Wasted Ten Years Talking about Performance Ratings. The Seven Things We've Learned," June 24, 2019, https://joshbersin.com/2018/11/we-wasted-ten-years-talking-about-performance-ratings-the-seven-things-weve-learned; A. Colquitt, "Performance Management: Current State, Future State," presentation delivered to the Minnesota Professional Psychology at Work meeting, Minneapolis, MN, September 18, 2018; and A. Colquitt, "It's Differentiation Season (Redux)," January 21, 2019, www.alancolquitt.com/ single-post/2019/01/21/Its-Differentiation-Season-Redux.

说到底，企业是想找到一种流程能达到以下效果：在追随者行为与团队、组织成果之间建立系统联系；向追随者提供明确的绩效期望和持续反馈，对绩效和目标进展进行辅导；有效区分高绩效和低绩效的追随者；据此向追随者提供公平、透明的绩效奖励。设计良好的绩效管理循环可以满足这些需求。此外，研究也清楚地表明，如果企业领导者接受了绩效管理思维模式，即设置清晰的绩效期望和目标、监督绩效和提供反馈、为改善绩效而辅导员工、定期评估和回顾工作成果，其组织绩效会优于未采纳这些措施的企业。[47, 48] 虽然有这些研究结论，但很多领导者未能成功运用绩效管理循环的三个要件进行追随者管理。有时候，这是因为很难建立追随者绩效与组织效力的关联、无法提供针对追随者绩效的反馈和辅导或难以进行绩效回顾检讨，但这些活动是领导成功的基础。以正确方式进行绩效管理是领导过程中的艰巨工作，而且，随着你进入领导岗位，它很可能会占用你大量的时间（见专栏 11-4）。

❖ 专栏 11-4

达克效应

史蒂夫·乔布斯据说受困于一种极端的“现实扭曲场”，他只会注意到与自己世界观一致的信息，而无视、扭曲或忽略与自己信念相左的事。事实上，每个人都持有某种偏见，以不同方式扭曲现实。差异仅仅是每个人的扭曲程度不同。我们的现实扭曲场起作用的一个经典例子，是自我身份认同（我们如何描述自己）与社会声誉（他人如何描述我们）之间的对照（更多信息见本书第6章）。有些人有相当准确的自我洞察，而其他人则可能“在自己眼中是传奇式的领导者，而在他人眼中缺乏领导魅力”。

现实扭曲场的一个变形是**达克效应**（Dunning-Kruger effect），它是指人们系统性地高估自己在某些领域的绩效，无视自己缺乏相关能力，并轻易忽视与此相反的信息。此外，那些缺乏能力的人往往有不同寻常的高度自信，认为自己的判断正确。学生往往高估自己的考试成绩，医生和律师相信自己比绩效结果显示得更优秀，而且，你从没听说有人会承认自己不应该坐在驾驶座上，虽然按定义来说，马路上 50% 的司机是低于平均水平的。这种认知偏差和错误的自信，使人们几乎不可能了解自己能力不足的真实状况。它也使人们很难认识到他人的能力不足。研究也表明，高能力的人往往会略微低估自己的绩效水平，哪怕在这些领域他们已经有可靠的专业技术诀窍。

由于没有人精通所有事，每个人都会在某种程度上受到达克效应的困扰。在我们需要估计自己的绩效时，如果我们缺乏该领域的技术诀窍，最容易出现达克效应。这一效应也会在追随者与领导者进行绩效回顾检讨时起作用。在追随者提交的年度评估报告中，自我评价部分往往高估了个人绩效，并会轻易忽视与自己信念相反的信息。领导者可能缺乏准确判断追随者绩效与认可直接下属努力和贡献所需的技术诀窍，他们也可能根据对工作不甚准确的了解，或者，只考虑那些能确认个人判断的信息，错误地将追随者归入A类（顶级绩效者）、B类（平均绩效者）或C类（最低绩效者）。

你能想到任何表现出达克效应的名人、电视真人秀明星、职业运动员或政治家吗？你将如何评价唐纳德·特朗普的现实扭曲场？

资料来源：W. Isaacson, *Steve Jobs* (New York: Simon & Schuster, 2011); G. J. Curphy and R. Kimball, *The Dark Side of Steve Jobs* (North Oaks, MN: Curphy Leadership Solutions, 2013); J. Kruger and D. Dunning, “Unskilled and Unaware of It: How Difficulties in Recognizing One’s Own Incompetence Lead to Inflated Self-Assessments,”*Journal of Personality and Social Psychology* 77, no. 6 (1999), pp. 1121–34; and D. Dunning, K. Johnson, J. Ehrlinger, and J. Kruger, “Why People Fail to Recognize Their Own Incompetence,” *Current Directions in Psychological Science* 12, no. 3 (2003), pp. 83–87.

理解和管理单元或团队效力

与绩效关注追随者个人的成就和行为不同，效力关注的是集体成果或这些行为的结果。同样地，效力通常是判断领导者的最终标准：球队赢得了比赛吗？公司是否达到了盈利目标，或者目标股价？是否有更大比例的学生从高中毕业？效力指标实质上决定了团队或组织如何定义胜利。由于效力指标决定了哪些追随者行为是团队和组织胜利所必需的，清楚定义或熟悉这些指标是领导者的职责所在。大多数团队和组织以多种方式定义胜利，比如一家赌场将成功定义为在特定年份达到特定的市场份额、经营收入、盈利水平、新客户数量、客户满意度水平、单个客户平均收入、员工敬业度和保留度的目标。[49] 表 11-2 展示了评估美国航空公司时使用的部分效力指标。基于评估结果，达美航空在 2020 年向其 90 000 名员工支付了 16 亿美元的奖金，这大约相当于员工 2 个月的工资收入。该公司自 2017 年以来一直排名第一，很明显，公司在激励和吸引员工参与、管理员工绩效、将员工努力导向团队和组织效力方面，一定做了一些正确的事。[50, 51]

表 11-2 2019 年航空公司排名

整体排名	准时到达	取消航班	极端延误	强制改签	客户投诉
达美航空	达美航空	达美航空	阿拉斯加航空	达美航空	西南航空
阿拉斯加航空	阿拉斯加航空	忠实航空	西南航空	联合航空	阿拉斯加航空
西南航空	精神航空	捷蓝航空	德尔塔航空	捷蓝航空	达美航空
忠实航空	西南航空	阿拉斯加航空	忠实航空	精神航空	捷蓝航空
精神航空	忠实航空	边疆航空	精神航空	阿拉斯加航空	联合航空
捷蓝航空	美国航空	精神航空	美国航空	西南航空	忠实航空
边疆航空	联合航空	联合航空	联合航空	边疆航空	美国航空
联合航空	捷蓝航空	西南航空	边疆航空	忠实航空	边疆航空
美国航空	边疆航空	美国航空	捷蓝航空	美国航空	精神航空

资料来源：S. McCartney, "The Best and Worst U.S. Airlines of 2019," *The Wall Street Journal*, January 16, 2020, p. A9.

与追随者的绩效一样，团队或组织效力指标也有几点值得注意。第一，在某些情境下，领导者可能需要定义团队目标。例如，一个新组建的软件开发团队可能对发布新应用程序缺乏明确的要求或时间表。领导者越能出色地定义团队的可交付成果，就越有能力管理团队员工的绩效。但在大多数情况下，那些设定组织战略的人，如高层管理者或董事会，也同时确定了团队或组织的目标。第二，所有的效力指标都会面临一定程度的**效标污染**（criterion contamination）问题。效标污染是指效力指标受到与追随者绩效无关的各类因素的影响。例如，一家赌场的年度经营收入受到本地经济状况、媒体报道、新竞争者加入、政府规制变化、员工流动的影响，这些影响因素中有些对赌场成功的影响程度要大于追随者绩效。领导者不仅需要了解如何定义胜利，也需要了解各种影响目标达成的因素。

大多数团队和组织会使用一整套目标或关键绩效指标来定义成功及目标进展，这通常以**团队计分卡**（team scorecard）或**平衡计分卡**（balanced scorecard）的方式呈现出来（见专栏 11-5）。[52, 53, 54]

例如，一个销售团队的计分卡可能包括一些具体目标：客户会议的次数、撰写的销售提案数量、被采纳的销售提案比例、平均交易金额、总销售收入、月度利润率。与团队计分卡定义团队如何取胜不同，平衡计分卡通常定义更大的组织如何定义胜利。平衡计分卡可能包括与客户、营销、销售、财务、运营、人力资源、质量、安全等领域有关的组织目标，从而为中层及更高层的领导者提供一个关于组织效力的全面描述。因此，平衡计分卡通常包含了销售团队、营销团队、运营团队等各类团队的最关键计分卡目标。

❖ 专栏 11-5

平衡计分卡

在组织中应用目标设置理论的一项实用技术是平衡计分卡。卡普兰（Kaplan）和诺顿（Norton）认为，大多数组织效力评价指标往往在范围上过于局限。例如，很多组织设置目标并定期评价其财务成果，但这些指标存在时滞（可能需要一个月或更长时间来获取特定组织活动的财务成果），而且这些成果往往很少涉及其他的关键组织效力指标，如客户满意度、员工流动率及营运绩效。为了避免这些问题，卡普兰和诺顿建议创建一整套针对客户、员工、内部运营与财务的目标和指标体系。客户和员工目标及指标体系是领先指标，因为客户满意度和员工流动率方面的问题往往会导致运营和财务绩效低于预期。

柯菲将平衡计分卡用于明尼苏达乡村医院和学区的评价。例如，医院在使用这一流程时，首先要对其所在市场的人口统计数据、客户趋势、财务绩效、内部运营（药房、手术室使用、感染率、放射设备和实验室的使用等）、人员配置和设施数据进行一次全面审查。接下来，关键的社区和医疗保健负责人提出医院新的五年愿景，并确定客户、财务、内部运营、员工和设施类别的战略重要性排序。这些排序结果被进一步优化，以形成清楚、可度量的目标和方便获取数据的指标体系，用于追踪每月进展。这些平衡计分卡目标被用于推动具体的部门目标、追踪医院效力，并且，在帮助全体医务人员理解个人努力如何对组织总体绩效做出贡献方面，表现得卓有成效。有几家医院在使用平衡计分卡后，组织效力得到了大幅度提高。下面列出的是其中一家乡村医院实施的典型平衡计分卡的部分内容。

- 客户：到2022年1月1日，将病人满意度由74%提高为86%。
- 客户：到2022年1月1日，将婴儿安全出生数由每月12名提高为20名。
- 财务：到2022年1月1日，将平均应付账款周期由84天降低为53天。
- 财务：到2022年1月1日，将营业利润率由2%提高到6%。
- 内部运营：到2022年3月1日，将整形外科手术由每天4例提高到8例。
- 内部运营：到2022年3月1日，将病人感染率由1%降低为0.5%。
- 员工：到2022年3月1日，将新聘护士所需时间由62天降为22天。
- 员工：到2022年3月1日，将员工流动率由27%降低为12%。

在每位员工的工资单中，都包括了一份平衡计分卡的月度报告，这份报告同时也是医院及部门医护人员会议讨论的关键议题。医护人员将回顾目标进展，并定期设计战略以达成部门和医院目标。平衡计分卡的一个好处是，它使员工更积极主动，并向员工提供了获胜的可能。在很多组织中，员工努力工作却从未看到个人成果是如何为团队或组织绩效做出贡献的。采用平衡计分卡有助于避免这类问题。

资料来源：G. J. Curphy, *The Blandin Education Leadership Program* (Grand Rapids, MN: The Blandin Foundation, 2004); R. S. Kaplan and D. P. Norton, "The Balanced Scorecard: Measures That Drive Performance," *Harvard Business Review*, January–February 1992, pp. 71–79; R. S. Kaplan and D. P. Norton, *The Balanced Scorecard* (Boston, MA: Harvard Business School Press, 1996); R. S. Kaplan and D. P. Norton, *The Strategy Focused Organization* (Boston, MA: Harvard Business School Press, 2001); and G. Curphy and R Hogan, *The Rocket Model: Practical Advice for Building High Performing Teams* (Tulsa, OK: Hogan Press, 2012).

团队计分卡通常按每天、每周或每月的频率提供目标进展的反馈，而平衡计分卡则往往按每月或每季度提供。这两种计分卡都反映了团队成员或组织全体员工集体努力的成果，其中，追随者的个人绩效只是诸多影响目标进展的因素之一。领导者需要确保追随者了解自己的个人绩效如何为团队或组织目标的达成做出贡献，并且，某些职能部门和企业相对更容易定义成功。金融服务、零售、食品饮料、能源、制造、高科技、医疗保健或通信行业的企业，往往比政府部门、慈善机构、非政府组织、和平时期的军事机构或教育机构更容易定义组织成功。与此类似，企业中的营销、销售、运营、供应链和财务部门要比人力资源、公关、IT 或法务部门更容易定义成功。[55, 56]

那么，领导者从单元与团队效力的讨论中可以得出什么结论？第一，效力指标定义了领导者最终将接受的评估方式。人们用球队的输赢记录来评判教练，用企业的财务成果来评价商业领导者，用接受服务的人数来评价流浪者收容所的负责人。第二，人们往往使用多个指标来评价团队和单元。对企业的评价不仅考虑其股价，还会包括企业的市场份额、营业收入、盈利水平、员工敬业度评分、员工流动率及客户满意度评分。有效管理单独一个效力指标是相对容易的；对领导者而言，困难的是在改善盈利水平、客户满意度和员工敬业度的同时，还要减少成本。第三，用于评估团队或单元效力的所有指标都会受到领导者不可控因素的影响。市场和地缘政治条件、竞争者、供应商、负面媒体报道及其他因素往往会对团队成果产生重大影响。第四，领导者需要清楚地了解所在团队将接受何种评估、影响这些指标的因素，以及追随者个人绩效与单元、团队效力之间的联系（见专栏 11-6）。

❖ 专栏 11-6

是力量倍增器，还是团队杀手

单元与团队效力取决于追随者的个人绩效，而领导者需要确保单个追随者了解其个人目标是什么、如何与团体总体成果相关联。追随者可能知道自己需要交付的成果、为使团队成功需要采取的行动，但如果他们中有一个力量倍增器或团队杀手，又会出现什么情况？

力量倍增器（force multiplier）是指某人能使团队的其他成员表现更优。这些追随者往往展现出某种高职业伦理行为：设定高绩效标准、乐于付出额外努力帮助他人、辅导或培训团队成员、推动团队顺利有效地运转。NBA金州勇士队球员斯蒂芬·库里（Stephen Curry）就是力量倍增器的绝佳例证。他不仅是一位优秀的投篮手，而且统计数据显示，当库里上场时，球队其他队员的表现优于他缺席时。

遗憾的是，追随者也可能是团队杀手。**团队杀手**（team killer）是指那些会阻碍（而非促进）团队整体效力的人。他们可能是第3篇中谈到的吹毛求疵者或懒虫，也可能只是很难相处；他们拒绝完成自己分内的工作，总想走捷径，并且会做出撒谎、欺骗、偷窃及其他不道德行为。如果听之任之，这些人可能会传染团队的其他人，因为对于他们的行为缺乏相应的惩戒，会使其他人想做出类似行为。这表明，领导者不仅需要定义单个追随者的绩效是什么、如何完成，他们还必须设定规则来约束追随者的集体行为，确保其有利于（而非阻碍）团队效力。

资料来源：B. Cohen, "Curry Is Better Than You Think," *The Wall Street Journal*, May 30, 2019, p. A14; S. Dimmock and W. Gerken, "How One Bad Employee Can Corrupt a Whole Team," *Harvard Business Review*, March 5, 2018, https://hbr.org/2018/03/research-how-one-bad-employee-can-corrupt-a-whole-team; and R. Hogan and J. Jacobsen, " Find, Grow, and Retain Top Talent: A 5-Step Plan," *TalentQ*, November 18, 2019, www.talent-quarterly. com/single-article/find-grow-and-retain-top-talent-a-5-step-plan.

理解追随者潜力

正如本章前述，领导者的两个重要责任是管理追随者的个人绩效，以及确保团队交付计划的成果。领导者还有一项重要职责是识别有潜力成为未来领导者的追随者，并帮助他们为承担更大责任做好准备。这可能比创建高绩效追随者团队更重要，因为大多数组织表示面临领导人才严重短缺的问题。很多企业缺乏具备领导技能的人才来开发新产品、推出新服务、开设新机构、扩展到新地区，或者执行企业的经营战略。随着婴儿潮一代因退休离开中高层领导职位，这一问题很可能进一步恶化。[57, 58, 59, 60, 61]

企业努力使用外聘人才充任领导职位，来解决这一问题。但这种方法也有自身的问题。首先，大多数人都不擅长判断人才，好的录用决策仅占1/3～1/2的比例。换句话说，大多数领导者用抛硬币的方式来决定人才录用，结果都会优于自己主动做出的决策。[62, 63, 64] 其次，从外部招人来填补领导职位空缺有可能打击公司内部员工的士气，因为后者也许开始觉得离开公司是自己获得晋升的唯一途径。研究表明，从内部晋升的企业通常会实现更好的客户、财务和员工敬业度成果，因此解决领导人才短缺问题的最佳方式是识别和开发那些有最大潜力成为有效领导者的员工。[65] 领导潜力（potential）可以被定义为追随者在组织中晋升一个或多个层级的能力。换句话说，一位电脑程序员有多大可能性成为成功的项目管理者；一位销售经理有多大可能性成为销售副总裁；或者，一位地区事业部总裁有多大可能性成为某《财富》500强公司未来的CEO？领导潜力就是求职者在领导补给线（见第 7 章）上成功跳升一级或多级的可能性。

> 人才战结束了，每个人都是输家。
>
> ——托马斯·查莫罗－普雷姆兹克（Tomas Chamorro-Premuzic），
> 睿仕管理顾问公司

潜力与一个人的总体职业成长能力有关（即追随者是否具备成为未来领导者的“正确素质”），而**准备度**（readiness）评价的是追随者是否具备立刻被晋升的能力。准备就绪的追随者不再需要额外的培训或经验积累，就能调任指定的领导角色。12 个月准备（ready-12）的追随者需要再花一年时间来培训或积累经验，才能为晋升到下一层级做好准备；而 36 个月准备（ready-36）的追随者需要再花 3 年时间来积累和培训，才能获得晋升。追随者可能有高潜力，但同时有低的晋升准备度。例如，一家大型餐馆连锁的值班主管管理 20 名服务员，他可能被视为高潜力员工，最终有能力成长为管理 10 家餐厅的地区经理。但他目前被评定为 36 个月准备的地区经理候选人，因为他还需要接受培训，并在晋升到管理多家餐厅的领导职位前，先积累酒吧经理、厨房经理、餐厅助理经理、餐厅经理等的任职经验。虽然他的地区经理潜力评价可能不会发生改变，但随着该值班主管获得更多培训及不同管理角色的经验，他的晋升准备度评级可能经历一系列改变：从 36 个月准备到 12 个月准备，到最终准备就绪（见领导概览 11-1）。[66, 67]

❖ 领导概览 11-1

玛丽·博拉

玛丽·博拉（Mary Barra）是通用汽车的现任 CEO 兼董事长，她领导的通用汽车年销售收入超过 1500 亿美元，在遍布全球六大洲的各类分支机构中雇用了 185 000 多名员工。博拉自 2014 年起担任现职，她推动通用汽车以有利可图的价格设计出客户想要的交通工具，如别克、科尔维特、科迈罗、凯迪拉克、科鲁兹、羚羊、林肯、沃特、塔霍和育空等轿车，学校和机场巴士，警车，救护车，以及各种皮卡和自卸卡车。当她刚被升至 CEO 职位时，博拉不得不处理一个广受瞩目的点火开关缺陷导致的汽车召回事件，并关闭通用汽车在欧洲的欧宝生产线，将更多的盈利生产线集中于中国和北美。她成功应对这两项挑战，并将注意力转向其他领域：比特斯拉提前一年推出了电动汽车系列（雪佛兰沃蓝达电动汽车）；在所有通用汽车生产的运输车辆中加入科技和网络元素；在自动无人驾驶汽车领域保持领先地位。

博拉在美国密歇根州长大，她父亲是通用汽车的老员工。她在 18 岁时以合作教育㊀的学员身份加入通用汽车，其间她一边在公司工作，一边获得了通用汽车学院

㊀ co-op，即合作教育，是一种体验式教育，学生在特定领域的学习通过课堂学习和全职或兼职的有偿工作来完成。——译者注

（后改名为“凯特林大学”）电子工程学学士学位。短时间内她在通用汽车的多个不同职位工作，并使用通用汽车的奖学金获得了斯坦福大学工商管理硕士学位。在此之后，她在一个大型汽车制造工厂担任工厂经理一职，担任制造、人力资源、采购和供应链等职能的全球副总裁，并被晋升为全球产品开发的执行副总裁，正是在这一职位上，她带领团队开发出通用汽车的最新车型。

博拉在致力于帮助通用汽车生产高可靠性、获得业内奖项的汽车的同时，努力改善公司的盈利水平（为了维持经营，公司曾在金融危机期间取得了一笔数十亿美元的政府贷款）。由于她表现出的领导力，博拉被《财富》杂志评为2017年“最具影响力的商界女性”，并在《福布斯》杂志2018年“最具影响力商界女性排行榜”中位居第二。她在2019年“全球最具影响力女性排行榜”中位居第五，并入选《时代》杂志“世界上最具影响力的100人”。博拉还担任迪士尼公司和通用动力公司的董事，当她宣布通用汽车将在2019年年底关闭5家工厂、解雇14 000名员工时，和时任美国总统特朗普发生了一些不愉快。

当博拉是一位工厂经理时，你会如何评价她成为通用汽车CEO的潜力和准备度？你如何评价她作为通用汽车CEO的绩效，又如何评价通用汽车这家汽车公司的效力？

资料来源：“A Look at Mary Barra, GM's First Female CEO,” *The Wall Street Journal*, December 10, 2013, https://blogs.wsj.com/corporate-intelligence/2013/12/10/a-look-at-mary-barra-gms-first-female-ceo; J. Miller, “Mary Barra Is Running GM with a Tight Fist and an Urgent Mission,” *Forbes*, May 2, 2017, www.forbes.com/sites/joann-muller/2017/05/02/mary-barra-is-running-gm-with-a-tight-fist-and-an-urgent-mission; “Mary Barra,” *Fortune*, https://fortune.com/most-powerful-women/2019/mary-barra; General Motors, “Mary T. Barra,” www.gm.com/company/leadership/corporate-officers/mary-barra.html; R. Ferris, “GM to Halt Production at Several Plants, Cut More Than 14,000 Jobs,” *CNBC*, November 26, 2018, www.cnbc.com/2018/11/26/gm-unallocating-several-plants-in-2019-to-take-3-billion-to-3point8-billion-charge-in-future-quarters. html; Fortune Editors, “These Are the Women CEOs Leading *Fortune* 500 Companies,” *Fortune*, June 7, 2017, www.cnbc.com/2018/11/26/gm-unallocating-several-plants-in-2019-to-take-3-billion-to-3point8-billion-charge-in-future-quarters.html; and *Forbes*, “The World's 100 Most Powerful Women,” 2019, www.forbes.com/power-women/list/#tab:overall.

继任计划（succession planning）是组织就追随者的领导潜力和准备度制定决策的流程。在小企业中，继任计划通常是不定期、非正式的活动，当领导职位上的某个人退休或离职去其他企业时，就需要高层管理团队做出用内部晋升或外部招聘来替代的决策。很多时候，高层管理者完全凭直觉行事，很少使用数据来做出恰如其分的晋升决策。大型企业往往会使用更系统性的流程来收集追随者的潜力和准备度信息。如图11-2所示，**绩效－潜力九宫格**（9-box matrices）被用于评估追随者的绩效和潜力，这通常每年进行一次。领导者需要对每位直接下属打出“低”“中”“高”三级的绩效和潜力分数。接下来，这些评分结果被用于确定追随者当前在九宫格中所处的位置。例如，评价结果为“高绩效－高潜力”的追随者姓名被写在最右上角的格子中，而“中绩效 低潜力”的追随者会被写在中间列最下面的格子，等等。之后，企业会召开**校正会议**（calibration meeting），将不同领导者管辖的相似追随者群体的评分标准化。

潜力：对未来的猜测，随后被解读为一种承诺，进而演变成一种自我防御。

——亚当·伊尔斯利（Adam Yearsley），红牛人才管理全球主管

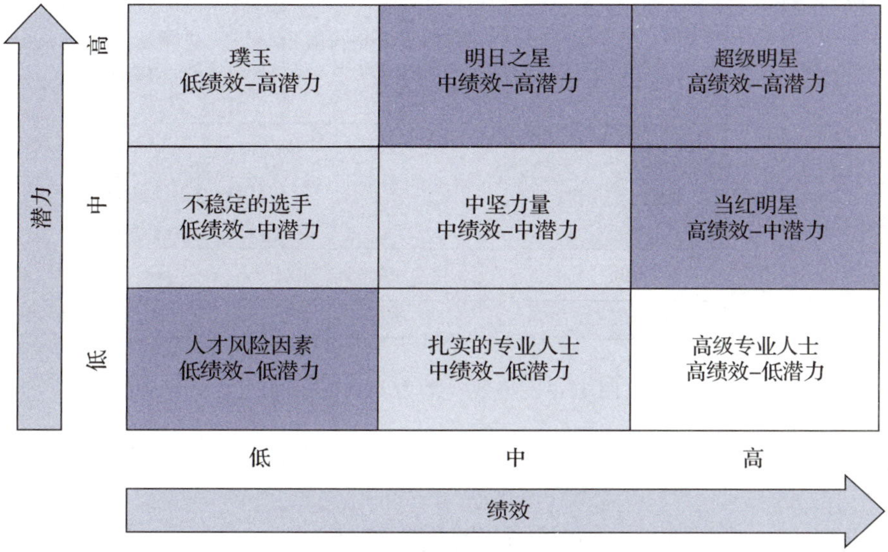

图 11-2　绩效 – 潜力九宫格

沿用前面的场景，地区经理会对他管理的 10 名餐厅经理的绩效和潜力打分。接下来，他会在校正会议上向其他地区经理、地区人力资源经理及负责本地区的副总裁说明他确定每名餐厅经理在九宫格上相对位置的理由。以图 11-3 为例，他会解释为何乔安妮·克鲁兹和赫伯·约翰逊是“高绩效 – 高潜力”的候选人，以及他为何认为卡尔文·霍布斯具备很大潜力但目前的绩效不是很好。造成卡尔文绩效不佳的原因，可能是他刚开始担任餐厅经理、餐厅正在进行大规模装修翻新，或者他管理的是一家长期绩效不佳的餐厅，他正在努力扭转这一局面。校正会议的参加者将会提出问题、提供反馈、建议对追随者的潜力或绩效评分做出调整等。这一过程可能针对每位餐厅经理重复进行，这有助于确保整个地区的绩效和潜力分数标准化，并与餐厅经营成果挂钩（也就是说，与高绩效的区域相比，低绩效区域可能有更多的餐厅经理被评为低或中等绩效）。

有些组织也会针对关键领导职位使用**人员更替表**（replacement table）。公司首先确认哪些领导职位对战略实施和组织效力至关重要，接下来创建人员更替表，其中将明确如果担任现职的人员退休、离职、获得晋升或“突发意外”，最有可能填补职位空缺的候选人人选。例如，一家印度班加罗尔的新创企业可能认为软件工程副总裁是关键领导岗位。这位副总裁可能提出一份人员更替表，列出有可能替代自己的 1～3 名人选，以及他们当前对职位的准备度（已准备就绪、12 个月准备等）。高层领导者每年会审查人员更替表的结果，而且，很多企业表示，只有不到 50% 的关键领导职位有“准备就绪”的候选人，这迫使公司在需要更换领导者时，转向外部招聘（见专栏 11-7）。[68, 69, 70, 71, 72, 73]

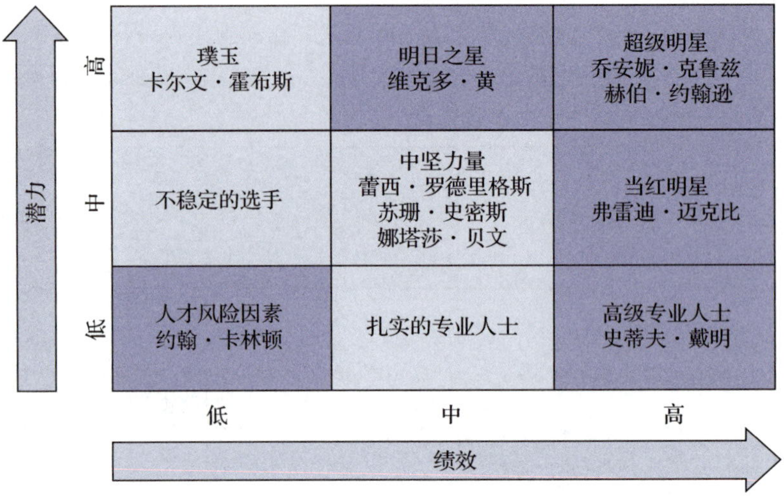

图 11-3 绩效 – 潜力九宫格示例

❖ 专栏 11-7

家族企业的继任计划

全球很多企业都为私人所有，而继任计划是家族企业经营中的一个大问题。研究表明，家族持有的企业传给第二代后仍继续存在的可能性，只有30%。到第三代，生存率进一步降低为12%；到第四代，这些企业的生存率只有3%。很多创始人创立这些企业的目的是给子女和子孙后代创造财富，但到了孙辈长大成人能运营企业时，公司要么已经破产，要么转售给他人。

企业无法实现永续经营，主要可以归因于糟糕的继任计划。就像汤米·卡拉汉（Tommy Callahan）在电影《乌龙兄弟》（*Tommy Boy*）里表现的，后代中的有些家庭成员认为自己有权获得公司分红，但没有兴趣参与家族企业经营。其他人可能在家族企业任职但缺乏领导才干，也有些有才华的人无法达到当前掌权的家庭成员不切实际的期待。例如，80%的中国企业的潜在继承人都表示不愿接手企业经营，主要是担心无法达到父辈的期望。关于公司治理、战略、同一代人及跨代的所有权安排的不同意见，也会导致家庭的永久裂痕。

有时，缺乏领导人才会使家族聘用职业经理人来经营企业，万豪、希尔顿、福特和乐高都是如此，因为家族内部没有足够的领导人才经营大型全球化企业。那些有幸生存下来的家族企业，将继任计划视为一个长期流程，家族成员往往需要在外部职位上取得成功来证明自己，并随后成功运营家族企业的不同分部，最后才被允许接手整体业务。LVMH、福克斯新闻和汉考克勘探公司就是家族企业审慎对待继任计划的例子。

家族企业继任计划的重要性，可能在中东地区最明显。沙特家族的5000名家族成员拥有沙特阿拉伯的大量财富；各皇室家族也持有摩洛哥、约旦、巴林和阿拉伯联合酋长国的大部分财富。在这些国家，顺利有效的继任计划不仅影响到家族企业，也将决定这些国家在世界舞台上发挥的作用、如何对待人权、是否走向战争等。

在电视剧集《权力的游戏》(*Game of Thrones*) 或《继承之战》(*Succession*) 中，家族继任计划是如何展现的？你认识家族企业的成员吗？如果答案是肯定的，该家族关于继任计划做了些什么？

资料来源：A. Keyt, "The Difficult Succession Decision That Family Businesses Face," *The Wall Street Journal*, June 2, 2016, p. B1; "Schumpter: Succession Failure," *The Economist*, February 6, 2016, p. 61; "Schumpter: Reluctant Heirs," *The Economist*, December 5, 2015, p. 67; and C. Thorbecke, "UN Links Saudi Crown Prince to Hack of Jeff Bezos' Phone," *ABC*, January 22, 2019, https://abcnews. go.com/Business/officials-implicate-saudi-arabia-hacking-jeff-bezos-phone/story?id=68448839.

组织往往使用绩效 – 潜力九宫格的结果和人员更替表来识别可以进入**高潜力人才项目**（high-potential program）的人选，以此加速提高他们承担更大领导责任的能力，并填补关键领导职位中"准备就绪"的人才空缺。高绩效 – 高潜力型的员工往往可以参加差异化的领导培训项目，可能回学校去读 MBA 或获得其他高级学历项目，也可能被指派总裁教练和导师，从事广受关注的项目，被送出国外工作或获得其他称心的工作机会，以及有机会接触组织最高层的领导者。[74, 75] 由于这些人被视为关键资产，很多企业会对最优秀、最聪明的员工进行差异化的投资。例如，强生公司曾一度将 75% 的公司领导开发预算用于 10% 的全球领导者，这些人在公司中被视为高潜力候选人，而剩余的预算被用于其余 90% 没进入人才名单的领导者（M. Benson，personal communication，March 2014）。组织将高绩效 – 高潜力人才视为特殊资产，获得这一殊荣的员工也持同样的观点。

而这正是问题所在。如果这些人才处在关键职位上、名单上列出了正确的候选人，而且候选人每年接受评估并进入或退出高绩效 – 高潜力名单，则对这些高绩效 – 高潜力的人才进行差异化投资是合理的。关于第一点，并非所有工作或职能都具有同样的重要性。在有些公司，比如通用汽车或特斯拉，营销和工程部门至关重要。而在另一些公司，如辉瑞或波音公司，研发部门是成功的关键所在，还有一些公司则将重点放在咨询或销售部门上。但为了体现项目的兼收并蓄，很多企业错误地对所有职能一视同仁，确认的高绩效 – 高潜力人才可能对企业效力指标毫无影响。例如，高绩效 – 高潜力的销售代表和软件工程师可能对微软、华为、SAP 或印孚瑟斯公司的效力产生巨大贡献，但来自人力资源管理或公关部门的同类型人才可能并非如此（见专栏 11-8）。[76, 77, 78]

❖ 专栏 11-8

为何那么多无能的男人成为领导者

在任一国家中，女性都构成了人口的相当一部分，但仅有少数女性在公司董事会任职或担任高层领导职位。托马斯・查莫罗 – 普雷姆兹克相信，在评估追随者潜力时，领导者应该使用的唯一效标是领导能力。根据普雷姆兹克的研究，领导能力的关键构成包括技术诀窍、智力、人际技能及职业操守。但在挑选人员填补领导职位空缺时，形式往往胜过了实质。选民、招聘官和企业领导者往往更偏爱看上去富有领导魅力、自信、有迷人风采、有政治头脑并且以自我为中心的人。在评估潜力时，这些人能否鼓舞和开发员工、构建团队、达成卓越成果，都不是重要的考虑因素。大多数潜力决策建立在个人直觉之上，因而决策者偏爱那些看上去很有领导者派头的人，而不是外在表现不佳但实质上有效的领导者。因为大多数有关领导潜力、绩效和准备度的决策仅仅基于上级的个人判断（大部分为男性），评价者误差在很大程度上导致女性无法获得晋升。

系统地使用数据来判断潜力，会大大减少评价者误差的负面影响，扩大晋升候选人的人才蓄水池，并提高组织高管职位中的女性比例。虽然这些数据可能很容易收集，到目前为止，很多企业并不愿意采纳这一做法。无论这是源于组织惰性，还是男性决策者误以为自己有很好的人才判断力，不想放弃某种控制力，仅仅因为当下的制度使他们步入实权职位就相信一切运转良好，只要对潜力的判断仍主要取决于个人观点，女性在领导职位上的比例仍将持续低迷。

资料来源：T. Chamorro-Premuzic, “If Women Are Better Leaders Why Aren’t More of Them Leaders?” *Psychology Today*, April 13, 2019, www.psychologytoday.com/us/blog/mr-personality/201904/if-women-are-better-leaders-why-arent-more-them-leaders; T. Chamorro-Premuzic, *Why Do So Many Incompetent Men Become Leaders? (and How to Fix It)* (Boston, MA: Harvard Business Review Press, 2019); M. Symanski, “It’s Time to Fix the Way the Army Selects Commanders,” *Modern War Institute*, June 20, 2019, https://mwi.usma.edu/time-fix-way-army-selects-commanders; and D. Wallace, “The Uncanny Power of Incompetent Men,” *Forge*, July 25, 2019, https://forge.medium.com/what-boris-johnsons-incompetence-can-teach-you-about-leadership-72a52e471e66.

与绩效 – 潜力九宫格和人员更替表有关的一个更大问题，可能是用于评估追随者潜力、绩效和准备度的流程。研究表明，大部分决策仅仅基于管理判断和绩效评估结果，但领导者出了名的不擅长判断人才，而且绩效评估结果也可能充满偏见、准确度不高。个人偏见和候选人的以往绩效会影响很多评分结果，并且绩效和潜力也不是一回事。有能力出色完成当前工作，并不意味着此人获得晋升后也会成功，就像超级体育明星往往成为差劲的教练，而表现突出的电脑程序员或教师并不必然成为优秀的编程负责人或中学校长。其结果就是很多出现在高绩效 – 高潜力名单上的候选人是优秀的个人贡献者，了解如何取悦上级，但他们成为有效领导者的能力却令人怀疑。[79, 80, 81, 82, 83, 84, 85, 86]

关于潜力、绩效和准备度的一个有趣问题，是数据在这些评估中发挥的作用。大多数公司仅仅依赖单个领导者的判断来评估追随者，但有充分研究表明，特定的人格特质、智力（见第6章）、360度反馈评分（见第7章）和团队评估都更准确、受偏见的影响较少并能更好地预测候选人在新职位上的效力。而大多数企业将这类信息用于向已经在高绩效 – 高潜力名单上的候选人提供个人开发反馈，而不是作为人才甄选的效标。其结果是，在基于这些名单的晋升决策中，仅有1/3达到了预期效果；因为大多数高绩效 – 高潜力名单上的人选只体现了管理者的偏见和心血来潮，而不是组织中最能干人才的真实反映。[87, 88, 89, 90, 91, 92, 93]

表11-3描述了组织在判断潜力时使用的三种不同方法。上级评价是使用非常普遍的方法，但评价者误差和准确性低往往导致那些最有领导潜力的候选人被排除在外。大多数上级也不熟悉其

他领导者提名的候选人，所以在校正会议上也很少有人提出对人才的质疑。一种更好的方法是将候选人的人格和智力测评结果纳入校正会议的讨论中。研究表明，外倾性、尽责性、神经质、智力都是良好的领导力预测指标。此外，黑暗面人格特质（见第 17 章）也是领导脱轨的最佳预测指标之一，它揭示了哪些人最有可能在领导职位上失败。在上级评定之外加入这些结果会使校正会议的讨论变得相当有趣，因为上司必须解释为何自己提出的高潜力评定结果与候选人的人格或智力测评结果不一致。

识别领导潜力的最佳方法包括上级评价、人格特质和智力测评结果、候选人的**团队效力商数**（team effectiveness quotient，TQ）。成为有效领导者的一个关键因素是有能力构建高凝聚力、目标导向的团队，而 TQ 就是评价某人培养忠实追随者并组织他们有效合作来达成团队目标的能力。事实上，有些候选人非常擅长构建团队，而另一些人则拙于此道。TQ 分数是使用所有团队成员对一个团队动力与绩效的标准化指标评分结果计算得出的。将 TQ 分数与人格特质、智力测评结果相结合，决策者可以了解候选人的具体状况，评价他是否精明强干、能承受挫折、有事业心、开朗、有决断力、干劲十足且有能力构建团队。领导是一个团体活动，而且，大多数高绩效 – 高潜力的候选人接受挑选和培训是为了领导对组织有战略重要性的团队。在这些人进入领导岗位之前，了解他们是否有能力构建团队是非常有益的做法。[94, 95, 96, 97, 98]

表 11-3　确定领导潜力的方法

确定领导潜力	优点	缺点
	传统方法	
上级评价	使用广泛 上级有绝对的控制力	上级不擅长评判人才 自信比能力更重要 标准化程度低 对候选人缺乏了解 公司政治因素
	更好的方法	
上级评价 人格特质 智力	对领导效力和脱轨的更好预测指标 更多候选人进入人才蓄水池 对员工更公平 更深入了解候选人	成本更高（每位候选人 100～150 美元） 上级不重视数据 上级失去某些控制力 无法指出候选人能否构建团队
	最好的方法	
上级评价 人格特质 智力 团队效力	对领导效力和脱轨的最佳预测指标 更多候选人进入人才蓄水池 对员工更公平 能指出候选人是否有能力构建团队 更深入了解候选人	成本最高（每位候选人 400～600 美元） 上级不重视数据 上级失去某些控制力

高绩效 – 高潜力名单的最后一个问题，是其相对持久性。候选人一旦获得提名，很少会被剔除出名单，但有充分研究表明，不同年份的工作绩效有巨大差异。例如，卡培里（Cappelli）的研究表明，员工连续 2 年被评为高绩效者的概率仅有 33%。[99] 这一结论并不离谱，因为有些候选人

可能被要求从事高难度的任务，这不利于其绩效评估结果。但确认偏误（如第3篇前面介绍中所述）会导致管理者积极看待高绩效－高潜力候选人做的每件事，同时忽略与之相反的所有信息。如果相关工作经验、人格和智力测评指标被用于识别潜力，则这些分数随时间改变的可能性较低。但如果将构建团队的能力加入潜力预测过程，潜力评分有可能会发生改变，因为那些获得正确反馈和培训的候选人可以学习如何构建高效团队。如果工作绩效评估中使用了360度反馈并评价了绩效成果和实现方式，则候选人的“低”“中”“高”的绩效评分结果也有可能在不同年份发生改变。

那么，所有这些内容对领导者有何启示？第一，领导者需要了解他们可能需要评估追随者的潜力、绩效和准备度水平。第二，领导者应当意识到，不同组织对这些概念的定义方式存在差异，因此他们需要了解自己所在的企业如何测评潜力、绩效和准备度。第三，他们也需要尽量使用数据来做出上述判断。绩效和潜力数据有助于减少各种有意无意的偏见影响，并增加人才蓄水池中多元化及女性候选人的数量。第四，如果每年都是同一批追随者进入高绩效－高潜力名单，则企业生成这些名单的方式可能存在某些问题（见领导概览11-2）。

❖ 领导概览 11-2

理查德·布兰森

理查德·布兰森（Richard Branson）是维珍集团（Virgin Industry）的董事长，旗下拥有维珍航空、维珍唱片、维珍银河、维珍燃油、维珍传媒、维珍化妆品和维珍医疗保健等企业。布兰森从16岁开始自主创业，于1966年创办的第一家企业成功出版了《学生》杂志。以此为起点，他创立了维珍唱片，主要经营邮购发售音乐录音带的业务。1972年，维珍唱片发展为音像连锁商店，并建立了一个录音工作室。在这一时期，该工作室接待了许多顶级乐队，包括迈克·奥德菲尔德（Mike Oldfield）、性手枪（Sex Pistols）乐队和文化俱乐部（Culture Club）乐队。

20世纪80年代，布兰森进入航空领域，创建了维珍大西洋航空公司。随后，他进一步扩大航空业务，创立了维珍特快（一家欧洲廉价航空公司）和维珍蓝航空（专营亚洲－太平洋航线）。2004年，他与保罗·艾伦（Paul Allen）和伯特·鲁坦（Burt Rutan）一起，共同创立了太空旅游公司维珍银河。他的维珍燃油公司则致力于为汽车和飞机开发环境友好型燃油。

布兰森一直以来不断创立成功企业、卖出这些企业并将所得款项用于资助其他投资项目。他以大约7.5亿美元的价格将维珍唱片卖给EMI，而售出维珍汽车的所得为15亿美元。维珍集团旗下企业目前雇有50 000名员工，在30个国家开展经营，年收入达到230亿美元。随着个人净资产超过40亿美元，布兰森将他的注意力转向其他更具人性关怀的事业。布兰森与纳尔逊·曼德拉、吉米·卡特、图图大主教和博诺等人一起，致力于为长期存在的地区冲突提供和平解决方案。他也在积极推动以创新方式解决环境问题。

你会使用哪些信息或数据来识别布兰森的继承者是否有能力担任未来的维珍集团的董事长？

资料来源：D. Freeman, "Virgin Galactic Founder Richard Branson Sets Date of First Trip Into Space," *NBC News*, February 9, 2019, www.nbcnews.com/mach/science/virgin-galactic-ceo-richard-branson-sets-date-first-trip-space-ncna969436; R. Branson, *Losing My Virginity: How I Survived, Had Fun, and Made a Fortune Doing Business My Way* (New York: Crown Business, 2011); K. Gilchrist, "How Richard Branson Started Virgin Atlantic with a Blackboard Selling $39 Flights," *CNBC*, December 29, 2019, www.cnbc.com/2019/12/30/richard-branson-started-virgin-atlantic-with-a-board-and-39-flights.html; and R. Branson,"Opinion: Richard Branson on Why Philanthropists Should Club Together," *Devex*, December 10, 2018, www.devex.com/news/opinion-richard-branson-on-why-philanthropists-should-club-together-93983.

扫码获取本章案例、参考文献等内容

第12章

群体、团队及其领导力

2013年4月20日，美国科罗拉多州拉夫兰山口的雪崩公告板信息直白而不详：在北坡近树木线一带极有可能发生硬板式雪崩。两天前，在韦尔山口北坡近树木线一带，一位滑雪者引发了同一类型、大规模快速移动的毁灭性滑坡。有6个人看到了这些公告，他们并非来自小地方的无知少年。相反，在一个为科罗拉多雪崩信息中心筹资而组建的团体中，他们是其中经验最丰富的。他们的专业背景相当显赫：一位专业登山向导兼教练；一位滑雪专家兼雪崩安全倡导者；一位充满热情的山地单板滑雪者；一位单板滑雪者兼地质工程师；一位专业滑板销售人员；一位单板滑雪专家兼滑板商店经理。

但在阅读公告并稍做讨论后，这个小群体还是背起滑雪装备（包括雪崩安全齿轮），继续攀上北坡树木线一带已知的硬板地构。在上午约10:15，这群人引发了羊溪流域的一次大规模滑坡，此次滑坡范围有2个足球场宽、4个足球场长。事实上，这6个人知道羊溪流域的地质结构易于引发他们刚刚讨论过的那种雪崩。6个人都被埋在以时速60英里冲下山坡的大雪中，只有1人幸存。

为什么6名专家会犯这种悲剧性错误？我们知道，这与他们个人的专业能力或装备无关。雪崩研究者伊恩·麦卡蒙（Ian McCammon）的研究报告指出，造成这一结果的原因可能是他们受到群体和社会因素的影响。[1]这些滑雪者是群体的一员，他们充分了解雪崩的相关技术，却对群体和团队的潜在危险知之甚少。

其实，群体和团队也可以做出你能想象的最杰出成果，类似于美国海军海豹突击队的表现。在日益复杂的世界中，群体和团队可以达到个人无法达到的成就。学习如何掌控群体和团队的最佳方面，同时避免其缺陷，是今天的领导者必须学习的内容。当然，关于群体和团队的知识不会取代你迄今为止学到的有关个体的知识，它是对后者的升华。

毫无疑问，领导者需要对自身有所了解。他们的技能、能力、价值观、动机和欲望都是确定其领导风格和偏好的重要考虑因素。领导者也应尽量多了解追随者的上述特征。但即使你能掌握自己和每一位追随者的个人特征，仍然是不够的。这是因为，群体和团队不是其成员技能、能力和动机的简单加总。群体和团队有自己独有的特征。

尽管当今大量领导学文献探讨的是领导岗位上的个人，但一项对35种组织行为学教材的调查显示，在每本书中，“领导”一章都被放在“群体行为”部分。[2] 这一点并不令人意外，因为如果领导者想要影响其自身行为之外的事，群体（哪怕小到只有 2 个人）就是必需的。可能令人吃惊的反而是有些领导学书籍中完全删去了群体概念。**群体视角**（group perspective）关心的是不同的群体特征如何影响领导者及追随者之间的关系。

随着团队（team）和团队工作（teamwork）成为当下的时髦用语，我们有必要澄清群体与团队的差异，尽管这一差异只是程度问题。我们将在本章一开始首先阐明这一区别。如上所述，更大的差异体现在群体特征和个体特征间的比较上。我们将在本章前半部分讨论群体特有的某些因素。考虑到人们对组织中团队工作的浓厚兴趣，本章的后半部分将给出一个模型，用于帮助领导者设计、诊断和充分利用多种重要影响因素来创造出能促进团队效力的环境条件。本章的结尾将讨论虚拟团队，这一团队形式哪怕算不上非常流行，也是越来越多见了。

个人、群体与团队

如前所述，在个体工作和群体工作之间存在重大差异。但在群体工作与团队工作之间又存在何种差异呢？

> 只要涉及任何社会主体，无论你的家庭、学校、社区、企业还是国家，获胜都是团体活动的结果。
>
> ——比尔·克林顿（Bill Cliton），美国前总统，1993—2001 年

你将在本章的下一节学到群体的两个特征：相互作用和交互影响。团队成员也存在相互作用和交互影响，但我们往往从另外四个方面区分团队与群体。第一，与群体成员相比，团队成员之间往往有更强的身份认同感。团队成员和局外人通常都很容易识别出谁是或谁不是团队的一员（运动员的统一着装是一个明显例证），而识别一个群体的成员则比较困难。第二，团队有共同的目标或任务，从开发新产品到赢得某体育联赛的冠军，不一而足。与之相对，群体成员的目标一致性可能达不到团队成员的程度。群体成员可能因为不同的个人原因加入该群体，而这可能与群体明文规定的目标相抵触（这一现象也可能出现在团队中，但程度可能有差异）。第三，团队中的任务相互依赖性往往高于群体。例如，在篮球运动中，除非其他队员中途截球或传球给他们，否则单个球员很难投球进篮（见领导概览 12-1）。但群体成员往往可以独立工作来推动目标达成；能否成功完成分派的任务，可能不受其他群体成员的影响。当然，任务相互依赖性可能在各个团队之间存在程度差异。例如，在运动队中，垒球队、美式足球队、英式足球队和板球队的任务相互依赖性水平较高，而游泳队、越野跑步队和田径运动队则相互依赖性水平较低。第四，与群体成员相比，团队成员往往扮演差异性较大、更专业化的角色。群体成员往往在群体中同时扮演多种角色，但团队成员则在团队中扮演单一的或主要的角色。最后，请记住：我们在此强调的差异可能只是程度差异。我们也可以将团队看作高度专业化的群体。

❖ 领导概览 12-1

菲尔·杰克逊

在本书第2篇关于个人领导特征的章节中，你很容易想到一位具有我们所说的典型特征的领导者。但团队领导者的典型特征就不太容易确定了。如果你想想吉纳特对领导的定义（“领导者的工作，就是创建有助于团队成功的条件”），则真正的团队领导者可能身居幕后，或者，在本例中，甚至不在球场上。

菲尔·杰克逊（Phil Jackson）是一位篮球教练，但他可不是什么小角色。杰克逊是迈克尔·乔丹夺冠时的教练，而且最终带领芝加哥公牛队赢得总冠军。的确，篮球是一项团队运动，正如迈克尔·乔丹和其他公牛队队员所发现的，这项运动中公认的最佳球员并不一定能使球队成为赛场上的最佳球队。在乔丹赢得“个人得分王”的很多年中，公牛队并没有赢得总冠军。杰克逊作为总教练的工作，就是使那些杰出的个人球员组成一支出色的球队。

要想了解杰克逊面临的挑战、为赢得总冠军而培养团队合作精神，最好的做法可能就是摘录他的《公牛王朝：篮球艺术与精神境界》(*Sacred Hoops*）一书中的几句话：

（教练）工作中最重要的部分，发生在练习场上，而不是比赛过程中。到了某一时刻，你就不得不信赖球员会将他们在练习场上学到的东西转化为行动。通过使用全面的篮球系统，我会更容易使自己摆脱出来。一旦球员掌握了这一系统，就会出现有力的群体智能，这比教练的主意或球队中个别人的主意更好。当球队达到这一状态时，教练就可以退后一步，让比赛本身来“激励”球员。你不必对他们说“为了吉帕，赢一个球”之类鼓劲的话，你只需要放手，让他们埋头去做就可以了……

一位伟大球员的标志，不是他得了多少分，而是他使球队其他成员的成绩提高了多少……

你不能用一个人战胜一支优秀的防守型球队。这需要整个球队的努力……

迈克尔花了很长时间才意识到，他不可能独力完成这一切。然而，当球队开始慢慢掌握系统的精妙之处时，他知道自己可以在比赛的关键时刻信赖队员。这就是他从一个有天赋的独奏艺术家向一位无私的团队成员转变的过程。

系统吸引我的一点是，它使每个球员更多地参与到进攻中，并要求他们将个人需要放在群体需要之后，以此对每个人赋权。这是每一位领导者都必须面对的问题：如何使受个人荣耀驱动的球员放弃自我，全身心地投入整个群体的努力中。

资料来源：P. Jackson and H. Delehanty, *Sacred Hoops: Spiritual Lessons of a Hardwood Warrior* (New York: Hyperion, 1995).

群体的性质

我们也许应该从**群体**（group）的定义开始论述。一个群体可以被看成“两个或多个人，他们以某种方式相互作用，每个人都既影响他人，也受他人影响”。[3] 这一定义中有三个方面对领导学研究特别重要。第一，该定义包含了领导者和追随者之间交互影响的概念，这一观点与字典中追随者定义所暗示的单向影响有很大差异。第二，群体成员彼此间的相互作用和影响。因此，在公交车站等车的人不会构成一个群体，因为一般情况下这些个体之间既没有互动，也不存在影响。与之相反，参加校董会选举计划会议的 8 个人就可能构成一个群体，因为在参与者中可能有高水平的相互作用。第三，这一定义没有将个人局限在一个群体内。每个人都隶属于多个不同群体；一个人可以同时是不同的服务、生产、体育、宗教、家长和志愿者群体的成员。

尽管人们隶属于多个群体，也任职于多个组织，但群体和组织不是一回事（群体，当然可以存在于组织中）。组织的规模可能很大，以至于大部分成员间彼此相当陌生。在这种情况下，组织成员间的相互作用和交互影响相当有限。类似地，组织往往过大、非人格化，无法对个人感受产生很大影响，而群体的规模小，能直接影响成员的感受和自我形象。人们往往会对自己所属的群体有更强的认同感，而对自己所属的组织认同感较低；他们对自己的群体有更多的心理付出。同样地，与组织相比，群体也能更好地满足某些重要的心理需要（如社会联系）。

用一个例子大概可以说清群体和组织之间的区别。想象一个规模宏大的教堂，它大致可以被看作一个组织：大到可以在星期天早上提供多种宗教仪式；可以每周开出数十个不同的研习班；有多个不同的唱诗班和音乐合唱团。在这么大的教堂里，成员很难相互交往或彼此影响，除了偶一为之。这种规模对成员既有好处，也有坏处。一方面，它使丰富、多姿多彩的活动成为可能；另一方面，这种规模使教堂本身（即整个组织）相对非人格化。除了名义上的归属（比如，“我属于第一长老会教堂”），人们可能很难对一个大型组织有认同感。在这种情况下，很多人对教堂内部的特定群体有更多认同，这远远超过对教堂本身的感觉；感觉自己是小群体（如高中合唱团或每周学习小组）的一分子，可能更容易。

尽管群体在社会中发挥了普遍的作用，但总体来说，人们很少花时间思考影响群体过程和群体内部关系的因素。因此，本节的其余部分将描述一些会对领导者和追随者产生影响的群体特征。很多群体研究的内容超出了本章范围（见 Gibbard，Hartman，Mann，1978；Shaw，1981；Hackman, 1990）[4, 5, 6]，但有六个概念是群体视角的基础，值得我们关注。这六个概念是群体规模、群体发展阶段、群体角色、群体规范、群体凝聚力、沟通，其中前五个概念将在下面几节中谈及，第六个概念——沟通，则贯穿在前五个概念中。

群体规模

任一群体的规模大小会同时影响领导者和追随者。第一，领导者的出现某种程度上就是群体规模的结果。身在大型群体中还是小型群体中，会影响个人脱颖而出成为领导者的可能性。第二，当群体规模变大时，有可能形成**小集团**（clique）。[7] 小集团往往是由拥有共同目标、价值观和期望的个人组成的子群体。由于小集团往往对其成员拥有更大的影响力，他们可能会对规模较大的群体产生相当大的积极或消极影响。领导者需要识别和应对群体内的小集团；很多群体内冲突就是源于不同小集团拥有不同的价值观、目标和期望。第三，群体规模也会影响领导者的行为风格。**管理幅度**（span of control）较大的领导者往往更多地发出指示，与下属个人相处的时间较少，较多使用缺乏人情味的方法来影响追随者。管理幅度较小的领导者往往表现出更多的关怀，较多使用个人化方法来影响追随者。[8, 9, 10, 11] 第四，群体规模也会影响群体效力。尽管有些研究者提出，完成某一任务的最优员工人数总是5～7人，明智的做法是避免使用过度简单的结论。[12, 13] 对合适的群体规模这一问题的回答可能是："规模刚好大到足以完成工作。"很显然，群体规模越大，就越有可能包含有差异化技能、价值观、感知和能力的群体成员。而且，当群体规模扩大时，无疑会有更多可用的"人力"来完成工作。

> 委员会是一种有四条后腿的动物。
>
> ——约翰·勒·卡雷（Jean le Carré），电影《锅匠、裁缝、士兵、间谍》（*Tinker Tailor Soldier Spy*）编剧

但规模带来的好处也有其限度。考虑下面的问题："如果一个人挖一个1立方英尺㊀的洞需要花费2分钟，20个人挖同样大小的洞要花多长时间？"事实上，较大的群体可能花费的时间要长得多，特别是如果所有人同时参与的话。除了单纯因特定任务存在物理上的限制外，当群体规模扩大时也会有收益递减趋势（按人均数计算）。甚至当所有群体成员的努力综合运用于所谓的**叠加性任务**（additive task）时，这一趋势也存在。叠加性任务是指群体的产出成果就是其成员个体成果的简单加总。[14] 这一情况可以用多个人在十字路口推一辆熄火的卡车来说明。一个人的力量是不够的，两个人、三个人可能还不够。但当群体规模在这一叠加性任务上达到某一临界点时，就有足够的合力移动卡车。但是，当群体规模的扩大超过了移动卡车所需的力量时，每个成员的个人贡献水平会下降。斯坦纳（Steiner）[15] 指出，这可能是由于多种因素（如某些成员推动的方向不正确）导致了**过程损失**（process loss）。过程损失可以被看作越来越多的人一起工作时导致的低效局面。

群体规模会以其他多种方式影响群体效力。当群体规模扩大时，较大工作群体的收益递减可能是由于**社会惰化**（social loafing）的存在。[16] 社会惰化是指当人们对最终成果不承担个人责任时，他们会减少投入努力的现象。在针对不同类型的任务所做的多项实验中，当个人的工作受到监控时，员工付出的努力要大于他们的产出被无区别地汇总成一项集体成果时的努力。但最近的证据也表明，这一过程可能远比研究者最初设想的要复杂得多。[17] 绩效降低的水平可能更多受到任务复杂性或奖励结构（如合作还是竞争）的影响，而较少受到成果归属的影响。

有些时候，由于**社会促进**（social facilitation）现象的存在，工作时有他人在场实际上会增进人们的努力、提高生产率。社会促进在西方电气公司霍桑工厂所做的经典实验中被首次记录下来（见专栏12-1）。但社会促进并不局限于研究情境。它是指他人在场会提高个人工作责任感的所有情况，这与人们在群体中会增加身份不明感或社会惰化的观点恰成对照。[18]

㊀ 1立方英尺 = 0.0283立方米。

❖ 专栏 12-1

社会促进和霍桑效应

社会促进在西方电气公司霍桑工厂于 20 世纪 20 年代至 30 年代早期进行的一系列实验中被首次记录下来。这些经典研究最初的设计意图是评估不同工作环境存在的影响。研究者在员工装配电子器件所在的工作区域，改变了包括照明水平在内的多种因素，发现当亮度提高时，员工产出增加。但当亮度随后下降时，产出仍然在增加。面对这些令人困惑的数据，研究者将注意力由工作环境的物理方面转向社会方面。结果表明，导致员工产出增加的一个理由是其他人（在本例中指研究者）对他们给予了关注。"霍桑效应"（Hawthorne effect）一词今天仍被用于描述一个人或群体仅仅因为接受研究而引起的人为的行为改变。

资料来源：E. Mayo, *The Human Problems of an Industrial Civilization* (New York: Macmillan, 1933); and R. M. Stogdill, "Group Productivity, Drive, and Cohesiveness,"*Organizational Behavior and Human Performance* 8 (1972), pp. 26–43.

群体发展阶段

正如孩子会经历各种不同的成长阶段，群体也是如此。塔克曼（Tuckman）[19] 对超过 60 项涉及无领导的培训群体、实验群体或治疗群体的研究进行了综述。他指出，群体一般要经历四个明显不同的发展阶段。第一阶段是**形成期**（forming），其特征是礼貌地交谈、收集关于成员的表层信息，以及低水平的信任。群体反对那些具有负面特征的潜在领导者，也发生在形成期。第二阶段是**震荡期**（storming），其标志性表现通常是群体内冲突、较高的情绪化水平，并出现了地位差异化，因为留下来的竞争者设法形成联盟并充任群体的领导角色。第三阶段中一位领导者明显地脱颖而出，并且群体规范和凝聚力得以形成，是群体发展进入**规范期**（norming）的关键性指标。第四阶段，当群体成员发挥了切实的、相互依赖的作用并关注群体任务的完成时，群体就达到了**执行期**（performing）。

塔克曼提出的群体发展四阶段理论很重要，有几方面的原因。[20] 一个原因是，人们隶属的无领导群体的数量远远超过他们可能意识到的。例如，很多运动队、委员会、工作群体和俱乐部一开始都是无领导团队。队长、俱乐部负责人或委员会发言人很可能是从各个群体中自发产生的。在更大的范围内，甚至是很多选举出的政治官员在政治生涯初期，可能也是从所在小集团或群体中脱颖而出的领导者，并在随后的岁月里说服大部分选民相信自己作为候选人的获胜能力。

理解群体发展阶段很重要的另一个原因是，领导行为、群体凝聚力和生产率之间可能存在关联。有些专家坚持认为，领导者需要在规范期关注关怀维度或群体维护行为，以提高群体的凝聚力；而在执行期关注任务行为，以提高群体的生产率。[21, 22] 他们也指出，如果领导者在规范期和执行期表现出与建议相反的行为，其所在群体的凝聚力和生产率均较低。因此，有能力识别群体的发展阶段能提高一个人成为领导者的可能性，也会提高他领导的群体的凝聚力和生产率。

塔克曼的模型广为人知的一个原因在于，它对各构成部分的表述整齐押韵，但对这一模型也存在一些批评意见。回想一下，塔克曼研究的被试都是培训、实验或治疗群体。这些群体中没有一个能特别代表组织环境中形成的工作群体。例如，吉纳特观察了很多外科手术团队，但没有一次看到其在组建过程中表现出震荡期行为。如果在今天要做手术的外科医生、麻醉师和手术助理护士之间有一次形成期的争吵，你肯定不希望自己是那个病人。

盖尔西克（Gersick）[23] 提出了一个更好的模型来说明组织环境下的团队。在研究**项目团队**（project team）时，她发现团队不一定是大家凑到一起就马上开始工作的。相反，在团队存续期的前半部分，他们将大部分时间都花在应付各种意见和策略上。接下来，在项目进行到大约一半时，团队似乎经历了一种“中年危机”，会急于采取行动，并再次审视采取的策略，看它是否能使团队完成工作。盖尔西克将这一过程称为**间断平衡**（punctuated equilibrium），这一模型显然与塔克曼的四阶段模型存在很大差异。

群体角色

群体角色（group role）是指人们期望的一整套与特定工作、职位相关联的行为。大多数人因为从属于不同的群体，拥有多重角色。此外，由于情境发生变化，某些人在同一组织内部扮演多个角色也相当常见。吉纳特 [24] 就发现，飞机机组成员在一天之中会扮演多个不同的角色。尽管某些行为总是与特定角色相关联，但有效的机组团队成员在其他角色需要发生变化时，往往能更灵活地改变自己的行为。例如，在飞行过程中，机长负责整个机组的运行和决策，但空乘人员往往也要承担计划、执行机组的晚间（即飞行结束后）社交活动的责任。但在研究中发现，有一位机长持续做出机组中的所有决策，甚至包括机组晚间的社交安排；他在决策者的角色上表现得缺乏灵活性。毫不意外，与灵活调整的机长相比，即使在实际飞行过程中，上述机长也被视为低效的领导者。

有些角色，如运动队中的位置，只有在具体环境下才有意义。例如，一般来说，在美式足球比赛中，一个人仅仅充当前锋的角色（的确，在很多学院中，作为校际比赛队员的角色扩展到了体育以外学生生活的各个领域）。其他角色在性质上更有共性，包括使群体良好运作（或低效运作）而承担的某些共同角色。专栏 12-2 提供了一个生动的例子，说明高权力角色如何成为行为的决定因素。

❖ 专栏 12-2

斯坦福监狱实验

社会心理学家菲利浦·津巴多（Philip Zimbardo）及其同事在斯坦福大学创建的模拟监狱环境，绝好地展示了权力角色的存在。研究者从一个较大规模的志愿者群体中，选出 24 位男性大学生并将其随机分配到“囚犯”或“看守”两个小组中。这一模拟场景相当真实，有建在一所大学建筑物下面的真正牢房。看守们身穿制服，手持警棍和哨子，还戴着太阳镜遮住眼睛。囚犯在家中被捕，被捕时警车发出尖利的警笛声。囚犯戴着手铐、接受搜身、被蒙上双眼带进“监狱”。他们被采集指纹，领到配给物品，并被分派了代号。其后对囚犯的称呼都使用代号。

没过多久，被试学生的正常行为就被他们正在扮演的角色逐步取代。看守变得越来越滥用权力。他们要求囚犯严格遵守监狱内随意制定的规则（都是看守自己规定的），并且似乎享受因为轻微违规行为处罚囚犯的过程。他们似乎越来越坚信这些囚犯是真正的坏人，虽然后者其实是和他们一样的大学生。囚犯感受到的情绪压力变得非常严重，这项原计划历时两周的实验，到第 6 天就被迫终止了。出现这一意外的结果，是因为参与者的角色变成了他们正在经历的现实。他们不再是扮演看守和囚犯角色的学生，令人不安的是，他们成了看守和囚犯。

人们从斯坦福监狱实验中可以得出什么结论？抽象来看，这项研究戏剧化地指出个人行为如何受到社会角色的影响。此外，很明显，仅仅是扮演领导者的角色，特别是伴以明显可见、象征性的权力表征，就会影响领导者如何看待和对待追随者。人们可以得出的另一项启示是，实验志愿者在生活中扮演的角色远多于研究分配到的单一角色，但在一段时间内，看守或囚犯的角色无疑居于主导地位。虽然每个人都扮演多个角色，但主导性角色往往取决于情境，而且，当一个人在群体中的角色发生变化时，其行为也会发生改变。

资料来源：P. Zimbardo, C. Haney, W. Banks, and D. Jaffe, “The Mind Is a Formidable Jailer: A Pirandellian Prison,” *New York Times Magazine*, April 8, 1973, pp. 38–60.

在第 8 章中，领导者的行为特征最初表现为两类广泛的功能。一类与完成任务有关（**任务角色**，task role），另一类与工作群体内部的支持性关系有关（**关系角色**，relationship role）。类似地，对于群体中的角色也可以用任务和关系功能加以归类（见专栏 12-3）。专栏 12-3 中的很多角色不仅适用于正式群体的领导者，也适用于追随者；所有这些不同角色都是领导过程的一部分，并且都对群体的总体效力有所贡献。此外，对任务角色和关系角色的区分在一定程度上是主观的。在看待任一给定行为的短期影响时，这一区分可能是有意义的，但关系角色就是任务角色。毕竟，任务导向的行为可能足以完成短期目标，但一个高凝聚力、支持性的群体将提高其完成当前及未来任务的长期效力。虽然专栏 12-3 中的角色都对组织的总体效力做出了贡献，但群体角色中存在的几类问题也会阻碍群体绩效的发挥。有一种角色问题涉及**功能不良的角色**（dysfunctional role），具体见专栏 12-4。这些角色的共同点是，他们的行为主要服务于自私或自我中心的目的，而不是群体目标。

❖ 专栏 12-3

群体中的任务和关系角色

任务角色

启动：界定问题，提出活动建议，分配任务。

信息搜寻：提出问题，寻求相关数据或观点。

信息分享：提供数据，发表意见。

总结：回顾和综合他人的观点，确保达成共识，并为行动做好准备。

评估：评价各种假设的有效性、信息质量和建议方案的合理性。

指导：确保群体坚持正确的方向。

关系角色

协调：解决人际冲突，减少紧张氛围。

鼓励：支持和表扬他人，表现出对他人贡献的赞赏，为人热情、友好。

把关：确保所有团队成员共同参与，确保每个人都有机会表达，没有人主导一切。

资料来源：Adapted from K. D. Benne and P. Sheats, "Functional Roles of Group Members," *Journal of Social Issues* 4 (1948), pp. 41–49.

❖ 专栏 12-4

功能不良的角色

支配：独占群体的时间，强迫他人接受自己的观点。

阻塞：顽固地阻碍和拖延群体工作，坚持其消极观点。

攻击：贬低他人，形成敌对、威胁性的环境。

涣散：从事不相干的行为，分散他人的注意。

资料来源：Adapted from K. D. Benne and P. Sheats, "Functional Roles of Group Members," *Journal of Social Issues* 4 (1948), pp. 41–49.

另一个角色问题是**角色冲突**（role conflict）。角色冲突是指接收到的预期行为的信息相互矛盾，进而可能对一个人的情绪健康和绩效产生负面影响。[25]

角色冲突可能表现为几种不同的形式。最常见的可能是来自同一个人的预期行为信号不一致。当同一个人送出前后矛盾的信息时，这被称为**角色传讯者本身的冲突**（intrasender role conflict）（"我五分钟后要收到这份报告，而且它最好完全没问题"）。在某人收到来自多个人的关于预期行为的不一致信号时，就会出现**角色传讯者之间的冲突**（intersender role conflict）。还有一种角色冲突源于一个人扮演的不同角色间的不一致。例如，职业需要和家庭需要往往会导致角色冲突。一个人无法很好地表现他想扮演的所有角色时，就会出现**角色间冲突**（interrole conflict）。当角色期望违背了一个人的价值观时，会出现最后一种类型的角色冲突，它被称为**个人 - 角色冲突**（person-role conflict）。下面的例子说明了个人 - 角色冲突的存在：一位商店经理鼓励销售人员向消费者提供商品质量的误导信息，而这一行为与该销售人员的价值观和信念不一致。

还有一种不同类型的角色问题，即**角色模糊**（role ambiguity）。在角色冲突中，一个人接收了关于期望的明确信息，但这些信息并不完全一致。而在角色模糊中，问题在于缺乏"预期是什么"的明确信息。[26, 27] 也可能角色期望根本没有被确定，或者没有被清晰地表达出来。如果一个人对"他们想让我干什么"这一问题感到疑惑，那他就正在经历角色模糊。对领导者而言，有能力将群体中出现的功能不良的角色、角色冲突和角色模糊减少到最低水平是十分重要的，因为研究者发现这些问题对组织归属感、工作参与度、缺勤率及对同事和上级的满意度有消极影响。[28]

群体规范

规范（norm）是群体用于控制和调整群体成员行为的非正式规则。尽管规范并不常用书面表达（见专栏 12-5）或被公开讨论，但它们无疑对行为有着强大且持续的影响。[29] 这是因为，大多数人都很擅长诠释各种社会暗示，这向他们提供了关于现存规范的信息。例如，大多数人都无须借助书面指导，就能轻易看出任何一个新工作环境中的着装要求。人们也能轻易发现他人何时违反了某项规范，哪怕违反行为不明显，而且他们甚至无法清楚地表述这一项规范。例如，大多数学生都对给其他学生增加额外工作量存在某种行为期望（规范）。想象一下，如果某个班上的一名学生抱怨在每堂课上发的阅读材料太少，或者学期论文的最低字数要求应当大大提高，会带来什么样的反应。

❖ 专栏 12-5

形成文字记录

体育幽默作家瑞克·瑞利（Rick Reilly）指出，在体育赛事中出现的很多行为几乎被所有人了解（即“规范”），但很少被写下来。以下是一些体育项目中的典型例子。

冰球

首发守门员总是第一个上场的球员。

永远不要在哨声吹响后，投球入网。

篮球

在比赛胶着的第 4 节，每个试图带球上篮的 NBA 球员都应被判犯规。

在 NBA 加时赛时，替补队员应保持站立。

棒球

当球队经理到投手丘带你下场时，把球交给他。

在一场无安打比赛中，不要与投手交谈或坐在投手附近。永远不要用触击球来结束比赛。

高尔夫

不要走到球手的推击路线上，包括球洞另一边的 2 英尺㊀范围。

最后一名推杆队员的球童插旗。

美式橄榄球

永远不要在练习时打四分卫。

当接球手触地传球时，再一次把球发给他。

资料来源：R. Reilly, Sports Illustrated vol. 104, no. 15 (2006), p. 76.

㊀ 1 英尺＝0.3048 米。

规范不会约束所有行为，而只影响群体认为重要的那些行为。如果规范能有以下效果，它们更有可能被视为是重要的，也更有可能得到贯彻：①促进群体的生存；②简化，或者增加群体成员行为的可预测性；③有助于避免群体中出现令人尴尬的人际关系问题；④表达群体的核心价值观，并阐明群体身份认同的独特性质。[30]

受到团队成员重视的规范，比如上面罗列的那些，其本质是内向型的。它们有助于团队关注自身运作、避免由不恰当的成员行为而导致的尴尬局面。亥克曼[31]建议，领导者有责任将整个团队的关注点转向外部以提高绩效。具体来看，他提出应创建两项核心规范来强化绩效。

- 群体成员应积极扫描环境寻找机会，这可能要求改变经营战略来充分利用上述机会。
- 团队应明确其成员为达成组织目标必须一直做及永远不该做的几项行为。

积极贯彻上述两项规范，将推动团队审查其组织环境及它所属的行业和外部经营环境。有讽刺意味的是，群体的局外人能比内部人士了解更多关于规范的信息。局外人自己不一定服从这一规范，却更容易注意到这些规范的存在。事实上，一位观察者越是“不相干”，越有可能感知到这些规范。如果一个人习惯了上班系领带，他不太会注意到另一个组织中同样系领带去上班的人，而更有可能注意到第三家企业的办公室里穿着套头毛衣或 T 恤衫的人。

群体凝聚力

> 找到好球员很容易。让他们组队比赛就完全是另一回事了。
>
> ——卡西·史丹格尔（Casey Stengel），前 MLB（美国职业棒球大联盟）球员和经理

群体凝聚力（group cohesion）是使群体结合在一起的黏合剂。它是吸引成员构成一个群体、阻止其离开这一群体、激励他们在其中发挥作用的力量总和。高凝聚力的群体比低凝聚力的群体更有可能相互作用和影响。此外，高凝聚力的群体会有较低的缺勤率和流动率，而低缺勤率和流动率往往会产生更高的群体绩效；进而，更高的绩效会带来更高的凝聚力，因而形成一个螺旋上升的趋势。

然而，较高的凝聚力并不总是带来更高的绩效。一个有高凝聚力但缺乏技能的团队，仍然是个缺乏技能的团队，这种团队往往会输给一个凝聚力不高但技能娴熟的团队。此外，有时高凝聚力群体确定的目标会与更高的组织目标背道而驰。例如，某所学院中的一个研究团队有很高的凝聚力，团队成员决定就一个本身很有意思的问题开展研究。但他们对这一项目近乎狂热的投入使他们完全不会质疑该项目与学院目标是否一致，而且，他们甚至不允许其他人质疑。他们的研究范围狭窄、强调基础研究，大大偏离了学院“加强应用研究投入”的公开目标。其结果是，学院因此失去了一些重要的外部财务支持。

在高凝聚力的群体中，也可能出现其他一些问题。研究者[32, 33]发现，有些群体可能内部凝聚力过强，结果在自身和他人之间竖起一道围墙或分界线。这种**过度分界**（overbounding）会将可以

提高群体效力的资源拒之门外。竞争性的产品开发团队就可能变得过度分界（往往用安全考虑或担心“创意外泄”来解释），他们不会寻求来自同一组织的、有意愿且有能力的其他员工的帮助。

该问题的一个例子，就是卡特总统任职期间美国驻伊朗大使馆人质营救任务的失败。营救本身相当复杂，涉及多个不同的美国军种。有些部队拥有海基直升机。这些直升机及机组人员由常规海军舰队运输，舰队上的大多数水兵都不了解这次秘密使命的任何信息。高级军官担心有水兵对外泄露消息会危及秘密使命的完成，因而直到任务真正开始的前一刻，都没有指示维护人员提高直升机的维护等级。甚至当一架直升机按排程应该在随后的 50 个飞行小时内大修（营救使命将超出这一时间）时，上级仍要求不要进行维护。根据可靠信息来源，至少有一架飞机的故障与此有关，也因此造成了整个营救任务失败。

詹尼斯（Janis）[34] 指出高凝聚力群体还有一个缺陷。他发现，高凝聚力群体中的成员往往更关注寻求全体意见统一，而不是客观评价不同的行动步骤。詹尼斯将这一现象称为**群体思维**（groupthink），他相信该现象导致了历史上的一系列惨败，包括日本轰炸珍珠港事件和猪湾事件。在挑战者号飞船的灾难中，它可能也占有一席之地，而且它也出现在其他各类高凝聚力群体中，从商业会议到机组人员，从治疗团体到校董会，都受到该问题的影响。

什么是群体思维？高凝聚力群体往往会形成强有力的非正式规范，以保持友好的内部关系。保持舒适和谐的群体环境变成了一种秘而不宣的要务，这往往会压制异议、冲突和批判性思维。当群体成员为谋求一致而不愿表达、不愿容忍那些不合规范的观点和批判性思维时，就会导致不明智的决策。詹尼斯[35] 指出了群体思维的多种症状，具体如专栏 12-6 所述。

❖ 专栏 12-6

群体思维的症状

有一种坚不可摧的假象，这导致群体中毫无根据的乐观主义，并甘冒过大的风险。

对群体的道德水准坚持一种未经质疑的假设，并因此对群体行为的道德伦理后果不加反思。

集体合理化，轻视负面信息或警示。

刻板看待反对意见，认为它们是邪恶、软弱或愚笨的。

团队成员因怀疑自己观点的有效性或重要性而进行自我审查，不表达那些与群体想法相悖的意见。

存在全体一致的假象，高度的意见一致仅仅存在于人们的感觉中，并非真实存在。

对持异议的成员施加直接压力，强化“不同意就表明对群体不忠诚”的规范。

心灵守卫，他们保护群体免于了解不利信息。

资料来源：Adapted from I. L. Janis, *Groupthink*, 2nd ed. (Boston: Houghton Mifflin, 1982).

如果一个政策制定群体或决策群体表现出专栏 12-6 列出的大部分症状，极有可能就要冒决策无效的风险。它可能在阐明目标、寻找相关信息、评估不同备选方案、评测风险和预判是否有必要制订权变计划等方面表现不佳。为减少群体思维，提高群体对政策和决策的投入质量，詹尼斯[36]提出以下建议：第一，领导者应该鼓励群体的所有成员都在一定程度上充当批判性评估者的角色。群体中的每个人都应该认识到表达疑虑和反对意见的重要性。这也包括领导者有意愿倾听对本人观点的批评。第二，领导者需要表现出公正客观的形象，创建一种公开质询的气氛。一开始，领导者应尽可能不表现出个人偏好或期望，因为这会对群体讨论产生误导。第三，如果组成多个独立小组就同一个问题提出推荐方案，也可以减少群体思维的风险。第四，群体中至少有一位成员应充当魔鬼代言人（devil's advocate）㊀，这一角色可以在每次会议上由群体成员轮流担任。本章一开始谈到的雪崩惨剧，可能也有群体思维这一社会因素的原因。

高凝聚力群体的最后一个问题是谢泼德（Shephard）[37]所说的“**奥利现象**”(ollieism)。奥利现象是群体思维的一种变形，当过度热心和忠实的下属相信自己的不合法行为会取悦领导者时，这一现象就出现了。这一术语的名字来自奥立佛·诺斯（Oliver North）中校，他承认在白宫工作期间，关于“伊朗门”及其他事情对美国国会撒谎。谢泼德引述说，托马斯·阿·拜克特（Thomas À Becket）被亨利二世的四位骑士所杀、“水门事件”中的非法闯入，都是奥利现象的主要例证。奥利现象与群体思维的差异在于，下属的不合法行为往往发生在领导者对此不了解或未明确表示同意的情况下。然而，谢泼德指出，尽管上面引用的奥利现象的例子中行为没有受到官方批准，但是领导者仍然无法推卸在这类事件上的责任。领导者有责任在群体中形成一种关注道德的气氛，而那些创建出高凝聚力但低道德水准的群体的领导者，必须为这一群体的行为承担责任。

在阅读了前述资料，了解到群体凝聚力和绩效之间存在不确定联系，以及过度分界、群体思维和奥利现象等问题之后，你可能认为需要避免提高凝聚力。但这一想法完全是大错特错。首先，因群体凝聚力过高产生的问题很少出现，总体来讲，领导者应该思考如何创建和保持高凝聚力团队，而不是为了避免潜在的群体思维或过度分界问题而不去开发这些团队。其次，支持开发高凝聚力群体的明显证据，是考虑另一种可能——完全缺乏凝聚力或凝聚力较低的群体。在后一种群体中，追随者往往会彼此不满，对领导者不满，降低对完成群体和组织目标的承诺度，群体成员间较少进行内部沟通，而且相互依赖的任务绩效也可能受到损害。[38]由于存在与低凝聚力群体相关的一系列问题，领导实践者应当认识到，形成功能良好的高凝聚力工作群体是自己的努力目标。

总的来说，群体视角为本书此前的个人视角提供了补充。一位追随者的行为可能源于他的价值观、个人特质或工作经验（个人视角），这些行为也可能源于他在群体中的角色、群体规范、群体发展阶段或群体凝聚力水平（群体视角）。因此，群体视角也可以向领导者和追随者提供关于群体中的个人为何以特定方式行事的多种解释。此外，前述的六项群体特征也能使领导者和追随者了解到，有哪些因素可能改变他们对其他群体成员的影响力，以及他们应如何提高自己在群体中的影响力水平。

㊀ 魔鬼代言人，是指群体中为了鼓励人们继续讨论一个话题，想到所有可能性，安排某人假意反对其他人的意见，故意唱反调。——译者注

团队

考虑到目前组织对团队及团队合作给予的极大关注，花些时间来探讨团队及影响团队效力的因素是合适的。在说明了团队效力的几种不同度量方式之后，我们来看一个团队领导的综合模型。

有效团队的特征和团队建设

不同团队的效力存在很大差异。相似度很高的团队，其最终的成败结果可能完全不同（见专栏 12-7）。因此，我们必须问一个问题：是什么使一个团队成功而另一个团队失败？尽管直到最近研究者才开始关注这一领域，但创新领导力中心的探索性工作已经初步识别了有效团队在绩效方面的几项关键特征（见专栏 12-8，来自海盗黄金时代关于团队合作的历史观察）。

❖ 专栏 12-7

有效和无效团队的例子

大多数人都能轻易想出一大堆有效和无效团队的例子。看看下面两个真实故事中团队的相对效力。

无效的团队工作：一架飞机在迈阿密机场降落时，机组成员没能使“前起落架放下并锁定”的信号灯正常工作，于是三位机组成员都去调换座舱中烧坏的信号灯灯泡。没人去驾驶飞机，而当飞机坠入大沼泽撞毁时，根本没人在操控 L-1011 航班的飞机。

有效的团队工作：当 DC-10 飞机因一个引擎爆炸而失控时，机组人员无法用飞行控制装置操控飞机，他们意识到自己需要一切可能的帮助。机长阿尔·海恩斯发现有位经验丰富的机长恰好乘坐了本次航班。他请这位乘客进入驾驶舱一起想办法。奇迹出现了：他们的集体才智使机组得以运用现场开发的技术，在离地几英尺的地方控制住了飞机。尽管仍有伤亡，但机上 180 多人在一个近乎无望的情境中保住了性命。

❖ 专栏 12-8

海盗黄金时代的团队合作

感谢迪士尼电影公司及其《加勒比海盗》系列电影，它们使我们了解到海盗和他们在大海中的冒险生涯。他们是一群天性残忍的蠢材，如果没有一个海盗船长把他们从酒吧里揪出来，他们基本上就会完全失业。登上船后，他们十五六个人受到专断独裁的船长和大副的粗暴对待。任何时候一旦违反船上随意设置的规则，那可怜的水手只能走上船舷投水溺亡。万一碰上了某个可能的目标，他们就包抄过去，在密集的加农炮掩护下登上对方的船只，通常以对方沉入海底告终。海盗船上的船员是一些断臂或装有木腿的家伙，他们被迫将财宝埋在某个小岛上，满心指望着有朝一日还能找回来。

迪士尼眼中的海盗生活有一个问题：除了“天性残忍”之外，其余所有内容都是虚构的。大屏幕上的海盗形象可能来自某些小说中的人物，比如罗伯特·路易斯·史蒂文森（Robert Louis Stevenson）的《金银岛》（*Treasure Island*），也可能完全是剧作家想象的产物。多亏美国国家地理学会神奇的旅行展示，我们现在关于海盗的真实生活知之甚多。将这些发现和一本关于海盗真实生活的书籍结合起来，我们眼前是一幅完全不同的画面：海盗的生活与“高绩效团队”的惊人相似远超你的想象。

在我们描绘黄金时代（加勒比海地区，1650—1730年）的海盗真实生活之前，有必要了解一点：海盗不仅存在于这一时代，也不仅限于这一地区。据说，海盗在数千年前就出现了，甚至早于埃及文明。北欧有萨克森（Saxon）和维京（Viking）海盗，北非巴巴利海岸的伊斯兰海盗为害地中海区域。18、19世纪的中国南海也有海盗出没。甚至在今天，多国联合舰队也在围剿索马里海盗。但在这里，我们的关注点放在黄金时代的海盗，关注他们对加勒比和美国东海岸的劫掠暴行。

黄金时代的海盗，其出现颇不寻常。根据约翰逊船长的自述，“海盗始于私掠船”。私掠船是一些获得了政府批准授权（“许可令”）的私人船只，获准在战时攻击外国船只。西班牙和英国政府都曾大规模使用这一手段来补充本国海军力量。美国政府也是如此。在美国革命战争期间，美国海军仅有64艘船，却有700多艘私掠船。事实上，这些私掠船对英国商业的打击极为沉重，英国商人施压要求乔治国王放弃在美国的战争。甚至乔治·华盛顿也承认，如果没有私掠船，就不会有美国革命战争的胜利。这一传统的影响相当深远，在美国宪法第1条第8款中就规定，“国会有权……对民用船只颁发捕押敌船及采取报复行动的特许证，制定在陆地和海面虏获战利品的规则……”。但在战争结束后，加勒比地区的海盗取代了私掠船。

我们现在来看看关于黄金时代海盗的真实状况，结合后面即将谈到的亥克曼和吉纳特用于分析创建高绩效团队的“组织壳层”模型，就会得出一些关于团队合作的有趣看法。

任务

海盗的任务实际上需要团队来完成。占领目标船只并非海盗临时起意，而是需要详尽规划、精心安排。事实上，海盗船的选择主要就是基于这一能力。像“维达号”这种船，是海盗们追逐的对象。“维达号”在被海盗头子萨姆·贝拉米截获之前，是一艘贩奴船。我们将在下一节“团队构成”中看到，这一点对海盗船的使命达成至关重要。但到目前为止，我们只需要知道海盗团队不是一个由10～20个松散个体组成的团体，它更有可能是一个规模庞大的重型装备部队，成员可能高达160人。只要可能，他们不会在接近目标时用加农炮将对方轰到海底。他们通常的任务是“释放”俘虏，而不是让他们葬身海底。由于贩奴船需要快速穿越大洋来运送奴隶，它们往往是海上速度最快的船只，因而是海盗想截获的理想船只。典型的海盗偷袭需要尽量快地拿下目标船只，在靠近对方时，升起海盗旗让受害者知道自己将受到攻击。海盗操舵手（类似于后来的军需官）指挥这一要求高度合作的登船活动，海盗感兴趣的不仅是战利品，还可能包括船只本身，以及被俘船员中能增强海盗实力的能手。海盗船员的攻击强调速度、技巧和紧迫性，其运作类似于紧密合作的高凝聚力单元。没人会容忍懒散、无能、不忠诚和怯懦，这些个人特征会危及海盗团队的每个人。攻击策略是每个人都清楚的：投降，所有船员（除了军官）就能保住性命。任何抵抗都会导致全体船员被杀。

攻击任务对应的奖励结构也很有趣。战利品按事先规定的方式在海盗中分配。虽然船长、操舵手得到的份额多于其他人，其份额的差异不像如今高管薪酬的标准那么悬殊。船长和操舵手可能拿到 2～3 倍于其他船员的战利品。当我们看“权威”的内容时，就会理解这样分配的理由。

团队构成

如前所述，海盗船员队伍庞大。事实上，这么大规模的队伍如今很难被看作一个高绩效团队。160 人组成的团队在今天完全没有意义。但这个数字应该被视为海盗组织的总人数，这些船员被再次细分为有具体任务和目标的小团队。考虑到整个海盗组织有 160 人之多，贩奴船更是提供了理想的承载空间。贩奴船是对海盗的完美奖赏：容易驾驭；船速极快；全副武装；并有用于喂饱奴隶的大厨房，这能满足大量海盗船员的生活需要。

电影中征召海盗的场景往往显示的是政府船只征召船员的情况，给船员支付很少的工资，经常虐待他们；实际上与此不同，私人船只上的职位很受追捧。只要有消息传出海盗船长想补充船员，志愿加盟的人会蜂拥而至。根据约翰逊船长的自述，当船长宣布他的船即将“开始巡航”，每家小酒馆都是一片欢腾。你不能只提出想上船的愿望，然后干等着被挑中。海盗船员的候选人必须展示自己拥有某种必备技能，无论木匠、制帆工匠、装配工、厨师、乐手还是医生，所有人都得是打手。

最后，好莱坞喜欢的海盗版本，是一群“乌合之众”。这些人包括普通的海员、自由黑人、政治异见者、逃奴、契约奴仆、在海上贩奴船中被解救的非洲人、印第安人和脱逃的种植园工人，说着各种不同的语言，来自许多不同的国家。如今，我们不会把这样的团队成员组合说成“乌合之众”，在更强调政治正确性的今天，我们称其为“适当水平的多元化”。

规范

所有群体都有自己的规范，但很少将它们写下来。海盗在这一点上做得比今天大多数团队还要好。他们不仅写下了规范，而且每个潜在成员还要在正式加盟之前，签字认可这些“条款”。现在的人知道，海盗成员将字签在条款的左右空白处，而不是最下方，以此表明没有人能超越这些规则，而只能同意并接受。有一套条款传到了现在，具体内容如下。

海盗的行为准则

巴塞洛缪·罗伯茨船务条款（Bartholomew Roberts Shipboard Articles 1721）

第 1 条：每个人在重要事务中都有平等的一票。他对扣押的新鲜食品、烈酒有同等的权利，可以随心所欲地享受，除非供应量不足，需要投票决定消耗量。

第 2 条：分配时应公平地按赏金榜的名单进行，除个人份额外，每个人可以得到一套换洗衣服。但如果私藏哪怕价值 1 美元的银条、珠宝或金钱，他都会被放逐。任何人抢夺同伴的财物，会被割掉耳鼻，并被扔到难以谋生的海岛上。

第 3 条：不允许用骰子或扑克赌钱。

第 4 条：火烛应在晚上 8 点前熄灭；任何想在 8 点后饮酒的船员，就得在黑暗中坐在甲板上。

第 5 条：每个人应随时保持自己的长枪、弯刀和手枪整洁好用。

第 6 条：不允许少年或妇女留在船上。如果发现任何人调戏妇女、将她伪装后带上船，将被处死。

第 7 条：在战斗时弃船或舍弃同伴的人，将被处死或放逐。

第 8 条：船上不允许任何人殴打他人，个人争吵将在岸上用剑或手枪来解决。解决方式是——在操舵手发出指令后，原本背对背站立的两人应立刻转身并开火。如果有人不这么做，操舵手将打掉他手中的枪。如果双方都未打中，他们将拿起弯刀决斗，首先让对方流血的人将被宣布为胜利者。

第 9 条：在每个人都持有 1000 里亚尔的份额前，不允许谈及结束共同生活。每个在战斗中跛腿、断腿的人将从公共财富中得到 800 里亚尔的补偿，轻伤也有相应比例的补偿。

第 10 条：船长和操舵手每人将得到 2 份赏金，主炮手和水手长得到 1.5 份赏金，其他小头目得到 1.25 份赏金，所有普通船员每人得到 1 份赏金。

第 11 条：乐手在星期日休息。其他时间则全凭他人喜好。

从上述条款中，能看出三个问题。第一，这里完全没提到不服管教的海盗被迫跳下船舷的事；然而，违反规则（规范）将会被踢出团队。第二，第 9 条中清楚地列出了工伤补偿的最早形式。如果海盗因公致残，他会得到最高 800 里亚尔的补偿或相当于 10 年的收入。第三，对船员的管理相当民主，这直接引出了我们在描述高绩效团队时的最后一项因素——权威的运用。

权威

在海盗船上，权威来自船务条款。船上的决策、奖励在所有成员间相对平等地进行，船上的管理岗（船长、操舵手）也都是选举产生的。虽然船长下达战斗命令、操舵手带领突击队进攻，但船上的很多决策是由多数表决制决定（通常用举手投票的方式）。船长由举手投票选出，也可以用同一方式被撤职。如果被选出的领导者不称职，也不会有人容忍。曾经有海盗船在 2 个月内换了 13 个船长；臭名昭著的船长摩根、基德和黑胡子，也都曾一度被赶下台。[39] 操舵手的路则更加凶险，他需要同时服务于船长（身为船上的“二把手”）和船员（他的选民）。因此，那种认为船长和操舵手拥有至高权力、毫不留情地折腾船员的想法，显然与事实不符。

黄金时代的那些海盗（其中有几个女海盗）表现出的行为，似乎与我们现今对高绩效团队的期望有相似之处。撇开目标和动机不谈，可能最有教益的一点是高绩效团队不是 21 世纪新发明的产物。很显然，团队合作在人类社会中存在很久了，这不是我们的想象，也不是一时的流行，而是完成复杂任务时必需的做法。

注释：有趣的是，没有人知道查尔斯·约翰逊船长到底是谁。大多数人似乎同意这是一个笔名，但作者的真实身份成谜。有些人认为其真实作者是丹尼尔·笛福，此人因小说《鲁滨孙漂流记》闻名于世。

资料来源："Elizabeth Era," http://www.elizabethan-era.org.uk/pirate-code-conduct.htm.

创新领导力中心的团队研究表明，成功和失败的团队在 8 项关键特征上存在差异，其中，前 6 项主要涉及任务完成。[40] 首先，有效的团队有清晰的使命和高绩效标准。团队中的每个人都知道团队想要达成什么目标，以及自己必须表现得多出色才能完成团队使命。其次，成功团队的领导者往往会评量自己拥有的设备、培训设施、机会及可资利用的外部资源。有效团队的领导者花费大量时间评估团队成员的技术技能。在清查现有资源和技能存量之后，优秀的领导者还努力获取为确保团队效力所需的资源和设备。此外，有效团队的领导者会花相当多的时间进行计划和组织，以最大限度地利用现有资源、甄选具备所需技术技能的新成员或改善现有团队成员的技术技能。

有效团队的最后两项特征，涉及团队维护或团队的人际方面。哈伦和坎贝尔（Hallam，Campbell）[41] 的研究表明，高沟通水平往往是有效团队的特征。他们相信，高沟通水平有助于团队成员持续关注使命，并能更好地利用团队的技能、知识和资源。高沟通水平也能使团队内的人际冲突最小化，这种冲突的存在往往会消耗团队成功和效力所需的精力。这项研究提出的有效团队特征，为领导实践者提供了如何提高其工作单元或团队效力的多种思路。

对团队的后续研究表明，群体和团队的一个最大差异，也是平均绩效团队与高绩效团队的重要差异，是团队成员间的信任水平。同一研究还发现，信任构建可能是高绩效团队最关键的领域，它要求团队的内部成员充分了解彼此。这种了解来自定期的面对面交流互动。研究者询问了多个高绩效团队的工作后，得出了同一结论。我们也开始相信，推动一个团队从个人或群体工作转为高绩效团队工作的关键，是培养信任关系。

理解群体和团队效力的另一种方法是规范分析方法。这种技术的例子见《有效团队（及无效团队）》[*Groups That Work* (*and Those That Don't*)] 中的论述。[42] 吉纳特 [43, 44] 开发出了一个专门关注团队领导力的扩展模型，我们将在本章下一节更详尽地探讨。目前，我们关心的是吉纳特团队设计模型中提到的三项主要领导功能中的一项。该模型指出，不论团队任务是什么，团队设计的四要素都能使它有个良好开端。这一点很重要，因为很多时候我们发现团队失败可以追溯到它在成立之初就存在问题。一个团队要想有效运作，需要从一开始就安排好以下四个变量。

- 任务：团队是否知道它的任务是什么？任务是否足够清晰明了，并与团队使命保持一致？团队是否从事有意义的工作，有足够的权限来完成该工作，并有机会了解工作成果？
- 边界：团队成员整体上是否适合完成该项任务？有没有成员数量太少或太多的问题？成员具备的知识和技能总和是否足以完成该项任务？除了任务技能，团队是否足够成熟、有足够的人际技能确保其共同工作并解决冲突？团队是否具备适当的多样化水平？也就是说，成员之间存在一定差异，拥有不同的个人观点和经验，但也不是差异巨大，彼此之间仍可以沟通或建立联系？

- 规范：团队是否拥有一套适当的共同规范，使他们作为一个团队来运作？团队规范的形成可能有三种途径：①从团队外部的组织中直接引入；②由团队的一位或多位领导者创建并予以强化；③因情势需要由团队自身发展形成。如果团队想要形成一个长期有效的策略，就必须确保冲突的规范不会使团队成员感到困惑。团队也需要定期审视和评估现行规范，确保它们支持总体目标。
- 权威：领导者是否形成了一种氛围，可以灵活（而非僵化）地运用其权威？在权威连续区间的一端，领导者是否具备足够的胜任力，在需要（如突发事件）时能使团队服从其权威？他是否也形成了一种氛围，使每位团队成员都觉得自己获得了充分赋权，愿意在适当时机提供专家帮助？在质疑领导者做出的没有明显正确答案的决策时，团队成员是否感到自在？简言之，是否创建了能调整权威以适应情势需要的条件？

以上团队设计要素中有许多可能直接源于团队形成时的组织既定状况、组织所在的行业，甚至源于行业所在的整体环境。为了帮助团队领导者思考这些不同的层次，亥克曼和吉纳特[45, 46]提出了**组织壳层**（organizational shell）概念（见图12-1）。请注意，团队设计的四个关键要素（任务、边界、规范和权威）对团队有效运作是必需的。在某些情况下，某一关键要素的全部信息可能来自行业或组织壳层的投入。领导者此时只需确认这一条件。而在另一些情况下，可能只有极少的（甚至可能是不适当的）来自组织层的投入，这将使团队很难有效运作。此时，领导者需要修正团队设计的因素。理想做法是在团队形成期完成这项工作，即团队开始实际运作前的最后一壳层。

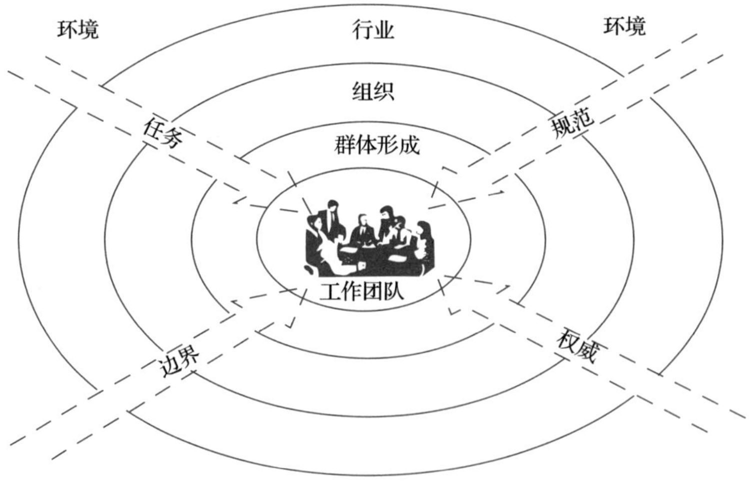

图12-1 组织壳层

这些观点要求人们在领导者和追随者的关系问题上采用一种新的思考方式。在很多的组织环境中，领导者是由上级任命的。但有些时候，创造条件来改善团队效力的人根本不是指派的领导者，他们可能来自追随者队伍。这一模型被用于区分有效和无效的“自我管理工作团队”，在这些团队中，追随者和领导者是同一群人。此外，由于这一模型是规范性的，它也提供了关于无效工作团队想取得成功的行动建议。下面的模型也隐含着同样的意图。

在我看来，最有效的领导者从来不说“我”。这不是因为他们有意训练自己不要说“我”，而是因为他们从不会想到“我”。他们想的是“我们”，是“团队”。他们知道自己的工作是使团队有效运作。他们承担责任，不回避，但“我们”将赢得赞誉……正是这一点培养了信任，使任务得以完成。

——彼得·德鲁克（Peter Drucker），管理专家

团队领导模型

我们强调领导是一项群体或团队功能，并提出可以用团队是否达成目标来度量领导效力，因此，探讨一个为帮助团队更有效运作而专门设计的模型是合适的，这就是**团队领导模型**（team leadership model, TLM）。[47, 48, 49]（它是对前几版中谈到的团队效力领导模型 TELM 的简称。）你也可以将这一模型看成一种机制：首先识别出有效团队需要什么，再向领导者指出阻碍团队的障碍或采用何种方法将使团队比现在更有效。这种方法与麦格拉斯（McGrath）[50] 的领导描述相似，后者建议，领导者的主要工作是确定团队的需要是什么，接下来努力满足这些需要。这种方法也要求我们不要将领导力看成领导者的功能或特性，而是看作一个团队的功能。正如该模型的名称所表达的，团队效力是基本的驱动力。

我们在前面简要谈到了这个群体或团队效力模型，现在要更详尽地探讨这一模型。关于“群体引擎”的最初模型是由理查德·亥克曼开发出来的，也是过去 30 年间很多群体和团队研究的基础。[51] 此处展示的模型包含了吉纳特对亥克曼模型的重要修正，也是基于现场研究来开发领导学模型的一个范例。尽管一些受控的实验研究验证了该模型中多个部分的有效性[52]，但对这一理论的主要开发和验证工作是由研究者针对不同情境下实际运作的高绩效团队来完成的。在这一过程中研究的团队，包括实际航线飞行操作中的商业和军事机组、手术室的外科手术团队、高管团队、生产开发和制造团队、战斗连队、消防队及航天飞机发射准备团队。对该模型的完整图示将在随后提供。由于该模型的复杂性，一开始了解几个简图将有助于读者的理解。

在最基础的层面上，这个模型（见图 12-2）类似于一个系统论方法，其中，投入位于底部（个人、团队及组织因素），过程或生产转换位于中部（团队为了将投入转化为产出做了什么，也是我们在观察团队成员工作时可以了解到的部分），而产出位于顶部（团队在多大程度上完成了目标，理想的是高绩效团队）。我们可以将这些构成部分类比为冰山的各个部分。虽然几乎每个人都能看到团队产出（冰山在水面以上的部分），有些人能观察到团队过程，但大部分团队投入是隐没

在组织背景之中的（冰山在水面以下的部分）。看到冰山的人都会意识到，它的大头在水面以下，支撑着水上可见的部分。而这也正是领导力在团队中发挥作用的方式。大量的领导工作是在幕后完成的，很多组成部分甚至在团队组建之前就开始了。正如我们将看到的，领导者的工作是要为团队有效运作创造条件，而这些工作中有很多位于投入层。

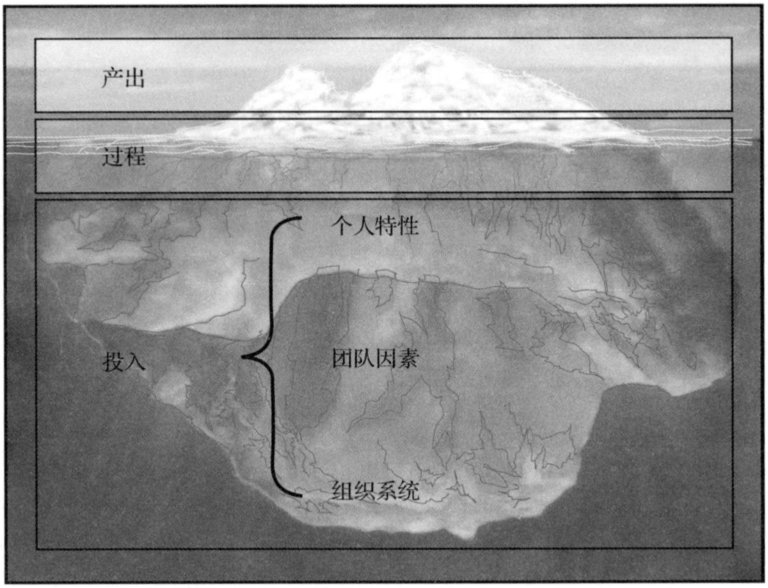

图 12-2 团队系统理论的冰山模型

资料来源：©2005 Robert C. Ginnett, PhD. All rights reserved.

以冰山来比喻团队领导虽然有助于理解，但在课堂中存在不易操作、略显杂乱的缺点。因此，TLM 模型也可以用此处的四边形金字塔来表示（在几何上有天分的人，可以将其想象为四方棱锥体）。我们将逐一探讨团队系统理论各阶段（投入、过程、产出）在 TLM 模型中的应用。但我们将按逆序来介绍该模型——先是产出，再是过程，然后是投入。

产出

我们所说的产出是什么？很简单，**产出**（output，见图 12-3）是指团队工作的成果。例如，一支橄榄球队得了 24 分，一个生产团队一天生产了 24 只阀门，一个坦克兵小组在炮兵射程内击中了 24 个目标。但用这种原始数据来评估团队效力是远远不够的。

我们怎么判断一个团队的产出好不好？我们怎么判断一个团队是否有效？即使有可能度量上面谈到的三支不同团队工作的某些方面，但不管从绝对数还是从相对量上看，这些度量方法在确定团队效力时不是很有帮助。为了比较和研究的目的，有必要开发一些进行跨团队、跨任务比较的团队效力度量工具。亥克曼[53]指出，一个群体被认为有效，应满足以下条件：①团队的生产性成果（产品、服务或决策）达到了这类成果使用者所要求的数量、质量和及时性标准；②群体执行任务时发生的群体过程，提高了个人作为团队成员的工作能力（不管是在他们目前的团队，还是在未来将被指派的新团队）；③群体经历增进了团队成员的成长与个人幸福感。

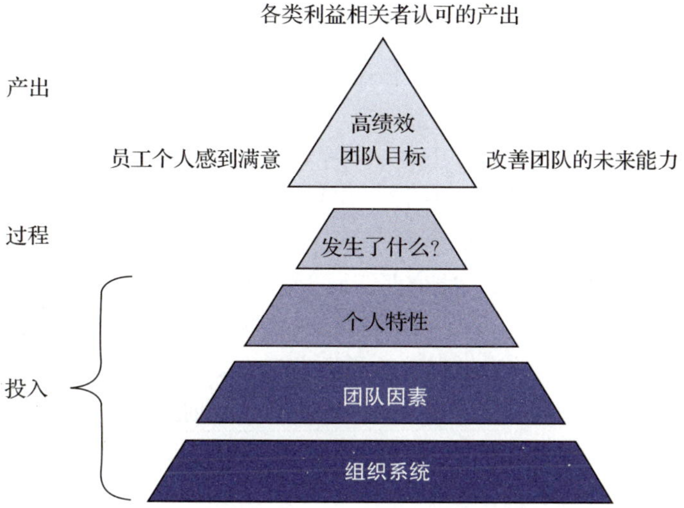

图 12-3　TLM 的基本产出：高绩效团队的成果

资料来源：©2005 Robert C. Ginnett, PhD. All rights reserved.

过程

领导者为什么应当关注前一小节列出的成果，其原因不言而喻。毕竟，如果一个团队不“生产”（产出），它就很难被认为是有效的。但过程是什么？领导者为什么应当关注这个问题？有几个原因可以解释领导者为何关心团队过程，即团队如何着手开展工作。有些团队的产品数量极为有限，领导者不能等到产品交货时才评估客户对产品的接受度。例如，一个团队的任务是制造一枚（仅仅一枚）将被发射到运行轨道上的卫星，它就不能心存侥幸。一旦卫星被发射，就没有机会修正任何错误（或者，在有缺陷的哈勃空间望远镜一例中，只有花费巨大代价才能修正）。因此，这种团队的领导者可能更愿意在团队工作期间（而非卫星发射以后）再评价团队的工作。其他类型的团队可能对日常工作设定了很高标准，是因为最终产品中缺乏足够的关键指标，不足以使领导者基于成果指标来评价团队效力。这种情况的一个例子是，一个核电厂操作团队使用了大量的技术后备支持系统，因而可能很难用“安全运营”指标作为度量标准来评价团队效力。但有证据表明，并非所有核电厂中的团队运作都同样出色（切尔诺贝利和三里岛就是其中两个例子）。有证据显示，拙劣的团队合作也是造成 2010 年英国石油公司墨西哥湾深海地平线事件的原因之一。能够评估“运行过程中”的实际团队，而不是在灾难性后果发生后才了解团队的问题，似乎很有必要。即使是非关键性团队的领导者，也希望能定期获得团队有效或无效的过程性证据，以监控团队运作。因此，了解团队如何完成工作也能为领导者提供有用的信息。

由于过程评价极为重要，我们有必要集中讨论图 12-4 中效力的四项过程指标。效力的四项过

程指标（process measure）提供了我们可以用于探讨团队如何运作的效标。如果一个团队运作有效，必须满足以下条件：①工作足够努力；②团队内部有足够的知识和技能来完成任务；③有完成工作的适当策略（或处理手头任务的方法）；④其成员内部存在建设性的、积极的群体动力。“群体动力”（group dynamic）一词是指团队成员间的互动交流，包括他们如何与他人沟通、表达对彼此的感受、处理人际冲突等。评估和改进群体过程不是可有可无的小事，维兰（Wheelan）在对群体过程及其评估所做的全面观察中对这一点有广泛记录。[54]

如果领导者发现在这四项过程指标中有一项存在问题，他该怎么办？矛盾的是，这一问题的答案不是将他的关注点放在过程本身。尽管这四项过程指标是相当好的团队最终效力诊断指标，但遗憾的是，它们不是解决问题的良好起点。用一个医学的类比，就是一位医生诊断出病人有感染的症状（发烧），但他仅仅治疗病人的症状，而不去寻找真正的致病原因（扎在病人脚上的钉子）。在团队层面上与此类似的是，不要在试图纠正团队对手头任务投入努力不足的问题（可能是激励问题）时，假定对团队发表一通鼓舞人心的演讲就能奏效，更好的做法是建议团队领导者发现潜在的基本问题并加以解决。这不是说团队无法从对过程的关注中获益，而是表明，领导者应当确保团队中不存在迫切需要解决的设计问题（在投入层面上）。

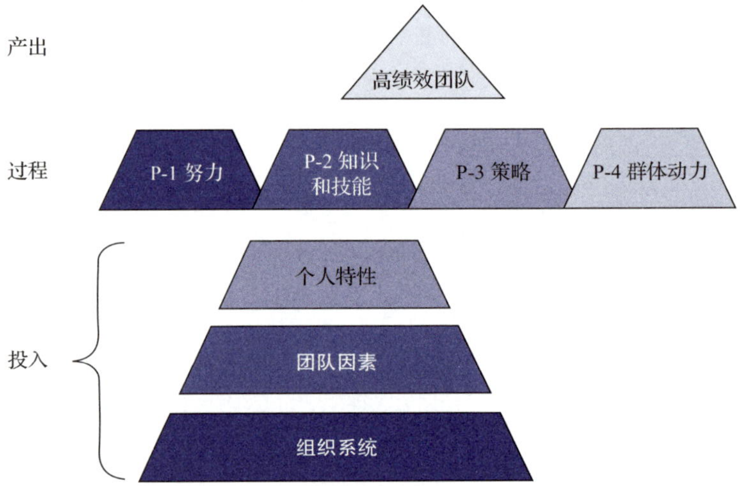

图 12-4 TLM 的过程变量：使用过程变量的团队诊断

资料来源：

投入

在制造企业中，**投入**（input）是指原材料，它们经生产处理后转变为待销售的产品。同样地，在团队情境中，投入是指团队工作过程中的可用资源。然而，在制造企业和团队之间存在的重要差异是，企业中的投入是指物质资料。而在团队设计中，我们考虑的是各种心理因素。存在各种不同的投入层次，从个人层次到环境层次，不一而足。有些投入是领导者很难施加影响的，它们就是给定的条件。在团队中任职的领导者，往往对环境、行业或组织条件很少或完全没有控制力。但领导者可以对另一些投入施加直接影响，以创建有效团队工作所需的条件。

图 12-2 展示了模型投入阶段的多个层次。请注意，除了前面提到的四项团队变量（任务、边界、规范和权威），在个人层面和组织层面也有多个投入要素，这些层面也在团队设计层面的外围施加影响。

模型开出的领导处方

创建

沿袭麦格拉斯[55]关于领导者角色的观点（领导者的主要工作是识别和帮助满足团队需要），以及吉纳特“领导者的工作是创建使团队成功的条件”的定义，可以运用 TLM 模型来确定领导者应采用的一些建设性方法。正如本章前述，领导者的行动取决于团队所处的发展阶段。理想状态是，我们应当像建房子或造汽车一样构建团队。我们应该首先形成概念、确立设计框架、根据我们的期望做出设计图纸，并按规格要求制造出来。TLM 模型为团队设计提出了同样的线性流程。一个涉及面更广的 TLM 模型如图 12-5 所示，根据图示，领导者应该从下方的梦想开始着手，然后经历所有的设计变量，最后关注团队的开发需要。运用这一方法，领导者可以执行团队领导的三项关键职能：**梦想**（dream）、**设计**（design）和**发展**（development）。

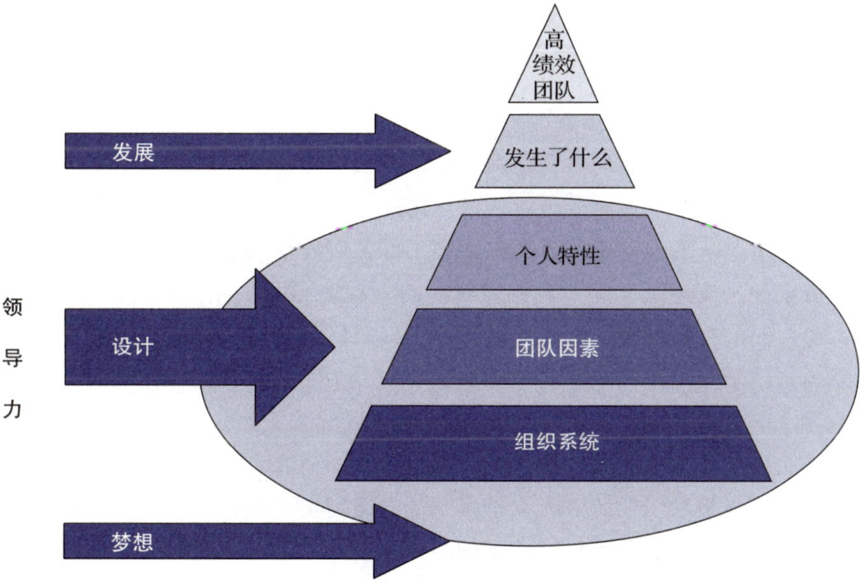

图 12-5　TLM 领导力的三项职能

资料来源：

梦想

很显然，团队需要有清楚的愿景。卡曾巴赫（Katzenbach）和史密斯（Smith）在《团队的智慧》（*The Wisdom of Teams*）[56]一书中指出，这可能是团队工作中最重要的一个步骤。在面对一项富有挑战性、要求严格的目标时，为完成任务需要引入团队工作。在高效力团队中，领导者应确保团队有明确的“去哪儿”的愿景。向团队成员传达愿景经常使用隐喻的语言表达，这样团队成员实际上会对团队的前进方向“进行自我创作”。

设计

如果你曾观察过伟大的教练，你会惊异于他在比赛进程中表现出的冷静举止。这种沉着镇定的一个最主要原因，是教练知道他们的大部分工作在比赛前已经完成了。他们招募了优秀球员、培训他们、针对对手设计了比赛策略并在球队中灌输与培养了合适的态度和价值观。简言之，他们已经完成了团队设计工作。领导过程中设计职能的重要性，怎么强调都不过分。无论团队的设立阶段，还是中途指派新领导者的情况，团队设计都是至关重要的。在很多传统组织的文化中，这往往也是最容易被忽视的步骤。

一直以来，管理者都接受培训来发现偏差并予以纠正。但如果直到产出阶段才能察觉到工作偏差的存在，该怎么办呢？最好的情况是，管理者在中间过程阶段发现偏差，并试图在“看到问题的地方”当场解决。但很多时候，人们很少花时间或不去留意组织、团队和个人的投入层面。高层领导者可能出于多种考虑而抵制对组织系统的变革，包括为保护既得利益而保持现状（不管既得利益是什么，他们至少因此升到现在的职位）。但哪怕团队领导者个人对组织环境和系统缺乏控制力，他们总是有机会对自己团队的设计（个人和团队层面）施加影响。

发展

如果领导者发现团队有清楚的方向感和愿景，并且个人、组织和团队层面上的投入变量也对团队效力做出了积极贡献（即领导者工作的设计部分受到了关注），则他应将注意力转向发展层。发展是指在过程层面上从事的与团队有关的持续工作，以便继续找出方法来改进一个设计良好的团队。考虑到我们的个人主义文化，我们发现组织中有很多团队在投入层面上明显是设计良好、获得支持的，但它们没有接受过团队工作概念的培训或没有相关经验。有些时候，有效团队工作所依据的概念与有效个人工作完全不同。例如，要使一个团队良好运行，构成团队的个人有时不能追求自己的个人努力最大化。这被称为**子系统的非最优化**（subsystem nonoptimization）概念，很多新指派的团队成员不会从一开始就直觉地意识到这一概念。但考虑一下某高中橄榄球队的例子，该球队由一个速度极快的跑卫和几个非常优秀（但跑动速度慢得多）的防守前锋组成进攻队伍。球员们往往被告知，球队要想打好球，每个人都需尽自己的最大努力。如果我们的跑卫尽其所能冲向边锋位置，他就会以自己最快的速度奔跑。但他这么做会把防守前锋落在后面。在这样一场比赛中，球队不会赢得多少码数，而且尽了全力的前锋和跑卫都会亲身体会到团队合作的一次重要教训。最重要的是，在几次这样惨烈的比赛后，所有团队成员可能都会表现出糟糕的团队过程（低努力、拙劣的策略、对知识的低水平运用和表现为团队内部冲突的低群体动力）。如果我们假定，所有投入阶段变量的安排都令人满意，则此时开展持续的辅导将是适当的。如果教练能制订一个更好的跑卫和前锋配合的计划，就会得到更好的结果。在这个例子中，跑卫需要把速度降下来（即不要尽最大努力），给速度较慢但相当优秀的防守队员一个机会做好自己的工作。在前锋得到了对比赛做出贡献的机会后，跑卫也更有可能赢得出色的个人成绩，而且整个球队的胜算也增加了。

尽管看上去简单明了，但只有为数不多的领导者有机会从头开始创建一个团队。更常见的情况是，领导者被指派到某个已存在的团队中，团队中的大部分成员（如果不是全体成员）已经安排到位，并且组织环境也不适合团队工作方式。虽然这种情况可能更困难，但也并非全无希望。TLM 模型也提供了一种方法，用于诊断和识别实时变化的**关键影响点**（leverage point）。

诊断和影响点

假定你是一名新任领导者，被安排负责一个绩效不佳的现有团队。在观察了几天之后，你发现它的问题是团队成员工作不努力。他们似乎对任务不感兴趣，经常偏离正轨或干脆不在事先安排好的团队工作中露面。通过关注 TLM 模型中的过程部分（图 12-6 中 TLM 模型的核心或“引擎”，如前所述，可以将其看作一个四边金字塔），我们可以诊断问题出在过程层面上的努力方面。注意，在过程层面上的“努力”一词前标记了 P-1，金字塔这一面上的所有变量都以“1”来标示。与仅仅鼓励（或威胁）员工更加努力工作的做法不同，我们应当首先看投入层面，确定是否存在某些基本问题。但你无须考查所有 12 项投入变量（或者说，你无须转动金字塔，担心每个侧面）。既然我们已经诊断这是个 P-1 层面的过程问题，TLM 的设计使你针对诊断中发现的具体问题，集中关注目标变革的关键影响点。金字塔的每一个面，代表了诊断判断可能对过程变量产生最大影响的个人、团队和组织层的投入变量。金字塔第“1”面的因素，被称为影响 P-1 努力的关键点（见图 12-6 中金字塔的第“1”面）。个人层（I-1）指出，我们应当了解单个团队成员的兴趣和激励水平。这部分被视为模型中的**个人因素**（individual factor）。如果我们组建团队来完成一项机械装配任务，但指派的个人对机械工作完全没兴趣，而更喜欢从事艺术表演，他们可能没意愿投入精力来完成这项团队任务。在这里，运用诸如**坎贝尔兴趣和技能调查表**（Campbell Interest and Skills Survey）来甄选员工，将有助于通过个体优化来提高团队的努力水平。[57]

尽管你可能很想移到团队层投入来观察问题，但请记住：这一模型强调团队会受到个人层投入和组织层投入的共同影响。因此，我们下面要观察的是**组织层**（organizational level）。在组织层（O-1），模型的建议是我们应探讨可能影响团队的报酬系统。如果个人不会获得组织对努力的奖励，他们可能不想努力工作。类似地，报酬系统的设计可能只奖励个人绩效。这种报酬结构可能与团队任务的设计不一致，因为团队成员间的相互依赖和合作往往是工作的基本前提。如果一个职业篮球队只按个人得分支付报酬，没有任何针对球队表现的奖励（赢得比赛或打入决赛），你可以想象没人会传球或把截来的球投给队友。

个人和组织层的变量都对团队完成任务的能力有所贡献。但在**团队设计**（team design）层也可能存在一些问题。在这里（T-1），一项设计不良的任务被假定是缺乏激励的。如果工作本身没有意义，缺乏足够的自主性，或者不提供关于成果的信息，我们就不能期望看到追随者投入大量精力。

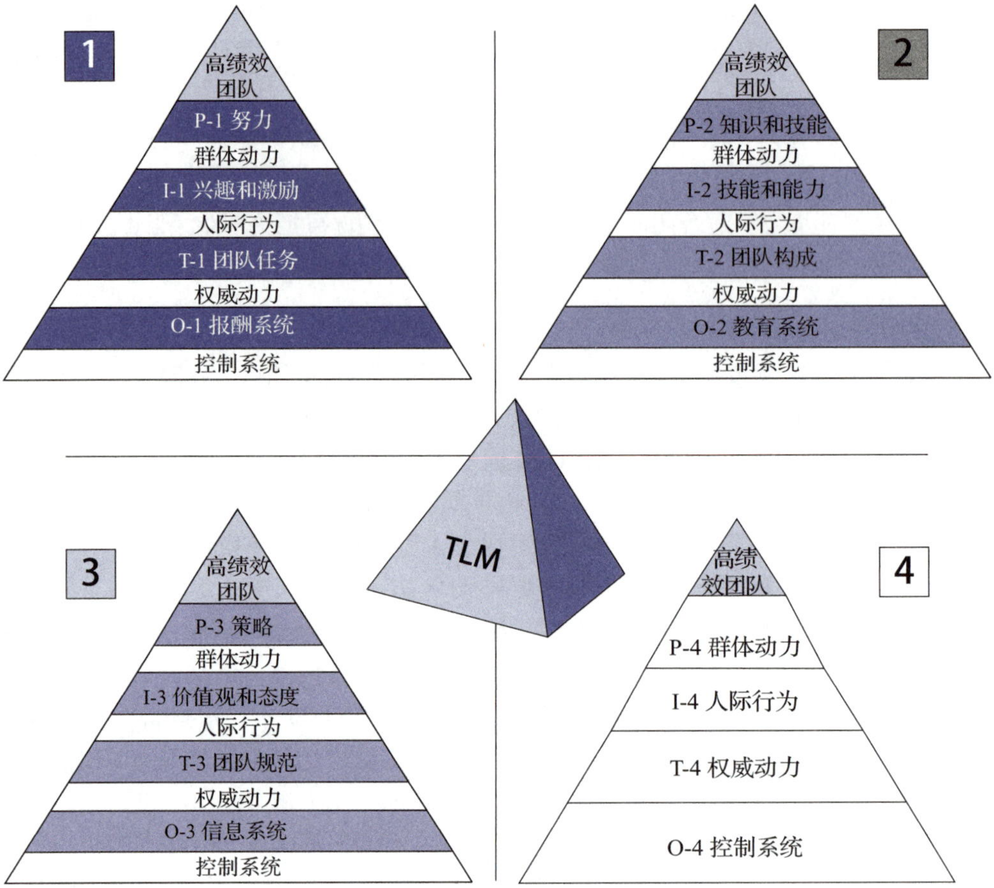

图 12-6 团队领导模型

资料来源：R. C. Ginnett, *The Four Faces of the Pyramid of the Team Leadership Model*. Copyright 2005 Robert C. Ginnett, PhD. All rights reserved.

简要回顾一下，我们大致说明了如何运用 TLM 模型的一个例子。运用这一模型，我们发现投入阶段各层的关键点都会影响团队完成工作的方式（团队过程）。在上面的例子中，我们诊断出了一个过程层的努力问题（P-1），因此我们探讨个人、组织和团队层的 1 级变量，这是最有可能找出投入阶段问题的地方。顺便说一句，影响点这一概念并不意味着只应考虑有相应“数字”的因素。例如，团队的努力可能受到一位压迫性、专断领导者的影响。正如我们接下来将讨论的，这种“基础层面的变量”对其他变量有着巨大影响。事实上，这一要素的巨大影响使我们有必要更详尽地探讨群体动力（P-4）的过程指标和它相应的影响点。请考虑以下两个例子。

- 外科手术团队。一个外科手术团队由富有经验的成员组成，它进行的一项手术需要成员在手术前很早就参与。在手术过程的某个阶段，主治医生需要使用一种特定工具。手术助理护士在桌子另一边面带疑惑地看着助手，随后把主治医师要的工具递给他。主治医师发现递过来的工具（按他的要求）和当前手术程序不相符，将工具扔在桌上，大声斥骂助理护士。手术团队的所有人都吓了一大跳，所有闲谈都停了下来。没人再主动协助这个主治医生。

- 商用航班机组。一架商用飞机在某个艳阳天起飞前往一个业务清闲的机场。机长操纵飞机，并宣布进入目视着陆程序。他最后进入滑道的状况不是很好，这大大增加了飞机着陆的复杂性，结果，着陆过程相当糟糕。在机长和全体机组成员一起简单总结（讨论）了这次问题后，团队成员谈到未来可以在个人和集体层面上做什么来帮助机长避免同类问题或改进着陆方式。机长对他们的帮助表示感谢，并鼓励他们想办法把这些建议用在其他情境中。

很显然，这两个例子的群体动力完全不同。第一个例子中，主治医生的行为及其地位，形成了一种与有效团队工作不相称的条件。第二个例子中的机长，尽管没能很好地完成任务，却创建了一种使团队在未来更有可能有效工作的环境。在这两个例子中，我们可以观察到团队工作时不同寻常（一个消极、一个积极）的群体动力。这些是P-4层面的群体动力的例证。

再一次回到模型来确定影响点，我们将检查个人层的I-4变量，以确保有关的团队成员具备适当互动所需的人际技能。在组织层，O-4变量可能指出，我们需要检查组织要素以确定组织控制系统是否会限制或过度结构化，使团队难以做决策或控制其自身命运。这些要素可能包括组织设计或组织结构限制（如职能专业化的科层组织或“筒仓”式组织），或者是一种僵化的计算机控制系统，不仅规定了整个团队的具体任务细节，还规定了组成团队的各个成员的任务细节。这种组织层的过度控制会抑制有效的团队工作。最后，在团队设计层，T-4变量会使我们审视在领导者和追随者之间形成的权威动力。权威动力描述了团队成员（包括领导者）与权威相关联或对权威做出回应的各种不同方式。正是在团队层，追随者有机会直接与团队的权威人士（团队领导者）产生联系。在团队存续期，不同权威动力的复杂性表现得远比本章谈到的更突出。目前需要了解的是：团队中可以形成不同程度的权威关系，从独裁型到完全的自由放任，不一而足（对这一概念更为详尽的解释，见吉纳特）。[58] 但即使没有进一步的描述，我们也能轻易发现，在前面两个例子中观察到的群体动力，会因领导者以不同方式使用其权威而被强化。

如果领导者能事先识别并阐明对自己和团队理想的权威类型，然后为这一目标而努力，事情就变得简单了。但随着时间推移，团队很少能在一种固定不变的权威类型下有效运作。领导者可能更愿意使用自己偏好的风格，追随者也可能有一种对特定权威类型的固有偏好；但如果团队想有效运作，他们使用的权威动力就应该与情境需要互补。由于情境往往随时间变化，团队的权威动力也应随之变化。这一观点与本书此前提出的观点很接近，即有效的领导者倾向于使用领导者权力的所有五项来源。

吉纳特[59] 关于领导者组建团队的行为研究发现，在团队整个生命周期的最初几分钟，高效力的领导者会运用多种权威动力。在团队举行首次会议的某个时点上，领导者可能表现为指令性风格，这使他确立自己的任职能力并强化其法定权威。在另一时点上，他会以高度参与的风格从事团队活动，积极寻求团队其他成员的参与。通过模拟团队形成早期的各种不同权威行为，有效的领导者可以建立起按情境需要变化调整其权威动力的预期。

关于团队领导模型的总结性思考

由于 TLM 模型的复杂性，此处的讨论并未涉及该模型的全部要素。例如，我们没有讨论**物质资源**（material resource）。即使一个团队设计良好，有优良的组织系统支持其工作，也有机会进行高质量的持续发展，如果没有充足的物质资源它仍不可能在产出阶段有上佳表现。同时请注意：背景壳层所代表的行业和环境（本章前面讨论），在 TLM 的简化模型中也没有被包含在内。尽管团队领导者可能没有机会影响这些壳层，但他们一定会对团队产生影响。

此外，还有几个反馈环路为组织的各个不同层次提供信息（未在 TLM 模型的金字塔中显示）。通常，组织作为一个整体可以获得关于哪些团队表现上佳、哪些团队正在苦苦挣扎的（正式或非正式的）信息。领导者能否接触到这些信息，取决于他们是创建还是抑制了一种安全氛围。个人层的信息反馈会影响单个团队成员的自我效能感[60, 61]，而团队的整体效力感也会受到影响，甚至对尚未开始的任务也有类似效果[62]。

> 秘密在于减少个人表现，更多地以球队整体运作。作为教练，我不是让 11 名队员都做到最佳，而是让他们成为最佳的 11 人球队。
>
> ——克努特·罗克尼（Knute Rockne），圣母大学橄榄球队著名教练

最后，我们强调一下前面说到的一项局限。为了方便使用和指导，该模型的呈现方式使它看上去像一台机器（例如，如果 P-2 出了问题，检查 I-2、O-2 和 T-2）。但它和其他领导模型或人类系统一样，并没有那么简单。很显然，还有其他变量在影响着团队和团队效力。即使在该模型描述的多种变量之间也存在复杂的相互作用。但我们有大量证据表明，该模型对于理解团队有相当助益[63]，并且，从团队和领导的关系来看，我们现在把它作为领导学课程的基本框架，帮助领导者更有效地领导团队。虽然我们在 20 多年来一直使用 TLM 模型帮助团队和团队领导者，但该模型无疑不是唯一的团队模型。下一章我们将讨论另一个“火箭模型”。

模型显示，领导者能通过以下途径对团队效力产生影响：①确保团队能清楚地了解其意图和绩效期望；②对个人、组织和团队层的投入阶段变量进行设计和再设计；③通过不同阶段的持续辅导来提高团队绩效，其中特别强调在团队实际执行任务时的辅导。这些“过程中的修正”不仅能增进团队的产出成果，还有助于避免很多会导致不良绩效的团队问题。[64] 无论领导者是否有机会创建团队或是被硬塞进一个现存团队做领导，TLM 模型都是指导其行为的有益工具。如果你相信领导者的工作是为高效力团队创造条件，这一模型将是一项有效的工具。

我们将这一模型的各个变量整合到领导者 - 追随者 - 情境框架中（见图 12-7）。很显然，这三个圆环中的每一个都包含多个重要变量。但在这个模型中，领导者的特征扮演了一个次要角色，

因为领导者的工作在于为团队提供其完成工作所需的但仍未到位的工作保障。因此，关注点由领导者转向了追随者和情境。

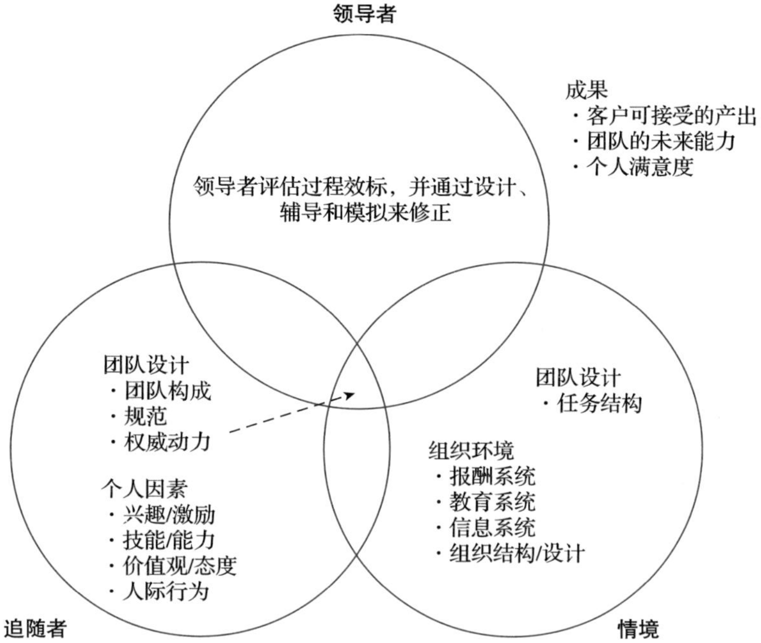

图 12-7　团队领导模型和互动模型中的诸因素

虚拟团队

正如团队和团队工作已成为当前组织完成工作的基础，理解成员不在同一地点工作的团队也变得相当重要。随着市场重心向全球市场转移及随后出现的企业全球化，简要思考**地理空间上分散的团队**（geographically dispersed teams, GDTs）所面临的领导难题并推荐解决方案是适宜的。关于这类团队的名称存在大量争论[65]，但为简单起见，我们在这里就称之为**虚拟团队**（virtual team）。还要提一句：在新冠病毒全球大流行期间，我们中的很多人都经历了**虚拟会议**（virtual meeting），但这不应与虚拟团队混为一谈。只因为它是虚拟的，并不能使它成为一种团队活动。会议和团队完全是两码事，无论是否采用虚拟方式。

很多公司如今面临的市场是整个世界（见专栏 12-9）。西方公司正在认识到，俄罗斯、中国、拉丁美洲和非洲等国家或地区的发展及其提供的发展机会，要比传统的北美和欧洲市场多得多。但随之而来的是领导地理空间分散且存在文化差异的团队的新挑战。幸运的是，信息和通信技术如果未能提供对这些问题的解决方案，但也至少提供了一些新机会。[66]而只是使用电子化的沟通方式，就足以确保团队合作吗？显然不是（见专栏 12-10）。

❖ 专栏 12-9

你课堂中的“全球人口”是指什么

本书作者曾参加过一家大型公司为其新任高管安排的培训课程。其中一个主题是说明在当今环境下拥有全球视野的必要性。为了说明这一点，培训者将整个房间分成人数不等的小组，代表世界人口的地理分布，每个小组代表特定地区。当每个小组站在各自位置上时，她告诉他们各小组代表了该地区人口占全球人口的比重。她使用的人口比重数据如下所示。你也可以在自己的课堂上试试这种方法，它能戏剧性地说明你的观点。

澳大利亚和新西兰	2%
北美	5%
拉丁美洲	7%
西欧 / 东欧	10%
非洲	12%
亚洲	56%

❖ 专栏 12-10

领导虚拟团队的十大原则

特伦斯·布瑞克（Terence Brake）是 TMA World[㊀]的学习与创新总监，并专门负责全球化业务。他为虚拟团队的领导者提出了下列建议。

“虚拟”一词被用于描述团队合作时，并不是什么好事。这意味着其工作形式几乎是团队合作，但又不全是。虚拟与“几乎”“接近”或“近似于”相对应。正如一位智者说的，“如果你想得到虚拟结果，那就创建一支虚拟团队吧”。另外，如果把它视为需要花费更多努力在虚拟团队中实现真正的团队合作，这又是个好词。有哪些原则可以帮助你做到这一点？

1. 积极主动。我们谈到虚拟团队时，往往把它们看成同一类型，但每个虚拟团队都会面临自己独有的挑战。有些存在很高的文化多样性，而另一些则更有同质性。有些使用一种主要技术来实现合作，而另一些则使用多种技术的组合。有些存在的时间很短，目的在于解决当前问题，而另一些则是长期的战略性团队。有些是跨时区的，另一些则未跨时区。了解最有可能出现的挑战，你就能占据主动地位并提高团队的信心。信心是虚拟团队绩效的基石。

2. 关注关系，先于关注任务。从一开始，团队沟通就应当包含“增进对你的了解”这一重要部分。他们也应当表现出热情和乐观主义。成员应当感到，自己受到的重视不仅是因为做了什么，也因为自己的个人价值。他们需要有相互联系、相互抱团的感觉。在虚拟团队

㊀ TMA World 是一家在全球范围内为企业提供培训、咨询和学习方案的公司。——译者注

中，要么一开始就建立起信任，要么一直都不信任。有些观察者说到过一条“虚拟悖论”，虚拟团队高度依赖信任，却在不支持信任关系建立的条件下运作。信任往往建立在感知到的相似性之上，但距离增加了这一过程的难度。误解的可能性同时增加了。良好意愿和敬业精神有助于解决大部分问题。孤立感和疏远感会产生问题。建立联系，然后再合作。

3. 从一开始就保证清晰明了、关注点集中。将最初一段时间用于阐明团队的工作意图、角色和责任。远距离工作存在大量不确定性；不需要再加上模糊和混乱。清楚的工作意图和职责会提高团队凝聚力。将工作意图和总体职责转变为具体的目标和任务，使每个人都知道工作期望、由谁完成、何时完成。虚拟团队中很容易出现“关注点游离不定”和零散的任务安排问题，因此有必要不断就工作意图、目标等内容提醒团队成员。

4. 建立秩序感和预测能力。在一个期望我们拥抱混乱的世界中，“秩序”和“预测能力”似乎已经过时了。但它们对虚拟团队的成功至关重要。不确定性会导致紧张、担忧和冷漠。结果会产生一个士气低落、生产低效的团队。运用常见的团队工具、模板和流程；事先确定一起沟通的时间；定期检查团队成员的工作，而不进行微观管理；平易近人，并成为整个团队的基点。共享期望是联结不同心灵的心理纽带。

5. 成为一名头脑冷静、客观的问题解决者。虚拟团队的问题看上去可能比实际严重；人们的孤立感会使其丧失理解力。当面对面工作时，一些小问题会很快化解；而在虚拟团队中则往往会慢慢膨胀，变成个人偏执和不信任。你应当建立起完全公正的个人形象；不要厚此薄彼；不要给某人压过多责任，而让另一些人无所事事。你也应当保持实事求是的态度。如果有问题，保持冷静，带领团队寻找实际的解决方案，并且与团队成员经常交流。恐慌是一种病毒，会在沉默、孤立的空间里快速繁殖。

6. 形成全体共享的运作协议。为了减少不确定性和模糊状态的威胁，需要快速启用一些常见做法和流程（即运作协议）。这些协议使团队形成全体共享的思维模型，支持其作为一个整体来运作。典型的运作协议应当包括以下内容：计划、决策、沟通和合作方式。团队章程作为一个共同参照点，有助于新团队成员的定位。在团队“会议”中花时间回顾现有运作协议的实施效果如何。

7. 对团队成员给予个人关注。就像你在一个面对面的团队中一样，分配一定时间用于与个人“会面”，了解他们对事情的感觉。使每个成员都有机会分享个人成功、挑战、需要和愿望。在强调共同任务和问题解决的团队“会议”中，做到这一点可能是困难的。与那些在路上、在家工作或在远距离办公室中的成员，建立起情感上的共鸣。倾听、关怀、同情、认同所需的花费极少，却会使每个人受益无穷。

8. 尊重虚拟环境下的挑战。我一度住在一艘船上，这让我很快学到了尊重自然的力量——风、潮水、巨浪、雨、冰和干旱。我必须密切关注这些因素，否则它们会让船下沉、淹没我或使船搁浅。人们总是想要将一个环境下形成的习惯（如陆地、面对面的团队合作）带到另一个环境（如河流、远距离工作）。我们必须认识到存在的差异并适应它。倾听、情感共鸣、沟通、协调、建立联系、保持活力，使所有需要强化的项目成为可能。

9. 认识到现有技术的局限性。除非必需，否则不要试图以虚拟团队方式来完成每一项工作。有时，团队项目极为复杂，不论团队成员在视频或远程会议中花费多长时间都不够。有时，把人们聚在一起待几天，就能获得相当大的好处。永远不要假设：因为你设计的是“虚拟团队”，你必须总是以这种模式来工作。关注整个项目生命周期的成本 – 收益关系。技术是一种工具，而所有工具都仅仅适用于一定的任务范围。

10. 保持对人的关注。距离可能使我们所有人成为缺乏个性的抽象存在。永远不要忘记，虚拟团队的成员是具体的人，面临以下所有问题：需要归属感、意义、个人成就和社会承认；有挫折、愤怒、兴奋、厌倦和疏离感；承受着政治压力和个人压力。想想你的物理工作环境下那些使团队良好共事的特性，比如正式的会议室、非正式空间、咖啡间，再看看你能做些什么来提高虚拟工作环境中的人性化程度，比如团队照片和个人简历、公告栏、聊天区等。

运用这些虚拟团队领导原则，将有助于你避免采用“几乎”和“近似于”团队合作的工作方式。虚拟团队的数量未来只会增加，我们中很多人都需要重新学习远距离领导的技能。

世界大企业联合会（Conference Board）的研究[67]表明，要想使全球化团队有效运作，需要在5个主要领域进行变革。这5个主要领域是：高层管理者的领导力；对通信技术的创新运用；采用促进全球运营的组织设计方式；团队成员间的普遍信任；以及有能力把握多元化的文化、语言和人群带来的优势。

甚至我们在本书编写时将这一小节称为“虚拟团队”可能都是一种错误的过度简化。霍克和科兹洛夫斯基（Hoch，Kozlowski）[68]指出，将团队划分为虚拟或面对面两类不是正确的做法。他们相信，“这种简单化的描述掩盖了各种精细划分的维度，它们在虚拟程度上表现出不同的差异”。图12-8给出了一个可以被视为“微观地理空间上分散的团队”的示例。该图显示了一个使用达·芬奇机器人手术系统的外科团队的空间分布状况。虽然达·芬奇机器人手术团队类似于一个传统手术团队（例如，包括麻醉师、医师助理、手术助理护士和巡回护士），但二者存在两个明显差异。第一，加入了一个机器人，它将实际接触病人。第二，在讨论地理分散时最重要的是，要注意，主治医生是整个团队中与其他人距离最远的人。他坐在距离病人和其他团队成员10～12英尺远的控制台前。有趣的是，适用于有效领导地理空间上分散的团队的规则，同样也适用于这类团队。例如，技术（在本例中，手术室中多处安装的高分辨率显示器）使团队中的每位成员都能比在传统手术条件下更好地察看手术细节。但只有在领导者明确表示团队中每个人都可以也应该在有重要发现时大声表达，这一技术进步才能得到充分利用。

阿姆斯特朗和科尔（Armstrong，Cole）[69]对虚拟团队进行了深入研究，并提出这些团队的领导者应当考虑三个结论。首先，虚拟团队成员之间的距离表现在多个维度上。“距离”不仅指地理空间距离，也包括组织距离（不同的群体或部门文化）、时间距离（不同时区）、国家文化差异。其次，这种距离对空间分散的工作群体的绩效影响，与距离的客观指标不存在直接比例关系。事实上，阿姆斯特朗和科尔认为，一种度量团队成员距离的新指标（度量成员间的心理距离）反映了群体凝聚力和身份认同的程度，比只考虑空间距离的方法能更好地预测群体绩效。最后，距离对工作群体的影响存在差异，这至少部分源于两个干扰变量：①虚拟团队内部的整合实践；②虚拟团队与更大的母公司之间的整合实践。

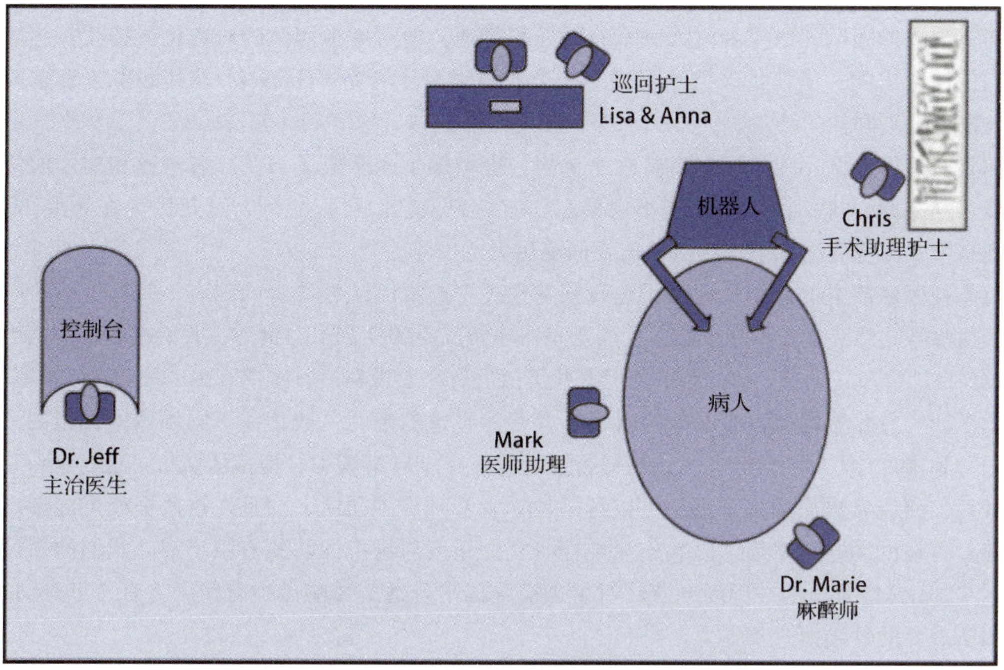

图 12-8　机器人手术：一个微观地理空间上分散的团队

随着虚拟团队的数量增加，我们开始发现有证据表明，如果适当设计和构建这类团队，这类团队可能比实体团队更有效力。一项针对成功“远程团队”的研究[70]，提出了三项能提升团队绩效的原则。第一，领导者不仅在甄选团队成员时需要考虑到多元化，还应利用这种多元化优势加强团队效力。第二，应用技术工具来模拟现实。例如，电子邮件是糟糕的团队沟通方式，因为它要么关注一对一的沟通（而非团队层次的沟通），要么当每个人都被抄送邮件时，人们会被淹没在大量的文字材料中。令人吃惊的是，研究者对视频会议的评价也不高。效果似乎最好的工具是一种专门设计的“虚拟工作空间”。这一工具中不仅包括团队网络空间（其中包含一个突出显示团队使命的主页），还包括很多关于人员、团队目标、会议中心及其他功能的网页。也有些团队发现“维基”技术的运用有助于全球团队及时了解最新信息。[71] 第三，领导者必须极力将虚拟团队团结在一起。面对面的团队会面临很多分裂群体的力量，在虚拟团队中，这些力量会尤其明显。成功虚拟团队的领导者可能看上去过于强调沟通，要求大家使用同一种语言并整合大家的工作实践。一项特别成功的策略是安排团队成员配对工作一两周，增进相互间的了解。这一做法也能减少小圈子的形成。并且，如 TLM 模型所述，所有领导者都应将大量时间用于组织背景的安排，以确保其团队成员分配足够的时间用于虚拟项目。

实施和运用虚拟团队的管理实践，可能远远多于对虚拟团队的研究。产生这一现象的一个最主要原因可能是观察虚拟团队或地理空间上分散的团队难度极大。身为研究者，我们清楚，使一个团队易于被观察的特征之一是地理位置接近。在吉纳特对飞行机组的研究中，一旦和飞行团队一同被关在驾驶舱内，直到飞机降落前都不会有人离开。然而，同时在 5 个不同大洲观察一个地理空间上分散的团队，研究者就无法享有同样的待遇。但对虚拟团队的研究仍在持续。例如，正如我们前面指出的，信任是高绩效团队的一个关键因素。哈克（Hacker）及其同事关于虚拟团队的研究也得出了同样的结论。[72]

而且，虚拟团队不仅给研究者带来了挑战，也增加了团队成员与领导者沟通和构建信任关系的难度。结果是，虚拟团队似乎在小规模运作时效果最佳。可以想到，这是因为在大型团队中，为达到高绩效而构建高水平信任关系需要面临更大的困难。[73]

对虚拟团队研究的总结性说明，是我们发现关于虚拟团队领导者的确有一些有价值的应用研究，但这些研究涉及多种不同主题，且被发表在非常广泛的期刊上。例如，我们在本章前面引用的研究被列在“分布式领导”的标题下。但有些类似的研究发现在另一些期刊中，被归在“共享领导”的标题下。[74] 与此相类似，对虚拟团队领导者可能有益的论题，散落在不同领域中，比如“分布式认知”和“群体心理”。但有一点是毋庸置疑的，在全球市场中，虚拟团队极可能将继续存在。

最后，研究者提出的多个框架可以帮助领导者管理虚拟团队，而且，这些框架可能指出了一些具体、有益的因素。然而，以我们从纯粹研究的角度对虚拟团队的有限了解，我们的多位客户仍表示 TLM 模型对思考过程问题及针对干预措施提出合适的影响点很有帮助。有一点是清楚的：虚拟团队需要的领导力只多不少。

未来的新理论

当我们探讨领导群体和团队领域的新进展时，研究文献中有两个新兴主题值得关注。2012 年 12 月，美国工业与组织心理学会将其期刊的一半篇幅，用于刊登**集体领导**（collective leadership）方法的相关研究。在其封面论文中[75]，作者综述了集体领导的五种研究方法：团队领导、网络领导、共享领导、复杂性领导和集体领导。该篇论文的作者接着提出了这些不同术语所涉及的多种科学研究及应用。团队领导似乎是研究和应用最多的主题，而其他分类在当时仍停留在理论模型阶段，尚无实证研究的佐证。虽然这一说法（集体领导）颇有新意，但这并不是个新概念。在本书的第 1 版中（出版于 1990 年），我们就指出领导过程本质上是一个群体现象，这也是本章论述的主题。但“集体领导的表述是否会流行，仍有待观察”。

另一个新概念则更有吸引力。“**集群**”（cluster）这一术语被用来说明自我管理的整体性团队。阿伦（Aron）对“集群”的说明如下：

> 集群是对我们传统团队观念的颠覆。它们在企业环境之外形成，但作为一个整体被企业雇用和获得报酬，构成了企业的永久性组成部分。它们自我管理、治理和发展；确定自己的工作实践和工具；平均分配报酬。技术趋势和“云”、协同办公系统等工具的发

展，使这一做法的可行性大大提高。企业界和政府机构将集群视为一种原子级别的资源，将集群作为雇用、解雇和人员配置的基本单元。类似地，每个集群在企业的组织结构图中也作为一个单元。集群就像乐高积木一样作为插件融入组织，帮助达成组织目标。[76]

资料来源：D. Aron, “The Future of Talent is in Clusters,” Harvard Business Review Blog Network, February 1, 2013.

这种做法听上去很像美国政府使用海军海豹突击队的情况。海豹突击队是一个整体性团队，队员一起受训，作为一个单元进行自我管理。当受到召唤时，他们作为一个单元“受雇”并完成任务。而企业界之所以认为这一概念有意义，是因为在组织中创建和发展团队的传统方法，总会在项目完成后解散团队，这会不可避免地造成价值损失。

扫码获取本章案例、参考文献等内容

第 13 章 发展他人的技能

在第 2 篇关于领导技能的章节中，我们谈到了一些基本的领导技能，如倾听和沟通。在本章中，我们将展示一系列其他的领导技能，这些技能相对更高级，对领导者处理与追随者的关系特别有益。本章将谈到的技能包括以下：

- 设置目标
- 提供建设性反馈
- 工作团队的团队建设
- 构建高绩效团队：火箭模型
- 授权
- 辅导

设置目标

古罗马哲学家塞内加说过："一个人不知道他要去往哪个港口，那任何风向都不是顺风。"设置目标、开发出实现目标的行动方案，对个人和群体都是非常重要的。例如，意图或目标往往是任何一个群体的主要规范。一旦群体目标获得认可，它们会使成员遵从，成为评估群体成员领导潜力的指标，并作为评估群体绩效的效标。[1]

完成个人或群体目标的最关键步骤，可能是在一开始正确表达出这一目标。使人们对个人新年计划的结果感到沮丧灰心的原因，是他们的决心太含糊、不现实，无法导向明显的结果。实现新年计划是可能的，但你必须明智地设定目标。从更一般的意义上说，写作目标陈述的某些方式会提高个人成功达成期望目标的可能性。目标应当是具体的、可观察的、可以达成的、有挑战性的，并且建立在自上而下的承诺上，它的设计意图是为相关人员提供关于目标进展情况的反馈。接下来是对上述要点的详尽讨论。

目标应当具体、可观察

如第 10 章所述，研究证据强烈支持以下观点：具体目标比一般目标更有可能导致较高的努力水平和绩效。一般目标不能奏效，是因为它们往往没有提供足够的信息来说明哪些特定行为需要改变、何时应达到特定的最终状态。用个人事例来说明这一点可能最容易理解。

假定一名学生对自己的学习成绩不满意，他想在这方面做点什么。他可能设置一个一般目标，如“明年我会尽最大努力”，或者“明年我将在学校表现得更好”。一开始，这一目标可能还行，毕竟，只要他有动力做好，还需要别的什么呢？但再想想，你会看到“尽最大努力”或“做得更好”过于含糊，它无法指导该学生的行为，并最终评价他成功与否。一般目标对激发能量、指导当前行为的作用极其有限，而且最后很难据此评估个人是否达到了目标。对这个学生更好的目标陈述可以是平均分达到 B，或者本学期没有不合格的科目。这种具体目标可以更容易记录一个人的进步。更适合企业环境的例子可能与提高工作生产率有关。在这一案例中，具体的目标陈述可能包括，在未来 3 个月中，该工作单元生产的产品数量增加 20%，或者明年质量控制部退回的产品数下降 40%。

设立具体目标与设立可观察的目标之间紧密相关。每个人都应当很清楚是否达成了某项目标。说你的目标是“节食”很容易，但一个更好的目标是“到 3 月份，体重减轻 10 磅”。类似地，说球队在下个赛季要“表现更佳”很容易，但一个更好的目标是说“球队在下个赛季要赢得 50% 以上的比赛”。值得注意的是，具体、可观察的目标也是有时限的目标。没有完成目标的时间期限，就不会有完成目标的紧迫感，也没有一个确切的时点判断个人、群体是否完成了目标。例如，最好是设置提高下一季度销售量的目标，而不只是提高销售量。

目标应是可达成的，但同时应具挑战性

有些人似乎将目标看成必须履行的忠诚誓言，如果不设定最崇高的个人和组织目标，好像就未达到个人理想或表明自己的激励不足。然而，要让目标产生作用，它就必须是现实的。那些设定了进入哈佛大学的目标、正在苦苦挣扎的高中生，有可能是不现实的，而设定一个进入本地州立大学的目标可能更现实。一位民权活动家可能希望彻底消除偏见，但更有可能达到的目标是在未来五年内，消除本地住宅项目中的种族歧视。一支田径队可能无法赢得每场比赛，但赢得冠军联赛可能是现实的目标。

对以上观点的一个推论是，目标也应当有挑战性。如果仅仅是为了达到目标，则设定非常容易，几乎保证能达到就好了。正如我们前面所说，设定容易的目标不会导致高绩效；只有在目标能拓展并鼓舞人们超越自我时，才会出现高绩效。目标应当有挑战性，但又可以实现，才能将自己和他人最好的一面发挥出来。

目标要求高承诺

拥有目标没什么神奇的；确立目标本身并不是成功的保证。除非有真正的个人承诺支持，否则目标陈述不过是几句话。如果组织上下各个层次都对组织目标有高承诺，这一目标更有可能实现。高层管理者需要说清，组织会把钱投入它指引的方向。当高层领导设置目标时，也应向员工提供达成目标所需的资源，接下来还应奖励那些达成目标的员工。下属往往只是因为看到领导者

对目标的真诚和热心支持，才开始对目标产生高承诺。使下属接受目标并产生高承诺的另一种方法，是让下属从一开始就参与到设定目标的过程中。对目标设置效应的研究表明，如果允许员工参与到设置目标的过程中，他们的接受度和满意度往往会改善。[2, 3]

另外，关于参与目标设置是否真的提高了绩效或生产率，没有明确的研究结论。有关参与度和绩效关系的研究结论不一致，可能是因为不同群体和领导者的素质存在差异。在高凝聚力群体中，群体思维会导致对不现实的、无法达到的目标产生高承诺。群体成员可能并未切实思考设备或资源的限制，或者为成功完成该目标所需的技术技能。此外，如果领导者被认为缺乏专长性权力、不支持目标、过于生硬、无能，群体成员都不会对完成某一目标表现出特别的热情。[4, 5, 6] 然而，如果领导者被认为很有能力、乐于提供帮助，则追随者表现出的目标承诺水平可能就和他们参与了目标设置过程时一样高。因此，如果领导者被认为能力不足，参与目标设置往往会导致更高的承诺和绩效水平，但与一位能力强的领导者直接指派目标相比，前者的承诺度和绩效水平并不必然高于后者。这些研究发现再次指出了技术胜任力在领导效力中的重要性。

目标要求反馈

提高绩效的最有效方式之一，就是针对员工行为与某些绩效效标的匹配度提供反馈。研究表明，当同时使用目标和信息反馈时，员工绩效会比仅使用目标或反馈时高出很多。具体、可观察、有时限的目标有助于进行持续评估和以绩效为基础的反馈，而且，领导者与追随者应当尽可能定期提供或寻求反馈。此外，人们应当从多种不同渠道寻求反馈，或者使用多种效标来提供反馈。不同的渠道和效标往往提供了关于目标进展状况的不同描述。审视获得的信息并按不同渠道和效标进行信息整合，人们就能更好地了解真实的进展情况。

提供建设性反馈

提供建设性反馈涉及与他人分享关于此人行为的性质、质量、影响的信息或感觉。它提供的信息从与某人具体工作有关的反馈（即绩效反馈），到某人的人际行为将如何影响与他人的关系，不一而足。我们在这里使用的“反馈”一词，有别于在沟通的系统观点中“反馈”一词的用法（见第 8 章的图 8-2）。在沟通模型中，反馈环路始于积极核实接收者对自己发送的信息的诠释，并按需要开始或调整接下去的沟通活动。反馈的这一含义，可以用下面的简单例子来说明：你在试图解释一个复杂要点时，听者露出古怪的表情，你由此意识到自己最好换一种方式来解释。然而，给予建设性反馈的技能，在本质上涉及积极向他人提供反馈。

获得有益的反馈对于下属的绩效和发展必不可少。没有反馈信息，下属就无法了解自己的工作做得好不好，自己的生硬粗暴是否拒人于千里之外并不利于未来晋升。并且，不仅下属需要建设性反馈来获得学习和成长机会，同事之间也需要反馈，领导者也需要来自下属的反馈。除了能促进个人成长，有效的上级反馈还有助于提高员工士气。

很多时候，良好的反馈技能是开发沟通、倾听和自信技能的一个副产品。提供良好的反馈要求清楚地表达反馈意图、选择合适的环境和媒介来传达这一意图。提供良好的反馈也要求发送适当的非语言信号，并试图发现接收反馈者的情绪信号。此外，提供良好的反馈要求在提供反馈时表现得果敢自信，即使是批评一个人的绩效或行为也是如此。尽管反馈技能与沟通、倾听和自信技能有关联，但它们并非一回事。有些人具备良好的沟通、倾听和自信技能，但反馈技能却很差。通过探讨反馈技能的知识构件、行为构件和评估构件，可以更清楚地说明这一区别。

反馈的知识构件是指了解给予反馈的时间、地点和内容。例如，知道何时、何地、以何种方式给予正面反馈，可能与知道何时、何地、以何种方式给予负面反馈，存在很大差异。反馈的行为构件是指反馈事实上是如何给予的（与知道应当如何给予反馈相对）。好的反馈是具体的、描述性的、直接的、有帮助的；差的反馈往往打了很大折扣，很难对接收者有什么益处。最后，评估反馈的一种方式是考虑接收者在获得反馈后，是否真的调整了行为。当然，这也不是评估反馈技能的唯一方式。即使反馈内容准确、反馈方式很有技巧，接收者也可能不承认，或者对这一反馈不做任何反应。

尽管大多数领导者可能都相信反馈是一项重要技能，但研究表明，领导者认为自己给出的反馈要多于下属认为获得的反馈。[7] 领导者不愿提供反馈可能有多方面原因。领导者可能因时间压力、对反馈效力的怀疑、缺乏反馈技能等，而不愿给予正面反馈。[8] 有时，上司对使用正面反馈感到迟疑，是因为他们相信下属可能将这看成一种政治操纵、逢迎、虚情假意的做法。[9] 如果领导者很少离开自己的办公桌，设定的个人标准过高，或者他们相信优良绩效是理所应当的，根本无须自己的认可，他们也不会经常给予正面反馈。[10] 其他理由也能解释领导者未能给予负面反馈的情况[11]，比如，害怕破坏领导者 – 追随者关系[12]，或者担心面临员工针锋相对的反击[13]。

尽管对领导者为何不能畅快地进行正面和负面反馈存在多种解释，但领导者需要记住，如果追随者、委员会成员、团队成员能得到准确的、经常性的反馈，他们的绩效会更高。我们很难想象工作群体或团队绩效在缺乏反馈时会改善。正面反馈是必要的，它能告诉下属应当继续做那些一直以来都完成得很好的工作；负面反馈也是必要的，它能告诉下属或团队成员如何改变行为来提高绩效。除必须提供准确、经常性的反馈外，还有几方面也是每个人都能努力改善的，这包括：确保反馈是有帮助的、直接的、具体的、描述性的、及时的和灵活的。专栏 13-1 给出了这些不同方面的反馈例证，其后则更详尽地讨论了领导者可以用来改进其反馈技能的多种方法。

❖ 专栏 13-1

改进反馈技能的小窍门

有帮助的

不要说：“在我参加这个项目时，我得到的分数要比你高。”

要说：“对你来说这似乎是个困难的领域。我能做些什么帮你掌握得更好？”

直接的

不要说：“重要的是，我们在开会时都能大声说话，要让其他人听得到。”

要说：“我在开会时有点听不清你说话，因为你的嗓音太柔和了。”

具体的

不要说："自从你来为我们工作，你一直做得很好。"

要说："我真的很欣赏你在解决我们工作排程问题上表现出的主动性和机智。"

描述性的

不要说："我已经厌倦了你在其他人说话时表现出的粗鲁和冷漠。"

要说："当别人说话时，你不要去看另外的人，这会给别人一种你觉得很无聊的印象。你真的有这种感觉吗？"

及时的

不要说："乔，我觉得需要和你谈谈在上个月员工会议上我对你的印象。"

要说："乔，你有几分钟时间吗？我对你今天上午的会议发言有些不解。"

灵活的

当一个人哭泣，或者因明显的愤怒而脸色发红、握紧拳头时不要说"关于你昨天的演示，我有个想法想告诉你……"

要做：当一个人提高了戒备水平，或者情绪因素使他无法真正倾听时，首先处理这些感受，或者等以后再反馈，不要继续提供信息。

做有帮助的反馈

反馈的目的是向他人提供能用于改进行为的信息。清楚地表明这一意图和目的非常重要，因为在提供反馈的过程中双方有时可能都变得情绪化。如果给予反馈的人高度情绪化（如生气），他会说一些让自己短时间觉得好受的话，但这只会疏远对方。为了使反馈有帮助，个人在给予反馈时应当头脑清晰、不带个人情绪，并且只就那些他人可控的行为进行反馈。

当反馈指向具体个人时，人们可以增强反馈的影响力。给予反馈时的一个常见错误，是以"一般人如何如何"的方式来表达，而不是具体到某个人。在这种情况下，反馈的接收者可能不认为反馈信息与自己有关。为了使反馈的影响效果最大化，人们应当设法向具体的个人反馈，而不是针对规模较大的群体提供反馈。

反馈要具体

当反馈指出正面和负面行为的细节时，它是最有帮助的。具体反馈的价值，在学校作文或学期论文中表现得很明显。如果某人交给老师一份论文草稿，寻求建设性评语，而老师对这篇论文的评语是"写得不错，但仍有几个地方需要润色"，学生可能很难了解要修改或订正什么。老师给予的更有帮助的反馈，可能是一些具体的评语，比如"这一段在逻辑上与上一段缺乏衔接"，或者，"在此处加入一个例子"。工作场所的反馈也是如此，领导者越是具体指出哪些行为需要改变，就越有可能使他人了解该做些什么。

反馈应是描述性的

在给予反馈时，尽可能关注事实，确保将事实和推论、归因区分开来。行为描述报告的是其他人都看得见的行动，这是很难质疑或争辩的。这种描述必须与关于他人的感知、态度、品质、动机或特质的推论区分开。例如，下面的说法是一项行为描述：在其他人发言时，萨利站了起来，走出了会议室。然而，说萨利因为气愤走出了会议室，就是一项推论。但有时在反馈时，同时描述行为本身和相应的印象是有价值的。特别是如果反馈提供者相信对方没有意识到自己的行为留给他人的负面印象，这么做就很有帮助。

提供描述性反馈的另一项原因，是将反馈与评估区别开来。如果一个人提供的反馈主要建立在推论之上，他也往往表达出对行为的评价。例如，与“你很少说话”相比，“你太害羞了”有更多的负面含义。在后一种情况下，一个人的行为得到了不利的、明显依据主观效标做出的评价。但评估往往是主管责任的一个内在部分，而且好的绩效反馈需要向下属传递评估信息。在这种情况下，领导者最好在建立了清楚的绩效效标后，再提供评价反馈。费利和佩斯（Filley，Pace）描述了可以用于提供评价反馈的效标，其中一部分列在专栏 13-2 中。[14]

❖ 专栏 13-2

用于提供评价反馈的效标

（1）将行为与他人经过度量的绩效相比较。用这种方法，将下属的行为与其同僚或共事者的行为相比较。这也被称为常模参照评估。例如，下属可能被告知，他的咨询工作量是中心所有 10 位咨询师中最少的。

（2）将行为与一个可接受的标准相比较。这种方法的一个例子是，一位咨询师被告知他的工作量大大低于合理工作量的标准（每周 30 个案子）。这被称为效标参照评估。

（3）将行为与一个事先确立的目标相比较。用这种方法，下属必须参与设定并同意达到某一目标。这是效标参照评估的一种形式，它能在对评估过程至关重要的事实发生前，就获得下属的认可和对目标的接受。

（4）将行为与过去的绩效相比较。

资料来源：Adapted from A. C. Filley and L. A. Pace, “Making Judgments Descriptive,” in *The 1976 Annual Handbook for Group Facilitators*, eds. J. E. Jones and J. W. Pfeiffer (La Jolla, CA: University Associates Press, 1976), pp. 128–31.

与印象和评估反馈相关的一个问题，是区分与工作相关的反馈（即绩效反馈）和更个人化、随意的反馈。尽管领导者有理由期望下属倾听他们的绩效反馈，但在关于其他行为的反馈上，就未必如此了。分享对某人行为的感觉可能对此人很有帮助，哪怕这种行为与他的正式职责并无关联；但在这种情况下，追随者有权选择是否想听到反馈，或者如果他听了，是否要按这一反馈行事。

反馈应当及时

在行为发生之后就立即提供的反馈，通常是最有效的。相关人员更容易想起行为发生的环境、最近发生的事件或行为的相关细节，因而反馈会更生动、更有帮助。

反馈应当灵活

尽管及时反馈是最好的，但有些时候，等待要比抓住最早的机会给予反馈更好些。总的来说，每个人都应当记住，反馈的主要目的是提供帮助。反馈面谈也应当按这一目标来安排时间。例如，一位下属的日程安排使他不方便得到即时反馈，那么，坚持给予反馈，不惜分散下属在一项更紧急、高压力任务中投入的精力，是不恰当的。此外，当某人在情绪化的状态下接收反馈时（不管是与正在讨论的行为有关或完全因为其他事情），反馈可能缺乏建设性。而且，在提供反馈时关注其他人的情绪反应并准备好相应地调整自己的行为，也非常重要。

保持灵活性的最后一点，是提供接收者足以应付的反馈信息量。在提供反馈时，不需要一次性谈到所有要点，这样做只会使对方感到信息超载。如果需要向他人提供大量的反馈信息，可以将这些信息分散在多次反馈面谈中，并在每次面谈中集中讨论一两个要点。

同时提供正面和负面反馈

既提供正面的反馈，也提供负面的反馈，要比只提供正面或负面反馈更有效。正面反馈只告诉了他人或群体在哪方面做得对，而负面反馈只告诉他人或群体哪方面做错了。同时提供这两种反馈才是最好的。

避免责备或尴尬的场面

反馈的目的是向他人提供有用信息，帮助他们改善现状，因而以一种令人觉得被贬损、感觉糟糕的方式谈话于事无补。追随者往往更相信来自满足以下条件的领导者反馈：有机会观察其行为，而且往往被认为是可信、称职和值得信赖的领导者。[15, 16, 17] 巴斯指出，甚至在领导者不称职、不值得信赖时，追随者也会继续寻求反馈，尽管他们可能不寻求来自领导者的反馈。[18] 他们会寻求自己信任的其他人的反馈，比如同事或其他上级。

工作团队的团队建设

在当今组织中，没有什么比“团队建设讨论会”更常见了。这项活动如此频繁开展的原因，是工作场所的关注点由个人工作转向了以团队为中心的工作。但遗憾的是，这些讨论会往往未能实现其初衷。正如本书前面指出的，如果组织环境的其他方面没有发生任何改变，让团队对工作负责是没道理的。在团队层面上，团队建设的干预措施会帮助成员了解为什么很难达成团队目标，甚至会针对某种难以忍受的情境提出建议。但它们无法彻底根除问题的源头。为了更好地理解以这种方式看待团队的重要性，我们来看在不同背景下使用这种错误思考方式的例子。

团队建设干预措施

假设你认定自己的下一部车要有卓越的控制和操纵感。你试开了几辆车，比如美国造的大型汽车，虽然有卓越的驾驶感受，但你觉得操纵性不太好。它们在狭窄的障碍跑道上左右摇摆、漂移不定。你测试的另一些车，则刚好相反。它们在拐弯、停车时和你期望的一样稳定可靠，但控制这些车却很困难，你总是在驾车时咬紧牙关。然后，你找到了一辆看起来能满足你所有要求的汽车。事实上，一款奔驰车在各种环境中都能提供绝对舒适的控制感，又能提供非凡的道路操控性。但还有个小问题：奔驰车需要先付一大笔钱，远超过你的开支计划。于是你设法找到一个替代方案。一辆二手的尤格车，虽然质量较差，但它的确很便宜，在购买之后，你知道自己必须拿出一大笔钱来强化悬挂、方向盘和刹车系统，以达到你期望的奔驰车所提供的驾驶感受。

这太离谱了！很显然，除非你甘愿预先花费大笔金钱和精力，否则你永远不会获得奔驰车的驾驶体验；哪怕你打算预先不做什么努力，而在以后将所有钱花在修理上，也会事与愿违。但这正是很多组织在引入团队时做的事。它们似乎并不愿意创建使团队自然形成所需的条件（我们将在第 18 章“高管团队建设”一节中讨论这一点），但当团队在逆境中挣扎时，领导者一如既往地乐于将大量金钱投入团队建设的干预措施。我们将这种类型的团队建设问题归到“自上而下的问题”一类中。

当组织对团队工作有高承诺、乐于改变结构和制度来支持团队工作，却不愿考虑必需的“自下而上的”工作时，也会出现同样令人烦恼的问题。图 13-1 所示的内容很好地说明了团队培训的原理。在与多家组织共同工作时，企业经常要求我们帮助那些正在挣扎求生的团队。在图 13-1 中，我们将这些要求置于“团队”层面，这一层面是从下往上数的第三级平台。我们相信，只有在团队成员到达一个稳定的工作平台后，这类干预才能奏效。在这种情况下，它还应当包括图 13-1 中的前两级平台。如果基础没打好，仅仅基于团队的干预往往会导致团队内部的竞争、冷漠和退缩。

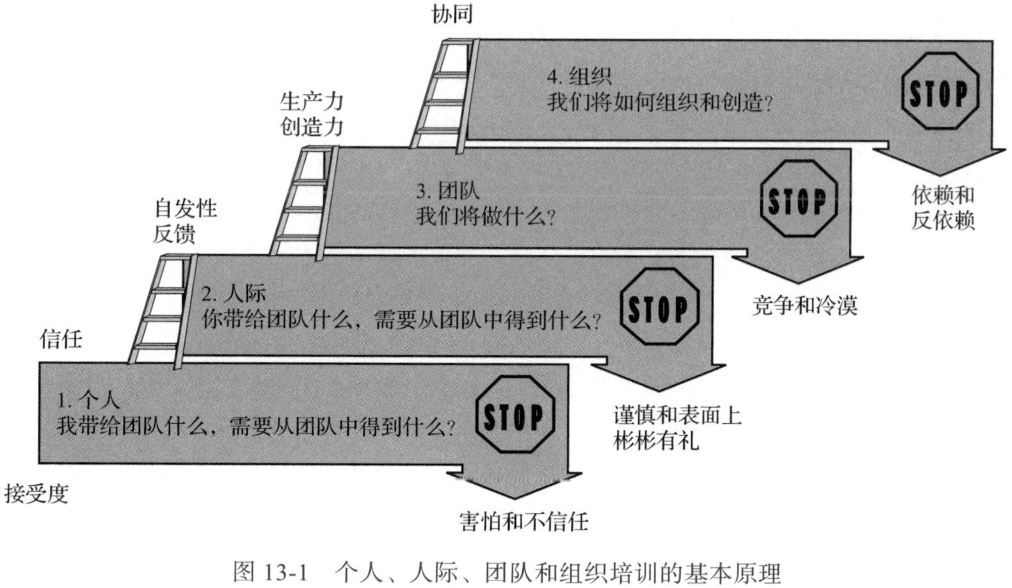

图 13-1　个人、人际、团队和组织培训的基本原理

作为任何团队工作的基础，首先必须做到使团队成员感到自在。他们应能回答下面一些问题："我带给团队什么"及"我需要从团队中得到什么"。无法回答这些问题，将会滋生内心恐惧和不信任。如果能回答这些问题，团队成员就开始到达人际层面，此时他们可以很自在地问："你带给团队什么，需要从团队中得到什么？"不解决这些问题，就会使个人在处理与其他成员的关系时谨小慎微，进行的也只是"表面上彬彬有礼"的互动，而不是真实和理解基础上的交流。如果第一、二级平台到位的话，一项真正的团队建设干预措施将是有益的（附带说一句，仅仅因为团队成员没有稳定在第一、二级上，并不意味着无法实施干预。相反，这意味着它要求更广泛的干预，而非单纯以团队为基础的努力）。

团队建设讨论会涉及哪些内容

如今少说也有成百种团队建设干预措施正在实施中。这一活动存在多种上佳的信息来源，如《团队和组织发展资料手册》（*Team and Organization Development Sourcebook*）中包括以团队为基础的多种活动，如冲突解决、问题解决、建立规范、培养信任或目标设置等，这还只是其中一小部分内容。[19]但我们在此并不打算提供所有建议，而是推荐一些我们认为有用的方案，并与你分享我们以往的一些干预的例子。

在创新领导力中心，教职员工经常被要求为中高层团队量身定制团队干预措施。尽管我们参与这些设计会议时没有活动进度安排，但我们也并非完全茫然。我们相信，成功的团队层面干预必须达到三项一般要求，而且，至少每个要求对应一项干预活动。

第一，意识提升。正如我们在前几章中指出的，并非所有的文化都能对团队工作概念有同样的接受度和支持度。事实上，我们自以为学到的对团队的诸多认识，都是错误的。因此我们相信需要消除这种迷思，在讨论会中加入以团队为基础的、关于团队是如何真正运作的一些研究成果。第二，我们需要一些基于工具的诊断反馈，这可以使团队成员对自己和其他团队成员当前所处的位置有一个清楚、准确的认识。第三，每一次干预必须包括一个练习区域，这是圣吉所用的词汇。[20]练习是体育比赛成功所必需的，它对组织成功也同样必要。给一支曲棍球队设计一整套新打法，却只是在室内谈论它而不让任何人去练习，然后期待球队会在比赛中贯彻这种新打法，是极为愚蠢的做法。同理，如果你要求人们改变自己的互动方式以改善团队工作，就应该给他们提供一个练习区，使他们能在相对无风险、受保护的环境中测试自己的新行为，这才是公平的做法。

这正是体验式练习的益处所在。并且，团队建设的指导质量在这部分至关重要。在教室里做纸笔练习，与在悬崖上攀岩下落的团队练习，二者需要的教导技能完全不同，很少有指导者会错误地理解这些要求，我们也很少在这方面发现问题。我们已经看到了指导者技能的重要部分，就是可以将完成的练习与团队完成任务的现实世界相联系。此外，指导者不仅必须对实时的团队动力有良好感觉，也要有对团队运作的业务感觉。他们必须帮助参与者将上述联系用于分析工厂或董事会的团队动力，这看起来似乎是区分高效力的指导者与平庸之辈的技能。

干预措施的范例

现在我们提供一些团队建设的干预实例。吉纳特曾实施了一次干预，其对象是来自一家州立青少年精神专科医院的三个高度相互依赖的团队。这些团队的成员包括日常行政服务人员、专业人员及看护人员。每个团队的成员都致力于为自己照顾的年轻病人提供高质量服务，但这三个团队在互相合作时遇到了很大困难。对这些团队的广泛诊断揭示出了两个基本问题：第一，每个团队对该医院是什么、应该是什么，持完全不同的看法；第二，每个团队都将自己界定为“关怀给予者”，这使他们很难求助于他人，因为他们觉得，求助他人会将自己置于与病人同等的弱势地位上。我们组织了一系列讨论会帮助形成对医院的共同看法，但第二个问题需要我们做的远不止这些。由于员工需要通过亲身体验来了解求助不会将自己置于弱势地位，我们设计了需要全员参加的“野外体验”，所有人将一起在原始荒芜的环境里待四天，还有高难度的远足、攀登及爬山等活动。在这次体验结束时，每个人都发现自己碰到过一次需要求助他人的情况。更重要的是，每个人都发现，求助于他人（这是他们以往尽力避免的做法）会将团队执行力推向更高层次。每个晚上，他们都花费大量时间将当天所学与医院工作联系在一起进行分析。[21]

在我们主导的一些更有趣的项目中，一个高层管理团队在科罗拉多的一个大农场里待了一周。每天早晨，团队集中召开一系列的意识研讨会及数据反馈会议。首席运营官将下午时间留给娱乐和休息，唯一的要求是与会者必须以团队或子团队的形式参与。作为指导者，我们积极参与到团队中，将他们每天的团队经验与第二天早上的课程联系起来，并与团队在正常工作中面临的挑战联系起来。在这类干预中，我们发现团队建设可以很有趣，也不存在地点的限制。另外，我们还发现，能够实时观察、处理团队活动，对于团队建设指导者至关重要。没有什么能替代第一手的观察资料，它是识别群体动力、注意到非结构性团队活动中出现的多种启发性行为的基础。

构建高绩效团队：火箭模型

正如本书自始至终强调的，领导不是一个人的事。相反，它是指影响一个群体来追求某些关键目标。我们从第 12 章中学到团队之间在多个重要因素上存在差异，如群体规模、规范、发展阶段和凝聚力。我们也知道，领导者在创建和领导团队时需要考虑上述因素。第 12 章的团队领导模型提供了一个团队动力的综合描述，并指出领导者想要创建高绩效团队时必须做什么。下面介绍的则是一个更简单实用的团队效力模型，它是构建高绩效团队的对策性和诊断性模型。说团队效力火箭模型是对策性的，是因为它告诉领导者在组建新团队时，要采取哪些步骤、何时应采取这些步骤。该模型又可作为诊断工具，帮助理解现存团队的不足之处，以及领导者需要将其拉回正轨所需做出的努力。[22, 23, 24, 25, 26, 27, 28, 29, 30]

火箭模型建立在医疗保健、教育、商业零售、制造、服务、软件、通信、能源和金融服务业中数百个团队的广泛研究与经验之上。该模型分别被用于红牛、高朋团购（Groupon）、强生、布法罗鸡翅烧烤连锁（Buffalo Wild Wings）、威廉斯 – 索诺马（Williams-Sonoma）、埃维诺（Avanade）、托罗（Toro）、家得宝、戴尔、废物管理公司（Waste Management）和英国的卫生策略管理局等的高管团队；可口可乐、罗技、赛门铁克（Symantec）、3M、AT&T、万通、康明斯（Cummins）、泰乐（Tellabs）、赫斯基能源（Husky Energy）及多个乡村医院和学区等的中层管理团队，以及辉瑞、美敦力（Medtronic）和惠普的项目团队。该模型在不同行业的不同组织层级中被用于各类团队，均取得了相当好的效果。由于火箭模型的团队建设方法简单实用，因而获得了领导者的特别青睐。

火箭模型如图13-2所示。构建一个团队可以类比为造一枚火箭。就像火箭在不同环境下（如低空、高空或外太空）运作一样，团队也必须清楚界定自己运营的环境。助推阶段是火箭腾空而起的关键环节，同样，使命和人才阶段也是对创建团队至关重要的后续步骤。一旦解决了使命和人才问题，领导者接下来需要与团队成员共同工作，梳理团队规范、成员认同等方面。研究显示，获得最佳成果的团队通常在火箭模型的所有要素上都表现出高水平团队运作。仅强调其中某些要素的团队则往往表现平庸，而在各项要素中均无高水平运作的团队，则通常仅能达成极为有限的成果。下面是对火箭模型8项要素的深度说明。

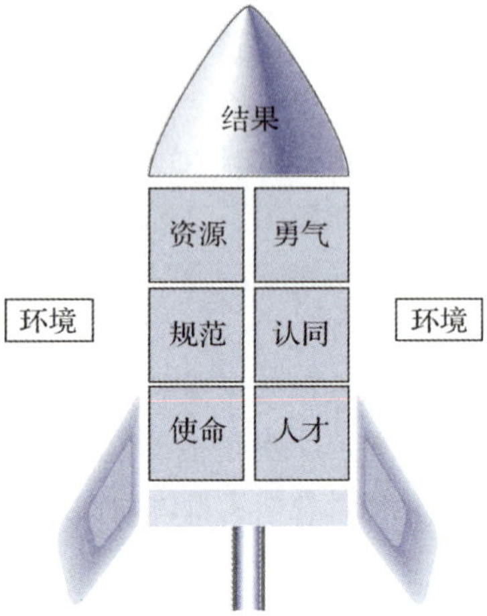

图13-2 火箭模型

环境：处于何种情境下

构建高绩效团队的第一步，是就团队的环境达成一致。大多数团队会与竞争者、供应商、客户、政府监管机构、市场状况、其他内部团队、整个组织等发生相互影响。并且，团队成员关于这些因素往往也有不同的个人假设，因而可能采取初衷良好但不明智的行动，这会在无意中破坏团队士气和绩效。尤其在团队成员高度多元化、地理空间分散或经历了大量成员流动时，这一点特别突出。团队环境中需要注意的一个方面，是团队成员假设的隐含性质，即团队成员极少明确表达自己关于情境的假设。既然如此，领导者在构建高绩效团队时的一个重要步骤，就是找出影响团队的所有外部因素（即客户、竞争者等），并请团队成员交流与这些因素有关的个人假设。这种对情境因素的信息分享有助于确保每个人对团队面临的挑战能达成共识。

假定你是即将开张的一家星巴克咖啡店店长，想使用火箭模型帮助店内的2名副店长、16名店员组成一个高绩效团队。你要做的第一件事是让每个人指出影响团队的外部因素。这些因素可能包括不同的细分客户群、有竞争关系的咖啡店、关键供应商、本地商业环境、其他星巴克门店、本市卫生检查机构、区域经理（你的上级）及星巴克总公司。接下来，你和员工需要就每项外部因素的假设达成一致：其他咖啡店会降价吗？它们明年可能歇业不干吗？总公司会推出新品或在本市开新店吗？本地社区的发展是在扩张还是在萎缩？在讨论并就每个因素的假设达成共识后，团队可以确定咖啡店明年面临的最大挑战有哪些。

使命：我们试图达成什么

一旦明确界定了情境，领导者接下来必须做的第一件事，就是阐明团队的意图、目标和战略。因此，火箭模型的使命要素关注的是为团队设定共同方向。在某些情况下，领导者与团队成员紧密合作，梳理确定团队面临的主要问题；另一些时候，领导者独自做出上述决策；还有些时候，组织将制定这些决策。关于使命要素，谁制定上述决策并不是关键，更重要的是确保团队中每名成员都了解团队计划达成的目标、自己如何对团队成功做出贡献。

关于使命，有几方面需要说明。第一，领导者需要认识到，个人目标驱动了个人行为；团队目标驱动了团队行为。因此，如果领导者想鼓励合作，就需要设定团队目标。第二，困扰很多团队的一个共同问题是它们设定的目标过于含糊、界定不清。好的团队目标应该是具体的、可度量的、可达到的、有现实性的、有明确时间要求的，并设定了比较的标杆。标杆管理是团队目标的一个重要方面，有太多团队只设定内部的、持续改善类的目标（如比上月多销售一定百分比的咖啡）。持续改善目标会有帮助，但高绩效团队也需要设定一些使自己能看到与竞争者差距的目标（即比分记录，或者与本地区其他门店相比的销售排名）。第三，使命可能是火箭模型中最重要的要素，因为它会影响其他所有要素。团队使命应该被用于决定达成成果所需的人员数量和技能（人才）；团队运作的规则（规范）；需要的装备和预算（资源）；等等。由于使命在团队构建过程中发挥了如此关键的作用，低绩效团队的领导者往往发现，在努力改善团队绩效时，首先阐明团队的目标和绩效标杆是值得的。

将火箭模型用于分析星巴克的例子，则店长将和整个团队一起设定来年的目标。这可能包括每月或每季度应达到的销售收入、利润水平、成本、客户满意度、客户抱怨、员工流动率、员工保险覆盖率、卫生检查评级等具体指标。团队也可能设定与本市其他星巴克门店相比的销售收入或客户满意度目标，如每月的客户满意度在 25 家门店中位居前 5 名。接下来，团队领导者可以建立一个将所有目标包括在内的团队计分卡，并按月或季度追踪记录实际的团队绩效。

人才：谁将同行

火箭模型的人才要素想要回答 6 个“适当性”问题：团队的成员数量是否适当？组织结构是否适当？成员是否承担适当的角色？成员是否拥有适当的技能？是否有适当的理由组成团队？以及团队成员是否因有效团队合作而获得适当的奖励？团队成员过多或过少、团队角色定义不当、团队成员缺乏达成目标所需的技能，往往意味着该团队在人才要素上的得分低于拥有适当的人数和技能的团队。厘清报告结构、定义角色和职责、选择合适的人员类型、持续开发为达成团队目标所需的技能，是火箭模型中人才要素的关键领导活动。职业运动员和特种兵部队都很擅长管理人才，他们确保成员角色和职责清晰；非常重视人员招募决策，并在日常操练上花费大量时间（远超过实战）。大多数私营和公营机构中的团队做法则完全相反：它们随意将一群人召集到一起就期望他们能产出成果。后一种团队没有仔细考虑团队需要何种成员、如何组织这些成员，很少花时间开发所需的技能，也完全不进行日常操练。

在星巴克的例子中，当店长判断门店需要多少人员、定义为达成团队目标需要成员扮演哪些角色，并将2位副店长和16名店员分别安排到各自的工作角色上时，人才要素就在发挥作用。团队领导者还需要向员工提供持续培训，确保他们获得轮班、制作新饮品、服务顾客、清洁设备、开关门店及其他工作任务所需的知识和技能。

规范：有哪些规则

一旦团队成员安置到位并清楚了解团队的情境、目标和角色，领导者接下来就需要考虑火箭模型的规范要素。规范是指导团队制定决策、召开会议、完成工作、使团队成员为结果负责并分享信息的规则。关于规范，需要注意几个重要方面。第一，团队制定的决策、制定决策的方式、团队会议的频率和时间长短等，都应完全取决于团队目标。第二，规范总会出现。如果团队或团队领导者没有明确设定指导团队行为的规范，规范仍会随着时间推移而形成。并且，由于不是明文规定，这些规范可能与团队目标相抵触。例如，本书的一位作者曾与一个软件开发团队共事，该团队负责在6个月内提交几项新产品。时间非常紧迫，但团队形成的规范之一是：只要团队成员费心出席了团队会议，迟到是可接受的行为。但团队会议对于这个团队成功至关重要，因为这是该团队唯一能用于讨论问题、协调软件开发努力的时间。团队绩效一直没有改善，直到领导者明确设置了参加团队会议的一项新规范。第三，团队中有多项规范。这些规范可能包括人们在会议中所坐的位置、团队成员来工作的时间、团队成员的穿着、他们使用的缩略语和术语等。但在各种可能的规范中，那些涉及决策、沟通、会议、责任和自我调节的规范对团队运作似乎最重要。高绩效团队往往会明确规定团队制定哪些决策、如何制定这些决策。这些团队同样会设定规则明确规定团队会议的保密问题，团队成员如何及何时分享信息，以及在团队会议中如何提出困难的、有争议的问题。高绩效团队也会明确规定团队会议中的行为规范及团队成员的责任归属。第四，高绩效团队的一个标志是定期停下来，评估团队动力和绩效。这种做法类似于体育运动队观看比赛录像；对于工作团队，这意味着定期回顾团队在哪些方面工作出色，以及如何能做得更好。在星巴克的例子中，店长需要与团队共同决定会议的频率和主题，由谁来决定各类门店和顾客问题，哪些信息应该在不同班次间共享，以及如何处理员工行为拖拉等问题。

认同：每个人都高承诺、高敬业吗

仅仅因为团队成员理解团队的目标、角色和规则，并不意味着他们会自动认同这些要求。很多时候，团队成员在团队会议上点头同意团队的目标和规则，但会后一转身就做出一些完全不同的举动。这就是一个缺乏目标认同的团队例证。拥有高认同水平的团队，其团队成员相信团队期望达成的目标，并积极投入所需努力来完成分派的任务使团队取得成功。

团队领导者可以采用三种基本方法来培养认同。第一种培养认同的方法，是制定一个能打动人心的团队愿景或目标。很多时候，团队成员想投身于比自身更重要的事业中，而加入团队可能就是满足这一需要的途径。团队成员是否觉得团队有吸引他的愿景，很大程度上取决于团队意图和目标与其个人价值观的匹配度。魅力型或变革型领导者（第16章）特别善于创建与追随者个人价值观相符的愿景。培养认同的第二种方法，是团队领导者具备很高的个人可信度。拥有高水平的关键技术诀窍并赢得团队成员信任的领导者，往往会获得高度认同。团队成员经常会质疑缺乏关键技术诀窍的团队领导者的判断，并质疑他们不信任的团队领导者决定的工作议题。并且，由于人们更喜欢做出选择，而不愿仅仅被告知待完成的工作，培养团队认同的第三种方法是让团队成员参与目标、角色和规则的制定过程。

在星巴克的例子中，店长可以向员工描绘一个有吸引力的门店愿景；培养与所有员工的紧密关系；使团队共同参与对环境的界定、目标设定和明确角色期望等活动中。店长也可以观察团队成员是否表现出达成目标所需的行为来判断认同水平的波动，并向低承诺水平的成员提供辅导、清除阻碍、明确工作期望或执行其他激励干预措施。

资源：我们拥有的足够吗

火箭模型的资源要素，是指团队为达成目标所拥有的决策权限和资源。高权力水平的团队拥有相当大的决策权和完成团队目标所需的全部设备、数据、时间、设施和资金。低权力水平的团队往往缺乏所需的决策权或完成工作的预算不足。本书的一位作者曾与一个公立学校的管理团队共事，他们觉得自己拥有的决策权极其有限，不足以做出影响学区的决策。该学区在过去 4 年间更换过 3 任学监，结果是校董事会直接介入接手了该学区的日常运营管理。

为了改进火箭模型中的资源要素，团队领导者需要首先确定自己是否拥有完成团队目标所需的全部决策权限和资源。如果没有足够的资源，他们可能需要游说高层提供所需的一切，想办法以有限的资源来达成团队目标，或者基于资源不足的现状调整团队目标。大多数团队不认为自己拥有成功所需的全部时间、资源或决策权限，但事实上，它们现有的资源往往已经可以满足成功达成目标的需要。优秀团队会想办法利用现有资源完成目标，或者以多种途径获得团队所需的资源；功能不良的团队则把所有时间、精力用来抱怨感知到的资源不足，而不是想办法完成团队目标。与此类似，很多绩效不佳的团队往往做出了错误假设，或者给自己设置了一些虚幻的障碍。团队领导者要想帮助团队取得成功，就需要挑战这些假设并冲破上述障碍。

由于星巴克咖啡店有统一的外观和定位，店长在决定门店选址和店内布置、墙面颜色、家具、咖啡制作设备、供应品、冰箱、收银机、电脑、软件、制服等影响目标达成的因素上，没有多大权限。但设备或原料的短缺可能对团队绩效造成负面影响，因而店长需要确保新原料（如咖啡豆、牛奶、小糕点或纸巾）的及时供应。

勇气：我们能安全地质疑彼此吗

哪怕单个团队成员了解团队期望达成的目标、对达成团队目标有高承诺、理解团队完成工作的规则，也不意味着团队成员就会彼此信任。团队信任发生在团队成员相信每个人都有能力完成被分派的任务、制定决策并为团队利益采取行动（善意）、遵守团队规则并信守承诺（诚信）的情况下。[31] 在上述任何一方面有问题都会削弱团队信任，因此团队领导者需要确保团队成员具备必需的技能、每个人采取的行动与团队目标保持一致、在指派的任务上切实交付成果。中等水平的冲突也是高绩效团队的一个标志。团队成员可能在工作任务安排、团队规则、基本假设、可以信任的信息源、数据解读方式、问题确认、解决方案建议等问题上持强烈的反对意见，而且，团队领导者的一项关键技能就是使这些不同意见公开化。高绩效团队并不会消除冲突，而是理解一定程度的紧张有助于团队提出问题、找出创造性解决方案。关键是确保冲突不会过于激化，不至于使团队成员看不到问题所在并开始互相攻击。领导者可以改善勇气的另一种方法，是与团队成员一起确定解决团队冲突的规则。反之，对团队勇气损害最明显的做法，是团队领导者要么完全漠视人际冲突的存在，要么告诉团队成员“别再争了，好好相处吧”。

勇气可能是火箭模型中最容易观察的要素之一，人们很容易发现团队目前的冲突水平是过低还是过高。在涉及团队勇气的问题上，很多团队面对表面化的和谐或公开争斗的问题困扰。当团队成员拒绝在团队会议上提出争议话题，但经常向其他成员抱怨这些问题时，就表明团队受困于表面和谐。有些因素（通常是担心团队领导者的打击报复或糟糕的沟通规范）会阻碍人们提出和解决上述问题，结果是团队成员的疏离和团队绩效受损。另一个极端则是有些团队成员处于公开争斗中。此时，团队领导者往往决定安排团队参加某种形式的团队建设项目，如野外拓展或攀爬高空绳网。这些干预措施对团队凝聚力几乎都没有长期效果，因为火箭模型的勇气要素往往是更深层次团队问题的一种表象。团队成员间相处不佳的原因往往是能力、善意或诚信问题；不清晰的团队目标和角色；界定不良的决策过程或责任规范；不一致的承诺水平；资源短缺；等等。换言之，团队成员争斗不休的原因与火箭模型中的一个或多个要素有关。成功识别和解决与这些要素有关的问题，不仅能改善团队成果，也会对团队勇气产生积极影响。在星巴克的例子中，店长应该随时关注员工间的分歧、找出导致分歧的根本原因，并迅速提出和解决这些问题。这种讨论应集中于事实，而非相关各方的个性差异。

结果：我们赢了吗

在火箭模型中，到“勇气”要素为止的部分都在描述“如何”完成团队构建。换句话说，这些要素告诉团队领导者，如果想改善团队使命、规范等各个要素，他们具体需要做什么。火箭模型的结果要素描述了团队构建的最终成果，即团队实际上达成了何种成就？和勇气一样，结果是火箭模型中其他要素的体现。高绩效团队能取得优异的结果，是因为它们关注了火箭模型中的其他7个要素。那些绩效不佳的团队可以关注火箭模型中的问题要素来改善团队绩效。在星巴克的例子中，如果门店未能达到客户服务或财务目标，它就需要重新审视目标，确定是否存在人员短缺或技能缺口，审核内部规则以确定人们是否为自己的低绩效承担责任，或者获取更新的设备等。

关于成功的军事领导者和运动队教练，我们知道一点：他们非常看重赢得胜利。他们不断提出多种战略和战术来充分利用团队的强项、尽量弱化团队劣势的影响，最终击败对手。他们把大部分时间用在教授团队如何取得胜利上。私营和公利机构的领导者则很少教团队如何取胜。要做到这一点，团队领导者需要准确设定明确的团队目标，提出有明确时间表的、可执行的行动计划，要求相关各方达成这些目标，进行定期的进展回顾来确认团队实现了关键学习，并在必要时修订战略和计划。

火箭模型的启示

正如本节开始谈到的，火箭模型既是对策性的，也可用于诊断目的。在构建新团队或确定现有团队的不足时，领导者总是应该从环境、使命和人才要素开始分析，再转到模型的其他部分。火箭需要极大的推力才能离开地面，同样地，团队要想成功也需要对情境的共识、一组定义良好的团队目标和成功所需的合适参与者。根据这一思路，研究者设计了团队测评问卷，向团队提供火箭模型 8 项要素的反馈信息。[32, 33] 图 13-3 和图 13-4 展示了两个业务团队的测评结果。图 13-3 是一个功能极度不良的高管团队，领导着一家消费品公司价值数十亿美元的事业部。该事业部正在苦苦挣扎，一位新的事业部总裁近日被任命来扭转这一局面。团队测评问卷的取值在 0～100 分之间，其中低分与功能不良团队有关，50 分上下表明与全球其他团队大致相等，而大于 75 分则与高绩效团队有关。这位新任事业部总裁需要做大量工作才能让团队做出成绩，而且，他和团队在致力于其他要素之前，需要先解决环境、使命和人才要素方面的问题。图 13-4 显示了一个在全美国开设了 300 多家辅助生活设施的企业最高管理团队的测评结果。对该报告的详尽分析表明该团队在资源和勇气方面有某些明显优势，但为了成为高绩效团队，还需要与团队面临的挑战（环境）保持一致、创建团队计分卡（使命）、更好地阐明团队成员的角色和职责（人才）、更有效地召开团队会议并引入更好的决策流程（规范）、花费更多时间回顾成果（结果）。

16	结果：团队的历史记录 团队是否按承诺交付了成果？它是否完成了重要目标、达到了利益相关者的期望，以及随时间而改善
16	勇气：团队管理冲突的方法 团队成员在提出困难问题时感到安心吗？冲突是否得到了有效管理
16	资源：团队的资产 团队有必需的物质资源和金钱、职权和政治支持吗
20	认同：团队成员的激励水平 团队成员对团队获胜的可能性持乐观态度吗？是否有高度激励来达成团队目标
4	规范：团队的正式和非正式流程 团队是否使用有效果且高效率的流程来召开会议、制定决策并完成工作
20	人才：构成团队的人员 团队是否有合适数量的人员？是否有清晰的角色？是否具备成功所需的技能
22	使命：团队的意图和目标 团队为何存在？它如何定义获胜？它为达成目标而制定的战略是什么
24	环境：团队经营所处的情境 团队成员是否就团队的政治和经济现状、利益相关者及面临的挑战达成了一致

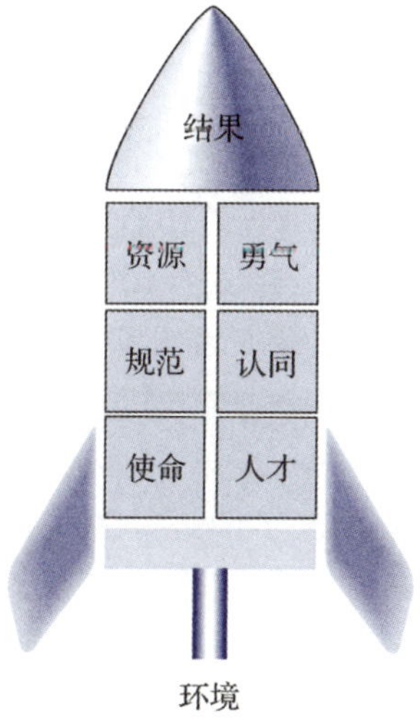

图 13-3　一个功能不良的消费品公司事业部领导团队的测评结果

40	结果：团队的历史记录 团队是否按承诺交付了成果？它是否完成了重要目标、达到了利益相关者的期望，以及随时间而改善
66	勇气：团队管理冲突的方法 团队成员在提出困难问题时感到安心吗？冲突是否得到了有效管理
68	资源：团队的资产 团队有必需的物质资源和金钱、职权和政治支持吗
46	认同：团队成员的激励水平 团队成员对团队获胜的可能性持乐观态度吗？是否有高度激励来达成团队目标
36	规范：团队的正式和非正式流程 团队是否使用有效果且高效率的流程来召开会议、制定决策并完成工作
40	人才：构成团队的人员 团队是否有合适数量的人员？是否有清晰的角色？是否具备成功所需的技能
6	使命：团队的意图和目标 团队为何存在？它如何定义获胜？它为达成目标而制定的战略是什么
32	环境：团队经营所处的情境 团队成员是否就团队的政治和经济现状、利益相关者及面临的挑战达成了一致

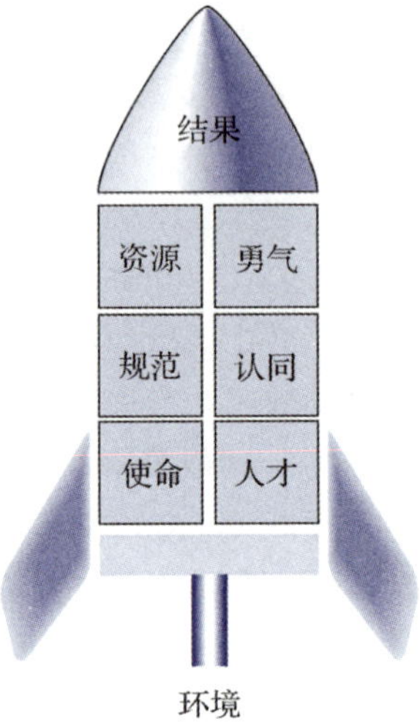

图 13-4 一个绩效不佳的辅助生活设施企业领导团队的测评结果

尽管每个人在生活中都曾是群体或团队的一员，大多数在任或未来的领导者并不了解如何将一群人转变为一个高绩效团队。火箭模型的提出就是为了弥合这一缺口。该模型非常实用，可以用于几乎所有团队，并且它的设计思路建立在以下前提之上：构建团队的最佳方式是识别和改善那些关键问题。该模型也相信，领导者的一个关键角色是将隐含要素显性化；这意味着领导者需要确保每个人都达成了关于团队环境、目标、角色、规则和其他具体问题的共识。有超过5000名领导者接受了火箭模型及相关团队改善工具的培训，还有《点火：高绩效团队建设指南》（*Ignition*：*Guide to Building High Performing Teams*）和《火箭模型：构建高绩效团队的实用建议》（*The Rocket Model*：*Practical Advice for Building High Performing Teams*）等书籍可以为想要改善团队运作和绩效的领导者提供具体行动步骤的指导。[34, 35]

授权

尽管授权是一种相对简单的方法，但可以将领导从耗时的杂务中解放出来，为追随者提供成长机会，并增加工作群体、团队或委员会完成的任务数量。但授权往往也是一项受到忽视或未被充分利用的管理选项。[36, 37] 授权意味着一个人获得了他的领导者、老板或教练的赋权，为完成特定任务、从事特定活动承担起责任。授权将决策责任赋予那些最有可能受到决策影响或将要实施该决策的人，并且，授权更关注自主性、责任及追随者的开发，而非仅仅是参与。研究表明，频繁授权的领导者往往有更高的业务绩效 [38]，但领导者频繁进行任务授权未必会使下属感到更快乐。[39] 巴斯 [40] 主张，得出后一项研究结论是因为下属觉得自己没有获得完成授权任务必需的职权，受到过于严密的监控，或者领导者仅仅将自己不愿做的任务进行授权。然而，威尔科克斯（Wilcox）[41] 表示，与不能有效授权的领导者相比，能有技巧授权的领导者往往拥有满意度更高的下属。由于有技巧授权的领导者往往拥有满意度更高、绩效更佳的工作群体、团队或委员会，以下来自泰勒 [42] 的建议有助于领导实践者更有效、更成功地授权。泰勒就授权为什么重要、领导者避免授权的常见原因及有效授权的原则，提出了一些有益的观点。

授权为什么重要

授权为其他活动节省了时间

领导的本质就是与其他人共同努力实现目标，而不是独自完成所有工作。学习像领导者一样思考需要开发出一种思维结构，这种思维结构是从整个群体或组织的能力来考虑，而不单从个人角度来考虑。对很多人来说，这就要求他们形成一种新的参照系，特别是对那些过去主要是在激烈的人际竞争环境中通过个人成就获胜的人。尽管如此，领导者通常要承担太多不同的责任，这使他们必须将其中一部分授权给他人。

领导者之所以需要授权，并非只是工作数量的原因，也有质量方面的原因。因为领导者决定哪些责任可以授权，在这一过程中，领导者可以确保最合理分配自己的时间以满足群体需要。领导者的时间是宝贵的，应该明智地投资于只有领导者适合或胜任的活动中去，这将为群体带来最大的长期利益。只要是能授权的工作，领导者就应该授权。

追随者在授权中成长

下属的成长是每个领导者最重要的责任之一，而将重要的任务授权给他们是支持其成长的最佳方式。它通过为下属提供发挥主动性、解决问题所需技能、创新、管理和决策的机会，帮助下属成长。通过在受控的情况下提供实践经验，授权使下属获得了最好的培训经验——干中学。

授权强化组织

授权是培养单个下属的一种重要方法，但这样做也强化了整个组织。一方面，熟练使用授权的组织能有效激励下属。授权发出了这样的组织信号：下属是被信任的，下属的成长非常重要。而且，有技巧的授权必然会提高大多数工作的意义和满意度水平，进而使下属的工作做得更好。另一方面，授权也能被看成使整个组织发展的一种方式，而不仅是针对组织中的个人。如果整个组织运用授权来系统性地培养员工，则组织的总体经验水平、能力、活力也将随之提高。最后，授权能在整个组织中激发创新，产生新观点和新方法。

避免授权的常见原因

授权太费时间

从长期来看，授权能为领导者节省时间，但短期内它是很消耗时间的。领导者必须花时间培训下属去完成新任务，因此领导者亲力亲为完成该任务的时间将少于投入努力培训他人工作的时间。然而当一项任务需要多次或重复完成时，对领导者和下属来说，在初始培训上花费时间，从长期来看是值得的。

授权有风险

将一项重要职责授权给他人是有风险的，因为这降低了我们对整个工作过程的直接控制，但我们仍要为工作成果接受外部评判。[43] 授权可能被认为有职业风险，是将自己的声誉押宝在他人的激励水平、技能及绩效上。但是，用整个团队的成功来评价领导者正是领导力的精髓所在。而且对领导者来说，授权既不必要，也不应该是完全放弃对授权任务的控制力。领导者有责任设置绩效期望，确保任务被理解和接受，提供培训，并对所有授权任务及责任的状态进行定期监控。[44]

完成的工作不如以往出色

在某些具体任务或工作上，领导者通常要比其他人做得更出色。这不足为奇，因为领导者通常是群体中经验最丰富的。但这一事实将成为授权的障碍。领导者可能对不授权给出合理解释，认为追随者缺乏技术能力，而这会使工作受损。[45] 但这一说法只在短期内是正确的，允许下属犯一定的错误是他们成长必需的，就像领导者在自己的早期发展阶段一样。对一个组织来说，完美主义领导者对错误的恐惧可能是最令人感到压抑的。在考虑将任务授权给他人时，领导者应该想到他们自己以往的技能水平，而不是现在的。领导者应该以前者来评估下属履行新职责的准备度，而不是后者。

任务本身有吸引力

因为任务是权力或声望的源泉，所以领导者可能反对授权。他可能愿意将相对不重要的任务授权给他人，但在面对受高度关注的任务时，可能表现得相当迟疑。[46, 47] 但一项授权任务的重要性和受关注程度越高，下属获得的潜在发展利益就越大，而且，事实胜于雄辩，只有领导者对重要任务授权，才能让人相信他是真正信任下属的。

其他人已经很忙了

领导者可能感到内疚，因为他不得不增加一位工作量已经相当饱满的下属的工作。然而，领导者的责任就是不断评估整个组织中所有任务的相对重要性排序。通过这种评估，领导者可能发现目前的活动中哪些可以被删除、修改及重新分派。与下属讨论其工作量及职业目标，可以为决策提供更好的基础，而领导者武断、单方面的决定会使下属无法承担更多的工作。新职责可能是下属期望和需要的，并且他也可能就如何用新方法来履行其当前职责提出某些有益的观点。

有效授权的原则

决定授权的内容

在决定授权的工作内容时，首先，领导者应确认自己目前从事的所有活动。这包括定期执行的功能和制定的决策。其次，领导者应估计花在这些活动上的实际时间。建立并保持一项临时日志，就能轻易做到这一点。在收集这些信息之后，领导者需要评估花费在每项活动上的时间是否必要。很有可能，领导者应将至少有些最花时间的重复性活动授权给他人。这一过程还可能识别出一些能以更高效率完成的活动（由领导者或其他人完成），以及另一些收益极少、可以完全删除的活动。

决定授权的对象

可能会有一个人，他的才能和经验使其成为完成每项任务的最佳人选。然而，领导者必须当心不要让此人负担过重，仅仅因为他总是工作最出色的员工。此外，领导者有责任在所有下属中平衡发展的机会。领导者也应该在一系列任务中将特定机会与员工各自的需求、技能和目标相匹配，通过这类方法实现所有下属的充分成长。

使任务清晰、具体

与设置目标一样，领导者在任务授权时必须确保下属理解任务的内容及期待。但在很多时候，领导者只对授权任务进行了过于简化的解释说明。一项常见的沟通错误是高估自己表达的清晰度，而在授权的情况下，这往往发生在领导者已经了解特定任务的详情时。一项任务的基本步骤或潜在风险对领导者可能显而易见，但对从未做过该工作的人来说，就不那么明显了。领导者应该鼓励下属提出问题，并对该任务做出完备的解释。领导者在初始培训中投入的时间将在未来得到回报。在分配任务时，领导者应确保自己考虑到了专栏 13-3 中罗列的全部要点。

❖ 专栏 13-3

任务授权时应包含的要点

这项任务与组织目标的关系是什么？
下属从何时开始承担对该任务的责任？
这类任务以往是如何完成的？
以往执行这类任务时遇到过什么问题？
可以向哪些人求助？
未来可能出现哪些异常状况？
对下属的职权有何种限制？
领导将如何监督任务（比如，提供反馈）？
最后，在涵盖了上述的要点后，通常也要表达对下属的高度信任和期待。

明确目标，而非工作程序

指出要完成什么，而不是如何完成任务。最终结果通常比方法更重要。阐述过去用过的程序会有一定帮助，但不应明确规定未来必须遵从的僵化方法。领导者不应假定自己的方法在过去和未来都是最好的。领导者需要清晰地说明度量成功的效标，同时允许下属用自己的方式完成任务，这会提高他们的满意度，并鼓励他们提出新观点。

允许自主决策，但要监控绩效

有效授权既不是对下属所做的一切进行微观管理，也不是对下属绩效彻底放任自流。在下属履行新职责时，领导者要给他们一定程度的自主权（以及时间、资源和职权），其中包括允许下属犯某些特定类型错误的自由。一种犯错就要受罚的组织氛围会抑制下属的积极性和创新意愿。此外，错误还是成长的重要源泉。正因为知道这一点，一位明智的高层管理者向其犯了大错、认为自己会被解雇的下属表示："我刚为你的成长投资了 10 万美元，为什么应该辞退你呢？"[48]

一旦进行了任务授权，即使正在培养下属，领导者也应注意不要提供过多"不请自来的忠告"或"紧急救助"。除非下属的错误会使重要的组织资产面临损失风险。与之相反，领导者需要建立具体程序，定期评价接受任务授权的下属绩效。领导者需要保留对所有授权任务的完整记录，包括每项任务的适当进度节点及完成日期。

给予赞许，而不求全责备

无论领导者何时授权，他们必须将责任与相应的职权一同赋予下属。但在最后的分析阶段，领导者总是保留对授权任务的全部管理责任。一旦出了问题，领导者应该承担工作失利的全部责任，而不能将其推给下属。与之相对，如果事情按预期运行良好，领导者则要公开将所有功劳归于下属。同样地，在向下属进行私下的绩效反馈时，也要强调下属行为正确的方面，而不是出错的方面。领导者在判断或实施时不应忽视错误的存在，但也不能过于强调这方面。绩效反馈的一种有用方法是"三明治法"。使用这一方法，负面反馈被放在两组正面反馈之间。它肯定了下属出色完成的工作，使下属在一定程度上感到自在，并确保正面和负面评价的比例平衡。但"三明治法"的运用不能完全照字面意思来操作。两个正面反馈加一个负面反馈没什么神奇之处。事实上，从反馈接收者的观点来看，当正负面反馈比例远高于 2∶1 时，正面与负面反馈的平衡关系才被认为是"大致合适的"。

辅导

当今大多数组织的关键成功因素之一，就是拥有具备正确知识和技能的领导者与追随者。公司越来越将"储备人才递补能力"看成一种竞争优势。获取人才递补能力基本上有两种方法：雇主可以购买（即雇用）所需的人才，或者通过开发和辅导项目培养现有人才。考虑到很多雇主都面临特定关键岗位的人员短缺，很多企业倾向于培养自己的内部人才。[49] 这些人才大多是通过非正式辅导开发的。正如我们在第 2 章中指出的，大多数领导者都会从事某种形式的非正式辅导。但他们有多擅长辅导呢？本书作者与大量领导者的交谈表明，几乎每位领导者都不确切了解身为辅导者应该做什么。有些人认为辅导就是指导员工如何完成任务；另一些人认为它是向员工提供个人问题的咨询建议。有位领导者表示，唯一给他提供辅导示范的是他的高中橄榄球教练，但他不希望任何人经历这一切。

> 被辅导者将成为常态。其他人不会获得提升。
>
> ——杰克·韦尔奇（Jack Welch），通用电气前 CEO

这一领域中的两位思想导师是彼得森和希克斯（Peterson，Hicks）[50]，他们将辅导描述为“为需要自我开发、取得更大成功的人提供所需的工具、知识和机遇的过程”。根据彼得森和希克斯的观点，优秀的辅导者协调而非操控开发过程。优秀的辅导者帮助追随者阐明职业目标、确定开发需要并进行重要性排序、制订并坚持执行发展计划、创建有利于学习和辅导的环境。辅导实际上是多种不同领导技能的综合。成为一个优秀的辅导者意味着具备高度成熟的技能、确定追随者在辅导进程中所处的位置并适时进行干预。辅导的五个步骤向领导者提供了好的路线图，也为提高追随者的人才递补能力提供了一个诊断模型。

彼得森和希克斯指出，这个模型尤其适用于高绩效者，即那些最有可能从辅导中受益但往往被领导者忽视的人。在第 9 章中我们指出，高绩效者的产出比普通员工高 20%～50%[51]，因此，如果辅导的目标对象是高绩效者，这将对财务绩效产生相当大的影响。对“高绩效者可能从辅导项目中受益最多”这一观点的进一步支持，来自体育运动领域。如果你观看奥运会比赛，你会看到很多世界顶级运动员至少有一位教练，有时则是两到三位教练。如果这些世界顶级运动员都觉得教练能提高自己的成绩，那么好的辅导者同样应能提高任何组织中高绩效者的表现。虽然五步骤模型也适用于绩效不佳的员工，但对他们更合适的干预还应包括绩效问题诊断、目标设置、提供奖励和建设性的反馈，并惩罚这些员工，特别是那些通过非正式辅导仍未达成期望目标的个人。

形成伙伴关系

非正式辅导的第一步是与追随者建立一种相互信任和尊重的关系。如果追随者不信任或不尊重领导者，他极有可能不会重视领导者就其个人开发给出的意见。领导者可以做几件事来培养与被辅导者的伙伴关系。首先，高可信度的领导者比低可信度的领导者更容易与追随者建立伙伴关系。因此，领导者需要评估自己的可信度（见第 8 章），而且，他们需要在辅导建议产生影响之前，采取适当的开发步骤来提高自己的可信度。这些开发步骤可能包括增加技术和组织知识，与想要辅导的员工建立牢固关系。全面了解员工的工作环境，可能与领导者和追随者间的关系同等重要。

在第 8 章中我们指出，领导者也需要花时间倾听被辅导者的想法；需要了解被辅导者的职业抱负、价值观、内在激励源、对组织的观点，以及目前的工作状况。优秀的辅导者能设身处地为被辅导者考虑，能理解被辅导者对问题和机会可能持不同观点。在形成伙伴关系时，领导者也能向被辅导者提供现实可行的职业建议，因为后者有时对自己的技能和机遇有不切实际的估计。例如，一位刚从顶级 MBA 项目毕业的研究生期望在某咨询公司工作两年后成为合伙人，但公司政策是他在工作了至少 8 年以后，才有可能成为合伙人。辅导者应该向他说明这项政策，并与他一起制定一系列有助于他在 8 年后成为公司合伙人的短期职业目标。如果辅导者不清楚被辅导者的行为动机，则形成伙伴关系的另一步骤是开始提出一些问题。这是领导者练习其倾听技巧的绝好机会，有助于领导者更好地理解被辅导者的职业抱负和内在激励源。

激发承诺：进行 GAPS 分析

辅导过程的第二步与第 3 章 3.7 节“发展计划过程”中的 GAPS 分析和 GAPS 缺口分析极为相似。唯一的差异在于，这两种分析如今是从被辅导者的角度做出的。图 13-5 可能有助于阐明这种视角上的差异。在 GAPS 分析的目标象限中，领导者应当写下被辅导者的职业目标，而在感知象限中写下被辅导者的行为如何影响他人。领导者很可能无法为一位被辅导者完成 GAPS 分析中所有象限的内容。如果是这样，领导者就需要在进入下一步之前收集尽可能多的信息。收集的信息包括与被辅导者讨论职业目标和能力、回顾被辅导者的 360 度反馈结果、向同事询问被辅导者给人的印象或如何对他人产生影响、向人力资源部询问与被辅导者的职业目标有关的教育和经验标准。收集额外信息的一种方法，是让领导者和被辅导者各自独立完成一个 GAPS 分析，然后一起讨论二者的相同及不同之处。这有助于确保为 GAPS 分析提供最佳信息，也有助于在领导者与被辅导者之间建立伙伴关系。在讨论过程中，领导者和被辅导者还应进行 GAPS 缺口分析，确定开发需要并进行重要性排序。如果被辅导者感到自己在确定开发需要时发挥了重要作用，往往会对这些需要表现出更大承诺，而 GAPS 缺口分析正是提高被辅导者接受度的一种途径。这种讨论也有助于确保开发需要与职业目标保持一致。

目标： 你的发展方向是什么	能力： 你现在能做什么
步骤 1： 职业目标 职业策略	步骤 2：针对你的职业目标，你有何种优势 步骤 3：你需要克服的开发需求有哪些
标准： 你的上司或组织的期望是什么	感知： 其他人如何看待你
步骤 5：期望	步骤 4：360 度和绩效评估结果，以及来自他人的反馈 • 上司 • 同事 • 直接下属

图 13-5　一位员工的 GAPS 分析

资料来源：D. B. Peterson and M. D. Hicks, *Leader as Coach* (Minneapolis, MN: Personnel Decisions International, 1996); and G. J. Curphy, *The Leadership Development Process Manual* (Minneapolis, MN: Personnel Decisions International, 1998).

培养技能：制订开发和辅导计划

一旦确定了被辅导者的开发需要和重要性排序，辅导过程的第三步就是被辅导者制订发展计划来满足目标需要。这些计划与第 3 章 3.7 节“发展计划过程”中的内容完全相同。领导者通常不为被辅导者制订发展计划。相反，他们会仔细讨论一个发展计划的示例（或是自己的发展计划），并对被辅导者进行七个步骤的辅导以帮助其制订发展计划。接下来，他们可以共同制订计划；或者让被辅导者个人制订计划，由领导者审定。让被辅导者在发展计划过程中发挥重要作用，能提高他们对该计划的承诺水平。一旦完成了发展计划的草稿，领导者和被辅导者就能使用表 13-1 中列出的发展计划清单来审定该计划。

除了发展计划，领导者还需要制订一个辅导计划，大致罗列他们在支持被辅导者的开发中会采取的行动。这些行动可能包括定期与被辅导者会面并提供开发反馈、识别开发资源或机遇、帮助被辅导者反思学到的内容。和发展计划一样，领导者应该让被辅导者了解辅导计划，使他们了解自己将获得何种支持。这也使领导者对被辅导者的开发做出公开承诺，从而使领导者更有可能真正按辅导计划贯彻执行。

表 13-1　发展计划清单

目标：
- 确定了为期一年的职业目标
- 不超过 2 ～ 3 个发展目标
- 员工受到激励并做出承诺要进行改变和开发

成功效标：
- 新行为的描述是否清楚
- 行为能否被度量或观察到

行动步骤：
- 具体的、可达到和可度量的步骤
- 多数是在职活动
- 包括多种类型的活动
- 活动可以分解为小的、可执行的步骤

寻求反馈和支持：
- 涉及不同人群
- 包括对管理支持的要求
- 重新评估的日期是否现实可行

扩展性任务：
- 扩展性任务是否与员工的职业目标相关

资源：
- 使用多种书籍、小型研讨会和其他资源

与伙伴进行反思：
- 包括定期的学习回顾

资料来源：G. J. Curphy, *The Leadership Development Process Manual* (Minneapolis, MN: Personnel Decisions International, 1998).

鼓励坚持不懈：帮助追随者坚守计划

开发和培训计划到位，并不会保证一定能实现员工开发。有时，被辅导者以极大的热情制订了发展计划，却从未采取进一步的行动。辅导过程第四步的设计意图就是帮助辅导者“管理琐事”。管理琐事的一个例子很能说明问题。本书的一位作者成功完成了一次铁人三项运动。完成这项任务最困难的部分不是比赛本身，而是为成功完成比赛所需的所有训练。同样地，不能坚持节食或新年计划，也是因为未能管理好日常琐事；人们起初对这些目标做出了承诺，但坚持执行却有困难。这在发展计划过程中也是如此。进行 GAPS 分析，制订发展计划是相对容易的，但坚持该计划却非常困难。从领导者的角度来看，辅导的很大一部分是帮助追随者坚持他们的发展计划。

有几项发展计划步骤是专为鼓励员工坚持而设计的。例如，确保职业和开发目标的一致性、定期从多种渠道获得反馈、与伙伴一起反思，都有助于使被辅导者关注自己的开发。如果领导者是被辅导者的开发伙伴，则反思讨论能帮助追随者坚持不懈地进行个人开发。如果在发展计划中，领导者不是被辅导者的指定伙伴，那么他们应该承诺定期会面，讨论被辅导者取得的进展、领导者可以做什么来支持开发、开发机会及进行开发反馈等。

领导者也可以充分利用多种辅导时机来帮助员工坚持不懈地努力。假定一位被辅导者正在开发倾听技能，领导者和辅导者一起参加员工会议。如果领导者在会议结束后马上向被辅导者提供倾听技巧方面的反馈，就有效利用了一个辅导时机。为了充分利用辅导时机，领导者必须清楚追随者的开发目标，并置身于能观察追随者实践其目标的情境中，然后在观察的基础上提供即时反馈。很少有辅导者能充分利用辅导时机，但它们在提高被辅导者的坚持程度上能发挥很大作用。值得注意的是，充分利用辅导时机只会花费很少的时间，往往不超过两分钟。在上面的例子中，领导者可以在员工会议结束后走回办公室的途中，向被辅导者提供反馈。

技能迁移：创建学习型环境

为了提高后备人才培养能力，领导者需要创造一个学习环境，使个人开发成为持续过程，而非一次性活动。正如迪奇和科恩（Tichy，Cohen）[52] 正确指出的，最成功的组织是那些重视学习和传授过程的组织，它们关注的是在全公司范围内不断培养领导者。事实上，领导者能在很大程度上控制他们想为追随者创造的学习环境类型，也能采用某些干预措施确保开发成为一个持续过程。对领导者而言，最重要的干预措施可能就是树立行为楷模。关于这一点，如果领导者无法从追随者那里定期获得反馈，他们就无法很好地确立行为楷模。通过定期获得追随者的反馈，领导者也可能创建一个反馈频繁的工作环境。一旦反馈成为群体规范，人们就会更乐于帮助培养团队成员的技能，这进而又能对群体绩效产生催化作用。领导者在群体规范中将发挥重大作用，因为如果领导者不愿意反馈，将很难鼓励追随者进行反馈。

领导者也可以通过定期评估追随者的开发，努力形成学习型环境。也许最简单的做法就是使领导者和追随者成为开发伙伴，这样双方就能提供定期反馈和持续的支持。在讨论期间，领导者与追随者应当回顾和更新他们的发展计划，以便充分利用新开发机会或获取新技能。领导者和追随者也能通过回顾辅导计划，发现哪些奏效、哪些不奏效，并做出必要的调整。

总结性评述

对辅导的最大误解，同时也是领导者表示自己不辅导他人的主要原因，可能是它需要花费大量时间。在现实中，事实远非如此。领导者致力于提高可信度、与追随者形成伙伴关系、了解追随者的职业抱负和世界观。虽然这些努力都会花费时间，但即使领导者不辅导下属，他们也需要从事这些活动。做 GAPS 分析、确定开发需要并进行优先排序、帮助追随者制订发展计划和辅导计划，这些活动所花的时间往往不超过 4 个小时。尽管领导者需要针对所有追随者采取这些步骤，但这些活动可以分散在 4～6 周的时间内完成。最重要的是，辅导真的不需要花费多少额外的时间；它更接近于改变你在追随者身上花时间的方式，使你能最大限度地培养下属。

关于辅导模型需要注意的是优秀的辅导者应该是辅导五步骤的通才。有些领导者擅长形成伙伴关系，但未能通过 GAPS 分析或帮助追随者制订发展计划，将开发进程推进到下一个阶段。另一些领导者可能帮助追随者制订发展计划，但在鼓励坚持或创建学习型环境方面一事无成。正如领导者需要开发技术技能一样，他们也需要评估和开发辅导技能。需要记住的是，辅导是一个高度动态的过程，优秀的辅导者要评估追随者在辅导过程中所处的位置，并适当地进行干预。通过定期评估追随者所处的位置，他们可能发现与特定追随者的关系没有想象中牢固，而这种关系的欠缺正是追随者无法坚持其发展计划的原因。在这种情况下，一位优秀辅导者会回过头来培养与追随者的伙伴关系，并且，一旦建立了信任关系，就可以完成另一项 GAPS 分析。

最后需要注意到，员工可以，也的确会自行开发技能。但承诺进行上面列出的非正式辅导五步骤的领导者，既会创建学习型组织，也会帮助将员工培养提高到一个新水平。考虑到拥有充分开发和高能力的员工队伍的公司具备的竞争优势，未来将很难想象辅导缺位下的卓越领导力。好的领导者是那些培养继任者的人，而辅导可能是做到这一点的最好方法。

扫码获取本章参考文献

Leadership

第4篇

关注情境

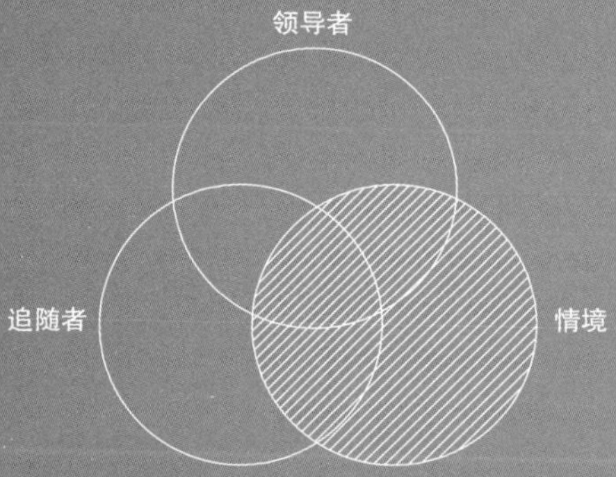

我们在前几章中指出，了解领导者和追随者远比很多人想的要复杂得多。例如，我们探讨了领导者的人格特征、行为和态度如何影响领导过程。同样地，追随者的态度、经验、人格特征和行为，以及群体规范和凝聚力，也会影响领导过程。尽管领导者和追随者很复杂，但在互动框架中没有一个因素能比得上情境的复杂程度。不仅存在多种多样的任务、组织和环境因素会影响行为，而且这些因素的相对地位或强度也会因人而异。一个人认为是影响其行为的关键情境因素，可能对另一个人来讲就不太重要。

此外，情境因素的相对重要性也会随时间变化。例如，即使是一场足球比赛，情境也在不断发生变化：领先者在变化，比赛剩余的时间在变化，天气条件在变化，出现了受伤的队员，等等。考虑到情境的动态性质，将领导过程中的情境视为单一要素可能是一种误解。

4

由于情境的复杂性和动态性，以及在对情境的诠释中感知所扮演的重要角色，没有人能提出一个无所不包的分类方法来描述影响个人行为的全部情境变量。十有八九，以后也没人能做到。但是，已经有大量关于情境如何影响领导力的研究。领导学研究者探讨了不同的任务、组织与环境因素如何影响领导者和追随者的行为，尽管这些研究中大部分只考虑了一两种情境变量对领导者和追随者行为的影响。例如，一项研究可能探讨任务难度对下属绩效的影响，却忽视了更广泛的问题（如组织政策或组织结构）也可能影响他们的绩效。这主要是由于研究组织和环境因素对行为的影响困难重重。你可能想象得到，这类因素中有很多（如社会文化或技术变革）无法被轻易纳入实际的实验室研究，这类研究要求研究条件是可控的，也能分析变量间的相互影响。但是，不考虑情境因素就几乎不可能理解领导过程。我们将在第 4 篇中探讨与情境有关的多项因素和理论。

第 14 章
情　境

2007 年 4 月 16 日，是弗吉尼亚理工大学历史上黑暗的一天。这一天，赵承辉（Cho Seung Hui）在狂怒中开枪，身后留下了 32 具尸体，另有多名学校师生受伤。赵承辉无疑是个恶徒，或者说是精神错乱的狂徒，他制造了诺利斯教学楼的惨剧。但就在这一可怕的情境下，诺利斯教学楼也出现了一些英雄人物。其中一位是扎克·派克伊兹（Zach Petkewicz）。

赵承辉开始大肆屠杀时，扎克和班上的同学正在附近教室中。最初的连续枪响透过墙壁传了过来，他们听得出枪声正在逼近。一开始，每个人都感到恐惧，只想着找个可能的庇护所躲起来。但对扎克来说，“没什么能阻止他进来，我们不过是在自欺欺人”。也正是此时，扎克和其他人开始行动起来。

扎克拖过一张桌子，用它顶着门。看到他的行动，其他同学也加入进来，用桌子死死顶住门框和周围的煤渣砖墙。这一切真是太及时了。赵承辉接下来就打算进入这间教室，他试着转动门把手，还想强行破门而入，但在打空了一个弹夹后他放弃了，转向了下一间教室。

在枪击案发生几天后，扎克·派克伊兹接受了 NBC 电视台马特·劳尔（Matt Lauer）的“今日秀”（*Today Show*）采访。劳尔问扎克，在枪击案发生之前，他能否预见自己会做出何种反应。这位第一反应是害怕的年轻英雄表示，任何人都无法预测，“你不可能说得出自己会做什么，直到你身陷其中”。

扎克说对了两件事。第一，如他所说，人类行为是很难预测的，除非你将情境考虑在内。第二，我们开始了解到，情境是领导方程中最有力的变量之一。而这就是本章的主题。读者有必要了解情境如何影响领导者和追随者；此外，情境也不单纯是领导者和追随者必须适应的“给定”条件。至少在某些时候，领导者和追随者可以改变情境，进而提高达成期望成果的可能性。这正是扎克所做的：他改变了所处的情境。扎克对自己不幸被迫面对的情境做出了反应，但领导者并非总是被动反应。领导者也可以运用自己关于情境如何影响领导力的知识，主动改变情境以提高成功概率。在很多情况下，领导者和追随者忽视了改变情境将如何推动自己改变行为。这被称为**情境工程**（situational engineering）。

比如，一位领导者得到的个人开发建议是自己需要花更多时间与下属交流互动。即使有良好初衷，这个目标仍然是很难达成的，就像许多新年决心一样。在这两种情况下，阻碍成功的重要原因是人们没有充分考虑到情境带来的挑战。节日过后，很多热衷于减肥的人并未减重，是因为他们没能减少身边诱人美食的数量。这位领导者可能真的很想增加与下属的交流互动，但由于他沿用原来的方式界定工作任务，他实际上无意中损害了个人目标达成。一个更好的策略可能是重新考虑个人工作任务，将更多活动授权给下属。这将使领导者释放出更多自由时间，也创造了更多机会与下属交流互动，比如共同设置绩效目标、定期见面以评估工作进展。[1]

专栏14-1说明了1986年发生的两次重大人为灾难之一：挑战者号航天飞机失事。另一次是切尔诺贝利核电站爆炸，将在本章章末二维码中呈现。专栏14-2反思另一种类型的情境因素给几乎所有领导者和追随者带来的全球挑战，这一挑战目前仍看不到确切的结束时间，它就是新冠病毒全球大流行[㊀]。

❖ 专栏 14-1

挑战者号：人为灾难 I

1986年1月28日，肯尼迪航天中心的清晨非常寒冷，在上午11:30气温缓慢上升到36°F（相当于2℃）。但这一寒冷天气没有阻止现场观众或全球数百万电视观众等待观看第25次航天飞机发射，这一任务此前已经多次延迟了。这次发射任务很特别，因为那天上午登舱的7名宇航员中有一位女教师，克丽斯塔·麦考利夫（Christa McAuliffe）。上午11:38，航天飞机脱离发射塔。一些人报告看到了一股异常烟雾。当挑战者号爬升至无云的蓝天（约46 000英尺高）时，每个人都意识到可怕的事发生了。随后他们听到广播的消息："飞行控制员们正在密切关注事态进展。很明显，出现了一个重大故障。无法接收到下行通信链路。来自飞行动力官员的报告说，飞行器已经爆炸。"

正如我们之后知道的，航天器本身没有爆炸。相反，在《航天飞机挑战者号事故总统调查委员会报告》（通常被称为《罗杰斯委员会报告》）中可以看到，失事的原因是"连接固体火箭推进器尾部两个部分的密封圈失效"。但对大众而言，这次事故的原因被公认为是"O形环"失灵。这个用于密封接缝的橡胶制大O形环失灵，使固体火箭推进器的火焰喷入航天飞机的主燃料仓。因此，我们知道了导致挑战者号事故的原因。但我们真的清楚吗？

遗憾的是，灾难和事故的发生很少源于单个原因。这是因为，无论是飞机失事、航天飞机事故还是核电厂灾难（见本章章末的案例），人员和资源是嵌入在极为复杂的组织、群体、团队、系统和文化中的。在我们分析这一情境时，需要讨论的就是这些因素及其他一些因素的影响。

㊀ 2023年5月5日，世界卫生组织宣布新冠疫情不再构成"国际关注的突发公共卫生事件"，这意味着全球范围内的新冠大流行结束了。

导致挑战者号事故的情境变量

很明显，围绕挑战者号事故的决策过程出现了以下状况：有人做出了糟糕的发射决策，有人未能做出不发射的决策，或者二者兼具。正如我们将看到的，这是某种拙劣决策实践的混乱组合。但为了理解围绕挑战者号的情境因素，简要回顾美国国家航空航天局（NASA）在历史性的阿波罗登月计划中的决策流程，会有所帮助。

阿波罗登月计划的推动者和指挥是同一个人：韦恩赫尔·冯·布劳恩（Wernher Von Braun）博士。作为德国火箭和美国早期火箭项目之父，每个人都知道冯·布劳恩会为阿波罗登月计划做出关键决策。下面就是一个例子。在每一次阿波罗飞船指定发射日期的30天前，位于美国亚拉巴马州亨茨维尔的马歇尔太空飞行中心都会召开一次会议，要求每个任务关键承包商派一名代表参加。会议由冯·布劳恩本人主持，各承包商代表则坐在体育馆的硬质金属椅上。每位承包商代表将逐一起身，面对与会者，并保证自己的部件可以“飞”。如果他不这么做，接下来就需要面对来自与会者的压力，以及冯·布劳恩的质疑，要求他解释公司做了哪些工作来确保成功、他们的延误会使日程耽搁多长时间。承包商们将冯·布劳恩在会议中的管理风格称为“尴尬管理”（management by embarrassment）。这种做法不应被视为对专制型管理的认可，而是确保最终决策者能直接获知最有效信息的例证。

在第25次航天飞机发射时的情境则发生了变化。NASA的决策者将航天飞机项目确定为“安全”。这被很多人（NASA管理机构内外部均有）解读为：发射一架航天飞机基本上类似于经营一家商业性航空公司。部分源于这种拙劣的信心，部分源于国会监督委员会的成本控制考虑，NASA承诺该航天飞机项目将在“商业上具有可行性”（这是NASA版本的“航天飞机项目会盈亏平衡”）。

我们花点时间，退一步看看NASA的框架，并以更客观的方式来看发生了什么。和大多数资本主义社会中的大型项目投入一样，通常存在三个主要驱动效标。对于航天飞机项目，它们是可靠性或安全性、成本及时间安排。在阿波罗登月计划和航天飞机的早期发展阶段，可靠性或安全性总是压倒性的赢家。如果必须花更多钱或将发射日期推后以确保安全性，完全没问题。但由于要确保航天飞机在商业上的可行性，NASA无法承受要求额外追加资金或延迟发射日期的后果。压力主要集中在“如期发射”，而且，每个人（NASA内部人员和承包商）都意识到了这一驱动力。可靠性或安全性在决策过程中丧失了主导地位。

随着航天飞机项目的运作越来越像商业性航空公司，同时加入的还有官僚作风和多层级的决策者。与冯·布劳恩本人在会议中表达关切问题的阿波罗登月计划不同，航天飞机项目在承包商和最终发射负责人之间至少有5层决策者，做出“继续”或“中止”的决策。这些承包商中有一家就是固体火箭助推器的制造商莫顿·塞奥科（Morton-Thiokol）公司。

莫顿·塞奥科公司的工程师一直在检查回收的固体火箭助推器外壳（除了飞船本身，按惯例回收的唯一一个部件就是固定火箭外壳）。在这一过程中，他们注意到一个令人不安的问题。有几次发射，位于推进器主要部分之间的O形环被明显烧穿了。但并非所有发射都有这一问题。

在仔细检查了这一令人不安的问题后，他们相信自己找到了原因。每当发射时的环境温度低于53℉时，O形环就会明显被烧穿。我们能找到的最确凿证据可能就是，一位莫顿·塞奥科公司的工程师写信给亚拉巴马州亨茨维尔马歇尔太空飞行中心的第一级决策者，向他们说明这一发现，同时不建议在发射环境温度低于53℉时发射飞船。但来自上层的压力要求如期发射，这封信被第一级决策团队标上了“结论不明确”的标签。

在发射前一天晚上，气象预报说气温接近冰点。莫顿·塞奥科团队极度担心的事，是发射时的环境温度预计为36℉。这足以使莫顿·塞奥科的工程师罗杰·博伊斯乔利（Roger Boisjoly）及其经理于1月27日晚致电马歇尔太空飞行中心。他们“强烈建议不要进行挑战者号发射任务，理由是O形环从未在冰点条件下进行过测试”。

威廉·R. 卢卡斯（William R.Lucas）是马歇尔中心的负责人，也是明显有权决定“继续”或“中止”的决策者。在他向负责调查事故的罗杰斯委员会提供的证词中，卢卡斯说：虽然他听说莫顿·塞奥科曾致电第一级决策团队表达其担忧，但他确信第二天早上发射前，这类担忧都会被解决。因此，他没有将该问题提交给最终决策者，随后挑战者号发射了。73秒后，挑战者号上的所有人遇难。不是因为有人心怀恶念或私欲，而是因为领导者没有充分意识到自己置身其中的情境可能带来的影响及其对决策过程的冲击。

资料来源：*Report of the Presidential Commission on the Space Shuttle Challenger Accident* (June 6, 1986); and P. K. Tompkins, *Organizational Communication Imperatives: Lessons of the Space Program* (Los Angeles, CA: Roxbury, 1992).

❖ 专栏 14-2

新冠病毒疫情：一个影响全球的“情境”

新冠病毒全球大流行的到来，正是本书第10版接近完稿时。我们相信，本书无法忽视这一量级的“情境”，虽然到目前为止，关于这一全球大流行对我们生活的长期影响是什么、是否及如何影响领导和追随过程，仍没有清晰的答案。但即使如此，我们至少可以猜测某些特定类型的长期影响。比如，公共卫生领域可能得到加强，变得更加敏捷、有更强的防御力；可能修订法律以便更好地保护劳动者，特别是对于未提供有偿福利的职业；并且，对全球气候变暖提出警示的科学研究者和其他专家也会发现，自己的建议受到了更多关注。

可以预见，还会出现其他变化。以教育界为例。公共教育可能会更多使用线上教学方法，因为新冠病毒全球大流行迫使大范围的学校关闭。并且，如果更多使用线上教学成为常态（可能已经如此了），想象一下教育界的领导力将如何演变：

- 校长和学校管理者在管理教学过程时，将面临哪些不同类型的挑战？
- 更多使用线上教学的要求是否意味着需要调整对教师的甄选和绩效评估效标？
- 这类变化将如何影响教师的职业吸引力？

正如我们指出的，这只是其中一个例子。

那么，在我们猜想新冠病毒流行对生活和领导力的长期影响时，我们请你一起加入讨论……在你阅读本书时，这一情境极有可能发生了进一步变化——可能“恢复了常态”，但也可能没有改善。因此，在你当前的环境下思考以下问题：

- 你看到新冠病毒大流行对你的生活产生了持续影响吗？
- 因为新冠病毒大流行，你看到领导者面临哪些新的或不同的挑战？
- 因为新冠病毒大流行，你看到追随者期待发生的改变在不同行业间有差异吗？
- 你自己的生活抱负和期望因此发生了变化吗？

资料来源：M. Z. Barabak, “News Analysis: The Coronavirus Crisis Will Change America in Big Ways. History Says So,” *Los Angeles Times*, April 6, 2020.

一本旨在向学生介绍领导学的教材，将“情境”单列一章产生了有挑战性的障碍和困境。这一论题的广度令人气馁，它几乎可以包括前面没有论及的所有话题。对一名典型的、尚未进入职场的学生来说，考虑情境变量的广度相当困难。你发现自己所在的情境往往是个人无法控制的。你可能经常听别人说，“嗨，我可不是定规矩的人。我只是听从命令”。由于大部分学生只具备有限的组织经历，这一论题也变得更加困难。那为什么要费功夫在本章介绍这些内容？因为与目前讨论过的任一单个变量相比，我们所在的情境往往能更好地解释正在发生什么，以及哪种领导行为是最适当的。

在本章中，我们试图梳理这一庞杂论题的复杂性与量级。首先，我们将评述一些研究，这将引导我们思考上面的问题。其次，考虑到目前正在发生的巨大情境变化，我们将提供一个模型帮助思考关键情境变量。最后，我们会从一些有趣的视角来做进一步展望。但本章自始至终的目标，是要使读者进一步意识到这一问题的存在，而不是给出领导者的具体行动处方。

> 君子道者三，我无能焉：仁者不忧，知者不惑，勇者不惧。
>
> ——孔子，中国古代哲人

领导者对待一群下属的行为是否适当，只有在行为发生的特定情境中评价才是有意义的。例如，严厉惩戒追随者可能是拙劣的领导方式，但如果下属刚刚做出的是一种违反安全规定的行为，可能危及数百人的生命，领导者的行动可能就是完全正确的。类似地，情境也是导致人格特质、经验或认知能力能较好地预测领导者人选，却与领导效力的相关度较低的主要原因。[2, 3] 大多数领导者人选的研究都涉及无领导小组讨论，并且大多数时候，这些研究中的情境是基本相似的。但在领导效力研究中，情境可能也的确存在巨大差异。一个战斗连队、化学企业研发部门、社区服务组织或快餐店的有效领导者，需要具备的个人特征会存在相当明显的差异。由于这类群体的领导者面对的是迥异的情境，在考虑不同职位或情境的领导效力时，有关领导者个人特征的研究结论自然存在明显差异。因此，情境在领导过程中的重要性不应被忽视。

历史上，有些领导学研究者为了反驳伟人论，强调情境在领导过程中的重要性。这些研究者坚持认为，是情境（而非某个人的人格特质或能力）主要决定了谁将成为领导者。[4, 5, 6] 这些支持情境观点的研究者指出，伟大的领导者往往出现在经济危机、社会动荡或革命时期；伟大的领导者往往不会与相对平静、安宁的时代联系在一起。例如，施奈德（Schneider）[7] 提出，英国军队中被认为是伟大军事领导者的人数取决于这一国家当时正在进行多少次武装冲突；冲突数量越多，伟大的军事领导者就越多。此外，研究者赞成一种情境观点，即领导者是后天造就的，而非天生的，并且以往的领导经验有助于塑造有效的领导者。[8] 这些早期的领导情境理论一度在美国非常流行，因为它们更适合美国关于平等和能力至上的社会理想，而与同期欧洲研究者中流行的领导基因决定论背道而驰 [9]（这些欧洲研究者中有不少是贵族出身，这可能与伟人论在欧洲流行有些关系）。

最近的一些领导理论探究了情境因素如何影响领导者行为的问题。例如，**角色理论**（role theory）认为，一位领导者的行为取决于此人对情境的几个关键领域的感知，包括支配该项工作的规章制度，下属、同事和上级的角色期望，任务的性质，以及关于下属绩效的反馈。[10] 角色理论清楚地说明了这些情境要求和限制因素会如何导致角色冲突和角色模糊。[11] 在下属和上级对领导者行为存在彼此冲突的期望时，或者当公司政策与上级期望该任务的完成方式相矛盾时，领导者可能会经历角色冲突。领导者成功解决这类冲突的能力将在很大程度上决定领导效力。[12]

将情境变量引入领导理论的另一项努力是亨特和奥斯本（Hunt，Osborn）[13] 的**多元影响因素模型**（multiple-influence model）。亨特和奥斯本区分了情境中的微观变量（如任务特性）和宏观变量（如外部环境）。虽然大多数研究者都考虑到任务对领导者行为的影响，但亨特和奥斯本相信，宏观变量对领导者的行事方式有着更普遍深入的影响。角色理论和多元影响因素模型都强调了分析情境因素时的一个主要问题（前文提到过）：情境的变化方式是无限的。由于情境的变化方式如此之多，形成一个情境的抽象概念化模型对领导者是有益的。这一步骤将使领导者了解在特定情况下，如何识别最主导的因素或应当予以关注的因素。

最基本的抽象模型之一是**情境层级**（situational level）。情境层级中包含的观点很好地体现在以下例子中。假定某个人问你："最近工作怎么样？"你的反应可能是谈论你从事的具体工作（"还是很困难。我制定明年预算的工作受到了严密监管，而且我以前没做过这类工作"）。或者，你可能谈到整个组织的某些方面（"它完全不同了。有很多你必须遵守的规矩。和我以前的公司完全不一样"）。或者，你也可能谈到影响组织本身的因素（"我一直很担心保不住工作，你知道，我们整个行业最近有多少裁员"）。每种反应都与情境有关，但每种反应都指向抽象模型的不同层级：任务层、组织层和环境层。这三个层级各自提供了探讨领导过程的不同视角（见图 14-1）。

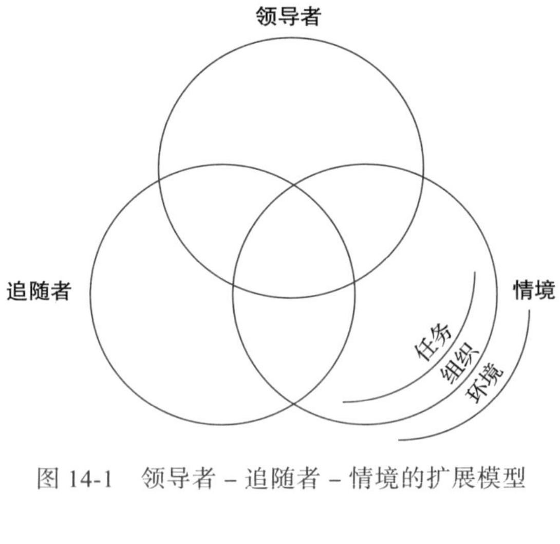

图 14-1 领导者 – 追随者 – 情境的扩展模型

这三个层级仍不足以穷尽情境变化的所有方面。情境也会在物理变量（如噪声、温度）、工作负荷要求、工作群体与其他群体的互动程度等方面存在差异。组织还有独到的“企业文化”，这也界定了领导过程发生的背景环境。并且，领导过程总是发生在一些更广泛的经济、社会、法律和技术情境中。在所有这些情境复杂性之中，领导者到底应该关注什么呢？

任务

任务如何改变，这对领导意味着什么

情境中最基本的层级是组织中需要个人和团队完成的任务。任务的几个不同特征与领导问题高度相关。在过去50年间，工业与组织心理学家对任务进行分组归类，以更好地理解如何提高员工满意度和生产率。其中的一些研究与领导问题高度相关，这些研究特别关注任务自主性、任务反馈、任务结构和任务的相互依赖性等概念。

任务自主性（task autonomy）是指个人能在多大程度上决定自己在工作中做什么、怎么做。拥有较大自主性的个人可以自行决定工作时间安排、确定完成工作的程序。自主性往往与个人的技术专长同方向变化：拥有较多技术专长的员工会得到更大的工作权限，而技能较少的人在完成任务时会接受更多的指令和辅导。[14, 15] 此外，当自主性提高时，职责和工作满意度往往也会提高。[16]

工作任务的另一个重要差异是**任务反馈**（task feedback），这是指从事特定任务的个人能在多大程度上通过执行任务本身了解到相关绩效信息。在这一情境下，反馈不是指来自上级的评估，而是指工作活动本身的内在信息。驾驶汽车是一项任务内在反馈的例子。如果你是技术娴熟的驾驶员，正在一条曲折蜿蜒的公路上开车。此时只要观察汽车因你的行为发生的方向变化，就能获得关于个人驾驶任务完成情况的所有反馈。这是来自工作本身的反馈，不同于来自他人（在本例中，可能是某位坐在后座的一流驾驶员）的反馈。将这一例子扩展到工作或团队环境中，领导者有时可能想进行任务再设计，使任务提供更多的内在反馈。尽管这并未免除领导者对绩效做出定期反馈的责任，但它的确会使领导者有更多时间从事其他工作相关活动。此外，领导者也应当了解，如果领导者针对具有高内在反馈的任务提供频繁的反馈信息，追随者最终可能变得不满。[17, 18, 19]

> 如果你想给某人荣誉，把它写在纸上。如果你想痛斥他，就在电话里说。
>
> ——查尔斯·比彻姆（Charles Beacham），公司高管

想简要说明**任务结构**（task structure）是什么，最容易的做法可能是用一个例子来展示结构性任务与非结构性任务的区别。假定有待执行的任务是求解公式 $3x + 2x = 15$。如果将这个问题交给了解代数基本规则的一群人，每个人都会得出同一答案。在本例中，有完成任务的已知程序；有指导个人如何解决问题的规则；并且，如果人们遵从这些规则，就能得出同一结果。这些特征说明了什么是结构性任务（structured task）。

与之相反，如果要解决一个团队、委员会或工作群体的工作伦理问题，并不存在清晰明了的解决方案。存在多种解决方式，但可能没有一种是明显或必然最优的解决方案。不同观察者可能不会以相同方式看待这一问题，他们甚至可能关于工作伦理是什么持不同观点。因此，解决伦理问题就是一个非结构性任务（unstructured task）的例子。

人们在处理结构性与非结构性任务的偏好或能力方面大相径庭。例如，用迈尔斯－布里格斯类型指标（MBTI）来看，人们认为感知者会更偏好非结构性情境，而判断者则偏好有计划、有条理的活动。[20] 与低压力容忍度的人相比，高压力容忍度的人可能更容易处理含糊的非结构性任务。[21] 但除了这些差异，我们可能会问，是否存在因任务结构差异而影响领导者与追随者互动关系的一般规则。这里应该考虑的一点是，尽管领导者或辅导者更容易对结构性任务发出指令，但这么做的意义不大。

我们可以用前面的代数问题来说明。如果某个学生以前没见过这种代数题，向学生教授解决这一问题所需的规则是相对容易的。但一旦学生学会了解决程序，他就能独立解决类似问题。将这一结论扩展到其他情境中，一旦下属知道或理解了一项任务，上级持续给予指令（即高结构维度或指令性行为）会提供过剩信息，并最终让下属感到恼火。[22, 23] 当任务是非结构性的、下属不知道期望的具体成果是什么，或者不知道如何达成期望成果时，他们就需要帮助。上级主管或领导者所做的任何提高下属执行非结构性任务能力的努力，都可能提高他们的绩效和工作满意度。[24] 具有讽刺意味的是，非结构性任务本身的性质就是难以界定的。因此，领导者往往更难分析这类任务的执行并提供指导。但减少非结构性情境本身的模糊程度，常常是受追随者欢迎的领导行为。

最后，**任务的相互依赖性**（task interdependence）是指为使工作群体或团队达成期望的目标，任务本身要求的合作和同步程度。任务的相互依赖性与自主性的差异在于，前者是指员工或团队成员有能力独立完成任务，但为使群体或团队成功，他们的努力成果必须是相互协调一致的。高相互依赖性的任务需要领导者具备组织、计划、指导及沟通技能。[25] 例如，一项研究发现，在相互依赖程度高的体育项目中，如足球、板球、长曲棍球、橄榄球、篮球和网球，表现出高结构维度行为的教练的运动队成绩更好；而在相对独立的体育项目中，如游泳、田径、越野、高尔夫和棒球中，同样的领导者行为则与运动队成绩不相关。[26] 任务的相互依赖性会决定在某一特定情境下，哪些领导行为是有效的。

问题与挑战

当宇航员吉姆·洛弗尔（Jim Lovell）在阿波罗13号登月飞船上大叫“休斯顿，我们有麻烦了！”，他开启了一个传奇故事：登月飞船在飞往月球的途中有两个氧气罐爆炸，NASA工程师运用有效团队合作和创造性问题解决，成功挽救了身处绝境的宇航员。他们面临的问题紧迫、致命且完全没有先例：没人遇到过类似问题，甚至没人预见过这种问题会发生，并且不存在形成可行解决方案的预设清单、紧急处理程序或后备装备。当然，我们可以说，这些工程师的任务是要想出一个解决方案，但我们想在此强调：前一节探讨的“任务”的内涵与这种不存在常规解决方案的全新问题或挑战之间存在明显差异。如前所述，到目前为止我们对任务的描述大多源于工业与组织心理学视角，其中的任务维度是对常规性工作或职位的稳定特性进行的系统客观描述。显然，NASA 工程师和宇航员所面临的情境，绝不是常规性的。

罗纳德·海菲茨（Ronald Heifetz）多年来一直研究这类问题和挑战对领导过程的影响。他表示，我们大多数情况下面临的问题和挑战，都有现成的问题解决资源。总体而言，你可以将这些资源分为两类：专业方法和专业诀窍。很多技术问题都可以运用广为人知但高度专业化的方法来找出解决方案。一个简单的例子是在你开车巡游全国时，如何确定汽车行驶里程数。此时的规则很容易掌握，只要你正确使用就总能奏效。另一些时候，我们可能不知道答案，但如果找对了人，问题同样很容易解决。我们可能不会修理咔嗒作响的汽车引擎，但汽车修理工可以；我们可能不知道如何治疗身体的病痛，但医生可以；我们可能不知道如何使用某个新软件系统，但在专家帮助下我们就能掌握它的用法。这类问题就是海菲茨所说的**“技术性问题”**（technical problem）。虽然它们可能很复杂，但存在对这些问题的专家解决方案及了解如何解决这类问题的专家（哪怕我们自己不会做）。[27]

可是，并非所有问题都是如此。有些问题的性质决定了不可能有专家解决方案，也有些问题无法用现有资源和思考方法来解决。事实上，这种问题的性质使我们甚至很难就“问题本身是什么”达成共识。解决这类问题要求系统做出某种根本性改变。海菲茨称这类问题为**“适应性问题”**（adaptive problem）。技术性问题的解决无须改变其所在的社会系统的性质，而适应性问题只有在系统本身发生改变时，才能得到解决。

在工作中，解决技术性问题的关键是确保它们最终被交到那些有权管理解决方案的人手中。但根据海菲茨的研究，大多数社会问题其实都是适应性问题。根据这类问题的定义，重大的组织变革至少在一定程度上属于适应性挑战。即使是工作中看似简单的领导挑战，比如，使某个人更严肃地看待建设性反馈，往往都是一个适应性问题（而非技术性问题）。但技术性问题和适应性问题的边界，也可能变得模糊不清。回到我们早前医生治疗病痛的例子：我们假设，你年长的父母（而非你本人）是那位病人。我们同时假设，医生正确解决了这一技术性问题，并提供了正确的技术性解决方案——一种有某些明显但可忍受的副作用的药物。如果不想让一个看似简单的技术性问题转变为困难的适应性问题，就让你的父母吃药吧。

你如何知道一个挑战何时是技术性挑战，何时又应被视为适应性挑战？当以下条件全部或大部分适用时，它就更有可能是适应性挑战：

- 不只是人们的标准或习惯性行为需要调整，人们的头脑也需要改变；
- 运用排除法，如果你所知的每个技术性解决方案都于事无补，它就极可能是适应性挑战；
- 如果试图解决问题的人群中持续存在冲突；
- 一场危机可能反映了某个潜在或尚未被认识到的适应性问题。

> 有些问题太复杂了，你必须有超群智力和充足信息，才能发现自己无法做出决策。
>
> ——劳伦斯·J. 彼得（Laurence J. Peter），管理咨询顾问

为了解决适应性问题，需要使用与解决技术性问题时不同的领导方法。这是因为，适应性问题涉及人的价值观，而发现与他人价值观有关的解决方案需要对方全身心地参与，不能仅仅由领导者来决定。这就是海菲茨所说的**适应性领导**（adaptive leadership）。我们在本章随后谈到组织与环境层级的情境因素时，更容易看出区分适应性问题与技术性问题的重要意义。

表14-1总结了适应性问题与技术性问题的关系，有效解决问题所需的工作，以及谁应当被视为“问题解决者”。[28]

表14-1 适应性问题和技术性问题

问题	工作是什么	谁来完成工作
适应性问题	发现新方法	面临挑战的人
技术性问题	应用当前已知的技术诀窍	权威

组织

从工业时代到信息时代

我们所有人都在工业时代长大成人，但可能是工业势力逐渐式微的阶段。从美国内战前一直到19世纪的最后25年，工业时代取代了农业时代。在工业时代，公司的成功取决于它们能在多大程度上从“规模经济和范围经济”中获益。[29]技术是重要的，但它对公司的影响主要通过提高大规模生产效率来实现。一个新时代如今正在涌现，而在这一信息时代，有关工业时代的很多基础假设都变得过时了。

卡普兰和诺顿[30]描述了一套关于信息时代运作的新假设，并与工业时代的假设进行了对比。他们认为，公司运作方式的变化包括以下方面：

跨职能。工业时代的组织通过职能技术领域（如生产制造、分销、营销和技术）的专业化赢得竞争优势。这种专业化带来了大量好处，但随着时间推移，也导致了大量无效和反应迟缓的流程。信息时代的组织以整合的业务流程进行运作，跨越了不同的传统业务职能。

与客户和供应商的联系。工业时代的公司与客户、供应商的关系通过市场交易实现。信息技术使今天的组织得以整合供应、生产和交货流程，并在成本、质量和反应时间上实现大幅度改进。

客户细分化。工业时代的公司通过提供低成本、标准化的产品和服务发展壮大（请记住亨利·福特的话，消费者“想要什么颜色的车都可以，只要他们想要的是黑车”）。信息时代的公司必须学会为高度差异化的客户细分市场提供定制化的产品和服务。

全球规模。信息时代的公司与全球范围内最优秀的公司竞争。事实上，提供新产品和新服务

所需的大规模投资，可能要求在世界范围内吸引客户，才能对这些成本提供足够回报。

创新。产品生命周期在不断缩短。在某一代产品的存续期赢得的竞争优势，不能保证其下一代产品的成功。在快速技术革新的环境下运营的公司，必须精于预测客户未来的需要、提供新产品和服务、快速将新技术用于高效交货流程中。

知识员工。工业公司形成了知识精英（特别是管理者和工程师）与直接生产者之间的鲜明区分。后者在白领工程师和管理者的直接监督下执行任务和流程。这类活动往往运用体力（而非脑力）。现在，所有员工都必须运用自己的知识和能提供的信息，为组织贡献价值。

你只需回想卡普兰和诺顿提出的运作假设的变化清单，就能认识到领导者将发现自己今天所处的情境迥异于 20 年前。更重要的是，这种变化可能还在不断提速。千真万确，今天的变化速度就像是在湍急的水流中穿行；情势变化如此之快，人们很难把握自己的方向。而且，这种应对加速变化带来的挑战，部分源于人在信息处理能力上的内在局限性（见专栏 14-3）。为了理解组织如何应对变革，我们有必要看看组织的两个不同方面：正式组织和非正式组织（或称企业文化）。

❖ 专栏 14-3

加速挑战

从工业时代转向信息时代的一种表现，就是如今机器很多时候能做出比人类更好的决策。这一现象的主要原因是计算能力的指数级增长。这种计算能力的加速增长于 1965 年由英特尔联合创始人戈登 · 摩尔（Gordon Moore）首次提出。他认为，计算处理能力大约每年翻一番（即摩尔定律），而这一预测在过去 50 年间被证明相当准确。

但是，哪怕摩尔定律千真万确，人类几乎不可能真正把握这种加速变化造成的长期影响。要想展示我们在这方面的认知缺陷，让我们假设一个思维问题：想象你有材质类似于打印纸的一大张纸；它的厚度和打印纸相同（约 0.004 英寸厚），但远比打印纸大得多。现在想象将这张纸对折，则它的厚度变成 0.008 英寸（数学上，这类似于计算能力每年翻倍）。然后再次对折，厚度变成 0.016 英寸，如此反复，直到你将这张纸的厚度重复翻番 40 次。在第 40 次之后，你认为这叠纸会有多厚？它会是：

a）7 英寸

b）70 英寸

c）700 英寸

d）7000 英寸

答案是“以上都不对”（你一定痛恨这类问题吧）。正确答案是翻过 40 番后，这张纸变成 700 000 多英里的厚度。正如这一结果超出了我们的理解能力，我们也发现很难理解摩尔定律如何使计算机智能逐年变得难以想象的强大。

资料来源：T. Friedman, *Thank You for Being Late* (New York: Picador, 2016).

正式组织

对**正式组织**（formal organization）的研究，是管理学、组织行为学和组织理论中最主要的内容。但正式组织的很多方面也对领导过程产生了深远影响，因此，我们将简要说明其中最重要的几个方面。

> 尽管人们的工作方式发生了戏剧性变化，但其所在组织经历的变化却远远低于预期。
>
> ——《经济学人》，2006年1月21日

职权层次（level of authority）关心的是一个人在组织中所处的层级地位。当我们在组织阶梯中不断上移时，对领导效力至关重要的行为类型会发生重大改变。一线管理者、基层领导者和辅导者会花费大量时间培训追随者，解决工作单元或团队绩效的问题，安排工作活动或确定工作日程，并执行政策。处在较高组织层级的领导者拥有更大的自主权，并花费较多时间制定政策、协调活动、做出人员配置决策。[31, 32] 此外，处于较高组织层级的领导者经常从事的活动类型更加多样，更有可能使用员工参与和授权。[33, 34] 职权层次如何影响领导过程的一个不同侧面，如专栏14-4所示。

❖ 专栏 14-4

玻璃天花板和玻璃墙

尽管在过去25年间，人们看到进入领导岗位的女性数量显著增加，但女性仍只占据了最高领导岗位的极小比例。创新领导力中心对女性高管项目的研究，将解释产生这一问题的原因。

他们研究了25家公司的76位女性高管，她们或者到达了总经理层次，或者只比这一层次低一级。样本中女性高管的平均年龄是41岁，已婚。超过半数的女性至少有一个孩子，并且绝大多数女性为白人。

研究者期望发现"玻璃天花板"的存在证据，这是指一种看不见的障碍，使女性由于性别原因而无法超越某一特定组织层级。这一组女性样本之所以令人感兴趣，一个原因就是她们显然"打破"了天花板，因而进入了劳动力队伍中最高1%的行列。这些女性在其职业生涯中成功对抗了三种不同类型的压力，这要远大于其男性同事面临的挑战。第一种压力来自工作本身，在这一点上女性和男性没什么差异。第二种压力涉及身为女性高管的伴生压力，包括受到特别关注、面临非常挑剔的审视，并要成为其他女性的角色楷模。第三种压力涉及协调个人和职业生活的需要。大多数人仍然期望女性在家庭中承担更多责任，管理家庭事务，抚养孩子。并且，除这么繁重的要求外，女性在这两个不同生活领域中的角色还往往存在冲突（比如，在工作上很有条理、高效率，可能甚至有些强硬；而在家里却要求亲密和关

爱家人)。

研究者确认了这一组打破“玻璃天花板”的女性的“成功经验”，同时，他们也报告了一项有些出人意料的研究发现。打破“玻璃天花板”带给这些女性高管的，是一个甚至更难应付的障碍。她们“撞到了墙”，被排除在最高职位之外。研究者估计，样本中的女性高管中只有少数几个会进入最高阶层（即高级管理层），而且没有一位女性会成为所在公司的总裁。

资料来源：A. M. Morrison, R. P. White, and E. Van Velsor, *Breaking the Glass Ceiling* (Reading, MA: Addison-Wesley, 1987); and G. Morse, "Why We Misread Motives," *Harvard Business Review*, January 2003, p. 18.

组织结构（organizational structure）是指协调和控制组织活动的方式，也代表了领导者和追随者必须在其中运作的另一个情境层次。但组织结构是对现实的概念性或程序性表述，不是一个实际存在或有形的现实。人们通常用图表来描述组织结构，其中明确了正式权威关系和组织内部的沟通模式。大多数人将组织结构视为理所当然，没有意识到结构只是组织完成工作的一种工具。结构本身不是目的，而且企业在从事类似工作时可能采用不同的结构，每种结构都有各自的优缺点。任何结构都不是不可触动或永恒不变的，并且，领导者会发现对组织结构的基本了解很有必要。领导者可能希望设计出一种结构来提高达成期望目标的可能性，他们也可能希望改变结构以满足未来需要。

描述组织结构差异的一种重要方式，是组织结构的复杂性。从组织结构图来看，**横向复杂性**（horizontal complexity）是指在任一特定组织层级上的“方框”数量。在某一给定层级上的方框数量越多，横向复杂性就越高。横向复杂性通常与子单元中较高的专业化程度、子单元之间沟通中断的可能性增加正相关。**纵向复杂性**（vertical complexity）是指组织结构图中科层级别的数量。纵向相对简单的组织，在职位最高者到最低者之间可能只有两三个级别。而纵向相对复杂的组织，则可能有10个或更多级别。纵向复杂性会通过影响其他因素（如权限动态和沟通网络），影响领导过程。**空间复杂性**（spatial complexity）描述的是地理分散程度。将所有员工集中在同一地点工作的组织，其空间复杂性低于工作地点分布于全国或全球的组织。很显然，空间复杂性使领导者很难与身处不同地点的下属面对面沟通，也使领导者难以当面进行奖励、提供支持和鼓励。总的来说，这三个要素都是组织规模扩大的结果。规模越大的组织，越有可能拥有高度专业化的子单元（横向复杂性）和更多的科层级别（纵向复杂性），并拥有地理空间分散的子单元（空间复杂性）。

组织在**正规化**（formalization）的程度上也存在差异。所谓正规化，是指组织的标准化程度。每个岗位都有书面的职位说明书和标准操作流程的组织，正规化程度很高。组织的正规化程度往往随规模而变化，正如复杂性随规模扩大而增加。[35] 正规化也因从事的工作性质不同而有差异。例如，制造企业往往有相当正式的组织结构，而研究开发机构往往正规化程度较低。毕竟，怎么能针对一项尚不存在的产品开发或科学发现，来编制一份详尽的职位说明书呢？

组织正规化对领导者和追随者既有好处，也有坏处。明确规范的程序阐述了运作和互动方法，但它也可能对领导者和追随者提出了多种要求和约束。领导者可能在传达工作要求、订购供应品、奖罚下属的方式上受到约束。[36] 如果追随者隶属于某一工会，则工会的规则将决定他的工作时间、每天完成的工作量或谁将首先被解雇。[37] 正规化及其他情境变量对领导过程的不同影响领域，如专栏 14-5 所示。

❖ 专栏 14–5

存在领导力的替代品吗

领导者总是必需的吗？或者说，特定类型的领导者行为有时可能是不必要的？克尔和杰米尔（Kerr，Jermier）提出，特定的情境因素或追随者因素可能会有效中和或替代领导者的任务或关系行为。中和剂（neutralizer）是指那些会减少或限制领导者行为效力的特性。替代品（substitute）是指那些使领导者行为显得冗余或不必要的特性。

克尔和杰米尔在比较了领导行为与追随者绩效、满意度的相关性，以及不同情境因素与追随者绩效、满意度的相关性基础上，提出了**领导力替代品**（substitute for leadership）概念。一些下属、任务和组织特性与追随者绩效、满意度的相关性高于关系和任务领导者行为，他们将其称为领导力替代品或中和剂。下面是克尔和杰米尔发现能替代或中和领导者的任务或关系行为的情境要素例证：

- 一位下属的能力和经验可能替代任务导向的领导者行为。下属对总体报酬表现得不在意，可能中和领导者的任务和关系行为。
- 常规性或结构化的任务会替代任务导向的领导者行为，而提供内在反馈或本身令人满意的任务也会有同一效果。
- 组织的高正规化程度会替代任务导向的领导者行为，并且，僵化的规定和程序可能甚至中和领导者的任务行为。高凝聚力的工作群体会提供对领导者任务和关系行为的替代。

资料来源：S. Kerr and J. M. Jermier, "Substitutes for Leadership: Their Meaning and Measurement," *Organizational Behavior and Human Performance* 22 (1978), pp. 375–403.

集中化（centralization）是指决策权在整个组织的扩散程度。只允许一个人制定决策的组织是高度集中化的。当决策权分散到组织的最基层员工时，该组织是高度分散化的。高度分散化的组织，其优点包括成员对决策过程的参与度提高，并因此使决策成果得到了更大程度的认可和接受。这些都是组织期望的结果。但集中化也有好处，比如高度统一的政策和程序（这能提高平等感），以及更清晰的合作程序。[38] 在集中化程度上达到平衡，从而既达到协调和控制的目标，又能赢得员工的高度参与和接受，是领导者面临的持续挑战。

非正式组织：组织文化

用一个词来更好地概括**非正式组织**（informal organization），就是组织文化。尽管大多数人可能一想到文化，就会想到很大型的社会群体，但文化这一概念也适用于组织层面。**组织文化**

（organizational culture）被定义为一个群体中所有成员共享的背景、规范、价值观或信念的系统[39]，而**组织氛围**（organizational climate）则是指组织成员对该组织的主观反应。[40, 41] 这两个概念的区别在于，组织氛围部分取决于组织文化的影响，或者说是对组织文化的反应；我们对组织的感受或情绪反应，可能受到我们在多大程度上共享组织成员中普遍存在的价值观、信念和背景的影响。[42, 43] 如果一个人不认同大多数成员的价值观或信念，则此人极可能会对组织总体有相当消极的反应。因此，组织氛围（及间接的组织文化）与组织成员间相处的融洽程度相关。[44, 45] 同时值得注意的是，组织氛围涉及的范围较小，但它与工作满意度高度相关。一般来说，组织氛围与非任务性的工作感知更相关，如对同事或公司政策的感觉，而工作满意度通常还包括对工作负荷和工作任务性质的感知。

正如全球存在多种文化，在各类组织中也存在大量不同类型的文化。例如，很多军事组织的成员具有与大学教师不同的规范、背景经验、价值观和信念。类似地，一家投资公司的文化也与研发企业、货物运输公司或大学橄榄球队的文化有很大差异。文化差异甚至可能存在于同一行业的不同组织间。美国空军的文化就不同于美国海军陆战队的文化，而耶鲁大学也有不同于科罗拉多大学的文化，尽管这两家都是高等教育领域的优秀机构。在表 14-2 中提供了一些问题，可以说明组织文化差异的不同表现。

表 14-2　定义组织文化的一些问题

- 什么话题可以讨论，什么话题又是应当避讳的
- 人们如何运用权力
- 一个人如何获得成功，或者如何使自己置身事外
- 有哪些不成文的游戏规则
- 组织有哪些道德和伦理规范
- 组织中流传着哪些故事

资料来源：Adapted from R. H. Kilmann and M. J. Saxton, *Organizational Cultures: Their Assessment and Change* (San Francisco: Jossey-Bass, 1983).

组织文化更引人注目的一个方面，是往往只有局外人才能发现它的存在；组织文化变成了很多组织成员的第二天性，他们根本意识不到它如何影响自己的行为和感知。[46] 尽管组织内部成员看不见它，我们仍可以用相当一致的一套维度来区分不同的组织文化。例如，基尔曼和萨克森（Kilmann，Saxton）[47] 表示，可以按组织成员对表 14-2 中所列的这类问题的回答来区分组织文化。另一种理解组织文化的方式，是从传说与故事、物质象征、仪式和语言的角度来看待文化。[48] 对沙因提出的这四项关键因素的更详尽说明，如专栏 14-6 所述。

❖ 专栏 14-6

沙因的四项关键性组织文化因素

传说与故事（myth and story）是随时间推移而流传下来的组织故事，这些故事表达了组

织的基本价值观。几乎每名沃尔玛员工都能告诉你山姆·沃尔顿及其行为的故事：他怎么开着自己的小货车到处跑，在商店里怎么和人打招呼，还有他怎么在不同时间"恰好出现"。创新领导力中心也有关于其创建者H.史密斯·理查森（H. Smith Richardson）的故事：他年轻时怎么创造性地通过邮件来销售产品。有时，故事和传说会在组织之间移植，虽然在这两个组织中它们都不完全符合事实。在AT&T中流传的一个故事，讲到一位创建者如何在暴风雪中长途跋涉去修理一个故障元件，这样一位独自生活在乡间的妇女就能接通电话服务了。有趣的是，同一个故事也在MCI通信公司（如今的Verizon）中流传。

物质象征（symbol and artifact）是指能被人们看到和注意到，且能表达出文化的多个不同方面的物品。例如，在几乎每座建筑物中，物质象征都提供了关于该组织的文化信息。比方说，一个组织可能相信平等主义原则，而这可能表现为每个人的办公室都差不多大小。或者也可能存在某些财富象征，而这传达着完全不同的信息。甚至标志牌也会作为物质象征，反映基本的文化价值观。一所大学相信学生对设施有优先使用权，它偶尔会挂出一个有趣的标识来强化这一价值观。它不是路标，而是显示在电脑屏幕上的标识。当这所大学的主机过度繁忙时，计算机程序可以识别出非学生身份的用户，提示他们主机超负荷，并发出警示要求非学生用户停止使用。这是个清晰的物质象征，暗示在这所学校中学生拥有优先权。

仪式（ritual）是指重复发生的事件或活动，它反映了潜在文化的一些重要方面。一个组织可能每两年为绩效最佳者及其家属举办一次场面壮观的销售大会。这一仪式表明企业重视高销售收入和达到高销售定额。另一种仪式是退休典礼。设计精美或场面朴素的退休典礼体现了组织对员工重视程度的高低。

语言（language）涉及组织中的专门行话或独有术语，它所起的几方面作用都与文化相关。第一，有些人了解该语言而另一些人不懂，这一事实本身就表明谁融入、谁没融入组织文化。第二，语言也提供了一种文化中的人们如何看待他人的信息。第三，可以用语言来帮助创建一种文化。一个说明语言创建文化能力的绝佳例证是迪士尼乐园或华特·迪士尼世界的员工用来指代他们自己和公园游客的字眼。员工（全体员工，从穿着表演服装的迪士尼人物到爆米花小贩）都被告知要将自己看成一个剧团成员，永远不要脱离自己扮演的角色。公园中发生的每件事都是"表演"的一部分，而那些买门票入场的人不仅是游客，也是"观众"。几乎每个参观迪士尼乐园的人都对员工始终一贯的友好行为留下了深刻印象，这体现了词汇在创建文化中的力量（当然，乐园中严格且被强力执行的礼貌待客政策也有帮助）。

这里有一个关于故事如何增进企业文化的例子。一位管理顾问被请去帮助一家多年来一直存在士气和生产问题的工厂。与工厂的几个人交谈后，顾问相信自己已经发现了问题所在。和他交谈的每个人几乎都谈到工厂经理山姆。他是个身材高大的人，脾气极坏。他用大锤击碎不合格产品，站在工厂屋顶上向员工喊叫，还干了数不清的事威吓他身边的每个人。顾问认为很有必要跟这位工厂经理谈谈，但他找到的却是一位很好相处的工厂经理保罗。听下来，山姆早在10年前就去世了，但关于他的故事却流传下来。[49]

领导者必须意识到自己在改变组织文化中可以发挥积极作用，而不仅是受到它的影响。[50, 51, 52, 53] 领导者可以关注或忽视特定议题、问题或项目，以此来改变组织文化。他们能通过自己对危机的反应，奖励新的或不同类型的行为，或者取消以往对特定行为的惩罚措施和消除不利后果，以此来调整组织文化。他们的一般人事政策发出了员工对组织有何价值的信号（如削减工资来避免裁员）。他们也能通过树立角色楷模和自我牺牲，来激发或鼓励其他人更有活力地工作，或者以不同方式与他人开展交流互动。最后，领导者也能通过改变甄选或解雇追随者的效标来改变文化。这类努力得到的回报，使领导者拥有能提高组织成功概率的最优文化，正如多项研究所示——促进创新性文化发展有助于提高企业创新能力。[54]

当然，改变一个组织的文化需要花费时间和精力，有时也可能极端困难。在非常大型或有强文化的组织中，这一点尤其突出。另外，新企业没有这些传统、故事、传说或业已形成的惯例，其领导者也就更容易改变这类组织的文化。

领导者为何想改变一个组织的文化？这一切应该取决于文化对各种期望成果产生的是积极还是消极的影响。我们记得曾有家组织有一种非常“讲礼貌”的内部文化，这在一开始似乎相当积极有益。组织中从来没有任何有潜在破坏性的情绪爆发，在所有互动过程中人们都很关注他人的感受。但这一文化的黑暗面逐渐变得明了。当绩效评估和员工开发中需要提供反馈时，上级不愿指出下属的负面行为，他们对此的解释是不想表现得无礼。而组织一直感到困惑，为什么员工的行为总是无法改善；这个组织是自身文化的牺牲品。

另一些时候，表面上看似纯粹的技术创新，却可能对组织文化造成损害。这方面的一个经典例证是英国的采煤业。在英国，数百年来都是由一些三人小组开采煤矿。英国的煤炭分布在狭窄的煤层上，有时只有几英尺厚度。过去，把煤挖出来的唯一方法是将三人小组送下矿井，在煤层中挖煤，再用矿车把煤拉上来。这些采矿团队都有极高的群体凝聚力水平。但技术发展——一种名为长臂法的采煤方法出现，破坏了这种密切关系。使用长臂法时，全体员工沿着煤层排列成一长队，而不是分成一些分散的小组；这种方法应该可以提高矿工的生产率。但工作团队的分散却带来出乎预料的生产率下降和员工的极大不满，甚至还破坏了一些员工家庭的社会生活。尽管长臂法在技术上优于三人一组的采矿小组，采矿公司的领导者没能考虑到这种技术进步的文化后果。[55]

这些例子有助于说明一点：虽然组织文化是一个影响重大的情境因素，但它也可能很难被准确把握，并对高管人员发出的改变文化的简单指令全无反应。由于这样那样的原因，改变一个组织的文化通常是既困难又耗时的事，在大型组织中往往需要花费数年时间。换句话说，改变组织的正式系统（如组织结构、政策）可能比改变其文化容易得多。但在我们看来，正是这些只关注（或主要关注）正式系统的组织变革活动往往最终失败。真正重大的组织变革或组织转型，如果不同时触及正式组织和组织文化两方面，就不可能取得成功。

此外，当一项变革努力建立在既定的组织文化理论之上时，更有可能成功；变革不应仅仅基于领导者对哪些方面需要改变的个人主观偏好。缺乏指导理论，组织选择的变革目标就可能是受到误导的表层目标，抓不住要点，往往会制造新问题，却达不到期望的结果。例如，组织可能期望创建一种更强调合作的文化，但其变革目标设定在一些表面化的行为上，比如“我们的穿着和谈吐方式不必太正式"，以及"我们将花更多时间在一起开会"。这种做法无疑抓不住重点，只能是浪费精力，引人嘲弄而已。

你可能不会觉得意外：存在为数众多的组织文化理论。但我们只需说明其中一个理论，就足以说明文化理论如何使用多个抽象维度系统性地阐释不同组织在生活和工作方式上的差异。我们将关注的理论，是卡梅伦和奎因（Cameron，Quinn）的**竞争性价值模型**（competing value framework）。[56]

组织文化的一个理论

竞争性价值模型如图 14-2 所示。该模型因处于各轴线两端的价值观相互对立而得名。它们代表了组织对其期望状态的竞争性假设。处于各轴线或连续区间一端的核心价值观，与另一端的核心价值观恰好相反。因此，组织不可能在所有时间既是高度弹性的，又是高度稳定的。一个组织的文化体现了在特定竞争环境下对组织施加影响的竞争性价值观的平衡或折中状态。

组织文化通常不是有意设计的结果。正因为如此，我们说人们往往对所在组织的文化缺乏清晰的认识。事实上，通常只有在组织文化损害组织绩效表现时（极可能在持续变化的竞争环境下），人们才开始意识到需要进行组织文化变革。也正是此时，组织中各类人员考虑不同的方式才是有益的。竞争性价值模型的设计也被用于帮助组织更精准地识别：在各种情境下，哪种文化更有可能成功，以及如何实现这种文化转型。

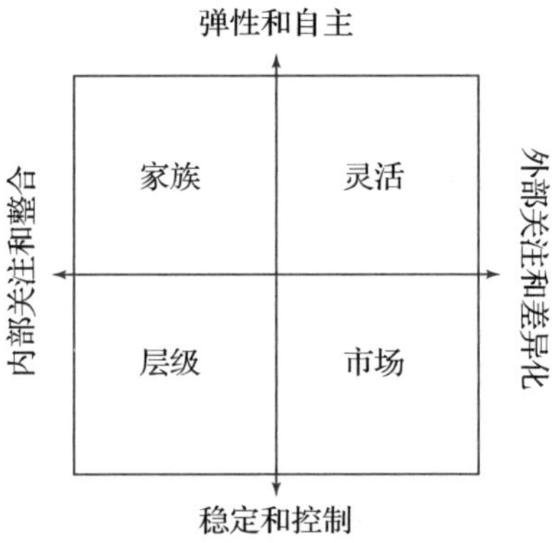

图 14-2 竞争性价值模型

资料来源：K. S. Cameron and R. E. Quinn, *Diagnosing and Changing Organizational Culture* (Reading, MA: Addison-Wesley, 1999), p. 32.

如图 14-2 所示，两条竞争性价值轴线交叉构成了四个象限，分别描述了四种不同的价值观组合。这些象限对应的不同价值观集合，界定了四种独特的组织文化类型。

强调稳定和控制、同时关注内部（组织内部各类人员如何互相交流、是否遵循内部操作程序等）的组织，拥有**层级文化**（hierarchy culture）。拥有层级文化的组织往往设立了大量正式规则和程序，更有可能是高度结构化的工作场所。其通行的准则是遵从标准操作程序（standard operating procedure，SOP）。组织强调的是确保持续的高效率、公司顺利运行、可靠运营。层级文化的典型例子，是政府机构、快餐连锁店，以及传统的大型制造企业。[57]

像层级文化一样强调稳定和控制，但关注点主要是外部环境（组织以外的因素）的组织，被称为**市场文化**（market culture）。它们更多关注与外部相关的人士，如客户和供应商的交流互动。市场文化强调竞争与成果导向，其中最重要的成果通常是财务指标（如利润）。为了确保最终目标实现，组织强调达成可度量的目标和方向。基本上，市场文化的特点是强调赢得市场，通常简单定义为打败竞争者。[58]

强调高灵活和自主、同时主要关注内部的组织，被称为**家族文化**（clan culture）。因为在很多方面，它们可以被视为一个大家庭。很强的凝聚力是家族文化的特点，此外，还有共享价值观、高参与水平和普遍的共识。家族文化相信，通往成功的道路深植于团队合作、忠诚、关爱组织内部成员（包括其持续开发）之中。家族文化也可以被视为一种真正意义上的关系型文化（relationship culture）。[59]

最后，强调高弹性和自主，同时关注外部环境的组织，被称为**灵活文化**（adhocracy culture）。灵活文化在很大程度上反映了组织从工业社会向信息社会转型过程中的适应调整，这种组织文化会对混乱、快速变化的当今时代做出最快捷的反应。“灵活”（adhorcarcy）一词源于“ad hoc”，即临时的、特设的。灵活文化的性质是动态的、不断改变的，因而它有利于促进创造力、创新精神，保持其前沿领先地位。这要求一种强调个人主动性和自由精神的文化。[60]

当然，这四种文化代表了四种理想状态，真实组织的文化可能很难只用一个象限完全涵盖。组织生活及其生存状况的复杂性、必要性，要求组织文化中应包含来自前述四种文化的所有要素，即所有的竞争性价值观都对组织文化有所贡献。而将一种文化与另一种文化区分开来的，只能是某种文化类型的相对主导地位。但很显然，组织中居于主导地位的不同文化类型需要完全迥异的领导方式。

例如，层级文化下的领导方式，强调对信息的严密管理、监督运营过程中的各项细节，并确保运营的可靠性与稳定性。与之相对，市场文化下的领导方式，强调行事大胆、决策果断、高生产率（而非稳定或持续性），以及表现优于外部竞争对手。家族文化下的领导方式，对过程的关注胜于对成果的关注，特别是它强调尽可能减少冲突并形成最大程度的共识。组织期望领导风格具有高共情、关爱他人的特点，并有助于培养信任。而灵活文化下的领导方式，则要求愿景、创造力和未来导向的思维方式。

一项文化对组织绩效的影响研究使用了上述四种文化类型，但该研究不是将这种分类用于区分组织间的文化差异，而是指出，组织要想有效运作，就必须具备这四种组织文化类型的所有能力特征。换句话说，有效的组织可能需要同时关注这四个文化维度。[61] 这一观点在表14-3中得到了更详尽的说明。[62] 但要想促进重大组织转型的发生，改变文化的努力仍然不够（这无疑需要花大力气）。文化只是组织综合系统的一个要素，和战略、结构、领导力及其他高绩效工作系统一起发挥作用。要想促成重大转型，组织需要整合上述全部要素，这也是近期一项针对竞争性价值模型的综合研究得出的结论。[63]

表14-3　对组织效力有贡献的组织文化关注点

文化类型	主要关注点与价值观
家族	培养信任，重视归属感和合作，促进团队合作
灵活	增进任务参与度、创造力和创新，促进自主性和冒险精神
市场	提高生产率，重视竞争力和成就，促进盈利水平
层级	清楚的规则和流程、效率和一致性，遵从规定和顺畅运行

学生及年轻领导者的组织问题再思考

让我们增加一项再思考来总结本节：这些组织问题与学生、其他处于职业生涯早期的人，或者组织基层领导岗位上的人存在何种关联。组织不太可能在短期内要求这些人进行组织结构再设计，或者改变组织文化。如前所述，本章的意图不是提供如何改变文化的指南。但经验告诉我们，由于缺乏对本节描述的组织动力类型的熟悉和了解，年轻同事有时会形成一些关于领导者的偏颇印象，或者对组织决策存在不现实的期待。换句话说，熟悉这些组织变量的主要原因之一，是它们提供了理解你所在组织层级领导过程的背景信息。最后，我们也曾与一些大型组织的高层领导者共事，这些管理者的整个职业生涯都在同一家公司度过。他们往往无法识别出公司文化的任何维度，因为他们从未见过其他类型的文化。我们吃惊地发现，在这种情况下，基层管理者反而更善于描述该大型企业的文化。虽然这些年轻人可能只有 5～8 年的工作经验，但如果这些经验来自几家不同的组织，他们就能比高层管理者更好地描述这家新的大型企业的文化特征。

环境

情境中的环境层是指任务、组织之外的情境因素，它们也会影响领导过程。我们将关注两个相互关联的、与组织外部情境相关的因素：①领导者面对的意外、陌生、复杂和快速变化的情境的多种可能；②在各种社会文化下，领导的重要性都在不断提升。

事态的变化速度甚于以往吗

情境影响领导过程的一种普遍形式，是环境变化的程度。在一个相对稳定的情境下领导（往往更简单），与在不断变化的情境下领导所面临的挑战完全不同。很多人认为现在环境的变化比过去更多、更快，但这一问题并不像乍一看那么简单。例如，技术进步使我们的生活发生了人类历史上前所未有的重大转型。但我们也可以提出一个有趣的论点：20 世纪前半叶进入美国普通家庭的各种实用工具或技术，如电灯、冰箱、电炉和煤气炉、自来水管道，对日常生活的改变程度甚至超越过去 20 年间新技术带来的影响。[64]

虽然成长于 20 世纪早期的美国人无疑经历了广泛复杂的生活转型（电视、汽车、乘飞机旅行、核能发电等），但我们相信，目前领导者所面临的各类挑战，其性质的改变将是前所未有的。罗纳德·海菲茨[65]指出，领导者不仅面临比以往更多的危机，而且由于我们处于一种永久性的危急状态，也需要引入一种新的领导模式。托马斯·弗里德曼（Thomas Friedman）[66]的《世界是平的》（*The World Is Flat*）一书，就是想传递一个信息，即全球化和技术正在惊人地改变着我们的生活和工作方式。而美国陆军将军大卫·彼德雷乌斯（David Petraeus）向他即将接管的驻伊美军发表演讲时（被普遍认为是“增兵伊拉克”），用到了一幅完全与当下无关的画。这幅画是美国西部画家弗里德里克·雷明顿（Frederic Remington）于 1908 年绘制的《惊跑》（*The Stampded*）。它描绘了 19 世纪的一位牛仔骑在马上极力想驯服因雷电受惊的牛群。托马斯·雷克斯（Thomas Ricks）[67]

在描述伊拉克乱象的《赌局》(*Gamble*) 一书中谈到了这一幕：彼德雷乌斯用这幅画向下属传达自己关于军事指挥的看法。他表示，“我不需要层级繁复的组织，我想要扁平化组织。在稍微有点儿混乱的环境下，我会觉得很自在。我知道，如果你们中有些人想到我前面去了，没问题。牛群中总是有些会走在前面，我们会赶上来的。如果有些落在后面，我们也会掉过头来，不会丢下它们不管……我们的目标是把牛群赶到最终目的地”。

为了理解彼德雷乌斯这段话的意义，请比较此处所用的语言和图像（“不需要层级繁复的组织”“牛群中总是有些会走在前面”）与军队中指挥控制的刻板观念。即使在最典型的自上而下的传统领导过程中，情境改变也需要全新的领导方法。

我们认为，海菲茨、弗里德曼和彼德雷乌斯从不同方面揭示了领导挑战正在发生的变化。因此，有必要修正图 14-1 中对情境的任务层、组织层和环境层的说明。在图 14-3 中，我们在原图中加入了两个矢量，以强调影响领导过程的两种对立的多维度环境变量。我们使用两个矢量，不是想暗示可以对环境因素进行简单分类（简单或复杂）；我们想用图示来表明一系列可能的环境状况。无论如何，如今的变革极为快速广泛，它几乎影响到每个地方的每个组织，以及其中的每个人。有一个词可以用来描述我们的时代，说明这种新的状况：VUCA。这个词来自美国军事学院，它描述的是一个多变的（volatile）、不确定的（uncertain）、复杂的（complex）和模糊的（ambiguous）世界。专栏 14-7 提出了一个关于社交媒体如何深刻改变组织当今运营环境的有趣问题。

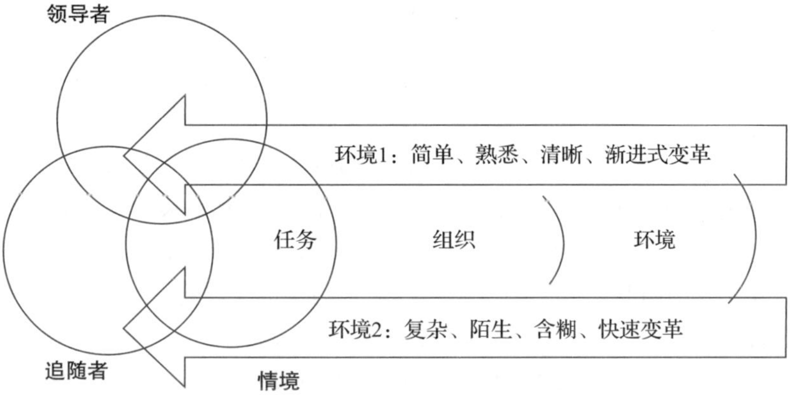

图 14-3　情境层的不同环境对比

❖ 专栏 14-7

揭开组织的秘密

几乎所有组织都有秘密，这些秘密不仅不为组织外部人士所知，也不为内部人员所了解。但新的技术和规范使保密变得越发困难。YouTube、Facebook、X（原推特）及类似应用程序为更大程度的组织透明化提供了压力和机会，无论这是否为组织的主动选择。在这种新的环境下，组织可能需要变得更透明，否则就会面临灭绝。

灭绝当然是一个生物概念，而且，使用生物进化的术词来描述组织对新现实的适应也有些奇怪。但《科学美国人》(*Scientific American*) 杂志刊登的一篇文章给出了一个有趣的例子，说明这种适应可能符合达尔文学说，类似于原始生命形式在亿万年前对光的适应。文章作者基于牛津动物学家安德鲁·帕克（Andrew Parker）的著作，形成了他们对组织保有秘密的能力不断下降这一现象的解释。

帕克的假说是：数亿年前，空气和海洋的化学成分首次开始发生变化，使日光得以穿透海水。这种新的"光照"环境为进化适应提供了大量机会。其中，眼睛开始演化出来，并且，"能看见"成为一种进化优势（使生命体能发现危险、找到食物等）。

这些与今天的组织有何关联呢？"在以往，独裁者可以在高墙后统治，依靠由官员组成的层级制组织来执行，这些官员对自己所在的组织知之甚少，更加缺乏对世界近况和未来的信息。"这种说法适用于教会，它发展了多种仪式和实践，使世界普遍处于孤立状态，信徒们极度缺乏对真实世界性质的信息（甚至是提供错误的信息）。而且，它也适用于军队，使内外部人士无法了解军队实力和策略通常是有利的（例如，一位被俘的"知道太多"的士兵，会带来重大的组织危害）。

在如今普遍的社交媒体应用和调查报道的环境下，组织没有能力和以往一样保有秘密。就像美国国家安全局前雇员乔尔•布伦纳（Joel Brenner）所说："现在已经很少有秘密了，而且秘密也不会保持太久。"**组织透明度**（organizational transparency）已经成为新现实。

资料来源：D. C. Dennett and D. Roy, "Our Tran-sparent Future: No Secret Is Safe in the Digital Age. The Implications for Our Institutions Are Downright Darwinian," *Scientific American*, March 2015, pp. 64–69.

在图 14-3 中引入这些矢量的另一个目的，是强调情境的各个不同层次之间如何相互作用。相对正式、高结构化的组织往往有更具层级制的文化，因而范围相对狭窄、具体的工作任务说明往往是最常见，也最适合的。这一情境层次与海菲茨所说的"技术性问题"更匹配。与之相对，"适应性问题"或"难对付的问题"，往往在个人或团队中的稳定性较低，在相对非正式、结构化程度较低、更具敏捷性和活力的文化下，更容易得到有效解决。

当然，我们不是说，一旦发现情境变量与底部的矢量更匹配，领导者会很容易将行为调整为适应性领导。这里的要点是，此时的领导过程所涉及的远不是单个领导者及其行为、技能。领导者与追随者事先形成的特定关系至关重要，他们还需要具备各自独特的技能集，并且，特定类型的组织文化也必不可少。当然，说易行难。保持与追随者的关系一直都是关键所在，但当我们谈论主要存在于虚拟世界中的关系时，"已形成的关系"的性质就有了不同的意义和挑战。商业研究联合会（Business Research Consortium）记录了虚拟工作中领导面临的不同挑战，包括建立团队关系所需的时间、成员在虚拟团队会议中同时进行多任务处理的普遍性，以及跨时区工作的需要。[68]

此外，海菲茨还描述了一类棘手的领导挑战，在人们认定它为适应性问题后，仍然会造成相当大的困扰。追随者通常期望领导者是拥有所有问题答案的专家（请记得适应性问题的定义，它是不存在专家解决方案的）。他说，"当你所在的岗位拥有重大职权时，人们无疑会期望你像应对技术性问题一样，轻而易举地解决适应性问题，以最少的痛苦、在最短时间内提供一个处方，使一切回到平衡状态”。[69] 此外，领导者自己也往往存在同样的期待。身处实权职位上的人，往往将解决他人感到棘手的问题视为个人荣耀。在面对适应性问题时，他们很难承认自己的技术专长和诀窍不足以应付。[70] 换言之，领导从来都不简单，但现在则变得越来越困难。专栏 14-8 中罗列了大量推动领导性质变化的趋势。在领导概览 14-1 中，说明了领导者在承担新职责时经常面临的一项情境挑战。

❖ 专栏 14-8

工作趋势

为了应对不断加剧的竞争、不确定性、全球化及变化速度，研究者提出了很多领导趋势，说明组织可以如何最好地应对未来：

- 确认不断出现的复杂挑战，以及由此需要使用新的领导及领导力开发方法。
- 欣然接受创新，视其为组织未来成功的驱动力。
- 为越来越高水平的虚拟领导做好准备，并且它所需要的技能与面对面领导所需要的技能不同。
- 跨组织边界的合作（跨团队、跨部门、跨单元、跨地区等）将是组织成功必不可少的部分。
- 由于信任和尊重至关重要，领导者需要比以往更真诚地履行职责。
- 下一代领导者将对组织提出全新的领导要求。
- 组织的人才危机即将来临，因此高可信度、有成熟的人才开发和继任计划项目的组织将处于有利地位。
- 确保所有员工的健康情况（包括领导者），必须成为组织的优先关注事项。

资料来源：A. Martin, *What's Next: The 2007 Changing Nature of Leadership Survey*, CCL Research White Paper (Greensboro, NC: Center for Creative Leadership). Center for Creative Leadership, CCL®, and its logo are registered trademarks owned by the Center for Creative Leadership. © 2007 Center for Creative Leadership. All rights reserved.

❖ 领导概览 14-1

马克·扎克伯格：技术发展领先于我们了解真相的能力吗

马克·扎克伯格目前面临着激烈批评，因为 Facebook 没有对其平台上传播的信息进行更严格的监管和事实核查。批评人士指出，“Facebook 拥有过大权力，社交媒体正在扭曲民主并破坏选举”。随着2020年美国总统大选临近，Facebook发现自己正处于一场争论的中心，其焦点是它是否对平台信息的准确性负有责任。

出现这一问题是因为，数字经济时代的政治广告宣传发生了巨大变化。历史上，在传统媒体上发布的政治广告需要接受严格的公众监督，因而几乎不可能包含明目张胆的谎言。但数字媒体改变了这一切，特别是微目标定位（microtargeting）的出现。微目标定位使广告主（如政治运动主体）可以限定将特定信息传达给小范围的特定人群，这种做法有效排除了人们对这些观点进行公开讨论并大白于天下的可能性。例如，微目标定位使政治广告主可以根据Facebook用户阅读或评论的内容，确定哪些人对枪支、移民或人工流产问题感兴趣，进而针对他们发布广告。从2019年秋季开始，Facebook坚持表示平台不会对政治广告进行事实审查，但批评人士认为，这种做法给了政客传播严重虚假信息的许可证。他们表示，这必然会导致“一场虚假信息的海啸”。这显然无法为一场可信的选举提供可靠基础。一位Facebook高管对此类批评的回应是，公司“有道德义务不在选举中破坏平衡，反对特朗普总统”，他将Facebook被诱惑使用其编辑权比作《指环王》中魔戒的腐蚀性影响。

你认为社交媒体平台应该做更多努力，控制平台接收的政治广告中的错误信息和虚假信息吗？这种做法有现实可能性吗？对于技术创新导致的潜在政治后果，马克·扎克伯格（及其他创新者）是否应该承担责任呢？

资料来源：B. Ortutay and M. Anderson, “Facebook Again Refuses to Ban Political Ads, even False Ones,” *Associated Press*, January 9, 2020; and “Facebook: One Ring to Rule Them All?” *The Week,* January 17, 2020, p. 36.

跨社会文化的领导

关于社会文化在领导过程中扮演的角色，马尔科姆·格拉德威尔（Malcolm Gladwell）的《异类》（*Outliers*）一书中提供了一个生动例证。此书谈到了文化在多起飞机失事中扮演的角色，包括1997年大韩航空公司801航班失事，这次事故导致机上254人中的228人丧生。事实上，1988—1998年，韩国航空的人员损失率（离港旅客死亡率）比美国航空公司的平均水平高17倍。乍一看，导致这一差异的可能原因是韩国飞行员在飞行技术诀窍或知识上的欠缺，但事实并非如此，这通常不是导致事故的原因。导致飞机失事的原因几乎总是团队合作和沟通方面的错误，而不是飞行技巧不足。对这些事故的详尽分析揭示出，事故的根源在于韩国飞行员有着尊重权威的根深蒂固的传统文化。在拥有类似尊重权威观念的其他国家飞机机组中，同一因素也在飞机失事中发挥影响。尊重权威本身并无好坏之分，但在危急情况下，当它干扰到清晰、直接的沟通时，就构成了问题。这正是上述飞机失事时发生的情况。虽然听上去很奇怪，但机组成员没有将其面临情境的危险紧迫性清楚明了地告知航空调度员。与调度员进行平等交流，比如修正调度员对实际状况的认识，从机组成员的文化角度来看似乎不尊重对方（补充说明：韩国航空已经修订了航空管理程序，它现在有非常优秀的安全记录）。[71]

这无疑是个戏剧性的例子，幸运的是飞机失事极端少见。但这个故事告诉我们一个要点，同样适用于其他各类场合的领导者：文化差异，特别是那些未被认识和考虑到的文化差异，可能对沟通和团队合作带来重大挑战。因此，很自然地，近年来不断有实证研究探讨不同社会文化下领导所面临的挑战。这些研究的一个价值，就是研究结论指出了人们关于领导过程存在的多种迷思、错误假定和无法验证的一般推论。

例如，在某一社会中被视为有效领导者的人，在另一个社会中可能是无效的。这一结论来自一项对比分析研究，探讨马来西亚和澳大利亚的上级在评价女性领导有效性时的差异。该研究发现，上级的评价不是基于对女性管理者能力的客观评估，而主要受到人们关于女性在社会中适当角色的文化信念的影响。在澳大利亚，对女性和男性管理者的文化接受度很高，人们在社会及组织层面上都将男性和女性视为平等主体；但在马来西亚并非如此，人们持有更强烈的性别刻板印象。尽管这些研究结论并不出乎预料，但它们的确指出了西方文化背景下的研究结论可能无法直接适用于其他发展中国家。[72]

这些研究结论不仅有理论和学术价值，也有明显的实践意义。对全球 500 家最大公司高管人员的调查显示，高胜任力的全球性领导者对企业经营成功的贡献最大（专栏 14-9 中有进一步讨论）。并且，有 85% 的高管人员认为，自己的公司没有足够数量的高胜任力全球性领导者。[73]

❖ 专栏 14-9

全球性领导

毫无疑问，这个世界正变得越来越小。全球化使商品服务以 10～20 年前根本无法想象的方式在各种地点制造、交易和运输。世界性商业领袖，如通用电气的杰弗里 · 伊梅尔特（Jeffery Immelt）、雷诺和日产汽车的卡洛斯 · 戈恩（Carlos Ghosn）都相信这种全球性趋势不可逆转，而且其势头正在不断增强。但全球化对领导意味着什么？很显然，领导者通过他人达成结果以及构建高凝聚力、目标导向的团队的方式，将会因所在国家的不同而有差异。例如，马来西亚的领导文化不赞成果敢自信、对抗性的行为，而更强调保持和谐。该文化认为，有效的领导者在展示家长式（而非参与式）领导风格的同时，应表现出同情关爱的一面。德国的领导文化则不重视同情关爱，其人际关系相当直接刻板。德国的有效领导者往往重视自主性和参与度，但同时是低团队取向的。

那么，应该如何在全球经济中领导？切实了解不同文化的价值观和不同国家的工作方式，是重要的第一步。但是，想在印度、津巴布韦或爱沙尼亚构建团队或取得成果，领导者需要做的工作是否存在根本差异呢？为了成为有效领导者，未来的领导者是否需要使用多种语言，或者真正在多个国家生活呢？对这些问题的回答，部分取决于组织的全球化程度。有些组织，比如废物管理公司和“为您服务”公司（ServiceMaster），主要在加拿大和美国经营，可能不需要领导者有国外生活经历或会讲多国语言。另一些组织，如3M、惠普、辉瑞制药、英国石油、联想、耐克、丰田汽车或英国军队，都在多个国家拥有大量制造、营销、销售业务或军事行动。这些组织往往使用一个全球胜任力模型来罗列对其各国领导者的期望，并且，不同公司间的领导胜任力模型的差异要明显大于不同国家间的模型差异（胜任力模型的一个示例，见图7-3）。

曾在国外生活过的领导者可能已经应用了行动 – 观察 – 反思模型，使其海外工作经历的教益最大化，同时，会讲多种语言将使其更好地领导国际化组织。但是，就当前而言，这仍然只是一种个人臆测，需要更多研究给我们提供关于下列问题的确切结论，比如国际经历是否重要、需要多少和何种类型的经历、从国际经历中得到的关键教益是什么、我们应当如何为国际化组织甄选和开发成功领导者。遗憾的是，即使花费大量时间在其他国家生活，有些人也没意识到不同文化间实际上存在显著差异（例如，以偏概全地认为“所有人基本上都是一样的”）。

这里的好消息是，由150名社会科学家组成的团队正致力于一个名为GLOBE（全球领导力与组织行为效力，Global Leader-ship and Organizational Behavior Effectiveness）的项目，积极寻找上述问题的答案，并将于近期发表其研究成果。

资料来源：S. Green, F. Hassan, J. Immelt, M. Marks, and D. Meiland, “In Search of Global Leaders,” *Harvard Business Review*, August 2003, pp. 38–45; J. C. Kennedy, “Leadership in Malaysia: Traditional Values, International Outlook,”*The Academy of Management Executive* 16, no. 3 (2002), pp. 15–24; F. Brodbeck, M. Frese, M. Javidan, and F. G. Kroll, “Leadership Made in Germany: Low on Compassion, High in Performance,” *The Academy of Management Executive* 16, no. 1 (2002), pp. 16–30; GLOBE program, http://mgmt3.ucalgary.ca/web/globe.nsf/index; B. Szkudlarek, J. Mcnett, L. Romani, and H. Lane, “The Past, Present and Future of Cross-Cultural Management Education: The Educators’ Perspective,” *Academy of Management Learning & Education* 12, no. 3 (2013), pp. 477–93; and M. E. Mendenhall, A. A. Arnardottir, G. R. Oddou, and L. A. Burke, “Developing Cross-Cultural Competencies in Management Education via Cognitive-Behavioral Therapy,”*Academy of Management Learning & Education* 12, no. 3 (2013), pp. 436–51.

由于缺乏高胜任力的全球性领导者，来自不同文化的员工在共事时就可能出现相互间的误解和轻视。这里给出两个具体例证。第一个例子，请考虑美国一直强调的个人主义（关注自信、自我控制、自我概念、自我表达，或者在影视和文学作品中展现的顽强的个人主义），以及它以何种方式影响工作。从个人主义的角度来看，特定的管理实践和期望似乎不容置疑，比如每个人为自己的工作负责的观念。在重视个人责任的情境下，决策权往往被授予单个管理者。并且，如果工作顺利完成，这些管理者也认为这是个人能力的表现。但在工业化程度很高的日本，通行的则是不同的规范。决策过程往往耗时长久，以确保每个受到决策影响的人都有机会事先参与决策制定。另一位美国人认为显而易见的原则是，个人职业晋升是期望的、好的结果。但在某些文化中，管理者会抵制与同事竞争奖励或晋升机会，认为这会破坏群体和谐，或者看上去过于自私自利。

第二个诱发潜在冲突或误解的例子，是权力倾向，即人们如何处理与他人的权力和权威关系。美国是个相对年轻、流动性大的国家，大部分人口都是移民。相对于其他国家，人们较少关心家庭出身或阶级背景。人们相信，成功来自个人勤奋工作和才华，而不是个人出身或所属阶层。

这一切导致工作中的非正式氛围形成，即使在同一公司中地位悬殊的个人之间也是如此。下属期望上级易于接近，甚至在某些方面对下属做出热情响应。而在另一些文化中，组织中地位较高者几乎享有不可挑战的权威，人们期望大多数决策都应当上交给这些上级来决定（与向下授权截然相反）。

什么是社会文化

在我们探讨关于跨社会文化的具体研究结论之前，首先弄清“**社会文化**”（societal culture）一词的含义是很有必要的。社会文化是指在任一给定社会中，反映其成员总体生活方式的那些习得行为。文化之间存在差异，就像每个人彼此不同一样。对外人来说，任何文化最显著的方面总是与行为有关，即通过独特的行动、特别的行为风格和姿态表现出的文化特性。例如，美国人在游览泰国时，会发现泰国成年男性会在公众场合手拉着手，这令他们很好奇，有时甚至是有些困扰。他们对这类行为的负面反应是因为这对他们来说是非典型行为，并且他们对此赋予了“北美的”含义（如“女性在公众场合手拉手是可以接受的，但男性不应该这么做”）。然而，虽然这类行为是显而易见的，但它们不过是冰山一角。文化的大部分内容不会轻易显现，就好像潜于水中的那部分冰山一样。隐藏于人们视野之外的是信念、价值观和谬见，它们为外在的行为提供了背景。[74] 因此，对全球化背景下商业领导者的一个明显启示就是，有必要意识到并尊重文化间的差异和不同的文化视角。巴纳姆（Barnum）指出，具备从另一种文化视角来看待本族文化的能力极其重要：

> 有意无意地，他们会以自己的信念为标尺来评判你，因此，找出他们的价值观是什么、注意他们与你最接近的价值观和背离程度最高的价值观，你就能了解如何比较这些标尺。例如，如果他们相信宿命论更胜于你对个人责任的信念，那冲突就不远了。在中东，这就是个严重问题，它影响到了公司的管理风格，甚至还影响到了销售人寿保险的能力，在那些穆斯林习惯势力很强的社会，人们对此相当厌恶。[75]

GLOBE 研究

GLOBE 是一项名为“**全球领导力与组织行为效力**”（Global Leadership and Organizational Behavior Effectiveness）研究项目的缩略语。该项目是迄今为止涉及面最广的领导与文化研究项目，其收集的数据来自 62 个国家 950 多家公司的 17 000 多名管理者。[76, 77]

霍夫斯泰德[78] 是最早研究信念与文化的学者之一，他的开创性成果为 GLOBE 研究提供了基础理论依据。他指出，存在五个基本的文化价值观和信念维度，这一分类与其他研究者提出的维度一起，共同形成了 GLOBE 研究中使用的 9 个社会文化维度。由于这类研究使用的分析维度众多、内容复杂，我们仅选取其中两个分析维度的代表性研究成果，使大家对这类跨文化研究的成果有一个初步认识。我们将展示的是未来取向和集体主义 - 个人主义维度。下面是对这两个维度的简要定义。[79]

未来取向（future orientation）：组织或社会中的个人在多大程度上从事未来导向的行为，如对未来的规划和投资。

集体主义（collectivism）：个人在多大程度上向组织、家庭或类似群体表达自豪、忠诚和归属感。

表 14-4 展示了一些代表性研究成果，说明不同文化在上述维度评价上的得分高低。在 GLOBE 研究中，这两个维度及另外 7 个文化维度的跨文化差异，构成了 GLOBE 项目中跨文化领导力差异研究结论的基础。

表 14-4 两项 GLOBE 研究维度的代表性社会文化差异

高集体主义的社会通常：	高个人主义的社会通常：
• 生活节奏较慢 • 心脏病发病率较低 • 爱情在婚姻抉择中的权重较低 • 较少的人际交往，但人际交往通常更持久、更亲密	• 生活节奏较快 • 心脏病发病率较高 • 爱情在婚姻抉择中的权重较大 • 较多的人际交往，但人际交往通常较短暂、亲密度较低
高未来取向的社会通常：	**低未来取向的社会通常：**
• 更有可能取得经济成功 • 具有灵活、高适应性的组织和管理者 • 在面对混乱和不确定性时，强调能找出规律的愿景型领导	• 经济成功的比率较低 • 具有僵化、难以调整的组织和管理者 • 强调重复进行可复制的常规程序的领导

GLOBE 研究的核心理论模型，是所谓的**内隐领导理论**（implicit leadership theory，ILT）。该理论认为，个人关于领导者与追随者、有效领导者与无效领导者、道德领导者与不道德领导者之间存在的区别性属性和行为，存在隐含的信念与假定。GLOBE 模型进而提出，在不同的社会文化之间、同一社会文化内的不同组织文化之间，内隐领导理论也存在相当大的差异。GLOBE 项目称其为**基于文化的内隐领导理论**（culturally endorsed implicit theory of leadership，CLT）。

在详尽分析 GLOBE 的研究成果后，研究者提出，有 6 个维度可以普遍适用于全球各种文化下的 CLT 评价。下面是对这 6 个维度的简要说明。[80]

- **魅力型 / 以价值为基础的领导**（charismatic/value-based leadership）：有能力鼓舞、激励和期望他人在坚守核心价值观的基础上，完成高绩效成果。
- **团队导向的领导**（team-oriented leadership）：强调构建有效团队，并使团队成员为了共同宗旨或目标而奋斗。
- **参与式领导**（participative leadership）：体现了管理者使他人参与到决策制定和实施过程的程度。
- **以人为本的领导**（humane-oriented leadership）：体现了支持、体谅、关爱及大度的领导方式。
- **自主型领导**（autonomous leadership）：体现了独立和个人主义的领导方式。
- **自我保护型领导**（self-protective leadership）：关注确保个人或团队成员的安全和保障。

在分析了来自不同国家的数据后，GLOBE研究者将其分为10个不同的社会集群（societal cluster），如东欧、北欧、拉丁美洲、南亚和盎格鲁社会集群。对国家的归类按价值观和信念的相似性效标来进行，同一集群内的国家相似性较高，而在集群间则有较大的差异性。同样地，对这些社会集群的全面详尽说明也超出了本书意图。我们只要选取其中三个社会集群，就足以使读者对GLOBE研究成果的性质有一个一般了解。表14-5提供了三个不同社会集群在5个全球CLT维度上的相对评级（高、中、低）。[81]

表14-5 不同社会集群在CLT维度的相对评级

社会集群	魅力型/以价值为基础的领导	团队导向的领导	参与式领导	以人为本的领导	自我保护型领导
东欧	中	中	低	中	高
盎格鲁	高	中	高	高	低
中东	低	低	低	中	高

表14-5清楚地表明，在不同社会集群中，关于什么构成了优秀领导力的观点存在很大差异，因而，领导者在做出有效行为（并被他人感知为有效领导）时需要考虑到所在社会的价值观和实践。

GLOBE研究的最后一些有趣发现，涉及**领导属性的普遍性**（universality of leadership attribute）。这些研究对表14-5中所示的不同社会CLT维度的差异性进行了提炼和调整。为了修正人们关于不同社会对好领导和坏领导的观念完全不同的印象，这些研究指出，不同文化间关于好领导和坏领导的属性存在很多普遍共识。但这些研究结论也指出，对这些属性的进一步探讨可以看出不同文化间的差异性。GLOBE研究者提出了22项各类文化中都认为有利于领导效力发挥的个人属性和行为[82]（见表14-6）。此外，该项目还提出了8项普遍认为不利于领导效力发挥的个人特性（见表14-7）。并且，GLOBE研究者还提出了35项领导特性，这些特性在某些文化中被视为积极因素，在另一些文化中则被视为消极因素（表14-8列出了部分特性）。这些数量众多的文化权变特性，显然解释了不同社会文化间的大部分领导力差异。

表14-6 各种文化普遍认为积极的领导者属性和行为

值得信赖	积极正面	聪明
公正	动态的	决断
诚实	激励下属者	有效谈判者
有远见	信心构建者	双赢的问题解决者
事先规划	激励他人	精通行政管理技能
鼓舞人心	可靠	善于沟通
见多识广	协调者	团队构建者
卓越导向		

资料来源：Adapted from House et al., "Cultural Influences on Leadership and Organizations: Project GLOBE," *Advances in Global Leadership*, vol. 1 (Stamford, CT: JAI Press, 1999), pp. 171–233.

表 14-7 各种文化普遍认为消极的领导者属性和行为

不合群者	含糊、不明示
缺乏社交性	以自我为中心
缺乏合作精神	冷酷无情
易怒	独裁

资料来源：Adapted from House et al., "Cultural Influences on Leadership and Organizations: Project GLOBE," *Advances in Global Leadership*, vol. 1 (Stamford, CT: JAI Press, 1999), pp. 171–233.

表 14-8 与特定文化相关的领导者属性和行为（示例）

雄心勃勃	个人主义
谨慎	有逻辑
富于同情心	有条理
专横	敏感
正统庄重	真诚
独立	世故

资料来源：Adapted from House et al., "Cultural Influences on Leadership and Organizations: Project GLOBE," *Advances in Global Leadership*, vol. 1 (Stamford, CT: JAI Press, 1999), pp. 171–233.

扫码获取本章案例、参考文献等内容

第 15 章

权变领导理论

到目前为止，如果我们想就本书提出一份极为简短的概要，就会说领导是一个涉及领导者、追随者和情境诸因素的过程。在第 1 篇中，我们讨论了过程因素，而在第 2 篇中将关注点完全放在领导者身上，第 3 篇关注的是追随者，在第 14 章中，我们讨论了领导的情境要素。你可能也注意到，每当我们想要完全专注于本篇感兴趣的要素时，往往就会涉及领导者 – 追随者 – 情境（L-F-S）模型中的重叠区域。重叠是符合真实情况的，而我们分割这些概念的意图也仅仅是为了简化。

需要指出的是，采用 L-F-S 模型时，我们刻意遵循了科学理论发展的一种传统做法，即**简约法**（parsimony）。一个简约的模型是指模型在使用尽可能少的预测变量的同时，具有最大的解释能力。我们选择了自认为最有力的三个预测变量：领导者、追随者和情境。

但读者也需要认识到，L-F-S 模型不可能包含领导过程中所有的潜在变量或成果。丁（Dinh）及其同事所做的一项研究强调了这种复杂性。他们首先报告了在近几十年来形成了多少领导学领域，在他们的研究中，他们确认了共计 66 种不同的领导学理论学说。但更重要的，他们表示：

> 目前不存在统一的领导学理论。领导学理论强调多种成果，从他人如何感知领导者，到领导者如何影响单元绩效；它涉及群体成员的行动，以及正式领导者的行动；它被用于研究包括事件、个人、领导 – 下属成对关系、群体、组织及政治制度等多个层次；它关注短期的影响效应，也关注延迟效应；并且，它往往包含环境差异。因此，毫不奇怪，领导学涉及 66 种不同理论学说，同时存在极为多样的研究方法论。[1]

但对本书而言，我们仍坚持三个主要变量：领导者、追随者和情境。

可以肯定地说，领导学的世界的确是相当复杂的。即使在我们的 L-F-S 模型中，也有多个方面在发挥作用。领导力取决于模型中三个要素的相互影响，而这种权变关系正是本章关注的主题。

本章评述了四个著名的权变领导理论。第一个是领导 – 成员交换（LMX）理论，关注领导者与追随者之间的权变及互动关系。其余三个理论则谈到了领导者、追随者和情境的特定方面。这些理论还存在其他一些共同点。首先，它们都是理论模型，而不是某人的个人观点，这些模型都是多年来大量实证研究的关注焦点。其次，这些理论隐含地假定，领导者能准确诊断或评估追随者和领导情境的关键领域。再次，除了菲德勒的权变模型[2, 3]，其余权变理论均假定领导者有能力以灵活的方式行事。换句话说，领导者能够也应当随着情境和追随者特性的变化调整自身行为。最后，权变理论假定，情境、追随者特性与领导者行为之间的正确匹配，对群体或组织成果有积极影响。因此，这些理论认为，当领导者根据特定的情境和追随者特性正确做出相应行为时，领导效力会达到最大值。由于存在这些共同点，切默斯（Chemers）[4] 主张，这些权变理论的相似之处要大于相异之处。他表示，它们的主要差异表现在情境类型和追随者特性上，人们应当据此选择不同的领导行为。

领导 – 成员交换理论

在第 1 章谈到的领导者和追随者的圈内和圈外互动，是我们最初指出的一个权变因素。这些关系一开始被描述为一种纵向的成对关系[5]，但随着时间推移，今天的研究者往往称其为**领导 – 成员交换**（leader-member exchange，LMX）关系。然而，这些理论的主要前提仍然保持不变。基本上，LMX 理论认为，领导者不会采用完全相同的方式来对待所有追随者。相反，领导者与每位下属形成了具体、独特的个人联系，从而创造了一系列的个人成对关系。总的来说，正如前面指出的，这种个人联系往往可以分为两大类。

在圈外关系或低质量的交换关系中，人际互动往往局限于完成其合约义务。[6] 而对于其他下属（圈内关系），领导者形成了高质量的交换关系，这远远超出了“完成工作所需”。这些高质量的关系的确是一种“交换”，因为双方都能从中受益。领导者在换取下属更高任务绩效[7] 的同时，也会提供赋权机会[8]、在社会网络中支持下属[9]，并提供个人指导[10]。

多年来，出现了大量 LMX 理论的研究和思考。早期的研究关注点是探讨这一关系的发展过程中存在的多个发展阶段。这些阶段通常表述如下：

- **角色获得**（role-taking）发生在追随者的工作早期。此时领导者提供多种机会，并评估追随者的绩效和潜能。
- **角色扮演**（role-making）是指基于信任构建过程，追随者的角色在这一阶段被创设出来。这一阶段很脆弱，领导者感知到的任何背叛都会使追随者从圈内退出，并被分配到圈外。
- **习惯化**（routinization）是指领导 – 成员交换关系已经成功确立。正是在这一阶段，相似性（圈内）与差异性（往往在圈外被强调）得以巩固。

在 LMX 理论首次提出至今的 25 年间，该理论研究的最大进展可能来自格雷恩和乌宾（Graen，Uhl-Bien）发表的一篇论文。[11] 在该论文中，作者扩展了该模型的描述部分，但仍将关注点放在领导者与追随者间的成对关系过程上。但该模型也被做出修正，由单纯的过程描述转变为可用于提高组织效力的规范模型。当我们回想自己以往的教练、老师，他们的圈内和圈外群体会使我们大多数人很容易对 LMX 理论的描述部分产生共鸣。该模型如今建议，领导者应当从事那些能主动开发领导 – 下属关系的行为（因而被称为规范模型），并在整个追随者群体中构建更多的圈内关系。这一领导过程如表 15-1 所示。

表 15-1　领导角色塑造的周期

←———— 时间 ————→

特征	陌生人	熟人	成熟
关系构建阶段	角色获得	角色扮演	角色习惯化
交互关系	现款交易	混合	同类实物互换
交互关系的时间范围	即时	稍有延缓	无限期
领导 – 成员交换	低	中	高
累积的影响	无	有限	几乎无限

资料来源：Adapted from G. B. Graen and M. Uhl-Bien, "Relationship-based Approach to Leadership: Development of Leader–Member Exchange (LMX) Theory over 25 Years: Applying a Multi-level Multi-domain Perspective," *Leadership Quarterly* 6 (1995), pp. 219–47.

在上表中，LMX 领导塑造过程是沿时间维度从左向右发展的。在模型的规范部分，可能最重要的是关注领导者承担着强化组织整体效力的责任，要求他们开发更多的圈内群体成员，同时减少圈外成员的数量。总之，领导塑造过程建议，领导者应当努力培养与所有追随者的特殊关系；应当给每位追随者提供承担新角色、新责任和新挑战的机会；应当培养与所有追随者之间的高质量交换关系；并且，应当关注与所有下属建立信任和尊重关系的多种途径，这会使整个工作群体都成为圈内成员，而不是强调圈内与圈外成员间的差异。

关于 LMX 模型的总结性思考

LMX 理论的早期模型（纵向成对关系模型），是各类权变领导模型中最简单的一个。从我们的领导者 – 追随者 – 情境模型中也很容易看出，即使是现在的 LMX 理论仍主要关注领导者和追随者之间的关系构建过程。情境很少被考虑在内，而且，要想提高组织效力，领导者就需要尽可能多地增加圈内成员数量。从实践应用角度来看，LMX 理论的最大局限是它没有描述哪些具体行为有助于形成领导者与追随者间的高质量交换关系。但是，与后面即将谈到的一些权变领导模型不同，LMX 理论目前仍在源源不断地产出新的研究成果。[12, 13]

事实上，在本章谈到的所有权变领导理论模型中，与 LMX 理论有关的研究论文数量是最多的。与 LMX 有关的研究论题包括追随者的主动型人格[14]、领导者的社会网络范围[15]、员工将上级和组织视为一体的程度[16]、员工对程序公平和分配公平氛围的感知[17]、追随者在多大程度上认为领导者公平对待所有成员（不一定是“完全相同”），以及领导者在多大程度上代表了群体的价值观和规范[18]。总体而言，对 LMX 理论的研究，涉及不同国家[19]及全球分布的团队[20]。

情境领导模型

领导者并非总以同样的方式与所有追随者展开互动，这一点似乎很明显。例如，一位领导者可能对很能干、高激励的下属提出一般性的指示或目标，但花费相当多时间来辅导、指导和培训那些技能不足、缺乏激励的追随者。或者，领导者可能较少表达对高自信下属的赞许和肯定，而对低自信的下属则表示高度支持。尽管领导者在应对个别追随者时通常运用不同的互动风格，但是否存在一种最优方式来调整领导者与不同类型下属的互动行为，进而提高他们成功的可能性呢？如果存在这种方式，领导者应当基于什么来选择他的行为——是追随者的智力水平、人格特质、价值观、偏好，还是技术胜任力？一种名为**情境领导**（situational leadership）的模型回答了这两个重要的领导问题。

领导者的行为

情境领导模型随时间推移而不断演变。它的基本内容首次发表于 1969 年[21]，源于俄亥俄州立大学最初提出的领导者行为的两个宽泛分类：结构维度和关怀维度（见第 7 章）。随着情境领导模型的演变，这两类领导行为的命名也发生了改变（但内容并没有变化）。结构维度变成了**任务行为**（task behavior），其定义是领导者在多大程度上明确阐述一个人或群体应承担的责任。任务行为包括告诉人们做什么、如何做、何时做、由谁来做。类似地，关怀维度也变成了**关系行为**（relationship behavior），或者说领导者在多大程度上进行双向沟通。关系行为包括倾听、鼓励、促进、澄清、解释一项任务为何重要，并提供支持。

> 现实世界凌乱不堪——但即便是凌乱的地方，也可以（或应该）以系统方式应对。
>
> ——亚历克斯·康奈尔（Alex Cornell），Facebook 产品设计师

在研究现实中的领导者行为时，很少有证据表明这两类领导者行为总是与领导成功相关联；这两种行为维度的相对效力往往取决于情境。赫塞和布兰查德（Hersey，Blanchard）的情境领导模型解释了领导效力为何因这两种行为维度和情境的不同而存在差异。该模型列出了类似俄亥俄州立大学研究中的两个维度，并将这两个维度分成高、低两部分（见图 15-1）。根据该模型，以这种方式描述两个领导维度很有价值，因为特定的任务行为和关系行为组合可能在某些情境下更有效。

例如，在某些情境下，高任务行为和低关系行为的组合是有效的，而在另一些情境中则恰好相反。但到目前为止，我们仍未考虑哪些追随者或情境的关键特征能使任务和关系行为组合的效力最大化。赫塞表示，如果以个别追随者执行给定任务的成熟度为条件，则适用四种任务行为和关系行为的不同组合，将能提高领导效力。

追随者成熟度

在情境领导模型中，**追随者成熟度**（follower readiness）是指一名追随者完成特定任务的能力和意愿。成熟度不是对个人的人格、特质、价值观、年龄等方面的测评。它不是一项个人特征，

而是指个人在多大程度上为执行一项特定任务做好了准备。任一追随者都可能在执行某项任务时成熟度较低，而在完成另一项任务时成熟度较高。一名有经验的急诊室医生可能在评估患者健康状况这类任务时表现出高成熟度，但在推动跨部门团队会议以解决一项模糊、复杂的问题时（比如，提出一些促进医院内部跨部门合作的实践建议），就可能有较低的成熟度。

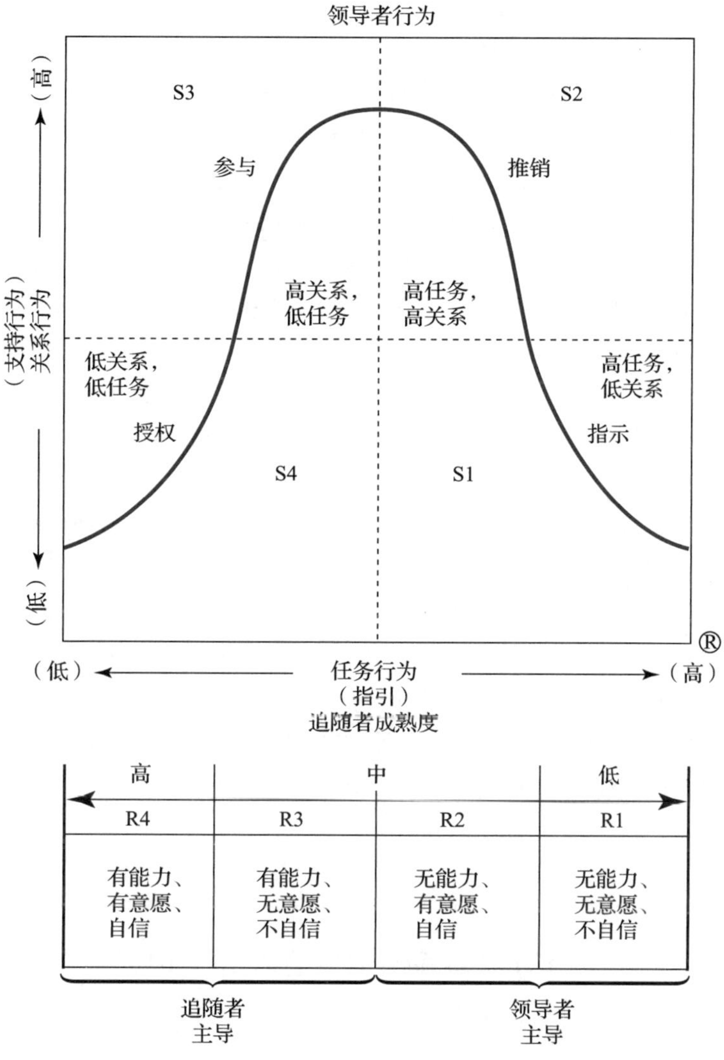

图 15-1　情境领导模型

资料来源：P. Hersey, K. Blanchard, and D. Johnson, *Management of Organizational Behavior: Utilizing Human Resources*, 7th ed. (Englewood Cliffs, NJ: Prentice Hall, 1996), p. 200.

模型的对策建议

既然已经识别了追随者成熟度这一关键权变因素，让我们继续移到这张图的另一个领域，将追随者成熟度的不同水平与此前描述的四种领导行为组合相联系。图 15-1 中下方的水平线表示追随者成熟度由右向左不断提高（与我们熟悉的方向相反）。这一连续区间分为四段，从 R1（最低）到 R4（最高）。但沿着这一连续区间，对追随者成熟度的评估可能相当主观。一位高成熟度的下属可能明确地落在 R4 中，而一位既无能力也无意愿（或非常不自信）执行任务的下属将落在 R1 中。

该模型的完整版还需要添加一条曲线，代表与特定的下属成熟度水平对应的最可能有效的领导者行为。为了应用这一模型，领导者应当首先评估下属与任务相关的成熟度水平（R1～R4）。接下来，应当从所在成熟度水平的中心位置画一条垂线，直到与图 15-1 中的曲线相交。这个交点所在的象限代表了最有可能产出最佳成果的任务和关系行为的水平。例如，请想象你是消防队长，手下有一支搜救团队。为了营救坠落山谷的野营者，你选派了某个下属去完成该任务。此时你应当表现出何种领导行为？如果这名追随者拥有这类营救活动所需的充分培训和经验，你将他的成熟度评估为 R4。从 R4 画的一条垂线与象限 S4 中的曲线相交，这表示低任务、低关系的领导者行为最有可能成功。作为领导者，你必须表现出低水平的任务和关系行为，并将任务授权给该下属。与之相对，可能在消防部门中有一位新成员，他还需要学习消防的具体细节知识。由于这名特定追随者的任务成熟度较低（R1），模型认为，在一开始与该追随者打交道时，领导者应当使用高任务和低关系行为。

赫塞建议，领导者可能需要考虑下一步骤的行动。上面描述的模型帮助领导者在已知追随者现有的成熟度水平时，选择做出最适当的行为。然而，在某些情况下，领导者想看到追随者提高对特定任务的成熟度水平，就可以通过实施一系列的**发展干预**（developmental intervention）来实现。这一过程首先要评估追随者目前的成熟度水平，再确定最适合该追随者执行某一任务时的领导者行为。但领导者不是使用模型规定的领导者行为，而是选择更高一级的领导者行为。另一种思考该问题的方式是，领导者选择的行为模式应符合成熟度高一个级别的追随者。这一干预措施旨在帮助追随者发展其成熟度，这也是它的名称由来（见专栏 15-1）。

❖ 专栏 15-1

用情境领导模型进行发展干预

戴安娜是宿舍助理，负责管理某个大学宿舍的学生。有位大二学生迈克尔，过去自愿从事一些项目工作，但似乎从不主动采取行动。迈克尔会一直等戴安娜给他明确指示、赞成和鼓励，才会开始做事。迈克尔可以把工作做得很好，但除非他确信事情是对的，而且戴安娜明确说明了做事步骤，否则他是不愿开始的。戴安娜对迈克尔的成熟度评价为 R2，但她想看到他在任务准备度和心理成熟度上的成长。最适合迈克尔当前成熟度水平的领导者行为可能是推销，或者是高任务、高关系。但戴安娜决定实施一项发展干预措施，帮助迈克尔提高他的成熟度水平。戴安娜在这一干预过程中能提供的最大助力，就是上移一层到参与，即高关系、低任务。通过减少任务指示、指导的数量，同时鼓励迈克尔独立制订计划，支持他方向正确的工作步骤，戴安娜能最大限度地帮助迈克尔成为 R3 追随者。但这并不意味着他会极其高效地完成工作。正如我们在前面的弗鲁姆和耶顿模型中看到的，如果领导者的部分工作是培养下属，在时间和短期效益之间做出权衡是合理的，也是必要的。

关于情境领导理论的总结性思考

在图 15-2 中，我们可以看到情境领导模型中的各要素如何与 L-F-S 框架相匹配。与弗鲁姆和耶顿的模型相比，三要素中需要考虑的因素都相对较少。唯一的情境考虑是对任务的知识，仅有的追随者因素是成熟度。另外，该理论大大超出了决策过程的范围，而后者是常规决策模型考虑的唯一领域。

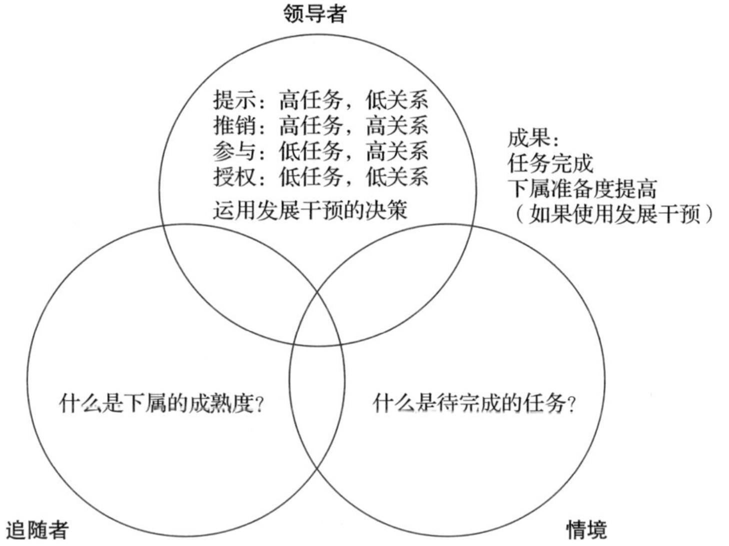

图 15-2 情境领导模型各要素与互动框架

情境领导模型往往对学生和实践者很有吸引力，因为它的做法近于常识，也因为它易于理解。但遗憾的是，很少有公开发表的研究支持情境领导模型在工作环境下的预测。[22, 23] 在实施情境领导模型的组织中进行了大量研究，但其中大部分研究结论未予公开。

2007 年，布兰查德对情境领导模型进行了修订，更清楚地说明了对四个追随者开发层次的定义及对应的四种最优领导风格。[24] 虽然模型的修订是为了回应以往的批评（即模型无法给出具体诊断建议），但它的确提供了对追随者风格的更具体分类；然而，研究发现，初始模型比修正模型更好地预测了下属绩效和态度。[25]

虽然情境领导模型存在上述缺陷，但它的益处在于引导领导者的思考，即领导效力在一定程度上取决于领导者能否灵活地适应不同下属，而不是以同样的方式对待全体下属。

权变模型

虽然领导者可能有能力针对单个下属改变其行为，但他们也存在主导性行为倾向。有些领导者可能更倾向于支持性、高关系导向，而另一些领导者可能更关心任务或目标达成。权变模型[26]承认领导者具有这些一般行为倾向，并具体说明了特定领导者（或行为倾向）可能在哪些情境中表现得更有效。

菲德勒[27]的领导**权变模型**（contingency model）大概是最早也最著名的权变理论，而且往往被学生视为情境领导模型的对立面。与权变理论相比，情境领导模型强调领导者行为的灵活性，而权变模型则主张领导者的行为有较高的一致性（因而不太灵活）。情境领导模型认为，能根据追随者的成熟度不同而做出正确行为选择的领导者更有效，而权变模型认为，领导效力主要取决于为特定情境选择合适的领导者，或者改变情境以适应特定领导者的风格。换句话说，领导效力同时取决于领导者的风格和领导情境的有利性。有些领导者在某些情境下会表现得较好，而在另一些情境中表现稍差。因此，为了理解权变理论，我们需要首先看领导者的关键特征，接下来再看情境的某些关键方面。

最难共事者量表

为了确定领导者的一般风格或倾向，菲德勒开发了一个名为"**最难共事者量表**"[least preferred coworker（LPC）scale] 的测评工具。该量表要求领导者想出一个自己最难与之共同工作的人（即最难共事者），然后使用一组两两成对的形容词来描述这个人（比如，友善 – 不友善、令人厌烦 – 有趣、真诚 – 不真诚）。这些评级随后被转化为一定的量化分值。

在思考 LPC 程序时，很多人假定分值主要取决于领导者眼中"最难共事者"的特性。但在权变理论中，这一分值被认为是反映了领导者的某些信息，而不是领导者所评价的那个具体个人的信息。

目前对这些分值的解释是，它们确认了一位领导者的激励层次。[28]基于领导者的 LPC 分值，可以将他们分为两类：**低 LPC 领导者**（low-LPC leader）和**高 LPC 领导者**（high-LPC leader）。从激励层次来看，低 LPC 领导者主要受任务的激励，这意味着这些领导者主要从任务完成中获得满足感。因此，他们的主导行为倾向与俄亥俄州立大学研究的结构维度行为或情境领导模型中的任务行为相类似。但如果以可接受的方式完成了任务，低 LPC 领导者将会移向第二个激励层次，即建立并保持与追随者的关系。因此，低 LPC 领导者关注改善与追随者的关系，只能发生在确保指派任务得到圆满完成之后。只要任务未能以可接受的方式来完成，低 LPC 领导者就会重新将努力集中于任务完成上，并一直坚持努力，直到任务完成情况回到正轨。

从激励层次上看，高 LPC 领导者主要受到关系的激励，这意味着这些领导者主要从建立和保持密切的人际关系来获得满足。因此，他们的主导行为倾向与俄亥俄州立大学的关怀维度行为或情境领导模型中的关系行为相类似。如果高 LPC 领导者已经与追随者建立了良好关系，则他们会移向第二个激励层次，即任务完成。但一旦领导者 – 追随者关系面临威胁，高 LPC 领导者将停止任务领域的工作，转而投入努力以改进与下属的关系。

你可以把 LPC 量表看成识别两类不同领导者的工具，他们各自的激励层次如图 15-3 所示。低层次的需要必须首先得到满足。低 LPC 领导者在确信任务已圆满完成后，将上移来满足自己的关系需要。高 LPC 领导者在与追随者建立了良好关系后，也会上移来强调任务完成。

由于所有测试方法都无法做到完全准确，菲德勒[29]指出，LPC 量表不能准确识别那些分值居中者的激励层次。肯尼迪（Kennedy）[30]的研究提出了另一种观点。肯尼迪表示，与拥有极端 LPC 分值的人相比，LPC 分值居中的人可能更容易、更乐于在任务导向或关系导向的领导者这两种类型之间变换。他们可能对执行任务或与追随者建立关系，同样感到满意。

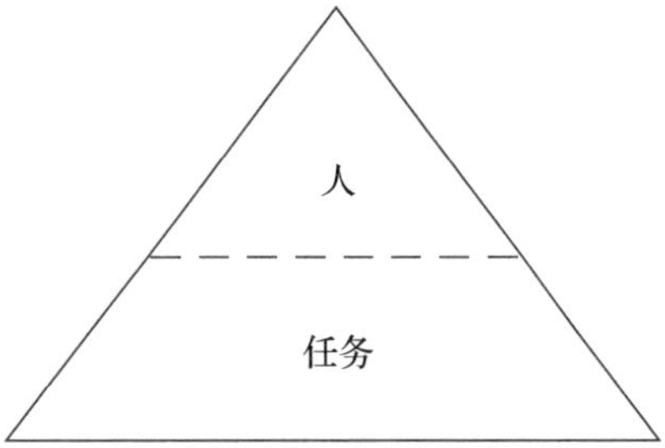

低LPC领导者激励层次

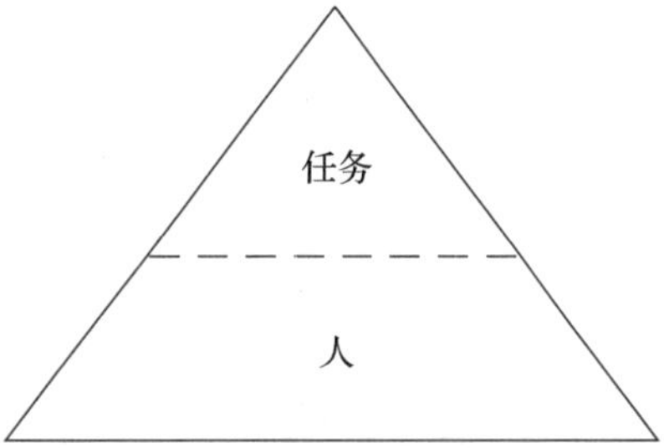

高LPC领导者激励层次

图 15-3　高 LPC 和低 LPC 领导者的激励层次

情境有利性

权变模型中的另一项关键变量是**情境有利性**（situational favorability），这是指领导者对追随者有多强的控制力。一个领导者对其追随者的控制力越强，情境可能就越有利，至少从领导者的角度来看是如此。菲德勒认为，情境有利性包括三个子要素。它们是领导 – 成员关系、任务结构和职位权力。

在这三个子要素中，领导 – 成员关系（leader-member relation）是决定情境整体有利性的最重要因素。它是指领导者和追随者间的关系总的来说是合作友好，还是敌对麻烦的。对领导 – 成员关系评价较高的领导者会觉得，他们获得了追随者的支持，也可以信赖追随者的忠诚。

任务结构（task structure）对情境有利性的影响力位居其次。在这里，领导者对任务结构的客观评判，是评估是否存在对工作产出、标准运营流程的详尽说明，或是否有确定工作完成情况的客观指标。对上述问题的肯定回答越多，任务的结构性越高。

职位权力（position power）是情境有利性中影响最弱的要素。拥有权威或地位等级头衔、执行奖惩措施的职权、有权评估下属绩效的领导者，比缺乏这些权力的领导者拥有更大的职位权力。

将这三要素的相对权重放在一起考虑，就能形成一个情境有利性的连续区间。在使用权变模型时，首先要求领导者对度量领导 – 成员关系、任务结构水平和个人拥有的职位权力的题项打分。接下来对评分结果进行加权综合，确定领导者面对的情境有利性的总体水平。[31]任意水平的情境有利性都可以标在这一连续区间上，菲德勒将这一连续区间八等分，代表不同的情境有利性水平。三个子要素的相对权重及它们如何构成这八个区间，如图 15-4 所示。

领导–成员关系	好				差			
任务结构	结构化		非结构化		结构化		非结构化	
职位权力	高	低	高	低	高	低	高	低
八个区间	1	2	3	4	5	6	7	8

图 15-4　确定情境有利性的权变模型八等分结构

你可以看到，情境有利性的八个区间分布是从 1（最有利）到 8（最不利）。当领导 – 成员关系好、任务结构化程度高、职位权力大时，会出现最高水平的情境有利性。当领导 – 成员的冲突水平高、任务是非结构化或不明确的并且领导者不具备奖惩下属的权力时，就会出现最低水平的情境有利性。此外，三个子要素的相对权重很容易在图 15-4 的排序中看出，其中，领导 – 成员关系排在首位，其次是任务结构，再接下来是职位权力。比如，由于领导 – 成员关系权重较大，不管任务结构或职位权力如何，领导 – 成员关系好的领导者都不可能面对低于中等水平的情境有利性。换句话说，领导 – 成员关系好的领导者所在的情境，其有利性不会低于区间 4；领导 – 成员关系糟糕的领导者，其情境有利性不会高于区间 5。

模型的对策建议

菲德勒及其同事进行了大量研究，来确定不同领导者（用 LPC 分值来描述）在不同情境（用情境有利性来描述）下会有何种表现。图 15-5 列出了菲德勒发现在不同的情境有利性水平下，哪种类型的领导者（高 LPC 领导者或低 LPC 领导者）最有效。实线代表了低 LPC 领导者的相对效力；虚线代表了高 LPC 领导者的相对效力。从这两条线两次相交的方式可以看出，领导者风格和总体情境有利性之间存在某种相互作用。如果情境有利性水平为中等（区间 4、5、6、7），则关注建立与保持关系的领导者（高 LPC 领导者）带领的团队会做得最好。但如果情境非常不利（区间 8）或极为有利（区间 1、2、3），则受任务激励的领导者（低 LPC 领导者）带领的团队会做得最好。

菲德勒提出，领导者在面对不利的或中等有利性的情境时，将试图满足其主要的激励需要。这意味着，在面对这两个水平的情境有利性时，低 LPC 领导者将关注任务，而高 LPC 领导者将关注关系。但面对高情境有利性的领导者知道，他们的主要激励需要会得到满足，因而会移向第二层次的激励状态。这意味着，领导者只有在面对高情境有利性时，才会根据自己的第二层次激励状态来行事（见专栏 15-2）。

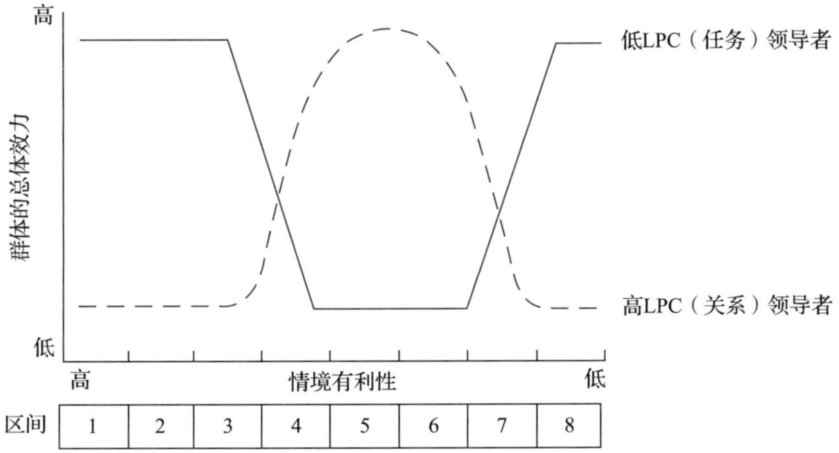

图 15-5　基于领导者 LPC 分值和情境有利性的领导者效力

❖ 专栏 15-2

高 LPC 领导者、低 LPC 领导者和权变模型

假设我们有两位领导者汤姆·洛（Tom Low，一位低 LPC 或任务激励的领导者）和布兰达·亥（Brenda High，一位高 LPC 或关系激励的领导者）。在不利的情境下，汤姆会因他的主要激励层次的影响而表现出任务行为。在类似情境下，布兰达也会受她的主要激励层次的影响，表现出关系行为。菲德勒发现，在不利情境下，任务行为有助于使群体更有效，因此汤姆的行为与情境要求更匹配。在这种情境下，布兰达的关系行为无助于群体效力的提高。

在中等有利性的情境中，汤姆和布兰达仍会受到他们的主要激励因素的影响，因此他们的行为保持不变。但由于情境发生了改变，群体效力不再要求必须做出任务行为。相反，情境变量的组合导致的条件使领导者的关系行为对群体效力产生最大贡献。因此，布兰达将是情境有利性中等时最有效的领导者。

在高情境有利性的情况下，菲德勒提供的解释变得更复杂。当领导者发现自己处于高情境有利性时，他们将不再关心对其主要激励层次的满足。在高度有利的情境下，领导者会转而满足他们第二层次的激励需要。由于汤姆的第二层次激励需要是建立和保持关系，在高度有利的情境下，他将表现出关系行为。类似地，布兰达也会因她的第二层次激励需要，表现出在高有利情境下的任务行为。菲德勒相信，在高有利情境下表现出关系行为的领导者，能使群体更有效。在这种情况下，汤姆提供了群体效力提升所需的领导行为。

菲德勒[32]的模型提供了几点有趣启示，值得进一步评述。由于领导者通过一生经历积累形成自己独特的激励层次和主导性行为倾向，菲德勒相信这些层次和倾向很难通过培训加以改变。菲德勒认为，相信将某人送到一个短期领导培训项目中就能明显改变这位领导者的人格或在领导情境中的典型行事方式，是十分天真的想法；毕竟，这种倾向是在多年经验的基础上形成的。菲德勒总结说，不要设法用培训去改变领导者，而要通过培训向领导者表明如何认识并改变关键性情境特征以更好地适应自己的激励层次和行为倾向，这将使培训更加有效。因此，根据菲德勒的研究，领导培训的内容应当强调情境工程，而不是领导者行为的灵活性。与此相关，如果组织能使领导者的特性（在此处是 LPC 分值）与情境的要求（即情境有利性）相匹配，而不是试图改变领导者来适应情境，就能改善组织效力。这些建议表明，在不匹配的情境下，高 LPC 领导者或低 LPC 领导者应当做的，要么是改变情境，要么是调动工作，到更适合自己的激励层次和行为模式的岗位上去。

关于权变模型的总结性思考

在对实证性研究做综述前，用 L-F-S 框架来探讨权变模型将有助于我们更清楚地理解这一模型。如图 15-6 所示，任务结构是情境变量，而 LPC 分值则是领导者变量。由于职位权力并非领导者的特性，而是领导者所在情境的特性，因而将它包含在情境的圆圈中。领导 – 成员关系是领导者和追随者共同作用的结果，因此，它属于领导者和追随者圆圈的重叠部分。

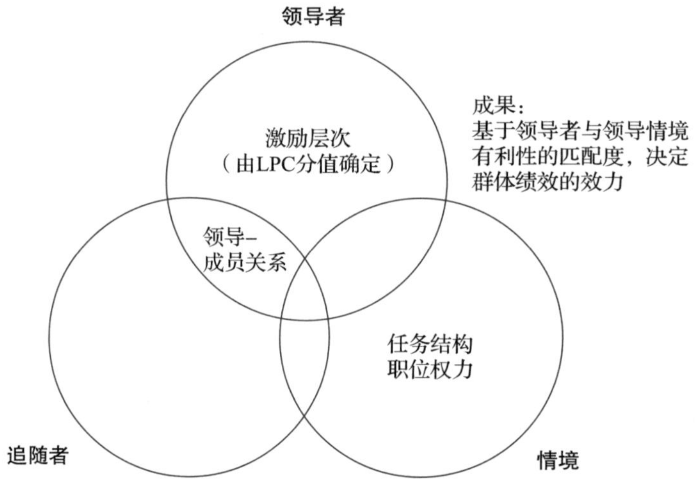

图 15-6 菲德勒的权变理论各因素与互动框架

与赫塞和布兰查德[33, 34]情境领导模型的研究证据匮乏相比，菲德勒及其同事提供了大量证据，表明该模型的预测有实证效度，特别是在实验室环境下[35, 36, 37, 38, 39]。但一项对多个现场研究的综述显示结论并不统一，仅为该模型提供了部分支持证据。[40]此外，研究者对该模型的批评还在于 LPC 分值的含意不明确[41, 42, 43]，以及存在对情境有利性的解释[44, 45]、LPC 分值与情境有利性的关系[46, 47, 48]等问题。尽管存在这些问题，但权变模型已经激发了大量研究，而且是所有领导理论中获得最多验证的。

路径 – 目标理论

四种权变模型中最复杂（也最全面综合）的理论，大概是路径 – 目标理论。**路径 – 目标理论**

（path-goal theory）的基本机制与期望理论有关，后者是一种理解激励过程的认知方法，即人们计算努力 – 绩效的概率（如果我学习 12 个小时，我有多大可能在期末考试中得到 A）、绩效 – 成果（或报酬）的概率（如果我在期末考试中得到 A，我有多大可能在这门课上得到 A），以及各种成果的效价或价值评判（我有多想得到更高的平均绩点）。至少在理论上可以假定人们是理性地进行这些盘算的，而且这一理论可以用于预测当存在数量一定的多个备选方案时，人们将在哪些任务上投入精力。

路径 – 目标理论的基本假设与期望理论一样。在最基本的层面上，有效领导者将向追随者提供或确保后者有机会得到受重视的奖励（目标），并随后帮助他们找出达成目标的最佳方式（路径）。在这一过程中，有效的领导者会帮助追随者发现并消除障碍物，避免他们走进死胡同；领导者也会在需要时提供情感支持。这些“任务”和“关系”型领导行动，本质上都涉及提高追随者对努力 – 绩效、绩效 – 报酬等期望的概率估计。换句话说，领导者的行动应当强化追随者的信念，即如果后者投入特定水平的努力，将更有可能完成某一任务，并且，如果完成了这一任务，他们就更有可能获得某种个人看重的成果。

尽管基本概念并不复杂，但这一模型随时间推移增加了更多变量和互动关系。埃文斯（Evans）[49] 提出了路径 – 目标理论的第一个版本，但我们将关注由豪斯和德莱斯勒（House，Dressler）[50] 随后提出的版本。他们的概念模型很适合 L-S-F 框架，因为它描述了三组变量，包括领导者行为、追随者和情境。我们将逐一讨论这些内容。

领导者行为

路径 – 目标理论中的四种领导者行为如表 15-2 所示。与情境领导模型一样，路径 – 目标理论假定，领导者不仅应针对不同下属使用不同的领导风格，而且在不同情境下针对同一下属也应使用不同的领导风格。路径 – 目标理论建议，视追随者和情境的差异，不同的领导行为能提高追随者对领导者的接受度，提高他们的满意度水平，并提高他们对努力会产生有效绩效，进而获得个人重视的奖励的预期（见专栏 15-3）。

表 15-2　路径 – 目标理论的四种领导者行为

指令型领导（directive leadership）。这些领导行为类似于情境领导模型中的任务行为。它们包括告诉追随者期望他们做什么、如何做、何时应当完成、他们的工作与他人所做工作的关系。这类行为也包括确定时间安排、建立规范，并提出追随者应遵从既定程序和规则的期望
支持型领导（supportive leadership）。支持型领导行为包括礼貌友好的交流互动，表达对追随者的幸福和个人需要的真诚关注，以及对追随者表现出开放和平易近人的态度。这些行为类似于情境领导模型中的关系行为，也会表现为关注某些相互冲突的需要，即在平等对待下属的同时，也认识到领导者和追随者之间的地位差异
参与型领导（participative leadership）。参与型领导从事的行为，主要以弗鲁姆和耶顿模型所说的咨询与群体行为为标志。[51] 比如，他们会与追随者共同解决工作问题，寻求追随者的建议、关切事项和推荐方案，并在决策过程中权衡这些信息
成就导向型领导（achievement-oriented leadership）。表现出这类行为的领导者往往被认为既严格要求追随者，又与追随者建立了支持性互动关系。首先，他们会为群体和追随者行为设置有挑战性的目标，不断寻求多种途径来提高绩效，并期望追随者总是以最高水平完成工作。但他们也会运用多种行为来支持下属：表达持续的高度信心，相信下属能投入必要的努力、会达成期望的目标，甚至能在未来承担更大的责任

❖ 专栏 15-3

卡特彼勒的行为转变

詹姆斯·迪斯潘（James Despain）是一位高指令型领导者。他最初在卡特彼勒公司的工作是打扫车间地面。他追随着那个时代的领导者——20 世纪 50 年代，领导者拥有最终权威，诸如参与型、协商型之类的字眼当时还闻所未闻。迪斯潘通过努力工作升任主管，并最终被任命为公司履带式拖拉机事业部的副总裁。迪斯潘声称，自己将“职业生涯的大部分时间，都花在关注员工做错了哪些事上”。他关注手头的任务，对其他则无暇顾及。但在 90 年代早期，迪斯潘不得不正视某些难堪的事实：他管理的价值 12 亿美元的事业部每年亏损达数百万美元，每年有数百人次的员工对管理团队提出申诉抱怨，卡特彼勒工厂的士气极其低落。

迪斯潘及其领导团队认识到，有必要制订一项战略计划来转变工作文化。这项计划的关键在于，确定一项涉及员工态度和行为的战略。迪斯潘及其变革团队指出了期望每位员工每天表现出的 9 种行为或“共同价值观”，即信任、相互尊重、客户满意、紧迫感、团队合作、赋权、冒险、持续改进和高承诺。管理者根据员工在这类行为上的表现做出评价。除了这些行为，公司期望高管人员和管理者以身作则来带动员工，并致力于实践 100 种积极的领导特质。诸如“我将知道每位员工的名字……将用表扬来认可他们的成就……将信任员工会完成工作”等表述，变成了管理岗位新的口头禅。

通过这一过程，迪斯潘开始认识到，“对工作场所的员工而言，最重要的事就是实现自我价值”。他努力做出的重大改变，是让员工决定工作完成方式；对一线员工而言，这意味着每天都要付出更多努力以充分发挥个人潜力。对管理者而言，这意味着其职责由达成传统的绩效指标转变为激发员工做出期望的行为。“我们发现，我们对行为关注越多，绩效指标就越好。”其结果是：迪斯潘的事业部在推出该变革项目的 5 年内，将盈亏平衡点的产量水平降低为原来的一半。

资料来源：J. Despain and J. Converse, *... And Dignity for All: Unlocking Greatness through Values-based Leadership* (New York: Prentice Hall, 2003).

追随者

路径 - 目标理论包括两组追随者变量。第一组与追随者的满意度（satisfaction of followers）有关，而第二组与追随者对个人能力的感知（perception of their own abilities）有关，这种感知涉及个人完成工作的能力。说到追随者的满意度，路径 - 目标理论认为，如果追随者认为领导者的行为可以使他直接获得满足，或者是获得未来满足的直接工具，则领导者的行为就是追随者可以接受的。换句话说，追随者将积极支持某位领导者，只要他们将领导者的行动视为提高自身满意度水平的一种方式。但领导者在提高追随者满意度水平上能做的相当有限，因为满意度同时取决于这些追随者自身的特性。

关于追随者的特性如何影响领导者行为对追随者满意度水平的作用，人们经常引用的例子与控制点这一特质有关。相信自己是“个人命运主宰者”的人，被称为具有内控点；相信自己“受制于命运”的人，被称为具有外控点。米切尔、斯密色和韦德（Mitchell, Smyser, Weed）[52] 发现，追随者的满意度与领导者表现出的参与型行为水平没有直接关系，即高参与型领导者的下属并不比专制型领导者的下属有更高的满意度。但在考虑追随者控制点分数的情况下，就会发现一种权变关系。如图 15-7 所示，内控点的追随者相信自己取得的成果源于个人决策，他们对参与型领导者行为的满意度要高于指令型领导者行为。相反，外控点的追随者对指令型领导者行为要比对参与型领导者行为更满意。

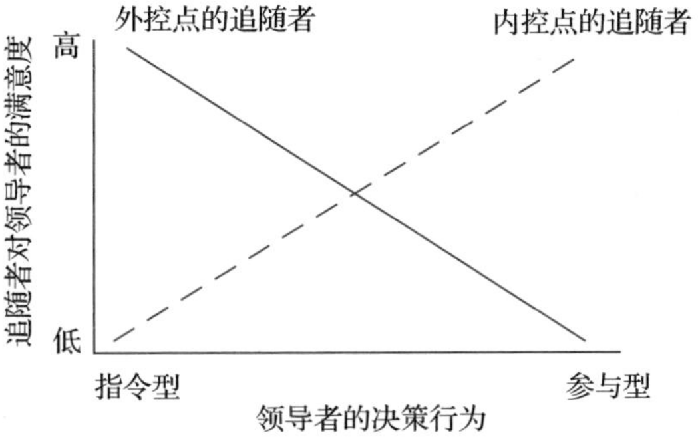

图 15-7 追随者的控制点分数与领导者决策行为间的相互作用

资料来源：Adapted from T. R. Mitchell, C. M. Smyser, and S. E. Weed, “Locus of Control: Supervision and Work Satisfaction,” *Academy of Management Journal* 18 (1975), pp. 623–30.

追随者对自身完成特定任务的技能和能力的感知，也会影响特定领导者行为发挥的作用。相信自己完全胜任某一任务的追随者往往不会受到指令型领导者的激励，也不愿接受这类领导者，但他们会受到参与型领导者的激励或乐于接受这类领导者。将同一原理用于控制点，我们可以预料到，那些认为个人能力不足以完成任务的追随者，上述关系完全相反。我们再次发现，领导者的接受度和完成任务的激励水平，部分取决于追随者的特性。因此，路径 - 目标理论指出，领导者行为和追随者特性在决定成果时都是重要的。

情境

路径 – 目标理论考虑了三种情境因素，它们会影响或调节领导者行为对追随者态度、行为的影响效应。这三项因素包括任务（task）、正式权威制度（formal authority system）和主要工作群体（primary work group）。这三项要素将分别通过三种方式影响领导者情境。这三种要素可以充当独立的激励因素、对追随者行为的约束条件（可能有积极或消极的结果），或者作为某种奖励。

> 人们往往会反对一项科学分析将人的行为与外部条件联系起来，如果这会减损个人荣誉和来自他人的仰慕；但若同样的分析使其免受个人过失的指责，人们很少会表示反对。
>
> ——B. F. 斯金纳（B. F. Skinner），美国心理学家

但这些变量往往也会影响不同领导者行为发挥的作用。例如，如果任务是高结构性和常规性的，正式权威制度约束着追随者的行为，而且工作群体已经确立了明确的绩效规范，则领导者表现出的指令型或成就导向型行为就会显得多余。这些观点类似于领导力替代品理论[53]的说法，因为追随者关于努力 – 绩效和绩效 – 报酬关系所需要了解的一切，都取决于情境。因此，冗余的领导者行为可能被追随者解读为领导者完全不了解或不能设身处地为下属着想，或者领导者想要过度行使控制权。这些解释不可能提高追随者对领导者的接受度或激励水平。

尽管我们已经描述了追随者特性和情境特性如何影响领导者的行为，但路径 – 目标理论同时指出，追随者和情境变量会相互影响。换句话说，追随者的技能、能力或人格特征在多大程度上影响追随者的满意度，将受制于情境变量（如待执行的任务）。尽管这看似很有道理，但希望你开始意识到，如果考虑到情境变量、追随者特性、领导者行为在领导过程中的互动关系，路径 – 目标理论可能是相当复杂的。

理论的对策建议

总的来说，路径 – 目标理论认为，领导者应该首先评估情境，选择与情境需要相符的领导行为。通过表现出合适的行为，领导者可以提高追随者的努力 – 绩效期望、绩效 – 报酬期望或成果的效价判断力。这些更高的期望和效价会增进下属投入的努力和获得的报酬，进而会提高下属的满意度、绩效水平和对领导者的接受度。

用一个例子可能很容易解释这一相对复杂的过程。假设我们有一组追随者，他们加入了一个新设立的工作单元，不清楚所在岗位的要求。换句话说，追随者的角色模糊程度较高。根据路径 – 目标理论，领导者应当表现出高指令型行为来减少追随者的角色模糊。在模糊的情境下，领导者告知追随者该做什么、怎么做，会使努力 – 绩效的联系更明确，进而会使追随者投入更大努力。由于角色模糊往往令人不愉快，这些指令型领导者行为和更高的努力水平最终会使追随者有较高的满意度。图 15-8 显示了这一过程。类似地，领导者可能观察领导情境，并注意到追随者的绩效表现令人无法接受。领导者也可能得出结论，目前的情境几乎没有提供使下属改善绩效的激励。在这种情况下，领导者可以使用指令型行为来提高报酬的价值（或效价），进而会提高追随者的努力水平和绩效。

关于路径 – 目标理论的总结性思考

在了解路径 – 目标理论的相关研究之前，你可能想用 L-F-S 框架来探讨这一理论。如图 15-9 所示，路径 – 目标理论的各组成部分与 L-F-S 模型的匹配程度相当高。我们完全可以将这四种领导者行为放在领导者的圆圈内，将追随者的特性放在追随者圆圈内，而将任务和正式权威制度放在情境圆圈内。在路径 – 目标理论的所有组成部分中，唯一与 L-F-S 模型“不匹配”的是主要工作群体。群体的规范、凝聚力、规模和发展阶段在 L-F-S 模型中都被视为追随者职能的一部分，而在路径 – 目标理论中被看成情境职能的一部分。关于这一点，需要指出的是，我们使用 L-F-S 模型主要是出于启发的目的。说到底，在这四种理论中谈到的概念相当复杂和含糊，任一理论描述都无法给出唯一正确的解答。

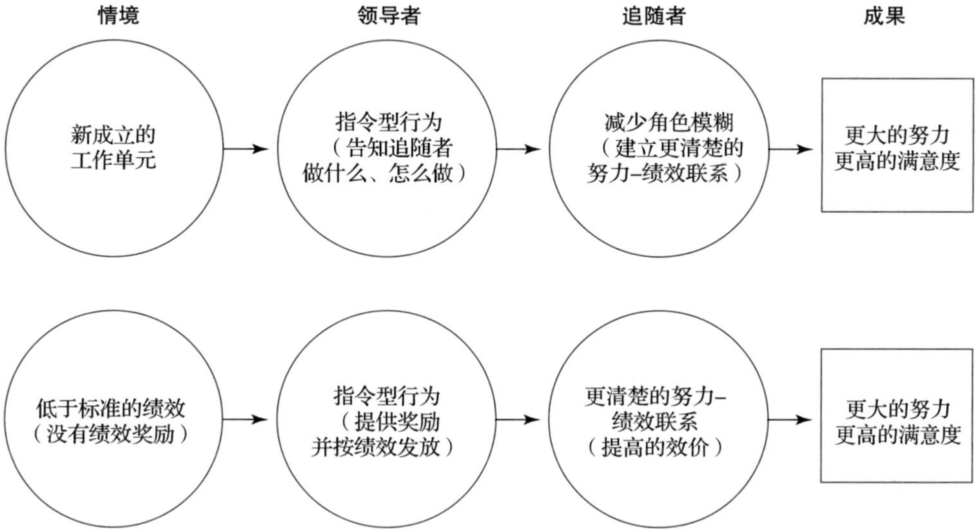

图 15-8　路径 – 目标理论的应用示例

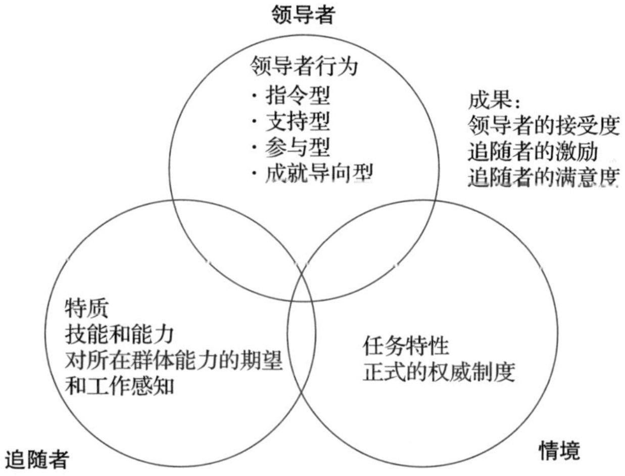

图 15-9　路径 – 目标理论各因素与互动框架

说到研究证据，路径 – 目标理论至今只获得了部分研究支持 [54, 55, 56, 57]。虽然研究结论不一致的部分原因可能是路径 – 目标理论排除了很多会影响领导过程的变量，但也有一部分原因可能是理论本身的问题。尤克尔（Yukl）[58] 认为，这类批评大多与研究路径 – 目标理论使用的方法论及期望理论的局限性有关。此外，路径 – 目标理论假定，提高绩效的唯一方法是提高追随者的满意度水平。这一理论忽略了领导者在甄选优秀追随者、通过培训培养技能、工作再设计中发挥的作用。[59]

但是，路径－目标理论有益地展示了两个论点。首先，如尤克尔[60]所说，“路径－目标理论对领导学研究的贡献，体现在它提供了引导研究者识别可能相关的情境调节变量的概念框架上”。其次，路径－目标理论也显示，当模型变得复杂时，它们对研究者的价值在增加，但对实践者的吸引力会下降。我们的经验是，实用导向的学生和领导者想从模型中获得的是可以理解、能马上用于个人工作情境的信息。这不是说他们不惜以效度为代价来简化理论，相反，他们能理解领导过程的复杂性，但他们不希望一个模型过于复杂、令人难以解释。

扫码获取本章案例、参考文献等内容

第16章 领导力与变革

今天的组织面临无数潜在的挑战。要想成功，它们就必须有效应对新技术、全球化、变动中的社会和政策环境、新的竞争威胁、调整中的经济状况、行业合并、消费者偏好改变及新的绩效和法律标准等因素的影响。想想技术是如何使马克·扎克伯格得以创建 Facebook，或者是如何使美国军方将关注点转向应对地区性冲突时所面对的变革的。而且，想想美国的“9·11”事件、伊拉克和阿富汗战争、全球恐怖主义威胁、阿拉伯之春、叙利亚和也门的战争、英国“脱欧”、阿片类药物危机、破坏性技术、全球化、贸易摩擦、全球变暖、新冠病毒大流行，都在影响着全球范围的私营和公共部门的领导者。领导变革可能是任一领导者面对的最困难的问题，但这种技能也正是区分领导者和管理者、平庸领导者和杰出领导者的最关键因素。最优秀的领导者是那些能识别出阻碍或促进变革的情境和追随者因素，能描绘引人入胜的未来愿景，并能构建和执行计划，使愿景由梦想变为现实的人。

> 再没有比首先引入一套新秩序更难处理、更难操作或更缺乏制胜把握的事了。
>
> ——尼古拉·马基雅维利（Niccolò Machiavelli），
> 意大利文艺复兴时期作家

各种变革活动的范围存在很大差异。领导者可以运用目标设置、辅导或绩效管理技能来有效改变其直接下属的个人行为和技能。但如果你领导着一家有 5000 名员工的制药公司，而且刚获得了 FDA 批准向市场推出一种革命性的新药，你该做什么？你将如何使研发、营销、销售、生产、质量管理、运输、客户服务、财务和信息技术部门共同合作，以确保该产品投放市场后会盈利？或者，如果你不得不将公司未来两年的费用预算缩减 40%，或者处理近期对竞争对手的收购问题，你又该怎么做？表 16-1 指出了组织中发生的一些常见变革，很显然，这种大范围变革所涉及的远不止于辅导和管理单个追随者的绩效。

由于本章建立在前面多章的内容之上，我们将这一问题放在全书的最后一篇比较适合。为了成功领导大规模变革活动，领导者需要关注影响其群体或组织的情境和追随者因素（第 9～12 章和第 14 章）。他们接下来必须运用自己的聪明才智、问题解决技能、创造力和价值观来找出重要因素，并形成面对群体挑战时的解决方案（第 5～7 章）。但解决方案本身并不能保证发生改变。领导者必须运用自己的权力和影响力、人格特质、辅导和计划技能、有关激励技术和群体动力的知识来推动变革（第 3、4、8、9、10、12、18 章）。驱动大型组织变革需要投入的努力，相关示例如专栏 16-1 和专栏 16-2 所述。

表 16-1 组织变革的常见类型

组织战略的变革
地理区域或国际化扩张
兼并收购
业务剥离
实施新的 IT 系统
自动化和技术变革
高层领导变革
组织结构重组
文化变革
新政策、程序和流程
新产品发布
新服务提供
财务报告和度量制度改变
薪酬、福利或退休计划改变
黑天鹅事件，如新冠病毒大流行

资料来源：J. Bohn, *Architects of Change* (Memphis, TN: CreateSpace, 2015).

❖ 专栏 16-1

没钱，就免谈使命

贝塞斯达路德社区（Bethesda Lutheran Communities，BLC）是一个有 110 年历史的基督教组织，为发育缺陷和智障人士提供服务。这些服务包括教养院和寄宿家庭、间断性支持、日间项目、营地、职业培训、工作安置和交通。该组织最开始只是 1904 年在威斯康星州沃特敦开设的一家教养院，目前已经拥有超过 4000 名员工，遍布美国 13 个州的 325 个分支机构中。BLC 通过政府资助、慈善捐助和来自 18 家二手商店的销售收入，为成千上万的残疾人提供服务。

迈克·斯图尔（Mike Thirtle）自 2014 年开始担任 BLC 的 CEO。在出任该组织 CEO 前，斯图尔在 BLC 担任了一年战略执行副总裁和首席信息官。在这之前，他在美国空军和兰德公司工作了近 20 年。斯图尔毕业于美国空军学院，拥有经济学硕士学位、MBA 学位和政治分析博士学位，他加入 BLC 是因为受到其使命吸引，该使命建立在信仰之上、致力于帮助不幸的人；同时，他希望自己所在的职位足以对组织产生重大影响。

在担任战略执行副总裁期间，斯图尔开始注意到 BLC 的财务状况问题。该组织投入了大量努力服务于残障人士，但花钱的速度远快于资金流入的速度。前任 CEO、COO 和 CFO 都模糊地意识到这个问题，但似乎并不太在意。BLC 当时的财务制度使人们很难追踪整体的收入和费用。BLC 有一个大型应急基金可以弥补收入缺口，而且，董事会对提供基于信仰的服务远比及时了解 BLC 的业务经营状况更感兴趣。前任 CEO 也花了大量时间和资金用于昂贵的全球公费旅行，而且对办公室昂贵内饰的兴趣明显高于处理身为 CEO 要面对的日常挑战。前任 CEO 于 2014 年被解雇，同时斯图尔被提拔到组织的最高职位上。

从接受 CEO 任命的那一刻起，斯图尔就开始改善高管领导团队的人才布局状况，并深入了解 BLC 的财务状况。他和新任 CFO 很快意识到，如果不在 12～18 个月内关闭 100 多家亏损的分支机构并解雇 1300 名员工，BLC 将面临破产的命运。BLC 此前从未经历过组织结构重组，并且，和斯图尔一样，很多员工加入该组织是为了服务残障人士。此外，数以千计有发育缺陷的残疾人住在将要关闭的机构里，斯图尔不能简单地将这些服务对象赶到大街上。斯图尔和高管领导团队必须提出一项计划，使 BLC 可以有系统地关闭设施，追踪财务可持续经营的进展，将残疾人安置到其他机构，并将这些变化的理由向父母和监护人、政府官员、董事会、中层管理人员和一线员工加以说明。

在斯图尔的领导下，BLC 已经扭转了财务亏损，目前已经提出了关于未来 10 年组织发展前景的战略。斯图尔相信，BLC 能成为行业领导者，帮助智障和发育缺陷人士独立生活并真正成为社区的一员。他对实现这一目标的愿景是，利用能实现该目标的技术来修建教养院，其中第一家计划于 2020 年开始运营。

如果你面临经营成本远大于创收的情况，而且很多组织成员是相信组织使命的长期雇员，你会怎么做？推动这些变革的难度如何？斯图尔面临的最大挑战是什么，是使一个濒临破产的组织扭亏为盈，还是将整个组织团结在他的未来愿景周围？

资料来源：G. J. Curphy, *Bethesda Lutheran Communities Executive Leadership Team Off-Site*, February 23–24 (North Oaks, MN: Curphy Leadership Solutions, 2017); G. J. Curphy, personal communication with Mike Thirtle, January 25, 2017; and G. J. Curphy, *Bethesda Lutheran Communities Business Committee Off-Site*, Chicago, IL, January 5–7, 2020.

❖ 专栏 16-2

一个乡村社区的变革

变革不仅发生在组织中，也发生在社区里。一些社区在经历快速发展的同时，大部分城市和乡村社区却止在面临人口下降和企业缩减的问题。有些乡村社区努力工作以吸引新企业（如乙醇厂和风力发电厂）、设立新学校或新社区中心；另一些则组织起来，阻止沃尔玛或其他大型零售商在社区内建商店。一个真正成功实现转型的社区，是密西西比州的图珀洛（Tupelo）。人们听说过图珀洛，是因为这里是猫王埃尔维斯·普雷斯利（Elvis Presley）的出生地；1940 年，它也因美国最贫穷州中最贫穷郡的政府所在地而为人所知。但李郡（Lee County）如今有一家医疗中心，雇员超过 6000 人；另有 18 家《财富》500 强公司的制造工厂，在过去 13 年中，每年新增 1000 个制造类工作岗位。图珀洛目前有一个交响乐队、一个艺术博物馆、一个剧团、一座拥有 8000 座位的公共剧场和一个非常棒的娱乐项目。它的公立学校赢得了全国性学术荣誉，同时，它的体育项目也多次赢得州冠军。

那么，图珀洛是如何由一个贫穷的乡村社区，转变为一个生机勃勃的社区的呢？这个小镇没有自然条件优势，比如因港口或自然资源带来的竞争优势。它也没有州际高速公路，最近的大都市中心区距离小镇 100 多英里。图珀洛成功的关键在于，该镇居民聚在一起共同工作的能力。更具体地说，图珀洛的居民有能力：①有效合作以发现社区的问题所在，并确定社区的需要；②就目标及其优先级达成共识；③就实施目标和优先级的途径与方法达成一致意见；④针对达成共识的行动进行有效合作。

社区的成功始于图珀洛社区成员纷纷投入资源共同购买一只怀了幼崽的母牛。母牛产下的牛犊被用于创建本地牧场。农夫不再种植棉花，而改种那些牧场主或本地人需要的作物，同时农业和牧业设备分销商开始设立本地机构。本地的报纸发行人乔治·麦克林，努力使社区保持对经济发展的关注，并通过提供租用办公室和仓库的补贴来帮助本地创业者。由于多项税收减免和来自本地银行家的奖励，一些家具制造企业搬进小城。接下来，其他一些企业如雨后春笋般出现，为制造类企业提供支持，同时，社区领导者协商后决定，扩大与改善本地的保健医疗和教育设施，以支持新增的员工。

尽管迄今为止取得了很大成功，但图珀洛如今面对更大的挑战，因为很多本地家具制造企业受到来自中国的低成本制造商的竞争。但只要有一个社区能成功面对这一挑战，那就会是图珀洛。这个社区似乎拥有那种理想的领导者，他们帮助居民充分理解面临的新挑战及对此的应对措施。如果你是图珀洛的市长，你会做些什么来保住工作岗位并吸引新企业入驻？

资料来源：V. L. Grisham Jr., *Tupelo: The Evolution of a Community* (Dayton, OH: Kettering Foundation Press, 1999).

本章一开始再次探讨了第1章提到的领导和管理的关系。接下来，我们描述了组织变革的一种理性方法，并阐明了领导者要使其变革努力获得成功可以做些什么。这一模型也提供了一个很好的诊断框架，帮助理解大量变革努力失败的原因。我们在本章的结尾部分，讨论了变革的另一种方法——魅力型领导和变革型领导。这些领导者的超凡魅力、英雄素质及吸引力往往对追随者有不同寻常的惊人效果，这也会导致重大的组织、政治或社会变革。与理性变革方法不同，魅力型领导和变革型领导框架相当关注通过提升追随者的情绪层次来推动组织变革。在过去35年间，很多领导学研究帮助我们更好地理解要想进行魅力型领导或变革型领导，必须具备哪些情境、追随者和领导者特性。本章的结尾是对这些因素和这一领域中的主导理论——巴斯的变革型领导和交易型领导理论的回顾。[1]

组织变革的理性方法

有多位作者写作了有关组织变革的内容，这些人包括奥图（O'Toole）[2]、普利切特（Pritchett）[3]、麦克纳尔蒂（McNulty）[4]、海菲兹和林斯基（Heifetz，Linsky）[5]、莫斯·坎特（Moss Kanter）[6,7]、科瑞尔、柯菲和兰德（Krile, Curphy，Lund）[8]、奥斯特罗夫（Ostroff）[9]、罗克和斯沃茨（Rock，Schwartz）[10]、科特（Kotter）[11]、柯菲[12,13]、伯恩斯（Burns）[14]、马库斯和维勒（Marcus，Weiler）[15]、本尼斯和耐诺斯（Bennis，Nanus）[16]、迪奇和德凡那（Tichy，Devanna）[17]、布里奇斯（Bridges）[18]、柯林斯和波拉斯（Collins，Porras）[19]、崔西和维尔斯马（Treacy，Wiersma）[20]、比尔（Beer）[21,22]、海菲茨和劳里（Heifetz，Laurie）[23]，以及柯林斯（Collins）[24,25]。所有这些作者对领导和变革都有

独到观点，但他们也有一些共同特征。比尔[26, 27]提供了一个进行大规模组织变革的理性、直接的方式，涉及其他作者提出的很多问题。比尔的模型也为计划实施组织变革措施的领导实践者提供了路线图，同时它还是理解变革活动为何失败的诊断工具。比尔提出了以下模型：

$$C = D \times M \times P > R$$

> 长期以来我们一直相信，当机构内部的变革速度慢于外部改变速度时，其终结的命运就在眼前。唯一的问题只是何时发生。
>
> ——杰克·韦尔奇（Jack Welch），通用电气前CEO

公式中的 D 代表追随者对目前现状的**不满意度**（dissatisfaction）。M 代表了这一变革**蓝图**（model），它包括领导者对未来的愿景，以及为支持这一新愿景而需要改变的目标和制度。P 代表**过程**（process），这涉及开发和实施一项计划，计划中阐明了变革活动中的人物（who）、内容（what）、时间（when）、地点（where）和方式（how）。R 代表**阻力**（resistance），人们抵制变革是因为他们害怕失去身份或社会联系，而好的变革计划考虑到了这些阻力的根源。最后，C 代表**变革程度**（amount of change）。注意，领导者可以通过提高不满意度、提升愿景的清晰度、开发出深思熟虑的变革计划或减少追随者的抵制，来提高变革程度。你也应当注意到，$D \times M \times P$ 是一个乘法方程——提高不满意度但缺乏计划，将不会导致什么改变。同样地，如果追随者满足于现状，则领导者很难使追随者发生改变，不管前者提出的愿景或变革计划有多吸引人。这一模型认为，组织变革是一个系统化过程，实施大规模的变革会花费数月乃至数年的时间。[28, 29, 30]了解该模型的领导实践者应能更好地提出变革措施，并诊断出自己的措施会在何处受阻。由于变革是领导力的一个重要组成部分，我们将详尽探讨比尔模型的每一个要件。

> 终极诅咒是你身为一艘大船上的乘客，知道船快沉了，也知道该做什么来阻止它发生，但同时意识到船上没人会听你的。
>
> ——梅伦·翠柏斯（Myron Tribus），麻省理工学院（MIT）

不满意度

追随者的满意度是领导者能否推动变革的重要构成因素。满足于现状的追随者不会去改变，而不满的人更有可能采取行动来改变这一状况。尽管员工满意度是领导过程的一项重要成果，但想改变现状的领导者可能需要采取行动降低员工的满意度水平。追随者的情绪是组织变革的助燃剂，而变革往往需要大量助燃剂。对领导实践者而言，关键是要将不满意度（D）提高到一个临界点，此时追随者倾向于采取行动，但也不至于因过度不满而决定离开组织。那么，领导者能做什么来提高追随者的不满水平呢？第一步大概是确定追随者对现状的满意度水平。这一信息可以通过员工满意度或敬业度调查、申诉抱怨记录、Glassdoor或Yelp等平台上的点评、客户投诉或与追随者的谈话记录来收集。为了提高不满意度，领导者可以谈论可能的竞争、技术或法律威胁，或者谈及员工关心的现状。他们也可以利用（甚至制造）某种财务、政治危机，以其他组织为标杆进行比较，或者大大提高绩效标准。所有这些行动都可能提升追随者的情绪层次，但领导者必须确保这些情绪会导向领导者对组织的愿景（见专栏16-3）。

❖ 专栏 16-3

公民不满和游击战

追随者的不满不仅限于企业组织，就像人们对雇主不满一样，人们也可能对政府不满。美国革命、甘地的脱离大英帝国运动、阿拉伯之春及叙利亚和利比亚内战，都是很好的例证，说明当权者使公民的不满失控时，可能产生的结果。如果被剥夺者没有途径来真正发泄其愤怒或改变政府，他们就可能转向游击战。游击战可以被定义为一种没有前线、没有统一军服、没有起点和终点的冲突，它们往往以平民为目标，杀伤力可能很强。当人们想要推翻拥有正式军队、强大火力的政府时，他们会选择投入这类战争。那么，游击战有多久的历史？它能奏效吗？技术在游击战中发挥了何种作用？

事实证明，发生在正规武装部队间的战争（如美国内战、二战或第一次海湾战争）极为少见；游击战的发生更加普遍。游击战往往历时长久，平均为7～10年，其成功率并不太高。1945年以前，游击战获胜的概率为25%；而在过去70年间，这一比例也仅仅提高到40%。对于某些游击战士，赢得战争的最终胜利可能不如获得对手有价值的妥协让步来得重要。

游击战的成败关键在于赢得民众的全力支持。如果非战斗人员认为和反对派一起会更安全、生活状态更好，他们就会支持游击运动。反之，如果民众相信政府能更好地满足自己的需要，他们就不会支持这项运动。使用汽车炸弹、人体盾牌、绑架、刺杀是想向人们显示，政府没有能力提供安全保障，并以此赢得更广泛民众的支持。政府经常被游击战士玩弄于股掌之间，前者采取的战术对这些战士影响甚微，却会激怒广大民众。美国在越南战争早期和第二次伊拉克战争中使用的"炸回石器时代"和"冲击与震荡"战术，对敌方战斗人员的影响微乎其微，却激怒了当地民众。只有当艾布拉姆斯将军和彼得雷乌斯将军引入反叛乱策略以赢得当地民众的衷心支持时，美军才开始在越南战争和伊拉克战争中取得进展。

在游击战中，技术发挥着越来越重要的作用。社交媒体、YouTube视频、24小时不间断的新闻报道，目前都被政府和游击武装力量用于赢得公众支持。无人机的存在使政府可以用最小的平民伤亡代价杀死游击队领袖。很有可能，游击战的下一个前沿阵地将是网络战争。当城市的水、电被切断，金融系统崩溃时，民众的支持会发生何种变化？如果这些攻击来自国外呢？技术在叙利亚内战中发挥了何种作用？游击战领袖在推动变革时，采取的是理性还是感性的方法？

资料来源：S. Gorman and S. Hughes, "U.S. Steps Up Alarm Over Cyber Attacks," *The Wall Street Journal*, March 13, 2013, pp. A1 and A8; M. Boot, "The Guerrilla Myth," *The Wall Street Journal*, January 19–20, 2013, pp. C1–C2; M. Boot, *Invisible Armies: An Epic History of Guerrilla Warfare from Ancient Times to the Present* (New York: Liveright, 2013); T. E. Ricks, *Fiasco: The American Military Adventure in Iraq* (New York: Penguin, 2006); T. E. Ricks, *The Generals: American Military Command from World War II to Today* (New York: Penguin, 2012).

> 没有吸引人的愿景，就无法使失去最多的人忍受这一切。
>
> ——比尔·米斯（Bill Mease），企业顾问

蓝图

在变革公式中，蓝图（*M*）变量包括四个关键要件，即环境扫描、愿景、设置支持愿景的一套新目标，以及需要做出的制度改变。正如前面所讨论的，组织不断受到经济、技术、竞争、法律和社会挑战的冲击。优秀的领导者持续进行外部环境扫描来评估这些威胁的严重性。他们也擅长内部扫描，了解组织在哪些方面做得很好，哪些方面还达不到要求。因此，及时了解当前事件、花时间评估组织报告、倾听追随者的忧虑，是领导者完成外部和内部扫描时常用的一些技术。[31, 32, 33, 34, 35, 36, 37, 38, 39] 这些信息进而可以用于构建变革措施的愿景。如果一个新组织想成功应对最严重的外部威胁、利用新的市场机会并克服组织的弱点，它看上去应该是什么样的？这个新组织的宗旨是什么，人们为什么想在这里工作？一个好的愿景宣言应该回答这些问题。幸运的是，领导者不必独自努力来提出愿景宣言。领导者往往会征求追随者的意见，或者与追随者团队一起精心打造愿景宣言。[40, 41, 42, 43, 44, 45, 46, 47] 这两种行动都有助于提高追随者对新愿景的归属感。

> 没有清晰的愿景和一套明确表达的目标，所有决策都将是政治考量的结果。
>
> ——皮特·拉姆斯泰德（Pete Ramstad），托罗公司

了解组织愿景和组织目标之间的区别，也很重要。正如古代航海家用星辰来导航一样，愿景也为组织的行动提供了指导。愿景帮组织做出抉择，包括组织应当做什么、不应当做什么；应当雇用和保留哪类员工；应当依据何种规则来运作等[48, 49, 50, 51, 52]。但正如星辰不是航海家的最终目的地一样，愿景也不是组织的目的地。组织的目标可以等同于航海家的最终目的地，它们应当具体说明组织想要达成什么，什么时候将达成。[53, 54, 55, 56, 57, 58, 59, 60] 根据组织的具体情况，这些目标可能包括市场份额、获利能力、经营收入或客户增长、质量、实施新的客户服务或信息系统、授予专利数、学校测验分数、筹集资金目标、降低犯罪率水平。因此，组织目标可能关注外部或内部，也可能同时关注这两方面，这取决于环境扫描的结果和组织愿景。这些目标实际上定义了一个组织需要做什么来获得成功，而缺乏目标或目标定义不明确的组织则不太可能有成功的变革措施。专栏 16-4 提供了一家废弃物发电公司（通过焚烧垃圾发电）的愿景宣言和组织目标的示例。

❖ 专栏 16-4

愿景宣言和组织目标的示例

愿景宣言：

成为废弃物发电行业的领跑者。

部分组织目标：

- 将盈利增长率由5%提高到8.5%；
- 将维护和维修费用支出控制在2015年的水平上；
- 保持所有工厂的锅炉正常运转率达到92%；
- 将突发的锅炉停工时间减少29%；
- 将会计职能集中于总部，减少12%的会计费用；
- 所有工厂达到零安全事故记录、零安全事故损失时间；
- 在所有工厂中实施一项金属回收系统，将再生利用的收入提高26%；
- 2015年，获得5项新的废弃物发电厂运营合同。

资料来源：G. J. Curphy, *The Competitive Advantage Program for Wheelabrator Technologies Incorporated* (North Oaks, MN: Author, 2010).

在确定组织目标后，领导者需要确定为了使组织实现愿景、达成目标，应当改变哪些制度。换句话说，如果组织想要获得成功，营销、销售、制造、质量、人力资源、运输、财务或客户服务制度需要做出何种改变？并且，目前的组织结构或组织文化是支持还是干扰新愿景？期望组织变革措施获得成功的领导者在设置组织目标之后，需要采取一种系统思维方法。[61, 62, 63, 64, 65] **系统思维方法**（system thinking approach）要求领导者将组织视为一个环环相扣的系统，并以此说明系统中的一个变化将如何对组织的其他部分产生有意无意的影响。例如，如果公司想要扩大市场份额和提高经营收入，它可能改变薪酬制度来激励销售人员开发新客户。然而，这种做法可能导致制造、质量、运输、财务和客户服务部门的一系列问题。预见到这些问题的领导者会做出所有必要的系统变革，以提高组织成功的概率。领导者可能需要设置目标、为每一项系统变革制订行动方案。这些行动与**孤立地思考**（siloed thinking）恰好相反，后者是指领导者的行动是为了实现自己所在部门的最优化，但是以组织总体效力的次优化为代价。[66, 67, 68, 69] 例如，如果销售副总裁相信自己唯一关注的成果就是年销售收入，他就可能改变销售人员的薪酬计划。如果他自己的薪酬与特定销售收入目标挂钩，这一信念就可能得到加强。如果他是个孤立型思考者，他还会相信盈利能力、质量或客户服务问题与自己无关。然而，这种思维模式最终会导致他的垮台，因为质量和订单完成的问题可能会使老客户离开的速度快于新客户购买产品的速度。

图16-1是针对领导实践者的系统模型图示。该模型的所有组成要素都与模型中的其他部分存在相互作用和影响。因此，领导者在改变组织愿景或目标时，需要思考组织结构、文化、制度、领导者和追随者能力的相应变化。类似地，在信息系统或员工聘用制度上的变革也会影响组织的能力、文化、结构或达成目标的能力。组织变革成功的一个关键就是确保图16-1中的所有要素都保持同一方向。很多领导者的常见错误，是想改变组织的愿景、结构和制度，却忽视了组织文化及领导者和追随者能力的改变。这是可以理解的，因为制定一个新的愿景宣言、组织结构图或薪

酬计划相对容易。领导者要么不重视组织文化和能力的重要性，错误地认为它们很容易改变，要么认为它们是既定因素，因为它们很难改变。改变组织文化和能力是可能的，但它需要花费大量时间和专注的努力。遗憾的是，约有 70% 的变革措施最终都以失败告终，其中很多失败案例的根本原因是领导者没有能力或意愿去处理文化和能力问题。[70, 71, 72, 73, 74, 75, 76, 77, 78, 79, 80, 81, 82]

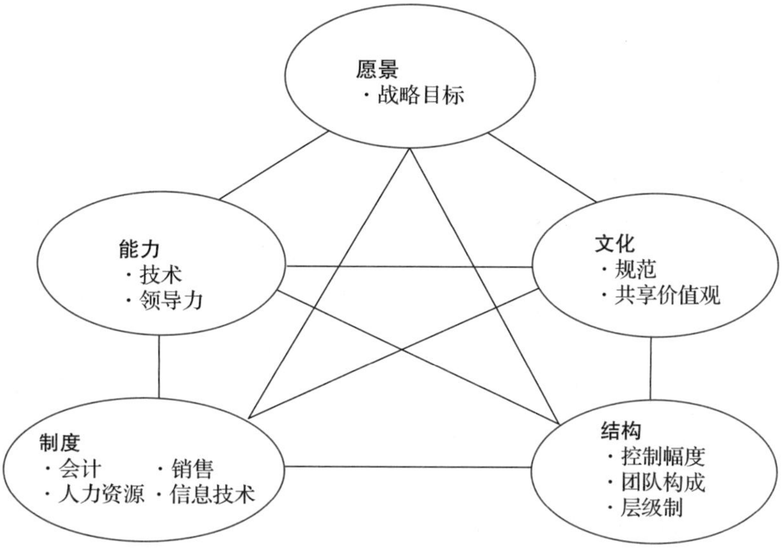

图 16-1　组织整合的各要素

> 只有当变革具体到员工个人层面时，组织变革措施才会成功。员工需要了解应当摒弃哪些原有的态度和行为，以及学会哪些新的态度和行为。
>
> ——杰瑞 · 杰立森（Jerry Jellison），南加利福尼亚大学

过程

在变革过程的这一阶段，领导者可能采取某些步骤来提高追随者的满意度。他也可以与追随者共同工作，精心打造一个新的愿景宣言，设置新的团队或组织目标，并确定哪些组织制度、能力或结构需要做出改变。在很多方面，变革模型中的 *D* 和 *M* 要素的改变是领导实践者最容易完成的。变革模型的过程（*P*）要素是变革措施中外显且可操作的部分，因为它包含的是**变革计划**（change plan）的开发和执行部分。[83, 84, 85, 86, 87, 88] 好的变革计划罗列出达成新的组织目标应遵循的事件进程顺序、关键产出、时间表、责任主体、关键绩效指标体系和反馈机制。它也可能包括以下内容：提高下属满意度的具体步骤，如何处理即将面临的阻力，培训和资源需要清单，以及为确保所有相关主体了解上述信息而制订的全面沟通计划（见领导概览 16-1）。

❖ 领导概览 16-1

安东尼·福奇博士

领导者有时是自己所在组织的变革来源，另一些时候，情境因素的影响极为强大，整个国家都被迫做出改变。这正是2020年新冠病毒全球大流行时发生的情况。带领美国应对疫情的是美国国家过敏症和传染病研究所主任安东尼·福奇博士。作为一名被广泛引用的医学研究者，拥有30个名誉博士学位、36年的研究所运营经验，福奇博士的背景和经验使他成为最有资格领导全美应对新冠疫情的人。

福奇博士在纽约布鲁克林长大，在圣十字学院读本科，主修专业为医学预科和希腊古典文学。他入读哥伦比亚大学医学院，并以全班第一的成绩毕业。他随后进入公共卫生服务部门，早年致力于研究罕见疾病的治疗方法。20世纪80年代，他是应对艾滋病大流行的核心人物，并在乔治·W. 布什总统任职期间，在美国和非洲分配逆转录病毒药物的过程中发挥了核心领导作用。这些行动无疑挽救了数百万人的生命。他也负责组织全美应对历次禽流感、SARS、中东呼吸综合征、埃博拉和寨卡病毒暴发，并且，因为他的建议，美国基本上没有受到这些潜在流行病的影响。

虽然美国前总统唐纳德·特朗普经常说，历史上从未发生过像新冠病毒大流行这样的事，但实际上，全球性的流行病至少已经存在了2500年。福奇博士从很早就倡议勤洗手、保持社交距离、限制旅行、关闭学校和企业，并在疫情最严重时进行大规模检测。也因此，美国经济在很大程度上陷入了突然停滞状态，一些新闻评论员、政治领导人和商界人士强烈反对福奇建议的做法。这些人认为，此举使美国经济受到的损害远远超过新冠病毒造成的生命损失。

你如何评价美国前总统唐纳德·特朗普在新冠病毒大流行期间推动变革的能力，以及福奇博士的能力？谁对危机期间的美国具有更大的影响力？

资料来源：M. Specter, “How Anthony Fauci Became America’s Doctor,” *The New Yorker,* April 20, 2020, www.newyorker.com/magazine/2020/04/20/how-anthony-fauci-became-americas-doctor; and D. Grady, “Not His First Pandemic: Dr. Anthony Fauci Sticks to the Facts,” *The New York Times*, March 8, 2020, www.nytimes.com/2020/03/08/health/fauci-coronavirus.html.

由于变革的深度和广度，变革计划可能相当详尽、复杂。例如，前面谈及的这家废弃物发电公司要想达成它在专栏16-4中罗列的目标，就不能再用过去的方式做事。该公司需要新的行为、关键绩效指标体系和反馈制度来达成上述目标。该公司的变革计划内容相当广泛，包括整个公司范围的全面计划，也包括针对单个工厂的目标和变革计划。每项计划都列出了行动步骤、责任主体、关键绩效指标体系及任务的截止期限；变革计划的进展情况在每月召开的工厂业务与经营评价会议上进行定期评价。在这些会议上，意料之外的障碍、优于预期的进展等因素都被考虑在内，对变革目标和计划进行持续调整。

当然，计划本身只是变革的路线图。只有实际执行计划中罗列的行动步骤，才会实现真正的变革。这是领导实践者可能遇到麻烦的另一个领域。导致CEO失败的原因之一就是执行不力，而且这也是从一线管理者到高级经理脱轨的主要原因之一。[89, 90, 91, 92] 使追随者全力投入一项变革计划的最佳方式可能是和他们一起制订该计划。通过这种方式，追随者会成为变革的早期接受者，同时了解要做什么、为什么做、何时做、在哪里做、由谁做、如何做。但在很多时候，想让所有受变革影响的追随者都参与到计划制订过程中是不可能的。在这种情况下，如果领导者清晰表达了对行为和绩效的新预期，清楚解释了变革措施带来的个人益处，而且追随者高度信任领导者，则追随者的承诺水平也会提高。[93, 94, 95] 即使在采取了所有这些步骤之后，领导实践者仍然需要花费大量时间定期评价个人进展、要求人们承担起变革计划中的个人角色和责任。多个竞争性需求会争夺追随者的时间和精力分配，并且，缺乏坚持到底的毅力也会使很多追随者逐渐开始无视变革活动的存在。领导者还应当预见到，一旦实施变革计划，追随者的类型可能发生某种调整。自我激励者可能变成吹毛求疵者，马屁精可能变成懒虫，或者，懒虫可能变成吹毛求疵者。领导者以迅速、一贯的方式来应对这些追随者类型的改变和追随者的不当行为，更有可能获得变革措施的成功（见领导概览16-2）。

❖ 领导概览16-2

穆罕默德·尤努斯

穆罕默德·尤努斯（Muhammad Yunus）是家中9个孩子中的老三。高中毕业时，他在孟加拉国参加全国毕业考试的39 000名学生中，排名第16位；他进入吉大港大学并获得经济学学士和硕士学位。尤努斯随后在经济局工作，并担任吉大港大学讲师，直到获得富布赖特奖学金赴美留学。他利用该奖学金获得了美国范德比尔特大学经济学博士学位，之后返回东巴基斯坦。东巴基斯坦一直是个穷国，在20世纪70年代早期独立为孟加拉国后，情况甚至进一步恶化。尤努斯一回到孟加拉国，就开始寻找有效途径来降低本国居高不下的贫困率。

战争刚结束，尤努斯就给42位女性提供相当于27美元的贷款用于购买竹子。这些女性创立了一个小型竹凳加工厂，但他们原本的贷款人要求的利息过高，工厂所有利润都被用于归还贷款了。因为孟加拉银行不愿贷款给被认为有高违约风险的人，这些女性实际上成了贷款人的契约奴隶。尤努斯给这些女性的贷款利息为4%，这帮助她们打破了贫穷的恶性循环。这一事件是尤努斯微贷款事业的起点，微贷款将小额金钱贷给贫穷的创业者，帮助他们创建企业、推动企业成长。尤努斯贷款给一些小组，即所谓“团结组”（solidarity group），这些人更有可能归还贷款，也会在需要时帮助其他成员。

1983年，尤努斯开办了孟加拉乡村银行，该银行专门向贫穷的小业主提供小组贷款。从那以后，乡村银行扩张到了很多国家，放出了价值超过 70 亿美元的贷款，并且，其贷款偿还率达到了 96%～97%。尤努斯可能是改善穷人生活方面成就最大的人，由于这些努力，他入选《货币》(*Money*) 杂志“我们时代 12 位最伟大的企业家”，及沃顿商学院评选的“过去 25 年间 25 位最有影响力的商业领袖”；并且，他是 2009 年美国“总统自由勋章”获得者，还赢得了 2006 年诺贝尔和平奖。诺贝尔奖委员会指出，“除非大量人群摆脱了贫困，否则无法实现持久的和平。……尤努斯和乡村银行已经证明，即使是穷人中的穷人也能努力实现自身的发展”。

你认为，尤努斯在推动农村社区变革时，使用的是理性还是感性的方法？

资料来源：N. St. Anthony, “Small Loans, Big Results,” *The Minneapolis-Star Tribune*, March 10, 2013, p. D3; J. W. Wellington, “With Bonsai People, a Closer Look at the Work of Muhammad Yunus,” *Huffington Post*, September 21, 2011, http://huffingtonpost.com/john-wellington-ennis/bonsai-people_b_974972.html; “Muhammad Yunus Biography,”The Nobel Prize, www.nobelprize.org/nobel_prizes/peace/laureates/2006/yunus-bio.html; and “‘We Are All Entrepreneurs’: Muhammad Yunus on Changing the World, One Microloan at a Time,” *The Guardian*, March 29, 2017, www.theguardian.com/sustainable-business/2017/mar/29/we-are-all-entrepreneurs-muhammad-yunus-on-changing-the-world-one-microloan-at-a-time.

阻力

追随者的风格为什么会因为变革措施而调整？一个原因是，变革带来的好处需要经过一段时间才能实现。领导者、追随者和其他利益相关者通常假定，一旦引入了新的设备、制度、行为等，绩效、生产率或客户服务就会立刻得到改善。然而，在追随者学习新制度和新技能时，绩效或生产率水平往往会在短期内下降。这种初始预期和现实间的差距被称为**期望–绩效缺口**（expectation-performance gap)，它可能导致相当大的挫败感（见图 16-2）。如果管理不当，就可能产生阻力（*R*)，使追随者恢复到原有状态，运用原来的行为和制度完成工作。领导者通过设置现实的期望、表现出高度耐心、确保追随者尽快熟练掌握新制度和新技能，将有助于追随者应对其受挫心态。好的变革计划还会安排培训和辅导项目提高追随者的技能水平，以此解决期望–绩效缺口问题。[96, 97, 98]

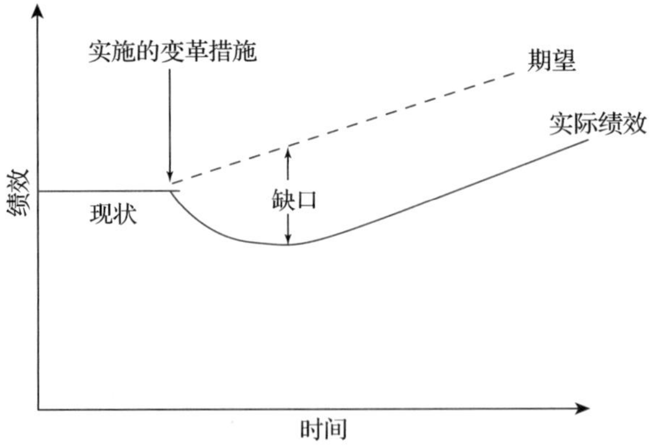

图 16-2 期望–绩效缺口

> 每个人都抗拒变革，特别是那些必须做出最大改变的人。
>
> ——詹姆斯·奥图（James O'Toole），阿斯本研究所（Aspen Institute）

追随者抗拒变革的另一个原因可能是害怕损失。[99, 100, 101, 102, 103, 104, 105, 106, 107, 108, 109, 110] 追随者担心因为变革而失去权力、与他人的亲密关系、重视的报酬及身份认同感。另外，他们也担心自己被认为缺乏能力。[111] 根据比尔的研究 [112]，害怕损失是对任何变革活动的一种可预见的正常反应，表 16-2 列出了部分领导者对这类担忧的反应。如果变革计划中提出并致力于解决带来阻力的相关领域问题，变革活动就更有可能被成功接纳。在面对变革时，人们似乎也会经历某些可预见的反应。一个例子可能有助于说明人们在面对变革时经历的典型阶段。假定你为一家大型公司工作，该公司因经济发展放缓和利润下降，需要解雇 30% 的员工。如果你属于被解雇员工中的一员，你的第一反应可能是震惊或难以置信。你可能根本没意识到市场极度疲软，也没想到自己会受到本次裁员的影响。接下来，你会经历愤怒阶段。你可能感到很气愤，你花了那么多漫漫长夜和周末假日在工作上，而公司现在不要你了。随愤怒而来的是拒绝阶段。在这一阶段，你开始质疑公司是否真的知道让你离开意味着什么，你大概还会进行合理化，认为他们可能会将你召回。在最后一个阶段，即接受阶段，你意识到公司真的不会再叫你回去工作了，你开始寻找其他职业机会。这四种对变革的反应——震惊、愤怒、拒绝和接受——构成了人们所知的 **SARA 模型**（SARA model）。[113] 大多数人都会经历这四个阶段，无论是未能获得晋升、在 360 度反馈中得到了负面反馈，还是被上级批评等，都是如此。

表 16-2 变革中的常见损失

损失	领导者可能采取的行动
权力	表现出共情、良好的倾听技能、形成权力的新方法
胜任力	提供辅导、个人指导、培训、同事辅导、工作援助等
关系	帮助员工在变革发生前或变革之初，建立新关系
奖励	设计和实施新的奖励制度来支持变革措施
身份认同	表现出共情；强调新角色的价值

资料来源：J. F. Krile, G. J. Curphy, and D. R. Lund, *The Community Leadership Handbook: Framing Ideas, Building Relationships, and Mobilizing Resources* (St Paul, MN: The Fieldstone Alliance, 2006).

> 高承诺是好的，但一定剂量的服从也是必要的。
>
> ——米歇尔·比尔（Michael Beer），哈佛商学院

但领导实践者应该如何使用 SARA 模型呢？第一步，可能就是认识到变革会激发出情绪，人们在应对变革时会经历四类情绪反应。[114] 第二步，领导者需要了解，追随者个人经历这四个阶段的时间有长有短。但领导者保持“广开言路”的政策、表现出共情、倾听下属的担忧，可以加速下属经历这四个阶段的速度。第三步，值得指出的是，只有当人们到达接受阶段后，他们才有可

能做出与变革措施相关的积极行动。这并不意味着他们欢迎变革，只是表明他们认识到了变革的必然性。第四步，领导者需要理解，人们处于 SARA 模型中的哪个阶段，往往因其所在的组织层次不同而有差异。通常来说，首先意识到需要实施变革的人是组织高层领导者。和其他人一样，他们也会经历这四个阶段，但他们是首先经历上述阶段的人。接下来听到这些消息的是中层管理者，再接下来是一线管理者和个人贡献者。这三个群体也会经历 SARA 模型中的各个情绪阶段，但发生的时间存在差异。这些因组织层级不同而导致的情绪反应差异，如图 16-3 所示。图 16-3 中有趣的是，当高级管理者达到接受阶段时，一线管理者和个人贡献者正处于震惊或愤怒阶段。此时，高层领导者已经准备好要着手实施变革措施，他们可能不理解组织中的其他人为何仍在苦苦挣扎。由于他们已处于接受阶段，高层领导者可能未表现出共情和倾听技能，而这可能是导致图 16-2 中绩效下降的另一项原因。

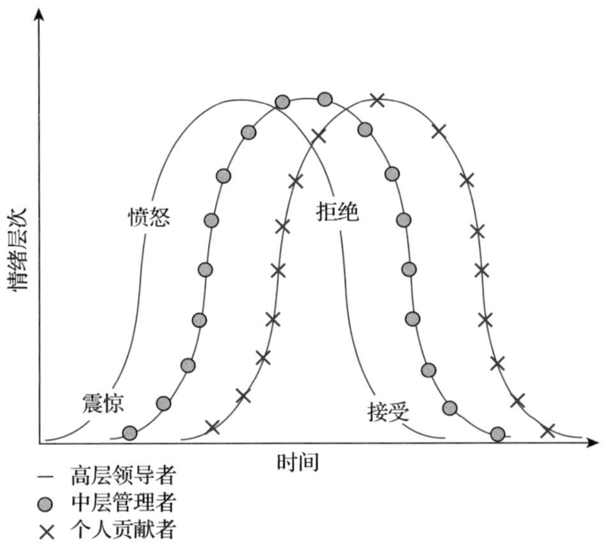

图 16-3 对变革的反应

关于组织变革理性方法的总结性思考

如图 16-4 所示，组织变革理性方法中包含情境、追随者和领导者要件。尽管组织愿景、目标和变革计划往往是领导者和追随者之间努力合作的结果，但领导者需要负起主要责任。领导者也需要思考在推动变革时临界状态的重要性。[115, 116, 117, 118, 119] 如果领导者一开始将变革努力集中于早期接受者或持观望态度的人，而不是坚决要保持现状的追随者，他们将更有可能成功。一旦达到了临界状态，接受变革者就会对不愿改变的同事施压。[120, 121, 122, 123] 这一方式也认为，一项变革措施想取得长期成功，领导者需要同时具备卓越的领导和管理技能。领导技能对于确定新的组织愿景、提高不满意度、辅导下属以不同方式工作、克服阻力等方面很重要。管理技能对于设置新目标，创建、实施和评估变革计划的进展很重要。这两套技能不仅是组织变革的重要组成部分，也将在很大程度上决定一家新公司的成败。由于具备很强的领导技能，创业者往往擅长创立新的组织。他们中有很多人能使下属为新公司的未来愿景兴奋不已。然而，如果创业者不具备或不了解管理技能的重要性，他们就无法设置追踪不断变化的消费者偏好、销售收入、客户满意度、质量和成本所需的制度、政策和程序。其结果是，这些人可能无法获得良好运营和财务决策所需的信息，其公司最终不得不申请破产。另外，很难想象仅仅拥有计划和执行技能就足以建立一家新公司，或者推动组织变革。如果负责人没有引人入胜的愿景，没能激励他人以不同的方式工作，建立一家新公司或成功推动组织变革几乎都是不可能的。导致组织变革成败的另一些原因，也可以追溯到领导或管理技能的不足。[124, 125]

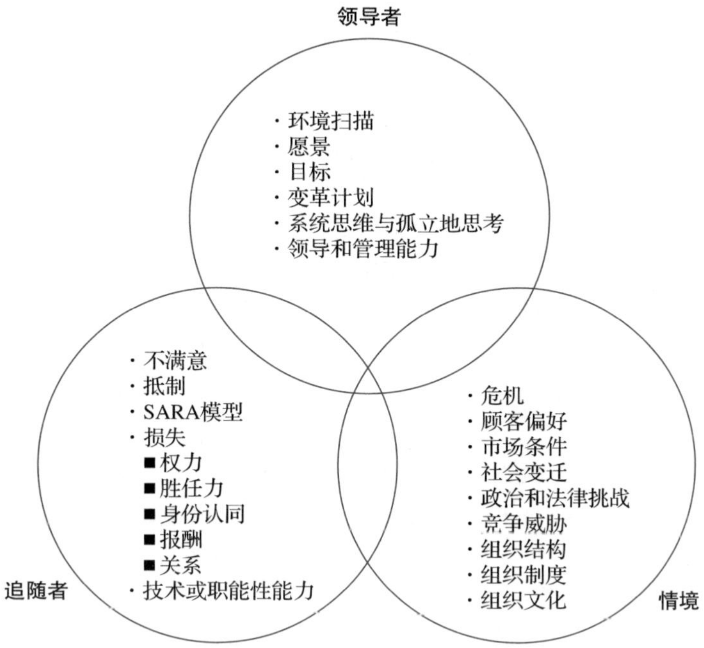

图 16-4　组织变革的理性方法和互动框架

尽管这两项技能都很重要，但领导实践者应当认识到，领导和管理技能之间存在天然的张力。在许多方面，管理技能有助于维持现状，有助于确保行为和结果的一贯性。领导技能则往往被用于改变现状，有助于改变组织完成工作的目标和流程。过度使用或过度强调某一套技能的领导者，都可能使团队或组织绩效无法达到最优。但是，有两种领导和管理技能对于推动变革似乎特别重要，值得更详尽地说明。**适应性领导**（adaptive leadership）涉及与成功调整、适应变革情境相关的多种行为。变革、挑战和逆境似乎是大多数组织目前必然面临的问题，而且，最有效的领导者就是那些因应变革情境需要而及时调整领导风格的人。[126, 127] 并且，由于变革的持续冲击，学习敏锐度也会对领导效力产生重要影响。**学习敏锐度**（learning agility）是指个人从经验积累中学习并将所学用于新情境的能力和意愿。[128, 129, 130] 最有效的领导者是那些具有高学习敏锐度和适应性的人，他们不仅了解如何在变革情境下构建团队、通过他人完成目标，也能灵活调整个人行为以适应情境要求。本章的第一部分就是为了帮助领导实践者更好地理解在变革过程中什么时候应使用领导和管理技能，而教育和经验也能帮助领导实践者改善这两项技能。

最后需要指出的是，理性方法为领导者提供了如何推动变革的系统化流程，并有助于他们理解所在组织中变革措施的成败原因。领导实践者可以将 $C = D \times M \times P > R$ 的模型作为指导，制定新的愿景和目标、改变公司提供的产品和服务、改变用于支持组织目标的信息技术、财务、运营、维护或人力资源系统。同样地，领导实践者也可以将这一模型作为诊断工具，确定公司的变革措施在哪里存在缺陷：可能是追随者对现状感到满足、对新的愿景和目标缺乏认同、没有充分识别有待改变的关键制度，也可能是变革计划不完整或未得到有效实施。考虑到这一模型有很强的解释力，变革的理性方法可以为当前及未来领导者推动组织和社区变革提供有益的启发（见专栏 16-5）。

❖ 专栏 16-5

“黑人的命也是命”运动

在美国，黑人占全国人口总数的 12%，但占全国监狱犯人的 50%。尽管有 100 多万黑人在监狱服刑，但在“黑人的命也是命”（Black Lives Matter）运动以前，人们对这些令人担忧的数据关注甚少。2012 年，被控枪杀手无寸铁的少年特雷沃恩·马丁（Trayvon Martin）的乔治·齐默尔曼（George Zimmerman）被判无罪；之后，艾丽西亚·加尔萨（Alicia Garza）、帕特里丝·库勒斯（Patrisse Cullors）和奥珀尔·托梅蒂（Opal Tometi）发起成立了“黑人的命也是命”运动。“黑人的命也是命”起初只是一种社交媒体现象，如今已经成为一场国际维权运动，其目的是引起人们关注种族定性[㊀]及警察和刑事司法系统对少数族裔的不公平对待，并消除种族不平等。“#BlackLivesMatter”这一社交媒体的主题标签是 2013 年由加尔萨、库勒斯和托梅蒂提出，该词被美国方言协会指定为 2014 年度词汇；该运动进入了《时代》杂志 2015 年度人物入围名单，并且，在 2016 年，该主题标签在推特上被引 3000 万次。

加尔萨、库勒斯和托梅蒂不仅提高了人们对美国黑人所处困境的关注，而且他们还将这种新的关注转化成了街头行动。从 2013 年因警察开枪打死迈克尔·布朗（Michael Brown）引发的密苏里州弗格森的抗议活动开始，在美国、英国、澳大利亚、加拿大的多个社区、大学校园和竞选集会上，暴发了数千起街头抗议和示威活动。2020 年 5 月 25 日，乔治·弗洛伊德（George Floyd）在明尼苏达州明尼阿波利斯被杀，引发了双子城大规模抗议活动，并进而蔓延到全美和世界其他地方。

“黑人的命也是命”的 30 个分会由志愿者组成。该运动没有正式的层级或结构，各分会被建议遵从一套原则和目标，但这不是必需的要求。这场运动引发了重大的政治分歧，民主党人普遍支持“黑人的命也是命”，而共和党人反驳说“所有人的命都是命”（All Lives Matter），认为关注种族内的犯罪统计数据会更好地服务于美国黑人。

㊀ 种族定性，是指执法部门依据种族来锁定犯罪嫌疑人或犯罪嫌疑团伙的做法。——译者注

“黑人的命也是命”运动是否为美国黑人带来了任何切实的好处？它应当如何定义获胜，并且，它为了取得胜利需要做些什么？加尔萨、库勒斯和托梅蒂在推动变革时，使用的是理性方法还是感性方法？

资料来源：A. Garza, “A Herstory of the #BlackLivesMatter Movement,” *The Feminist Wire*, October 7, 2014, http://www.thefeministwire.com/2014/10/blacklivesmatter-2; Black Lives Matter, www.blacklivesmatter.com; J. Cobb, “The Matter of Black Lives,” *New Yorker,* March 14, 2016, http://www.newyorker.com/magazine/2016/03/14/where-is-black-lives-matter-headed; and A. Altman, “The Short List: Black Lives Matter,” *Time*, 2015, http://time.com/time-person-of-the-year-2015-runner-up-black-lives-matter.

组织变革的感性方法：魅力型领导与变革型领导

尽管理性方法为组织变革提供了简洁直白的模型，但很多大规模的政治、社会或组织变革都不适用于这一公式。例如，很难说基督、穆罕默德、圣女贞德、圣雄甘地、马丁·路德·金、霍梅尼、曼德拉、卡斯特罗、查韦斯遵循了某一变革公式或计划，而这些人都有能力推动各自所处社会的根本性改变。尽管这些领导者在很多重要方面存在差异，但他们的一个共同特性是都拥有领袖魅力。魅力型领导者是充满激情、驱动力很强的人，他们指出现状中的问题，并描述引人入胜的不同的未来愿景。通过该愿景，他们在追随者中激起高度兴奋，并与之建立起特别牢固的情感依附关系。有强烈吸引力的愿景、激烈的情绪层次和强化的个人依附相结合，往往会促使追随者付出更大努力来推动组织或社会变革。但魅力型领导者激发出的热诚和激情似乎是一柄双刃剑。一些魅力型的运动可能导致积极的、相对和平的组织或社会变革，比如埃沃·莫拉莱斯在玻利维亚投入大量努力来帮助穷人。而不好的一面，当激情被用于自私或个人利益时，历史悲哀地显示它对社会有着同样强大的破坏力。这里的典型例子可能包括津巴布韦前总统罗伯特·穆加贝和委内瑞拉的尼古拉斯·马杜罗。

魅力型领导中有什么因素，会使追随者对未来的可能性与改变如此狂热，使他们心甘情愿地为某种事业牺牲生命？尽管很多人在想到领导时，就会回想起有领袖魅力的个人形象，但对魅力型领导的系统分析是最近才开始的。本章其余的部分，首先回顾了魅力型领导研究的历史和魅力型领导中的领导者 – 追随者 – 情境要素。接下来，我们将评述最广为人知的领袖魅力概念框架——巴斯的变革型和交易型领导理论。

> 制度是一个人拉长的影子。
>
> ——拉尔夫·沃尔多·爱默生（Ralph Waldo Emerson），作家

魅力型领导：历史回顾

在 20 世纪 70 年代中期以前，魅力型领导的研究主要是由历史学家、政治学家和社会学家完

成的。在这些早期研究中，马克斯·韦伯的作品无疑是最重要的。韦伯是一位社会学家，主要兴趣是研究权威、宗教和经济力量如何随时间推移而影响整个社会。韦伯认为，社会上存在三种类型的权威制度：传统权威、法理权威和魅力权威。[131]

在**传统权威制度**（traditional authority system）下，传统或不成文的社会律法决定着谁拥有权威，能以何种方式运用这些权威。在这类制度中，权威的转移是建立在传统之上的，比如国王去世后长子继位的安排。历史上的例证如15—17世纪的英国君主制。传统权威制度在现代仍然普遍存在，比较明显的例证包括沙特阿拉伯、科威特、约旦、朝鲜和文莱。[132, 133]但这方面的例子也不应局限于国家层面，很多由单一大股东控股的私营或上市公司的CEO，经常是前任CEO的子女或亲属。这些例子包括沃尔玛、宝马、三星、嘉吉、安利和柏克德等公司。由于大多数小企业是家族企业，当所有权进行代际传承时，就会体现传统权威制度的安排。在这类转型过程中或紧随其后，通常会发生较大规模的组织变革。

> 我不相信世袭的财富。为什么人们仅仅因为成为幸运精子俱乐部的一员，就能获得数百万甚至数十亿美元呢？
>
> ——沃伦·巴菲特（Warren Buffett），投资者

在**法理权威制度**（legal-rational authority system）下，一个人拥有权威不是因为传统或长子继承权，而是基于法律赋予特定职位的权力。例如，选任制公务员、非营利性组织或上市公司的大多数领导者拥有采取确定行动的权威，是因为他们所在的职位。权力存在于职位本身，而不是谁占据着该职位。

在法理权威制度下，大规模组织变革通常发生在个人当选或被任命后。美国前总统唐纳德·特朗普领导了针对美国环保署、财政部、商务部、国土安全部、教育部、国防部、国务院，以及司法部的一系列广受关注的政策和人事变动。这些变化对其他的国家、组织和民众产生了巨大影响。无疑，美国的下一任总统也会推进他认为对美国最有利的一系列不同的政策和人事变化。在其他国家关键领导职位的官员因选举或任命产生，或者企业雇用、晋升了下任CEO时，也会发生类似的大规模政策和人事变动。

可以对比这两类权威制度与**魅力权威制度**（charismatic authority system），后者是指人们获得权威是因为他们具有堪为典范的个人特征。魅力型领导被视为具有超人素质或神授的权力，这将他们与普通的凡夫俗子区分开来。在这一制度中，权威的核心在于拥有这些非凡素质的个人，而非来自血统或法律规定。根据韦伯的观点，魅力型领导来自社会边缘，在重大的社会危机时期以领导者身份出现。这些领导者使社会关注它面对的问题本身，同时也关注由该领导者提出的革命性解决方案。因此，魅力权威制度往往是一项反对传统和法理权威制度的革命的结果。这些革命的例子可能包括阿亚图拉·霍梅尼颠覆伊朗国王的统治，圣雄甘地将英国人驱逐出印度，马丁·路德·金在美国成功改变了民权法案，或者乌戈·查韦斯在委内瑞拉领导的经济和社会变革。魅力权威制度往往会导致突然的、激进的且有时是剧烈的变化，其存在时间往往明显短于传统或

法理权威制度。为使追随者相信自己拥有超人的素质，魅力型领导必须建立起成功的形象；任何失败都将使追随者质疑领导者拥有的神授权力，进而侵蚀领导者的权威。

多位历史学家、政治学家和社会学家对韦伯的魅力权威制度框架的不同方面进行了评述。但在所有评述中，围绕韦伯理论的最大争议可能是“魅力型领导的核心是什么”。超凡魅力主要是领导者面对的情境或社会环境的结果？还是存在于领导者的杰出个人素质中？又或者，它存在于魅力型领导者和追随者之间的牢固关系中？大量作者论证说，魅力型运动只有在发生社会危机时才会发生。[134, 135, 136] 与之类似，富瑞得兰德（Friedland）[137]、格斯和米尔斯（Gerth，Mills）[138]、坎特 [139] 表示，在一位拥有杰出素质的领导者被视为魅力型领导之前，社会情境必须足以使追随者认识到这些领导者素质的重大价值。其他研究者则认为，魅力型领导主要是领导者个人杰出素质的产物，而非情境的产物。这些素质包括拥有非凡的远见、向他人表达远见的雄辩修辞技巧、使命感、高度的自信和智力、对追随者的高水平期望。[140, 141] 最后，有几位作者还提出，魅力型领导的试金石不是领导者素质或是否存在危机，而是追随者对领导者的反应。根据这一观点，领袖魅力只属于与追随者建立起特别强烈情感依附关系的领导者。[142, 143, 144, 145, 146]

随着詹姆斯·麦格雷戈·伯恩斯（James MacGregor Burns）所著的《领导学》的出版，围绕着魅力型领导的争论发生了戏剧性转变。伯恩斯是一位卓越的政治学家，他一直致力于研究国家政治领域的领导力。他相信，领导力可以表现为以下两种形式。当领导者和追随者以某种交换关系来满足需要时，就会出现**交易型领导**（transactional leadership）。这种交换在本质上可能是经济、政治或心理方面的，其例证包括通过工作换得金钱、用选票换得政治上的好处、用忠诚换得关怀等。交易型领导相当常见，但它往往是短暂的，一旦交易完成可能就没有持久的目标可以维系这两个群体。伯恩斯也指出，尽管这种类型的领导可能相当有效，但它无法导致组织或社会层面的变革，而是倾向于维持现状并使其合法化（见专栏 16-6）。[147]

❖ 专栏 16-6

盗贼统治与权威制度

在《枪炮、病菌与钢铁：人类社会的命运》一书中，作者贾拉德·戴蒙德描述了历史、地理、气候、技术、人口和经济因素使人类社会经历着初生、繁荣与消失的轮回。有一个普遍见于多个群体的现象是，当它们的规模达到 100 人或更多时，就会出现某种形式的政府。有时，这一政府建立在家族权力之上（传统权威）；另一些时候，它更为正式（法理权威）；还有些时候，它建立在单个领导者之上（魅力权威）。政府的出现，是因为这一规模的群体开始认识到，通过集中资源而非单兵作战，他们可以解决共同的问题，如食物、住所、御敌等。因此，群体中的个人放弃了部分自由和资源，但获得了他们单个人无法享受的服务。

有些人感到这种交换相对公平，他们换得的服务似乎抵销了他们付出的成本（如税收、食物等）。但另一些时候，这些政府似乎只不过是盗贼统治而已，人们为顶层的一小群人支付贡品，却没有得到任何回报。盗贼统治可以在传统权威制度中找到。盗贼统治也可能发生在法理权威制度中；很多公司丑闻，如2007—2009年金融服务业与汽车行业的崩盘，正是高层管理人员剥削客户、员工和股东的例证。魅力权威的领导者也可能领导盗贼统治的政府。罗伯特·穆加贝担任总理时，一度被很多津巴布韦公民看成魅力型领导，但他花费200万美元举办生日宴会、在任时贫穷人口比例处于历史高位、年通货膨胀率高达8000%，很可能，津巴布韦的大部分公民都未能享受到同样的胜利果实。

由于魅力型领导更有可能出现在危急时刻，在公民相信相对于自己从现任政府取得的利益，自己支付的税费高得不正常时，这类领导者更有可能脱颖而出。这一现象的最新表现，使魅力型领导当选为委内瑞拉和厄瓜多尔的总统。阿拉伯之春源于民众对很多中东国家的腐败和不公正规则的反感，并且，税收与服务的（不）公平交换，也常常被美国政客用于竞选公职。

任何由一小群人享受大部分利益的政府都是盗贼统治。那些大公司呢，比如联合健康集团、康卡斯特、英国石油或英博？为什么？你可以使用哪些信息来支持你的判断？

资料来源：J. Diamond, *Guns, Germs, and Steel: The Fates of Human Societies* (New York: Norton, 1999).

第二种领导形式是**变革型领导**（transformational leadership），它通过吸引下属重塑价值观和对更高目标的追求来改变现状。变革型领导会阐明现存制度中的问题，并形成关于新社会或新组织构想的一个引人注目的愿景。这一新的社会愿景与领导者和追随者的价值观紧密相连，它代表着与其价值观体系高度契合的理想状态。根据伯恩斯的看法，变革型领导最终成为一种道德实践，是因为它将提高人们的行为标准。这意味着，可以根据对“领导者推动的变革是增进还是阻碍了组织或社会的发展？”这一问题的回答，来判断变革型领导的存在。变革型领导也擅长**重构**（reframing）问题；他们会指出，如果追随者实现了领导者的未来愿景，他们面对的问题也会迎刃而解。这些领导者也向追随者传授如何凭借自身能力成为领导者，并鼓舞他们在变革运动中发挥积极作用（见领导概览16-1～领导概览16-4）。

> 窃国大盗与明智的政治家之间、强盗式资本家与慷慨捐助者之间，只不过是程度上的差别。
>
> ——贾拉德·戴蒙德（Jared Diamond），研究者

❖ 领导概览16-3

纳尔逊·曼德拉

南非在过去200年间由白人少数政府统治。尽管黑人占人口的75%以上，但白人拥有大部分财产、经营大多数企业并且控制着几乎全国所有的资源。此外，黑人没有选举权，常常在可怕的条件下为很少的工资工作，有时甚至没有工资。纳尔

逊·曼德拉看到了人民的困苦，他花费50年时间致力于推翻白人少数派的统治。他在一开始组织了一个非暴力组织——非洲国民议会（African National Congress，ANC），用停工、罢工和暴乱来抗议白人统治。有几名白人死于早期暴乱，接下来的1960年，警察在沙佩维尔（Sharpeville）的行动导致250余名黑人死伤。因沙佩维尔事件带来的动荡局面，使95%的黑人劳工罢工两周，整个国家宣布处于紧急状态。曼德拉接下来组织了怠工行动进一步向南非政府施压，要求其改变。该组织的目标是政府和经济设施，并特别注意不要在投掷炸弹时出现人员伤亡。

1962年，曼德拉被捕，此后的27年他一直在狱中。其间他继续推动国内抗议活动和多数人决定原则，他的事业最终得到了国际认同。他在1985年得到了有条件获释的机会，但他拒绝了。在巨大的国际和国内压力下，南非总统F.W.德克勒克“不再禁止”ANC的存在，并无条件释放了曼德拉。但是，南非仍处于骚乱中，1992年有400万名工人罢工抗议白人统治。由于这一压力，曼德拉迫使德克勒克签署了一份多党选举的概要文件。曼德拉赢得了1994年的全国大选，并成为该国首位真正意义上民主选举的领导人。

你是否认为曼德拉是一位魅力型领导？为什么？

资料来源：M. Fatima, *Higher Than Hope: The Authorized Biography of Nelson Mandela* (New York: Harper & Row, 1990); and S. Clark, *Nelson Mandela Speaks: Forming a Democratic, Nonracist South Africa* (New York: Pathfinder Press, 1993).

所有的变革型领导都有超凡魅力，但并非所有魅力型领导都是变革型领导。变革型领导具有超凡魅力，是因为他们能清楚阐述其引人入胜的未来愿景，并与追随者形成强有力的情感依附关系。然而，这些愿景和关系是与追随者的价值观体系高度一致的，能帮助追随者满足其个人需要。有些不属于变革型领导的魅力型领导可以表达出一种愿景，也能与追随者形成牢固的情感纽带，但他们这么做是为了满足自己（即领导者）的需要。魅力型和变革型领导都会努力进行组织或社会变革，二者的差异在于变革是为了领导者的利益，还是为了追随者的利益。最后，变革型领导总是充满争议的。魅力型领导几乎天生就会激起对价值观、社会公益的争论。争议的出现，也可能是因为在现存制度下的既得利益者会对变革型领导运动进行最大程度的抵制。这些抵制变革型领导运动的情绪层次往往与欢迎该运动的人有同等强度，而这可能是造成马丁·路德·金、约翰·F.肯尼迪、圣雄甘地、圣女贞德或基督死于暴力的根本原因。伯恩斯表示，变革型领导总是涉及冲突和变革，并且，变革型领导必须乐于张开双臂迎接冲突、制造对立面、表现出高度的自我牺牲精神、不过于敏感并保持对其终身事业的专注。[148, 149, 150, 151, 152, 153, 154]

领导学研究者尤克尔、杰里·亨特和杰·康格都认为，《领导学》一书的出版在重新唤起人们对领导学论题的兴趣上发挥了关键作用。[155, 156, 157] 其结果是，过去35年间的研究探讨了魅力型或变革型领导的各个方面，包括跨文化、性别、继任、领导者、追随者、情境和绩效等。从这些研究努力中我们了解到，魅力型或变革型领导是既普通又不寻常的。说它普通，是因为它几乎在每一种文化的各个社会阶层中存在。例如，一位法国高中的学生会会长、一位美国空军学院的军校学员负责人、一位肯尼亚的社区领导者、一位印度尼西亚的医院负责人，或者一位俄罗斯的企业高管，都可以被视为魅力型或变革型领导。但它也是不寻常的，因为大多数位高权重的人都没有被看成魅力型或变革型领导。我们也知道，人们往往觉得女性，如玛丽娜·勒庞、奥普拉·温弗瑞、玛丽·芭拉，比她们的男性同行更有能力，而且，变革型领导的群体绩效比交易型领导高。[158, 159, 160, 161, 162, 163, 164, 165, 166, 167, 168, 169, 170, 171, 172, 173, 174, 175, 176, 177] 尽管魅力型或变革型领导往往会带来大规模的组织变革和更高水平的组织绩效，但几乎没有证据表明在商业环境下，变革在这些领导者离去后仍持久存在。[178, 179] 此外，有些研究者发现，魅力型领导或变革型领导并没有带来更高的组织绩效，但他们的确为自己赢得了更高的收入。[180, 181, 182, 183, 184, 185] 换句话说，这些领导者很善于吸引他人的关注、提高个人声望、改变他们各自所在的组织，但很多变革并没有导致更高的组织绩效。

❖ 专栏 16-7

超凡魅力与谦逊

与理想领导力有关的一些最常见品质，包括远见卓识、吸引他人参与和鼓舞人心的能力、激励他人的能力、自信、果断、驱动力、亲和力和魅力。这些品质很容易在广受欢迎的政治领袖、企业高管和经营大型教会的牧师身上看到。这些领导者推动的变革，是为了所在组织的利益，还是为了领导者的个人利益？对于这一问题的答案可能令人意外。

研究表明，以上谈到的品质对于赢得**组内竞争**（within-group competition）至关重要。换句话说，一个人需要具备何种特性，才能在 YouTube 或 Facebook 上显得与众不同、吸引大量粉丝？那些被认为富有远见、鼓舞人心、自信、前卫的人比相对羞涩、无趣的对手更有可能获得聘用或晋升到领导岗位上。但获得晋升与工作富有成效差异甚大，而领导力最终应该用是否赢得了**组间竞争**（between-group competition）来判断。领导力不应该是指谁得到的“赞”最多或谁被任命为球队队长，而应该是关于一个球队的输赢记录和季后赛的表现。从企业经营的角度来看，领导力的判断依据应该是公司与其他同行相比，在客户满意度评价、员工敬业度分数、员工流动率、市场份额、股票价格或盈利水平上的表现如何。对于非营利性组织，这一效标应该是与其他组织相比，该组织在多大程度上完成了自己的使命。学校的考试成绩或学生毕业率、医院的医疗差错率，或者用于服务无家可归者的资金效率，分别表现如何？

事实证明，**谦逊**（humility）比魅力更能预测领导的有效性（例如，在球队比赛中获胜）。谦逊型领导者有很强的能力，善于吸引成员参与并培养成员，善于组建团队，高度专注于击败竞争对手。谦逊型领导者避免成为他人瞩目的焦点，通过所在团队或组织的成就证明自己，并乐于分享荣誉。大多数组织都想在关键岗位上配置有效领导者，但它们往往晋升的是魅力型领导，而非其更谦逊且有能力者。这种魅力与能力、赢得组内竞争与组间竞争的差异，可能在很大程度上解释了为何只有很少的女性进入顶层领导职位。每当有人倡议进行大规模变革时，都需要提出一个重要问题：谁将从这次变革中受益？推动变革的原因是什么？你认为赢得组内竞争或组间竞争，哪个更重要？

新冠病毒大流行给全球各国造成了严重损失，但它也有助于区分真正的领导者和只会装腔作势的人。美国国家过敏症和传染病研究所所长安东尼·福奇博士和迈克·德万（俄亥俄州州长）、杰伊·英斯利（华盛顿州州长）、加文·纽瑟姆（加利福尼亚州州长）、格雷琴·惠特默（密歇根州州长）在新冠病毒大流行初期都是非常有效的领导者。罗恩·德桑蒂斯（佛罗里达州州长）、布莱恩·坎普（佐治亚州州长）、格雷格·阿博特（得克萨斯州州长）犹豫不决，拖延了封锁决策，这些州为此付出了巨大代价。在区分谦逊型有效领导者与魅力超群的无能效仿者时，危机可能是最佳途径之一。

资料来源：K. Badura, E. Grijalva, D. Newman, T. Taiyi Yan, and G. Jeon, "Gender and Leadership Emergence: A Meta-Analysis and Exploratory Model," *Personnel Psychology*, 71, no. 3 (2018), pp. 335–68; B. Nevicka, A. Van Vianen, A. De Hoogh, and B. Voorn, "Narcissistic Leaders: An Asset or Liability? Leader Visibility, Follower Responses, and Group-Level Absenteeism," *Journal of Applied Psychology*, 103, no. 7 (2018), pp. 703–23; *The Economist*, "The Grinch That Sold Charisma," March 30, 2019, p. 67; S. Gregory, "Transformational Leadership: It's Not What You Think,"*Hogan Assessments*, June 25, 2019, www.hoganassessments. com/transformational-leadership-its-not-what-you-think; R. Sherman, "Humility, Leadership, and Organizational Effectiveness," *Training Industry*, May 1, 2018, https://trainingindustry.com/articles/leadership/humility-leadership-and-organizational-effectiveness; N. Emler, "Charisma: Not a Recipe for Better Leadership," *Hogan Assessments*, April 23, 2018, www.hoganassessments.com/charisma-not-a-recipe-for-better-leadership; T. Chamorro-Premuzic, *Why Do So Many Incompetent Men Become Leaders*?(*and How to Fix It*) (Boston, MA: Harvard Business Review Press, 2019); and J. Vergauwe, B. Wille, J. Hofmans, R. Kaiser, and F. de Fruyt, "Too Much Charisma Can Make Leaders Look Less Effective," *Harvard Business Review*, September 26, 2017, https://hbr.org/2017/09/too-much-charisma-can-make-leaders-look-less-effective.

根据这些研究的结论，我们又有三种新的魅力型或变革型领导理论。康格和卡伦果（Conger，Kanungo）[186] 运用一个发展阶段模型来区分魅力型领导和非魅力型领导。魅力型领导一开始会彻底评估当前状况，并指出现状存在的问题。接下来，他们会阐明一项改变现状的愿景。这一愿景代表了某种挑战，同时也是激励追随者变革的力量。对这一愿景的阐述方式，必须能提高追随者对现状的不满，并迫使他们采取行动。在最后一个阶段，领导者通过亲自示范、承担风险和对愿景无保留的承诺，培养人们对愿景和目标的信任。由豪斯及其同事 [187, 188, 189] 发展出的理论描述了魅力型领导如何通过改变追随者的自我概念来实现更高的绩效水平。他们认为，魅力型领导对追随者的激励，是通过改变追随者对工作本身的感知、提供引人入胜的未来愿景、在追随者中形成一种集体身份认同并提高他们对完成工作的自信来实现的。阿沃利奥和巴斯（Avolio，Bass）[190] 的交易型和变革型领导理论，本质上是对伯恩斯理论的拓展。与伯恩斯认为交易型和变革型领导是一个连续区间的两个端点不同，阿沃利奥和巴斯将这两个概念看成独立的领导维度。因此，领导者可以是变革型和交易型的、交易型而非变革型的，等等。研究者认为，变革型领导可以实现更好的成果，是因为他们提高了追随者对目标及其实现途径的意识，他们说服追随者为了整个群体的集体利益采取行动，而且他们的未来愿景也有助于追随者满足更高层次的需要。由于阿沃利奥和巴斯设计了一套问卷来评估领导者在交易型领导和变革型领导维度上的位置，这一理论得到了最彻底的研究，随后我们将对此加以详尽说明。

魅力型领导和变革型领导的共同特性是什么

尽管康格和卡伦果、豪斯、阿沃利奥和巴斯提出的理论之间存在某些重要差异，但在现实中它们的共同点远大于差异。这些研究者或者未区分魅力型领导和变革型领导，或者将超凡魅力看成变革型领导的一个构成要件。因此，我们在下一节将会不加区别地使用这些术语，虽然我们承认在这两种领导之间存在一些基本差异。对伯恩斯和近期三个理论中共同包含的领导者、追随者和情境因素的回顾，如图16-5所示。与以往围绕魅力型领导进行的争论一样，现代研究者关于魅力型领导是源于领导者的超人素质、领导者与追随者间的特殊关系、情境，还是这些因素的综合作用，存在观点上的分歧。如果不考虑魅力型领导的表现方式，这些研究的确提供了有力证据支持一个观点：变革型领导在大规模的社会或组织变革中是有效的。

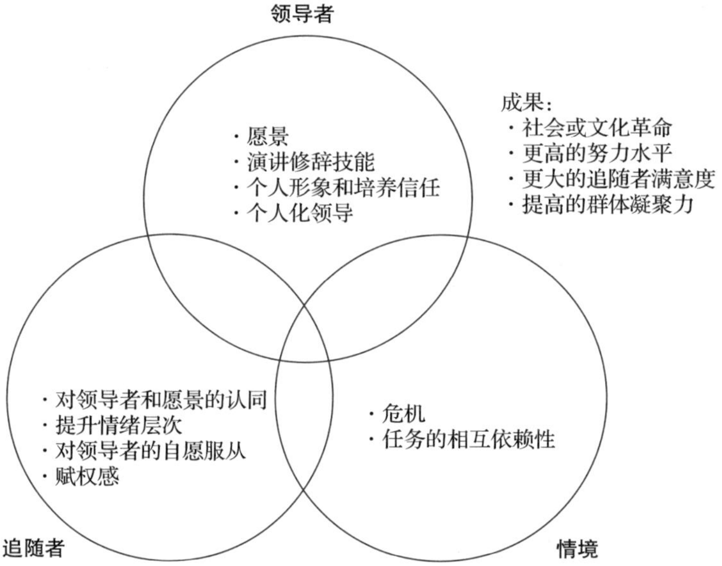

图16-5 魅力型领导各因素与互动框架

领导者因素

领导学研究者在识别魅力型领导的独有特性上所花费的时间和努力，远比他们花在探讨追随者或情境因素上的多。部分原因是，一些研究者相信可以通过甄选或培训魅力型领导来推动更高组织层面的变革或绩效。[191, 192, 193, 194, 195, 196, 197, 198] 尽管有些学者认为，领导者的个人素质是魅力型或变革型领导的关键，但我们不认为仅领导者素质这一项因素就会产生魅力型领导。[199, 200] 然而，我们的确承认，在魅力型与变革型领导的行为和工作风格中存在几个共同点，包括领导者的愿景和价值观、演讲修辞技能、在追随者心中构建特定个人形象的能力、个人化领导风格。

> 魅力型领导是意义创造者。他们从现实的粗糙材料中挑挑拣拣，并且构建出充满多种可能的画卷。他们接下来的说服却又极端微妙，因为他们解读现实来向我们提供难以抗拒的未来图景。
>
> ——杰·康格（Jay Conger），南加利福尼亚大学

愿景

变革型和魅力型领导天生都是未来导向的。他们会帮助一个群体“到达彼处”。魅力型领导感知到当前的运作方式和可能的（或应该的）运作方式之间的差距。他们认识到当前秩序的缺陷，并提供充满想象力的**愿景**（vision）来消除这些缺陷。魅力型领导的愿景并不限于宏大的社会运动；领导者可以为任何组织或组织层次提出引人入胜的愿景。这一愿景对追随者的努力有激励和整合的作用，它有助于推动更高的组织匹配和变革水平并使追随者取得更高绩效（见图 16-6）。[201, 202, 203] 看似吊诡的是，领导者愿景的魔力往往在于，越复杂的问题，就有越多的人会被简单解决方案吸引。

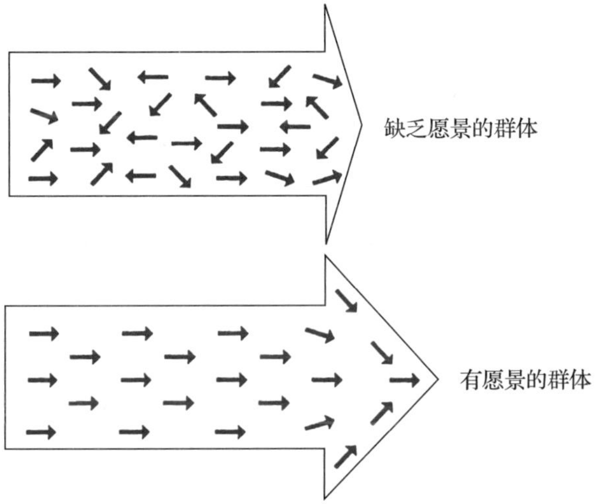

图 16-6　领导者的未来愿景能整合努力，帮助群体达成更大目标

资料来源：Adapted from P. M. Senge, *The Fifth Discipline* (New York: Doubleday, 1990).

演讲修辞技能

除了拥有愿景，魅力型领导在共享愿景上也天赋卓越。正如前面所说，魅力型和变革型领导拥有卓越的**演讲修辞技能**（rhetorical skill），能提升追随者的情绪层次、激发他们接纳这一愿景。事实证明，变革型领导的演讲内容和演讲方式极其重要。[204, 205, 206, 207, 208, 209, 210, 211, 212, 213] 魅力型领导广泛运用隐喻、类比和故事，而非抽象的、缺乏色彩的理性说教来重构问题、说明观点。发表演讲

的方式往往比内容本身还重要，拙劣的演讲方式使人们无法注意到引人入胜的内容。很多人认为马丁·路德·金的“我有一个梦想”的演讲是他们听到过的最感人的演讲。马丁·路德·金、罗纳德·里根或唐纳德·特朗普的YouTube演讲视频，都显示出他们以高超娴熟的手法唤起各类爱国和文化主题。

个人形象和培养信任

如领导概览16-3所示，变革型领导通过某种**个人形象**（image），即看上去坚不可摧的自信、高度的道德信念、个人亲身示范和自我牺牲、非传统的策略和行为，增进对本人领导力和目标实现可能性的信任。[214, 215, 216, 217, 218, 219, 220, 221] 在别人眼中，他们有着不同寻常的见识和能力，并能以符合其愿景和价值观的方式做事。变革型领导通过关注追随者的需要（而非个人私利）来**培养信任**（build trust）关系，而有些魅力型领导只关心自己的个人形象，所做的不过是将他人的成就归于自己名下，或者夸大自己的专业能力（见专栏16-8）。[222]

❖ 专栏16-8

超级英雄的烦恼

所有上市公司都设有董事会，其主要职责是提高股东价值。人们购买亚马逊、苹果等公司的股票，而公司董事会要确保高管层对这些钱善加利用，提高企业经营绩效。董事会为提高股东价值而制定的一项最重要决策，是管理继任计划。董事会制定CEO任用、薪酬和解雇的决策，并对其他高层管理职位的人事决策有很大的话语权。很多时候，经济状况、消费者偏好、竞争者威胁、供应商和政府政策的变动会使经营成果受损，此时，董事会有可能寻找有魅力的人选成为新任CEO。关于CEO继任计划和组织变革，有一些有趣的研究发现值得进一步说明。

一个有趣的研究发现是：CEO的影响至多可以解释5%的公司绩效。公司的经营收入可能由10亿美元升至20亿美元，或者股价由50美元升至60美元，但CEO对这些经营改善几乎没有直接影响。虽然CEO获得了所有赞誉，但事实是经济状况、全球化、技术、新产品或竞争者失利，对公司绩效的作用往往更为普遍深入。CEO也会声称自己在激励、鼓舞员工方面至关重要，但研究显示，直接主管对员工敬业度的影响更大。因此，直接主管和中层管理者对于公司绩效的影响，可能比CEO更明显。另外，研究还发现：在外聘CEO的薪酬和公司绩效之间存在负相关关系。董事会在聘用来自外部的明星CEO时付出得越多，公司绩效就越有可能下滑。其他研究显示，在CEO薪酬、CEO构建团队的能力和公司绩效之间，几乎不存在相关关系。CEO可能在推动变革、优化组织运营上很擅长夸夸其谈，但事实表明很多人更擅长管理自己的职业，而非领导变革。

虽然有上述研究结论，但董事会从外部聘用CEO的人数只增不减。20世纪70年代以来，外部聘用的CEO比例由15%上升到33%，在高科技行业中，这一比例甚至更高。董事会可以通过引入健全的**继任计划流程**（succession planning process）来规避外聘CEO可能导致的问题。好的继任计划可以识别在高层领导职位上取得成功所需的知识、技能和行为；依据这些效标对内部人才进行严格评估；系统地开发内部最有潜力的人才，以填补高管职位空缺；进行定期的人才评价。在这方面做得很好的公司，如美敦力、百事可乐、IBM、通用磨坊、达美航空、微软和宝洁，都有多位高潜力内部候选人可以胜任CEO或CFO职位。这些公司在领导人才开发方面做得非常好，它们培养的高潜力继任者经常被其他公司挖走。虽然研究表明，内部候选人往往会成为最佳CEO，但大多数企业并没有强有力的继任计划流程，这也是董事会到外部寻求魅力型或变革型CEO的原因所在。

在你所在的大学，校长来自内部晋升还是其他大学？如果校长的确来自其他大学，这对你所在学院的继任计划流程有何意义？这一做法向你所在大学的其他领导者传递了何种内部晋升信息？你认为，在这一聘用或晋升决策中，魅力是否能发挥更大的作用？

资料来源："Schrumpeter: The Trouble with Superheros," *The Economist*, October 1, 2011, p. 74; "Schrumpeter: The Tussle for Talent," *The Economist,* January 8, 2011, p. 68; "In Praise of David Brent: Middle Managers Are Not as Useless as People Think," *The Economist*, August 27, 2011, p.56; T. Hutzschenreuter, I. Kleindiest, and C. Greger, "How New Leaders Affect Strategic Change Following a Succession Event: A Critical Review of the Literature," *The Leadership Quarterly* 23, no. 5 (2012), pp. 729–55; PDI Ninth House, *Getting Succession Right*: *Six Essential Elements of Effective Succession Plans* (Minneapolis, MN: Author, 2011); B. Groysberg, L. K. Kelly, and B. MacDonald, "The New Path to the C-Suite," *Harvard Business Review*, March 2011, pp. 60–69; J. Collins, *Good to Great* (New York: Harper Business, 2001); T. Chamorro-Premuzic, " Charisma Has Its Downsides, " *Management Today*, February 1, 2016, www.managementtoday.co.uk/charismatic-leadership-its-downsides/article/1380513; and M. Mayo, " If Humble People Make the Best Leaders, Why Do We Fall for Charismatic Narcissists? " *Harvard Business Review*, April 2017, https://hbr.org/2017/04/if-humble-people-make-the-best-leaders-why-do-we-fall-for-charismatic-narcissists.

> 永远不要告诉人们如何做事。告诉他们要做什么事，他们的聪明才智会令你吃惊。
>
> ——乔治·S. 巴顿（George S. Patton），美国陆军将军

个人化领导

魅力型和变革型领导的一个最重要方面，是领导者权力的个人性质。即使领导者占据了正式的组织职位，领导者与下属之间仍存在牢固的个人联系。正是这种**个人化领导**（personalized leadership）风格似乎使魅力型或变革型领导的追随者有一种明显的赋权感。魅力型领导似乎更擅长发现社交线索，更倾向于进行情绪表达，特别是通过非语言渠道，如眼神接触、姿势、动作、手势、声调和面部表情来表达。变革型领导也会向下属赋权，其方式是给下属布置提高其自信心的任务，并创造出一种提高预期和正面情绪的环境。[223, 224, 225, 226, 227, 228, 229, 230, 231, 232, 233, 234]

追随者因素

如果仅仅用领导者的个人特性来界定魅力型领导，则识别出有远见卓识、演讲能力强和高印

象管理技能的人，并将他们配置在领导岗位上是相对容易的。随着时间推移，我们可能期望很大一部分追随者会衷心接受并按这些领导者的愿景来行动。然而，很多领导者似乎拥有这些属性，却没有被视为魅力型领导。他们可能本身是优秀的、有能力的领导者，但似乎无法激发出追随者的强烈情感，或者使追随者表现得超出其个人预期。在现实中，超凡魅力更有可能源于追随者对领导者的反应，而非源于领导者的个人特性。如果追随者不接受领导者的愿景，或者不能在情感上依附于领导者，则后者不会被认为是魅力型或变革型领导。因此，**超凡魅力**（charisma）存在于旁观者心中，它是部分追随者对领导者表现出的特别强烈的情感反应、认同和信念。有必要指出，这一定义是价值中立的：被视为有魅力的领导者不一定与其追随者持有同样的价值观，或者达到伯恩斯所说的变革型领导的标准。关于追随者反应差异的一个最新例证，是美国前总统唐纳德·特朗普。有些追随者，特别是共和党阵营中的追随者，认为唐纳德·特朗普是一位极具超凡魅力的领导者。大多数民主党人则相信，他眼中只有其个人利益，最终会毁了美国，但他们说的是同一个人。两党对另一任美国前总统贝拉克·奥巴马则有恰好相反的反应。如今，很多关于超凡魅力和魅力型领导的流行概念框架，也用追随者对领导者的反应来界定超凡魅力。[235, 236, 237, 238, 239, 240, 241] 将超凡魅力定义为追随者对领导者的反应，意味着我们应当将注意力转向这类反应的四项独有特征上来。

对领导者和愿景的认同

与魅力型领导相关的两个效应包括：对领导者的强烈爱戴、和追随者与领导者具有相似的信念。这些效应描述了某种联结或**对领导者的认同**（identification with the leader），以及对一个超越自身的目标或活动（“事业”）的共同心理投资。追随者与领导者绑在一起，是因为他们可能对现状高度不满，却又无法独自找出令人满意的解决方案。行事风格与领导者相似、得到领导者的赞同，变成了个人自我价值的一个重要部分。[242, 243, 244, 245, 246, 247, 248]

提升情绪层次

魅力型领导也能激发出追随者的情感，而这种**提升的情绪层次**（heightened emotional level）会使追随者增加努力和改善绩效水平。[249, 250, 251, 252, 253, 254, 255, 256, 257, 258] 情绪往往是推动大规模变革活动的助燃剂，而魅力型领导往往会尽最大可能来保持这种情绪，包括使追随者思考自己对现状的不满，或者对下属充满激情地直接呼吁。但魅力型领导必须时刻记得，有些与该愿景和运动格格不入的人，其感受到的情绪会与赞同该愿景的人同样强烈。这种魅力型领导的极化效应可能是他们往往以暴力死亡终结生命的一个原因，因为那些被魅力型领导排除在外的人可以和追随者一样，行动同样高度情绪化。[259]

对领导者的自愿服从

前面的因素谈到追随者与领导者在情感和心理上的亲密感，而追随者**对领导者的自愿服从**（willing subordinate to the leader）涉及他们对领导者权威的遵从。[260] 魅力型领导往往会表现出某种超出常人的素质。其结果是，追随者会自然而然、心甘情愿地服从领导者的明显权威和优势地位。他们似乎将自己的批判性思考技能弃置一旁，毫不怀疑领导者的意图或技能、愿景或变革措施的正确性，或者他们为达到这一愿景所需采取的行动。这一点在共和党成员身上很容易看到：无论唐纳德·特朗普的行为有多恶劣，也仅有少数参议员或众议员敢于公开谈论。

赋权感

魅力型领导的下属会对自己有更高的预期，更努力地工作以达成更高的目标。魅力型领导为下属设定高期望，同时表达出对下属能力的信心，并不断提供鼓励和支持。但有点自相矛盾的是，追随者在感到自己更强、更有力的同时，也会心甘情愿地服从这位魅力型领导。这种**赋权感**（feeling of empowerment）与提升情绪层次、领导者的未来愿景相结合，往往会带来组织、群体或团队绩效的提高或重大社会变革（对变革要求的典型反应见表16-3）。[261, 262, 263, 264, 265]

表16-3 追随者对变革的反应

阳奉阴违的服从（malicious compliance）：发生在追随者忽视或主动妨碍变革要求时
服从（compliance）：发生在追随者只是遵守与变革要求有关的政策和程序时
合作（cooperation）：追随者自愿从事那些为实现变革所需的活动
承诺（commitment）：追随者衷心欢迎变革，并往往付出极大努力来确保工作完成。魅力型领导和变革型领导很善于说服追随者对其未来愿景做出承诺

资料来源：B. Yager (Boise, ID: The Bryan Yager Group, 2003).

❖ 领导概览 16-4

美国前总统唐纳德·特朗普

毫无疑问，这位美国第45任总统是世界舞台上最有争议的领导人之一。在他的任期内，他做了以下工作：

- 坚称要不是有300万～500万非法移民以欺诈方式把选票投给希拉里·克林顿，他本可以赢得普选。
- 声称参加他就职典礼的人比支持贝拉克·奥巴马的人还要多。
- 禁止来自几个中东、非洲和亚洲国家的公民进入美国。
- 鼓励国会取消数百万美国公民的医疗保险。
- 任命一个否认气候变化的人领导美国环保署，任命一个未从事过教育工作也没上过公立学校的人来领导教育部。
- 成功疏远了美国的传统盟友（墨西哥、加拿大、德国和法国），而拉拢美国的传统敌人。
- 选择退出《巴黎协定》。
- 未能公布他的纳税报表。
- 在解雇联邦调查局（FBI）局长詹姆斯·科米前，称其为“好表现的家伙”。
- 坚称俄罗斯介入美国总统选举是“假新闻”，媒体偏见阻碍了公众了解真正的新闻。
- 将反示威者与新纳粹分子、三K党

成员和白人至上的信徒画上等号。

- 威胁如果美国国会不拨款修建美墨边境隔离墙，他将关闭政府。
- 将美国军事和对外援助与对政治对手的调查挂钩。

虽然特朗普的支持率一直低于美国多位前任总统，但上述行动似乎并未影响那些在2016年大选时投票给他的选民。这可能源于特朗普的支持者将他视为魅力型或变革型领导。从支持者视角来看待与之相关的领导者、追随者和情境因素，很容易理解他们为何会得出这一结论。

领导者因素

- 愿景：在总统竞选期间及其后，特朗普大力宣传“美国优先”，并重新进行贸易协定谈判、对中国商品加收关税，寻求将制造业工作带回美国，并将“窃取”工作的非法移民遣返回拉丁美洲。
- 演讲修辞技能：特朗普是一位技巧高超的演讲者，擅长说听众想听的话，无论是谈到在美国和墨西哥之间建一堵墙、谴责主流媒体，还是维护持枪的权利。
- 个人形象和培养信任：多年来为特朗普品牌代言的磨练及凭借《飞黄腾达》电视节目成为电视明星，使特朗普专注于树立成功的个人形象。为了维持这一形象，他随时会指责他人，并牺牲工作人员。
- 个人化领导：特朗普与他的追随者形成了强有力的联系，特别是在竞选集会期间。失去工作的煤矿工人和制造业工人相信特朗普对自己的痛苦感同身受，并且，他会做正确的事把工作带回美国。

追随者因素

- 对领导者和愿景的认同：特朗普的支持者相信，不存在所谓的气候变化；为了保护美国人的就业，建边境隔离墙和驱逐非法移民是必要的；中产阶级已经被两个主要政党所忽视；而且，“美国优先”将帮助美国再度恢复往日的辉煌。
- 提升情绪层次：特朗普及其竞选对手主办的政治集会，其情绪表现在规模和程度上完全迥异。特朗普赢得很轻松。
- 对领导者的自愿服从：特朗普的追随者对这位总统的大量声明都没有进行批判性思考——墨西哥不会为一堵它不想要的墙付钱，而且，遣返1100万名非法移民的真实代价很大，其中很多人为美国经济做出了贡献，他们的子女也出生在美国。
- 赋权感：总统选举后不久，得克萨斯等州的支持者很快寻求推动有关枪支、投票权、堕胎和LGBTQ权利的新法律，这些动向与特朗普在这类议题上的立场保持一致。

情境因素

- 危机：尽管失业率很低、犯罪率下降并且股市也处于历史高位，但特朗普坚称美国正处于危急时刻。他认为，谈判不力的贸易协定剥夺了美国的好工作，犯罪率创了历史新高，而且，市中心变成了冲突的战场。

- 社会网络：特朗普在推特上拥有超过 2000 万名粉丝，他比任何一位民主党的挑战者更好地利用了社交媒体，持续在推特上进行个人呼吁并贬损对手。

只要特朗普有能力保持他的成功个人形象，支持者就不太可能改变其观点。特朗普大肆攻击媒体的一个原因，就是媒体是唯一能挑战其个人形象的平台。特朗普将媒体贴上"假新闻"或"另类事实"供应者的标签，就能使追随者免受那些与其成功叙事不一致的故事的影响。

特朗普做了什么来重构问题？在你看来，特朗普是魅力型、谦逊型还是变革型领导？特朗普所做的一切是为了自己，还是为了美国人民？你认为美国之外的人会如何看待特朗普？

资料来源：B. Stelter, "Donald Trump's Milestone: 20 Million Followers," *CNN*, January 16, 2017, http://money.cnn.com/2017/01/16/media/donald-trump-twitter-20-million-followers; and Z. Kanno-Youngs, "Trump Administration Adds Six Countries to Travel Ban," *The New York Times*, January 31, 2020, www.nytimes.com/2020/01/31/us/politics/trump-travel-ban.html.

情境因素

很多研究者相信，情境因素对于一位领导者是否会被视为魅力型领导至关重要。有可能，拥有魅力型领导素质的个人，只有在面对特定类型的情境时，才会被认为是魅力型领导。由于情境可能在超凡魅力的归因上发挥重要作用，有必要回顾一些可能影响魅力型领导的情境因素。

危机

是否存在**危机**（crisis），可能是与魅力型领导相关的最重要因素。满足于现状的追随者，相对不太会认为需要一位魅力型领导，或者乐于付出更大努力从根本上改变一个组织或社会。与之相对，危机往往会在追随者中形成一种"领袖魅力饥渴症"，他们急于寻求一位领导者来缓和或解决危机。领导者被赋予更大的活动空间和自主权，可以临时（有时是永久地）将普遍接受的规则、政策和程序弃置不理，以便使整个组织摆脱危机。一些领导者甚至可能有意识地诱发或制造危机，以提高追随者对愿景的接受度、扩大自己采取行动的范围和提升追随者的努力水平。尽管危机情境并不会使每位领导者看上去都有领袖魅力，但这种情境可能为某些特定类型的领导者行为发挥效力"提供舞台"。[266, 267, 268, 269, 270, 271, 272, 273, 274]

> 规矩是好仆人，但并不总是好主人。
>
> ——拉塞尔·佩奇（Russell Page），园艺设计大师

社会网络

社会网络（social network）也会影响领袖魅力的归属。在拥有完善社会网络的组织中，每个

人都认识其他人，领袖魅力的归属信息会传播得更快。并且，在很多情况下，与非魅力型领导相比，魅力型领导往往有更大范围的社会网络，并在其中发挥更为核心的作用（见专栏 16-9）。[275, 276]

❖ 专栏 16-9

媒体与领袖魅力

虽然社交网络非常重要，但对魅力型和变革型领导的大部分研究都发生在社交媒体和 24 小时无间断新闻报道出现之前。看上去，似乎传统媒体和社交媒体平台，比如推特、Facebook、领英、微信、Instagram、微博、YouTube 和 Vimeo 等都能用于提高个人在粉丝眼中的形象，并调动资源来推动社会变革。例如，弗拉基米尔 · 普京定期发布他钓鱼、赤膊骑马、打曲棍球、潜水考古、驾驶飞机等的照片，所有这些都能提高他作为俄罗斯领导人的形象。唐纳德 · 特朗普用推特宣传他“美国优先”的信息，此外，社交媒体还被用于组织“阿拉伯之春”“黑人的命也是命”及伊朗示威游行等活动。另外，无所不在的智能手机也能摧毁领导者的形象，就像时任优步 CEO 的特拉维斯 • 卡兰尼克与优步司机争吵的视频在网上疯传一样。因此，媒体（包括传统媒体和社交媒体）是一柄双刃剑，可以将普通人包装得充满魅力，并动员非组织化的资源来推动某项事业，但也能破坏那些精心设计的成功形象。

传统媒体和社交媒体的影响巨大，因而某些国家谨慎把控这些媒体向公众传播的信息。这些国家对媒体的控制使无权者很难挑战权威，提出环境或土地征用问题，发布有关选举违规的信息，或者以抗议示威来争取社会正义。美国、加拿大、德国和其他国家享有新闻自由，这有助于约束私营部门及地方、州和联邦政府领导人。

唐纳德 · 特朗普如何运用传统媒体和社交媒体来提升其个人形象？这些媒体又被如何用于挑战或对抗他的成功形象？你认为，在 2020 年的美国总统竞选中，“假新闻”和“另类事实”扮演了何种角色？

资料来源：“Propaganda: Who Draws the Party Line?” *The Economist*, June 25, 2016, pp. 36–37; A. Ostrovsky, *The Invention of Russia: From Gorbachev's Freedom to Putin's War* (New York: Viking, 2015); and “ Uber CEO Kalanick Argues with Driver over Falling Fares,” YouTube, www.youtube.com/watch?v=gTEDYCkNqns.

其他情境因素

另外两项情境因素也会帮助或阻碍魅力型领导的出现。其中一项是组织结构重组或组织精简。很多人相信，这些流程会毁掉雇主与员工之间的隐性合同，并使很多员工对公司生活的梦想破灭。由于魅力型或变革型领导实质上是一种强烈的关系，破坏领导者和追随者之间的隐性合同会降低魅力型领导出现的可能性。但在所有影响魅力型领导的情境因素中，最重要也最被忽视的因素可能是**时间**（time）。魅力型或变革型领导不是在一夜之间出现的。它需要领导者花费时间来提出并阐明愿景、提升追随者的情绪层次、与追随者建立信任关系，并指导下属、向下属赋权来实现这一愿景。危机可能缩短魅力型领导出现所需的时间，而相对平稳的情境会拉长这一时间。

对魅力型领导和变革型领导特性的总结性思考

关于魅力型领导的特性，还有最后几点需要说明。第一，尽管我们根据领导者与追随者之间的关系将超凡魅力定义为一种归因于特定领导者的素质，但只有同时考虑影响这一归因过程的领导者和情境因素，才能完整了解魅力型领导。魅力型领导与追随者之间的特殊关系不是偶然形成的；相反，它们往往是领导者素质、领导者的愿景在多大程度上满足了追随者的需要、特定情境因素共同作用的结果。第二，要求领导者在成为魅力型领导之前，就应具备魅力型领导的所有素质是不现实的。超凡魅力的关键似乎是特定领导者与追随者共同建立的关系，而建立这种关系可以有很多不同方式。这也意味着，超凡魅力可能是一个连续区间，而非一个“全有或全无”的现象。有些领导者也许有能力与大多数追随者形成特别强烈的联系纽带，而其他人则只能与部分追随者形成这种关系，还有些人可能无法与任何一位追随者建立这种关系。第三，魅力型领导的确可能在任何场所出现，如学校、教堂、社区、企业、政府组织和国家，而不仅仅是在世界舞台上。第四，考虑到存在多种方式来形成与追随者的强烈情感依附关系，一个重要问题是，是否有可能仅仅因为一个人占据某一职位或拥有名人地位，就被认为拥有超凡魅力？一些人处在受高度关注和尊重的岗位上（电影明星、音乐家、运动员、电视福音传道者和政治家），他们能在自己的追随者和仰慕者中形成（甚至刻意培养出）超凡魅力的个人形象。在这种情况下，认识到魅力型领导是一个双向通道是有益的。不仅追随者会形成与领导者的强烈情感纽带，领导者也会形成与追随者的强烈情感纽带，而且会关心对追随者的培养。[277, 278, 279] 很难看出广播、电视等单向沟通渠道能促进这种双向关系或强化追随者的成长。因此，尽管我们有时认为某些人的超凡魅力来自媒体操控和夸大宣传，但那不是变革型领导。

如果领导实践者想要运用感性方法来推动组织变革，他们可以从这些研究中学到什么？如果他们能充分利用或制造出危机，就更有可能成功推动组织变革。他们也需要与追随者保持足够紧密的关系，确定后者不满的来源，确保自己的愿景足以解决追随者的问题，并勾画出一幅引人入胜的未来图景。领导者必须充满激情地阐明自己对未来的愿景；很难想象追随者会被一项含糊不清的愿景所激励，或者受到一位对愿景漠不关心的领导者的激励。领导实践者也需要了解，他们不可能凭一己之力将愿景变为现实，而需要追随者的帮助和支持来实现组织或社会变革。在这一过程中，他们必须成为追随者的角色楷模和教练，告诉他们应该（及不应该）做什么、提供反馈和鼓励、说服追随者在提高技能水平和增加自信的同时承担更多的责任。最后，领导实践者将这一方式用于组织变革，也应该不要过于敏感脆弱、保持灵活性、有足够耐心（见专栏 16-10）。他们需要处理魅力型领导的极化效应，了解要想产生成果必须花费相当长的时间。但是，最终回报将会显示，所有努力都没有白费。压倒性证据表明，魅力型或变革型领导比非魅力型领导更有效，无论他们是美国总统[280]、CEO[281, 282, 283]、军校学员和军官[284, 285, 286, 287]、大学教授[288]，还是各类公营和私有企业的一线管理者与中层管理者。[289, 290, 291, 292, 293, 294, 295, 296, 297]

❖ 专栏 16-10

从优秀到卓越：组织变革理性与感性方法之外的另一种框架

组织变革的另一种概念框架来自《从优秀到卓越》(*Good to Great*) 一书。柯林斯和他的研究团队回顾了 1965—1995 年《财富》500 强名单上的 1435 家公司的财务绩效。在这一名单中，有 11 家公司实现了从优秀公司到真正卓越公司的跨越。所谓卓越公司，其创造的财务回报应至少连续 15 年远高于股票市场或行业竞争者的平均水平。例如，1965 年向这 11 家公司投资 1 美元，到 2000 年 1 月将产生 471 美元的回报，而同期对股票市场的投资回报则为 56 美元。柯林斯的研究表明，这 11 家公司都遵循以下 6 项准则。

1. 第五级领导：这些“从优秀到卓越”的公司不是由高调的名流领导者带领的，而是由一些谦逊、甘居人后和内敛的人所领导，他们同时拥有令人难以置信的成功驱动力。

2. 先关注人，再关注事：在提出未来的愿景或目标之前，这些领导者首先确保将拥有合适技能的合适人才配置在合适的岗位上。领导人才管理是这些顶级公司的核心关注点。

3. 直面残酷的事实（但永不言败）：这些领导者知难而上——他们不会粉饰组织面临的挑战或困难。但他们同样对组织战胜上述挑战的能力有不可动摇的信心。

4. 刺猬概念㊀：这些公司都关注成为各自领域内的世界最佳公司，对所属行业充满激情，并找到了一两项关键财务或运营绩效目标来引导其决策过程和日常活动。

5. 严守纪律的文化：拥有高自律员工的企业，无须建立层级制、官僚制组织结构或施加过多的控制，因为外出去现场工作的员工知道自己需要做什么，并会确保工作的完成。

6. 技术加速器：所有这些公司都选择性地使用技术，并以此强化公司的业务运作，但它们本身未必是技术革新的领导者。

在柯林斯的研究中还有其他几项惊人发现。第一，在这些最佳绩效的公司中，没有一家公司的领导者是变革型或魅力型领导。第二，由于这些顶尖公司不断经历小规模、不受关注的变革，它们无须启动重大变革措施或进行组织结构重组。第三，要想实现从优秀到卓越的过程，公司必须完全遵循上述 6 项准则；仅仅采纳上述 6 项准则中的三四项不足以完成这一跨越。

你认为，一位“从优秀到卓越”的领导者在危机中的表现将会如何？此人与魅力型领导的行为可能会存在何种差异？在“从优秀到卓越”的公司中，谦逊和能力发挥的作用是否与魅力型领导带领的公司存在差异？

资料来源：J. Collins, *Good to Great* (New York: Harper-Collins, 2001); and J. Collins, “Level 5 Leadership: The Triumph of Humility and Fierce Resolve,” *HBR on Point* (Boston, MA: Harvard Business School Press, 2004).

㊀ 刺猬概念来自古希腊的一则寓言，谈到“狐狸知道很多事，但刺猬知道一件大事”。哲学家以赛亚·伯林根据这一寓言的现代意义，在 1953 年写了《刺猬和狐狸》一文，将人分为刺猬和狐狸两类。刺猬对世界加以简化、专注于单一的首要目标并得以实现。而狐狸同时有很多目标和兴趣，思维发散，但最终成就有限。柯林斯在此借用了这一观点，用于说明企业的战略选择模式。——译者注

巴斯的变革型和交易型领导理论

与魅力型或变革型领导相关的领导者、追随者和情境因素，我们所知的大部分资料都来自巴斯对**变革型和交易型领导理论**（theory of transformational and transactional leadership）的研究。[298, 299, 300] 巴斯相信，变革型领导拥有前述的那些领导者特性；他用下属的感知或反应来确定其是否为变革型领导。因此，变革型领导拥有远见卓识、演讲修辞技能、印象管理技能，并运用这些技能来发展与追随者的强情感纽带。他相信，变革型领导在推动组织变革方面更成功，因为追随者的情绪层次得到了提升，并乐于朝实现领导者愿景的方向努力工作。与之相对，交易型领导不具备上面所说的领导者特性，不能形成与追随者之间的强情感纽带，也无法鼓舞追随者超越自我。他认为，交易型领导通过设置目标、承诺对期望的绩效达成给予奖励来激励下属。[301, 302, 303, 304, 305, 306] 阿沃利奥和巴斯 [307, 308] 认为，交易型领导对下属的满意度和绩效水平可能有积极影响，但他们也指出，由于时间约束、缺乏领导技能、领导者不相信奖励会促进绩效等原因的存在，这类行为往往未得到充分运用。巴斯 [309] 还认为，交易型领导只会使现状更持久；领导者使用的奖励不会导致与变革型领导相关的长期变革。

与第 7 章谈到的“结构维度”和“关怀维度”一样，巴斯假定变革型和交易型领导构成了两个独立的领导维度。因此，一个人可以是高变革型但低交易型领导、低变革型且低交易型领导等。巴斯开发了一个名为**多因素领导问卷**（multifactor leadership questionnaire, MLQ）的量表，评估领导者在多大程度上表现出变革型或交易型领导风格，追随者对领导者的满意度，以及他们在多大程度上相信领导者是有效的。MLQ 是一种 360 度反馈工具，评估了五种变革型、三种交易型因素，以及一种非领导力因素。[310, 311, 312, 313, 314, 315] 变革型领导因素评估领导者能在多大程度上培养他人的自豪感，展现权力和自信，做出个人牺牲或支持新思维，考虑决策的伦理或道德成果，阐明引人入胜的未来愿景，设定有挑战性的标准，认真对待每一位追随者，并帮助追随者理解自己面对的问题。三种交易型领导因素评估了领导者在多大程度上设置目标、使奖励与完成的绩效相匹配、获得必要的资源、在达成绩效目标时进行奖励，监督追随者的绩效水平，以及在问题发生时出面干预。MLQ 还评估一项名为“自由放任型领导”的因素，它是指领导者在多大程度上避免承担责任、未能做出决策、在下属需要时缺位，或者未对下属的要求进行追踪随访。

变革型和交易型领导的研究成果

迄今为止，超过 350 项研究使用 MLQ 探讨不同情境下的变革型和交易型领导。第一，这些研究结果表明，可以在所有国家、机构和组织层次上观察到变革型领导的存在，但它在公共机构和较低的组织层级更普遍。[316, 317, 318, 319, 320] 换句话说，在军队或其他公共部门的较低组织层次中，变革型领导更为多见。第二，有压倒性证据表明，变革型领导对组织效力的预测力远远优于交易型领导或自由放任型领导。变革型领导，无论美国总统、公司 CEO、学校管理者，还是工厂经理，在推动组织变革和达成成果方面似乎都比交易型领导更有效。阿沃利奥和巴斯 [321] 也相信，变革型领导对绩效改善的作用比变革型领导更明显。第三，正如研究者所期望的，自由放任型领导与效力存在负相关关系。

假定 MLQ 能可靠识别变革型领导，而且这类领导者能比交易型领导更好地推动组织变革、实现领导效力，提出“能否培训或选拔魅力型领导”的问题就是顺理成章的。幸运的是，多位研究者考察了变革型领导培训对美国、加拿大和以色列的军队、公共部门和私营企业领导者的绩效产生的影响。这些培训项目通常包括几个为期 1～5 天的培训课程，参加者将学习变革型和交易型领导理论；获得 MLQ 反馈，了解自己在多大程度上表现出变革型、交易型和自由放任型领导风格；接下来，经历一系列的技能培养练习和活动，以提升领导效力。这些研究提供了强有力的证据，证明领导者有可能系统开发其变革型和交易型领导技能。[322, 323, 324, 325, 326, 327, 328, 329]

开发变革型领导的另一种方式，是在一开始就选择有变革型或魅力型倾向的领导者。有几位研究者考察了童年经历、领导特质，甚至是基因特征对变革型领导的重要性。扎卡拉托斯、巴林和凯勒威（Zacharatos，Barling，Kelloway）[330] 报告说，被教练和同伴认为具有变革型特征的青少年，很可能有身为变革型领导的父母。也有证据表明，特定的大五人格特质（第 6 章）能可靠地识别变革型领导。[331, 332, 333, 334, 335, 336, 337, 338] 一些最有力的证据来自尼尔森，他考查了大五人格特质和 125 位 CEO 的领导类型之间的关系。如表 16-4 所示，大五人格维度不仅与特定的变革型领导要素强相关，而且其中的高相关或低相关的模式似乎也有合理性。[339] 假定某些领导特质与变革型领导相关，而且领导特质也有基因的根源，则某些研究者相信变革型领导的某些方面源于遗传也就不足为奇了。[340]

表 16-4 大五人格维度与变革型领导特性的相关性：对 125 位公司 CEO 和总裁的研究

	变革型领导的特性			
人格维度	前瞻性思维	向他人赋权	激发信任	高影响力
外倾性	0.32	0.33	0.16	0.47
尽责性	−0.08	−0.01	0.06	−0.04
宜人性	0.02	0.52	0.48	0.35
神经质	−0.03	0.29	0.38	0.22
经验开放性	0.47	0.30	0.14	0.40

资料来源：D. Nilsen, “Using Self and Observers’ Ratings of Personality to Predict Leadership Performance,” unpublished doctoral dissertation, University of Minnesota, Minneapolis, 1995.

尽管研究证据表明，甄选和培养变革型领导是可能的，但事实仍然是超凡魅力最终存在于旁观者心中。因此，没人能保证具备合适特质并学到适当技巧的领导者，一定会被追随者视为有魅力的领导者。正如前面所说，在决定个人是否被认为是变革型领导并推动了组织变革方面，追随者和情境变量发挥了关键作用。特定领导者可能因为培训项目而获得更高的变革型领导评分，但他们是否真的提升了追随者的情绪层次、使追随者付出更大努力并因此在项目结束后实现了更大的组织变革或组织绩效呢？基于我们对个体差异和领导技能培训的了解，领导者能否从培训中受益将在很大程度上取决于其人格特质。

最后，有必要谈谈关于变革型和交易型领导理论的其他几项重要评述。首先，可能也是最重要的，该理论已经激发了领导学研究者相当大的兴趣。这些研究有助于领导实践者更好地理解魅力型或变革型领导中的领导者、追随者和情境要素，以及变革型领导是天生的还是后天培养的，等等。但是，这一领导研究方法可能更多体现了社会赞许的领导行为，而非领导者应具备的全部技能。例如，想要推动组织变革或绩效改善的企业领导者，很有可能需要充分了解行业、业务经营、市场趋势、财务、战略、技术或职能性知识；他们也需要有效处理压力、与零售商进行合同谈判、展示良好的计划技能并开发和调整关键绩效指标；而且，由于大规模变革从来不是个人努力的结果，他们需要有能力构建高绩效的高层领导团队。然而，这些属性和技能都不能直接通过 MLQ 来度量。由此派生出的第二个要点，该理论的主要问题在于只有一种方式可以成为有效领导者，那就是展示出变革型领导技能。权变领导理论不再重要，情境或追随者因素对领导效力也影响甚微。很有可能，如果领导者希望实现更高水平的组织变革和绩效，仅仅表现出变革型领导技能是远远不够的。

扫码获取本章案例、参考文献等内容

第 17 章

领导力的黑暗面

2005 年 5 月，本书作者乘飞机从俄亥俄州哥伦布市去往明尼苏达州明尼阿波利斯市。西北航空 1495 号航班那天的乘客上座率相当高，机组成员包括 2 名飞行员和 3 名空乘人员。这 2 个小时的航程看似寻常，但在降落时，作者注意到跑道上排满了救护车和消防车。飞机冲出了跑道，在离大门不远的地方停了下来。在等待 5 分钟后，一位飞行员在飞机内部广播中宣布："飞机刚刚发生了一次系统操作故障。"飞行员和空乘人员都没再多说什么，5 分钟后，飞机再次开始移动。

这架麦道 DC-9 飞机滑行了大约 10 秒钟，然后突然在机舱中响起一声巨响，飞机又猛地刹住。座位上的乘客们猛地向前冲，幸运的是，每个人还系着安全带。作者和其他乘客本以为飞机正在向登机口滑行，但向窗外望去才发现这架麦道 DC-9 撞上了另一架飞机。显然，DC-9 的飞行员一直开着发动机，同时飞机出现了液压故障，这使它丧失了所有的转向和刹车功能。DC-9 与一架正驶离登机口的西北航空 A-319 飞机相撞，后者的机翼将 DC-9 顶部前端 10 英尺的表层材料刮了下来。

飞机停稳后，乘务长打开了安全带，开始在机舱通道上边跑边喊："保持撞机状态！保持撞机状态！"作者（还有很多乘客）都在想，飞机已经停稳了，把脑袋放在两膝之间有什么用，但大家都乖乖听从了乘务长的要求。在通道上跑前跑后、大声发出指令两三分钟后，乘务长呼吸急促，突然瘫倒在头等舱隔墙后面。剩下的两位空乘人员随后站起来，跑去查看乘务长的情况。

大部分乘客恢复了正常坐姿，开始寻求其他空乘人员的下一步指示，但什么都没有。作者站起来走向驾驶舱门，因为他知道 A-319 的机翼插入了驾驶舱，他有些担心飞行员的安危。他问飞行员是否需要帮助，其中一人轻声表示他们需要医生。作者想打开驾驶舱门，但在"9·11"事件后舱门按要求加固，无法进入。

在作者猛拉驾驶舱门把手时，他能听到两位空乘人员在讨论是否应该让乘客撤离飞机。一位空乘人员问："我们应该让他们待着，还是下去？"另一位回答，"我不知道，你怎么想？"对话持续了三四分钟，其间乘务长仍在喃喃自语："保持撞机状态！保持撞机状态！"此时，一位空乘人员走到驾驶舱门前询问飞行员该做什么，但没得到任何反应。接下来，她又回去照顾乘务长了。

此时，作者注意到航空燃油从 A-319 的机翼流进了 DC-9 驾驶舱，并开始渗进头等舱。他意识到自己的鞋和裤子上都沾满了油，一个小火花就能点燃两架满载乘客的飞机。他转过身来，向空乘人员大叫："我脚下有油。让所有人下飞机。马上！"两位行动一致的空乘人员站起身，开始用 DC-9 后门让每位乘客赶紧下飞机。由于站在驾驶舱门口，作者是队列中最后一位离开飞机的。你能想象，站在航空燃油中，却看见坐在飞机尾部的乘客花时间打开头顶的行李箱去取行李，心里会有多"开心"！空乘人员除了几句"迅速离机、不要拿行李"的温和提醒，没有进行任何干预。

两架飞机上的所有乘客最终都安全撤离，只有少数几人受了轻伤。空乘人员也一切安好；两位 DC-9 的飞行员需要医疗救治，但第二天就出院了。但这次事件为领导失灵提供了几点生动例证。飞行员未能向乘客警示即将发生撞机，也没有使用推力反向器使飞机刹住。在飞机完全停稳后，乘务长要求保持撞机状态的指示及随后突然晕倒，都不会增进乘客的信心。另两位空乘人员需要在此时承担起领导职责并掌控局势，但她们既没能做出决策，也没有告诉乘客该做什么。西北航空公司的问题在于，当飞机液压出现故障时，标准操作程序要求飞行员让引擎保持运转。实际上，标准操作程序的指示应该是让飞行员关闭引擎，再将飞机牵引至登机口。作者此后曾几次致电该航空公司说明当时的情况，期望公司改进培训，但被完全无视了。此后，作者听说该公司正式嘉奖了 2 名飞行员和 3 名空乘人员，因为他们在紧急事件中做出了杰出行动。

尽管看上去有点自卖自夸的意味，但我们的确认为领导是当今世界最重要的话题。领导决定着一个国家是民主还是独裁、和平还是战争，商业经营是正确投资还是盗贼横行，球队是赢球还是落败，医疗保健和教育改革是失败还是成功，以及乡村社区是繁荣还是勉强度日。领导决定着你在哪里生活、进入什么学校、必须遵守什么样的法律法规、从事何种职业、是否拥有成功的职业生涯，以及将如何养育子女。它在我们生活中无处不在，很容易忽视它对我们日常行为产生的影响。由于领导者对我们每个人都有深远的影响，如果处于领导岗位上的人擅长此道，那是最好不过。但研究显示，在影响一个组织化的群体实现其目标时，大多数人的表现可能都乏善可陈。本章的目的在于描述领导者失败的最常见原因，以及我们应采取哪些步骤来提高成功的概率。

将本章放在全书末尾很有必要，因为它涉及前面各章谈到的很多领导者、追随者和情境的内容。到目前为止，我们确定无疑的两件事是：没有普遍接受的领导力定义，有许多不同方式来领导他人。这两个结论是本书需要从多种角度看待领导力的主要原因，因为关于如何成为有效领导者的研究结论完全不一致。虽然研究者和实践者对"如何成为好的领导者"未达成一致意见，但人们对"什么是拙劣的领导"有相当大程度的共识。这方面的研究结论高度一致，并与我们的许多实际经验相似，而本章的目的就是回顾相关研究，并提供关于避免破坏性领导、管理无能和管理脱轨的一些实践步骤。**破坏性领导**（destructive leadership）是指那些能有效吸引追随者参与、构建团队、通过他人取得成果，但其成果在伦理道德上站不住脚或可能损害组织及社会利益的领导方式（见专栏 17-1）。此处的一个例证是阿道夫·希特勒。希特勒无疑有能力调动整个国家为一个共同事业而奋斗，并征服了多个国家，但其最终结果却使整个欧洲大陆沦为一片废墟，2000 多万人失去生命。与破坏性领导不同，**管理无能**（managerial incompetence）是指一个人没有能力吸引追随者参与、构建团队、通过他人取得成果。事实上，领导岗位上的大部分人可能都很难有效完成这三个领域的工作。**管理脱轨**（managerial derailment）描述了导致领导者无法吸引追随者参与、构建团队、通过他人取得成果的一些常见原因。了解导致管理脱轨的 10 个基本原因及如何避开这些陷阱，能帮助你成为一名更有效的领导者。

> 如果你戴上眼罩，向世界地图上投一个飞镖，飞镖射中的国家有 70% 的概率是接受某种独裁统治的国家。
>
> ——R.T. 霍根（R.T. Hogan），霍根测评系统公司

❖ 专栏 17-1

谁应该统治

破坏性领导可以定义为具备吸引追随者参与、构建团队的能力，但其产生的成果不能服务于公共利益。破坏性领导在专制和民主制度下都普遍存在，但后者的制衡机制约束着民选官员的破坏性倾向。独裁者和民选官员玩的是同样的游戏：获得权力、保有权力、控制资源。独裁者更擅长权力游戏，他们往往比民选产生的同行在位时间更长。独裁者只需要奖励一小群能操纵媒体、压制反对派和控制民众的忠实追随者，而民选领导人如果忽视选民，就可能下台。

当一个政党控制了所有关键机构时，民主国家的破坏性领导倾向就会很明显。与专制政权高度相关的政治偏袒、腐败、犯罪和媒体操纵，往往也存在于这类政府中。

认识到世界上绝大多数国家都是独裁或专制国家很重要。许多国家的少数人享受着“多数人的成果”。在这些国家中，有些维持着表面上的民主，但负责国家事务的人决定着是否进行选举、反对党候选人名单、竞选方式，以及在位领导人将获得的选票比例。

当谈到破坏性领导时，哪些国家的表现最糟糕？当权者做了什么来保有权力？谁将从这些活动中受益？谁将因此受苦？特朗普政府为了保有权力，针对主流媒体、法院、美国环保署、北约及长期贸易协定采取了哪些行动？这些行动是“美国优先”的表现，还是显示破坏性领导的存在？

资料来源：M. Moynihan, “It's Good to Be Boss,” *The Wall Street Journal*, September 24–25, 2011, p. C10; B. Bueno de Mesquita and A. Smith, *The Dictator's Handbook: Why Bad Behavior Is Almost Always Good Politics* (New York: PublicAffairs, 2011); R. Hogan, *How to Define Destructive Leadership* (Tulsa, OK: Hogan Assessment Systems, 2012); and“Conquering Chaos: Fixing Fragile Nations,” *The Economist*, January 7, 2017, pp. 46–48.

破坏性领导

评价领导效力的一种方式，是分析一个人吸引和培养追随者、构建团队并通过他人取得成果的能力。有效领导者是那些能达到所有这三项效标的领导者，而无效领导者则很难激发员工参与、

构建团队或无法通过他人取得成果。如第 16 章所述，詹姆斯·麦格雷戈·伯恩斯认为，真正有效的领导者还应达到另一项效标，即提升个人行为准则，并能改善受其影响的所有人的生活。[1] 换言之，有效领导者必须使其所在的组织或社会成为更优质的工作生活场所。基于上述三项效标，我们可以看到，有些领导者虽然善于描绘美好的未来图景，引导追随者为实现其愿景而推进组织或社会变革，但其取得的最终成果在道德上受到谴责或违背了社会公益。没人能否认，这些领导人对其国家和社会产生过重大影响，但他们共同的影响却是导致无辜百姓失去生命。还有一些领导人，他们的兴趣只是充实自己的财富并保有权力，其领导的社会受到极度压抑，其追随者则全心致力于制造死亡和毁灭（见领导概览 17-1）。

❖ 领导概览 17-1

大卫·考雷什：破坏性宗教领袖

1993 年 4 月，大约有 85 人死在得克萨斯州韦科市的一个宗教聚居区。他们中很多人死于烧毁整个聚居区的大火，但也有些人死于头部中弹。死者中有 25 名儿童。这一切是怎么发生的？大卫·考雷什的故事是一个经典案例，说明当破坏性领导控制一切时，会发生什么情况。

人人都说，大卫·考雷什［原名为弗农·韦恩·豪威尔（Vernon Wayne Howell）］的童年相当不幸。考雷什的母亲在 14 岁时生下他，而且，她在 20 岁之前已经离了 2 次婚。考雷什在成长过程中受到叔叔的虐待；在他 9 岁时，母亲决定参加本地的第七日复临教会。很显然，考雷什热爱教堂和宗教，他会非常出神地倾听布道。考雷什能背下大段的布道词，并能不知疲倦地引用长篇大论。然而，在他十几岁时，他开始质疑为何教会既相信现代的先知，却又同时声称已经很长时间没有先知在世了。他也开始质疑长老们对《圣经》的解读，并最终离开第七日复临教会，转而加入了其分支大卫教派。大卫教派不仅相信存在现代先知，还相信末日对决㊀终将来临。在 24 岁时，考雷什因为与其 67 岁的领导者的亲密关系，取得了大卫教派的领导权。他还与教派中一位 14 岁的成员秘密结婚，随后被赶出了教会。他与大卫教派的很多信徒一起离开，并在得克萨斯州韦科市郊外创立了自己的教会。

在创立了自己的教会后，考雷什变得越来越喜怒无常和暴力。他要求信徒观看充满暴力的战争片，听他的摇滚乐，并让他们进行长时间绝食，吃奇怪的食物。一开始，考雷什还能遵从自己制定的规则，但后来他声称，上帝向他表示，他（也只有他）可以违反这些规则。考雷什娶了多位妻子，所有妻子都小于 15 岁。他最终向所有男信徒表示，教派中的所有女性都会成为他的妻子，其他人的婚姻都是无效的。这种怪异的行为一直持续到 1993 年年初美国酒精和枪械管理局到该聚居区调查所谓违法使用武器和虐待儿童问题。考雷什不

㊀《圣经》中所说的世界末日善恶决战的战场。——译者注

允许政府调查员进行调查，他在烧毁住地、杀死多名追随者后，自杀身亡。

资料来源：K. R. Samples, E. M. deCastro, R. Abanes, and R. J. Lyle, *Prophets of the Apocalypse: David Koresh and the Other American Messiahs* (Grand Rapids, MI: Baker Books, 1994).

破坏性领导不仅限于政府或政治领导者，它几乎发生在所有领域。造成2007—2009年经济大衰退的部分原因，就是金融服务业中的一些破坏性领导。很多贪得无厌的银行、保险公司高管人员很善于构建团队、创造利润，但这些利润的取得是通过财务造假、出售注定血本无归的金融产品或向业主提供其无力偿付的次级贷而实现的。金融服务行业的问题影响极为广泛，它几乎导致了全球经济的崩溃。富国银行的声誉因过分激进的销售政策而受到负面影响，英瑟斯医疗（Insys Therapeutics）和普渡制药（Purdue Pharma）等公司的领导者被认为是导致大规模阿片类药物上瘾及每年40万美国人因过量服用此类药物而死亡的罪魁祸首。[2, 3, 4, 5]

类似地，历史上的一些大屠杀惨案，表明破坏性领导同样发生在军事领域。出于军事报复或种族清洗的目的，军事领导人召集军队杀光某一村庄或城镇中的所有人，甚至是非军事战斗人员。宗教领导人也会表现出破坏性领导。吉姆·琼斯和大卫·考雷什就是两个例子，他们都是具有高度魅力的宗教领导人，赢得了信徒的狂热崇拜，并最终带领其信徒自杀（见领导概览17-1）。此外，破坏性领导也可能发生在组织各个不同的层级中。有时，对公司政策和战略持不同意见的一线管理者、中层管理者和高管人员，会鼓动追随者采取与公司利益不一致的行动。这些行动及其后续结果往往导致低质量的客户服务、重复无效的努力、高水平的团队冲突，以及最终不尽如人意的财务绩效。尽管这些领导者和追随者可能相信自己做了正确的事，但他们的行动给组织造成了损害（见领导概览17-2）。[6, 7, 8, 9, 10, 11]

❖ 领导概览17-2

卡丽·托斯特德：不惜一切代价

富国银行一度是美国银行业的佼佼者。通过一系列精明的合并和收购，该银行从一家小型的地区性银行成长为美国最大的银行之一。它也是交叉销售的忠实支持者。由于银行针对不同的客户产品类别收费，比如支票和储蓄账户、信用卡和借记卡、个人贷款及住房抵押贷款，富国银行实施了一项尽量向客户销售多种产品的计划。客户是否需要这些产品并不重要，员工只须向客户推销后者仍未持有的产品。富国银行的银行家和出纳会查看账户，以确定在客户前来存款或询问汽车贷款时，该向他们推销哪些产品来实现交叉销售。

卡丽·托斯特德是富国银行交叉销售项目的总设计师。托斯特德是一位银行家的女儿，也是在富国银行工作了27年的资深人士，她在此期间迅速晋升为商业银行部门的负责人。所有的银行办公室和分支行都向托斯特德汇报，在她的监督下，出纳、银行家和分支行都有非常明确的交叉销售目标，并且每天4次追踪销售结果。组织设定的销售目标完全不可能达成，而员工面临经常性的骚扰、恐吓和羞辱，这使他们为了达到销售额度不惜以身试法。那些提出申诉抱怨的员工会受到威胁，包括调到有人被杀的分行，或者按要求在烈日下绕着街区走几圈。多年来，员工因未达成销售额度而被解雇的可能远高于因违法行为而被解雇的可能。抱怨者会被立即解雇，并常常被列入黑名单，这使得他们无法在其他金融服务公司工作。

为了达成目标，员工虚设了超过 210 万个伪造的支票、信用卡和借记卡账户，其中一些对客户的信用评分产生了负面影响，导致他们支付不必要的费用或失去房屋和汽车。交叉销售计划项目的问题早在 2004 年就开始浮现出来，但托斯特德和其他高管无视这些信号，将非法活动推给了几个“害群之马”。在问题开始被曝光后，托斯特德向董事会表示有 230 名员工参与了非法活动，但实际参与的员工人数远超过 5000 人。

自从富国银行骗局首次被曝光以来，花旗集团和摩根大通的股东回报增长了约 100%，而富国银行的股东回报只增长了 6%。这家银行还不得不支付数百万美元的罚款，眼看着自己的声誉毁于一旦。政府和银行向托斯特德追回了她价值 1.25 亿美元的退休金中的很大一部分，但时至今日，她仍声称自己没有做错任何事。

你会将托斯特德归到哪一类领导，有效领导还是破坏性领导？为什么？

资料来源：R. Ensign and B. Eisen, “Wells Fargo Ex-CEO Banned for Life,” *The Wall Street Journal*, January 24, 2020, pp. A1–2; J. Wieczer, “How Wells Fargo’s Carrie Tolstedt Went from Fortune Most Powerful Woman to Villain,”*Fortune*, April 10, 2017, https://fortune.com/2017/04/10/wells-fargo-carrie-tolstedt-clawback-net-worth-fortune-mpw; B. Levin, “6 Ways Wells Fargo Made Its Employees’ Lives a Living Hell,” *Vanity Fair*, April 10, 2017, www.vanityfair.com/news/2017/04/wells-fargo-john-stumpf-carrie-tolstedt; W. Frost, “Wells Fargo Report Gives Inside Look at the Culture that Crushed the Bank’s Reputation,” *CNBC*, April 10, 2017, www.cnbc.com/2017/04/10/wells-fargo-report-shows-culture-that-crushed-banks-reputation.html; and M. Hilztik, “That Wells Fargo Accounts Scandal Was Even Worse Than You Can Imagine,” *Los Angeles Times*, January 27, 2020, www.latimes.com/business/story/2020-01-27/wells-fargo-scandal.

芭芭拉·凯勒曼（Barbara Kellerman）明智地指出，美国人对领导持一种过分乐观的看法。美国出版的大多数领导学书籍表述过于积极正面，并通常主张领导是一项易于学习的技能。[12] 类似地，美国提供的很多领导培训项目也建立在一个错误假定之上：领导者天生就该是正确的、有效的；破坏性或无能的领导是例外而非常态。[13, 14, 15] 但贾雷德·戴蒙德的《枪炮、病菌与钢铁：人类社会的命运》一书显示，从古至今的大多数社会都是所谓的“盗贼统治”。[16] 有些是合法的盗贼统治，国王、女王及民选官员任意制定或撰写法律条文以增加其权力或个人财富。通过暴力推翻前任政府而取得政权的独裁者，似乎从其地位改变中获益良多，却极少能惠及广大普通民众。因此，破坏性领导通常出现在位高权重者运用团队构建技能来达成贪婪、自利或不道德的结果时。正如令人痛心的历史事件揭示的，邪恶、腐败、贪婪和自私的领导人仍有可能长期掌握权力。

在整个 20 世纪，有 1.67 亿人因非自然原因死亡。入侵的军队杀死了其中 3000 万人；其余的人则死于本国政府之手。领导的确性命攸关。

——罗伯特·霍根（Robert Hogan），美国心理学家关于破坏性领导，值得讨论的最后一点是：所谓破坏性领导与优秀领导的区分，可能只是旁观者的个人判断。尽管一些领导人是极端利己的暴君，但效忠于这些领导人的追随者可能将其视为伟大的领导人。此外，在现实中，那些效忠于破坏性领导的人往往因此获得了回报。这种回报有时是遭到枪杀，但更多时候，忠心的追随者获得了地位、财富和权力的丰厚回报。大多数人将本·拉登视为威胁，但他的追随者将其愿景视为通往天堂之路。这种区分优秀领导与破坏性领导的概念，也同样适用于美国前总统唐纳德·特朗普。很多共和党人投票给特朗普，是认为他将放弃贝拉克·奥巴马的政策，并使美国恢复其往日辉煌；而民主党成员则认为美国在特朗普的领导下正步入错误的方向，并注定会面临失败的命运。有时候，政治、宗教或商界领袖赞同的事，在当时遭到大多数人的反对，但随着时间推移，人们承认他们是对的。李·艾科卡推动美国政府救助克莱斯勒公司、马丁·路德·金对民权的愿景，都是很好的领导例证。在变革之初人们指责他们做了错误决策，但这些举动最终改善了他们所领导的组织或社会。由此看来，什么是破坏性领导，可能并非我们最初想象的那样确定无疑（见领导概览 17-2）。

管理无能

破坏性领导是指个人为了达到某种腐败、自利或罪恶目的而吸引追随者参与并构建团队，管理无能则是指个人没有能力吸引追随者参与、构建团队或通过他人取得成果。换言之，管理无能是指领导者无法培养忠诚的追随者或取得成效。研究表明，无能的管理者数量可能远远大于高度胜任的管理者数量；**管理无能的基准率**（base rate of managerial incompetence）在 50%～75%。[17, 18, 19, 20, 21, 22, 23] 你可能认为，管理无能的基准率不可能这么高，如果有这么高比例的无能领导者，很多国家、政府、企业、其他非营利组织或志愿者组织都会运作失败。但请考虑以下事实：

- 有些国家存在某种形式的独裁统治。在一些国家，绝大多数普通公民对于谁执政、制定何种法律等，没有多少话语权。尽管这些国家的领导者的确有少数追随者，但大多数人对于谁领导他们无法提出意见，往往也无法从中受益。
- 有些民主国家的领导者被认为缺乏构建团队和取得成果的能力。美国前总统乔治·W. 布什在其 8 年任期中，眼看着民众支持率由 85% 直降到 30%，而贝拉克·奥巴马在最初的 18 个月任期中，其支持率也下降了 25 个百分点。唐纳德·特朗普仅有 43% 的支持率，是历任美国总统中支持率最低的；而美国国会在可能投票的选民中支持率低于 15%。[24, 25, 26, 27, 28]
- 2019 年，平均每个月有 114 名 CEO 离职。其中有些人离职是因为退休或到其他公司任职，但很多 CEO 离职是因为不可接受的行为和糟糕的绩效表现。其中受人瞩目的例子包括：“棒！约翰”的约翰·施纳特、众创空间（WeWork）的亚当·诺伊曼、温斯坦公司的哈维·温斯坦，以及耐克、巴诺书店、德州仪器和波音的领导者。如果这种趋势持续，估计企业界每 3 年会更换 50% 的 CEO。[29, 30, 31, 32, 33, 34]
- 员工满意度调查中，有超过 75% 的受访者表示，工作压力的最大来源是自己的直接上司。[35, 36] 这一研究结论适用于多个国家和行业。

- 2/3 的美国工人不属于“非常敬业”或“比较敬业”之列，并且在任一给定时间，都有 51% 的人在寻找其他工作机会。[37]
- 在一家《财富》100 强企业的高绩效事业部中，有 60% 的受访者表示，这家企业很成功，但领导者有问题。一项针对高绩效公司的大范围研究显示，35% 的受访者表达了同样的看法。高绩效公司的无能管理者将组织成功归结于其个人努力，但更有可能的是高绩效团队中的高敬业员工决定了组织的成败。[38]
- 《哈佛商业评论》发表的一项研究报告表示，仅有 30% 的企业具有“健康和值得尊重的”工作氛围。大部分组织的工作氛围是功能不良和不健康的。[39, 40]
- 美国邮政署有 800 000 名员工，而针对上司的抱怨申诉随时保持在 150 000 份的水平上。[41]
- 研究显示，所有初创企业中有 50%～90% 的企业会在 5 年内倒闭。这一研究发现似乎适用于各种企业类型和所有国家。大多数失败可以归结为管理无能。[42, 43, 44, 45]
- 导致 2010 年墨西哥湾环境灾难的能源企业——英国石油公司，自 2005 年以来，因安全和环境违规受到 760 次警告，并支付了 3.73 亿美元的罚款。而大多数重大事故（如印度博帕尔的化学品泄漏、埃克森·瓦尔迪兹号漏油事故、得克萨斯州的炼油厂爆炸事故、美国加利福尼亚州和澳大利亚的山火）的根源，也都可以追溯到拙劣的管理失察或管理成本削减的措施上。[46, 47, 48, 49]
- 研究表明，67% 的 IT 项目或者未能达到预先承诺的功能要求，或者未能及时交付，或者没能有效控制预算。这一 IT 项目失败率在过去 10 年间没有明显改善，并且，美国企业目前每年花费超过 550 亿美元，用于运作范围和执行均乏善可陈的 IT 项目。[50]
- 超过 70% 的企业并购活动未能产生预期的盈利和实现协同能力改善。相关例证可能包括惠普并购 Autonomy 公司，或者西尔斯并购凯马特。[51]
- 大部分大规模组织变革项目都未达到预期成果。[52]
- 有害的、有破坏性或辱虐性的管理方式，在公营和私营机构中普遍存在。美国军方的一项研究表明，仅有 27% 的军官可以准确识别无效领导者；25% 的军官则或者凌辱他人，或者只关心个人私利。另一项研究显示，超过 60% 的员工声称在个人职业生涯中，曾面对辱虐性或破坏性的领导者。[53, 54, 55, 56]
- 2017 年，美国海军在太平洋发生了 4 起重大船只事故，包括与其他船只发生 3 起碰撞，以及一艘导航巡洋舰在东京湾搁浅。在 2020 年 3—4 月的“罗斯福”号航空母舰上，虽然美国海军要求舰长协助，但该舰未能妥善应对新冠疫情的暴发。
- 2012 年，三位意大利研究者被授予“搞笑诺贝尔奖”。他们运用数学工具研究证明，如果以随机方式提拔员工，组织效率会优于实际水平。如果管理无能的基准率为 50%～75%，则随机晋升可能就是组织的最佳选择。[57]

> 75% 的员工愿意接受减薪，如果这意味着同时更换其上司。
>
> ——罗伯特·霍根（Robert Hogan），美国心理学家

这些统计数据可能令人不敢恭维，这些例子可能也与大多数读者的生活圈子关系不大。所

以，我们有必要将管理无能的概念与个人生活联系得更紧密。一个确定领导岗位上的管理无能水平的简单方法，是完成**高迪博士测试**（Dr. Gordy test）。[58, 59, 60, 61] 要做这个测试，一开始先计算过去曾领导过你的总人数。这一总数应当包括过去的上司、体育教练、球队队长、合唱队指挥、夏令营主管等。换句话说，它应该包括你曾作为正式追随者的所有情况。一旦你算出了总数，接着数一下在这些人中有多少你仍乐于为之比赛、演唱或工作。换句话说，如果再给你一次机会，其中有多少人你仍愿意成为他们的追随者？现在，计算高能力领导者在整个领导者群体中所占的比例。当医疗保健、教育、商业、军队和社区领导者被问及同一问题时，大多数人只须用一只手就能数清愿意再次为之工作的领导者。这一比例虽然有明显的个体差异，但大致在 25%～40%。[62, 63, 64, 65, 66] 这就意味着，大部分人都不愿再为他们以往的大多数领导者工作。

接受高迪博士测试的人大多不认为它是一次人气竞赛。那些通过该测试的人往往被描述为强硬但公平的领导者，他们激励追随者，推动团队取得超出所有人想象的成就。高迪博士测试的一个关键后续问题是，读者是否会进入追随者的最终入围名单。换句话说，你会是 25%～40% 通过高迪博士测试的领导者中的一员，还是大多数未通过测试的领导者中的一员？大多数人都没通过测试，这意味着成为一名有效领导者不是容易的事。就像赛思・麦克法兰的电影《死在西部的一百万种方式》一样，领导者失败的方式也有一百万种。对于领导者无法吸引员工参与、组建团队，或者击败对手取得成果的常见原因，随后我们将在本章详细描述。了解人们的哪些行为导致他们被视为不称职的管理者，可以帮助读者避免犯同样的错误（见专栏 17-2 和专栏 17-3）。

❖ 专栏 17-2

公共部门的无能：你的税款在努力工作

任何关注本地、国家或全球事务的人都会经常看到有关管理无能的报道。本专栏和专栏 17-3 提供了公共和私营部门管理无能的一些例子。

- 狂野的军官：在过去 10 年间，美国军方多位高级军官被解除了指挥权或降职，原因包括性骚扰、婚外情、在赌场使用假芯片、贿赂、和伴侣一起入住每晚 750 美元的酒店套房、工作时间酗酒、在不到 6 个月时间内解雇 5 名助手，或者对员工表现出“辱虐管理”的领导哲学。
- 我只在醉得不省人事时才吸可卡因：多伦多前市长罗布・福特（Rob Ford）以此为借口，最终承认在担任公职期间使用了管制药物。
- 困在成年男性身体中的两岁男孩：澳大利亚前总理陆克文需要随时确认自己是所有在场人士中最聪明的那个，而且总是想立刻得到一切。其他人没有意识到他的聪明才智，或者没有立即满足他的需求时，他会大声抱怨，然后怒气冲冲地离开会议。
- PBS㊀来到华盛顿：美国前众议员亚伦・肖克把自己位于华盛顿的办公室装饰成《唐

㊀ 美国公共广播公司（Public Broadcasting Service）。——译者注

顿庄园》的布景，并在《男士健康》杂志封面上裸露上身。一名调查记者报道说，肖克谎报了私人包机、职业足球门票和 9 万多英里的旅行费用。之后不久，肖克就辞职了。

- 不平静的国家公园：优胜美地国家公园（Yosemite National Park）的 18 名工作人员被迫提出正式申诉，表达对公园高层领导普遍的欺凌、贬低、性别歧视、偏袒及反复质疑员工的专业的不满。这些领导者导致的有害工作环境极大地削弱了员工的士气和绩效。
- 复仇的总检察官：凯瑟琳·凯恩（Kathleen Kane）成为宾夕法尼亚州总检察官时，是民主党的政治新星。她用恐吓来统治，时刻留意可能的怠慢，并因妨碍司法公正和作伪证而被判四年监禁。此事牵涉到她为破坏一位批评者的名声而泄露已封存的大陪审团记录。
- 邪恶的维修经理：一位公立学区的维修经理以恫吓来管理，挑起员工对立，性骚扰女员工，并以破坏建筑和在其家里放置炸弹来恐吓对手。尽管他的不良行为持续了 20 年，但学校负责人仍让他待在管理岗位上，因为他完成了工作，并为学区省了钱。
- 系统化的腐败：截至 2019 年中期，430 名高层政界人士在巴西“洗车行动”调查中被指控或定罪。巴西石油公司，一家全国性的石油天然气公司，将价值数十亿雷亚尔的合同授予建筑公司，后者再将回扣输送给工人党和关键的民选官员。
- 否认现实的总统：美国前总统唐纳德·特朗普在 2020 年年初至少有 2 个月时间对主要医疗卫生专业人员和主要幕僚关于新冠病毒大流行的告诫置之不理。这一延误，加上缺乏协调一致的规划、个人防护设备、呼吸机、治疗设施，以及持续无视数据和专家建议，导致数万名美国公民的非必要死亡。

你最近是否读过有关公共部门管理无能的报道文章？

资料来源：C. Whitlock, “Pentagon Investigations Point to Military System That Promotes Abusive Leaders,” *Washington Post*, January 28, 2014, https://www.washingtonpost. com/world/national-security/pentagon-investigations-point-to-military-system-that-promotes-abusive-leaders/2014/01/28/3e1be1f0-8799-11e3-916e-e01534b1e132_story.html; C. Whitlock, “Military Brass, Behaving Badly: Files Detail a Spate of Misconduct Dogging Armed Forces,” *Washington Post*, January 26, 2014, https://www.washingtonpost.com/world/national-security/military-brass-behaving-badly-files-detail-a-spate-of-miscon-duct-dogging-armed-forces/2014/01/26/4d06c770-843d-11e3-bbe5-6a2a3141e3a9_story.html; D. Zwerdling, “Army Takes on Its Own Toxic Leaders,” *NPR*, January 6, 2014, http://www.npr.org/2014/01/06/259422776/army-takes-on-its-own-toxic-leaders; E. Church and J. Friesen, “I Embarrassed Everyone in This City” *The Globe and Mail*, November 6, 2013, pp. A1, A6–A8; P. Williams, “‘Grandiose Narcissist’, The Secret Diagnosis That Helped Bring Down Kevin Rudd,” *Sydney Morning Herald*, September 9, 2013, http://www.smh.com.au/federal-politics/federal-election-2013/grandiose-narcissist-the-secret-diagnosis-that-helped-bring-down-kevin-rudd-20130909-2tfum.html; C. Cillizza, “Worst Week in Washington: Rep. Aaron Schock,”*Washington Post Weekly*, March 22, 2015, p. 3; “Aaron Schock: At Play in Peoria,” *The Economist*, March 21, 2015, p. 24; M. Doyle, “Yosemite Blasted Over ‘Horrific’ Working Conditions,” *Star Tribune*, September 23, 2016, p. A7; J. Hurdle and R. Perez-Pena, “Kathleen Kane, Former Pennsylvania Attorney General, Is Sentenced to Prison,” *The New York Times*, October 25, 2016, https://www.nytimes.com/2016/10/25/us/kathleen-kane-former-pennsylvania-attorney-general-is-sentenced-to-prison. html; “Steven Raucci: Schenectady’s Satanic Maintenance Man,” Rumors on the Internet, November 23, 2010, https://rumorsontheinternets.org/2010/11/23/steven-raucci-schenectadys-satanic-maintenance-man; “Brazil Corruption Probe: Key Words and Names,” *BBC*, July 12, 2017, http://www.bbc.com/news/world-latin-america-39576896; and C. Long, “Brazil’s Car Wash Investigation Faces New Pressures,” Foreign Policy, June 17, 2019, https://foreign-policy.com/2019/06/17/brazils-car-wash-investigation-faces-new-pressures.

❖ 专栏 17-3

私营部门的无能：贪婪、卑劣和怪异的想法

管理无能并不是政府特有的问题；私营部门有太多缺乏魅力的领导者，足以与其非营利的同行匹敌。下面是几个例子。

- 为了登顶不计一切：在优步前CEO特拉维斯·卡兰尼克任职期间，该公司被指控使用软件骗过检查人员、窃取自动驾驶汽车的商业机密、在法国从事欺诈交易，并在用户删除优步App后仍追踪其电话定位。卡丽·托斯特德曾经是"美国最有权势的银行家"，领导的销售团队虚设了200多万个假客户账户，以达到富国银行不切实际的销售目标。丽贝卡·布鲁克斯是英国畅销报纸《世界新闻报》的编辑，当一系列关于该报贿赂警察，陷害名流，使用私家侦探非法窃听名流、体育明星、政治人物及英国皇室电话以获得新闻题材的报道被曝光后，她设法关闭了报社。
- 赚钱不是人生的众多目的之一，而是唯一目的：研究表明，人们挣的钱越多，就越觉得自己有权得到，对他人也越刻薄。唐·布兰肯希普（Don Blankenship）和斯图尔特·帕内尔（Stewart Parnell）都曾任CEO，他们将财务成果置于员工和客户安全之上，并因此被判入狱。图灵制药公司前CEO马丁·史克雷利（Martin Shkreli）将公司的一种已有62年历史，用于治疗孕妇、胎儿、癌症患者和艾滋病患者寄生虫病的药物，售价从每片13.50美元上调至750美元。他声称，这将刺激其他制药公司开发更便宜的替代药物。这位"制药兄弟"目前因投资者欺诈入狱。
- "我不是骗子"：世界通信公司前CEO伯尼·埃伯斯在世界最大的通信公司做假账；麦道夫投资证券公司前负责人伯尼·麦道夫，运作了一个价值650亿美元的庞氏骗局。两人都有可能在监狱里度过余生。
- 通向可持续发展之路的欺诈：大众汽车安装非法软件以通过发动机排放测试的消息传出时，马丁·文德恩是公司的首席执行官。仅在美国一地，大众就必须召回近50万辆汽车，并支付147亿美元的罚款。菲亚特·克莱斯勒（Fiat Chrysler）在美国被指控有同样的欺诈行为。
- 想登顶，就得牺牲美色：罗杰·艾尔斯是"福克斯新闻"的幕后推手，比尔·奥莱利是美国收视率最高的有线电视节目主持人。这两人都被指控向崭露头角的女明星施压，想获得宣传就得和他们发生关系。福克斯新闻支付了3 000多万美元来平息此事；当付款的消息被公开后，艾尔斯和奥莱利遭到解雇。
- 他们在想什么？管理大师彼得·德鲁克曾说过："文化把战略当午餐。"这也许是对的，但有缺陷的商业战略能比糟糕的文化更快毁掉公司。苹果前高管罗恩·约翰逊被彭尼公司聘为首席执行官。约翰逊试图按苹果零售店的模式重塑彭尼百货公司，但结果是灾难性的。同样地，曾经是行业领头羊的鲍德斯书店和黑莓的首席执行官们做出了一系列错误的战略决策，导致这些公司最终销声匿迹。

你最近有没有读到有关私营部门管理无能的报道文章？

资料来源：F. Kalman, "What Uber's CEO Can Teach Us About Leadership," Talent Economy, March 9, 2017, http://www.talenteconomy.io/2017/03/09/what-ubers-ceo-leadership; B. Carlson, "Travis Kalanick Is Uber's Biggest Asset, and Now Its Biggest Liability," *Business Insider*, February 26, 2017, http://www.businessinsider.com/travis-kalanick-biggest-uber-asset-and-biggest-liability-2017-2; S. Andrews, "Untangling Rebekah Brooks," *Vanity Fair*, January 9, 2012, http://www.vanityfair.com/news/business/2012/02/rebekah-brooks-201202; E. Glazer, "Carrie Tolstedt: In the Eye of the Wells Fargo Storm," *The Wall Street Journal*, September 19, 2016, https://www.wsj.com/articles/carrie-tolstedt-in-the-eye-of-the-wells-fargo-storm-1474326652; J. Goodell, "The Dark Lord of Coal Country," *Rolling Stone*, November 29, 2010, http://www.rollingstone.com/politics/news/the-dark-lord-of-coal-country-20101129; M. Basu, "Salmonella: Peanut Exec Gets Groundbreaking Sentence," *CNN*, September 21, 2015, http://www.cnn.com/2015/09/21/us/salmonella-peanut-exec-sentenced; S. Berinato, "Executive Compensation: The More Leaders Make, the Meaner They Get," *Harvard Business Review*, June 29, 2010, https://hbr.org/2010/06/executive-compensation-the-mor; E. W. Dolan, "Study Finds Wealth Gives Rise to a Sense of Entitlement and Narcissistic Behaviors," Raw Story, August 25, 2013, http://www.rawstory.com/2013/08/study-finds-wealth-gives-rise-to-a-sense-of-entitlement-and-narcissistic-behaviors; C. Isadore and D. Goldman, "Volkswagen Agrees to Record $14.7 Billion Settlement over Emissions Cheating," *CNN*, June 28, 2016, http://money.cnn.com/2016/06/28/news/companies/volkswagen-fine; J. Ewing, "Fiat Chrysler to Modify 100,000 Vehicles After Accusations of Emissions Cheating," *The New York Times*, May 19, 2017, https://www.nytimes.com/2017/05/19/business/energy-environment/fiat-chrysler-diesel-emissions.html; F. Pallota, "Nine Months of Sexual Harassment Scandals Take Down Two Fox News Icons," *CNN*, http://money.cnn.com/2017/04/20/media/fox-news-sex-harassment/index.html; N. Raymond, "Martin Shkreli, Who Raised Drug Prices from $13.50 to $750, Arrested for Securities Fraud Probe," *Scientific American*, December 17, 2015, https://www.scientifi-camerican. com/article/martin-shkreli-who-raised-drug-prices-from-13-50-to-750-arrested-in-securities-fraud-probe; and B. Tuttle, "The 5 Big Mistakes That Led to Ron Johnson's Ouster at JC Penney," *Time*, April 9, 2013, http://business.time.com/2013/04/09/the-5-big-mistakes-that-led-to-ron-johnsons-ouster-at-jc-penney.

我们可能会想，如果管理者中有 50%～75% 都是无能的，组织如何能取得成功。虽然各种组织中都能看到管理无能，但很多企业还是盈利的，美国军队仍有能力发动战争，儿童仍然在接受教育，大多数人也获得了所需的高质量医疗保健服务。好消息是，为了取得成功，组织可能并不需要每个领导岗位上都是**高能力的管理者**（competent manager）。成功的关键可能是组织确保其高能力的管理者的比例高于竞争对手，并确保高能力的管理者处于关键领导岗位上。研究表明，拥有较大比例的高能力的管理者并将他们安排在关键岗位上的组织，比那些高能力的管理者较少、安置不当的组织更成功。[67, 68, 69, 70] 本章和本书的目的，就是提高你成为高能力的管理者的概率，并确保你身处对组织成功能切实产生影响的职位上。

管理脱轨

到目前为止，我们已经解释了破坏性领导和管理无能的概念。破坏性领导是指领导者具备很好的团队构建技能，但其取得的成果在道德上存在缺陷或可能损害组织的成功。高能力的管理者是身居权位者中的少数分子，他们有能力吸引追随者参与、构建团队，并取得推动组织、社会或国家发展的成果。当然，如果很容易就能成为高能力管理者，属于这一类型的人就会多得多。考虑到大多数管理者都属于破坏性领导或无能的领导，可以推知，导致领导者失败的原因一定多种多样。本节的目的，就是要说明导致领导者失败的一些最常见原因。

❖ 专栏 17-4

管理的愚人化

卡尔·伊坎是一位亿万富翁，他通过买入管理不善的公司、理顺其业务和财务状况，并将这些公司再次售出以谋利。高管人员不喜欢伊坎，因为在他买入公司时，他们往往会失去工作；但很多人认为，如果管理者一开始就做好工作，公司的绩效表现上佳，这样，伊坎根本不会有买入该公司并轻易谋利的机会。伊坎关于美国企业有一个理论，他认为很多高管人员是"你在大学里认识的那种兄弟联谊会主席，不太聪明，相互吹捧，但同时是经受过各种考验、政治老练的好人"。在伊坎看来，为了成为首席执行官，人们需要知道的是如何在向上爬的道路上不要得罪任何人。最后，当一个人成为公司中第二号人物，为了生存，他们只需做得比第一号人物再差一点就可以了。当第二号人物被晋升为CEO，他会接下来晋升一位比自己能力再差一点的担任"二把手"。"最不适者生存，最后，我们的公司都会在傻子手中经营。"伊坎称这一被提拔人员的能力总是略低于在职领导者的现象为**管理的愚人化**（moronization of management）。

美国前总统唐纳德·特朗普的内阁成员流动率极高。忠诚，而非能力，似乎对获得和保住特朗普政府中的一席之地至关重要。这种高流动水平与管理的愚人化有什么关系吗?

资料来源：Adapted from *The Economist*, February 11, 2006, p. 42; and G. J. Curphy, "The Moronization of Management," LinkedIn, January 5, 2015, www.linkedin.com/pulse/moronization-management-gordon-gordy-curphy-phd.

在过去40年间，关于管理脱轨进行了大量研究。由于这些成果几乎适用于管理职位上的每个人，有必要在此谈谈由此得出的教益。管理脱轨的最初研究是20世纪80年代初由创新领导力中心的研究者完成的。所谓管理脱轨，是指曾经进入晋升快车道的管理者，其职业发展偏离了正常轨道。研究者访问了多家《财富》100强公司的人力资源部，得到了**"高潜力的管理者"**（high-potential manager）名单。麦克考和伦巴多（McCall，Lombardo）[71]将"高潜力"定义为：被公司视为在未来某一天终将成长为CEO、总裁或其直接下属的人。研究者在3年后又回到这些企业，了解上榜人员的职业发展现状。他们发现，约25%的高潜力者被提拔到组织最高的两个层级，还有25%的人虽然还没被提拔，但一旦出现空缺职位就会被提拔。另有25%的人离开了公司；有些人离职是为了创建自己的公司，另一些人则是因为其他公司提供了更好的工作。最后，名单上还有25%的人不再是晋升后备人选。他们中的大部分人离开了公司，或者被降职到影响较小、不太受关注的岗位上。最后这群人就代表了管理脱轨的例子。

其他几位研究者也探讨了管理脱轨现象。[72, 73, 74, 75, 76, 77, 78, 79, 80, 81, 82, 83, 84, 85, 86] 这些后续研究

使用了规模大得多的样本（有位研究者考查了3000多位脱轨的管理者）、欧洲和跨代的样本、更为成熟的测评工具（即360度反馈工具）。此外，在后期的研究中，女性和少数族裔在样本中的比例大大增加了；最初的高潜力名单是白人男性主导的。正如范·韦斯勒和莱斯利（Van Velsor，Leslie）[87]指出的，这一研究想识别出哪些因素使脱轨的候选人当初被视为高潜力者，以及哪些因素造成了他们后来的职业困境。尽管这些研究在很多方面存在差异，但它们得出了一些共同的研究结论。成功和脱轨的候选人群体都很聪明、雄心勃勃、愿意不计代价完成工作并且具备相当强的技术专长。换句话说，所有的高潜力候选人在企业中都有令人印象深刻的职业轨迹记录。

> 如果医生开出一剂劣质药方，病人会死去，他们就不必再管这件事了。如果律师在法庭上没能做出卓越辩护，当事人会坐牢，他们也不必再管这件事了。但如果在挑选经理上犯了错，你就必须每天对这个错误说“早上好”。
>
> ——皮特·拉姆斯达德（Pete Ramstad），前首席人力资源官

另外，脱轨候选人表现出的一种或多种行为模式，在最终成功的高潜力者那里表现得不明显。研究结论中涉及的管理脱轨关键主题如表17-1所示，并在此处进行了详尽描述。值得注意的是：表17-1中列出的脱轨主题在美国和欧洲的研究中都得到一致报告。从表17-1中引申出的一个脱轨模式，是**未达成业务目标**（failure to meet business objective）。尽管成功和脱轨的管理者都会经历业务滑坡，但这两组人以完全不同的方式应对暂时的逆境。成功的管理者为自己的错误承担个人责任，并寻求多种方式来解决问题。脱轨的管理者往往急于指责，为业务下滑责备他人。但只要情况有所好转，你很难通过这个因素区分这两组人。这些管理者中有些还不值得信赖。他们可能对业务成果公然撒谎，伪造财务数据，或者未能遵守诺言及在截止日期前完成工作。其他一些管理者的失败原因，则是他们不够精明，对业务缺乏深度了解，导致判断失误。

表17-1 脱轨研究的常见主题

技能领域定义	本斯（1985a）	麦克考和伦巴多(1983)	莫里森、怀特和范·维尔索（1987）	麦考利和伦巴多(1988)	伦巴多和艾辛格（2006）	罗什、沈、戴维斯和波诺（2008）
业务						
规划、组织、监督和使用资源的能力	缺乏商务技能	具体的业务问题	绩效问题	无法凝聚员工队伍	拙劣的行政管理技能	不良的任务绩效
	无法处理复杂问题	无法进行战略性思考	非战略性	无法进行战略转型	缺乏战略性思考	糟糕的规划、组织及沟通
	反应性和战术性	无法有效管理人员	有限的业务经验	与管理层存在战略上的差异	无法做出困难的决策	
领导						
影响、构建和维护团队的能力；角色楷模	无法授权	过度管理－未能授权	缺乏管理下属的能力		未能构建团队	未能培养和管理人才
	缺乏构建团队的能力					避免冲突和人员问题

（续）

技能领域定义	本斯（1985a）	麦克考和伦巴多(1983)	莫里森、怀特和范·维尔索（1987）	麦考利和伦巴多(1988)	伦巴多和艾辛格（2006）	罗什、沈、戴维斯和波诺（2008）
人际关系						
社交技巧、共情及关系维护	无法维护人际关系网络	缺乏敏感性（粗鲁、恐吓、霸凌）	人际关系不佳	在人际关系方面有问题	糟糕的政治技巧	未能考虑他人的需要
		冷漠、疏远、傲慢			缺乏人际技巧	
					不能处理冲突	
内在能力						
自我意识和自我控制；情绪成熟度；正直诚信	个人情绪误导了决策	无法适应风格不同的上级	无法适应上级风格	过于依赖某个支持者	缺乏个人诚信	拖延误事
	学习滞后	过于依赖某个支持者	过于野心勃勃	未能坚持到底	低自我意识	无法控制情绪
	存在明显的人格缺陷	过于野心勃勃				散布流言；使用信息不当
		背叛了他人的信任				

资料来源：J. Hogan, R. T. Hogan, and R. Kaiser, "Managerial Derailment," in *APA Handbook of Industrial and Organizational Psychology*, vol. 3, ed. S. Zedeck (Washington, DC: American Psychological Association, 2011), pp. 555–76.

尽管表17-1中提及的研究关注失败的高潜力候选人，但无法取得业务成果的问题不仅限于这一人群。很多实权职位上的管理者可能不是高潜力候选人，但他们同样缺乏取得业务或组织成果的能力。如前所述，有些人很受欢迎，但他们把活动与成效混为一谈；另一些人希望其团队不必做太多，只要能避开上级视线就行。有些人可能有意愿取得成果，却总是做出低质量的决策，或者因表现出妨害团队凝聚力的行为（如无法制定决策、对团队成员的微观管理、与其他人争功）而与团队成员越来越疏远。有效领导的一个标志，是有能力在各种情况下取得成果；那些无法取得有价值工作成果的人注定无法通过高迪博士测试。

霍根和莱斯利列出的第二种管理脱轨模式是**缺乏构建与领导团队的能力**（inability to build and lead a team）。[88] 有些高潜力候选人脱轨，是因为他们不知道如何构建团队。另一些人失败是因为他们只雇用与自己高度相似的员工，而这只是放大了他们自己的优缺点。有些人想一直处于聚光灯下，只雇用能力不如自己的人。也有些人对员工进行微观管理，希望追随者来工作前，先"在门外清空脑袋"，即便在自己缺乏专家诀窍的任务上也不例外。处于实权职位上的领导者花费太多时间从事应由直接下属完成的活动，同样无法构建团队，因为他们剥夺了下级管理者的权力。由于上级领导者越俎代庖，制定本应由追随者做出的决策，后者会对工作产生疏离感，其结果将是团队绩效受损。[89, 90, 91, 92, 93, 94, 95, 96, 97]

与未达到业务目标一样，缺乏构建或领导团队的能力是很多领导岗位上的人被视为无能管理者的另一项主要原因。造成领导者无法构建团队的两个根本原因，是缺乏团队构建的管理诀窍及自身具有的黑暗面人格特质。很多人都很容易说出自己曾参与的最优秀和最糟糕的团队，但当被问及他们会使用何种过程来构建高绩效团队时，他们却很难说得清。换言之，大部分领导者了解团队合作的重要性，但并不了解如何引导团队合作。[98, 99, 100] 缺乏这种团队构建诀窍，就是造成某些人被视为无能管理者的原因之一，但另一个关键原因是领导者具有的某些黑暗面人格特质。这些人格特质将在本章随后详尽说明。

第三种管理脱轨模式是**缺乏培养关系的能力**（inability to build relationship）。表现出这种行为模式的脱轨管理者对于其追随者、同事的需要和所处困境极端不敏感，他们往往过度竞争、要求苛刻和盛气凌人。他们的管理信条是“按我说的做，否则走人”，并且他们中的很多人也无法吸引员工参与。他们中的很多人极端傲慢，真心相信组织中其他人都没自己优秀，并且，只要有机会就设法让同事意识到这一点。在这些脱轨管理者中，有些人为完成工作不计代价，即使这意味着会伤害一些人的情感。但遗憾的是，这不是赢得朋友或影响人心的最优做法。最好记住一句老话：“当你踩着别人爬上梯子时要当心，你下来时可能还会碰到他们”。很多管理者在身后留下了一大群伤痕累累的同事，他们正等待合适时机把这些领导者拉下来。

无法与他人相处，是高潜力人才及其他领导者常见的一种脱轨模式。有一个例子说的是一家软件开发公司的营销与销售副总，这是位女性，年薪超过 200 000 美元，由于表现出上面列出的很多行为而被公司解雇。她非常聪明，有极好的技术背景（受过工程专业的培训），曾在几家小企业担任过 CEO，并且每天长时间工作。虽然她具备很强的领导者人格，但她有一些明显的行为问题：很快发现并利用他人的错误、不断表示别人不能胜任工作、以高人一等的口气说话、在需要资源或支持时会踩着同事上、鼓励同事和下属的明争暗斗、还总觉得自己的所作所为会被纵容。有趣的是，直到接受 360 度反馈前，她都不知道自己给共事者带来了这种令人身心俱疲的效果。如果早点获得反馈，她也许还能使自己的职业免于脱轨。

> 全球有一半 CEO 达不到平均水平。
>
> ——大卫·坎贝尔（David Campbell），创新领导力中心

缺乏培养关系的能力，不仅限于任务大师；其他类型的领导者很难与他人融洽相处。但他们很少表现出“按我说的做，否则走人”的态度，他们无法培养与追随者的关系，是因为经常表现出情绪失控和大发雷霆，误以为追随者总是在算计自己，无法给追随者提供必要的资源和支持，或者因不断改变工作重点而使团队成员疲于奔命。这些令人不快的反生产行为倾向正是黑暗面人格特质的具体表现，这将在本章随后详尽说明。

查伦和科尔文、道特里奇和卡罗、霍根、凯瑟、普雷姆兹克、柯菲都表示，人的问题也是 CEO 失败的主要原因之一。[101, 102, 103, 104, 105, 106, 107] 但是，与脱轨的中层管理者不同，大多数 CEO 在公司中与其他人相处融洽。有些 CEO 的问题在于，他们与自己的一些直接下属相处得太好，却没能及时采取措施解决其中有绩效问题者。更具体地说，有些 CEO 失败是因为他们将忠心耿耿的下属安置在后者没有能力应对的岗位上，并误以为自己能帮助绩效平平的下属改变无效行为，而

不想因为驱逐受人欢迎（但无效）的经理而冒犯华尔街或董事会，或者不想因为使用外聘人员填补关键高管职位而觉得不自在。[108, 109]

另一个脱轨模式与领导者**缺乏适应力**（inability to adapt）有关，他们无法适应新老板、新业务、新文化或新结构。正如本章前面指出的，很多商业情境要求不同的领导行为和技能，而有些脱轨管理者无法适应或调整自己的风格来应对持续变化的上级、下属和情境。他们坚持以同一方式行事，甚至情况改变已不适用时仍是如此。例如，在一家生产扑克游戏机的电器生产厂中，某位一线管理者经历了一段非常困难的时期。他需要从以往在美国空军担任导弹引导系统修理工的岗位上实现转型。他觉得自己应该用军队的方式来领导下属：即使不提前通知，员工也应该愿意长时间工作并在周末加班；并且，只要提前很短时间通知，员工就能长时间在外出差。他毫不在意员工关于如何改进工作流程的想法或意见，并且期望每个人在工作中都能保持冷静和高度专业性。有一半下属直接因为他的管理方式而辞职，他随后被降职，一位以前的下属取代了他。

无法适应不仅发生在一线管理者或中层管理者身上，新上任的高层管理者有时也会努力将组织转变成自己曾任职的那种企业。罗伯特·麦克纳马拉努力将美国国防部变成福特公司；约翰·斯卡利试图将苹果公司变成百事可乐；鲍勃·纳德利致力于将家得宝变成通用电气公司；李艾科希望将惠普转型为 SAP；罗恩·约翰逊想将彭尼门店重塑为苹果门店；大卫·卡尔霍恩则想在两次波音 737 空难事故后推动波音公司转型。考虑到麦克纳马拉、斯卡利、纳德利、李艾科和约翰逊在其变革项目中的表现，卡尔霍恩的未来也着实令人担忧。

在过去，组织还可以从容地识别并开发领导人才。正如本书前述，很多最优秀的企业目前有很出色的项目来系统开发领导者队伍的人才梯队建设能力。但今天的企业面临越来越大的压力，需要快速发现优秀领导者，它们不断鼓励公司内部高潜力但缺乏经验的领导人才填补这些关键岗位。尽管这些新领导者很聪明、有很强的工作意愿，但他们往往存在技术背景狭窄、缺乏承担新岗位所需的领导能力。正是由于**晋升准备度不足**（inadequate preparation for promotion），导致这些领导者中有很多最终离开组织的不幸结果。例如，一位年轻的女律师被提拔为一家大型通信公司的人力资源副总裁。她很聪明、雄心勃勃，以往有过管理一个 6 人律师团队的经验，但她的晋升使她需要负责管理 300 名人力资源专业人员。事情的发展很快表明她缺乏管理一个大型、地理分布分散的人力资源部门所需的众多必要技能或知识。虽然她费尽心力试图取得成功，但她的行事风格仍然更像一线管理者，而非企业的职能领导者，并且，她无法赢得员工的尊敬。6 个月后，她得到一份相当慷慨的离职金，并被要求离开公司。

管理脱轨的发生频率在男性和女性管理者中似乎大致相同。[110] 大多数脱轨的管理者都会表现出上述行为模式中的几种；仅仅表现出其中一种行为模式尚不足以使他们脱轨。这一规则的唯一例外是未能达成业务目标。那些没有坚持兑现承诺、违反诺言、撒谎、不道德和没能达成目标的管理者不会长时间留在高潜力名单上。尽管这类研究关注的是高潜力候选人的脱轨模式，但导致失败的 5 个原因似乎有很大共性。如果管理者无法实现业务目标、很难适应新的情境、不能构建团队或与他人相处，就很难被视为高能力的管理者。一个更值得关注的问题是，既然这些脱轨模式看上去相当明显，为何仍有那么多领导者在重蹈覆辙？换言之，如果你问一群人，他们认为领导者失败的原因是什么，你很可能会听到本节谈到的 5 个原因。由于这些脱轨因素或多或少都是公开知识，仅仅意识到这些原因的存在并不足以阻止其出现。如果我们假定，大多数晋升到管理职位的人都有良好意图、大致了解取得成功应避免的错误，但他们仍被视为无能的管理者，则一定还有其他需要考虑的因素。我们相信，管理无能和脱轨有某些更为基础性的原因，了解这些原因及如何尽量消除其影响，将能增加被企业视为高能力管理者的可能。在这些根本原因中，很多都是本书前述概念的某种变形。

管理无能与脱轨的 10 个根本原因

探讨为何大部分实权职位上的领导者都被视为管理无能的深层原因，管理脱轨研究是一个很好的起点。很显然，未能达成业务目标、缺乏构建团队的能力或无法适应变化的环境条件，都会导致领导者失败。但又是什么使他们无法达成业务成果或无法与他人友好相处呢？这些管理失败是源于领导者的人格缺陷、普遍存在的情境因素、问题不断的追随者，还是这三种因素共同作用的结果？如图 17-1 所示，领导者、追随者和情境因素都在管理脱轨中发挥着某种作用。有时，领导者所处的情境使他事实上不可能构建团队或取得成果；另一些时候，领导者自身的弱点造成了管理无能和脱轨（见领导概览 17-3）。看到图 17-1，我们可能认为，既然有这么多原因会导致领导者失败，成为高能力的领导者几乎是不可能的。例如，全球经济可能出现了明显衰退，飓风或恐怖袭击导致了供应链中断，关键追随者可能退休或被竞争者挖走，组织可能进行精简或被其他公司并购，新的竞争者可能开发出突破性技术并主导了市场，员工也可能发动罢工，或者，新任 CEO 可能是一位只关注结果的任务大师。好消息是，我们可以通过了解这 10 个根本原因，评估它们在多大程度上影响了我们构建团队和通过他人取得成果的能力，然后采用本节提出的一些建议，使其不利影响最小化，进而缓解管理脱轨问题。

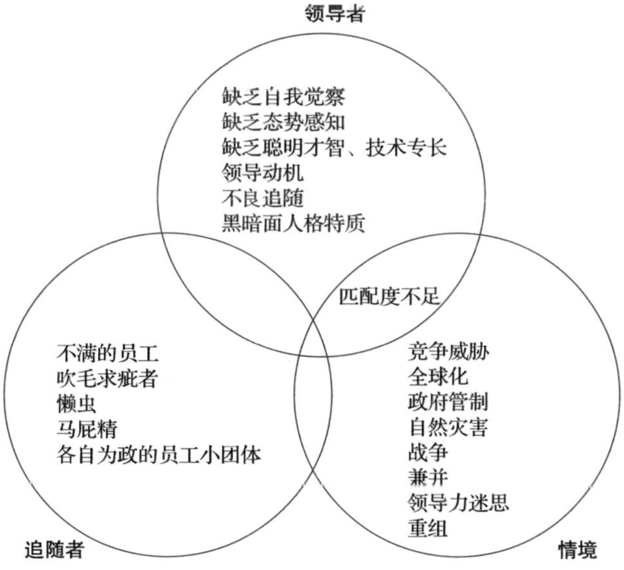

图 17-1　领导者为何失败

❖ 领导概览 17-3

伊丽莎白·霍姆斯和希拉诺斯

伊丽莎白·霍姆斯在2003年创立希拉诺斯（Theranos）公司时，还是斯坦福大学的一名本科生。霍姆斯想彻底改变医疗保健领域，用扎手指获得的微量血液就能进行的廉价、准确的测试来替代目前在实验室中进行的各种血液测试。虽然霍姆斯没有医疗保健、医学工程或商业领域的正规教育背景和经验，但她说服了一群投资者为她的企业提供资金。她用最初的收益聘请了工程师和科学家来制造一种用于血液测试的医疗设备。

到2007年，希拉诺斯的估值为1.97亿美元，霍姆斯开始向制药公司推销她的产品，称它是一种简单廉价的方法，可以确定新药是否达到了预期效果、是否安全，以及是否符合正确剂量。到2010年，她宣布推出血液检测设备的爱迪生版，同时，新一轮的投资者筹资安排使公司估值超过10亿美元。随后，霍姆斯开始向沃尔格林（Walgreens）和西夫韦（Safeway）等美国连锁药店推销产品，称这些公司可以从以往由诊所和医院进行的血液检测业务中分一杯羹。沃尔格林是最早接受爱迪生设备的公司，并计划在全国范围内铺开。

截至2014年，希拉诺斯的估值达到了90亿美元，霍姆斯的个人净资产估计为45亿美元。但大致在同一时间，爱迪生设备的问题开始暴露出来。结果证明，该设备极不准确，完成的血液测试中有240项未能达到公认的科学标准。结果，在整整两年时间里，数千名患者得到的是错误的个人健康信息。在针对投资者和大型潜在客户的宣传材料中，希拉诺斯挑选了测试数据，排除了其中不准确的测试结果，并用传统实验室设备的测试结果替代了爱迪生设备的测试结果。霍姆斯还在营销材料和销售演示中做出了关于测试准确性的欺诈声明，同时，她在10多年前就清楚测试存在准确性的问题。由于这些问题，美国证券交易委员会展开了调查。希拉诺斯被禁止在2年内进行任何医疗检查，霍姆斯的净资产从45亿美元跌至0美元，她还因电信欺诈被起诉。

正直诚信与创业精神之间的关系是什么？你认为企业家应该总是忠于事实，还是有时需要夸大事实才能成功？

资料来源：“Theranos: Blood Sports,” *The Economist*, April 23, 2016, p. 55; J. Carreyrou, “Theranos Growing Pains,” *The Wall Street Journal*, December 25, 2015, pp. A1, A10; C. Weaver and J. Carreyrou, “Theranos Retreats from Blood Tests,” *The Wall Street Journal*, March 24, 2017, pp. B1–B2; S. Westgard, “And Another Thing about Theranos...,” LinkedIn, June 17, 2016, www.linkedin.com/pulse/another-thing-theranos-sten-westgard-1; J. Carreyrou, *Bad Blood: Secrets and Lies at a Silicon Valley Startup* (New York: Alfred A. Knopf, 2018); *The Inventor: Out for Blood in Silicon Valley*, HBO, 2019; and A. Hartmans and P. Leskin, “The Rise and Fall of Elizabeth Holmes, Who Started Theranos When She Was 19 and Became the World’s Youngest Female Billionaire But Will Now Face a Trial over ‘Massive Fraud’,” *Business Insider*, February 11, 2020, www.businessinsider.com/theranos-founder-ceo-elizabeth-holmes-life-story-bio-2018-4.

图 17-1 并未罗列出所有原因，还有很多原因使大权在握的人最终失败。但这 10 个根本原因涵盖了最常见的原因，说明为何很多人未能通过本章前述的高迪博士测试。总体来看，特定的情境因素和追随者因素会使领导者难以吸引追随者参与、构建团队，以及通过他人取得成果。下面请看一个例子：一架商用客机机组成员在飞往目的地机场的国际航线途中，突然发现该机场因恐怖袭击威胁而临时关闭。虽然由于机场关闭而无法实现准时到达的目标，但机长仍可以将工作干得很漂亮，要求整个机组作为一个高凝聚力团队为旅客提供优质服务。尽管情境因素和追随者因素有时会扮演关键角色，但领导者因素更有可能导致管理无能和脱轨。有些领导者看不到自己对他人的不利影响，也有些人总是做出拙劣的判断，其他人则不重视构建团队或通过他人取得成果，最后还有些领导者本身就是不合格的追随者，他们因此而遭到解雇。糟糕的组织实践也会导致管理无能，因为很多时候公司对有效领导力的理解存在缺陷，最终聘用、培养和提拔了错误的人选担任权威职位。

原因 1 和原因 2：灾难降临——管理脱轨时的情境与追随者因素

在专栏 17-5 的故事场景中，情境因素影响到了领导者构建团队和通过他人取得成果的能力。虽然大多数领导者不会碰到像日本福岛核反应堆事故这样的灾难，但他们需要应对新冠病毒全球大流行。有些领导者在疫情前和追随者在同一地点工作，现在则必须学习如何管理远程工作的员工。有些人因为企业关闭而不得不解雇所有追随者；还有些人不得不聘用更多的员工，以应对不断增长的医疗保健、个人防护设备、呼吸机和食物需求。很明显，情境和追随者因素对个人吸引追随者参与、构建团队和通过他人取得成果的能力有重要影响。[111, 112, 113, 114] 情境和追随者因素构成了管理无能的两个根本原因，具体包括：

- 全球流行病、自然灾害和战争。
- 新的竞争威胁、全球化、破坏性技术、持续变化的消费者偏好、不可靠的供应商、新的政府或规制政策、贸易战，或者不利的媒体报道。
- 兼并、收购、剥离、破产、新战略、结构重组、重大变革措施、工作场所暴力或灾难性的环境事件。
- 新上司、新同事或新的所有者。
- 敬业度不高或心怀不满的员工；各自为政的员工小团体；罢工或功能不良的员工流动。
- 新的职位、工作职责或项目。

❖ 专栏 17-5

日本福岛第一核电站事故

2011 年 3 月 11 日，一场里氏 9.0 级的大地震袭击了日本东北部。这是日本历史上最强的一次地震，带来的海啸估计超过 140 英尺高。海浪几乎立即冲上了本州岛，完全摧毁了 13 万座建筑物，并使近 100 万座建筑物受损。约有 2 万人在此次灾害中死亡或失踪，并有超过

400万个家庭失去了电力供应。这一事件被视为现代历史上最大的一次自然灾害。

福岛第一核电站位于本州岛海域，由6个核反应堆组成。虽然其设计足以承受自然灾害的冲击，但2011年3月的地震和海啸使核电站脱离了电网，并摧毁了4个核反应堆的后备发电机。由于无法提供运行水泵（用于冷却反应堆）的电力，几个压力容器中的氢气积累到了危险水平。这种气体高度易燃，此时需要核电站的经营者东京电力公司（TEPCO）使用一切可能手段来冷却反应堆，以避免氢气爆炸导致压力容器开裂和随后的放射性物质扩散。

海啸发生后，核电站完全处于混乱状态：电力供应中断，所有建筑物和设备受损，通信中断。现场人员只能勉强利用现有材料，尽可能防止一场重大核事故的发生。此时的一项关键决策是：是否使用海水来冷却核反应堆。核反应堆通常使用淡水作为冷却剂，因为海水可能永久损害价值数十亿美元的反应堆。核电站的工作人员没有权限做出此项决策，而领导东京电力公司的管理者在做出决定时，则犹疑不决，难以决断。结果，3个核反应堆中的氢气爆炸并导致大量放射性物质泄漏，污染了半径为20英里的区域。在此事件中，东京电力公司不仅花费过长时间来做出决策，还试图隐瞒关于损害程度的信息，包括多少放射性物质泄漏、哪些人受到影响及公司做了哪些补救措施来减少损失。

日本政府对这一自然灾害的反应同样乏善可陈。日本政府在事故发生10天后，才调用战略储备原油用于恢复受灾地区的电力供应。运输药品、食物和水的卡车被禁止使用北部高速公路，原因是这些卡车不属于认定的紧急救援车辆；事实上，这些道路上当时没有其他车辆。

情境如何影响福岛第一核电站的管理者和主管，使他们无法构建团队、取得成果？这些情境又是如何突显出东京电力公司和日本政府的管理无能？

资料来源："A Crisis of Leadership Too," *The Econo-mist*, March 26, 2011, p. 14; N. Shirouzu, P. Dvorak, Y. Hayashi, and A. Morse, "Bid to 'Protect Assets' Slowed Reactor Fight," *The Wall Street Journal*, March 19–20, 2011, pp. A1, A8; M. Obe, "Fukushima Plant Hit by Power Outage," *The Wall Street Journal*, March 20, 2013, p. A10; and News Services,"Japan Upgrades Severity of Crisis," *StarTribune*, March 19, 2011, pp. A1, A11.

在面临潜在的破坏性情境和追随者因素时，承担领导角色意味着需要努力思考如何吸引员工参与、构建团队和通过他人取得成果，但有时，这些外部因素的影响巨大，个人能在有效领导力上发挥的作用微乎其微。一个有趣的问题是，领导者如何应对无望的挑战。高能力的管理者会花时间仔细思考情境，确定自己需要如何改进做法，并确保自己的决策得到贯彻。高能力的管理者往往会在他人失败时赢得胜利，是因为他们研究了所有备选方案，并为保持团队凝聚力和绩效做出了必要的变革。有趣的是，如果领导者感到其他人更有能力帮助团队应对挑战，他的备选方案之一也可能包括更换职位、离开公司。领导者也可能相信，调换团队优于待在现有职位上、面临被他人视为无效管理者的风险。

无能的管理者在面对无望情境时，行事方式往往存在很大差异：他们有可能继续沿用以往的工作方式，同时期望取得不同的成果。例如，在面临有挑战性的追随者或情境时，他们往往会更密切关注目标、评估体系和财务绩效，而较少花时间关心团队中的个人。他们也可能增加其团队构建和人际关系行为，尽力使团队成员感到愉悦，而不是促进他们提高生产率。他们甚至可能较少制定决策、表明立场、陈述行动方案或推动团队成员完成工作。所有这三类无能的管理者会尽力发挥个人特长，而不是做出改变，这损害了他们构建团队和通过他人取得成果的能力。

> *焦虑型管理的定义，就是不断做同样的事，却期望有不同的结果。*
>
> *——汤姆·彼得斯（Tom Peters），作家*

关于情境与追随者因素的巨大影响，有必要再说三点。第一点，尽管很多情境和追随者要素超出了管理者的个人控制范围，但管理者仍能控制他个人对这些事件的反应方式。管理者可以后退一步，仔细思考新的情境，并确定需要采取何种不同的工作方式；或者，管理者也可能继续发挥其长处，但期望取得不同的成果。在面对困难的情境时，深思熟虑可能是一项关键成功因素，但身居领导岗位上的人往往反应过度、截留信息、急于做决策，而不是向团队成员说明困难的事实，并集思广益了解成员的想法。

第二点，涉及暂时性与长期性管理无能的概念。**暂时性管理无能**（episodic managerial incompetence）是指身居领导岗位上的人在面对极端艰苦的情境或追随者事件时，其构建团队或通过他人取得成果的能力受到短暂的干扰。但一旦他们进行思考并采取行动来应对这一事件，就很快能重新恢复其构建团队和通过他人取得成果的能力。**长期性管理无能**（chronic managerial incompetence）是指困难的情境或追随者因素使个人构建团队、通过他人取得成果的能力受到了永久性损害。所有的高能力管理者都经历过偶尔的暂时性管理无能，关键在于如何减少其发生的频率和持续时间。但考虑到很多领导岗位上的人在面对挑战性事件时偏好的工作方式，他们似乎只能提供长期性管理无能的例证。

第三点，情境因素也会掩盖管理无能。领导者所在的公司可能刚发布了一款大受欢迎的 App 或服务，并且，虽然管理不善但仍在赚钱。当事情进展顺利时，大多数人会认为管理公司的人是高能力的管理者；只有在事态紧急或危急时刻，组织中的长期性管理无能才会显现出来。事实上，在卡特里娜飓风、福岛核电站事故、墨西哥湾原油泄漏事故、加利福尼亚州山火发生前，几乎没人认为联邦应急管理局、东京电力公司、英国石油公司和太平洋煤气电力公司的领导力存在问题。只有当危机公开后，这些公司中高比例的管理无能问题才开始为公众所知。情境因素、社交媒体和新闻媒体可以帮助揭示很多组织中存在的大量管理无能问题。

原因 3：组织匹配度不足——陌生国度里的陌生人

前一节说明了情境和追随者因素在管理能力和管理无能中发挥的重要影响。组织文化也在其中扮演着重要角色。在第 14 章中，我们将组织文化定义为“一个群体中所有成员共享的背景、规范、价值观或信念的系统”。所有组织都有文化，但这些文化中的信念在具体内容和强度上存在很大差异。例如，美国海军陆战队的共享信念、规范和价值观，就与善待动物组织（PETA）或绿色和平组织明显不同。

组织文化并不属于使管理者注定失败的普遍情境因素，但一个人与其组织文化的匹配度不足会使他被认为是无能的管理者。**组织匹配度**（organizational fit）可以定义为个人价值观、信念与组织文化间的一致程度。[115, 116, 117, 118] 如果一个人在价值观或信念方面与大多数成员缺乏共识，则很可能此人与组织的匹配度较差，而这是管理无能和脱轨的第三个根本原因。很多时候，个人与组织文化的低匹配度将弱化其影响力，这进而妨害了他们吸引追随者参与、构建团队和通过他人取得成果的能力。专栏17-6描述了一个经典例子，说明组织匹配度不足如何使一个人被视为无能的管理者。在很多方面，安都是组织扭转局面所需要的那种人。她拥有为取得成功所需的全部知识和技能，但高层管理者认为，其他职责比筹集资金更重要。安因此意识到自己陷入了一个没有赢家的困局，并离开了该组织。

❖ 专栏 17-6

组织匹配度与管理脱轨

在过去30年，安一直在保险企业担任销售负责人。她是一位机智、成熟和成功的管理者，多年以来，她在营销、销售、签订合同、发票管理、预算和薪酬管理方面都形成了深厚扎实的专业知识和诀窍。她也拥有超过20年的销售领导经验，她带领的高凝聚力团队一直都超额完成销售目标。在经历了保险销售的成功职业生涯之后，安希望寻找新的挑战，而本地的一家非营利组织正好需要一位高管人员负责其资金筹集。该组织已经成立了50多年，雇用员工超过300名，专门帮助成年残障人士过上相对独立自主的生活。为了达成这一使命，该非营利组织为其会员提供食宿、技能培训、交通和其他服务。该组织聘用安的原因，是因为目前资金不足——收入在下降、费用快速上升、捐款者则正在缩减其捐款数额。该组织最主要的捐赠群体年龄渐长，很多主要捐款者相继去世。

因为受到该使命的吸引，也期望迎接新事物的挑战，安加入了该组织。总裁告诉她，要尽一切可能留住目前的捐赠群体，同时要找到新的收入来源。安工作的第一步，是首先全面了解目前的捐赠者数据库，她发现该组织在过去5年间，除向每位主要捐款者发了一份感谢信外，什么都没做。组织既没有拜访或邀请这些捐款者参与公司运作，也没有设法获得新捐款者的资助。她提出了一份战略营销计划，呼吁所有高层管理者突破各自的职能范围，与新老捐款者一起开展一些活动。

该组织对战略营销计划的反应，使安大为震惊。总裁认为直接从事筹资活动有失个人身份，她也不希望外界认为该组织除四处筹措资金外，完全无所事事。总裁强调指出，组织的使命是要服务于成年残障人士，而不是筹集资金。其余的高管人员一致衷心赞同总裁的观点。安回应说，组织的成本已经超过了收入，如果高管人员不想协助筹措更多资金，另一个备选方案只能是削减费用。她提醒管理者，她曾被告知应当尽一切可能来筹集现金，现在她提出了计划，事情却并非如此。总裁表示，资金不是他们关心的重点，这是安自己的问题，安应当自行筹资。由于组织缺乏筹资的紧迫感，而且内心抗拒筹资，安觉得自己格格不入、无所适从。整个高管团队对她所关切的事不感兴趣，虽然她的计划能使组织继续履行其使命。由于缺乏组织匹配度，安在一年内就离开了该组织，而该组织也不得不削减人员以减少费用。

资料来源：G. J. Curphy, A. Baldrica, and R. T. Hogan, *Managerial Incompetence*, unpublished manuscript, 2009.

> 没有什么比说出真相更遭人嫉恨。
>
> ——柏拉图（Plato）

组织常常发现，坚持以同样方式做事会导致失败，而促进全新思考的一种方法是从外部聘用具有不同工作经验的人。新聘人员可能提供解决某一问题的新想法，但他们及其想法能否获得认可，很大程度上取决于组织文化。这些想法与组织目前通行的价值观和信念差距越大，他们就越有可能被忽视。来自外部的管理者也会像被移植的器官一样，匹配度高的被接受，匹配度不高的受到排挤。关于这一现象的有趣之处在于，外部人往往拥有组织成功所需的知识和技能，但由于他们提出的解决方案与现行组织文化明显相抵触，人们会质疑这些外聘人员的智力水平。[119, 120, 121]

组织匹配现象不仅发生在引入外部人士时，也会发生在引入新任 CEO 或并购其他组织时。新任 CEO 往往“新官上任三把火”，根据其个人价值观和信念来塑造组织文化，有些管理者可能因此不能适应新的文化。同样地，来自被并购企业的管理者可能很难融入其他组织的文化。由于这种低匹配度，虽然来自“旧”文化或被并购企业的领导者可能拥有构建团队、通过他人取得成果所需的一切技能，但他们可能仍被视为无能的管理者。并购企业往往基于这种感受行事，限制这类管理者的影响力和资源供应，这实际上预先注定了后者失败的结局。正如本书前面所说，很多兼并和组织变革最终失败了，而这往往与文化匹配问题有关。[122, 123, 124, 125]

领导者可以做什么来避免被视为组织文化匹配不佳？最好的做法可能是尽量降低其发生的可能。这一过程的第一步是了解自己的工作价值观、信念和态度。有些人工作是为了赚钱，有些人关注工作保障，还有些人工作是为了帮助他人或改变世界。这个问题并不存在唯一正确的答案，但重要的是，人们了解自己想从工作中得到什么。一旦人们清楚地了解自己的工作目的，第二步就是要确定潜在雇主的文化在多大程度上与个人信念一致。但确定一个组织的文化并不是简单明了的事，因为组织的基本信念、规范、故事和价值观往往没有诉诸文字。确定组织文化的一种方式，是进行信息性访谈，询问员工在组织中是如何完成工作的，员工彼此之间如何相处，组织重视什么、惩罚什么，存在哪些不成文的规则，等等。这类信息可以帮助领导者确定其个人价值观和信念是否与各种企业相匹配。我们知道，人们有时需要为金钱、利益而工作，但他们也有必要认识到，自己的满意度水平、构建团队和通过他人取得成果的能力将受到其个人价值观与组织文化匹配度的影响。那些匹配度不高的人可能被视为无能的管理者，而此时改变工作场所可能有助于他们成为高能力的管理者。

原因4和原因5：给迷惑者的线索——缺乏态势感知与自我觉察

大多数空难都是飞行员犯错的结果，而缺乏态势感知则是导致飞行员犯错的主因。[126] 缺乏**态势感知**（situational awareness）是第4个根本原因，态势感知是指飞行员在飞行前、后及过程中了解各类风险的存在，并能准确评价这些风险。[127] 换言之，拥有良好态势感知的飞行员清楚飞机的飞行状况、天气情况、同一空域中其他飞机的相对位置、飞机与地面的联系等。与飞行员一样，如果领导岗位上的人希望被视为高能力的管理者，也必须具备高水平的态势感知。这意味着高能力管理者必须准确解读影响团队的情境与追随者因素，并时刻警惕可能发生的变化。高能力管理者不仅有高水平的态势感知，也有高水平的**自我觉察**（self-awareness）。正如第2章所述，热切关注自身强项和弱项的个人，往往也能找到多种途径围绕其个人知识和技术缺口来进行管理或配置人员。相反，无能的管理者可能有明显的态势感知和自我觉察盲点，这分别构成管理无能的第4个和第5个根本原因（见专栏17-7）。他们可能没有意识到或低估了关键情境、追随者事件的影响，或者高估了自己构建团队和取得成果的能力。[128]

❖ 专栏 17-7

态势感知、自我觉察与管理无能

迪克是美国中西部一座中型城市的警察局局长。由于一系列本可轻易避免但广受关注的失误，本地报纸和电视台定期报道警察局的混乱状况。市政委员会开始向迪克施加压力，要求他整顿部门形象，而他认为，改变这一状况的最佳方式是向整个警察局发送一条备忘录。过去，迪克的所有文书材料都由其行政助理来起草，但后者目前正在休假，迪克认为不能等她回来再发备忘录。他本人写了下面的备忘录，并将它张贴在警察局的大门口：

Date: August 20, 2004

From: Dick Thompson, Chief of Police

Subject: Profesionalism

To: All Police Department Personal

It has come to my atention that the deparment lack profesionalism. I have seen several officers with dirty uniforms and untucked shirts and some of you need haircuts. We need to do a better job with our police reports—some have typological errors are not profesional. We need better in court too. Officers who can not meet these standards will be unpromotionable. if you have any questions see you Captain.

（译文：

日期：2004年8月20日

来自：警察局局长迪克·汤普森

主题：专业化

致：警察局所有同人

我注意到，警察局缺乏专业化。我看到几位警官穿着不整洁的警服、衬衫扣子松散，也有些人需要理理发。在警察报告的写作上，我们也需要做得更好——有些报告上有很不专业的书写错误。我们也需要在法庭上表现得更好。无法达到上述标准的警官将不会获得提拔。如果有任何问题，请找你的队长。）

一天后，张贴出的备忘录看上去就像这样：

Date: August 20, 2004

From: Dick Thompson, Chief of Police

Spelling
Subject: Profesionalism

Spelling
To: All Police Department Personal

Spelling
It has come to my atention that the deparment lack
Spelling
profesionalism. I have seen several officers with
dirty uniforms and untucked shirts, and some of
also
you need haircuts. We need to do a better job with
typographical
our police reports—some have typological errors
Spelling　to be
are not profesional. We need better in court too.
Officers who can not meet these standards will be
Spelling　I
unpromotionable. if you have any questions see
r　Is this a word?
you Captain.

对迪克来说遗憾的是，这份备忘录如同冰山一角——揭示出他本人一直以来误判事件、做出拙劣的政策决策，结果造成警察局的士气极为低落。市政委员会最终意识到这一点，要求这位警察局局长卸任。但迪克被聘为附近另一座城市的警察局局长，继续着他的无效管理。事实证明，这实际上相当普遍，因为许多小城镇和县很难雇到新的警察局局长，也未能对申请人进行适当的尽职调查。

你会做什么来防止聘用一位无能领导者担任所在城市的下任警察局局长？你会收集哪些数据，和哪些人交谈？

资料来源：G. J. Curphy, A. Baldrica, and R. T. Hogan, *Managerial Incompetence*, unpublished manuscript, 2009; and J. Pilcher, A. Hegarty, E. Litke, and M. Nichols, "Fired for a Felony, Again for Perjury. Meet the New Police Chief," *USA Today*, October 14, 2019, www.usatoday.com/in-depth/news/investigations/2019/04/24/police-officers-police-chiefs-sheriffs-misconduct-criminal-records-database/2214279002.

研究显示，在很多情况下，无能是福气，至少对无能者是如此。研究者邓宁和克鲁格（Dunning，Kruger）[129] 进行了一系列实验，要求实验参与者评价 65 个笑话的可笑程度。他们随后请8位专业喜剧演员做同样的评价，并比较专家和被试者之间的评价结果。他们发现，有些参与者无法预测别人认为什么笑话可笑，但他们自视是绝佳的幽默鉴赏家。类似地，尼尔森[130]也报告，那些在360度反馈中总是做出过高绩效自评的管理者，往往也对自己的各方面表现做出过高评价。这些人不仅相信自己是优秀的领导者，也相信自己是优秀的司机、父母、运动员、舞者，善于品评他人的个性，不一而足，同时往往忽视与之不符的证据。

造成某些领导者缺乏态势感知和自我觉察，可能有两个原因。第一个原因是有些无能的管理者善于自我欺骗，而最无能的管理者则最自欺欺人。[131]这些管理者受到高度活跃的**现实扭曲场**（reality distortion field）的困扰，只接受与自我感知一致的信息，而忽视任何与之相反的证据。[132, 133]有些无能的管理者缺乏态势感知和自我觉察的第二个原因是他们没有留意直接下属的反馈。无能的领导者可能花费大量时间去关注、发展与那些决定其命运的人员间的关系（即上级），而相对忽视与团队成员的关系。他们所处的位置往往使其可以且常常忽视员工反馈，虽然这些信息有助于他们构建团队和通过他人取得成果。并且，无能的领导者通常会惩罚带来坏消息的人，此举会抑制本可以改进效力的反馈信息数量，并使自我激励者转向不良追随。

> 如果缺乏自我觉察，你就无法改变。你为什么要改变？在你看来，你做的每件事都是对的。
>
> ——吉姆·威特（Jim Whitt），励志演说家

那么，处于领导岗位的人能做什么来消除缺乏态势感知和自我觉察这两项管理脱轨和无能的主因？基于前人的研究，期望成为高能力管理者的人必须获得个人绩效的定期反馈，最理想的是获得360度绩效反馈。同样必要的是，领导者应定期询问团队成员，收集他们关于优化团队绩效的想法，并找到方法及时了解重要的情境和追随者事件。通过构建自我激励者团队，高能力管理者鼓励成员分享改善团队士气与绩效的想法和解决方案，哪怕这意味着需要领导者本人为了提高效力而改变工作方式。

原因6：缺乏聪明才智与技术专长——真正的天才

管理无能的第6项根本原因与决策有关。承担领导职责的人需要做决策。这些决策本质上都是对问题解决能力的操练，而每个组织的历史和成功都是这些问题解决能力操练过程的积淀。能更好地识别待解决的问题并开发出有效解决方案的组织，往往会比错误地定义问题开发出无效解决方案的组织更成功。著名的管理咨询顾问彼得·德鲁克曾说过，大多数企业陷入麻烦，是因为高管人员做出了错误决策。[134]企业领导者本该将资源用于可以提高盈利能力的活动上，但他们往往决定将时间和金钱用于完成无关紧要的项目。

如第6章所述，智力可以定义为“清楚思考的能力”。清楚思考的一些构成要项包括：快速学习新信息、做出高质量的假设和推断、发现看似无关的事物间的联系、准确对问题进行重要性排序、提出可能的解决方案、了解各种决策选项的重要性并能快速做出决策。尽管研究表明，处

于领导职位上的人通常比其他人更聪明，但管理者的智力水平存在巨大差异。[135, 136]

由于管理者的智力水平与决策制定能力直接相关，智力也会影响管理者构建高凝聚力团队和取得成果的能力。[137, 138, 139, 140, 141] 精明能干的管理者往往能更好地发现问题、判断问题的重要性、分派团队成员角色、开发工作流程、分配工作量、雇用人员并解决问题，而不够聪明的管理者则在这些方面表现不佳。换言之，聪明才智能提高其成为高能力管理者的可能性，而不够聪明则会增进其被视为无能管理者的可能性。

但智力本身并不等于良好的判断力。欠缺关键知识也会降低个人解决问题、做出决策的能力，并提高其管理无能的可能性。**主题诀窍**（subject matter expertise）可以被定义为个人可资利用以解决问题的相关知识或经验。高诀窍者有大量相关知识和经验，而低诀窍者则对手头的任务、问题相当陌生。例如，一位拥有 10 年海外生活经历的高级营销经理，关于如何在欧洲有效增加销量的知识就会远多于从未在国外生活过的营销新手。拥有大量相关诀窍的人知道该做什么、如何完成工作、不同流程与活动间的相互关联。他们了解应该具体做什么来取得特定成果，了解决策将对流程中三四个步骤之后的活动产生何种影响。具备相关诀窍的管理者拥有“街头智慧”；他们可以运用自己关于内容、方法、关联的知识帮助团队设定正确的目标、采取有效的工作流程并取得卓越的成果。

所有处于实权职位的人都需要具备某种程度的技术诀窍。例如，生产经理需要了解制造流程、供应商、维护和运营程序、安全、流程控制方法、预算的具体细节及其相互关系。每次人们调任到与其技术、职能诀窍无关的职位时，都面临被视为无能管理者的风险（见专栏 17-8）。但与智力一样，技术诀窍也不能保证个人成为高能力的管理者。太多人因为拥有突出的技术诀窍被提拔到领导岗位上，却最终落得失败的下场。那些最佳程序员和财务人员虽然很擅长编写程序和编制合并财务报表，却很难使团队成员写出好软件或有效完成审计。[142] 虽然如此，拥有相关诀窍的确可以提高其成为高能力管理者的可能性，而缺乏这类诀窍使其更有可能被视为无能管理者。

❖ 专栏 17-8

重要管理诀窍与管理脱轨

黛比是一家管理咨询公司的分部总经理。她的工作是确保所在分部实现年度收入、盈利和生产率的量化目标。但她在这三项指标上的历史表现并非一流，事实上，自从接手领导岗位后，她一直未能达到目标。但她总能成功说服公司高管人员相信，该分部的财务状况不佳主要是因为当地经济状况的原因，分部中的每个人都在努力工作。事实上，黛比对分部的运作很像社交俱乐部，她经常为员工午餐买单，安排周五晚上的社交聚会，赞美分部员工的绩效（哪怕分部并未达到其财务目标）。最后，分部中的每个人都相信，自己的情况很特别，公司不可能理解他们面临的独特挑战。黛比经常夸耀，表示她在财务方面一窍不通，对分部绩效更是不感兴趣，她真心相信自己的工作是要提升员工士气。

黛比的一位价值数十亿美元的企业客户提出，需要其帮助聘用一名人力资源执行副总裁。公司前任人力资源负责人被解雇，是因为他无法解决一些重要的人员配置、薪酬和人力资源管理信息系统（HRIS）问题，这损害了公司的财务绩效。黛比的公司专门从事高管人才的测评，于是她针对该执行副总裁职位组织了一次对三位最终候选人的评估。黛比认为三位候选人都存在明显缺陷，她提出，客户可以将她本人作为候选人。因为急于填补该职位空缺，客户当即决定雇用黛比。如果客户遵循了评估其他候选人的测评程序，就会发现黛比缺乏任何公司、高管、董事会、薪酬或HRIS方面的工作经验，极有可能将人力资源部变成社交俱乐部，并在整个公司中形成一种本部门与其他部门间的对立情绪。

虽然公司安排了高管辅导项目，由一名人力资源前负责人帮助她适应新角色，但黛比感到自己已充分了解所有必需的知识，并没有充分利用这一资源。在入职一个月内，她犯了第一个错误，而这还只是一连串致命错误的开始。在第一次董事会上，黛比看上去手足无措、衣着不整，而她在演示报告中谈到CEO和几位业务单元领导者时也相当无礼。当董事会对她报告中的战略举措提出成本与收益问题时，她表示，公司需要做这些工作，成本则无关紧要。董事会成员觉得有些为难，满心期望她在未来的董事会上的表现能有所改善。CEO随后要求黛比提供战略举措的具体成本和投资回报率估计，用于下次的高级管理人员会议。在寻求细节的过程中，人们发现黛比完全不清楚这些措施需要花费多少，会给企业财务状况带来多少好处。

在随后的几个月，公司发生了几次重大的HRIS问题，而由黛比设计的新薪酬制度也导致销售人员流失率达到历史高位。为了应对上述问题，黛比增配了20%的人员，很快花光了部门预算。公司CFO不断提醒黛比公司面临的财务困境，但她反驳说，她所管理的员工是全公司工作最努力的，他们的努力不久就会得到回报。和从前一样，黛比开始定期安排员工午餐和社交聚会，并开始挑动下属员工与公司其他部门的对峙。这一状况持续了约6个月后，她被叫到CEO办公室并遭到解雇。因为在此期间的努力，她得到了高达6位数的离职金，但很明显，黛比缺乏相关的管理诀窍是导致她被解雇的重要原因。

资料来源：G. J. Curphy, A. Baldrica, and R. T. Hogan, *Managerial Incompetence*, unpublished manuscript, 2009.

主题诀窍是与特定职能领域或流程（如会计、签订合同）相关的知识或技能，而**团队构建技能**（team-building know-how）则是指领导者在多大程度上掌握了构建高绩效团队所需的步骤和流程。[143, 144, 145, 146, 147, 148, 149, 150] 如前所述，大多数人的工作是在群体中完成的，但他们缺乏对如何构建高凝聚力、目标导向团队的基本了解。很有可能，这些团队大多是由功能不良的管理者领导的（而非有效管理者）。这种工作体验使人们无法形成团队构建技能，进而导致管理者无能的概率提高。尽管大多数人都认可团队工作的重要性，但大多数管理者不了解如何实现团队合作。

> 天赋可以赢得比赛，但团队合作和智慧才能赢得冠军奖杯。
>
> ——迈克尔·乔丹（Michael Jordan）

领导者可以做些什么来弥补其智力、相关主题诀窍或团队构建技能的欠缺？技术和人员配置可以弥补智力、主题诀窍的不足。有些公司，如麦当劳、塔吉特、UPS、百思买等，都建立了成熟系统为管理者提供收入、成本、周转率等方面的实时信息，帮助他们做出更好的门店人员配置和库存决策。总的来说，系统设计得越好，运作系统对智力的要求越低。值得注意的是，那些有管理抱负但智力水平不高的人往往受到有良好系统的组织吸引。换言之，在拥有良好系统的组织中，发现不太聪明的高能力管理者的可能性很大。这些管理者学会了如何利用技术做出高质量决策，这进而帮助他们构建团队和取得成果。智力、主题诀窍不突出的人要想成为高能力管理者还有一个方法，就是将精明、有经验的人吸引到自己身边。身处领导岗位的人可以利用下属人员的智力和经验来发现问题、对问题的重要性排序，并开发出解决方案，从而帮助团队取得成功。另一种提高个人被视为高能力管理者概率的方法，是努力工作。每份工作都有多条道路通向成功，有时的确勤能补拙，额外的努力和长时间工作可以弥补智力水平与工作诀窍上的欠缺。领导者勤奋工作的榜样力量，也会感染团队成员，这也会有助于提升团队凝聚力并推动团队成功。参与培训项目也有助于领导者形成相关诀窍，了解如何构建高绩效团队。由此来看，本书早前描述的火箭模型为管理者提供了一个实用框架，帮助其了解哪些关键要素和行动可以改进团队运作与绩效。[151, 152]

原因 7：不良追随——请解雇我吧

本书第 1 章中介绍了追随者的概念，并指出，任何一个身居要职的人都同时扮演着领导者和追随者的角色。本书第 3 篇对追随过程进行了更详尽的说明，并提出了柯菲和罗利格的追随模型。提醒一下，该模型认为追随者在两个维度上存在差异：批判性思考和敬业度。自我激励者是先斩后奏的追随者，他们寻求事后谅解，而非事前许可；他们提出解决方案，并会推动事情的进程。马屁精也是努力工作的追随者，但他们是从不对上级提出挑战的谄媚者；懒虫所做的一切都是为了免除工作责任；吹毛求疵者相信自己的人生目标是指出上级和组织做错的事。正如专栏 17-9 所示，约瑟夫·兰彻似乎在职业生涯的大多数时间都是自我激励者，但在管理好事达保险公司房屋和汽车险事业部的 20 个月后，变成了一位吹毛求疵者。虽然他有能力组建一支忠诚的队伍，但是一旦对他的批评指责被公开，他取得成果的能力也受到了极大限制。因**不良追随**（poor followership，管理无能的第 7 项根本原因）而激怒上级不是有效的职业晋升策略，兰彻也为不服从付出了代价。

❖ 专栏 17-9

想失去你那年薪 320 万美元的工作吗？辱骂老板吧

约瑟夫·兰彻于 20 世纪 90 年代初毕业于美国圣母大学，主修航天工程专业，毕业后他进入了保险业。他先是在旅行者保险公司工作了 18 年，其间他被迅速提拔为不同事业部的总监、副总裁、高级副总裁、执行副总裁、首席财务官和首席执行官。由于他的快速职业晋升，美国最大的保险业上市公司好事达保险公司聘用了兰彻，担任好事达保险公司的总裁兼好事达保险公司的执行副总裁。兰彻负责完成公司300亿美元年收入中80%的份额。

好事达CEO托马斯·威尔逊认为，好事达的房屋和汽车保险业务落后于竞争者，他引入兰彻就是想改变这一局面。兰彻推出了一系列项目来改善该业务，但他因为公司允许的变革程度和范围有限而变得越来越沮丧。在他担任房屋和汽车险事业部负责人20个月后，该项业务的收入和毛利水平并没有明显改善，CEO对于兰彻的表现也日益不满。

好事达在2011年召开了一次年度销售会议，邀请了超过2000名员工和保险代理人参加。兰彻是该会议的特约演讲嘉宾之一，他在会上说明了自己为缩减销售人员队伍、改变薪酬计划所推动的项目，而很多与会者都对这些项目持反对意见。当天晚上，兰彻在酒吧与几位不赞成变革计划的与会者聊了起来，他表示，要不是自己为房屋和汽车险事业部的绩效负责，托马斯·威尔逊就只是一个"没用的蠢货"。他的话第二天就在会议上传遍了；8周以后，兰彻黯然辞职。很显然，如果你把自己的上司称为"没用的蠢货"，你显然"不适合好事达"。

在旅行者保险公司或好事达保险公司工作期间，兰彻是一位高能力的管理者还是无能的管理者？兰彻在这两家企业工作时，他属于哪一类追随者？你需要哪些信息来做出判断？

资料来源：E. Holm and J. S. Lublin, "Loose Lips Trip Up Good Hands," *The Wall Street Journal*, August 1, 2011, pp. C1, C3; and M. Duell, "Meet the Insurance Executive Who Lost $3m Job after Calling His Boss a 'F*****g A*****e'in Bar," *Daily Mail*, August 2, 2011, www.dailymail.co.uk/news/article-2021391/meet-insurance-executive-lost-3m-job-calling-boss-f-g-e-bar.html.

专栏17-9描述了领导岗位上的吹毛求疵者如何转变为无能的管理者。而领导岗位上的马屁精和懒虫也有可能被视为无能的管理者。马屁精乐于做上级领导要求的任何事、没有能力做出独立决策，因而很可能被视为无能的管理者。懒虫与工作场所联系松散，不太可能构建团队或取得成果，而吹毛求疵者通常不易相处。因此，领导者的追随方式不仅影响他将如何领导他人，也会决定一个人是否被视为高能力或无能的管理者。[153]

> 领导者的工作是培养有高度承诺的追随者。糟糕的领导者损害追随者的承诺感。
>
> ——迪恩·史密斯（Dean Smith），大学篮球教练

那么，领导者可以做什么来避免因个人追随风格而被视为无能的管理者？他们需要做的第一件事，就是意识到工作中的所有事（甚至是工作以外的事）都很重要。日常行为、工作活动、Facebook和领英、推特、博客和电子邮件都会影响他人对其追随风格的感知。仅仅构建高凝聚力团队和取得成果是不够的，高能力的管理者要想获得资源和决策权限，还需要培养与同事和上级的良好人际关系。第二件事，是领导者需要诚实评价自己的追随风格。如果他们是吹毛求疵者、马屁精或懒虫，就需要想想为何自己采取了这些无效的追随风格，自己需要做些什么以转变为自我激励者。如第3篇所述，个人的直接上级是导致不良追随风格的首要原因。领导者可能在为一位无能的上级工作，此时，换一位新上司也许是可行的选择（见专栏17-10）。

❖ 专栏 17-10

组织的人事政策会促进管理无能的滋生吗

2010 年，在接受调查访谈的 250 名美国西点军校毕业生中，有 93% 的人表示最优秀、最聪明的领导者较早离开军队复员，而不愿长期在军队服役。造成优秀领导者离开美国军队的首要原因不是频繁地部署换防（排名第 5），而是对人事制度的不满。只有 7% 的受访者认为军队现行的人事制度有效留住了优秀的领导者，有 65% 的受访者认为该制度留住的是能力不佳的军官群体。但军队的人才损失就是私营部门的收益，因为拥有军队服役背景远比其他生活经历更重要，它会将个人成为公司 CEO 的可能性提高 3 倍。

那么，军队人事制度为何令军官们如此不满，这一制度与私营部门的人事制度又有何差异？自 20 世纪 60 年代以来，美国军队建立了新的人事制度：所有工作安排都是集中计划；拥有相同培训经历的人被视为功能上同质的主体；军官只有在履行承诺后才能离开组织；只有在当前级别服役特定时间后，才能获得提拔；军队没有什么有意义的指标可以衡量成果或团队构建能力；创新、承担风险和失败都会限制个人职业发展；每个人基本上得到同样的绩效评级。所有看上去类似于“创新”“精英领导”的制度都被排除在外，留在军队中获得提拔的人往往是些忠诚、本分的人，他们乐于取悦微观管理者，使上级保持愉悦，和每个人都相处得很融洽。

这一制度与私营部门中的人事制度存在很大差异，在企业中，管理者必须招募、录用员工，并承受这些人员决策的结果；员工往往被视为独特的个人；如果员工感觉不佳，就会离开企业；企业有更好的成果和团队构建评价指标来判断绩效；冒险和创新会获得奖励；而且，晋升和薪酬更有可能与个人贡献有关，而不是在当前职位上的任职时间。

美国军队的人事制度曾经与私营部门高度相似。1939 年，当乔治·马歇尔被任命为陆军参谋长时，他相信他下辖的 19 万名士兵甚至算不上“三流的军队力量”。在随后两年间，他淘汰了 600 多名不胜任的高级军官；在二战爆发时，他下辖的将军有 3～4 个月时间直接领导军队战斗。马歇尔奖励创新、承担风险、灵活调整的行为和实际成果。德怀特·艾森豪威尔在 1939 年只是个中尉，他在马歇尔制度中很快被提拔为五星上将。马歇尔在奖励高绩效的同时，也同样快速处理绩效不佳的人。但马歇尔的奖励和人员更替制度在朝鲜战争期间却被弃置一旁，仅有少数几个将军被撤职。企业 CEO 的预期任职时间可能只有 3～4 年，但军队中很少有将军因为个人的低绩效或无能而被取代。

美国最高层的军事领导者是否优于私营部门的领导者，或者情况恰好相反？如果你想对比将军和公司 CEO 获取成果、构建团队的能力，你需要收集哪些信息？为什么大多数退役将领在从事平民工作时，新工作的范围和职责远比其军队职责狭窄得多？

资料来源：A. Roberts, “A Few Good Leaders of Men,” *The Wall Street Journal*, October 29, 2012, p. A19; T. E. Ricks, *Fiasco*: *The American Military Adventure in Iraq* (New York: Penguin Press, 2006); T. E. Ricks, *The Generals: American Military Command from World War II to Today* (New York: Penguin Press, 2012); S. Jayson, “Bad Bosses Can Be Bad for Your Health,” *USA Today*, August 5, 2012, www.usatoday. com/news/health/story/2012-08-05/apa-mean-bosses/56813062/1; C. Brooks, “Employees Reveal Why They Hate Their Bosses,” *Yahoo*, February 14, 2012, http://news.yahoo.com/employees-reveal-why-hate-bosses-160226490.html; and T. Kane, “Why Our Best Officers Are Leaving” *The Atlantic*, January 2011, www.theat-lantic. com/magazine/print/2011/01/why-our-best-officers-are-leaving/8346.

原因 8：黑暗面人格特质——将人格作为人口控制措施㊀

黑暗面人格特质（dark-side personality trait）是管理无能的第 8 项根本原因，它是指一些会激怒他人的反生产行为倾向，它干扰着领导者形成高凝聚力团队的能力，并使追随者无法尽力追求目标实现。[154, 155, 156, 157, 158, 159, 160, 161, 162, 163, 164, 165, 166, 167] 表 17-2 列出了 11 项常见的黑暗面人格特质。这些倾向中的任何一项，如果经常表现出来，都会降低领导者通过他人取得成果的能力。并且，如果你想一想自己曾为之工作的那些最糟的老板，很有可能这些人就拥有 11 项黑暗面人格特质中的几项特质。

表 17-2 黑暗面人格特质

情绪化（excitable）	具备这些倾向的领导者很难构建团队，因为他们戏剧性的情绪波动、情感爆发和无法坚持完成项目
多疑（skeptical）	拥有这一黑暗面人格特质的领导者存在一种对他人病态的不信任，不断质疑追随者的动机和正直诚实，并对下属不忠的各种迹象极为警觉
谨小慎微（cautious）	因为这些领导者害怕犯愚蠢的错误，他们不做决策或采取行为，这使其下属有疏离感
冷淡（reserved）	在高压力环境下，这些领导者变得极端冷漠，不愿与他人交流，很少露面，并且对其下属员工的福祉毫不关心
闲适（leisurely）	这些消极反抗的领导者只根据自己的安排付出努力，可能搁置或不执行与自己的安排不同的要求
大胆鲁莽（bold）	由于他们的自恋倾向，这些领导者往往会写下大量计划。但他们强烈的权力意识、不愿与他人分享荣誉、在自己犯错时责怪他人、无法从经验中学习，都会使他们的追随者伤痕累累
惹是生非（mischievous）	这些领导者往往很有魅力，但往往喜欢破坏承诺、规则、政策和法规。如果被发现，他们也相信可以凭三寸不烂之舌使自己免于任何麻烦
活泼多变（colorful）	拥有这一倾向的领导者相信自己“活力四射”，有一种病态的引人关注的需要。他们极度渴望受到关注，因而无法分享荣誉、保持对他人的关注或完成工作
富于想象（imaginative）	追随者将质疑存在这一倾向的领导者的判断力，因为这些领导者的思路很奇特，往往不断改变主意、做出奇怪或外行的决策
过于勤勉（diligent）	由于他们的完美倾向，这些领导者的微观管理、无法对目标有效排序，也无法授权，会使员工有挫败感和剥夺感
老实本分（dutiful）	这些领导者通过巴结上级来应付压力。他们缺乏主心骨，不愿拒绝不合现实的要求，不为员工做主，结果只能是使员工产生倦怠

资料来源：Hogan Assessment Systems, *The Hogan Development Survey* (Tulsa, OK: 2002).

关于黑暗面人格特质，有几点值得注意。第一，每个人都至少有一项黑暗面人格特质。图 17-2 展示了来自一个典型的黑暗面人格特质度量方法的图形结果，该图表明此人有很强的闲适和过分勤勉倾向、中等程度的谨小慎微和老实本分倾向（分数超过 90 百分位数，表示高风险的黑暗面倾向，分数为 70～89 百分位数，表示中等风险的倾向）。图 17-2 的结果表明，该领导者在面对危机时，会放慢决策过程，不再遵守原有承诺，可能对他人的工作细节进行不必要的干预，并且不再支持追随者的工作，为其争取完成任务所需的资源。

㊀ 作者的标题，与本小节的引言相呼应，即如果按黑暗面人格来剔除人，由于这类人格特质的普遍存在，人口将大大减少。——译者注

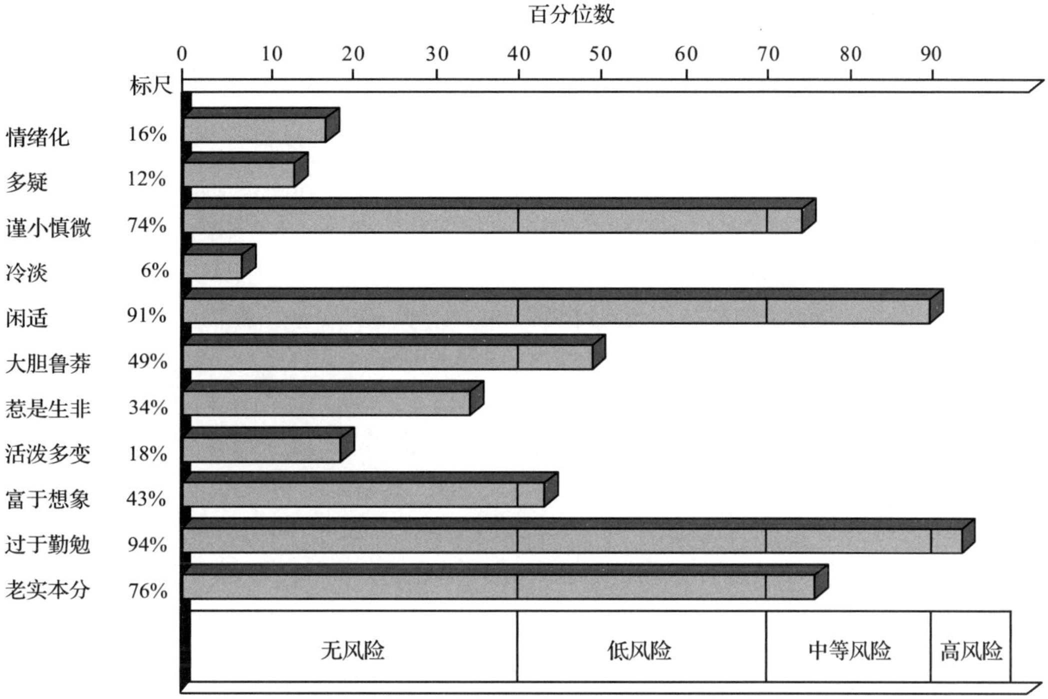

图 17-2　黑暗面人格特质度量方法的图形结果

资料来源：Adapted from Hogan Assessment Systems.

第二，黑暗面人格通常在危机或高压力时显现出来，这是个人应对压力的机制。人们在压力下会做出不同的举动，而与黑暗面人格有关的行为有助于领导者更有效地处理压力。问题在于，尽管这些应对行为能正面强化领导者的压力处理能力，但同样的行为却会抑制追随者的激励和绩效。尽管高声喊叫和大发雷霆可能有助于领导者发泄情绪（情绪化），但它会使追随者感到如履薄冰，并猜想自己是否会成为领导者下一轮抨击的目标。

> 判断领导者的阴暗面有两种方法：要么让他们做一个黑暗面人格特质测评；要么让他们的追随者去酒吧，请他们喝几杯，让他们分享老板有多烦人。
>
> ——高迪·柯菲（Gordy Curphy），作家

第三，黑暗面人格特质对领导者的绩效影响要大于追随者。个人贡献者可能有闲适或谨小慎微倾向，但由于他们不必通过其他人来完成工作，这些倾向对工作单元的影响较小，而当此人成为一线管理者或业务单元领导者时，其影响将大出许多。与这些个人贡献者共事可能并非乐事，但此时他们的反生产倾向不会像他们担任团队领导时那样明显削弱团队的工作能力。

第四，黑暗面人格特质通常只在领导者不注意其公众形象时，才会显现出来。换句话说，当领导者关注自己给他人留下的印象时，人们不会看到与黑暗面人格特质相关的行为。这些倾向更

有可能在高压力、领导者从事多任务工作或专注于任务完成、危急时刻或当领导者感到放松从而“放松戒备”时显现出来。[168, 169, 170, 171, 172] 并且，当与大多数领导岗位相伴随的高压力、高挑战和高复杂性的情况出现时，就是黑暗面人格特质的表现时机。

第五，很多黑暗面人格特质与社交技能存在共变关系，很难运用面试、评价中心和光明面人格测评工具来评价。[173, 174, 175, 176, 177] 换言之，拥有大胆鲁莽、惹是生非、活泼多变和富于想象等黑暗面人格特质的人，往往在面试中表现上佳并获得录用。只有当他们上岗工作一段时间后，他们的黑暗面人格特质才开始显现。

第六，这 11 项黑暗面人格特质与大五模型或 OCEAN 的极端分值相关联。例如，过分勤勉往往与极高的尽责性分数相关，而情绪化则与极高的神经质分数相关。然而，仅仅因为一个人有极高或极低的 OCEAN 维度分值，并不一定意味着他们必定有相应的黑暗面人格特质。

第七，与黑暗面人格特质相对应的行为可能发生在任何领导层面上，很多时候，组织容忍这些行为是因为领导者精明强干、富有经验、具备独特的技能（见领导概览 17-1～领导概览 17-3）。由此看来，具有大胆鲁莽倾向的人特别容易在组织中获得升迁。缺乏一定水平的**自恋**（narcissism），什么事都不会发生；而具有大胆鲁莽倾向的领导者会很快主动承担新任务、接受看似不可能的挑战，并总是低估完成工作所需的时间、金钱和努力。在某些情况下，这些领导者成功完成了看似不可能的任务，并因这一成就获得晋升。但当事态恶化（往往如此）时，这些领导者会很快责怪是情境或他人导致了自己的失败，也因此，他们从来没有从自己的错误中学习（见专栏 17-11）。[178, 179, 180, 181, 182, 183]

❖ 专栏 17–11

数字化自恋

自恋可以被定义为一种夸大的自负感，感觉自己有非凡的才华和权力，极为自信，乐于冒大风险，想要成为众人瞩目的中心，关注自我，将人际关系视为利用别人的一种手段。它与表 17-2 和图 17-2 中描述的“大胆鲁莽”这一黑暗面人格特质密切相关。研究表明，自恋与被认为“看上去很像领导者”和“领导效力的自评结果”同向变动。其他研究发现，过高或过低的自恋水平都会负面影响他人对领导效力的看法。换句话说，自恋者通常被认为是领导者，但他们是否真的擅长这一点则完全是两码事。有一定的自信，有能力在需要时吸引人们的注意，可以帮助领导者构建团队并通过他人完成工作，但过多或过少的自信都会使团队难以取得成果。

互联网、社交媒体平台和智能手机是否使人们变得更加自恋？一项针对 37 000 名美国大学生的研究表明，自 20 世纪 80 年代以来，自恋者的占比增长得很快。我们如今生活在一个人们不断宣扬自己的生活、自我吹捧、无休止地追求地位或认可的世界，炫耀极其容易并广受追捧。攀比的压力会使人们设定不切实际的目标，同时，许多人不愿投入必要的时间和精力来实现他们极度渴望的名声。

因为自恋者被认为"很像领导者"，他们经常能晋升到组织顶层，但权力和自恋通常不是一个好组合。自恋型 CEO 更有可能做出愚蠢的并购和高风险的商业决策、破坏规则、撒谎、欺骗、控制和操纵他人，无视反馈，并期望别人迎合和奉承自己的心血来潮。过度自信的自我欺骗者也善于欺骗他人，至少在一段时间内如此，但最终当他们自恋的缺点暴露出来时，他们就不再受欢迎了。男性比女性更自恋，当组织做出晋升决定时，外表"很有领导气质"可能比实际领导效力更重要。

美国前总统唐纳德·特朗普是自恋狂吗？你为什么做出这一判断？杰辛达·阿德恩、坎耶·韦斯特、塞雷娜·威廉姆斯或萨提亚·纳德拉呢？男性比女性更自恋吗？要做出这些判断，你需要使用哪些信息？

资料来源：E. Grijalva, P. D. Harms, D. A. Newman, B. H. Gaddis, and R. C. Fraley, "Narcissism and Leadership: A Meta-analytic Review of Linear and Nonlinear Relationships,"*Personnel Psychology* 68, no. 1 (2015), pp. 1–48; C. J. Resick, D. S. Whitman, S. M. Weingarden, and N. J. Hiller, "The Bright-Side and Dark-Side of CEO Personality: Examining Core Evaluations, Narcissism, Transformational Leadership, and Strategic Influence," *Journal of Applied Psychology* 94, no. 6 (2009), pp. 1365–84; Hogan Assessment Systems, *Digital Narcissism*, www.hoganassessments.com/thought-leadership/digital-narcissism; "Schumpeter: Going Off the Rails," *The Economist*, November 30, 2013, p. 67; "Schumpeter: The Trump in Every Leader," *The Economist*, September 5, 2015, p. 63; J. Pfeffer, "Everything We Bash Donald Trump for Is Actually What We Seek in Leaders,"*Deadalus Trust*, www.daedalustrust.com/everything-we-bash-donald-trump-for-is-actually-what-we-seek-in-lead-ers-2015; T. Chamorro-Premuzic, "Is Over-Confidence Poi-soning Your Business?" *HRM*, December 4, 2015, www.hrmonline.com.au/section/featured/is-over-confi-dence-poisoning-business, S. Lamba and V. Nityananda,"Self-Deceived Individuals Are Better at Deceiving Others,"*PLoS One*, August 24, 2014, http://journals.plos.org/plosone/article?id=10.1371/journal.pone.0104562; T. Chamorro-Premuzic, *Why Do So Many Men Become Incompetent Leaders*? (*and How to Fix It*) (Boston, MA: Harvard Business School Press, 2019); and E. Sadler-Smith, G. Robinson, V. Akstinaite, and T. Wray, "Hubristic Leadership: Understanding the Hazard and Mitigating the Risk,"*Organizational Dynamics* 48, no. 2 (2019), pp. 8–18.

关于黑暗面人格特质需要指出的最后一点是，它们可能是导致管理无能的首要因素。黑暗面人格特质极其常见（每个人都至少有一项），使用最常见的甄选技术（面试和个人简历）几乎无法发现它们，并且它们往往在人们面对高压力时就会显现，而如今的工作负荷、工作场所压力及工作倦怠使压力水平处于历史高位。高能力的管理者是指那些洞悉自己的黑暗面人格，并找到方法来减少其对追随者不利影响的管理者。

如果几乎每个人都具有某种黑暗面人格特质，个人和组织可以就此做些什么？首先也是最重要的，领导者及领导接班人需要识别自己的黑暗面人格特质。具体做法是询问自己信赖的人，请他们说明自己在压力情况下会如何行事，或者哪些行为会影响自己构建团队的能力，也可以完成一项黑暗面人格测评。一旦识别了这种反生产倾向，领导者需要了解在哪些情境或条件下，自己最容易表现出上述倾向。同样地，黑暗面人格特质最有可能出现在高压力和工作任务繁重时，因此想办法更好地管理压力和工作负荷有助于降低这些黑暗面人格特质的影响。意识到自己的黑暗面人格特质、理解其出现的环境，仅仅是控制个人表现出反生产性领导行为的第一步。运动和其他减压技术、拥有值得信赖的下属（他们会在领导者表现出黑暗面人格特质时提示后者），也有助于控制这些倾向。最后，在OCEAN模型的神经质维度上得分较低，也会有助于减少某些黑暗面人格特质，这似乎是因为这类领导者能比得分高者更好地应对压力（见专栏17-12）。

❖ 专栏 17-12

大公司的兴衰

本书第16章中有一个关于吉姆·柯林斯《从优秀到卓越》一书的专栏，其中谈到了组织变革的一种替代方式。柯林斯及其研究团队探讨了1400多家上市公司的绩效，发现了绩效卓越公司的一些共同特性。几年后，柯林斯及其团队再次分析这一数据库，试图发现曾经绩效卓越但最终陨落的公司是否存在什么共同特性。这些一度展翅高飞的公司包括真力时（Zenith）、乐柏美（Rubbermaid）、贝尔斯登（Bear Sterns）、雷曼兄弟、电路城、艾姆斯（Ames）百货及美国国际集团（AIG）。柯林斯相信，这些表现不佳的公司经历了以下五阶段的过程。

- 第一阶段：成功导致的自满。伟大的企业变得与成功无缘，一度取得上佳经营成果的领导者往往变得傲慢自大，持一种理所当然的态度，无法看到使公司成功的关键因素。由于公司仍有良好的财务状况，它们往往仍能维持乏善可陈的业务和人员配置决策。
- 第二阶段：任性地追求更多。由于第一阶段的傲慢，高层领导者关注公司增长、赞美，以及他人认为代表"成功"的事物，并追逐一些与核心业务无关的想法。那些因为组织增长举措而使内部人才不足以担任所有关键职位的组织，将在第二阶段出现衰退。
- 第三阶段：否认风险和危险。当第二阶段的预警信号开始显现，公司将无法取得成功的原因归结为外部因素，而不是自己急于扩张的冒险决策。在这一阶段，人们不再进行严谨、基于事实的讨论，高层领导者试图搪塞或忽视负面信息。
- 第四阶段：抓住救命稻草。当预警信号在实际的业务成果中体现出来，公司开始出现赤字，他们往往试图抓住任何一根救命稻草。有时这可能是来自外部的魅力型领导、大胆但未经检验的战略、被寄予厚望的拳头产品或改变游戏格局的兼并收购。这些活动的最初成果可能看上去很积极，但也往往很快消失。
- 第五阶段：屈服于枝节问题或最终失败。不断积累的负面因素和财务绩效的持续恶化，使高层领导者失去了希望并出售业务；公司处于第四阶段的时间越长，就越有可能宣告破产或被竞争者收购。

柯林斯相信，大多数公司都会经历其中的某些阶段，但成功的公司处于第一、二阶段时就会有明确意识，并会采取行动避免公司步入第三、四阶段。公司在五阶段过程中走得越远，就越难以扭转局面。

尽管柯林斯在此书中没有提及管理无能或脱轨，你认为这两个概念在他的五阶段过程中发挥了何种作用？你认为，导致管理无能和脱轨的那些根本原因，也会在五阶段过程中起作用吗？

资料来源：J. Collins, *How the Mighty Fall* (New York: HarperCollins, 2009).

原因 9：领导动机——获得晋升还是变得有效

导致管理无能和脱轨的第 9 项因素与动机有关，有必要指出**领导动机**（leadership motivation）的两个方面。一方面，有些领导岗位上的人很精明能干，具备大量的相关技术诀窍，没有黑暗面人格特质，也是优秀的追随者，但完全没有领导他人的意愿。这些人中有许多是自我激励的追随者，他们解决问题、循规蹈矩、敬业度很高、工作努力、能完成任务、从不抱怨，并且与周围的人相处愉快。由于他们坚守职业道德和完成工作的能力，这些人往往会因为对团队和组织的贡献而获得晋升。最好的程序员、销售代表、客服代表或教师被提拔到主管职位极为常见，并且，这种观念也与优才制度高度吻合，即表现最佳者被给予最大的奖励。但提拔团队中最佳绩效者的决策可能会产生三个意外后果。第一，团队失去了最好的员工，因为销售经理通常不直接管理客户账户，项目经理也不再编写代码。第二，被提拔的人可能有出色的个人贡献技能，但其领导技能有明显欠缺。写代码、签订销售合同与管理那些从事应用程序开发和与客户达成交易的员工，是截然不同的两件事。第三，被提拔的人可能没有领导他人的意愿。他们可能出于感激或息事宁人而接受晋升安排，但实际上可能更喜欢做个人贡献者，而非领导者。那些缺乏领导动机的人很可能成为蹩脚的领导者。[184] 组织可以在提拔员工前询问其领导动机以避免这类错误。如果缺乏领导动机，组织仍然可以通过给高绩效人员分配有趣的工作任务、允许在家工作、给予公开认可或奖金等方式来奖励他们。

另一方面，也是更隐蔽的领导动机问题，是关于想担任领导岗位的深层原因。30 年前，弗雷德·卢桑斯和他的同事记录了一家金融服务公司中多位管理者的日常活动，并注意到大多数人都可以用两种领导类型来划分。**成功的领导者**（successful leader）将每天的大部分时间用在建立人脉，随时了解办公室政治的动态，奉承上级，做老板想做的任何事，展现其彻底的忠诚，不制造任何麻烦，以及自我推销上。他们本质上是缺席的领导者，只希望听到好消息，花在管理员工、团队和业务成果上的时间相对较少。[185, 186, 187] 对这类抱负远大的人，首要激励因素是获得升职，并且，研究人员报告，成功的领导者升迁较快，且构成了研究中最大的群体。

有效的领导者（effective leader）构成了这项研究的第二组管理者，这些人的深层动机是击败竞争对手。在这种情况下，竞争对手不是隔壁办公室的同事，而是各自领域的其他销售团队、制造工厂、软件开发团队或军事单位。有效的领导者把大部分时间花在吸引和培养追随者、确保获得所需的资源、清除障碍、建立高绩效团队、采纳创新方法来获胜，以及推动成果达成上。他们花在管理下属或成功领导者常用的刻意奉承行为上的时间相对较少。卢桑斯报告，有效的领导者只占观察对象的少数，在他们的样本中，仅有 10% 的管理者表现出与"成功且有效"的领导者相关的行为。[188, 189, 190, 191]

大多数组织都希望有效的领导者担任领导职务，但更有可能的是，成功的领导者是被企业发现并填补这些职位的人。当组织和职能部门缺乏准确的绩效衡量指标、晋升决策由个人判断决定时，情况尤其如此。许多政府机构、军队、非政府组织和慈善机构，以及信息技术、法律、人力资源、财务、公益和企业公关等职能缺乏良好的绩效指标，因而往往充斥着奉承上司、从不树敌但一事无成的员工。当你的交际圈和组织政治在晋升中发挥的作用甚至超过工作表现时，这些组织和职能部门就必然有很高比例的成功领导者。这些领导者往往会让自己身边围绕着其他的成功领导者，这就导致专栏 17-4 中描述的管理的愚人化。只有当危机发生时，如新冠病毒全球大流行，组织才能清楚地区分成功和有效的领导者。

那么，领导动机对领导者和领导接班人意味着什么？首先，那些想成为领导者的人需要清楚自己担任领导职务的原因。如果他们这样做是出于责任感，而非成为领导者的渴望，那他们就应该认真考虑不接受晋升，因为这些对有效的领导者的工作活动没兴趣的人，最终可能会变得敬业度不高并脱轨。其次，如果人们追求晋升是出于自私的原因，没有兴趣利用职位给予的机会帮助团队或组织改善工作成果，那么他们需要确认组织中的关键政治掮客，尽一切可能建立人脉并取悦老板，因为奉承（而非绩效）才能帮他们登顶。那些想成为有效的领导者的人需要不讲情面地评判人才，以确保团队中有合适的人员；此外，他们需要吸引追随者参与并提供支持，帮助后者看到其个人活动与团队成功间的关联，促进团队合作，并不懈地追求成果达成。在晋升这个问题上，人们总是有选择空间的，但他们的选择将会对被领导者和团队产生深远影响。请慎重选择。[192, 193, 194, 195]

原因10：领导力迷思——使管理无能永久化的迷思

导致高比例管理无能和脱轨的最后一项原因，与组织对领导力的误解有关。因为没有普遍接受的领导力定义，组织经常陷入围绕不同的领导力概念推出的最新管理潮流或营销活动中，而未能批判性地思考这些方法的研究或实际意义是什么。虽然有正确的意图，但推广特定领导力概念的组织可能无意中造成了自身的管理无能问题。其中一些更流行但被误读的概念包括领导者的谦逊、诚信、正直和仆从领导。

吉姆·柯林斯在《从优秀到卓越》一书中指出**谦逊**（humility）是领导力的一个关键属性[196]，并且，它的确有助于领导者吸引员工参与、构建团队，并通过他人取得成果。然而，正如我们在前两节指出的，谦逊型领导者常常被他们自恋、自我推销的对手抛在后面，尤其是在缺乏坚实的、以数据为基础的绩效管理系统的组织和职能部门。谦逊是不错，但想获得晋升的高效领导者需要掌握自我推销的艺术，否则就有被忽视的风险。[197] 同样地，**诚信**（authenticity）经常被吹捧为有效领导力的一个关键组成部分，而诚信型领导者被认为对自己的优势、局限和情绪具有高度洞察力，言行一致，并与追随者建立诚实、透明的关系。[198] 表面上看，诚信领导是有道理的，但再深入一点思考这个概念就会发现漏洞。首先，根据这个定义，某些反面人物就可能是诚信型领导者。人们可以忠于自己的价值观，与成员建立开放的关系，但仍要为数百万人的死亡负责。有人会说，这样的领导人不符合道德标准，但他们对追随者而言是完全合乎道德的。谁来决定什么是道德的，什么是不道德的？其次，追随者可能不希望他们的领导者是真诚的。领导者和其他人一样，也有自己的想法和一时冲动，追随者不会希望他们据此行动；而且，组织有政策、社会有法律的原因之一就是要约束领导者的基本冲动。在理想状况下，追随者希望领导者能根据情境和追随者的要求调整其行为，并控制好自己的本性。[199, 200, 201, 202]

正直（integrity）和**仆从领导**（servant leadership）也会导致管理无能。追随者的确希望领导者讲真话，是可以信赖的对象，但研究表明，40% 的人在任意 24 小时内会撒谎，80% 的约会信息包含虚假成分。此外，领导者经常为自己的谎言找借口（为了团队或组织的利益），而追随者往往不能立刻知道自己被骗了。结果，领导者总是违背承诺，追随者最终信错了对象。作为一种哲学思考，仆从领导是有道理的：如果领导者照顾追随者，那么追随者就会照顾客户，团队就会取得胜利。但问题是，在任何情况下，有三种相互竞争的利益在起作用：领导者的利益、追随者的利益和组织的利益。鉴于 CEO 的薪酬目前一直是美国普通员工的 300 倍左右，很容易看出许多领导者的主要利益所在。谈论仆从领导的精彩表演是一回事，而获得巨额奖金、拥有专用停车位、享用豪华办公室和公司商务机，讲述的就是完全不同的故事了（见专栏 17-13）。[203, 204]

❖ 专栏 17-13

耶稣会怎么做

宗教领袖经常向他们的追随者宣扬仆从领导的重要性。他们相信自己来到这世上就是为了传善道、做善事、服务于神职。但宣扬成功福音的宗教领袖则持某种不同看法。这些宗教领袖相信，好事会发生在那些信奉上帝的人身上，而且，信念越坚定，他们的个人健康、财富和幸福就越突出。显示你对主的信念的最佳方式，就是给教会捐钱。捐款越多，耶稣就越关爱你的物质、财务和灵性需要。关于成功福音有两个有趣的问题：①耶稣真的会这么做吗？②谁是这一思维方式的真正受益者？神学家可以争论前者的答案，但关于后者有些有趣的事实。

- 肯尼斯・科普兰：他有三架私人飞机，最近还要求信徒为一架湾流 V 型飞机捐款 2000 万美元。他把自己的飞机当作与上帝直接对话的圣堂，因为“商业航班上满是瘾君子和恶魔”。他还宣称，如果人们对耶稣的爱足够强烈，就永远不会罹患创伤后应激障碍（PTSD）或其他精神疾病。
- 杰西・杜普兰堤斯：杰西・杜普兰堤斯也不甘其后，声称上帝指定要他买一架达索 7X 型喷气式飞机（上帝显然对飞机很着迷）。他的信徒被要求为这架飞机支付 5400 万美元，他们照做了。这架达索为他原本的三架私人飞机组增添了一个新成员。为了给这次购买找借口，杜普兰堤斯表示，“我真的相信，如果耶稣本人如今活在这世上，他也不会再骑毛驴”。
- 杜祁福牧师：作为另一位成功教义的追随者，他在 2015 年推出了“650 计划”（湾流公司最豪华的飞机）。他的 20 万名粉丝只需每人捐 300 美元，他们照做了。

当宗教领袖住在豪宅中，拥有多处住房、游艇和私人飞机，开着六位数的车到处跑时，谁是受益者？我们看不出信徒如何从成功福音中受益，但牧师无疑赚得盆满钵满。这种成功福音是仆从领导的好例证吗？你的判断理由是什么？

资料来源：E. Ross, “6 Famously Awful Televangelists Who Are Somehow Still Around,” *Cracked*, June 3, 2018, www.cracked.com/blog/6-famously-awful-televangelists-who-are-somehow-still-around; A. Willingham, “This Televangelist Is Asking His Followers to Buy Him a $54 Million Private Jet,” *CNN*, May 30, 2018, www.cnn.com/2018/05/30/us/jesse-duplantis-plane-falcon-7x-prosperity-gospel-trnd/index.html; and C. Kuruvilla, “Televangelist Kenneth Copeland Defends His Private Jets: ‘I’m A Very Wealthy Man’,” *Huffington Post*, June 5, 2019, www.huffpost.com/entry/kenneth-copeland-jet-inside-edition_n_5cf822fee4b0e63eda94de4f.

当然，希望我们的领导者谦逊、真诚、诚实并且坚持服务导向并没什么错。但当组织推广这些概念时，事情就变味了；追随者希望在领导者身上看到这些，而那些获得晋升的人事实上却是野心勃勃、贪婪、自我推销的政客；如果能帮助他们获得提拔，他们随时可以牺牲追随者。在组织中，事情“应该如何”与“实际情况”之间的脱节，可能是导致员工敬业度不高和离职的主要原因。那么，组织应该做什么来更好地协调企业和员工关于谁应该占据领导岗位而谁实际担任领导者的期望呢？首先也是最重要的，组织需要更自如地使用数据（而不仅是依赖个人判断）来进行招聘、甄选高潜力人才、做出绩效和晋升决策。事实一再证明，数据和统计分析比个人判断更有可能做出高质量人员决策，但高层领导者不愿放弃这一领域，承认自己不擅长挑选人才。其次，组织需要采用更好的系统来评估和培养领导人才。每年花在领导力开发项目上的数十亿美元大多浪费在错误的人员、内容和方法上；更好的甄选和绩效管理系统也会减少管理脱轨和管理无能。[205]

扫码获取本章案例、参考文献等内容

第 18 章 情境变化时优化领导力的技能

在最后一章中，我们将提供适用于互动框架最后一项要素的某些技能。这些技能包含一些较高级的领导技能，有助于领导者应对多种特定的情境挑战：

- 提出引人入胜的愿景
- 管理冲突
- 谈判
- 诊断个人、群体及组织层面的绩效问题
- 高管团队建设

提出引人入胜的愿景

假定你在管理一家电子商店的个人电脑部。整个商店今年的经营状况很好：手机、高清电视、家庭影院设备、数码相机的销售都很强劲。但个人电脑的销售停滞不前，商店总经理向你施加了增加销售量的巨大压力。你手下的 11 位销售人员都没有丰富的销售经验，不少人还缺乏计算机专业背景。你手下的经理助理最近被调到家庭影院部，你正在针对这一职位空缺挑选候选人。你对前面已经面试的 4 位求职者评价不高，你注意到下一位候选人科林刚搬到本市，在消费电子产品销售方面有很丰富的工作经验。在面试过程中，你越来越确信科林就是你理想的部门经理助理。在面试结束时你问科林，她对这个职位有何问题，她表示目前手头有几份工作邀约，她向所有可能的雇主提了同一个问题："我为什么该来贵公司就职？"

如果有人问你这个问题，你会如何回答？你有能力赢得对方的信任，使其加入你的团队吗？信不信由你，很多领导者无法令人信服地描述他们如何增加价值；结果是他们很难吸引人兴奋地成为团队一员。而且，这种问题并不仅限于新任领导者——很多经验丰富的领导者要么没有，要么不能有效传达一个清晰而有活力的领导愿景。但很多追随者希望了解自己所在的团队或群体正在走向何方、计划如何完成目标、需要做些什么才能取得成果。领导者的愿景有助于解答这些疑问，解释为何需要进行变革，使团队成员士气高涨并保持目标专注。由于领导者的愿景对追随者和团队存在普遍深入的影响，有必要在此描述构建一个引人入胜的领导愿景的过程。[1,2]

在讨论领导愿景的四要素之前，需要指出的是：大多数人并不会因为听到关于领导者愿景的冗长 PPT 演示或正式演讲，就开始心潮澎湃。当领导者用故事、比喻、个人经历来描述引人入胜的未来图景时，人们才会真正投入其中。因此，领导者愿景应当是一种个人化的陈述，它应能帮助听者回答以下问题：

- 团队正走向何方？它将如何到达目的地？
- 团队如何取得胜利，它如何对更大范围的组织成功做出贡献？
- 演讲者如何定义领导力？
- 演讲者本人是否对成为领导者充满热情？
- 演讲者的核心价值观是什么？换言之，领导者对团队成员的期待是什么？身为领导者，他或她不能容忍的是什么？

如果你目前身居领导岗位，问问自己，你的直接下属将如何回答上述问题？他们对上述五个问题的答案是完全一致，还是存在明显差异？或者，你将如何针对你的上级，回答上述问题？如果追随者无法就上述所有问题提供相同的答案，领导者可能需要创建新的愿景或更好地表达其领导愿景。如图 18-1 所示，领导愿景包括四个密切相关的要素。

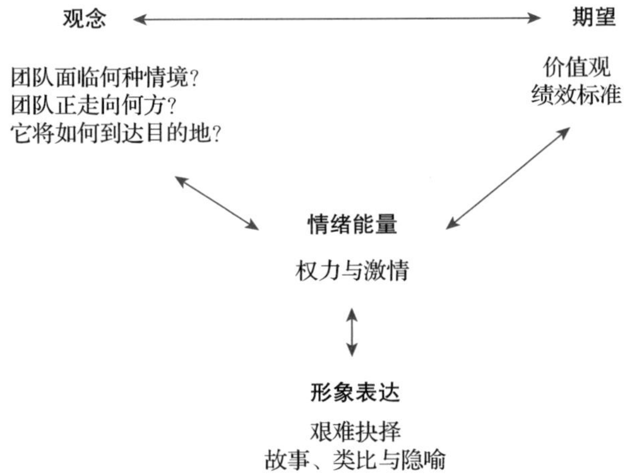

图 18-1 领导愿景的四个要素

观念：未来图景

领导愿景的观念要项，来自对团队当前所处情境的真实评价。[3] 领导者需要明确指出团队在哪些方面表现上佳，在哪些方面不如人意，与竞争者相比它的表现如何，以及它目前面临的挑战。在评估团队绩效时，领导者不应避重就轻，因为轻视、忽略团队的弱点极有可能导致平庸的表现。

一旦领导者准确评估了团队的强项、弱项和潜力，他就需要清楚界定团队在未来 12～36 个月要达到的目标。这一未来图景需要描述团队的未来目标；它应在本组织、竞争者、客户群中建立的口碑；团队将通过何种策略来取得这些成果。观念也应描述团队为达成主要目标所需进行的变革，说明为何需要这些变革，并使听众对未来充满希望。[4]

虽然领导者可以独立形成关于未来图景的观念要项，但为了显著提升团队成员的归属感，他们往往与整个团队一起评估情境、设定未来团队目标、识别成功所需进行的变革。无论观念要项是个人想法还是团队努力的产物，当团队中的每位成员都对情境、需要做什么来取胜达成了共识时，领导者对未来图景的传达就算是成功了。

期望：价值观与绩效标准

领导者的愿景也需要清楚说明他对团队成员行为的期待，具体说明领导者希望团队成员表现出何种行为，而且同样重要的是，他们无法容忍团队成员的哪些行为。领导者对团队成员的期望与其个人价值观高度相关。例如，如果领导者相信赢得胜利是一项重要价值观，他需要说明团队成员应达到的绩效水平和应投入的努力。或者，如果领导者相信合作是一项重要价值观，他就需要具体谈谈团队成员应该如何共事。由于价值观和经营原则在界定团队成员行为期望时发挥着重要作用，领导者应花时间识别团队的核心价值观，以及与这些价值观相对应的积极、消极行为。为了增进了解和认同，领导者可以与团队成员一起共同界定团队的核心价值观。

领导者的一个重要角色，是要确保团队的核心价值观与其未来图景保持高度一致。例如，如果团队设定了相当激进的绩效目标，则它的核心价值观应当包括与该绩效目标和期望团队成员投入多大努力有关的内容。团队目标反映了团队为了成功必须做什么；核心价值观和经营原则代表了团队为取得胜利，需要团队成员如何行动。此外，领导者应当努力贯彻数量有限（5～8 个）的核心价值观。团队成员往往难以记住 6 个以上的核心价值观，因此，经营原则也应控制在与团队目标密切相关的那些价值观上。

领导者应当是上述核心价值观的行为楷模，同时，他们也要使团队成员承担起履行经营原则的行为责任。再没有比领导者、团队成员表现出与团队经营原则不相符的行为，更能侵蚀领导者的可信度或团队士气的了。当团队中的每个成员都了解并履行团队核心价值观时，领导者对经营原则的传达就算是成功了。

情绪能量：权力与激情

领导愿景的最后两个要素是情绪能量与形象表达，涉及愿景的表达方式（而非内容）。情绪能量是指领导者在表达未来愿景和团队的经营原则时，表现出的热切程度。再没有比沉闷、单调的表达，更能消磨追随者对领导愿景的热情和干劲的了。如果领导者本人对团队的未来方向和如何达成目标缺乏热忱，就很难吸引他人投入努力。然而，即使是对团队未来方向充满热忱的领导者，也需要确保在愿景的传达过程中表现出这种热忱。情绪感染力会传递引人入胜的信息，而领导者需要调动多种情绪来描述未来图景和经营原则。当团队成员感到领导者对团队未来方向充满激情，对发挥领导角色干劲十足时，领导者就算有效把握住了情绪能量要项。

形象表达：故事、类比与隐喻

在创建领导图景时，最难把握的要素可能是形象表达。这一要项是指领导者与团队未来图景、核心价值观有关的个人体验。形象表达，包括个人故事和种种为团队未来图景润色的实例。例如，形象表达可能是一些说明团队领导者一直在做什么的故事，以及领导者过去在相似情境下如何领导的故事。形象表达还可能包括对某些团队核心价值观为何至关重要的说明——团队成员（未）能贯彻特定价值观时，导致了何种结果的实例。形象表达也可能包括标语口号、类比与隐喻，以帮助阐明、简化说明团队的未来方向或立场。总之，举出的实例越个人化，故事越简单明了，领导者就越有可能给团队成员留下深刻印象。

领导者不应花费过多时间担心自己的表达是否形象、切中要害，除非他已经清楚地定义了团队的未来图景和核心价值观。但一旦这些问题被充分了解，领导者就需要反思如何运用其个人经验来帮助团队成员了解团队的未来方向、为何特定行为至关重要。他们也需要花费时间进行头脑风暴会议，提出一些类比、隐喻和标语口号，将团队目标和行为提炼得简单好记。与未来图景和核心价值观一样，这些类比和标语口号不必是领导者独自提出的；领导者可以集思广益，让团队成员共同参与来提出标语，以简单、引人入胜的词语表达团队未来的方向。

虽然观念、期望、情绪能量和形象表达构成了领导愿景的四要素，但关于领导愿景还需要指出几点。第一，领导者愿景的表达水平会通过练习而改善。四要素有助于领导者界定需要说什么及如何说，但领导者应在真正面对团队成员之前，重复练习对愿景的表达。最好是在练习愿景表达时，使用视频录像以确保没有遗漏关键信息，使用的个人故事寓意深刻且易于理解，并且领导者的热诚和情绪也表现得很充分。第二，领导者需要记住，最引人入胜的领导愿景演讲总是言简意赅、惜墨如金的。很多最好的领导愿景演讲时长往往不到10分钟，对应的PPT文档不过三四页。第三，领导者需要不断从愿景和核心价值观的视角来解读团队事件。提醒团队成员如何基于团队愿景来进行任务授权、将团队成员的反馈与核心价值观联系在一起，基于团队目标和经营原则来说明团队成员和战略的调整，都是使团队成员热切关注领导愿景的有效方法。第四，拥有一个清晰、引人入胜的愿景，对于回答本节一开始的问题“我为什么该来贵公司就职”，也将大有助益。

管理冲突

我们在每日新闻中都会看到或听说各种类型的谈判。国家之间经常就领土、捕鱼权、贸易协定及外交关系进行谈判。土地开发商经常与市议会谈判，争取本地区域规划法规针对项目做出变更。经营者经常花费大量时间与工会就员工薪资福利进行谈判。类似地，每天都会发生大量谈判，从高中体育运动时间表到一台新复印机的安放位置，等等，不一而足。从某种意义上说，所有谈判（不论大小）都是相似的。在每种情况下，来自不同群体的代表在一起会面以解决某种冲突。冲突是生活中不可避免的事实，这一点也适用于领导过程。研究者发现，一线管理者、中层管理者花费超过 25% 的工作时间来处理冲突，[5] 并且，冲突解决是领导效力的一个重要因素。[6] 事实上，成功解决冲突极其重要，因此它构成了某些组织研究文献的核心主题。[7, 8, 9] 此外，随着领导和管理实践日益从独裁指令型向强调理性说服、协调、妥协和共赢解决方案的合作型转变，成功解决冲突的重要性也日益突出。

什么是冲突

当两个对立团体的利益或目标不可协调时就会产生冲突。[10] 在团队、委员会、工作群体和组织环境中存在各种各样的冲突源。例如，当群体、团队成员出现以下情况时，就会出现冲突：①在价值观、信念或目标上存在很大差异时；②存在高度的任务或横向相互依赖性时；③竞争稀缺的资源或奖励时；④处于高压力水平时；⑤面临不确定或不一致的需求，即角色模糊和角色冲突时。[11] 当领导者的行为方式与其阐述的组织愿景、目标不一致时，也会产生冲突。[12] 在导致群体、团队及委员会内部或之间产生冲突的诸多因素中，冲突各方缺乏交流可能是其中最主要的原因。[13] 因为很多冲突产生于误解及沟通破裂，领导者可以通过改善沟通和倾听技巧、花时间与他人形成社会网络来尽量降低冲突水平。[14]

在回顾具体的谈判技巧及冲突解决策略之前，有必要说明一下冲突的几个特点，这些特点会影响冲突解决过程。首先，问题的大小（较大的问题较难解决）、冲突各方在多大程度上以自我为中心来界定问题（他们对问题的个人投入有多少）、是否存在隐含的安排（未阐明但很重要的担忧或目标），都会影响冲突的解决过程。其次，在“赢 – 输”或“非赢即输”条件下的冲突情境，将（感知到的）可能的结果局限在以下两种：完全满意、彻底挫败。一种类似但不这么极端的情况，是零和情境。零和情境是指满意度可能达到中等水平的情况，但提高一方的满意度必然会伴以另一方满意度的下降，反之亦然。还有一种情况是，双方认定冲突是不可解决的。在这种情况下，任何一方都无法以另一方为代价获取利益，但双方都继续将对方视为自己获得满足的障碍。[15]

冲突总是有害的吗

到目前为止，我们将冲突描述为任一群体、团队、委员会或组织中固有的负面因素。这是 20 世纪三四十年代研究者中盛行的冲突观点，直到今天可能仍有许多人相信它（即大多数人很重视使冲突最小化，或者避免冲突）。然而，当今研究群体效力的学者得出了不同结论。一定程度的冲突可能有助于提高创新和绩效水平。人们认为能提高群体生产率的冲突是有益的冲突，而阻碍群体绩效的冲突则是破坏性的冲突。[16] 专栏 18-1 中列出了冲突可能存在的各种正面和负面影响效应。

❖ 专栏 18-1

冲突的可能影响效应

可能的正面影响效应	可能的负面影响效应
提高努力程度	降低生产率
公开表达个人感受	减少沟通
更好地理解他人	负面情感
促进变革	压力
改善决策制定过程	更糟的决策制定过程
将关键问题摆在桌面上	减少合作
激发批判性思考	政治陷害

基于这一思路，研究者发现，冲突可以导致政治权力的剧烈变化[17, 18]，以及组织结构和设计、群体凝聚力、群体或组织效力的显著变化[19, 20]。但认识到一点很重要：目前的冲突概念框架在范围上仍然有一定的局限性。例如，在群体或团队中提高冲突水平会提高短期绩效，但也会对组织氛围和员工流动产生灾难性后果。评估领导者会使用很多效标，群体绩效只是其中之一。因此，在决定冲突是好是坏时，领导者除了使用群体绩效指标外，还应使用流动率、缺勤率、追随者满意度或组织氛围等指标来衡量。领导者应留意不要使用单一的群体绩效指标，因为这些指标可能无法揭示冲突对群体或团队的总体影响效应。

冲突解决策略

除了花时间理解和阐明立场、对事不对人并关注各方的不同利益，领导者还可以使用五种方法或策略来解决冲突。区别这五种策略的最好办法，可能是从两个独立维度来思考冲突解决问题：合作与不合作，果断与犹豫（见图 18-2）。冲突各方在满足他人关切的问题上有不同的承诺水平，而且，他们在是否坚决果断自信地维护自身关切的利益上也存在差异。[21] 因此，可以从各方合作或不合作、果断或犹豫来理解冲突解决。

使用这个两维度模型，托马斯[22]描述了五种解决冲突的方法：

竞争（competition）反映了以牺牲他人为代价实现自己目的的欲望。这是一种支配欲，也被认为是以非赢即输为导向。

忍让（accommodation）反映了与竞争正好相反的一面。对自己的目标不做任何努力，向他人的利益妥协。这是一种姑息策略。

协作（sharing）则是介于支配与姑息之间的一种做法，体现了折中思想。双方都有所失，也都有所得。双方都有节制地、部分地获得满足。

合作（collaboration）反映了使双方都获得满足的一种努力。这是要求将双方利益整合起来的一种问题解决方法。

回避（avoidance）则处于对双方利益均漠不关心的状态，它反映了一种退缩或忽视各方利益的做法。

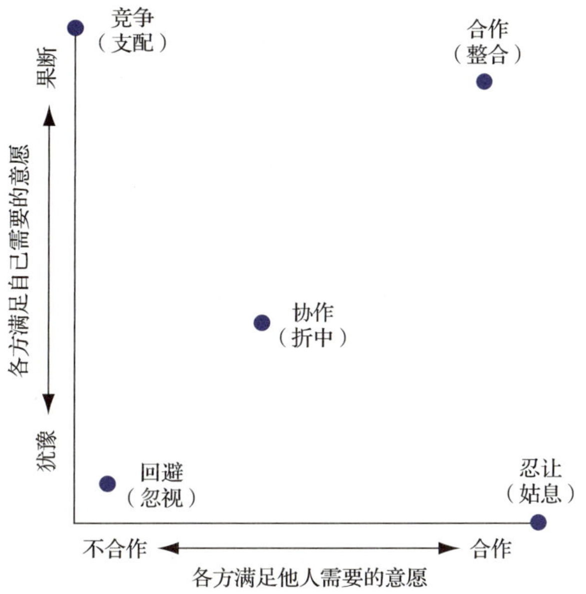

图 18-2　五种冲突解决策略（按各方满足自己和他人需要的意愿）

资料来源：Adapted from Kenneth W. Thomas and Ralph H. Kilmann, *The Thomas-Kilmann Conflict Mode Instrument* (Mountain View, CA: CPP, Inc., 1974, 2002).

这些方法中哪一种看起来明显占优呢？每一种方法至少都体现了特定文化重视的行为模式。[23] 例如，许多人都尊重运动员、商业精英及战斗英雄，这反映了我们对竞争的文化评价。重视解决问题的实用主义方法，体现为折中策略。无私、和善和慷慨的文化价值，体现为忍让策略；而回避有其哲学上的渊源，强调谨慎、圆滑外交及放弃一切世俗利益。解决冲突的每种方法都有其文化根源，这表明任何一种方法都不能永远正确。可能在某些情况下，每一种冲突解决办法都是适用的。与其寻求一种处理冲突的最佳方法，不如了解所有方法的相对优点、缺点及每种方法可能最适当的情况。专栏 18-2 中列出了经验丰富的领导者就使用各种策略的时机提出的建议。

❖ 专栏 18-2

五种冲突解决策略的适用情境

竞争

1. 当快速果断的行动至关重要时，如紧急情况。

2. 当重要的问题需要采取不受欢迎的行动时，如削减成本、推行不得人心的规章制度和纪律。

3. 你认为自己的意见正确，且对公司福祉至关重要的问题。
4. 对抗那些利用非竞争行为的人。

合作

1. 当双方的需要都很重要、难以妥协时，寻求一种整体性解决方案。
2. 你的目标是学习。
3. 将人们的不同想法兼收并蓄。
4. 包容多种需要达成共识，以赢得人们的承诺。
5. 为了克服干扰人际关系的某些感受。

协作

1. 当目标很重要，但不值得投入努力或更独断的模式有潜在破坏倾向时。
2. 当势均力敌的对手追求互斥的目标时。
3. 对复杂议题做出的临时性安排。
4. 在时间压力下的权宜之计。
5. 合作或竞争均告失败后的后备方案。

回避

1. 当问题不重要或更重要的问题非常紧迫时。
2. 当发现你没有机会满足自己的需要时。
3. 当潜在的破坏超过解决问题带来的利益时。
4. 为了让人们冷静下来重新确立观点。
5. 当目的是收集信息，而非快速决策时。
6. 当其他人能更有效解决冲突时。
7. 当问题看起来是其他问题的某种表现或前兆时。

忍让

1. 当你发现自己犯错时：使自己能更好地实现沟通和学习，并表现出得体的办事风格。
2. 当任务对别人比对自己更重要时，要满足别人并保持合作。
3. 为未来的问题构建社会信誉。
4. 被打败或输了时，减少损失。
5. 当和谐与稳定非常重要时。
6. 允许下属从错误中学习并成长。

资料来源：K. W. Thomas, "Toward Multidimensional Values in Teaching: The Example of Conflict Management," *Academy of Management Review* 2, no. 3 (1977), pp. 484–90. Copyright © 1977 Academy of Management, via Copyright Clearance Center.

最后，牺牲对手来赢得一场谈判，可能获得的只是短期利益。领导者应该尽可能设计出一种关注长期的方法（而非短期），他们应该试着建立一种超越当前谈判的持久、互信互利的工作关系。根据这一思路，领导者总是应该寻求双赢的结果，同时满足双方的需要和持久利益。要找到能满足双方利益要求的新方案，往往需要使用创造性的问题解决技巧。但在现实中，并非所有情境都有利于寻求双赢的结果（见专栏 18-3）。

❖ 专栏 18-3

如何与鲨鱼游泳

与鲨鱼一起游泳是很危险的，但并非只有水中才有鲨鱼。一些人的行为可能与鲨鱼很相像，几年之前专门写给总裁们的一本畅销书就以此为主题。但大约 30 年前，《生物学与医学展望》杂志发表了一篇有关潜水员的文章，据称是 100 年前一篇法语文章的英译本。这篇文章指出，尽管没人愿意与鲨鱼共游，对某些人来说这是一种与特定职业相伴的风险。对必须与鲨鱼共游的人而言，遵循特定的规则是必要的。看看你是否认为下面列出的在海里和鲨鱼游泳的规则，可以类推并用于与日常生活中的鲨鱼的交往。

规则 1：假设任何无法识别的鱼为鲨鱼。仅仅因为一条鱼表现得温顺，并不意味着它不是鲨鱼。真正的测验是当水中有血时它的表现。

规则 2：不要流血。流血会唤起更具攻击性的行为并能引来更多鲨鱼。当然，受伤时很难控制住不流血。做不到这一点的人应该接受建议，完全不与鲨鱼共游。

规则 3：快速反击。在鲨鱼攻击游泳者之前通常会有警示征兆。游泳者应该警惕即将到来的攻击线索，并迅速做出反应。猛击它的鼻子往往是正确的，这表明你理解它的意图并会采取以牙还牙的行动。以讨好谄媚的行为方式对待鲨鱼是很危险的。你往往可以通过其残缺的肢体来辨别那些持这种错误观点的人。

规则 4：在有人开始流血时离开水域。在水中有血时，一度温顺的鲨鱼开始具有攻击性，它们的行为会缺乏理性，甚至包括相互攻击，此时彻底离开这个环境是最安全的。

规则 5：在攻击者之间制造冲突。鲨鱼是以自我为中心的，很少与其他鲨鱼一起有组织地共同行动。这大大降低了与多条鲨鱼共游的危险性。然而，鲨鱼会时不时地发起联合攻击。由于它们惯于此道，最好的战略是在它们之间制造内部冲突，鲨鱼经常为了一点小事在内部混战。等到内部冲突解决之后，鲨鱼往往已经忘记自己的有组织攻击了。

规则 6：不要将鲨鱼的攻击导向其他游泳者。请遵守最后一项游泳的礼仪。

资料来源：V. Cousteau, "How to Swim with Sharks: A Primer," *Perspectives in Biology and Medicine*, Summer 1973, pp. 525–28. Copyright © 1973 University of Chicago Press. Reprinted with permission of The Johns Hopkins University Press.

谈判

谈判这一方法有助于解决某些冲突。以下是由费雪和尤瑞[24]给出的谈判建议，包括花时间为谈判做准备；对事不对人；以及关注利益，而非立场。

为谈判做准备

为了成功解决冲突，领导者可能需要花大量时间为谈判会议做准备。领导者应该预测各方的核心关注点、主张、态度、可能的谈判策略及目标。

对事不对人

费雪和尤瑞[25]也建议谈判者要将人与问题区别对待。因为所有谈判都涉及重大问题及谈判者之间的关系，因此很容易使这些部分纠结互扰。如果出现这一状况，双方很可能无意中将人和问题混为一谈。例如，一群教师因为连续四年没有加薪而感到气愤，他们有可能直接向校董事会主席表达自己的愤怒。但这种反应通常是错误的，因为决策可能由其他人做出，针对对方的个人攻击只能导致冲突加剧，使问题更难解决。

为了做到对事不对人，领导者应注意几点。首先，领导者不应让自己的忧虑干扰自己对其他各方意图的感知。当我们感到威胁时，很容易归罪于他人的诸多缺点和不足。类似地，因为自身的问题而责怪他人不会有任何益处。[26]即使能证明自己有道理，这通常也会妨碍目的达成。其次，为了做到对事不对人，领导者能做的另一件事就是清晰地沟通。在本书前面的部分，我们提出了积极倾听的技巧。那些行动指南在谈判和解决冲突时特别有用。

关注利益，而非立场

费雪和尤瑞[27]的另一个要点是要关注利益，而非立场。关注利益，取决于你如何理解利益和立场间的差异。有这样一个例子，连续几年来每一个演出季，拉乌尔都能拿到当地交响音乐会上同一座位的预订票，但他刚刚被告知无法拿到和往常一样的票。他相当愤怒，并向票务公司投诉。他可以采取的一种方法是要求提供自己常坐的座位，这是他的立场。另一种方法是找一个和他以往的位子同样令人满意的座位，这是他的利益。在谈判中，满足利益比为立场而战更具建设性。而且重要的是，将注意力集中于对手及你自己的利益上（而不是个人立场）。

诊断个人、群体及组织层面的绩效问题

在很多方面，领导者的效力取决于追随者及其领导的团队效力。根据这一思路，领导者必须处理的更困难问题之一，就是管理那些绩效不及预期的个人或团队。这个问题的困难之处在于，尽管绩效不佳的表现可能很明显，但导致这一问题的原因可能并非如此。能正确获知追随者或团队绩效不佳的原因的领导者，更有可能实施适当的干预措施来纠正这一问题。遗憾的是，很多领导者缺乏诊断工作绩效问题的模型或框架，因此在处理问题员工时效果不佳。下面的模型为领导者提供了一个实用框架，用于理解追随者或团队不能实现预期绩效的原因，以及领导者可以做哪些工作来改善这一状况。该模型认为，绩效是期望、能力、机遇和激励的函数，并将本书前面讨

论过的一些概念进行了综合。

$$绩效 = f(期望 \times 能力 \times 机遇 \times 激励)$$

这个模型也是对多位专家此前提出的模型的修正。[28, 29, 30] 由于它是个乘数模型（而非补偿模型），任一构成要件的不足都会导致绩效明显下降，这无法通过增加其他要件而轻易得到弥补。下面的例子可能有助于说明这一点。最近本书作者被要求帮助一位核电厂的管理者解决几个影响工厂安全和运营的问题。很明显，许多员工并不认为自己必须遵从关于安全设备适当使用的政府规章。对这一问题的调查发现，工厂对员工遵守规章的行为期望很清晰，每位员工都接受了设备安全使用的培训，并且，每台安全设备也都安置到位。但许多员工认为这些设备和操作程序很烦琐，也很多余。该工厂经理最初纠正这一问题的做法，是让全体员工参加一个为期 3 天的核安全培训项目。让该经理吃惊的是，该培训实际上减少了员工遵守安全规章的行为。这是因为，根本问题不是期望、能力或机遇问题，而是激励问题。即使全体员工都参加了为期 30 天的培训项目，它仍无法对激励产生正面影响，而这恰恰是损害绩效的根本障碍。由于员工正确使用设备与否不会带来任何积极或消极结果，在管理者实施针对遵守安全规章的奖惩制度前，问题不会得到改善。下文是对这一模型各组成要件的全面解释，以及领导者可以做什么来提高绩效。

期望

绩效问题的出现，经常源于个人或群体不了解组织对自己的要求。在很多情况下，由于缺乏沟通或消极等待永远不来的指示，而使有才华的、技能娴熟的群体完成了错误的目标。而这正是领导者的职责所在，即确保追随者理解其角色、目标、绩效标准、决定成败的关键指标体系。有关目标设置及阐明团队目标和角色的更多内容，见第 13 章的“设置目标”和“构建高绩效团队：火箭模型”。

能力

追随者了解自己应该做什么，并不表明他们有能力去做。有时，追随者和团队缺乏实现目标或超过期望绩效所需的能力。才能和技能是构成能力的两个要件。才能实际上是天赋的另一种说法，包括诸如运动天赋、智力、创造力和人格特质等个体差异变量。因此，才能是指一些很难通过培训而加以改变的特性。由于才能相对较少受到培训干预的影响，将缺乏所需才能的人送去接受更多培训或激励他们更努力工作，对绩效影响甚微。相反，对这种情况最好的补救方法是挑选具备完成绩效所需才能的人。

虽然追随者可能具备完成任务所需的天赋，但他们仍可能缺乏以高水准完成任务的技能。赛季或演出季刚开始的运动队或乐团，或者刚得到一套新设备、被赋予一项从未接触过的新任务职责的工作群体，就是这方面的例子。正如“领导行为”一章（第 7 章）所讨论的，技能是由一套定义明确的知识体系和一组相关行为构成的。与才能不同，技能是很容易培训的，而具备较高专业技术诀窍的领导者可以提供辅导来开发其技能、确保追随者在岗位上以其他方式获得这些技能，或者安排追随者参加培训项目来改善其技能水平。

机遇

缺乏完成工作所需的资源，也会限制追随者的绩效表现。另一些时候，追随者可能没有机会表现出自己拥有的技能。在飞机上，当乘客感到极度饥饿但空姐也没有食物可以提供时，就是这样的例子。此时，空姐可能有很高的顾客服务目标、能力和激励水平，但她们仍无法满足乘客的需要。如果领导者想减少对绩效的限制，就必须确保追随者和团队拥有所需的设备、财务资源，以及展示个人技能的机遇。

激励

很多绩效问题都可以归结为缺乏激励。这里的关键问题是，追随者或群体是否愿意执行，或者付出完成任务所需的努力水平。如果事情并非如此，领导者首先要想办法了解人们为什么激励不足。有时候，该任务可能涉及领导者没意识到的风险。另一些时候，个人或群体仅仅是对执行任务缺乏动力，或者绩效优劣带来的结果没有差异。领导者在解决追随者和团队的绩效激励问题上有几种选择方案。第一，他们可以选择有高成就动机或内在激励的追随者来完成任务。第二，他们可以设置清晰的目标，或者提供更好的绩效反馈。第三，他们可以在团队内部重新分配工作，或者重新设计任务来提高技能多样性、任务重要性和任务完整性。第四，他们可以重新调整奖罚措施，使其与绩效水平联系更紧密。关于激励下属的更多信息，见第 9 章。

对诊断模型的总结

总而言之，该模型为本书此前评述的影响绩效的诸多论点提供了一个整合框架。它回顾了影响绩效的几项因素，并提供了一些如何纠正绩效问题的建议。但该模型仅仅涉及追随者、群体和组织绩效。领导者还需要注意其他一些有益的成果，如组织氛围和工作满意度，而且，旨在提高绩效（特别是短期绩效）的行为也可能会对这些成果产生不利影响。

高管团队建设

某种意义上，高管团队与其他任何团队都很相似。正如每一个曾面对可怕的危机并幸存下来的高管人员都会指出的，团队合作是他们幸存的关键。简而言之，当团队合作至关重要时，第 13 章“构建高绩效团队：火箭模型”的全部内容均适用。更具体地说，要想真正从团队建设的干预措施中获益，每位成员必须能完全接纳自己及同事的长处和不足。但这就会产生一个问题：如果真是这样，我们为什么有一节专门谈高管团队建设呢？这是因为，在大多数团队和将要谈到的“高管团队”之间存在两项关键差异。

高管团队的不同特点

与其他类型的工作团队相反，并非所有高管层的工作都要求全体（或任何）团队成员参与。

举个例子可能有助于理解。我们对团队的研究包括了对 B-1 轰炸机机组人员的研究。这是一个四人团队，成员包括一位机长、一位副机长、一位攻击系统员和一位防御系统员。在我们观察的每次投弹任务中，尽管每个人都有各自的职责，但完成使命要求整个团队共同合作。他们拥有真正团队的全部要件（复杂的共同目标、差别化的技能、相互依赖性），而且任何个人的单独行动都无法取得成功，但高管团队并非总是如此。

卡森巴赫[31]观察到，很多高层领导面临的挑战根本不要求团队合作。此外，许多高层领导面临的挑战确实构成了真正的团队机会，但并不要求或确保正式团队中的每个人全面参与。事实上，正式的"高管团队"很少以全体正式成员共同参与的集体方式发挥功能。因此，高管团队的真正诀窍在于，既要有能力运用个人的技术技能（正是这类能力的存在才使他们加入团队），又要在团队情境出现时运用高绩效团队所需的技能。

运用个人技能和团队技能

要想使高管团队的工作卓有成效，有两个关键要求。首先，个人必须具备辨别出现的挑战是个人情境还是团队情境的诊断技能。其次，在出现团队情境时，领导者必须"坚持到底"。比如，这意味着，当要求出成果的压力增强时，领导者不会退回到将工作分配给个人（如高管团队的某位成员）的传统模式，而是允许其以团队方式完成该项工作。卡森巴赫又一次进行了清晰阐述：

> 当然，有些领导群体所犯的错误刚好相反，他们企图针对那些无需团队工作方式的绩效机会来构建团队。事实上，团队支持者对基于团队的组织越来越重视，这造成了真正的挫折，因为高层领导团队努力解释为何将良好的行政领导本能用于进行耗时长久的、没有绩效目的的团队建设。提升高管团队的绩效，并不意味着用高管团队来取代高管人员的领导力；它意味着严格区分要求单个领导者付出努力的机会和要求团队付出努力的机会，并应用适当的规则。[32]

总之，有效的高管人员并不总是需要以团队方式工作。但当他们的确需要以团队为单位运作时，早前讨论的团队建设的内容将有助于他们提高团队绩效。

高管团队的另一项差异在于，他们有机会在整个组织中加强团队合作，而其他团队极少有这种机会。我们的经验是，只有高管团队能改变组织系统。回忆一下，在第 12 章中我们描述了"团队领导模型"，并提到了对团队绩效至关重要的四个系统。这些系统都是组织层面的，包括报酬系统、教育系统、信息系统和控制系统。这些系统对整个组织有着普遍深入的影响，系统的一个小小改变就会对组织产生巨大影响。因此，从某种意义上说，高管团队拥有一种进行大规模"团队建设"的能力，这与我们迄今为止谈到的方式完全不同。比如，想想将基于个人的薪酬变为基于团队的奖金计划可能产生的影响吧。

陷阱的教训

最后，与高管共事的经验告诉我们，这一层级的领导者关于高管团队建设还有很多重要的内容要学。理查德·亥克曼[33]为组织多人共同编写一本内容紧凑的书（据他自己承认，未必是最佳的团队任务）而承担了工作量巨大的编辑任务，并在一家会议中心召集各位作者开会。本书的作者也参与了该书写作，他还记得其中一次非常有挫败感的任务：为了确保团队发展顺利，他要提出一份简单的行动步骤清单。随着这一费力过程不断拖延、大家的情绪开始不满，事情变得相当明显，"傻瓜团队合作"永远也不会写完。但某些问题的确在这一过程中显现出来。很明显，领导者的某些行为实际上注定了团队失败的命运。尽管并非有意为之，但这次经验提供了一些有价值的教训。这些教训的浓缩版被亥克曼称为"陷阱"(trip wire)，总结了我们对高管团队建设的讨论。

陷阱1：将执行小组称为团队，但实际上对成员进行个人化管理

安排工作的一种方法是将具体职责分配给个人，然后逐个安排个人活动，以便个人的成果最终能整合成团队成果。一种相反的战略，是将整个工作的责权都分配给团队，让团队成员自行决定如何完成工作。尽管这两种策略都可能奏效，但人们必须在二者中选择其一。在一个混合模型中，人们被告知他们是一个团队，但又被看成个人执行者，每个人有具体的工作要做，这会向成员传递混乱的信号，使每个人感到困惑，从长期来看这也站不住脚。

为了实现团队合作的益处，必须塑造真正的团队。称一群人为团队或劝说他们一起工作是不够的。相反，必须采取明确的行动来确立团队的边界，对任务的界定应使全体成员承担起责任，并赋予成员管理内部流程、团队与外部主体（如客户和共事者）关系的权力。一旦做到了这些，管理行为和组织体系会依照支持团队合作的需要而逐渐发生改变。

陷阱2：创建不适宜的权威平衡

行使权威会导致焦虑，特别是当领导者必须在分配团队权力的某些部分和保留权力的其他部分之间进行权衡时。因为管理者和团队成员在这种情况下都感到不自在，他们可能合谋来明确这种权威分配。有时，结果是将几乎全部权威都分配给团队——这会导致无人负责，或者使团队向不适当的方向发展。在另一些情况下，管理者实际上保留了所有权威，给团队成员口述工作程序的细节，在这一过程中放弃了团队合作可能带来的大量好处。这两种情况都减少了混合模型带来的焦虑，但也大大降低了团队效力。

实现管理者及团队权威的良好平衡很困难。此外，仅仅决定将多少权威分配给群体、多少留给管理者自己是不够的。决定对哪些领域和范围的权威进行分配、哪些保留，也是同等重要的。我们的研究表明，管理者应该不加保留地坚持运用自己对方向的权威（即团队努力达到的终点）和团队行为约束边界的权威（团队必须做什么，或者应当避免做什么）。同时，管理者应该将与工作完成方式有关的权威充分下放给团队，接下来尽己所能确保团队成员理解和接受其职责与义务，并据此决定如何执行该项工作。

对于团队的长期生存，很少有管理行为比处理管理者和团队之间的权力划分更重要。要想达成良好的效果需要技巧，这种技巧既包括情感和行为的部分，也包括认知的部分。仅仅知道划分权威的规则是不够的，你还需要练习将这些规则用于焦虑程度较高（包括你自己）的情境中。对管理者而言，特别具有挑战性的是团队生命阶段的早期（此时管理者往往会下放过多的权威），以及运行出现困难的阶段（此时管理者往往会过快地收回权威）。任务执行团队的权威关系管理，就像是走平衡木，我们的研究证据表明，需要大量的知识、技能和坚持不懈才能使你免于跌落。

陷阱 3：聚集一大群人，大致说明他们的目标，并听任他们“敲定细节”

传统上，专注于个人的职位设计受到多年来监督控制员工行为约束结构的困扰。在群体工作时，这种结构往往被视为不必要的、阻碍团队运作的官僚主义障碍。因此，正如管理者有时（错误地）试图让渡全部权威给团队，有时他们也试图尽可能摆脱各种结构，以消除现存组织结构中的功能失调问题。很显然，他们希望去除这些结构能释放团队能量，使其成员创造性地、有效地共同工作。

持这一观点的管理者，往往向团队提供了少于实际所需的结构。任务界定往往使用含糊不清、概括性的语言。群体的构成不清晰或变动不居。团队权威的范围被刻意保持在模糊难辨的状态。此处隐而不宣的假设是，群体交互过程中存在某种魔力，群体成员只需共同工作，就能演进出团队实际需要的任何一种结构。

这是一种不切实际的希望，并不存在这种魔力。事实上，我们的研究结论恰好相反：结构适宜的群体往往能发展出健康的内部流程，而结构不足或不适宜的群体则会存在流程问题。更糟糕的是，辅导和流程咨询不能解决这些问题，正是因为它们根植于团队结构之中。让成员学会如何在有缺陷的、不明确的结构中有效互动，就像在湍急的河水中逆流游泳一样。

陷阱 4：具体说明挑战性的团队目标，但吝于提供组织支持

即使一个工作团队有清晰且吸引人的发展方向、支持赋能的结构，如果无法获得良好支持，它的绩效也会变差，或者至少不能充分发挥群体的潜力。高承诺组织中的团队在得到了“拓展性”的目标，却没有获得完成目标所需的资金时，就会成为这一陷阱的牺牲品；此时，高水平的内在热忱将会很快化为泡影。

为团队提供支持并非小事，特别是对于那些支持个人工作的组织设计。例如，公司的薪酬政策没有关于团队奖金的条款，而且它还可能明确禁止发放此类奖励。人力资源部可能主要在确定个人培训需求并提供一流课程来满足这类需要，但团队技能的培训可能完全是付之阙如。现有的绩效评估系统可能使用了度量个人贡献的最新技术，却可能完全不适合评估和奖励团队工作。企业的信息系统和控制系统可以向管理者提供监督控制工作流程所需的数据，但这些数据对工作团队来说既不易获得也不适用。此外，最初的组织设计者可能已经事先说明了工作所需的物质资源，却可能缺乏某种程序使团队获得执行特定绩效策略所需的特殊资源配置。

要使现存的组织系统与团队需要保持一致，往往要求管理者在组织中运用权力、施加对上层和其他横向部门的影响力。提供充分的团队工作支持的组织，与那些系统、政策旨在支持和控制个人工作的组织存在显著差异，而且很多管理者可能发现，转变为群体导向的组织前景令人不安，甚至是有些革命性的。

为任务执行团队提供良好的组织支持相当困难，但总的来说是值得的。一个受到良好指导、结构适宜、获得充分支持的团队有巨大的潜力。而且，受到组织支持不足的钳制，大概是所有团队失败类型中最悲哀的。在群体为工作而欢欣兴奋，所有成员都准备以绝佳水平完成工作时，仅仅由于无法获得所需的组织支持而失败，杀伤力特别大。这就像是盛装后准备参加舞会，结果在路上车子出故障、草草收场一样。

陷阱5：假设成员已具备团队工作所需的全部能力

一旦团队启动并开始运转，管理者有时就假定自己的工作完成了。正如我们所看到的，的确有良好理由为团队提供充足的空间，让他们以自己的方式做事。在我们调查的多个群体中，不适宜的或时机不当的管理干预损害了群体的工作。但彻底放任的管理姿态也会制约团队效力，特别是当成员还不具备团队合作的技能和经验时。

扫码获取本章参考文献